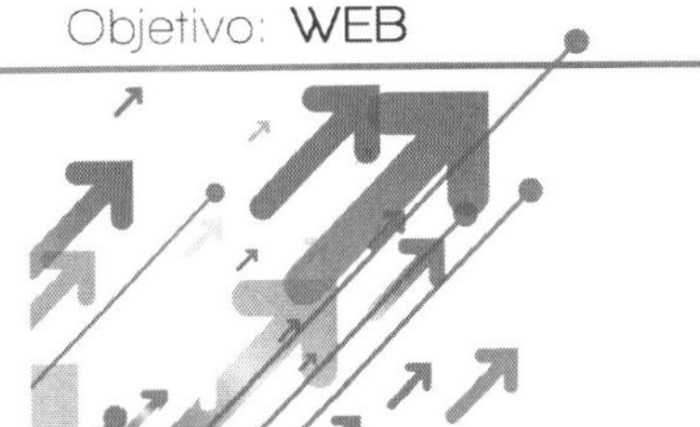

WordPress

Un CMS para crear y administrar blogs y sitios web

Christophe Aubry

2ª edición

ISBN: 978-2-409-05118-0
Edición original: 978-2-409-04249-2

Ediciones ENI

P° Ferrocarriles Catalanes, 97-117, 2a pl. of. 18
08940 - Cornellà de Llobregat (Barcelona)

Tel: 934 246 401
Fax: 934 231 576

e-mail: info@ediciones-eni.com
http://www.ediciones-eni.com

Autor: Christophe Aubry
Edición española: Anna Sánchez Lasierra
Colección **Objetivo: Web** dirigida por Corinne Hervo

Capítulo 1: Descubrir WordPress

Capítulo 2: Instalar WordPress en local

Capítulo 3: La administración del sitio

Capítulo 4: Las entradas

Capítulo 5: Las páginas

Capítulo 6: Los medios

Capítulo 7: Dar formato al contenido

Capítulo 8: Los comentarios

Capítulo 9: Los usuarios

Capítulo 10: Los plugins

Capítulo 11: Los temas

Capítulo 12: Copia de seguridad y restauración

Capítulo 1: Descubrir WordPress

A. La creación de sitios web

Desde hace ya bastantes años, contar con presencia en Internet es indispensable para las empresas (pequeñas o grandes), las asociaciones y los autónomos. Sin embargo, siempre surge la pregunta: ¿cómo crear su sitio web? Usted tiene dos soluciones principales a su disposición.

La primera está dirigida a los desarrolladores profesionales que dominan los lenguajes imprescindibles para el diseño de sitios web: HTML, CSS, PHP, JavaScript, etc. A partir de un pliego de condiciones redactado junto con sus clientes, estos desarrolladores podrán crear un sitio web perfectamente adaptado a las necesidades de cada cliente. Además, al equipo de desarrollo, deberá sumarse un diseñador gráfico, un especialista en interfaces web, etc. Como puede observar, esta solución está reservada a las empresas que cuentan con el presupuesto necesario para diseñar sitios web de gran envergadura.

Pero para los autónomos, los comerciantes, las asociaciones, los profesores y los particulares, esta solución resulta poco viable. Para este tipo de perfiles, la mejor alternativa es utilizar un CMS: *Content Management System* en inglés o sistema de gestión de contenidos en español. Un CMS es una aplicación web que permite crear y gestionar sitios web sin ningún conocimiento técnico y es independiente de cualquier proveedor.

B. Los CMS

1. El uso de CMS

Los CMS permiten a cualquier persona crear y administrar sitios web. Es la solución ideal para crear rápidamente un sitio web sin tener ninguna habilidad técnica; los CMS solo tienen ventajas para las personas que desean crear su sitio por su cuenta.

Como acabamos de mencionar, con los CMS no es necesario conocer los lenguajes de construcción de sitios web. El CMS ya cuenta con todos los elementos necesarios en su «motor» de diseño. No tiene que preocuparte por los lenguajes web. Simplemente se centra en gestionar el sitio.

La mayoría de los CMS son gratuitos y de código abierto. Esto implica que puede probarlos como desee, sin pagar una licencia. En el caso de los desarrolladores, el motor de los CMS es accesible y pueden realizar cambios y adiciones.

Con los CMS, la creación del sitio, la gestión de los contenidos, el formato del texto, la inserción de imágenes... se gestiona en una interfaz de administración que suele ser sencilla y fácil de usar.

Otra ventaja es que los CMS son aplicaciones web, lo que significa que se pueden utilizar en un navegador web. Por lo tanto, los CMS son independientes de cualquier plataforma informática (macOS, Windows o Linux).

La mayoría de los CMS cuentan con las funcionalidades esenciales para administrar un sitio web en su «motor» inicial, habitualmente llamado núcleo o *core* en inglés. Sin embargo, ningún CMS puede satisfacer las necesidades de todos los usuarios. Como los CMS son, por lo general, sistemas abiertos, los desarrolladores pueden crear extensiones (denominadas *plugins* en inglés) para agregar funcionalidades que faltan. De nuevo, la mayoría de estas extensiones son gratuitas.

Todos los CMS permiten gestionar la apariencia del sitio web publicado mediante diseños predefinidos denominados temas, plantillas o *templates*. Podrá elegir entre miles de temas disponibles, tanto gratuitos como de pago.

Finalmente, otra ventaja innegable es que el uso de los CMS le permite ser independiente de cualquier proveedor de servicios, tanto para la creación como para la actualización de su sitio: usted tiene total autonomía.

2. El funcionamiento de los CMS

Veamos ahora de forma simplificada (insisto en los de «simplificada») cómo funcionan los CMS. La mayoría de ellos trabajan con un sistema de tres servidores, cada uno de los cuales tiene una función específica.

El primero es el servidor web. Se utiliza para almacenar los archivos que componen el CMS y para gestionar la visualización de HTML/CSS en los navegadores de los visitantes. El servidor web más utilizado se llama Apache.

El segundo es un servidor de base de datos. De hecho, todo el contenido editorial y la configuración del sitio se almacenan en una base de datos. Por lo general, utilizará una base de datos por sitio. Uno de los sistemas de gestión de bases de datos más utilizados se llama MySQL.

Por último, el tercer servidor tiene la función de construir las páginas HTML/CSS solicitadas por los visitantes, mediante la consulta de la base de datos. Este es conocido como servidor de aplicaciones. El servidor más utilizado se llama PHP.

Ahora veamos, siempre de forma simplificada, cómo funcionan los servidores entre sí. La visualización de una página de un sitio web creada con un CMS se realizará en seis pasos.

1. Cuando un visitante solicita ver el contenido de un sitio web creado con un CMS, su solicitud es recibida por el servidor web.
2. El servidor web envía la solicitud al servidor de aplicaciones PHP, ya que el servidor web no sabe cómo manejar las páginas que provienen del CMS.
3. El servidor de aplicaciones PHP consulta la base de datos MySQL para recuperar el contenido correcto para mostrar.
4. La base de datos MySQL envía el contenido correcto al servidor de aplicaciones PHP.
5. El servidor de aplicaciones PHP crea la página que se mostrará en HTML/CSS y la envía al servidor web.
6. El servidor web puede enviar la página solicitada al navegador del visitante.

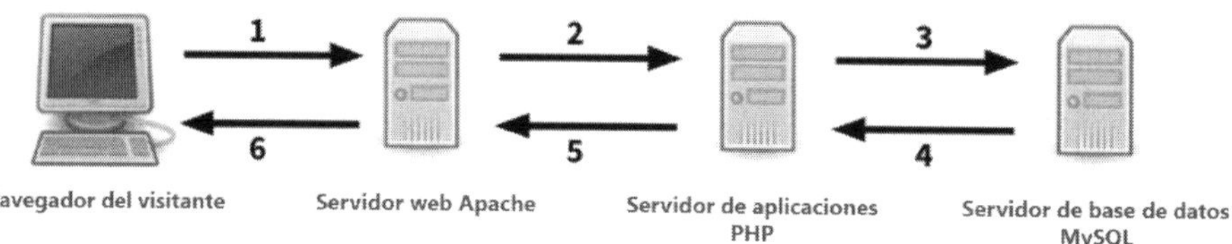

3. Servidores locales

Acabamos de ver los servidores que son imprescindibles para que los CMS funcionen con proveedores de alojamiento profesionales. Pero nosotros, para trabajar en nuestros ordenadores personales, necesitamos probar los CMS, así que debemos usar estos tres servidores: Apache, MySQL y PHP. Pues bien: debe saber que estos tres servidores son gratuitos y se pueden descargar libremente. Es lo que se conoce como paquetes de servidores.

Tanto si utiliza Windows como macOS o Linux, hay muchas soluciones disponibles para usted.

En Windows, le sugiero que use XAMPP, que puede descargar en esta URL:
http://www.apachefriends.org/es/

En macOS, sugiero MAMP, que puede descargar en esta URL:
http://www.mamp.info/en/index.html

En Linux: depende de la distribución utilizada porque algunos de ellos ya tienen un paquete de servidores en el momento de la instalación.

En el capítulo Instalar WordPress en local, aprenderá a utilizar un entorno técnico que evite estas instalaciones de servidores, a veces complicadas.

C. El CMS WordPress

1. La evolución de WordPress

El proyecto inicial fue creado por un francés, Michel Valdrighi, bajo el nombre de b2 en 2001. El objetivo era crear una aplicación web para la publicación de blogs. Por razones personales, Michel Valdrighi detuvo el desarrollo de b2 en 2002. El proyecto fue asumido por la comunidad b2, en particular por Matt Mullenweg en 2003. El proyecto tomó entonces el nombre de WordPress y fue lanzado en la versión 0.7 en mayo de 2003. La versión 1.0 se lanzó en enero de 2004.

Si le interesa la historia de WordPress, puedes ver la charla de Michel Valdrighi en la WordCamp de París en 2011 (en francés):
http://wordpress.tv/2012/02/27/les-origines-de-wordpress-la-naissance-de-b2cafelog/

Desde las primeras versiones de WordPress, este ha ido evolucionando regularmente. Cada seis meses salía una nueva versión. Con cada nueva versión se introducían nuevas funcionalidades, pero nunca hubo una «revolución». La evolución era constante y regular. Sin embargo, la versión 5 de WordPress rompió con esta norma. La versión 4.9 se lanzó en noviembre de 2017 y la versión 5.0, en diciembre de 2018, lo que representó un año para concebir la nueva versión. La razón de ello fu el desarrollo del nuevo editor de texto, **Gutenberg**.

Gutenberg supuso una verdadera revolución en el diseño y la redacción de contenidos en WordPress. En versiones anteriores contábamos con el antiguo sistema de redacción y formato, llamado **TinyMCE**, que ofrecía un solo campo para introducir el contenido editorial de los artículos y páginas. Con **Gutenberg**, WordPress 5 introdujo un sistema basado en bloques, donde cada bloque tiene un tipo de contenido específico: un bloque para títulos, otro para párrafos, otro para imágenes, videos, etc.

La segunda revolución de WordPress ocurrió con la versión 5.9, lanzada en enero de 2022, con la llegada de un nuevo sistema para personalizar los temas: el editor completo de sitios, conocido como *Full Site Editing* o **FSE**. Este sistema está basado en los bloques de Gutenberg, con bloques especializados para la creación de plantillas de página de los temas. Las primeras versiones de este editor se consideraban aún en desarrollo (versión beta) y fue solo con la versión 6.2 de WordPress cuando el editor completo de sitios se lanzó en su versión final, eliminando la etiqueta de beta.

Es muy importante entender que WordPress nació como una aplicación para crear blogs, originalmente conocido como un «motor de blogs». Es durante su evolución cuando WordPress ha agregado funcionalidades que le permiten crear y administrar «sitios web clásicos». Hoy en día, WordPress es un verdadero CMS. Debido a su origen como «motor de blogs», la visualización predeterminada de WordPress sigue siendo similar a la de un blog: los artículos se muestran uno debajo del otro, en orden cronológico, con el más reciente en la parte superior de la pantalla.

2. La estructura de WordPress

Ahora, echemos un vistazo a cómo funciona la estructura de WordPress. Se trata de una estructura concéntrica en tres capas principales.

La primera capa es el núcleo de WordPress (el *core* en inglés). Este núcleo comporta todas las funcionalidades originales de WordPress. Cuando descargamos WordPress, este es el núcleo que utilizamos.

La segunda capa es el uso de extensiones. WordPress permite añadir nuevas funciones con extensiones, llamadas *plugins*.

Finalmente, la tercera capa es la visualización del sitio con el uso de temas. Todo el contenido del sitio, con el contenido administrado por el núcleo y las extensiones, se muestra mediante el diseño definido por el tema utilizado.

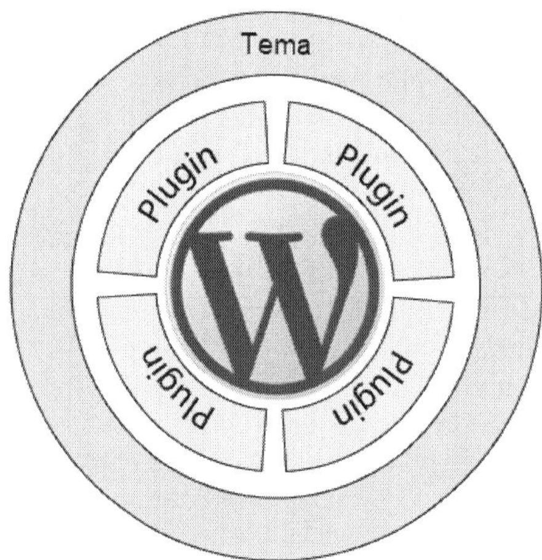

3. Las funcionalidades nativas de WordPress

WordPress ofrece de forma nativa en su núcleo las funcionalidades esenciales que debe tener todo buen CMS.

WordPress ofrece dos tipos de contenido: artículos y páginas. Los artículos permiten escribir contenido regular relacionado con la actividad del sitio y están pensados para noticias actuales. Esto es lo que se conoce en el mundo de la prensa como *hot news* o noticias calientes. Inicialmente, debido a su origen como motor de blogs, WordPress solo ofrecía artículos para crear contenido. Los artículos se muestran de forma cronológica en la página de inicio.

Las páginas aparecieron en la versión 1.5 de WordPress. Estas permiten escribir contenido que no aparece cronológicamente en la página de inicio. Las páginas permiten escribir contenido más bien informativo, contenido de presentación. Se trata de contenido estático, lo que se denomina «noticias frías» en el mundo de la prensa.

WordPress era inicialmente un motor de blogs, por lo que gestiona los comentarios de forma nativa. Los comentarios permiten a los visitantes del sitio reaccionar al contenido (artículo o página) indicando su punto de vista, su opinión. Por supuesto, los comentarios son moderados por los responsables del sitio. Esto permite ser «actor» de un sitio, participar en su contenido.

WordPress permite ilustrar contenido con medios como imágenes, vídeos, audios o incluso archivos que se pueden ofrecer para descargar. Todos estos medios se almacenan en la biblioteca de su sitio.

En su evolución hacia un CMS «clásico», WordPress permite gestionar a usuarios. Los usuarios podrán acceder a la administración del sitio para realizar tareas de gestión. Es necesario asignar un rol a cada usuario, y cada rol define los derechos de gestión en el sitio. Cabe mencionar que, al instalar WordPress, usted tendrá el rol de administrador, el cual otorga todos los derechos sobre la gestión del sitio.

Como mencionamos anteriormente, WordPress no puede satisfacer todas las necesidades de sus usuarios. Al ser un sistema abierto, los desarrolladores podrán añadir nuevas funcionalidades mediante extensiones. En otoño de 2023 había hay más de 59 000 plugins para WordPress.

Por último, el resultado final de su sitio, es decir, el sitio publicado y visible para todos, se muestra a través de diseños predefinidos llamados temas en WordPress. La elección de un tema es fundamental, ya que es lo que determina la apariencia del sitio, lo que verán los visitantes. Existen diversos tipos de temas: temas tipo blog, donde los artículos se muestran cronológicamente, unos debajo otros; temas de tipo sitio web clásico, donde los artículos se pueden mostrar unos al lado de otros, de forma estructurada, en bloques, en cuadrículas, en filas...

4. La visualización de los sitios con WordPress mediante los temas

Como acabamos de ver, la visualización de los sitios se realiza gracias a los temas. Ellos son los que determinan el formato y la maquetación del contenido. Existen decenas de miles de temas diferentes, pero es habitual encontrar un diseño que describiríamos como «clásico» en muchos de ellos. Veamos cómo es este diseño común.

En la parte superior de la visualización se encuentra el encabezado, que generalmente muestra el título y el eslogan del sitio.

A continuación, encontramos una barra de menús. Algunos temas pueden ofrecer varias barras de menús de navegación. Esta barra de menús sirve, inicialmente, para mostrar las páginas.

Debajo de esto se encuentra la zona de visualización del contenido. Esta área puede mostrar los artículos de la página de inicio, el contenido en una página individual de un artículo o una página, el resultado de una búsqueda...

Por lo general, a la derecha se encuentra la barra lateral, *sidebar* en inglés. Algunos temas pueden ofrecer otras ubicaciones para dicha barra: en la parte inferior, debajo del contenido, o en la parte superior, encima del encabezado. Esta barra lateral permite mostrar «componentes de interfaz» que, inicialmente, permiten administrar la visualización de los artículos. Estos componentes de la interfaz se denominan widgets en WordPress.

Por último, en la parte inferior de la visualización se encuentra el pie de página, que a menudo permite mostrar información adicional sobre el sitio (copyright, avisos legales, etc.).

Por supuesto, esta estructura clásica de visualización puede variar significativamente según el tema que elija.

En la actualidad, este despliegue tipo «blog» tiende a desaparecer en favor de temas mucho más orientados a empresas (*corporate* en inglés) o a «revistas», con maquetaciones muy elaboradas, dinámicas y atractivas.

5. El almacenamiento de la información

Veamos ahora dónde se almacena la información que compone los sitios de WordPress.

Toda la configuración del sitio se guarda en la base de datos del sitio. Cada sitio de WordPress cuenta con su propia base de datos.

Todo el contenido editorial, ya sean artículos o páginas, también se almacena en la base de datos del sitio.

Los medios (imágenes, vídeos, audios, etc.) que se añaden a la biblioteca del sitio se almacenan en la carpeta de publicación del sitio en el servidor web. Estos medios se guardan automáticamente en la carpeta wp-content/uploads/

Los plugins que añada a su sitio se almacenan en la carpeta del sitio; específicamente, en la carpeta wp-content/plugins/

Del mismo modo, todos los temas instalados se almacenan en la carpeta del sitio, dentro de la carpeta wp-content/themes/

Capítulo 2: Instalar WordPress en local

A. Objetivos

Antes de crear directamente en Internet sus sitios web con WordPress, primero debe probarlos en local, en su equipo, para analizar si todo funciona correctamente, tal y como había previsto. Después de esto, podrá instalar WordPress en un proveedor de alojamiento profesional y publicar su sitio en Internet.

En este capítulo, aprenderá a instalar WordPress localmente en su equipo, ya sea en Mac, Windows o Linux. Para ello, utilizaremos un entorno de desarrollo dedicado específicamente a WordPress. Este entorno es **Local by Flywheel**.

B. Conocer los requisitos previos

WordPress es un CMS (*Content Management System*) que requiere varios servidores para funcionar. Debe disponer de un servidor web (Apache o NGINX), un servidor de base de datos (generalmente MySQL) y un servidor de aplicaciones (PHP).

Estos servidores están disponibles de forma gratuita como un paquete, con muchas distribuciones multiplataforma (Windows, macOS y Linux). Citemos, por ejemplo, **XAMPP** (https://www.apachefriends.org/es/index.html), **WAMP** (https://www.wampserver.com/en) o **MAMP** (https://www.mamp.info/en/).

Dependiendo de sus preferencias y afinidad con un entorno técnico en particular, puede elegir el que más le convenga. Estos paquetes pueden utilizarlos personas que requieren desarrollar sitios web con diferentes CMS o en HTML, CSS, PHP y JavaScript.

C. Sacar partido de un entorno dedicado a WordPress

Desde hace unos años, tenemos a nuestra disposición un entorno técnico para el desarrollo local de WordPress dedicado íntegramente a este último. Este entorno de desarrollo gratuito es **Local by Flywheel**: https://localwp.com.

¿Cuáles son los beneficios de usar Local by Flywheel? Este entorno está dedicado íntegramente al desarrollo de WordPress. Esta «exclusividad» significa que todo está planificado y optimizado para WordPress, y no para otros tipos de CMS. En su configuración predeterminada, no es necesario configurar los servidores que utiliza. Una de las principales ventajas es que la instalación de WordPress se realiza de manera totalmente automática. No es necesario crear la base de datos, descargar WordPress ni vincularlo a la base de datos creada. Esto simplifica enormemente la instalación de WordPress de forma local. Usted podrá instalar y gestionar varios sitios WordPress simultáneamente, lo que resulta útil para desarrollar variaciones de un mismo proyecto, por ejemplo. Local by Flywheel también permite crear modelos de instalación de WordPress, llamados **Blueprint**, lo que le permitirá ahorrar mucho tiempo.

Otra característica útil es Local by Flywheel, que integra el servicio de mensajería local **MailHog** (https://github.com/mailhog/MailHog). Esto le permitirá probar todos los envíos y recepciones de correo electrónico desde su sitio de WordPress local, en su equipo.

Un punto importante que debe saber es que todas las instalaciones de WordPress se realizan en inglés. No es posible la localización al español al instalar WordPress, lo que significa que tendrá que localizar la interfaz de administración de WordPress después de su instalación. Pero, francamente, no resulta demasiado molesto y es muy rápido de hacer. Además, podrá crear una plantilla de instalación blueprint para todas sus instalaciones futuras.

Finalmente, debe saber que Local by Flywheel utiliza máquinas virtuales para su funcionamiento.

D. Instalar Local by Flywheel

1. Descargar Local por Flywheel

Como acabamos de mencionar, el primer paso consiste en instalar el entorno de desarrollo Local by Flywheel.

➙ Acceda al sitio web de Local by Flywheel: https://localwp.com

➙ En la barra de navegación, haga clic en el botón **DOWNLOAD**.

Se abre la ventana **Download Local**.

→ En la lista desplegable **Please choose your platform**, seleccione el sistema operativo de su equipo: **Mac**, **Windows** o **Linux**.

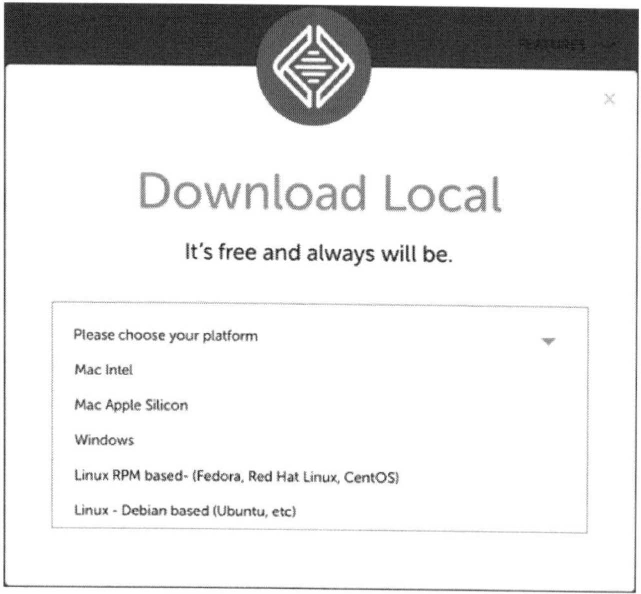

➔ Luego, puede introducir opcionalmente información; solo es obligatoria una dirección de correo electrónico, **Work Email**, y la opción **Please choose your organization type**.

➔ A continuación, haga clic en el botón **GET IT NOW!**

En seguida se iniciará la descarga.

En su equipo, en la carpeta de descargas, encontrará el instalador de Local by Flywheel. Ejecútelo. Dependiendo de su sistema operativo, se le pedirá la contraseña de administrador del equipo y que acepte la configuración de seguridad.

> Tenga en cuenta que la versión de Local by Flywheel utilizada en este libro es la 9.2. Cada nueva versión incluirá nuevas características y la interfaz puede evolucionar en comparación con las capturas de pantalla presentadas en este libro.

2. Descripción de la interfaz de administración

Tenga en cuenta que la interfaz de administración de Local by Flywheel es idéntica en todos los sistemas, Windows, macOS y Linux.

Una vez completada la instalación, desde la carpeta de aplicaciones, inicie Local by Flywheel. He aquí la pantalla de inicio:

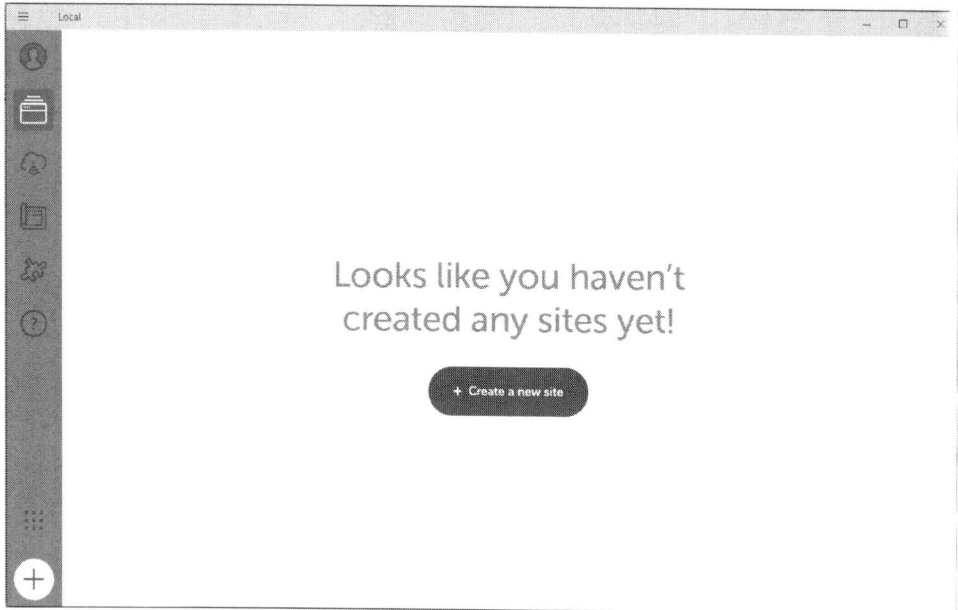

La barra lateral izquierda da acceso a las características esenciales de la aplicación. He aquí las funciones asociadas a cada botón:

El primer botón da acceso a su cuenta.

El segundo botón, **Local sites**, muestra una lista de todos los sitios locales. Naturalmente, esta lista está vacía la primera vez que se ejecuta Local by Flywheel.

El tercer botón, **Connect**, permite conectarse a los servicios de alojamiento de **WP Engine**, que es la empresa matriz de Local by Flywheel. He aquí la pantalla de inicio de sesión:

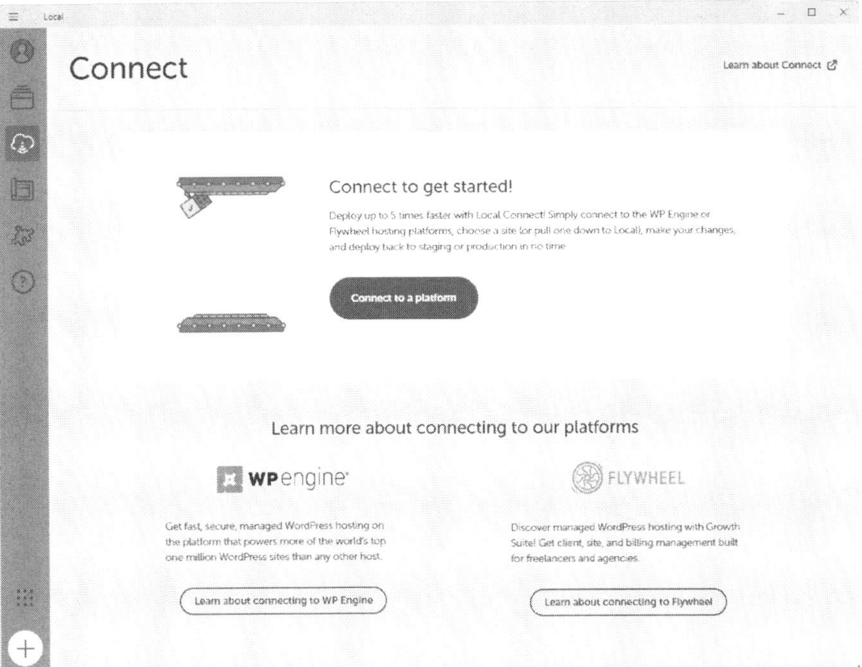

El cuarto botón, **Blueprints**, permite crear plantillas de sitios de WordPress, con ajustes y configuraciones utilizados con mucha frecuencia. Esto permite ahorrar mucho tiempo.

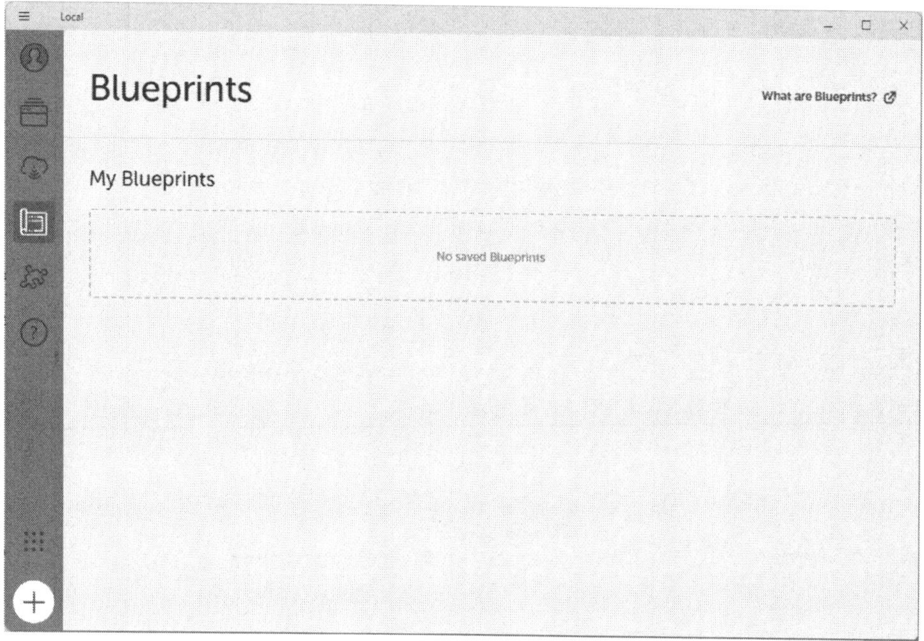

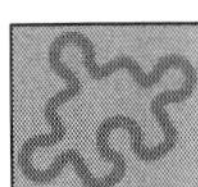

El quinto botón, **Add-ons**, permite instalar extensiones de desarrollo en el entorno Local by Flywheel. Esta es la pantalla de las extensiones disponibles en el momento de escribir este libro:

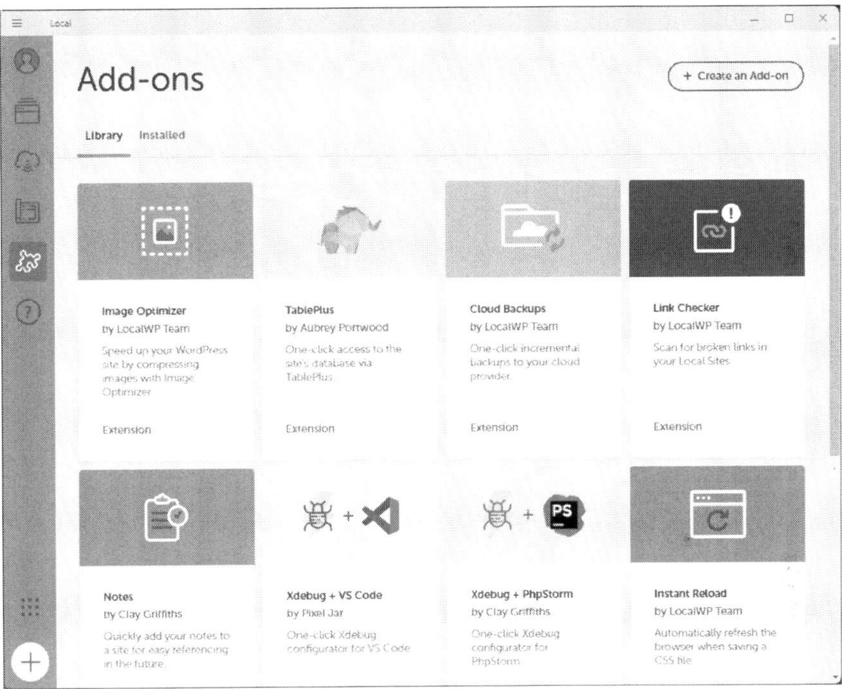

El sexto y último botón, **Support**, permite ver la ayuda disponible para aprovechar al máximo Local by Flywheel. Esta es la pantalla de ayudas disponibles:

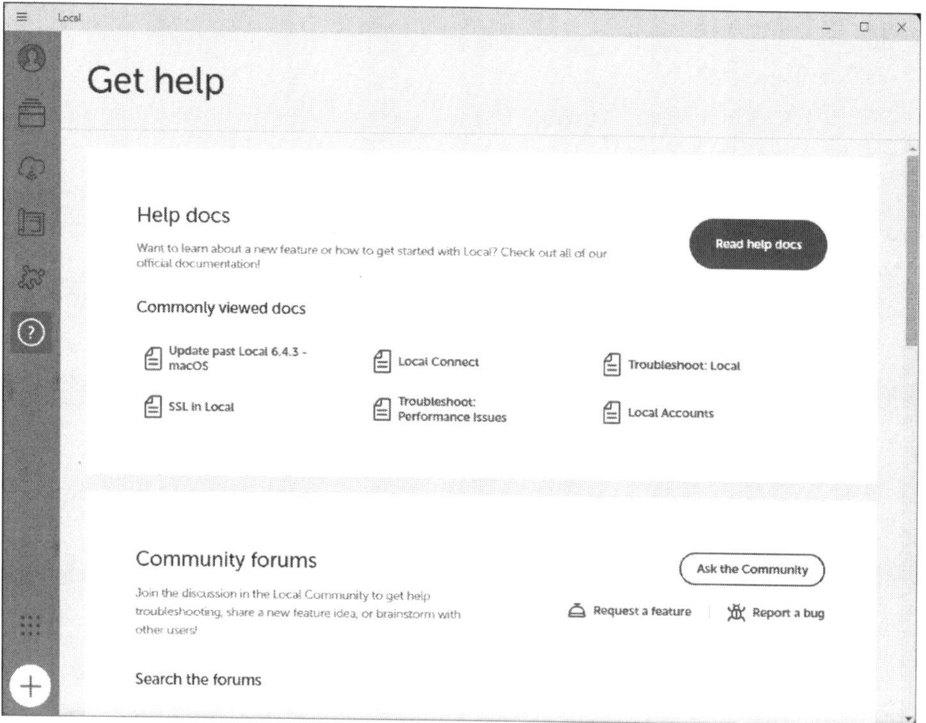

E. Instalar WordPress con la configuración predeterminada

1. Agregar un nuevo sitio de WordPress

Ahora crearemos un primer sitio local de WordPress utilizando solo la configuración predeterminada. Más adelante, en otro apartado, aprenderemos a personalizar la instalación.

> Tenga en cuenta desde ahora que el usuario que instala WordPress automáticamente tiene el rol de **Administrador** y que este posee todos los derechos de administración del sitio de WordPress.

→ En la ventana de inicio, en la pantalla **Local sites**, haga clic en el botón **+ Create a new site**.

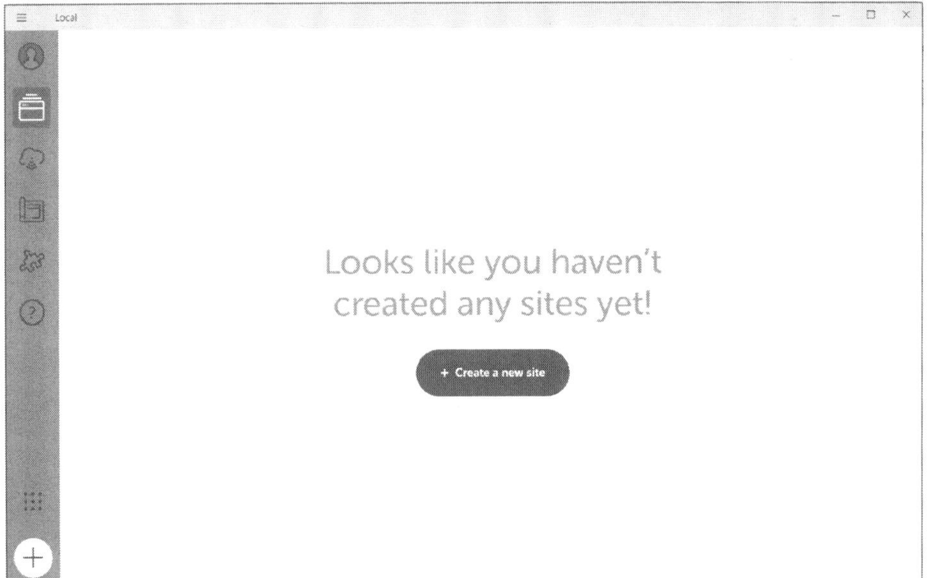

Tenga en cuenta que, en la barra lateral izquierda, también puede hacer clic en el botón **+ Add Local site**:

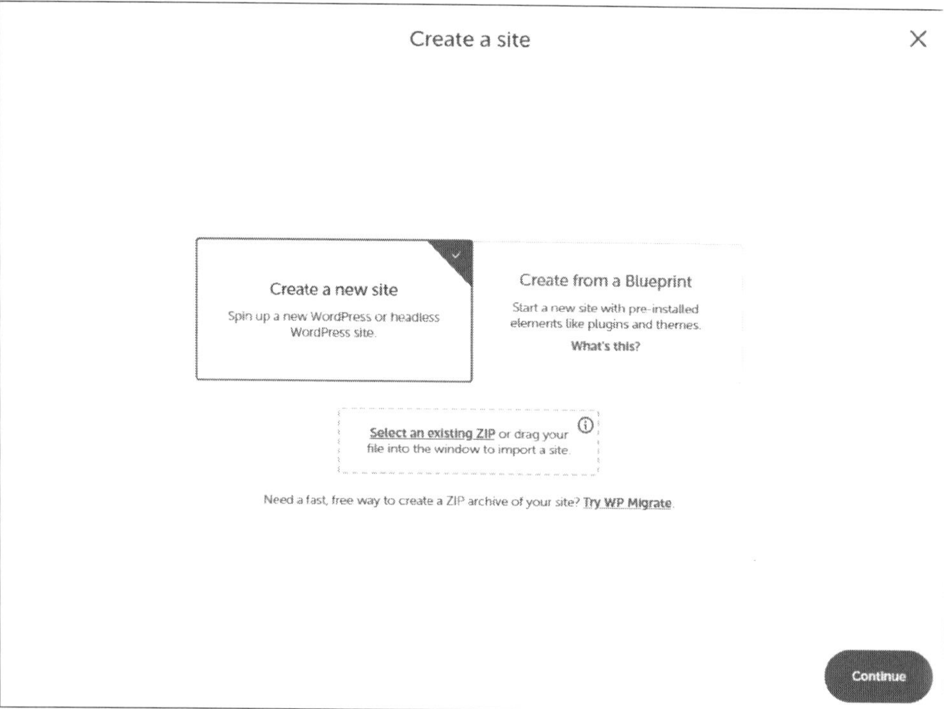

El primer paso es indicar cómo quiere crear su nuevo sitio de WordPress:

- Si se trata de un sitio completamente nuevo creado desde cero, seleccione el botón **Create a new site**.
- Si se trata de un nuevo sitio creado a partir de una plantilla, seleccione el botón **Create from a Blueprint**.
- Si desea importar un sitio a Local desde una exportación en formato .zip, haga clic en el enlace **Select an existing ZIP**.

➜ En este ejemplo, se trata de un sitio completamente nuevo, por lo que debe seleccionar el botón **Create a new site** y hacer clic en el botón **Continue**.

→ El segundo paso, **What's your site's name?**, consiste en nombrar el nuevo sitio. Tenga en cuenta que no puede utilizar caracteres acentuados ni caracteres especiales. En este ejemplo, el nombre del sitio es: **mi sitio**.

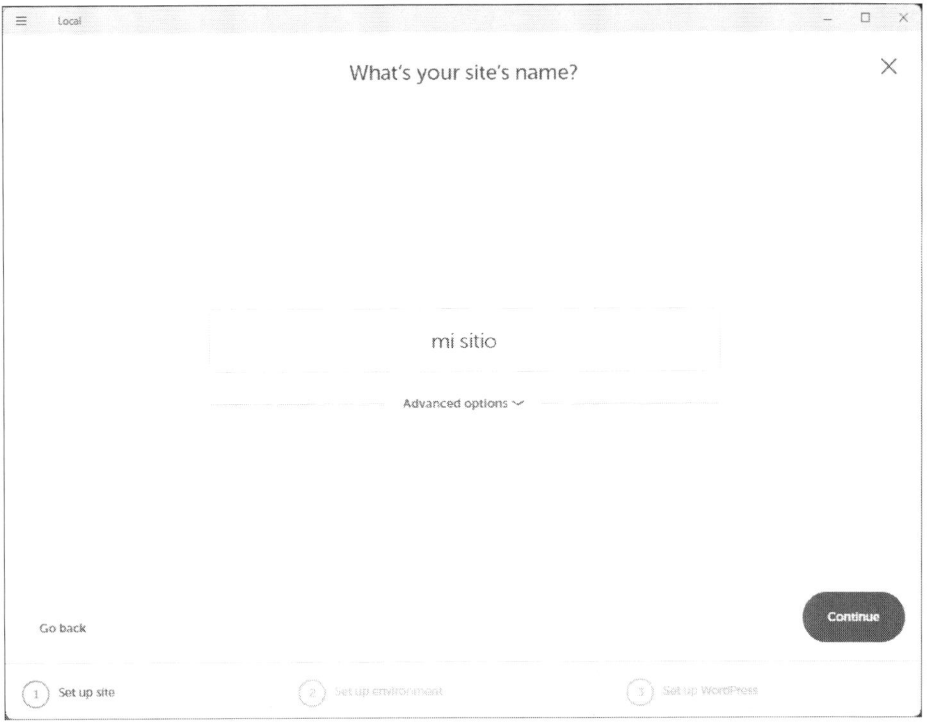

En la parte inferior de las pantallas de instalación, puede ver el número de etapa. En este primer paso, la etiqueta es **Set up site**:

→ Haga clic en el botón **Continue**.

El siguiente paso, **Choose your environment**, permite elegir el entorno técnico de los servidores.

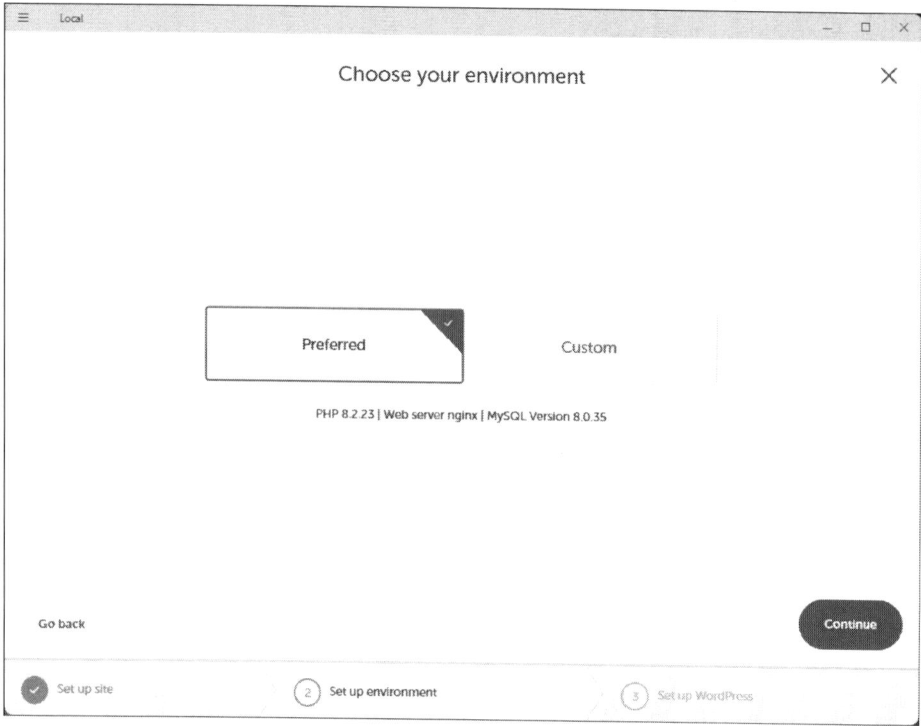

Por el momento, dejamos el entorno predeterminado **Preferred**.

> Observe que dispone de las indicaciones técnicas y las versiones de este entorno predeterminado para PHP, el servidor web y la base de datos MySQL.

→ Haga clic en el botón **Continue**.

En el último paso, debe indicar la configuración que le permitirá iniciar sesión en la interfaz de administración del sitio de WordPress, al final de esta instalación.

- En el campo **WordPress username**, debe introducir el nombre de inicio de sesión, es decir, el ID de inicio de sesión en la interfaz de administración del sitio de WordPress.

Tenga cuidado: en WordPress, no podrá cambiar este identificador después.

- En el campo de **WordPress password**, debe introducir su contraseña para iniciar sesión en la interfaz de administración.

Aquí, dado que estamos en local, puede introducir perfectamente una contraseña poco segura, para facilitar conexión. Nadie va a venir a «hackear» su sitio en su equipo personal.

- Finalmente, en el campo de **WordPress e-mail**, introduzca la dirección de correo electrónico principal.

Esta dirección de correo electrónico se asignará al administrador, pero también a la administración del sitio de WordPress. Más adelante, puede cambiar ambas direcciones de correo electrónico. Esta dirección de administración se utilizará para todas las notificaciones de WordPress. Puede dejar esta dirección de correo electrónico como predeterminada o personalizarla; no es muy importante porque estamos siempre en local.

Observe que, en la parte inferior de la ventana de instalación, se encuentran todos los pasos numerados. El enlace **Go back** permite volver al paso anterior si es necesario.

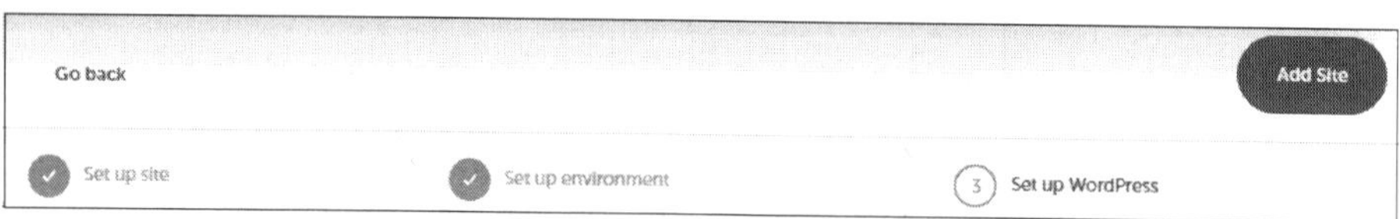

→ Haga clic en el botón **Add site**.

Se ejecuta la instalación de WordPress.

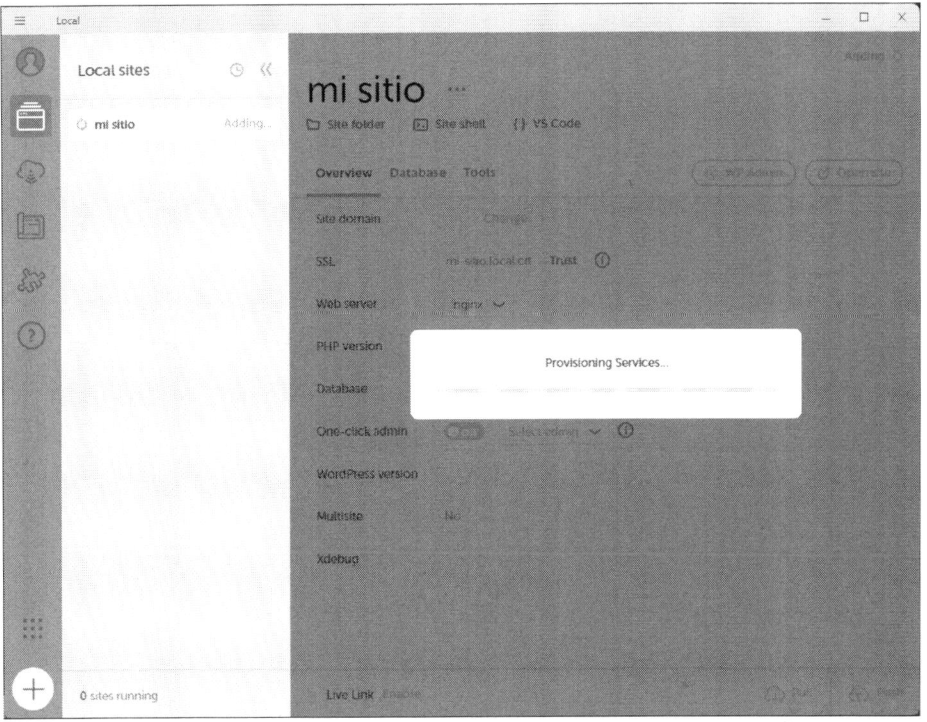

Dependiendo de su sistema operativo, es posible que se requiera la contraseña de administrador del equipo y aceptar la configuración de seguridad.

Cuando se complete la instalación, mostrará la pantalla de lista de sitios locales.

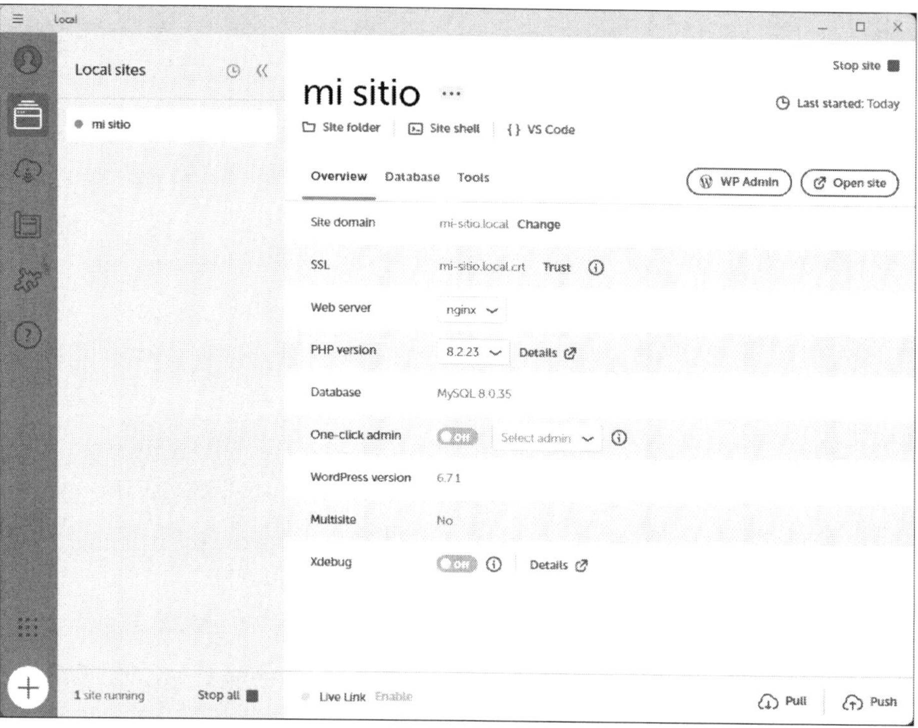

Tenga en cuenta que, cuando se instala un nuevo sitio, este se inicia automáticamente.

Este inicio automático está indicado con el punto verde que se muestra al lado del nombre del sitio, en la columna **Local sites**.

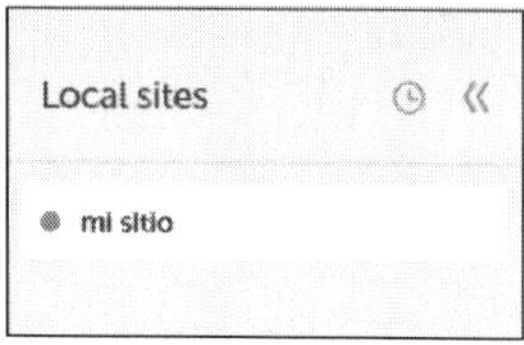

2. Conocer la información técnica de la instalación

Cuando se agrega un sitio y se selecciona en la lista **Local sites**, puede ver toda su información técnica.

Debajo del nombre del sitio, **mi sitio** en este ejemplo, puede hacer clic en el enlace **Site folder** si desea ir a la carpeta local que contiene toda la instalación de WordPress. La ubicación de esta carpeta dependerá, naturalmente, del tipo de plataforma que esté utilizando: macOS, Linux o Windows.

La pestaña **Overview** muestra información general sobre la instalación.

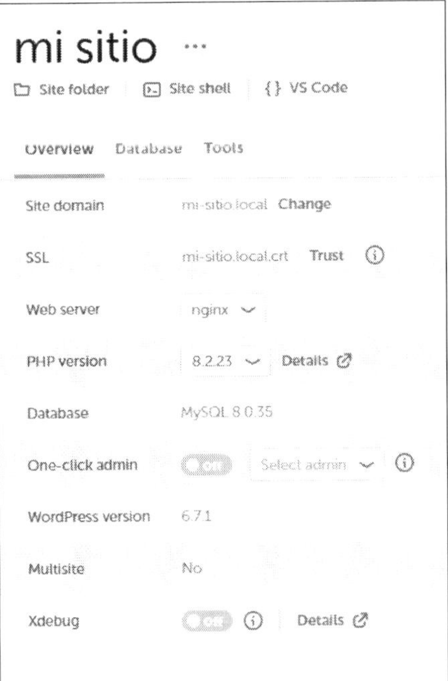

- **Site domain** proporciona el nombre de dominio utilizado en esta instalación de WordPress.
- **SSL** indica si hay un certificado SSL disponible para esta instalación.
- **Web server** especifica el nombre del servidor web utilizado para esta instalación.
- **PHP version** informa sobre la versión de PHP que se utiliza.

- **Database** informa sobre el servidor de base de datos y su versión.
- **One-click admin**: con esta función activada, podrá iniciar sesión directamente en la interfaz de administración del sitio de WordPress.
- **WordPress version** indica la versión de WordPress instalada.
- **Multisite** muestra si el sitio de WordPress instalado es multisitio o no.
- **Xdebug**: al activar esta opción, podrá usar este plugin PHP para depurar su sitio de WordPress.

La segunda pestaña, **Database**, brinda toda la información sobre la base de datos.

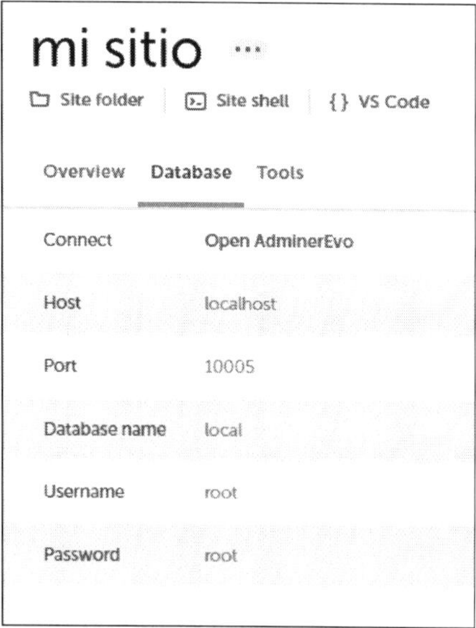

- **Connect** ofrece una aplicación para ver la base de datos utilizada. Las aplicaciones propuestas dependen del sistema operativo utilizado por su equipo. **Open AdminerEvo** muestra la base de datos en el navegador. Es una solución válida, independientemente de su sistema operativo.

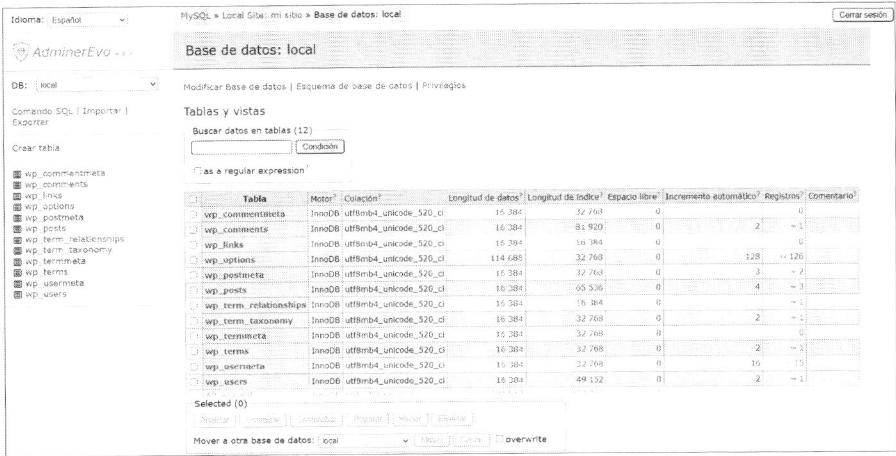

A continuación, tiene la información de conexión a la base de datos:

- **Host**: Indica que la base de datos está alojada localmente, en el equipo.
- **Port**: especifica el puerto que el servidor está utilizando para el proyecto.
- **Database name**: proporciona el nombre de la base de datos del sitio.
- **Username**: especifica el nombre de usuario para acceder a la base de datos del sitio.
- **Password**: especifica la contraseña de inicio de sesión para abrir la base de datos del sitio.

La pestaña **Tools** permite iniciar el servidor de correo local **Mailpit**.

Esto permitirá que todos los correos electrónicos del sitio de WordPress se envíen y reciban localmente. Volveremos a esto en detalle más adelante.

En la pestaña **Tools**, también puede lanzar una demostración de su sitio a sus clientes, a través de la función **Live Links**. Dedicaremos un apartado a este tema.

3. Administrar el sitio local de WordPress

Cuando haya agregado un sitio de WordPress en Local by Flywheel, el sitio se inicia automáticamente. Así lo indica el punto verde que se muestra delante del nombre del sitio.

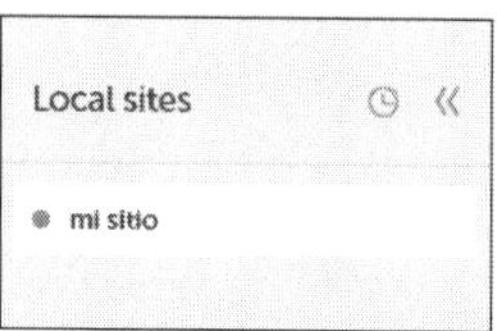

A continuación, tiene acceso a dos botones para utilizar su sitio de WordPress: **WP Admin** para conectarse a la interfaz de administración y **Open site** para visualizar el sitio publicado. Volveremos a ello más adelante.

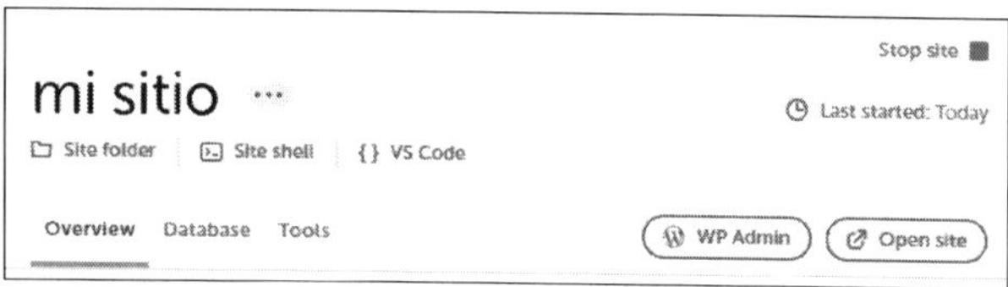

- Si desea detener el sitio de WordPress, en la lista **Local sites**, coloque el cursor sobre el punto verde.

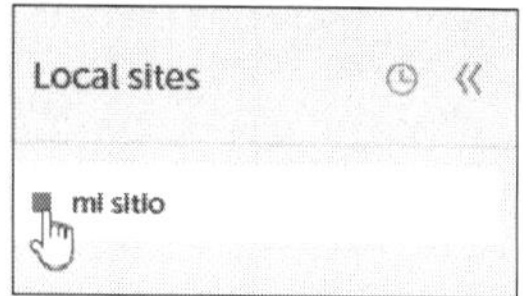

- El punto se convierte en un cuadrado rojo. Haga clic en él para detener el sitio.

El sitio se detiene y ahora tiene un punto gris al lado del nombre del sitio.

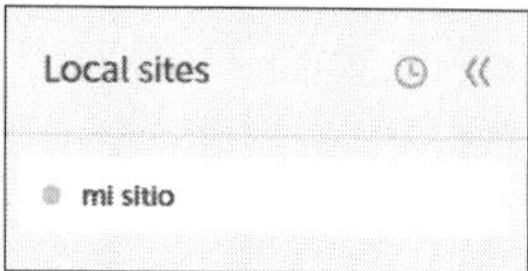

- Para iniciar un sitio, en la lista de sitios locales, coloque el puntero sobre el punto gris, que se convertirá en un triángulo verde.

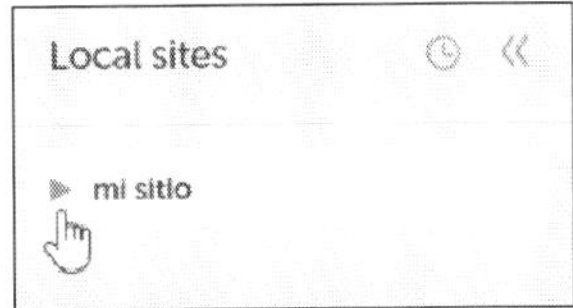

➜ Haga clic en él para iniciar el sitio.

El sitio se inicia y el punto al lado del nombre del sitio vuelve a ser verde.

Si el sitio no se inicia, la segunda solución es usar el botón **Start site**, que se muestra en la parte superior derecha.

➜ En la lista de sitios locales, seleccione el sitio haciendo clic en su nombre.

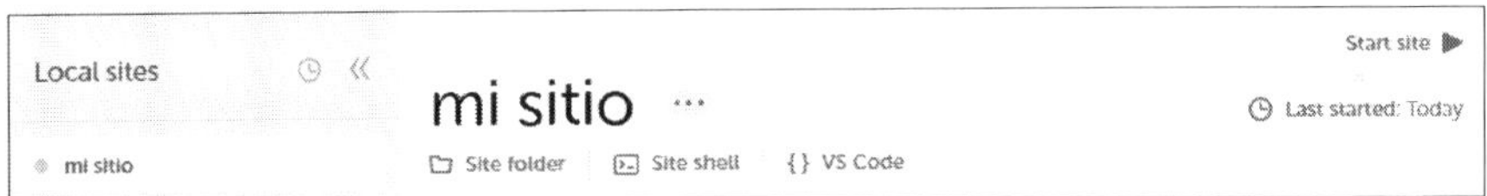

El nombre del sitio aparece sobre un fondo blanco cuando se selecciona.

➜ En la parte superior derecha, haga clic en el botón **Start site**.

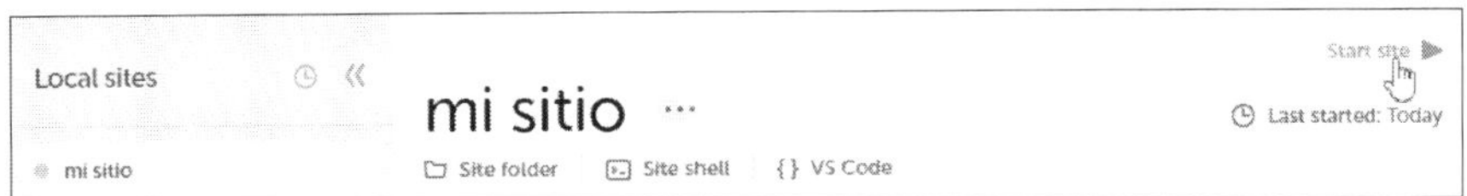

Se inicia el sitio. Al lado del nombre del sitio, el punto se vuelve verde.

Finalmente, también tiene una segunda solución para detener un sitio iniciado.

➜ En la lista de sitios locales, seleccione el sitio que iniciado haciendo clic en su nombre.

➜ En la parte superior derecha, haga clic en el botón **Detener sitio**.

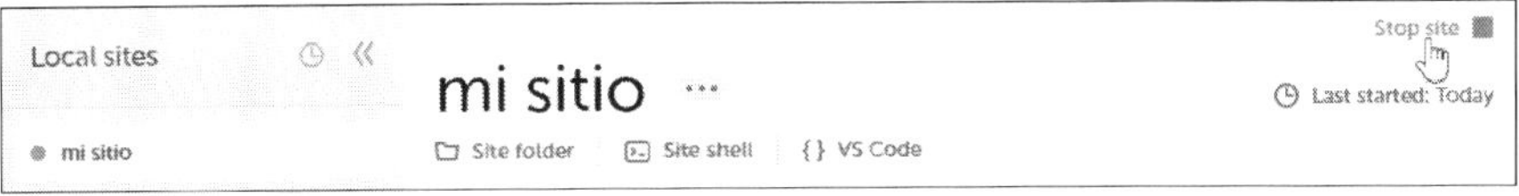

El sitio se ha detenido.

F. Instalar WordPress con una configuración personalizada

En el apartado anterior, utilizamos la configuración predeterminada para instalar su primer sitio de WordPress. Ahora instalaremos un segundo sitio, pero esta vez personalizando dicha configuración.

➔ En la barra lateral izquierda, haga clic en el botón **+ Add Local site**.

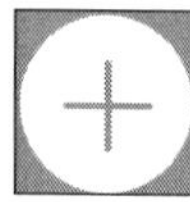

➔ En el primer paso, seleccione **Create a new site** y haga clic en el botón **Continue**.

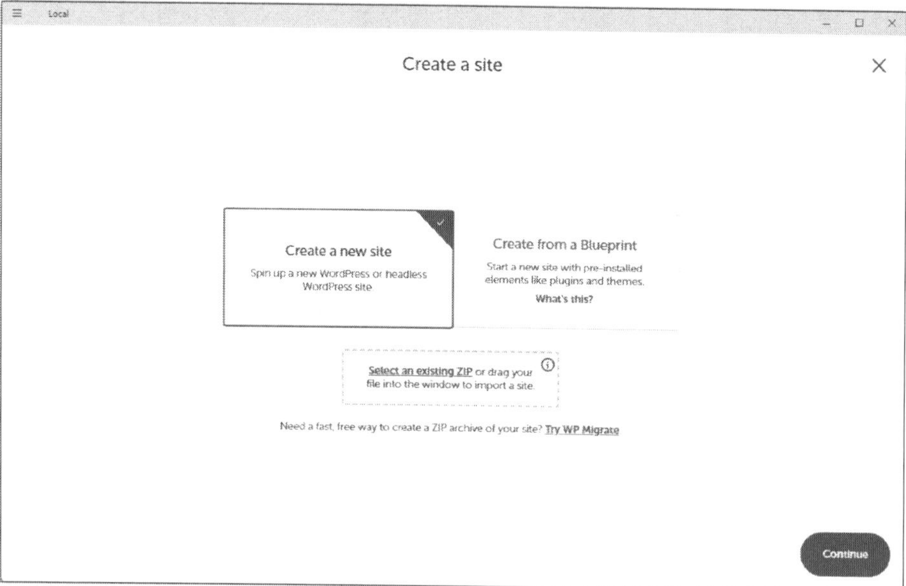

➔ En el siguiente paso, asigne un nombre al nuevo sitio.

En este ejemplo, el nombre es **Sitio cliente Deltal**.

➔ A continuación, haga clic en el botón **Advanced options**.

- El campo Dominio **Local site domain** permite personalizar el nombre de dominio local del sitio. Esta etiqueta se utilizará en la URL local para acceder al sitio.
- El campo **Local site path** especifica la ruta de acceso a la carpeta local del sitio. Opcionalmente, el enlace **Browse** permite cambiar esta ruta. Pero es mejor que evite cambiar este parámetro.

➙ Personalice esta configuración si es necesario.

➙ Haga clic en el botón **Continue**.

El siguiente paso es elegir el entorno técnico de los servidores. De forma predeterminada, se selecciona la opción **Preferred**.

- Haga clic en el botón **Custom** para personalizar los servidores.

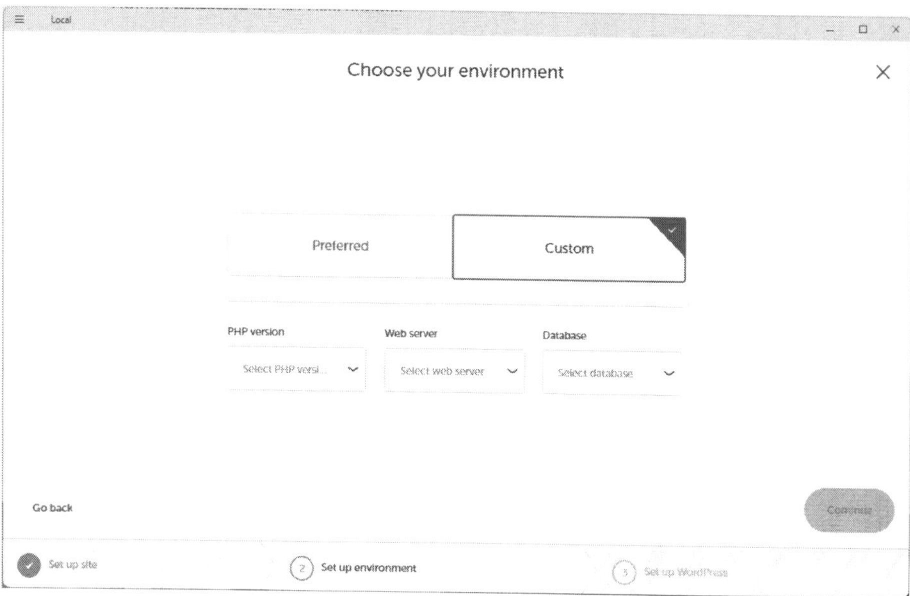

- En la lista desplegable **PHP version**, elija la versión de PHP que desee. Tenga en cuenta que la versión mínima para la última versión de WordPress es 7.4.
- En la lista desplegable **Web server**, puede elegir entre **Apache** y **Nginx**.
- En la lista desplegable **Data base**, puede elegir la versión de MySQL que desee. La versión mínima para WordPress es 5.6.

Estas son las opciones de nuestro ejemplo:

➜ Haga clic en el botón **Continue**.

Para el último paso, como antes, introduzca el ID de inicio de sesión, la contraseña y la dirección principal de correo electrónico.

➜ Haga clic en el botón **Advanced options**.

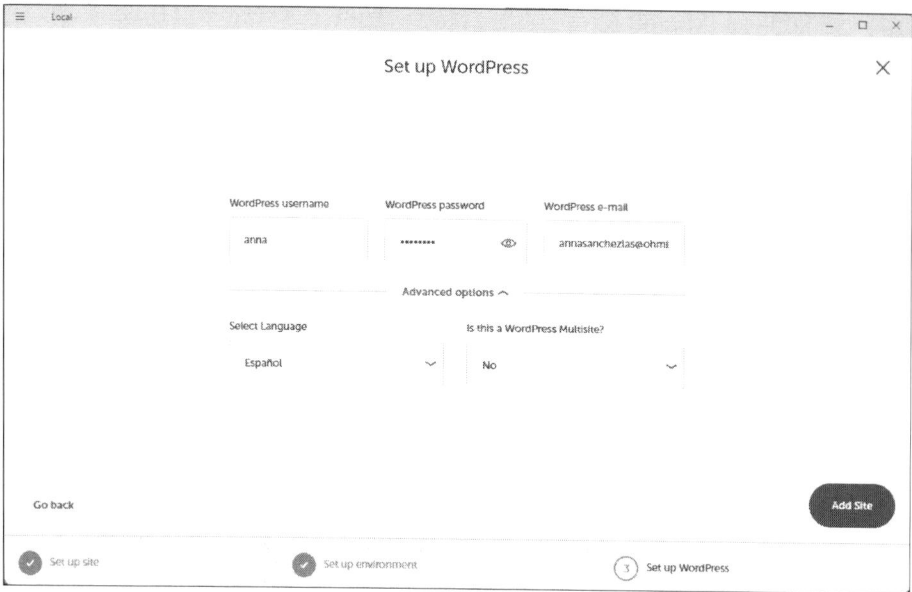

➜ Escoja idioma en la lista **Select Languaje**.

➜ En la lista desplegable **Is this a WordPress Multisite?**, elija **No**.

Los multisitios de WordPress permiten administrar varios sitios en una misma interfaz de administración.

➜ Haga clic en el botón **Add Site**.

El nuevo sitio de WordPress se crea e inicia, con un entorno personalizado.

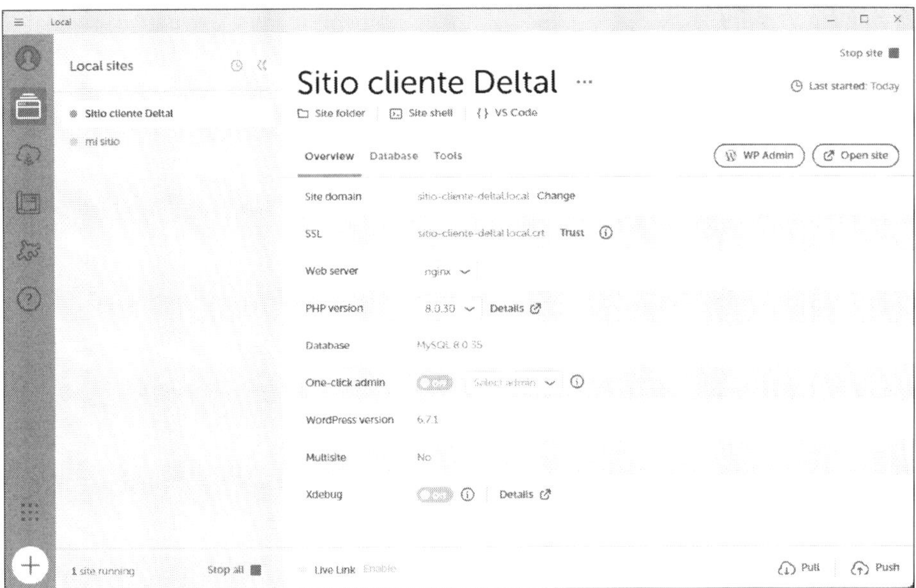

Puede ver la configuración completa de esta personalización en las pestañas **Overview** y **Data base**.

G. Cambiar la configuración de instalación de un sitio de WordPress

Una vez que haya instalado su sitio de WordPress en Local by Flywheel, puede cambiar algunos ajustes de la instalación.

1. Cambiar el nombre del sitio

En la barra lateral izquierda, **Local sites**, puede cambiar el nombre que se muestra. Este cambio solo afecta a la interfaz de Local by Flywheel.

➜ Para el sitio elegido, use el botón con los tres puntitos a la derecha del nombre del sitio o bien el menú contextual y elija **Cambiar nombre**.

Con el menú local:

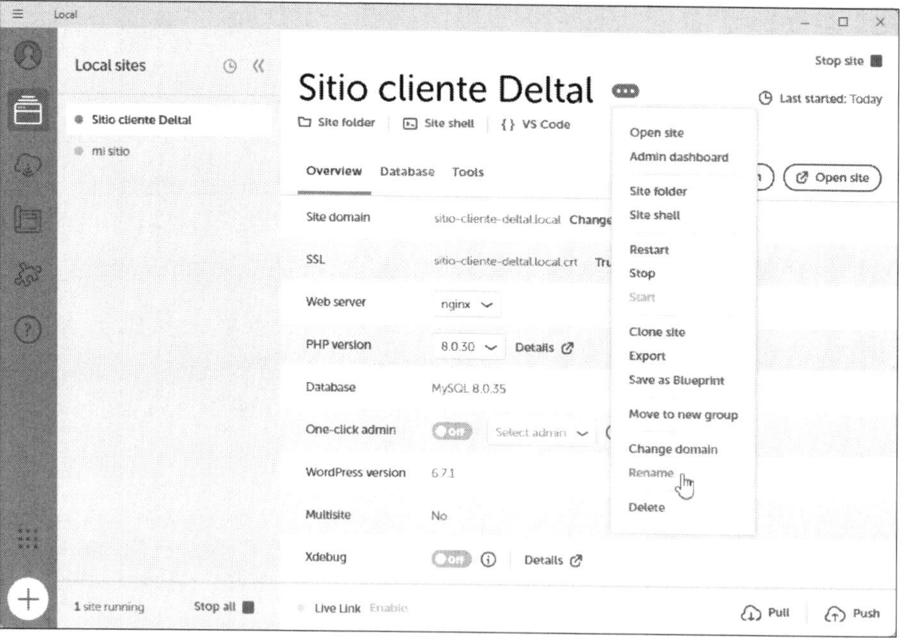

Con el menú contextual:

➜ En la ventana que se abre, cambie el nombre del sitio y haga clic en el botón **Rename site**.

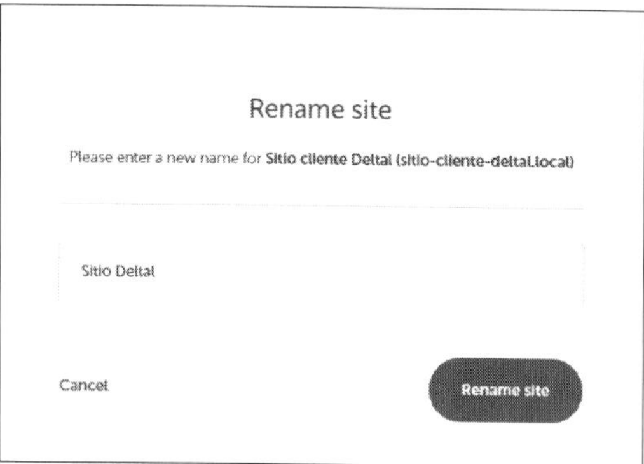

Se cambia el nombre del sitio:

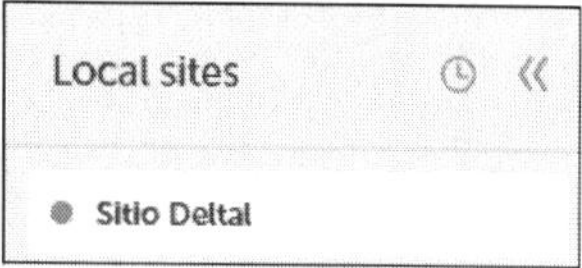

2. Cambiar el nombre de dominio

Después de un cambio de nombre de sitio, el nombre de dominio no se modifica automáticamente. En este ejemplo, el nuevo nombre del sitio es **Sitio Deltal**, pero el nombre de dominio sigue basándose en el nombre anterior: **sitio-cliente-deltal.local**:

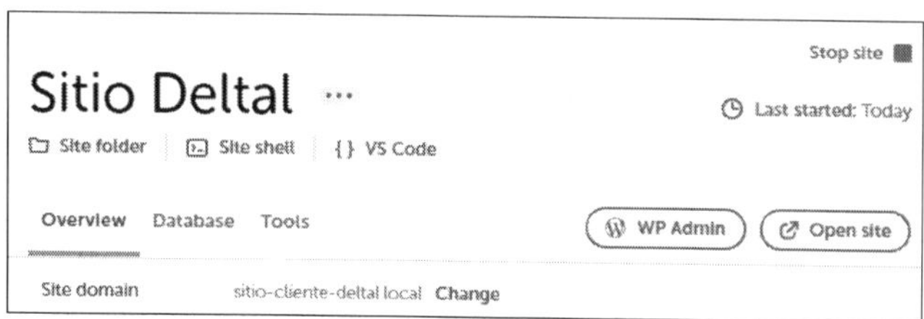

→ Para cambiar el nombre de dominio, se debe iniciar el sitio. Si es necesario, inicie el sitio.

➚ A continuación, en la pestaña **Overview**, en la línea **Site domain**, haga clic en el botón **Change**.

➚ En la ventana que se abre, cambie el nombre del dominio y haga clic en el botón **Change domain**.

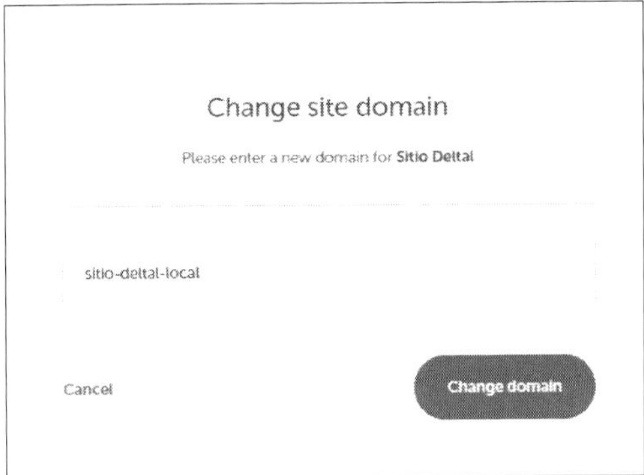

Observe que se le pedirá la contraseña del administrador de su ordenador y también que acepte la configuración de seguridad, según el sistema operativo de su equipo.

Se cambia el nombre de dominio:

3. Activar el certificado SSL

Tenga en cuenta que algunas extensiones deben disponer de un certificado SSL para funcionar correctamente. Por otro lado, un sitio que utiliza un certificado SSL es una garantía de seguridad y confianza para los visitantes, que podrán, en ese caso, utilizar el protocolo HTTPS. Es por eso por lo que puede activar un certificado SSL local para su equipo en Local by Flywheel.

> Preste atención: se trata de obtener un certificado SSL local para su equipo, y no de adquirir un certificado SSL para la futura publicación de su sitio con un host profesional.

➜ Con el sitio que desee seleccionado e iniciado, en la pestaña **Overview**, en la línea **SSL**, haga clic en el botón **Trust**.

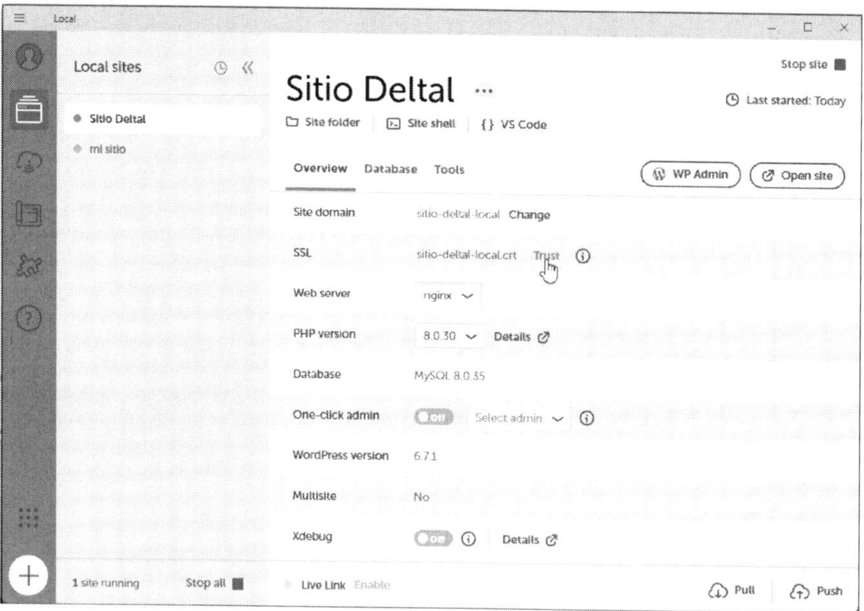

> De nuevo, tenga en cuenta que se le pedirá la contraseña del administrador de su ordenador y también que acepte la configuración de seguridad, según el sistema operativo de su equipo.

El certificado SSL está activado localmente para este sitio:

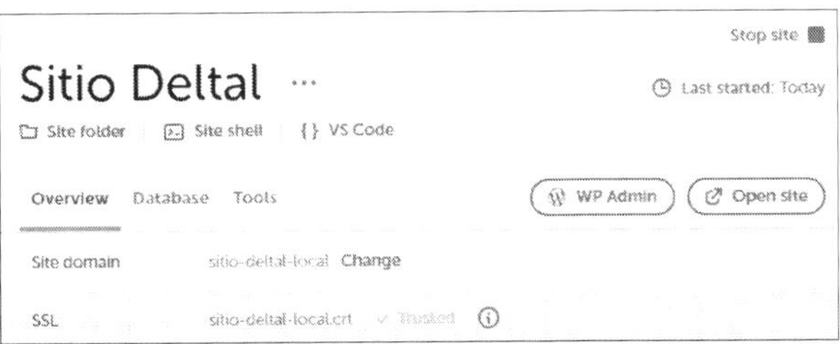

4. Cambiar el servidor web y la versión de PHP

También puede cambiar el servidor web y la versión de PHP utilizada para el sitio que desee.

➜ Con el sitio en cuestión seleccionado e iniciado, en la pestaña **Overview**, en la lista desplegable de la línea **Web server**, elija **nginx** o **Apache** en función de lo que haya elegido con anterioridad.

➜ A continuación, haga clic en **Apply**.

→ En la ventana que aparece, confirme el cambio de servidor haciendo clic en el botón **Apply changes**.

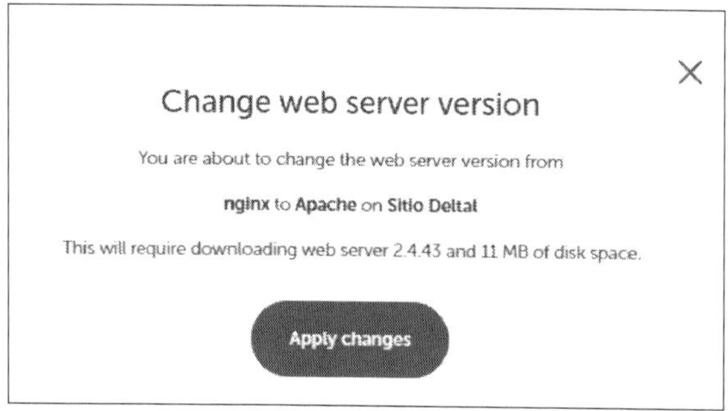

El servidor web ha cambiado:

También puede cambiar la versión de PHP utilizada en el sitio.

→ Con el sitio deseado seleccionado e iniciado, en la pestaña **Overview**, en la lista desplegable de la línea **PHP version**, elija la versión deseada.

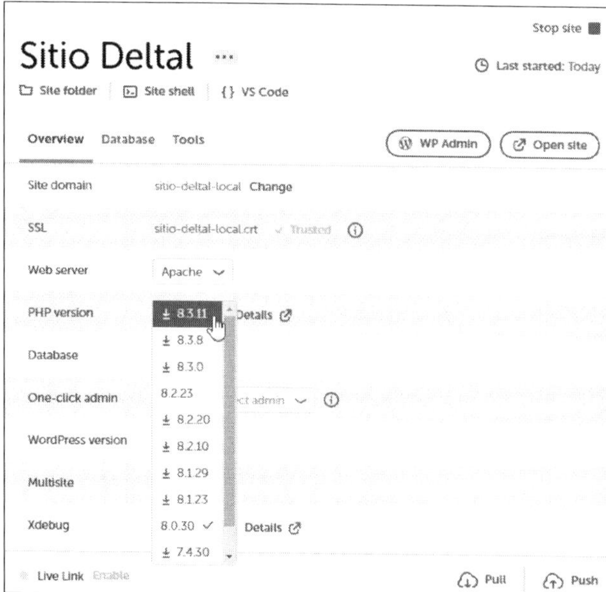

➙ A continuación, haga clic en **Apply**.

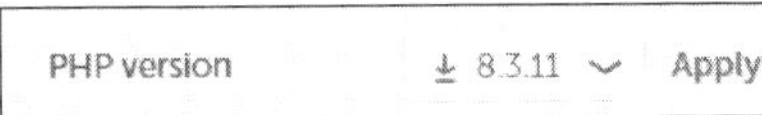

➙ En la ventana que aparece, confirme el cambio de versión de PHP haciendo clic en el botón **Apply changes**.

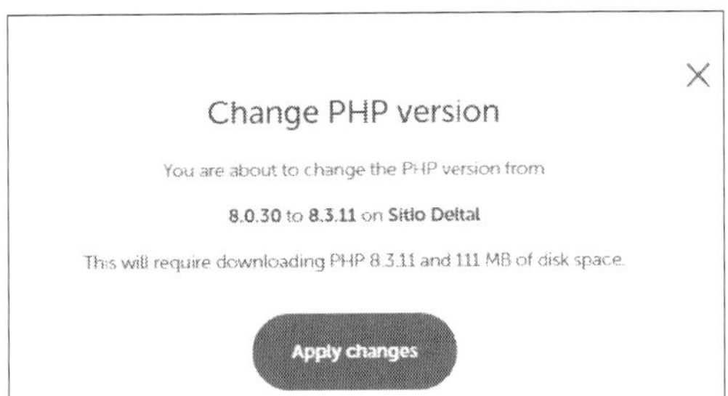

Si es necesario, Local by Flywheel descarga la versión deseada de PHP:

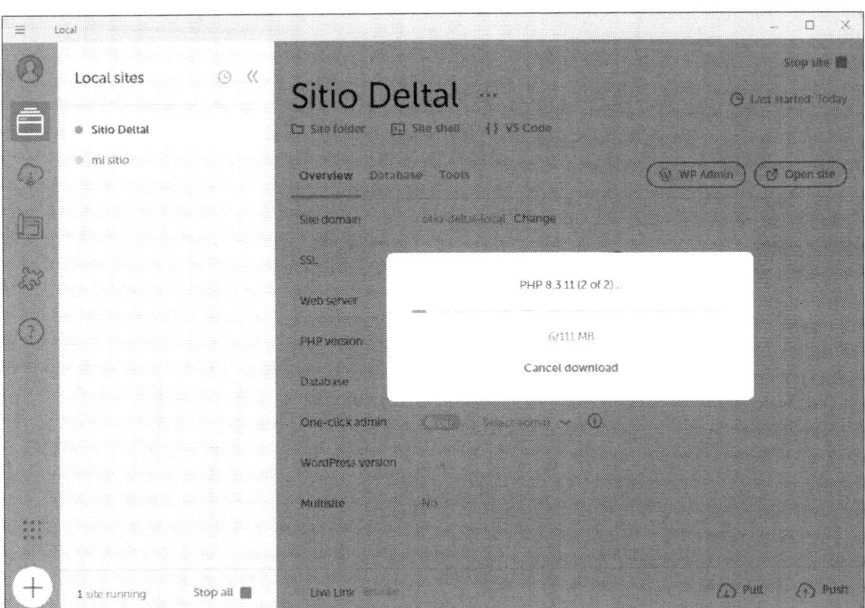

La nueva versión está activada:

5. Activar el inicio de sesión automático

Cuando necesite conectarse a la interfaz de administración de su sitio de WordPress, debe identificarse e introducir su contraseña en un formulario de inicio de sesión. En el desarrollo de un sitio local, esto es tedioso y repetitivo. Para evitarlo, Local by Flywheel le ofrece una conexión automática a la interfaz de administración de su sitio de WordPress.

Después de una instalación estándar de WordPress, esta función no está activada. Con la pestaña **Overview** seleccionada, el botón de la línea **One-click admin** está en **Off**.

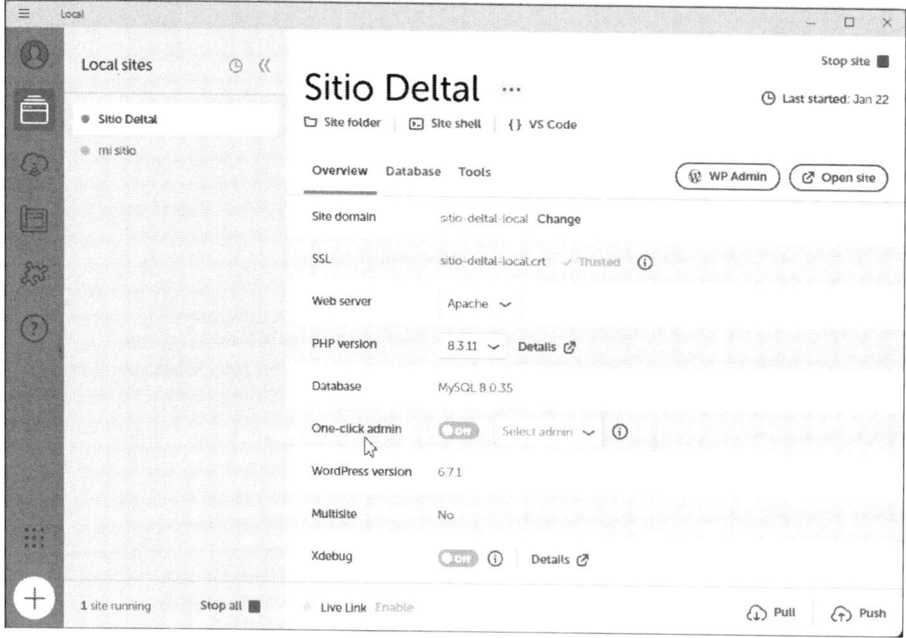

➜ Para activar esta función, haga clic en el botón **Off**, que cambiará a **On**.

→ Y en la lista desplegable de administradores, seleccione el usuario deseado.

Inicialmente solo hay uno; es usted porque fue usted quien instaló WordPress.

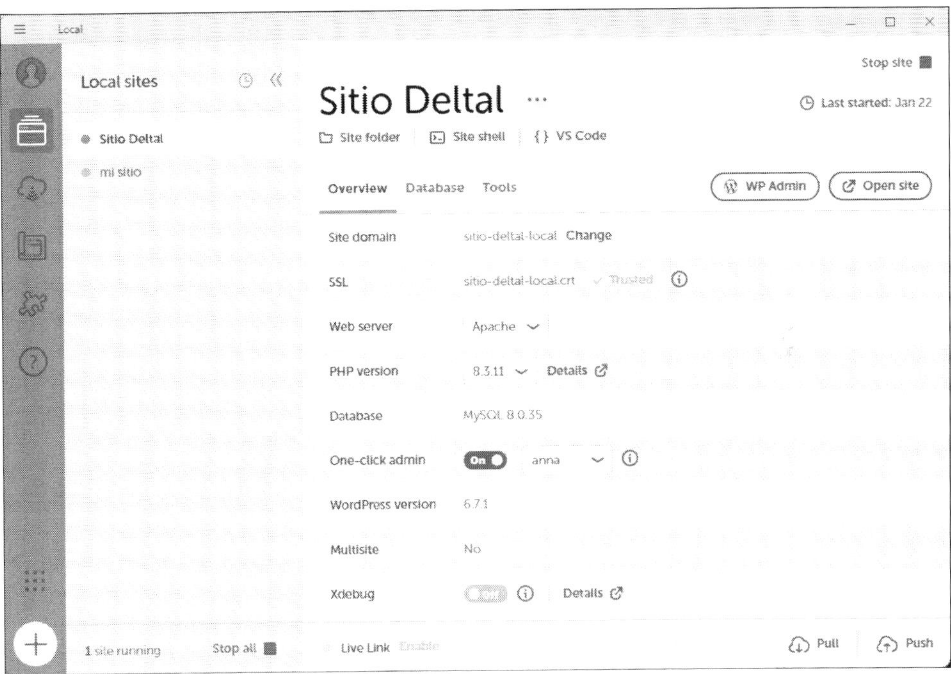

No hay confirmación; el cambio se aplica inmediatamente.

Ahora, con esta función activada, podrá iniciar sesión directamente en la interfaz de administración sin tener que completar el formulario de inicio de sesión. Esto le ahorrará mucho tiempo.

H. Administrar sitios locales

1. Detener todos los sitios iniciados

Con Local by Flywheel, puede administrar varios sitios de WordPress al mismo tiempo. Echemos un vistazo a las funciones de administración del sitio.

→ Recuerde que, para iniciar uno de sus sitios, en la barra lateral izquierda **Local sites**, simplemente haga clic en el punto gris al lado del nombre del sitio deseado.

→ Haga lo mismo con cada sitio que quiera iniciar.

→ Si tiene varios sitios iniciados, puede detenerlos todos haciendo clic en el botón **Stop all**, en la parte inferior de la columna lateral izquierda **Local sites**.

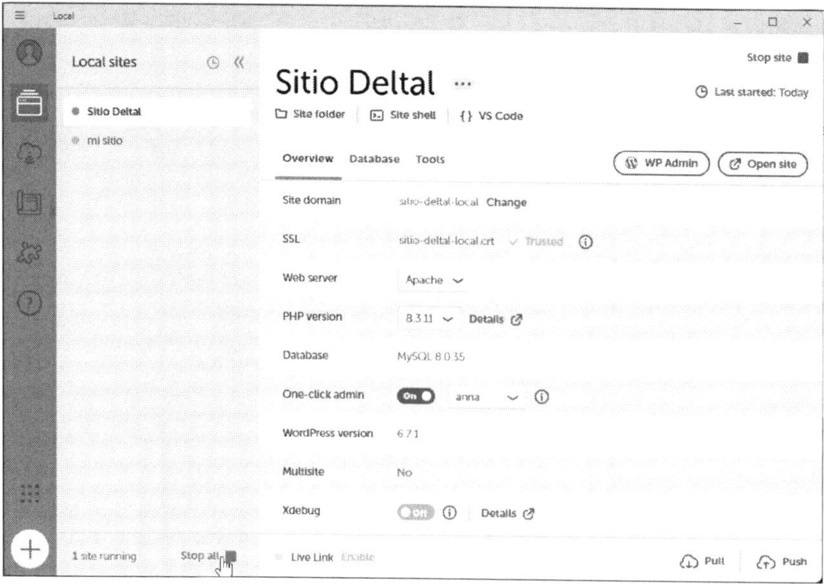

2. Conocer los comandos simples del menú local o el contextual

Para administrar sitios locales, puede utilizar el menú local o el contextual de uno de los sitios.

Este es el menú contextual de un sitio detenido:

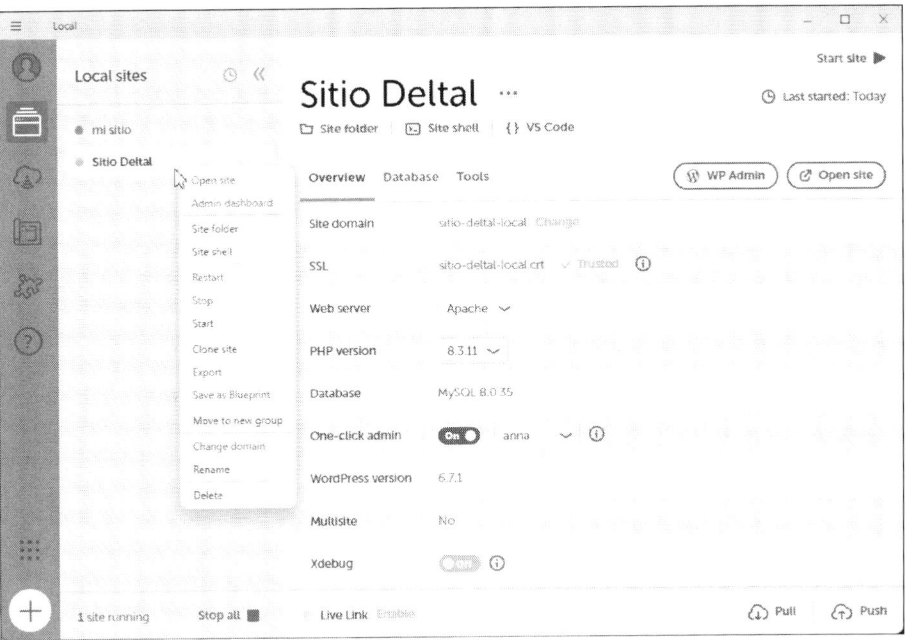

Y este es el menú local de un sitio detenido:

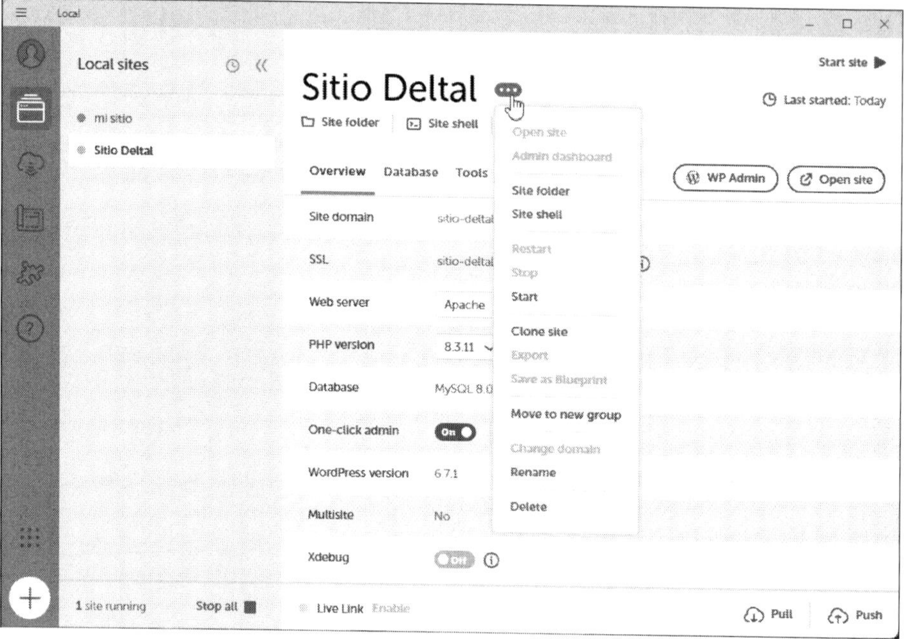

Este es el menú contextual de un sitio iniciado:

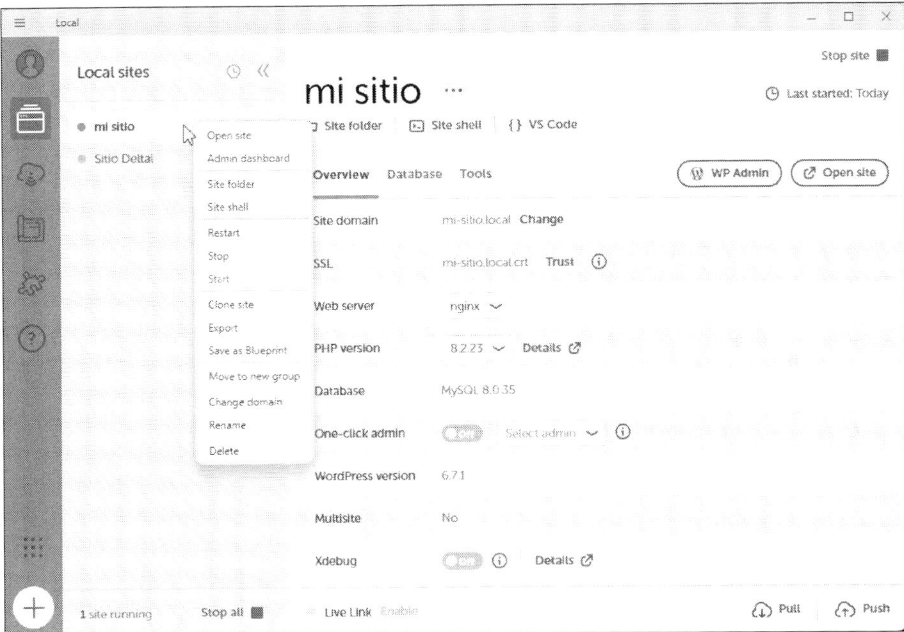

Y este es el menú local de un sitio iniciado:

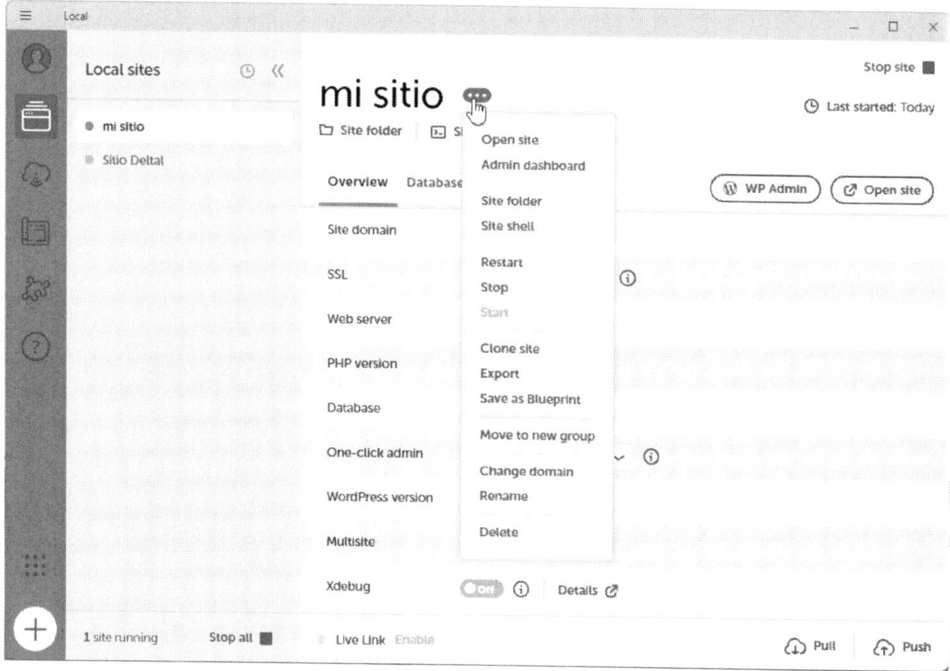

He aquí los elementos de este menú contextual:

- **Open site** permite mostrar el sitio publicado en el navegador, cuando el sitio está iniciado.
- **Admin dashboard** permite mostrar la administración del sitio de WordPress, cuando el sitio está iniciado.
- **Site folder** muestra la carpeta local del sitio en el administrador de archivos.
- **Site shell** abre un terminal para administrar el sitio con líneas de comandos.
- **Restart** permite reiniciar un sitio ya iniciado.
- **Stop** detiene el sitio iniciado.
- **Start** inicia el sitio seleccionado.
- **Clone site** permite duplicar el sitio.
- **Export** para exportar el sitio en formato zip, con el fin de importarlo a otro entorno de desarrollo Local by Flywheel.
- **Save as Blueprint** para guardar el sitio seleccionado como plantilla de sitio.

- **Move to new group** mueve el sitio seleccionado a un nuevo grupo de sitios.
- **Charge domain** permite cambiar el nombre de dominio del sitio.
- **Rename** permite cambiar el nombre del sitio en Local by Flywheel.

3. Duplicar un sitio

Local by Flywheel permite duplicar un sitio seleccionado. Esto resulta muy práctico para realizar una prueba en el sitio en desarrollo sin poner en peligro todo el trabajo realizado. Si la prueba no sale bien, puede eliminar el duplicado sin ningún problema.

➜ En la columna lateral izquierda, para el sitio que desee, seleccione **Clone site** en el menú contextual o en el menú local.

➜ En la ventana **Clone site**, en el campo, asigne un nombre al duplicado.

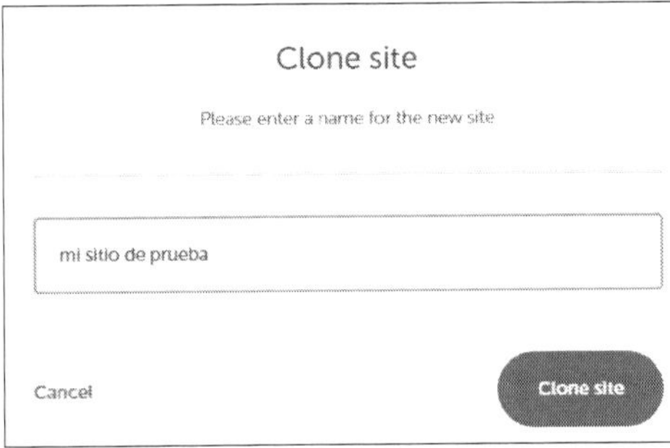

➜ Haga clic en el botón **Clone site**.

El sitio se duplica y se inicia inmediatamente. Tenga en cuenta que deberá proporcionar la contraseña de administrador del equipo y aceptar la configuración de seguridad, según el sistema operativo de su ordenador.

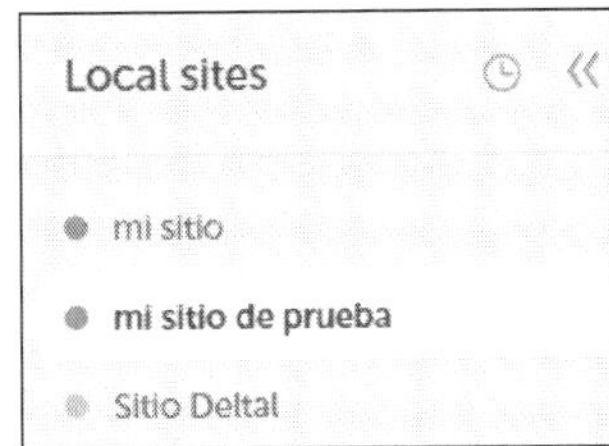

4. Exportar e importar un sitio

Cuando se trabaja en un equipo remoto, puede resultar muy práctico transferir un sitio a un miembro de su equipo. Con Local by Flywheel, puede exportar un sitio y su colega podrá importarlo.

→ En la columna lateral izquierda, para el sitio deseado, seleccione **Export** en el menú contextual o en el local.

→ En la ventana de exportación, en el campo **File exclusión filter**, puede especificar las extensiones de los archivos que no se deben exportar. Esto es muy práctico para evitar sobrecargar la exportación con archivos de tipo archivado.

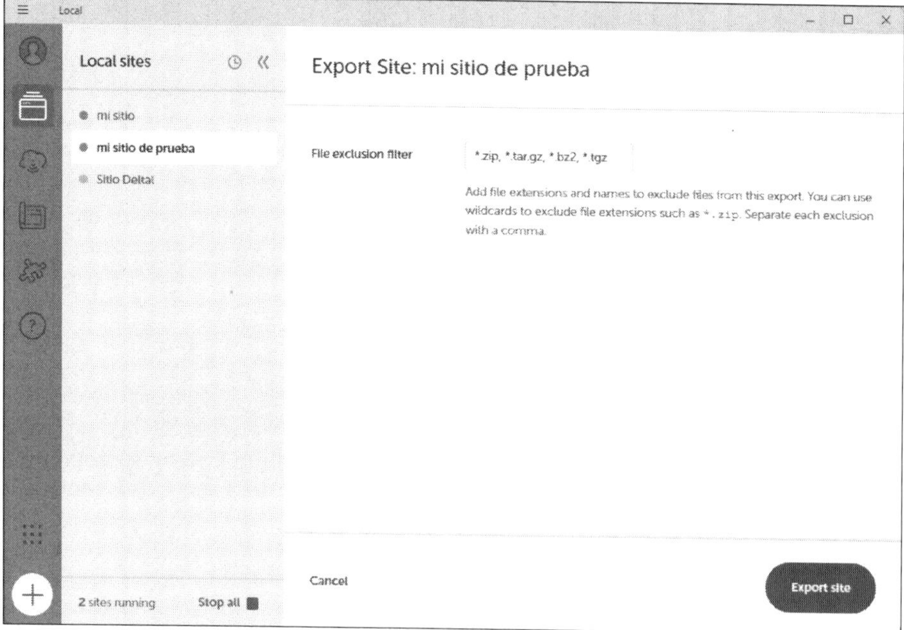

→ Haga clic en el botón **Export site**.

→ A continuación, elija la ubicación de la exportación en su equipo para guardar el archivo.

Se exporta un archivo.

Seguidamente, el destinatario de la exportación tendrá que abrir, en Local by Flywheel, el menú **Local**, en la esquina superior izquierda, y elegir **Import site**. A continuación, solo tiene que seleccionar el archivo.

Se abre la ventana de importación.

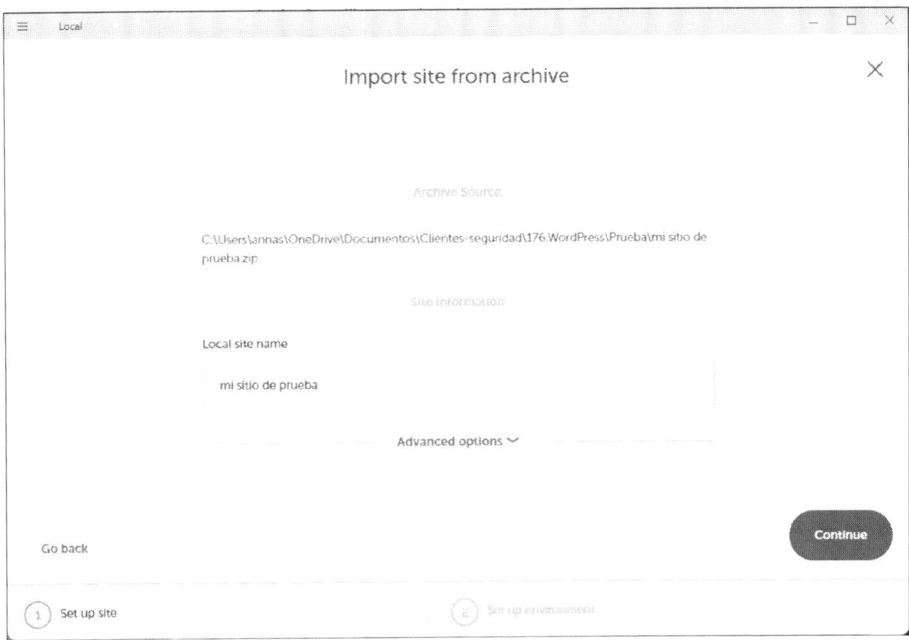

El destinatario tendrá que configurar la creación de este nuevo sitio desde la importación del archivo. El nuevo sitio importado se crea y se inicia inmediatamente.

5. Usar plantillas de instalación

Local by Flywheel permite ahorrar mucho tiempo en la instalación de sitios de WordPress con el uso de plantillas de instalación, las *Blueprints*.

Supongamos que necesita diseñar varios sitios en la misma área de negocio para varios clientes. La primera instalación de WordPress utilizará extensiones, personalizaciones, usuarios con roles comunes o incluso un tema principal que personalizará en temas secundarios específicos para cada cliente. El primer sitio contiene todos los elementos comunes a todos los sitios futuros. Este primer sitio servirá como plantilla de instalación para todos los sitios siguientes.

- En la columna de la lista de sitios, inicie el sitio que servirá como plantilla. Este sitio debe contener toda la configuración requerida.
- En el menú contextual o en el menú local, seleccione **Save as Blueprint**.

→ En el campo **Name your new Blueprint**, asigne un nombre a la plantilla de instalación.

→ En el campo **File exclusion filter**, puede especificar las extensiones de archivo que no se deben incorporar en la plantilla.

→ Haga clic en el botón **Save Blueprint**.

Se crea la plantilla de instalación.

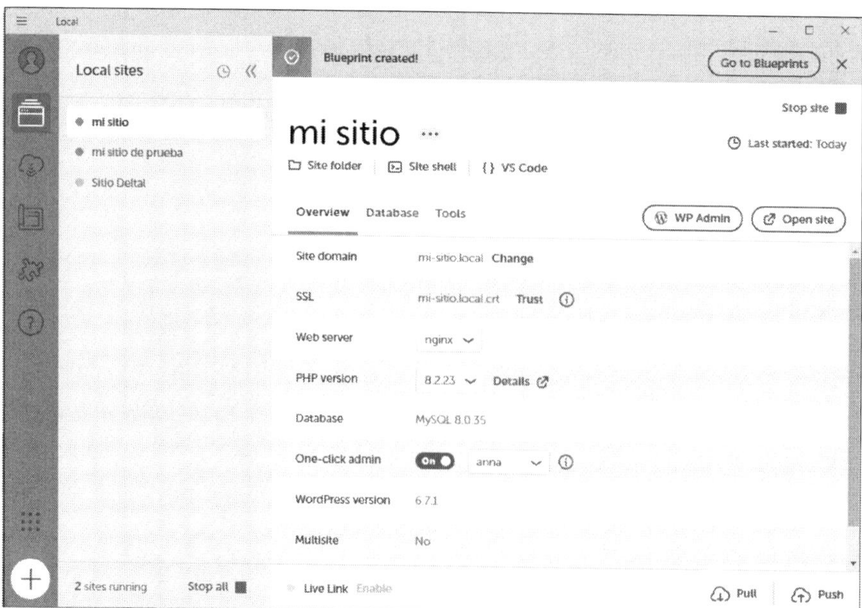

➜ Para ver la lista de plantillas de sitio (*blueprint*), en la columna lateral izquierda, haga clic en el botón **Blueprints**.

Local
Blueprints
What are Blueprints?
My Blueprints
Plantilla sitio ES y extensiones
Created 23/1/25, 12:53
Show details

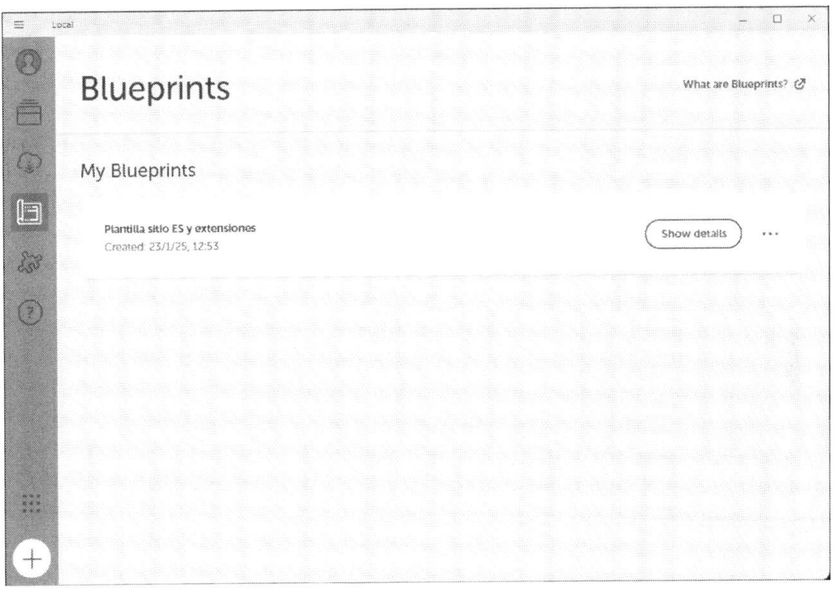

➜ Para ver la información de una plantilla, en su línea, haga clic en el botón **Show details**.

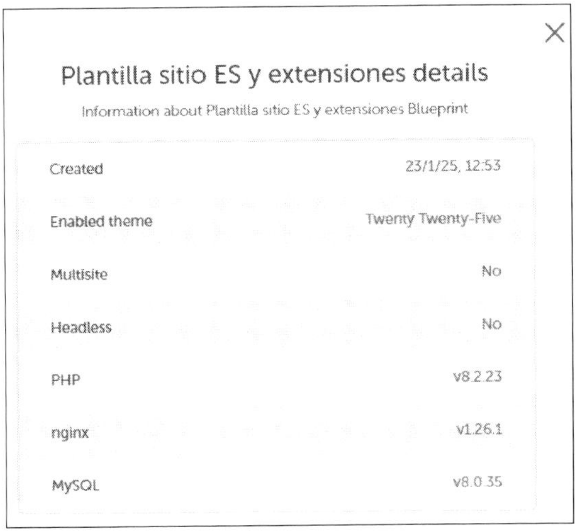
Plantilla sitio ES y extensiones details
Information about Plantilla sitio ES y extensiones Blueprint
Created
23/1/25, 12:53
Enabled theme
Twenty Twenty-Five
Multisite
No
Headless
No
PHP
v8.2.23
nginx
v1.26.1
MySQL
v8.0.35

Para utilizar esta plantilla de instalación, debe instalar un nuevo sitio.

- En la barra lateral izquierda, haga clic en el botón **+ Add Local site**.
- En la ventana **Create a site**, seleccione **Create from a Blueprint** y haga clic en el botón **Continue**.

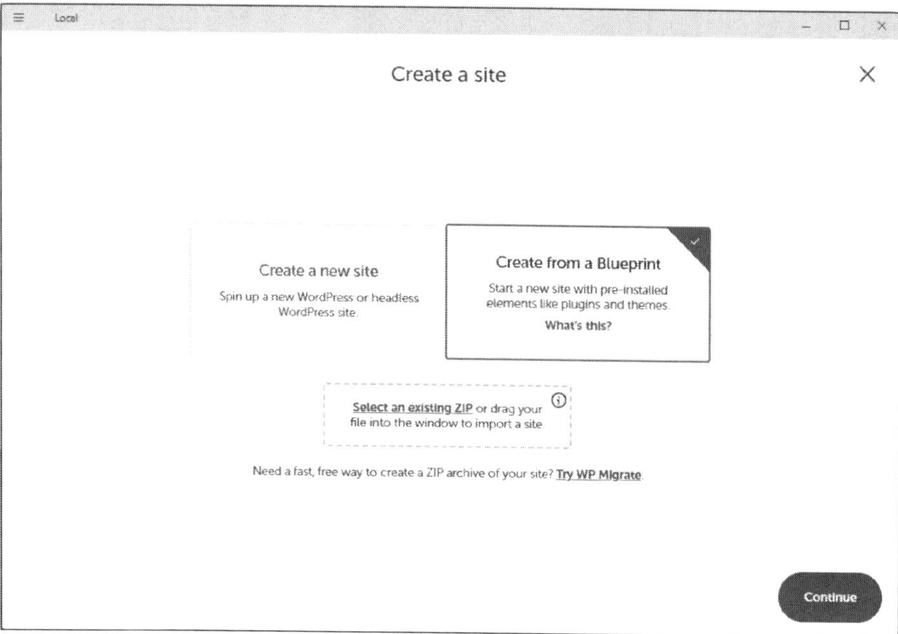

- De la lista de plantillas, seleccione la que desee y haga clic en el botón **Continuar**.

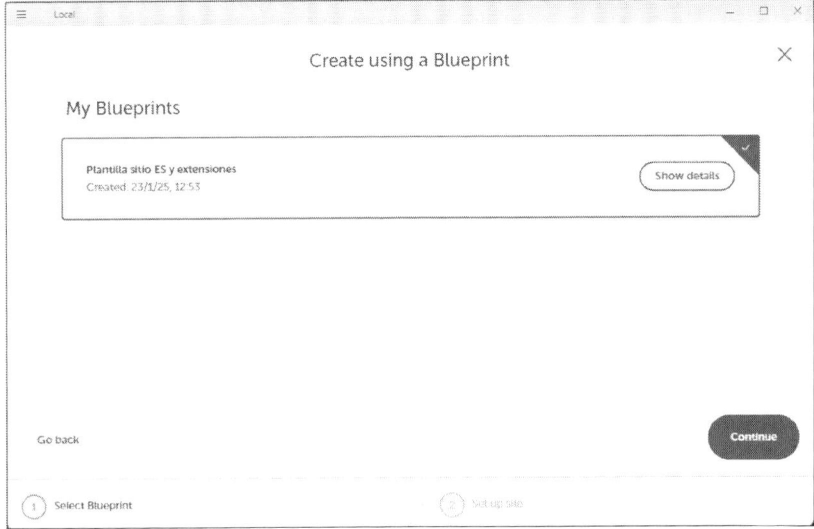

➙ A continuación, asigne un nombre a su sitio y modifique la configuración avanzada si es necesario.

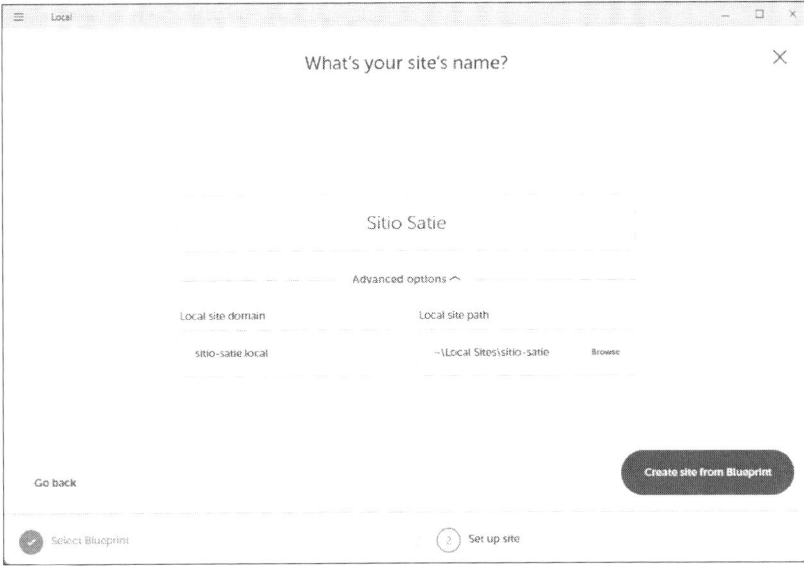

➙ Haga clic en el botón **Create site from Blueprint**.

El sitio se crea y se inicia inmediatamente:

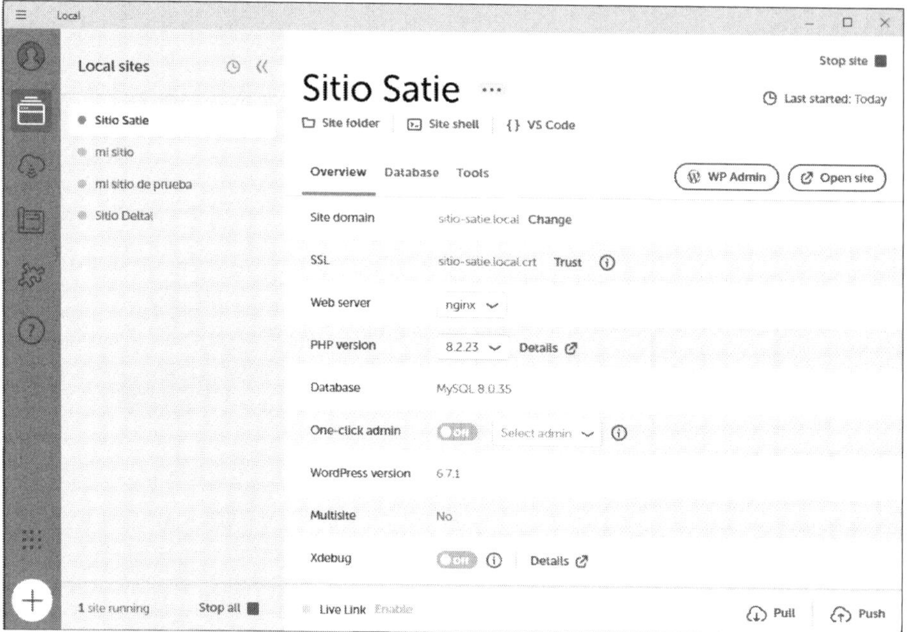

6. Eliminar un sitio

Una vez que haya terminado de diseñar un sitio, puede eliminarlo, por supuesto.

→ En la barra lateral izquierda, para el sitio deseado, en el menú contextual o en el menú local, seleccione **Delete**.

- En la ventana que aparece, puede marcar la opción **Move site files to trash** en macOS o **Move site files to recycling bin** en Windows y Linux, que permite mover todos los archivos del sitio a la papelera.
- Luego, debe confirmar esta eliminación haciendo clic en el botón **Delete site**.

Después de las validaciones del sistema, el sitio se elimina de Local by Flywheel y los archivos se colocan en la papelera.

7. Ofrecer una demo

Local by Flywheel ofrece realizar una demo de un sitio en desarrollo sin necesidad de publicarlo en Internet, gracias a la función **Live Links**.

El primer paso consiste en crear una cuenta con Local by Flywheel.

- Con un sitio iniciado, en la pestaña **Tools**, haga clic en **Live Links**.

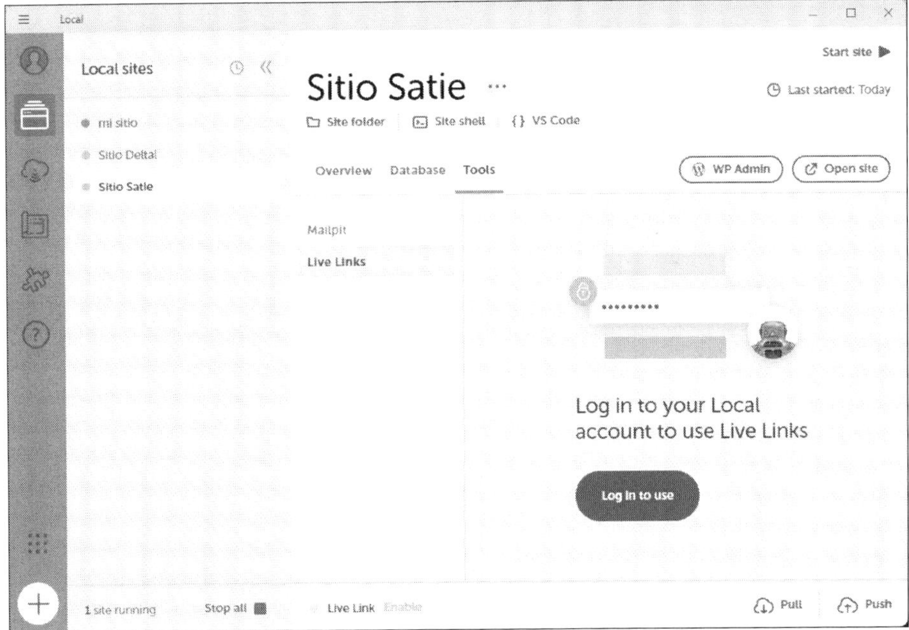

- Haga clic en el botón **Log in to use**.

Se le dirige al sitio web local: **https://hub.localwp.com/login**.

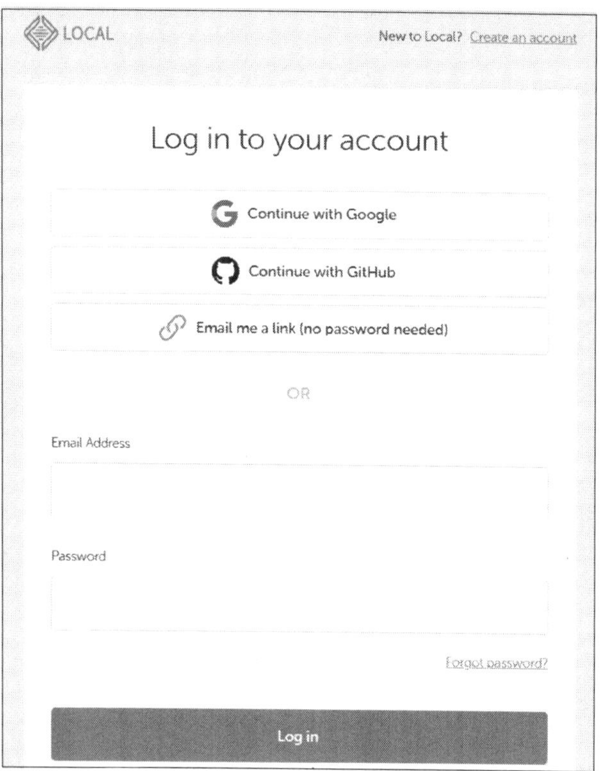

→ En la parte superior, haga clic en el enlace **Create an account**.

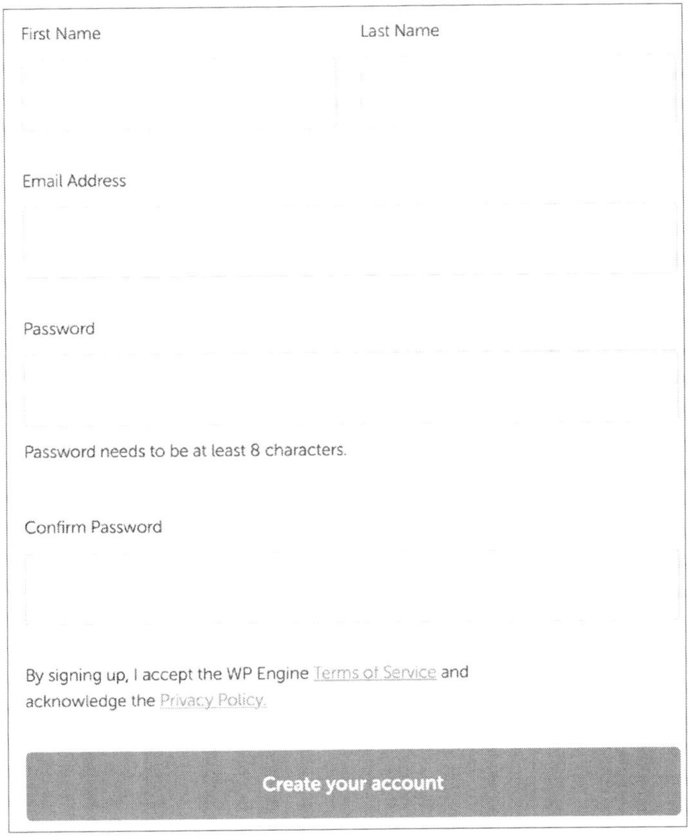

First Name Last Name

Email Address

Password

Password needs to be at least 8 characters.

Confirm Password

By signing up, I accept the WP Engine Terms of Service and acknowledge the Privacy Policy.

Create your account

- Rellene los campos solicitados.
- A continuación, haga clic en el botón **Create your account**.

Se envía un correo electrónico de confirmación:

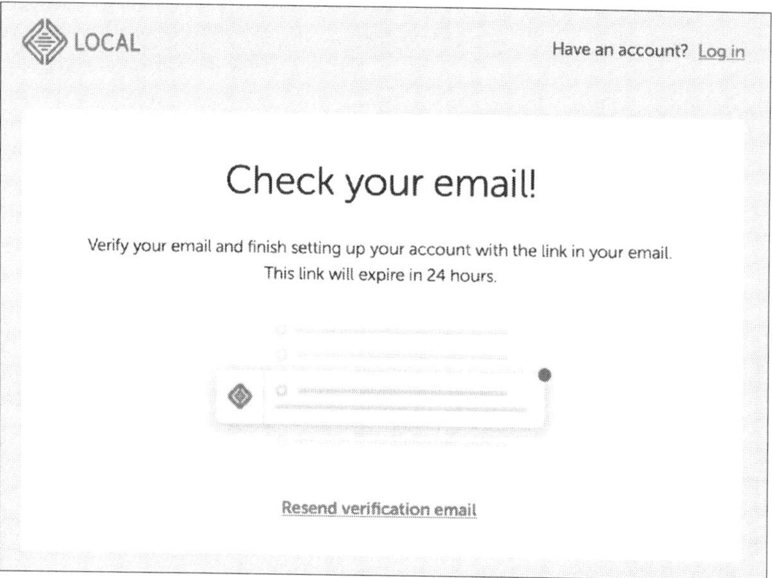

→ Abra su correo electrónico y confirme su dirección de correo electrónico.

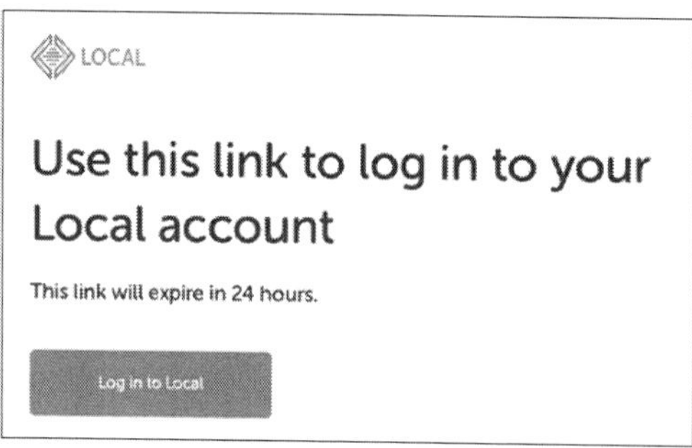

Será redirigido al sitio web local para permitirle iniciar sesión haciendo clic en el botón **Iniciar sesión**.

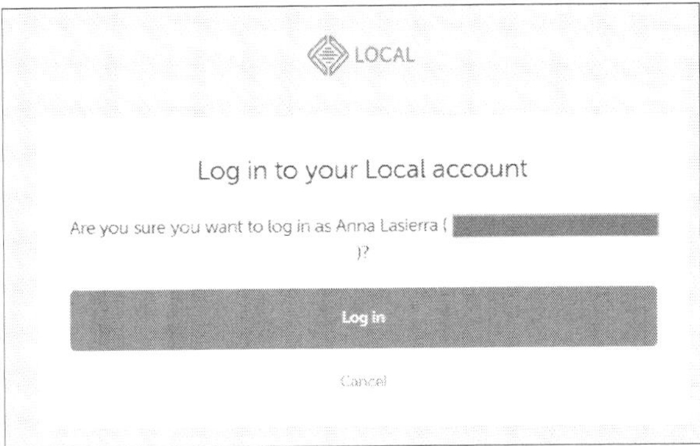

Está viendo Local by Flywheel y ha iniciado sesión:

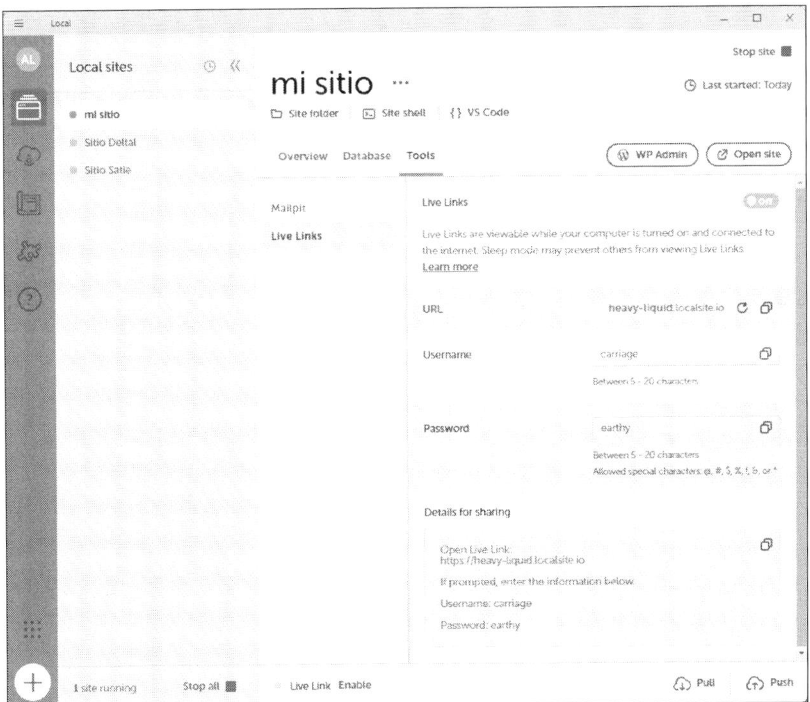

La pestaña **Tools** está seleccionada y la línea **Live Links** está activa.

Ahora, debe crear una URL de inicio de sesión para que sus clientes puedan iniciar sesión en el sitio de demostración.

Independientemente de la pestaña que se muestre, verá en la parte inferior de la administración de Local la indicación **Live Link Enable**: el **Live Link** no está activado, el botón de la izquierda es gris.

→ Haga clic en el botón **Enable**.

Se crea el enlace y el botón al lado de **Live Link** se vuelve verde:

En la pestaña **Tools**, con **Live Links** seleccionado, puede ver todos los ajustes de uso compartido de URL.

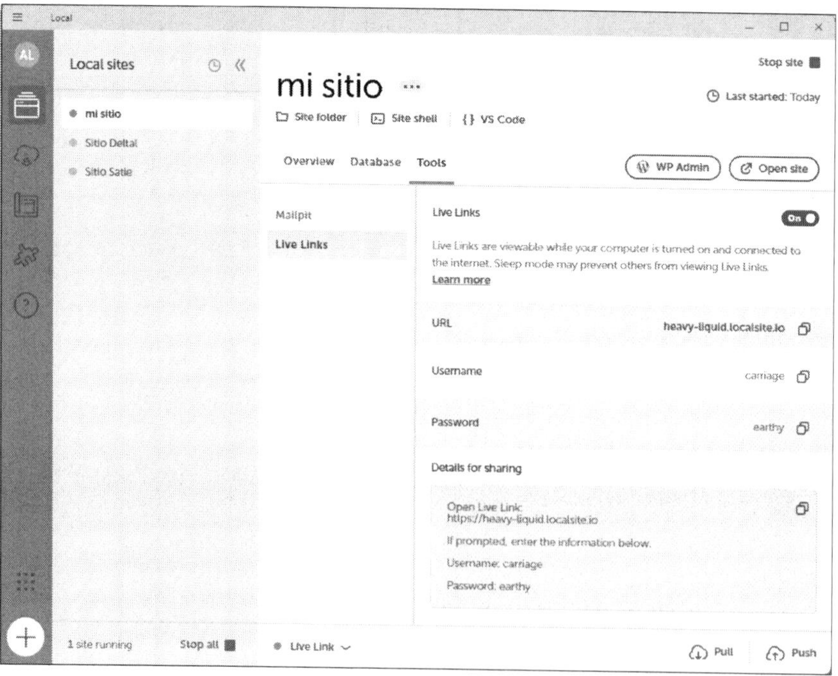

Para enviar la URL por correo electrónico a un destinatario, Local crea un nombre de usuario y una contraseña. No se preocupe: el destinatario solo verá el sitio publicado.

➜ Haga clic en el botón **Live Link** para encontrar esta misma información:

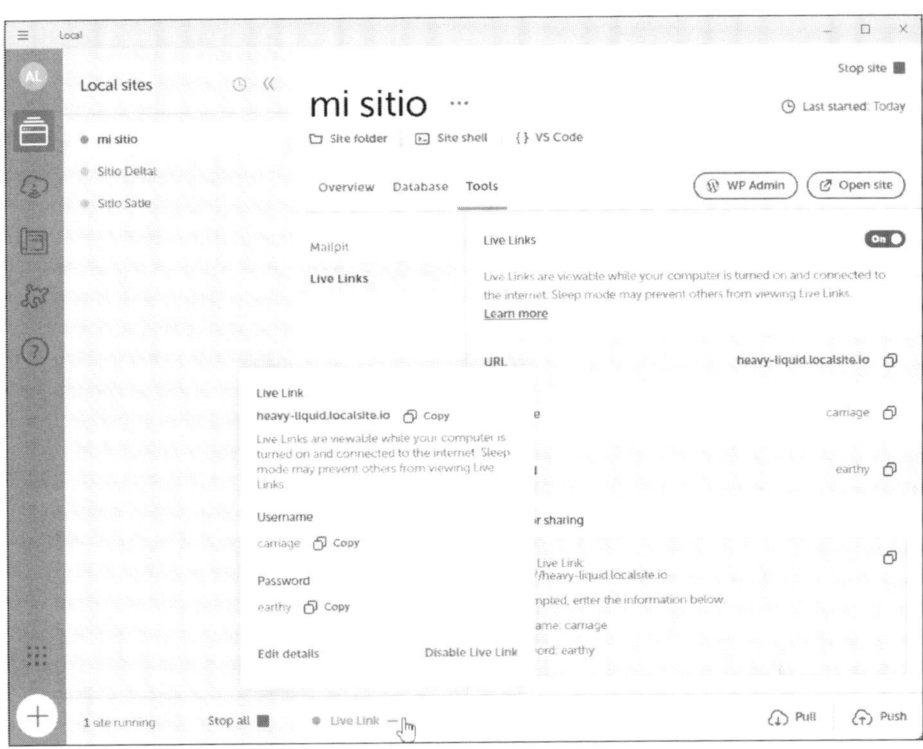

- En la pestaña **Tools**, con **Live Links** seleccionado, en el cuadro **Details for sharing**, haga clic en el botón **Copy to clipboard**.

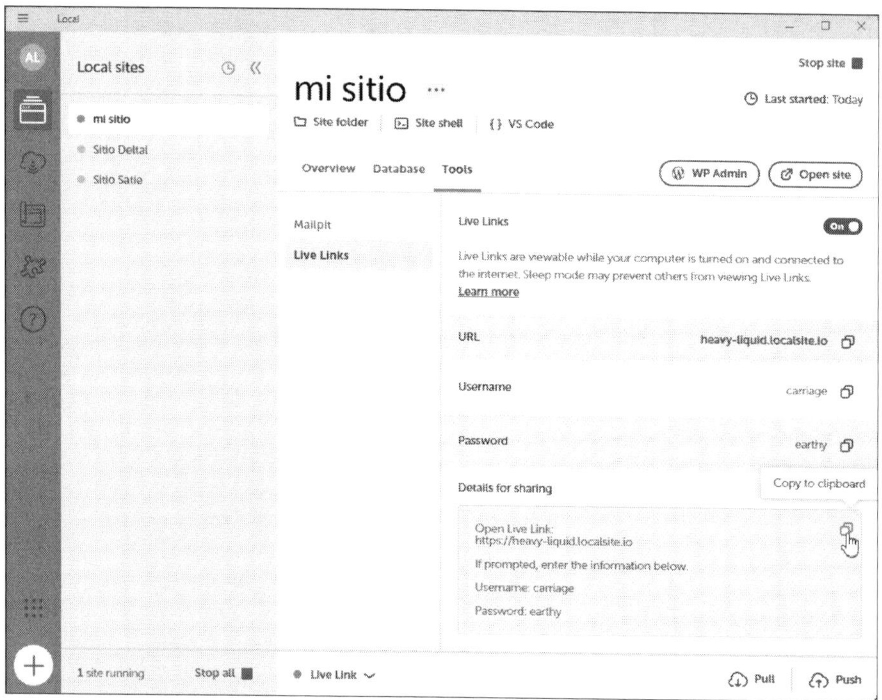

- Redacte un correo electrónico para el cliente y pegue la información de inicio de sesión:

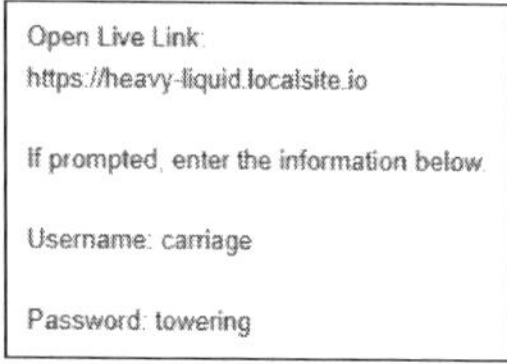
Open Live Link:
https://heavy-liquid.localsite.io

If prompted, enter the information below.

Username: carriage

Password: towering

El cliente tiene el enlace para acceder al sitio de demo, el nombre de usuario y la contraseña para ver el sitio.

Al hacer clic en el enlace proporcionado, el cliente abre su navegador y debe completar el formulario de conexión:

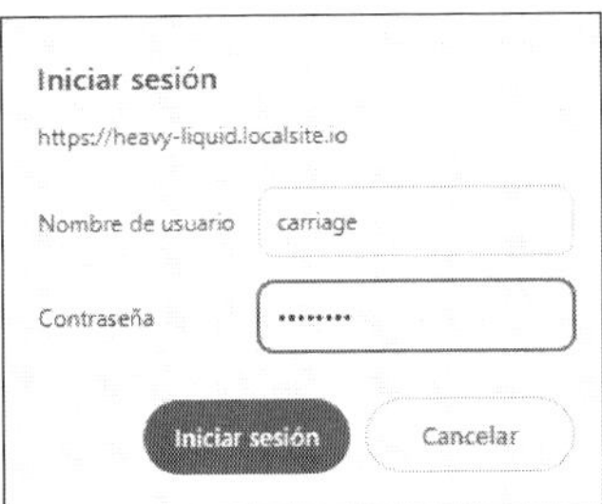

Al hacer clic en el botón **Iniciar sesión**, el cliente muestra el sitio de demo.

→ Para detener la demo, en Local, en el botón **Live Links**, haga clic en el botón **Disable Live Link**.

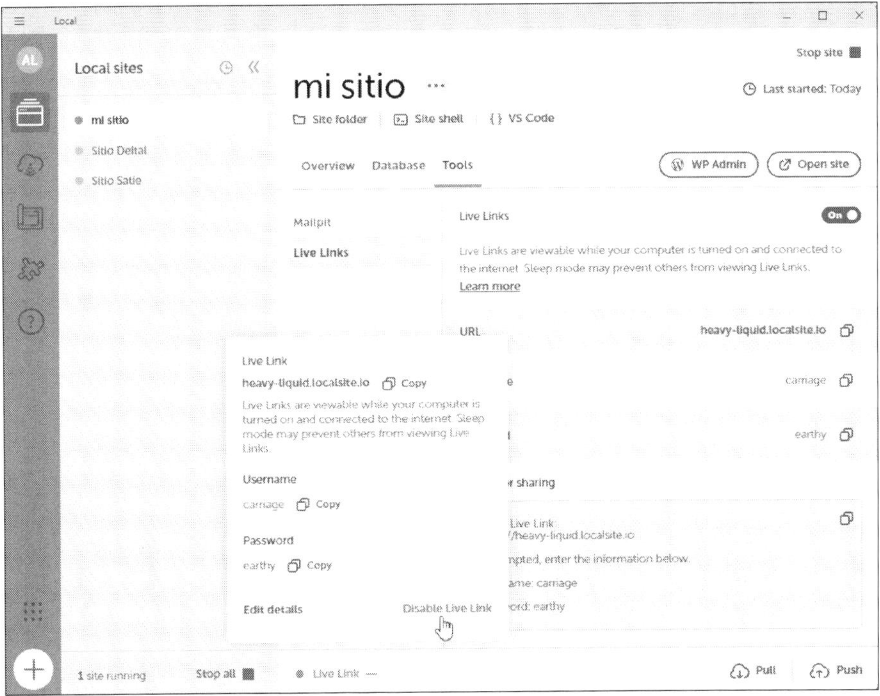

La conexión con el sitio de demostración se interrumpe.

8. Usar el correo electrónico de Mailpit

Local by Flywheel incrusta de forma nativa **Mailpit**, una herramienta que funciona como un servidor SMTP local. Mailpit recibe todos los correos electrónicos enviados por el sitio de WordPress localmente en una interfaz simple en el navegador. No se trata de una aplicación completa de mensajería.

> Tenga en cuenta que los correos electrónicos no se conservan. Se eliminan automáticamente cuando se cierra la sesión del sitio en Local.

Mailpit captura todos los correos electrónicos que salen del sitio de WordPress: desde el correo electrónico que se envía a un nuevo usuario o cuando se cambia una contraseña o una dirección de correo electrónico, o ante una actualización de WordPress, por ejemplo.

Tan pronto como instale un nuevo sitio en Local, Mailpit recibirá el correo electrónico enviado al administrador del nuevo sitio.

→ Cree un nuevo sitio.

En este ejemplo, se llama **Mis viajes**:

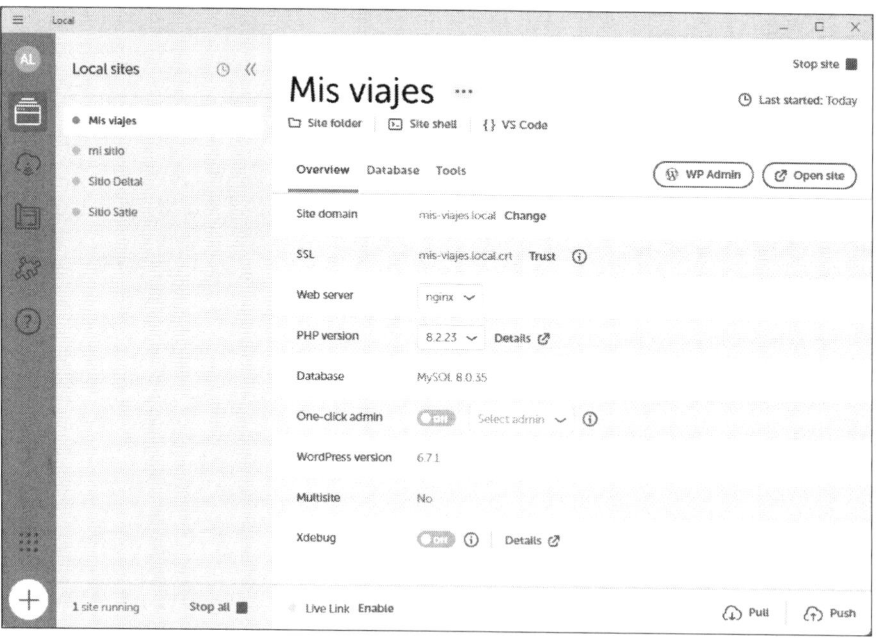

→ Para este sitio, en la pestaña **Tools**, en la fila **Mailpit**, haga clic en el enlace **Open Mailpit**.

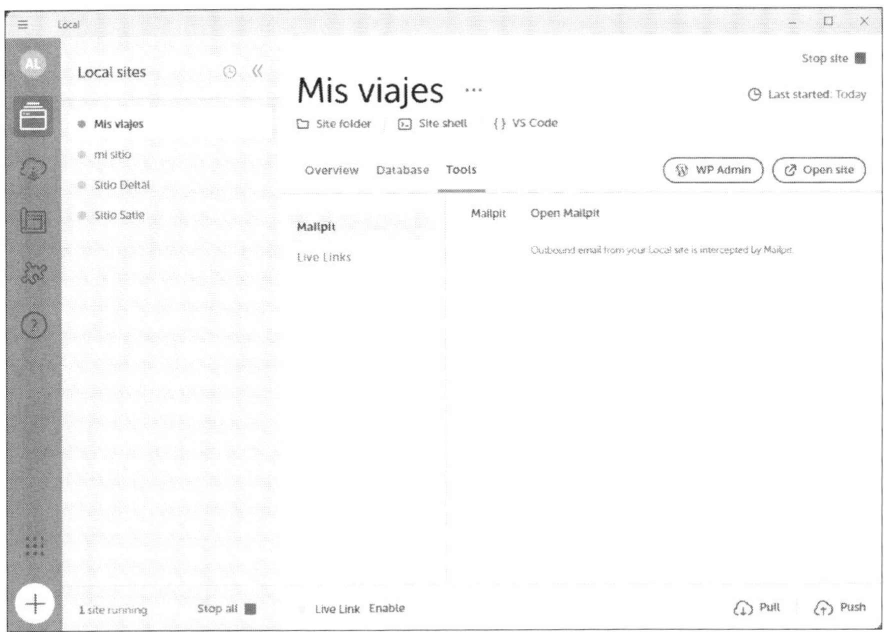

Su navegador se abre con el servicio de correo electrónico de **Mailpit**:

- Haga clic en el correo electrónico recibido para abrirlo:

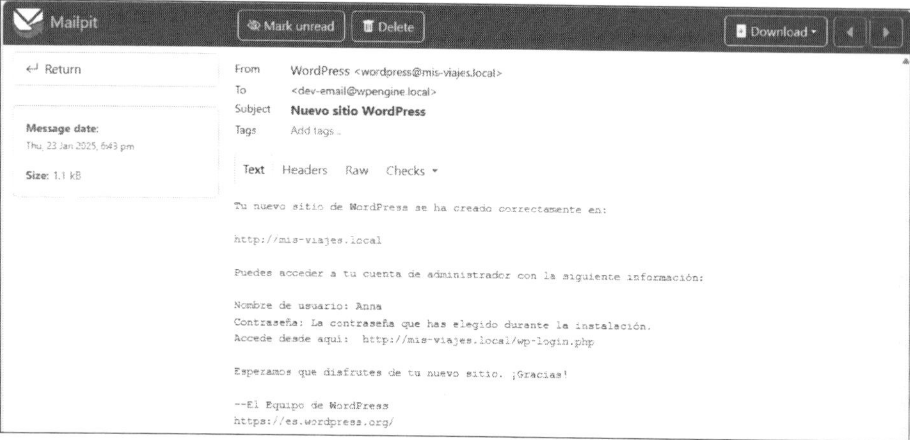

Esto le permitirá responder y confirmar las instrucciones que desee en los distintos correos electrónicos que enviará WordPress.

I. Administrar las preferencias de Local by Flywheel

Como cualquier aplicación, Local by Flywheel permite administrar preferencias con las que es posible configurar un cierto número de parámetros.

- En el menú **Local**, seleccione **Preferencias**.
- O si ya ha iniciado sesión, en el botón de su perfil, elija **Preferencias**.

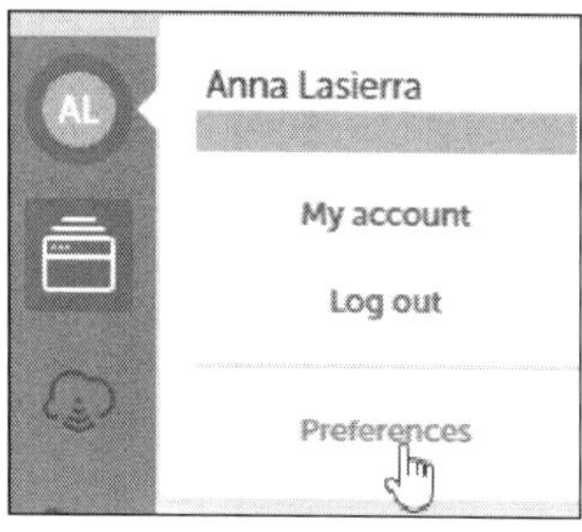

➜ Seleccione la categoría **Appearance & behavior**.

Esto permite administrar la visualización de la interfaz y elegir una aplicación de terminal.

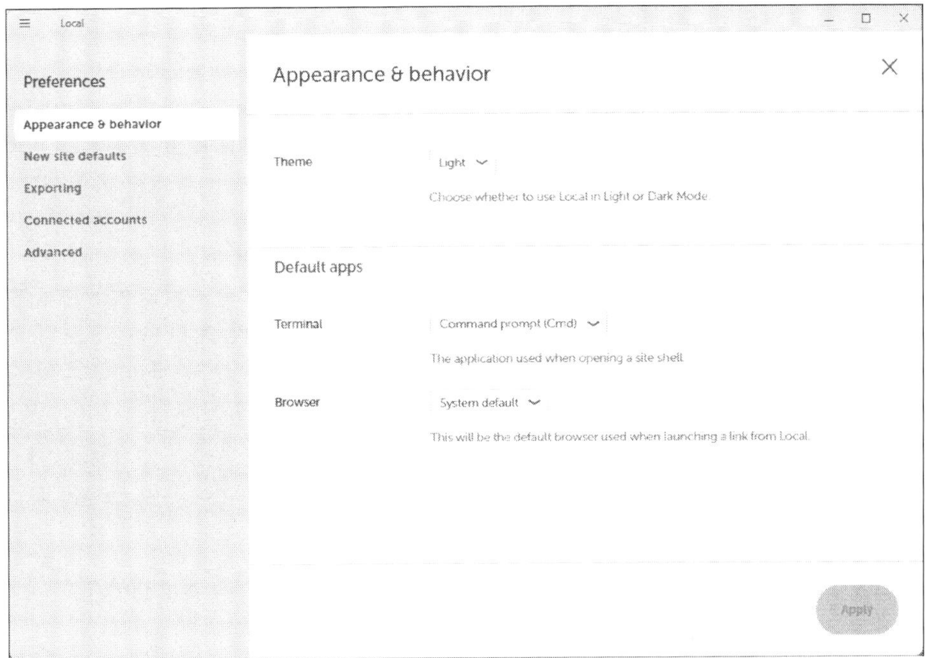

➜ Seleccione la categoría **New site defaults**.

Puede administrar los parámetros de los nuevos sitios personalizados (**Environment - Custom**): correo electrónico del administrador (**Admin e-mail**), sufijo del nombre de dominio (**Domain suffix**) y ruta de almacenamiento de las carpetas de publicación de los sitios (**Sites path**).

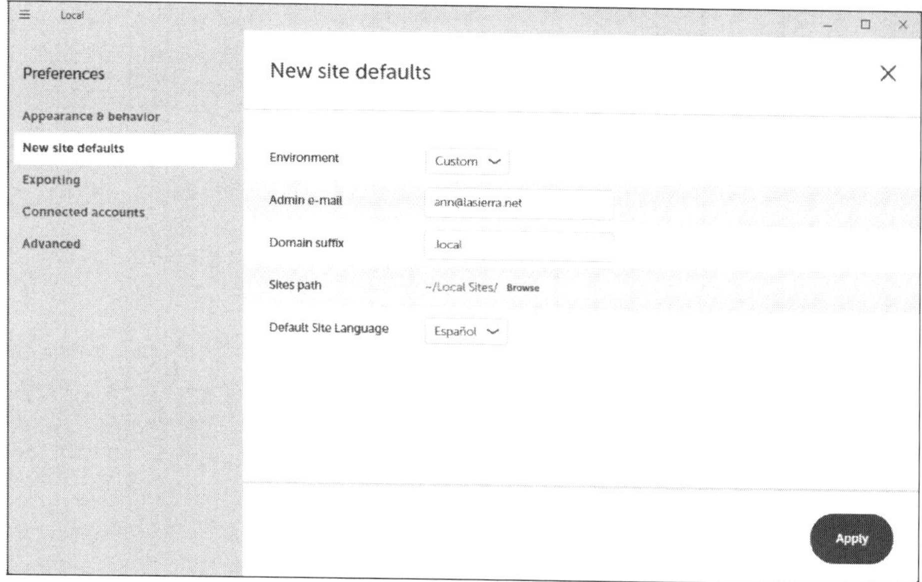

→ Seleccione la categoría **Exporting**.

Puede especificar extensiones de archivo que no se deben tener en cuenta al exportar sitios.

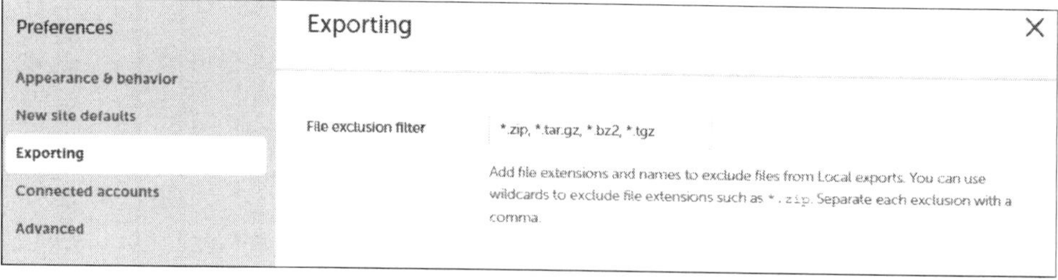

→ Seleccione la categoría **Advanced**.

Puede elegir el tipo de enrutamiento que desee para sus sitios. **Site domains** permite usar certificados SSL, algo que no hace el modo **localhost**. Si es desarrollador, puede activar el modo de depuración con la opción **Show Develop menu**.

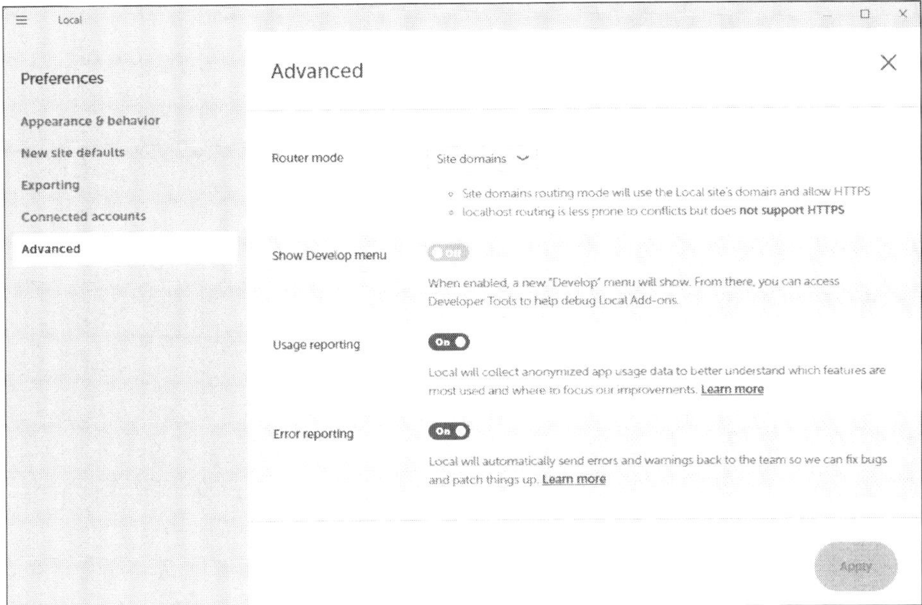

Las dos últimas opciones de reporting le permiten compartir sus usos y errores con Local by Flywheel.

Capítulo 3: La administración del sitio

A. Objetivos

Ahora que su sitio ya está instalado, en este capítulo aprenderá cómo gestionar la interfaz de administración de WordPress.

A continuación, configuraremos el sitio utilizando los ajustes esenciales para una buena parametrización, y finalmente, aprenderemos cómo actualizar WordPress.

B. Iniciar sesión en la administración

Hemos visto en el capítulo anterior cómo instalar WordPress en el entorno de desarrollo Local by Flywheel. El primer paso es, por supuesto, iniciar el sitio deseado.

→ Haga clic en el botón triangular correspondiente al nombre del sitio, **mi sitio** en este ejemplo.

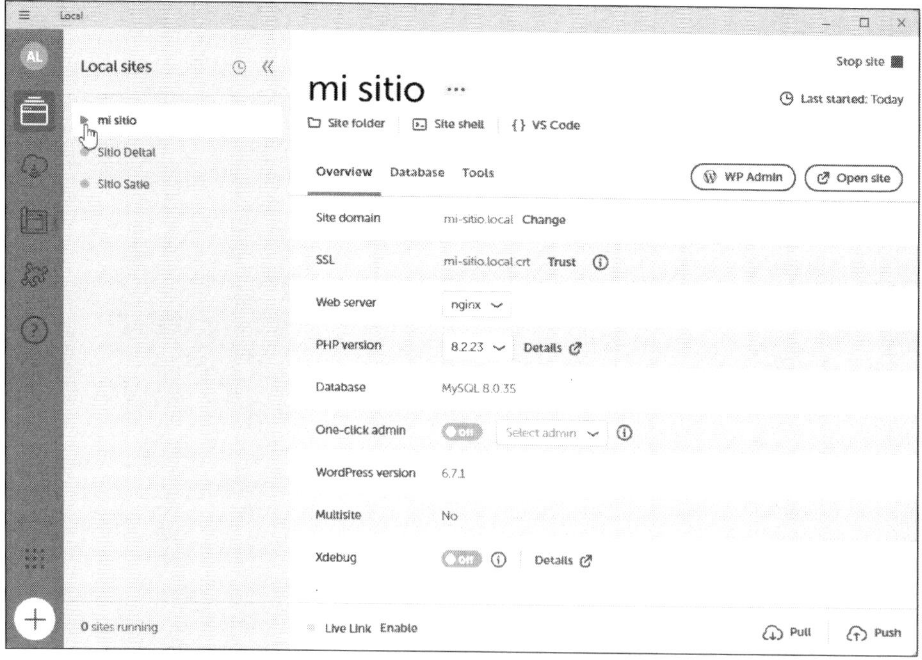

→ Una vez que se inicie el sitio, haga clic en el botón **WP Admin**.

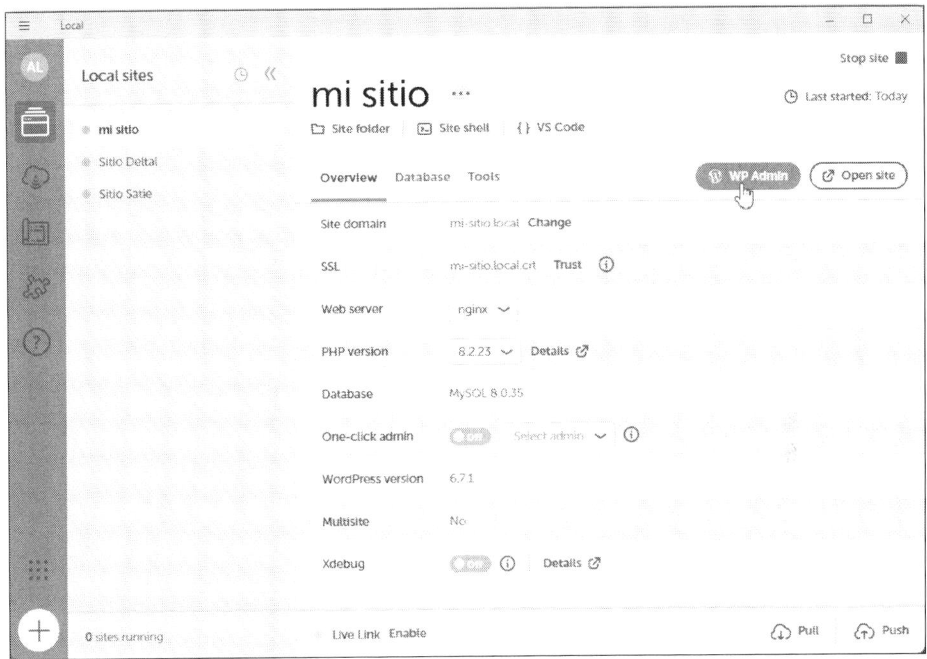

El inicio de sesión del sitio se abre en su navegador y se muestra el formulario de inicio de sesión de administrador.

Tenga en cuenta que puede hacer clic directamente en el botón **WP Admin** incluso si el sitio no está iniciado. Local by Flywheel lo iniciará automáticamente.

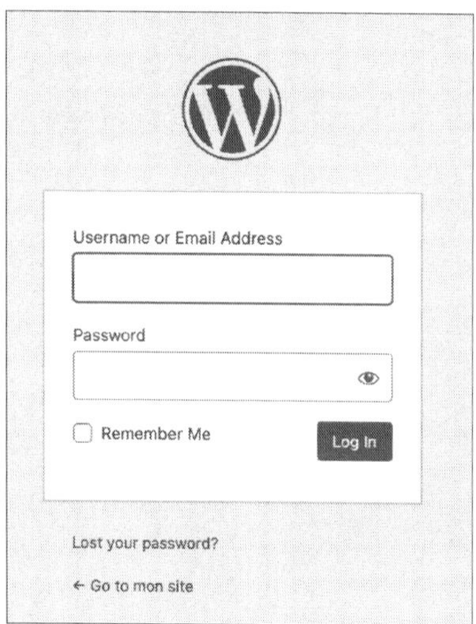

La interfaz está en inglés, eso es normal; luego configuraremos el sitio para localizarlo al español.

- En el campo **Username or Email Address**, introduzca su nombre de usuario o dirección de correo electrónico.
- En el campo **Password**, introduzca su contraseña.

Esta configuración se estableció cuando WordPress se instaló en Local by Flywheel.

Tenga en cuenta que, en el campo **Password**, puede hacer clic en el botón del ojo para mostrar la contraseña en su totalidad.

➜ Haga clic en el botón **Log in**.

A continuación, iniciará sesión en la interfaz de administración de su sitio de WordPress.

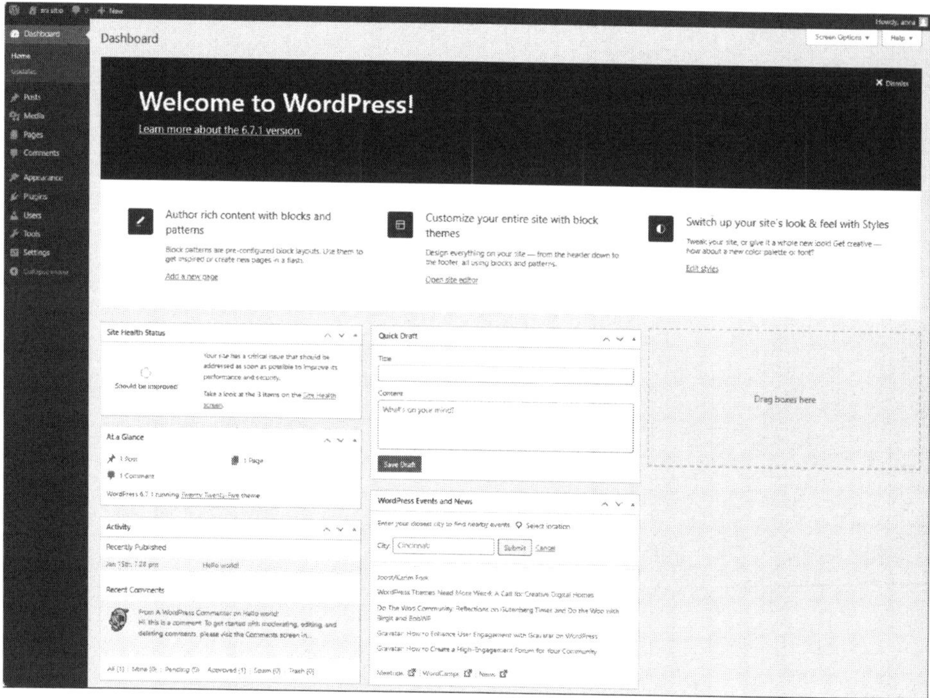

C. Localizar la interfaz de administración

Como hemos visto, la interfaz de administración está en inglés. A pesar de que Local by Flywheel, en principio, se puede especificar el idioma para WordPress, la instalación de este último también se realiza en inglés. Así que el primer paso va a ser localizar WordPress al español.

→ En el menú **Settings**, elija **General**.

→ En la lista desplegable **Site Language**, elija **Español**.

➜ En la lista desplegable **Timezone**, elija **Madrid**.

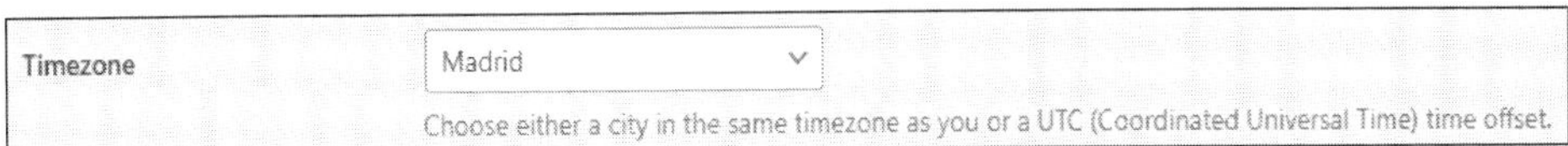

➜ En las opciones **Date Format** y **Time Format**, elija sus preferencias de visualización para fechas y horas.

➜ En la lista desplegable **Week starts on**, asegúrese de aparece **Monday**.

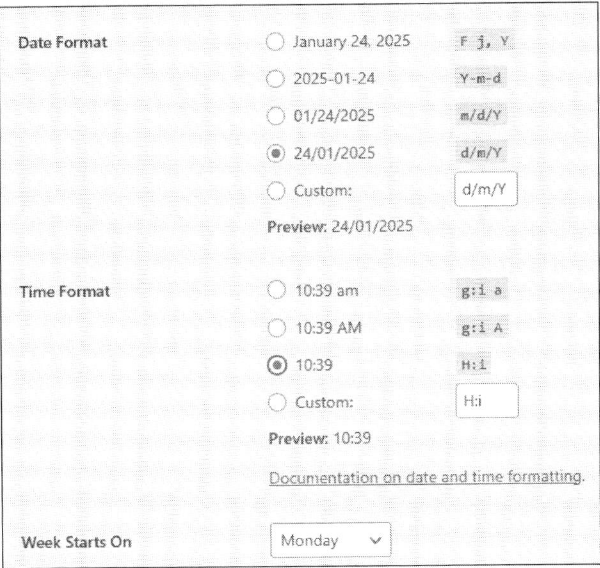

➜ Para guardar esta configuración, haga clic en el botón **Save Changes**.

La interfaz de administración de su sitio de WordPress ahora está toda en español.

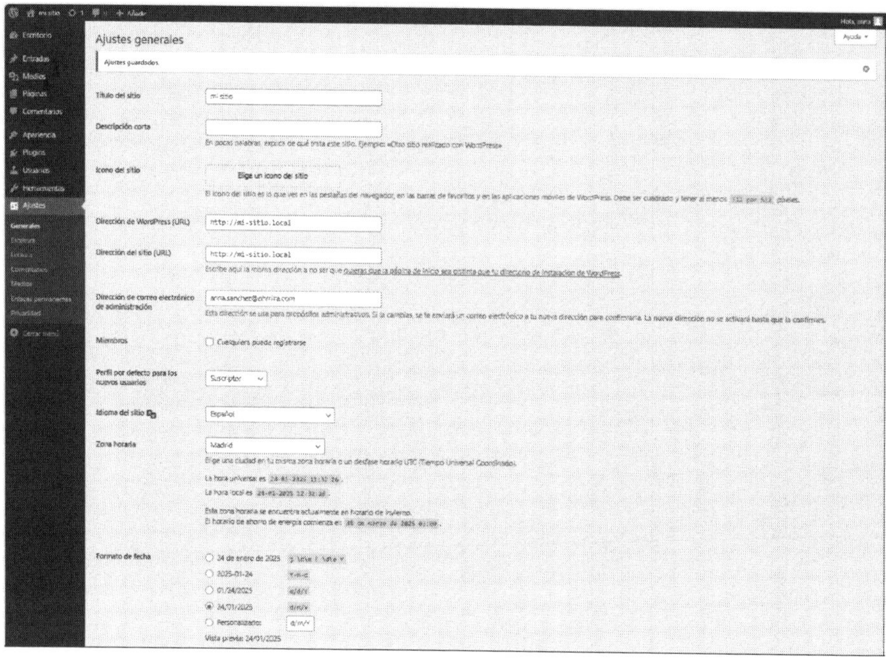

➜ Puede hacer clic en el menú **Escritorio** para volver a la pantalla de inicio.

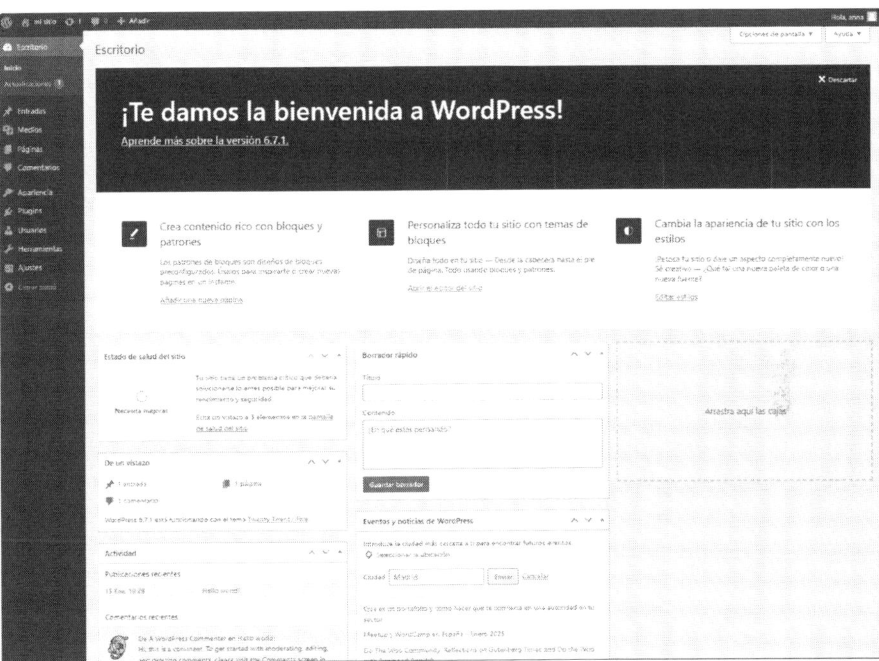

D. La barra de herramientas

Comencemos por el uso de la barra de herramientas, que se encuentra en la parte superior de la pantalla.

1. El menú de WordPress

El primer menú de esta barra de herramientas es el menú de WordPress.

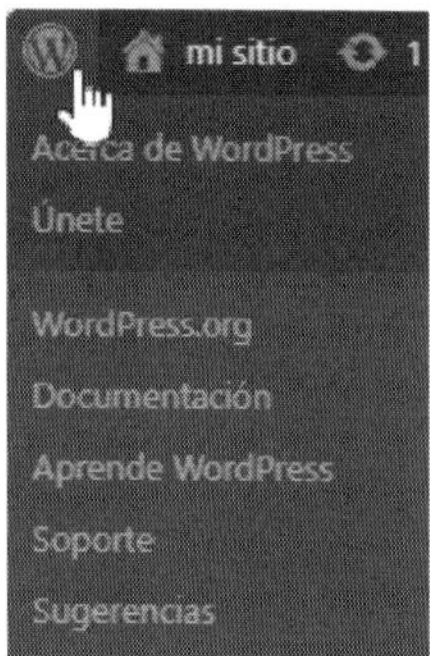

El primer elemento de este menú, **Acerca de WordPress**, muestra una pantalla con las novedades de esta última versión de WordPress.

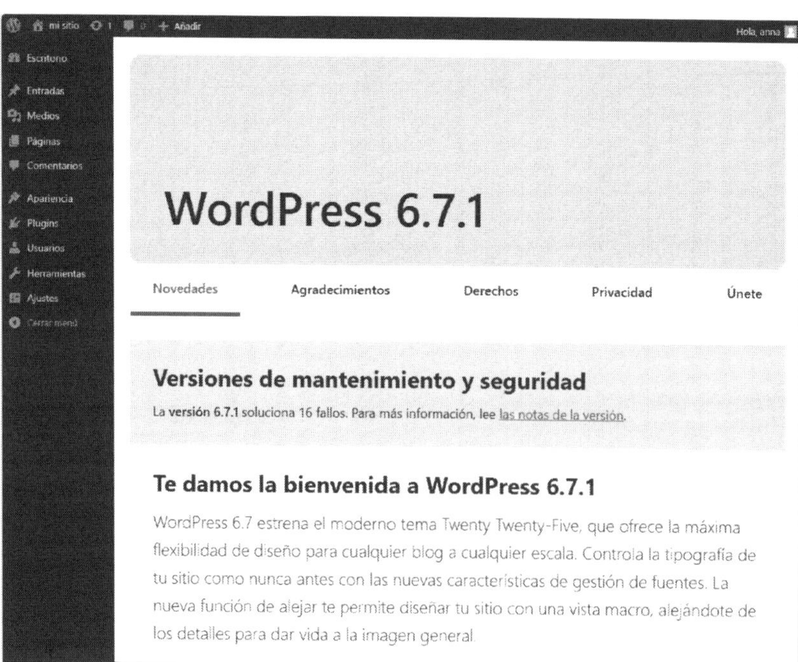

→ Para volver a la página de inicio, en la parte inferior de esta pantalla, haga clic en el enlace **Ir a escritorio -> Inicio**.

Los siguientes elementos de este menú son enlaces a diferentes sitios web relacionados con WordPress.

- **Únete** invita a formar parte de la comunidad de colaboradores de WordPress, tanto para compartir conocimientos como para realizar múltiples tareas (p. ej., traducir WordPress a otros idiomas, redactar o mejorar la documentación de WordPress, etc.) y ampliar la red de contactos.
- **WordPress.org** lleva al sitio web de la comunidad hispanohablante (en nuestro caso) de WordPress: https://es.wordpress.org
- **Documentación** permite acceder a la documentación técnica de WordPress.
- **Aprende WordPress** es un repositorio de recursos educativos gratuitos para ampliar los conocimientos en WordPress, para todos los niveles.
- **Soporte** redirige a los foros de la comunidad hispanohablante de WordPress: https://es.wordpress.org/support/
- Y, finalmente, **Sugerencias** permite realizar peticiones sobre nuevas funcionalidades y también dar feedback sobre el software.

2. El menú del sitio

El siguiente elemento de la barra de herramientas es el menú del sitio. La etiqueta de este enlace es el nombre del sitio definido en la instalación. El elemento de este menú siempre está etiquetado como **Visitar el sitio**. Estos dos enlaces le permiten ver el sitio publicado.

➜ Para ver el sitio en una nueva pestaña o en otra ventana del navegador, en Windows mantenga presionada la tecla Ctrl, en macOS la tecla cmd ⌘, y elija uno u otro de los dos elementos.

3. El menú de actualizaciones

El siguiente menú es el menú de actualizaciones.

Este menú le permitirá saber si hay actualizaciones disponibles para su instalación. Estas actualizaciones pueden ser para el propio WordPress, para los plugins o los temas instalados. Es posible que no haya que realizar una actualización después de una instalación de WordPress.

4. El menú de comentarios

El siguiente menú le indica si hay algún comentario pendiente de moderación.

5. El menú de nuevos contenidos

El siguiente menú, **+ Añadir**, permite acceder rápidamente a la creación de nuevos contenidos: **Entrada**, **Página**...

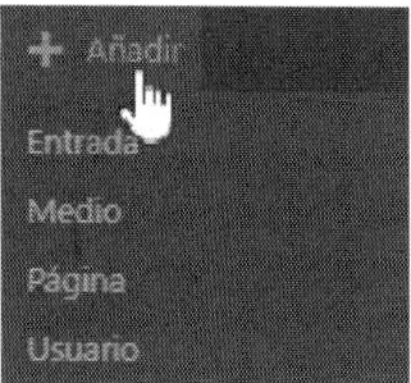

6. El menú de inicio de sesión

El último menú de esta barra de herramientas se utiliza para administrar su conexión.

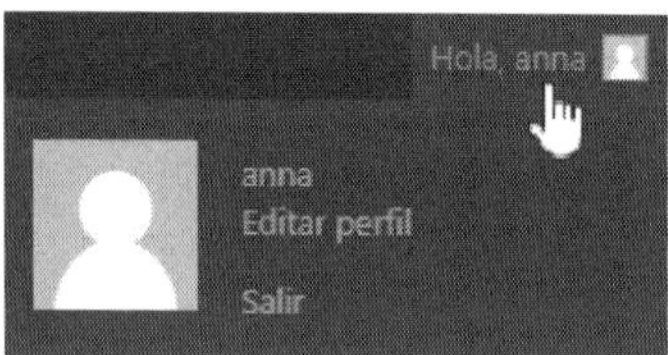

De entrada, se ve el **Hola** de WordPress, seguido de su identificador de inicio de sesión.

El primer elemento del menú, el nombre de inicio de sesión y **Editar perfil**, le permite editar su perfil de usuario de su sitio de WordPress. Veremos cómo gestionar los perfiles en el capítulo Los usuarios.

El último elemento de este menú le permite cerrar sesión correctamente en la interfaz de administración de WordPress. Una vez que haya terminado de trabajar en su sitio, aún deberá salir de la administración utilizando el enlace **Salir**. Evite cerrar la ventana o la pestaña con la casilla de cierre o saliendo directamente del navegador.

E. Menús de administración

1. La barra de menús

En la parte izquierda de la administración, se muestra la barra de menús que permite administrar todo su sitio web.

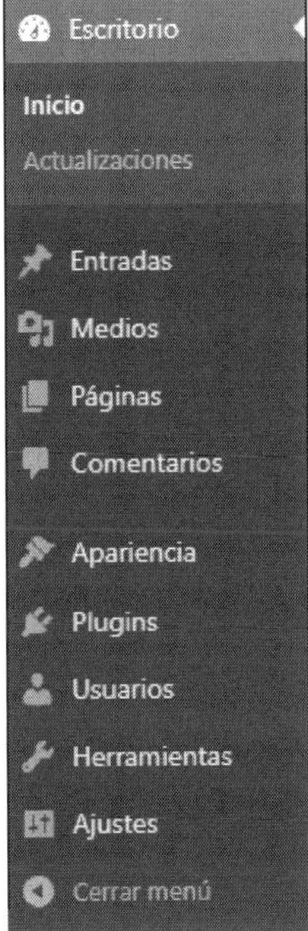

Esta barra de menús se divide en tres partes:

- El menú del panel de control, con el menú **Escritorio**.
- Los menús de gestión de los contenidos: **Entradas**, **Medios**, **Páginas** y **Comentarios**.
- Los menús de administración del sitio: **Apariencia**, **Plugins**, **Usuarios**, **Herramientas** y **Ajustes**.

➜ Para ahorrar espacio en pantallas pequeñas, puede reducir esta barra de menús a una barra de iconos. Haga clic en el botón **Cerrar menú**.

La barra de menús aparece como iconos.

→ Para volver a la barra de menús completa, haga clic en el botón , en la base de la barra de menús.

Tenga en cuenta que, si reduce de forma considerable el ancho de la ventana de administración de WordPress, la barra de menús se reduce automáticamente a iconos. La interfaz está en «diseño web responsivo».

2. Usar los menús

Ahora veamos cómo usar los menús. Los menús se abren simplemente pasando el cursor sobre ellos.

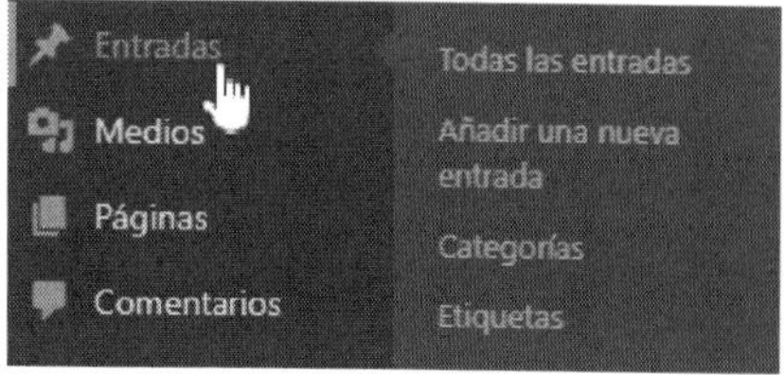

En este ejemplo, se pasa el cursor sobre el menú **Entradas** y aparecen los elementos del menú, lo que le permite elegir el que desee.

→ Para desplegar un menú, también puede hacer clic en su nombre.

En este ejemplo, hemos hecho clic en el menú **Entradas**. Su nombre aparece sobre un fondo azul, con una muesca triangular. Los elementos de este menú desplegable se muestran a continuación.

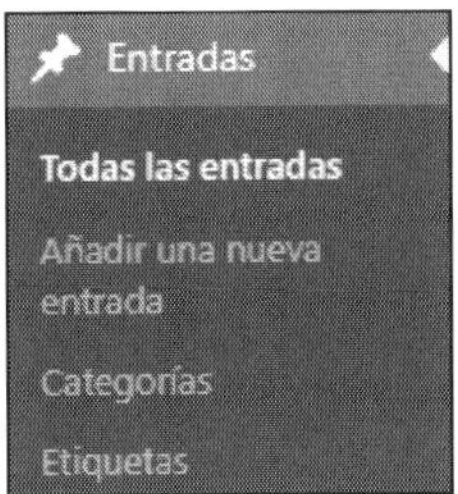

Al hacer clic en un menú, se muestra el primer elemento de ese menú. Su etiqueta aparece en negrita.

➜ Para activar un elemento del menú en particular, simplemente haga clic en su nombre.

En este ejemplo, está activo el elemento **Categorías** del menú **Entradas**.

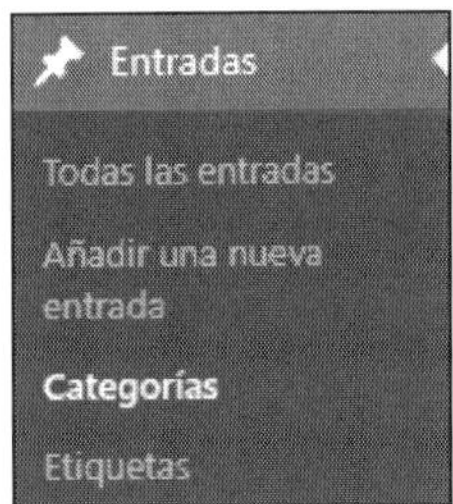

Tan pronto como active otro elemento de otro menú, el menú abierto con anterioridad se cerrará automáticamente. Solo puede tener un menú abierto a la vez.

El único menú que no tiene elementos de menú es **Comentarios**.

F. Las pantallas de administración

1. Los módulos

Cada elemento del menú proporciona acceso a sus propias funciones. Estas características se pueden ofrecer en áreas agrupadas llamadas «módulos».

Todos los módulos de administración funcionan de la misma manera.

A continuación, se muestra un ejemplo del módulo **Borrador rápido** en el elemento del menú **Inicio** del menú **Escritorio**.

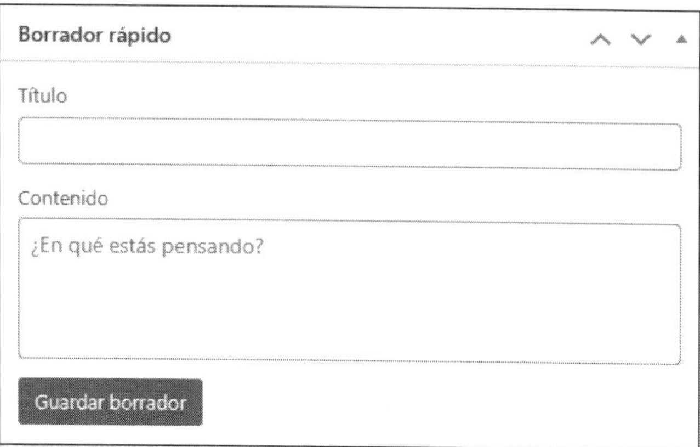

- Todos los módulos se pueden abrir o cerrar. Para ello, haga clic en el pequeño triángulo que se muestra a la derecha en la barra de título del módulo.

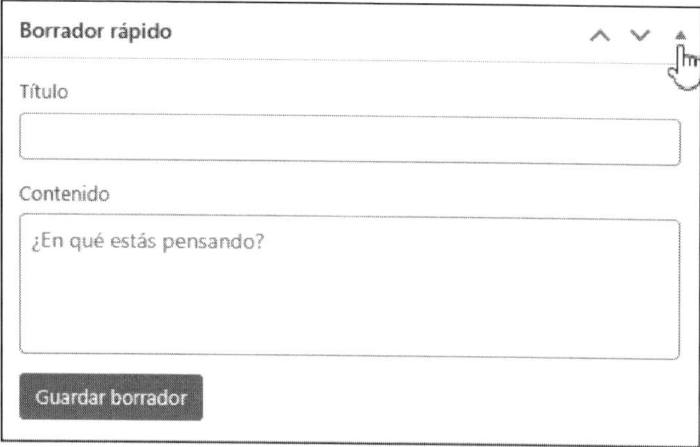

El módulo cerrado:

- Para volver a abrir el módulo, haga clic en este mismo triángulo.

2. Mover los módulos

En todas las pantallas de la administración, puede mover los módulos para colocarlos donde quiera.

➜ Para este ejemplo, vaya al elemento del menú **Inicio** en el menú **Escritorio**. Coloque el cursor sobre la barra de título de un módulo, **Borrador rápido** en este ejemplo. Este aparece con cuatro flechas. A continuación, arrástrelo a la ubicación deseada.

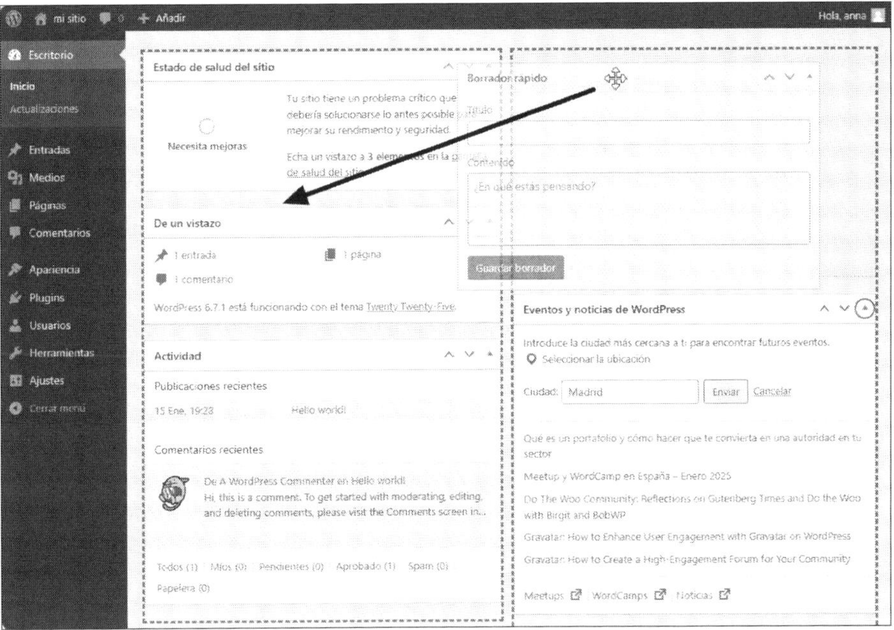

La ubicación de destino aparece en un cuadro gris con un contorno discontinuo.

Puede soltar el botón del ratón; el módulo se ha desplazado.

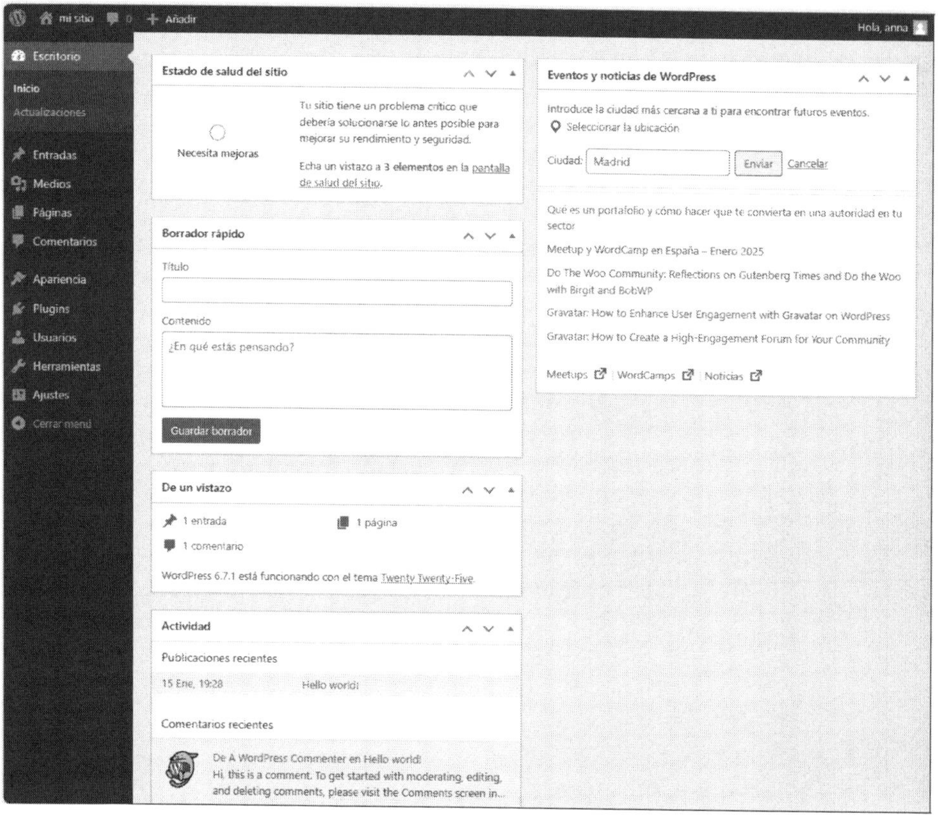

3. Las opciones de pantalla

Casi todas las pantallas de la administración se pueden personalizar. Puede visualizar o no un módulo en particular y puede configurar las visualizaciones de ciertas tablas de datos.

Esta configuración se realiza con el botón **Opciones de pantalla**, accesible en la parte superior derecha de casi todas las pantallas de la administración. Cada pantalla dispone de sus propias opciones.

→ En el menú **Escritorio**, elija **Inicio**.

→ Haga clic en el botón **Opciones de pantalla**.

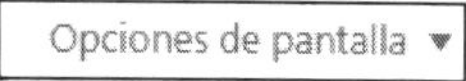

Estas son las opciones de pantalla de este elemento. En el área **Elementos de la pantalla**, puede elegir si desea mostrar o no los módulos presentes en este menú, marcando o desmarcando la casilla correspondiente al módulo.

- Una vez que haya realizado la configuración, haga clic en el botón **Opciones de pantalla** nuevamente para cerrar este panel.

Estas son las opciones de pantalla del elemento de menú **Todas las entradas** en el menú **Entradas**.

G. La administración en diseño web responsivo

Hoy en día, todos los CMS modernos deben tener una interfaz de administración que se pueda usar tanto en la pantalla de un ordenador como en una tableta o teléfono inteligente. Esto es lo que se llama una interfaz de diseño web responsivo.

WordPress no es una excepción a la regla. Si reduce el ancho de la ventana del navegador en la pantalla de su ordenador, se mostrará una interfaz que se adaptará al espacio disponible.

Esta es la interfaz de administración en la pantalla de un ordenador:

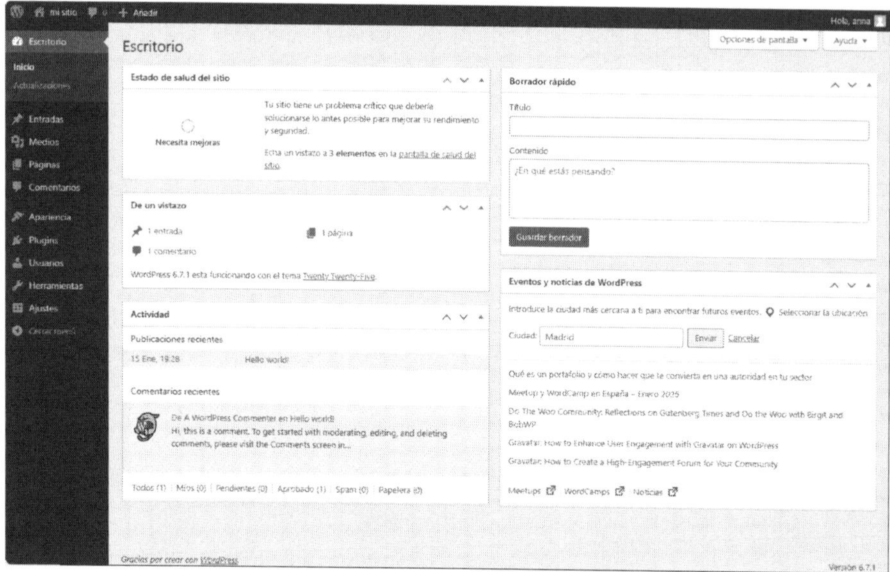

He aquí una parte de la interfaz de administración en una pantalla similar a la de una tableta:

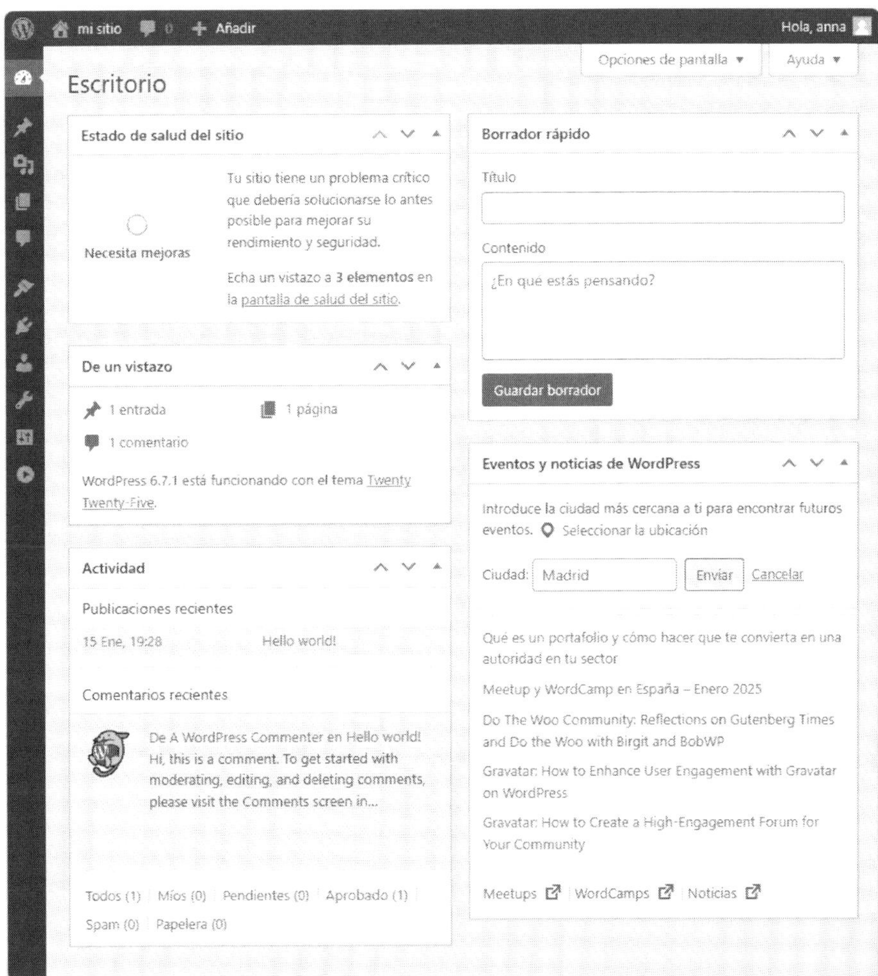

Y aquí, una parte de la interfaz de administración en una pantalla correspondiente a la de un teléfono inteligente:

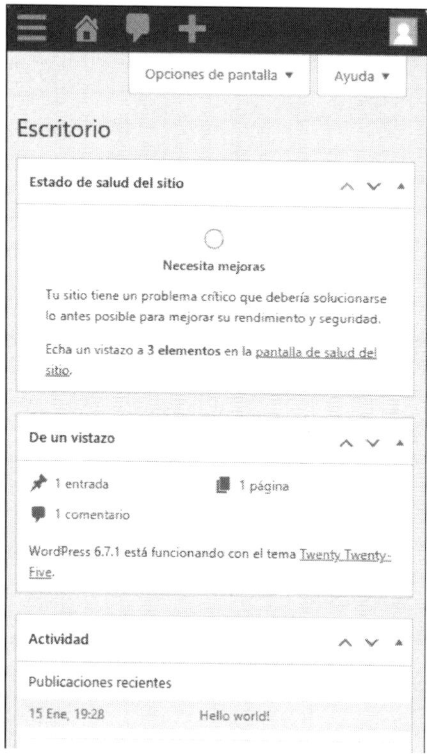

H. Los ajustes del sitio

1. La configuración

Al instalar el sitio, especificó una serie de opciones de configuración. Estos ajustes no son definitivos; puede cambiarlos.

Todos estos ajustes se realizan en el menú **Ajustes**.

Tenga en cuenta a partir de ahora que este menú solo es accesible para los administradores del sitio. Dado que es usted quien ha instalado WordPress, automáticamente desempeña el rol de administrador.

2. Los ajustes generales

Es en los ajustes generales donde puede cambiar algunos de los parámetros de configuración indicados al instalar el sitio.

➜ En el menú **Ajustes**, elija **Generales**.

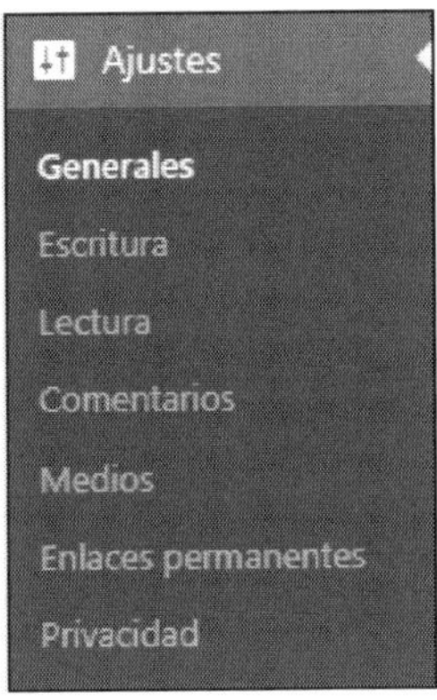

➜ El campo **Título del sitio** permite cambiar el título del sitio. El **Título del sitio** utiliza el nombre del sitio tal y como se estableció cuando WordPress se instaló en local. El título, generalmente, se muestra en la banda superior del sitio.

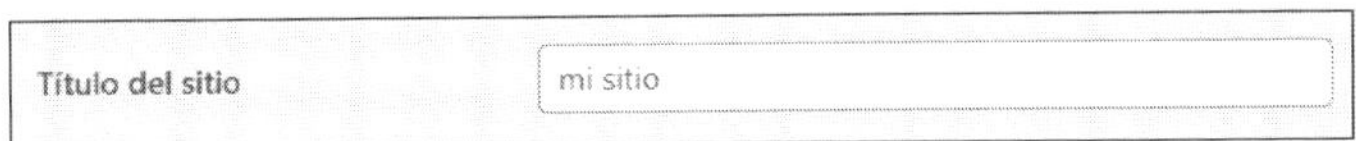

➜ El campo **Descripción corta** del sitio le permite introducir un subtítulo. La descripción corta, generalmente, se muestra en la banda superior del sitio, debajo del título.

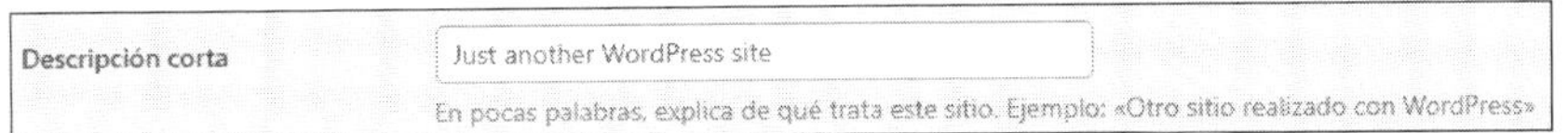

➜ El campo **Dirección de WordPress (URL)** muestra la URL que proporciona acceso a la carpeta que contiene todos los archivos de WordPress de su sitio. La dirección que se indica aquí es la establecida por el entorno de desarrollo Local by Flywheel.

- El campo **Dirección del sitio (URL)** permite especificar una URL diferente. Esto es útil para tener una URL simplificada.

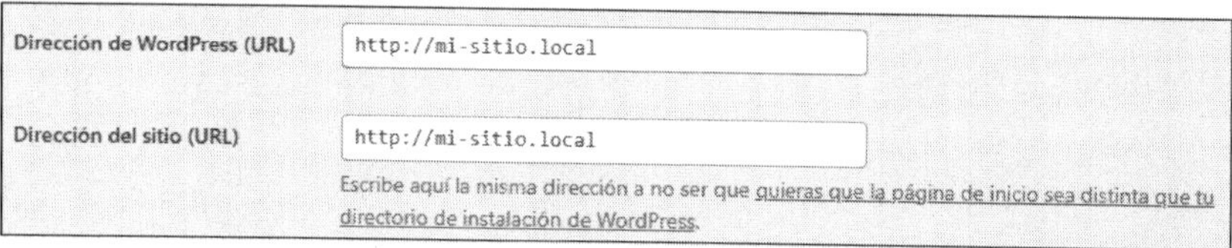

Pero esta manipulación requiere una modificación de algunos archivos PHP del sitio. Si se ha de enfrentar a este problema, pida ayuda a un experto en WordPress.

- El campo **Dirección de correo electrónico del administrador** le permite cambiar la dirección de correo electrónico de contacto del administrador, que se especificó cuando se instaló WordPress.

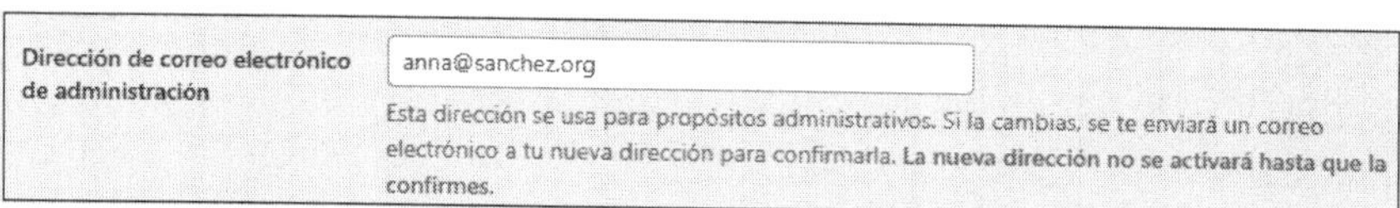

El campo **Idioma del sitio** se cambió anteriormente a **Español**, cuando se localizó la administración.

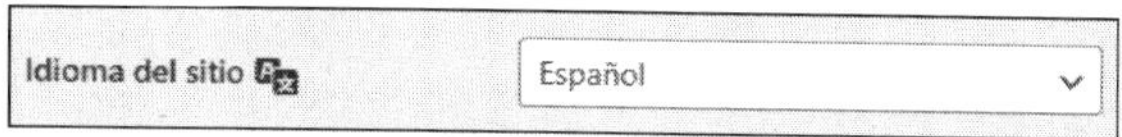

- En el campo **Zona horaria**, la configuración se cambió anteriormente a la ciudad de Madrid, cuando se encontraba la interfaz de administración.

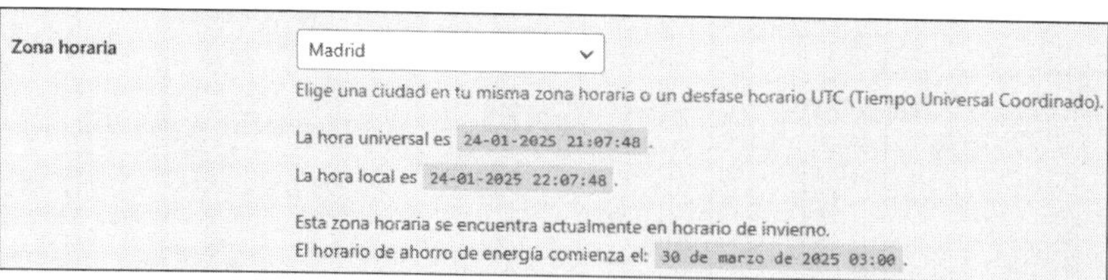

- Al localizar la interfaz de administración, personalizó los formatos de visualización de fecha y hora. Puede, si es necesario, modificarlos de nuevo.

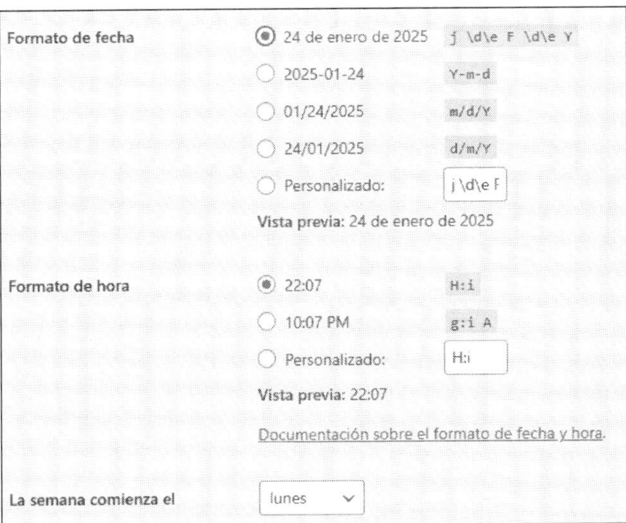

Todos estos elementos del calendario se pueden mostrar en los metadatos de las entradas, dependiendo del tema elegido.

- Si ha realizado algún cambio, guárdelos haciendo clic en el botón **Guardar cambios**, en la parte inferior de la pantalla.

Guardar cambios

A continuación, WordPress informa de que las opciones se han guardado correctamente.

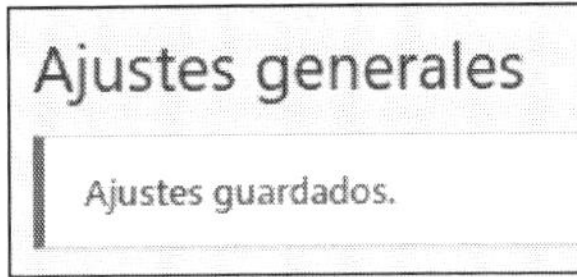

3. La indexación del sitio

Puede solicitar que los motores de búsqueda no indexen su sitio. Esto no tiene sentido en el caso de una instalación local, que es su situación en este momento. En el caso de la publicación en Internet con un proveedor de alojamiento profesional, esto puede ser deseable en algunos casos.

➜ Para cambiar esta opción, en el menú **Ajustes**, elija **Lectura**.

En el cuadro **Visibilidad en los motores de búsqueda**, marque o desmarque la opción **Pedir a los motores de búsqueda que no indexen este sitio**.

Visibilidad en los motores de búsqueda	☐ Pedir a los motores de búsqueda que no indexen este sitio Depende de los motores de búsqueda atender esta petición o no.

➜ Si ha realizado algún cambio, guárdelo haciendo clic en el botón **Guardar cambios** en la parte inferior de la pantalla.

4. Los enlaces permanentes

Cuando un visitante hace clic en una entrada o una página, ese contenido se muestra en una página única. WordPress muestra en la barra de direcciones la URL que permite el acceso a este contenido. De forma predeterminada, esta dirección URL se construye con este formato: http://www.mi-sitio-web.es/**?p=6**. El parámetro ?p=6 indica que se debe mostrar el contenido (**p** de post) cuyo identificador único es **6**.

Esta URL no proporciona ninguna información sobre el contenido del artículo o la página para los motores de búsqueda. Tenga en cuenta que los motores de búsqueda indexan las palabras clave que aparecen en las URL. Vamos a modificar la construcción de las URL de WordPress utilizando enlaces permanentes.

➜ En el menú **Ajustes**, elija **Enlaces permanentes**.

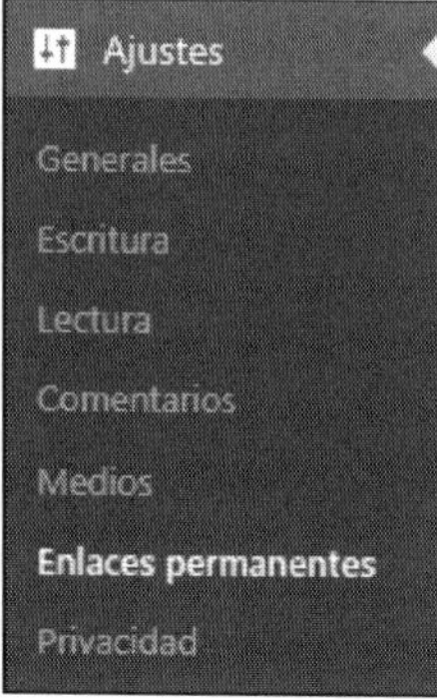

Puede observar que las URL predeterminadas se crean a partir del **Nombre de la entrada**, que es la mejor solución. Así que deje marcada esta opción.

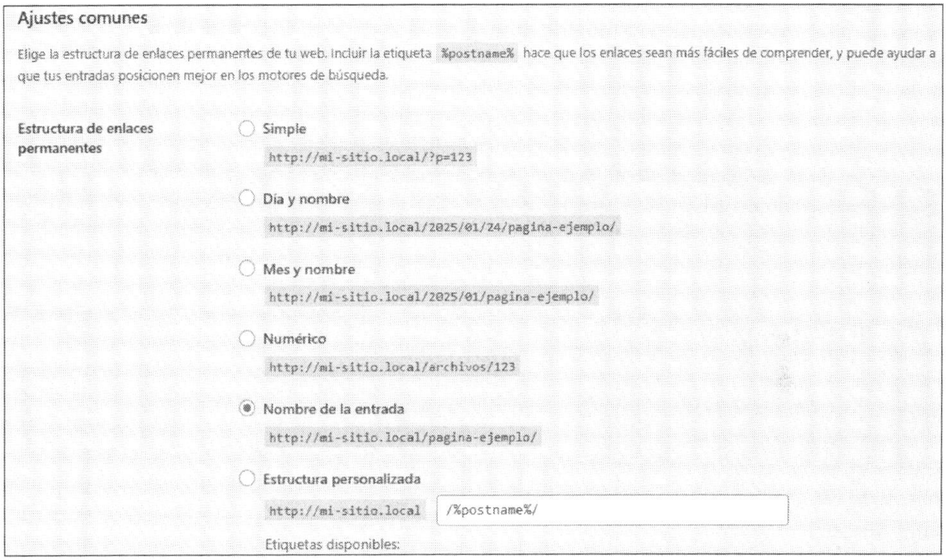

Ajustes comunes

Elige la estructura de enlaces permanentes de tu web. Incluir la etiqueta %postname% hace que los enlaces sean más fáciles de comprender, y puede ayudar a que tus entradas posicionen mejor en los motores de búsqueda.

Estructura de enlaces permanentes

- Simple `http://mi-sitio.local/?p=123`
- Día y nombre `http://mi-sitio.local/2025/01/24/pagina-ejemplo/`
- Mes y nombre `http://mi-sitio.local/2025/01/pagina-ejemplo/`
- Numérico `http://mi-sitio.local/archivos/123`
- (•) Nombre de la entrada `http://mi-sitio.local/pagina-ejemplo/`
- Estructura personalizada `http://mi-sitio.local` /%postname%/

Etiquetas disponibles:

Esta estructura permite usar las palabras utilizadas en el título del contenido, eliminando todos los caracteres prohibidos (espacios, caracteres acentuados, caracteres especiales), y cambia todos los caracteres a minúsculas.

→ Si ha realizado algún cambio, guárdelo haciendo clic en el botón **Guardar cambios** en la parte inferior de la pantalla.

Guardar cambios

A modo de ejemplo, he aquí un artículo publicado localmente con su título:

El castillo de Belmonte

Lorem ipsum dolor sit amet, consectetur adipiscing elit. Donec egestas eu augue sit amet viverra. Quisque tincidunt tempus est quis convallis. Ut quis luctus nulla, eget rutrum nunc. Maecenas viverra, quam non

Este es su enlace permanente (**Slug**) indicado en la administración cuando este artículo se muestre en la página única:

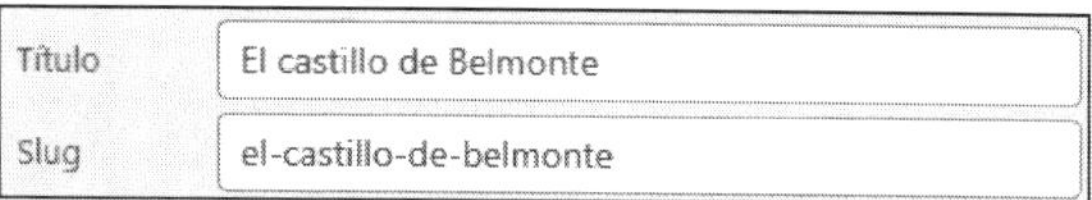

Esta URL está en un sitio local, no en Internet.

- También puede crear su propia estructura de URL. Para ayudarle a utilizar los marcadores correctos de estructura de enlaces permanentes, haga clic en el enlace hay **varias posibles etiquetas disponibles** en la parte superior de la pantalla.

A continuación, se le dirigirá a la documentación técnica de WordPress (el Codex). Una vez que conozca los marcadores de URL, use el campo **Estructura personalizada**.

En este ejemplo, la palabra «viaje» se ha añadido a la estructura del enlace permanente, así como la etiqueta **%year%**. Por supuesto, luego debe guardar los cambios.

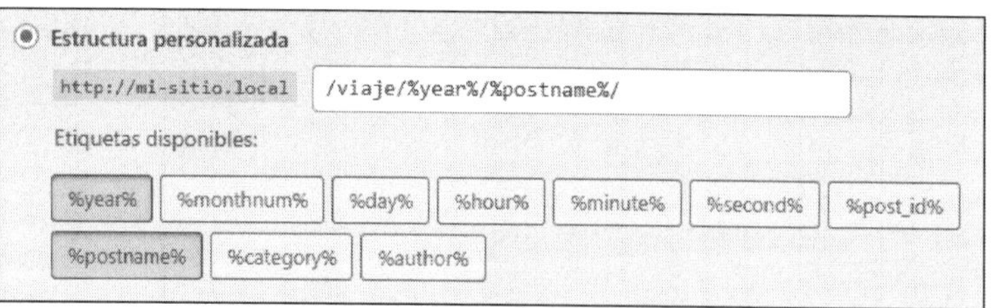

Con esta estructura, he aquí la URL que se muestra para el artículo que hemos tomado como ejemplo antes:

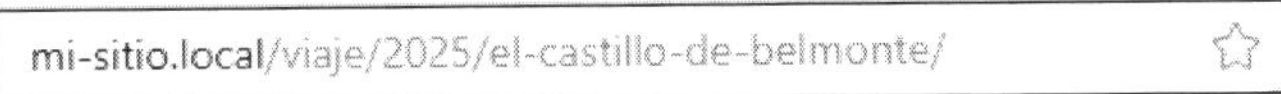

Siguiendo el mismo principio, puede personalizar los enlaces permanentes para las categorías y las palabras clave de las entradas.

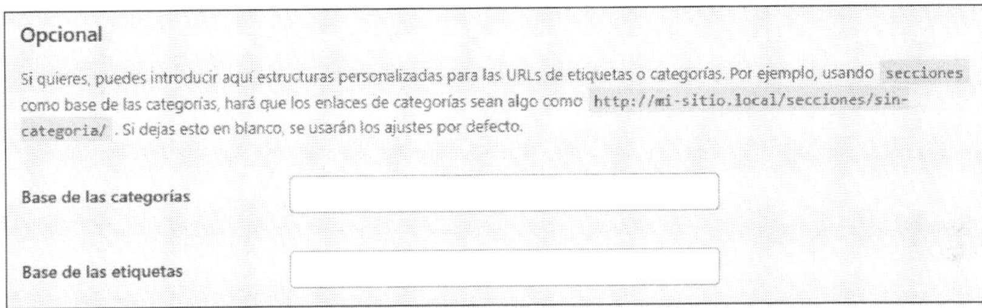

Veremos la creación de entradas, categorías y palabras clave en el capítulo Las entradas.

I. La configuración de privacidad

El **Reglamento General de Protección de Datos** es un reglamento del Parlamento Europeo votado en 2016 e implementado en mayo de 2018. Su objetivo es permitir a los usuarios de Internet controlar y proteger sus datos personales durante sus visitas en la Web.

WordPress debe cumplir con esta normativa. Para ello, WordPress ofrece una página modelo sobre la política de privacidad utilizada en su sitio web. Es solo un modelo de página, con un contenido predefinido que se le proporciona. Conviene, por lo tanto, leer este contenido y modificarlo.

- Para consultar la página de política de privacidad que WordPress creó durante su instalación, en el menú **Páginas**, elija **Todas las páginas**.

Podrá ver una página llamada **Privacy Policy**.

Esta página está en estado **Borrador**, es decir, no está publicada.

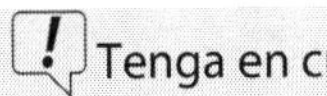 Tenga en cuenta que el contenido editorial de esta página está en inglés.

→ En el menú **Ajustes**, elija **Privacidad**.

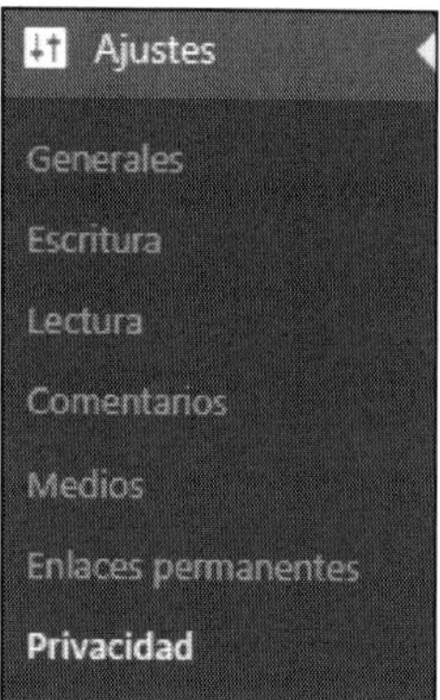

→ A continuación, haga clic en la pestaña **Ajustes**.

Esta es la página que se muestra:

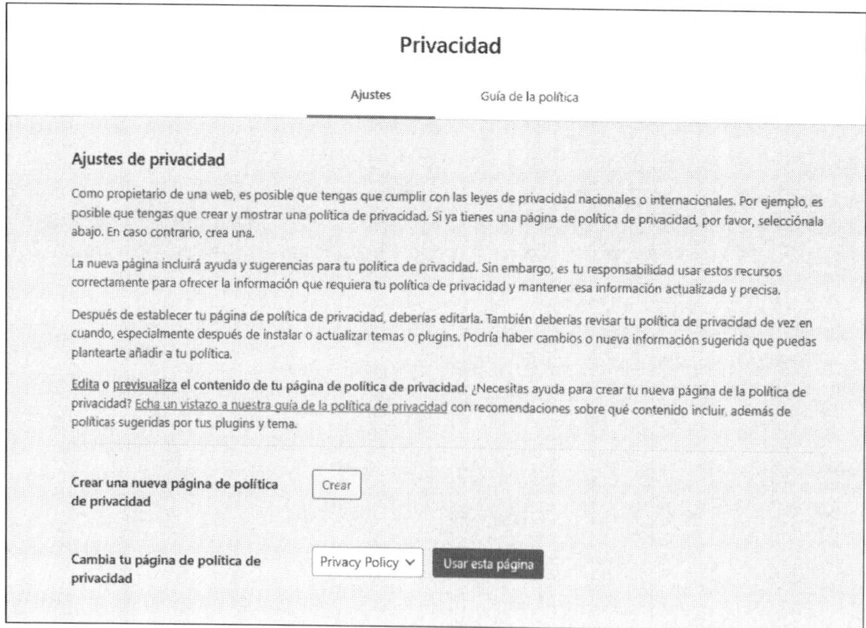

- Después de revisar el texto de **Ajustes de privacidad**, puede crear una nueva página basada en un modelo de WordPress, haciendo clic en el botón **Crear** de la opción **Crear una nueva página de política de privacidad**.

He aquí un extracto de esta página creada:

- Si va al menú **Páginas - Todas las páginas**, verá esta nueva página que está en español y en estado de **Borrador**.

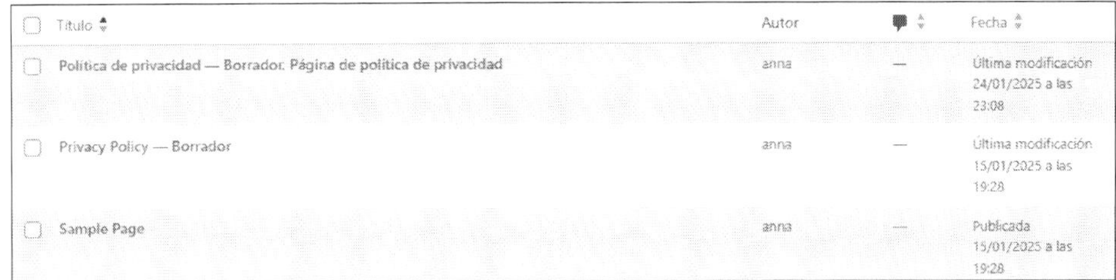

En el menú **Ajustes - Privacidad**, en las opciones de **Cambia tu página de política de privacidad**, tiene tres plantillas a su disposición: **Política de privacidad**, **Privacy Policy** y **Sample Page**.

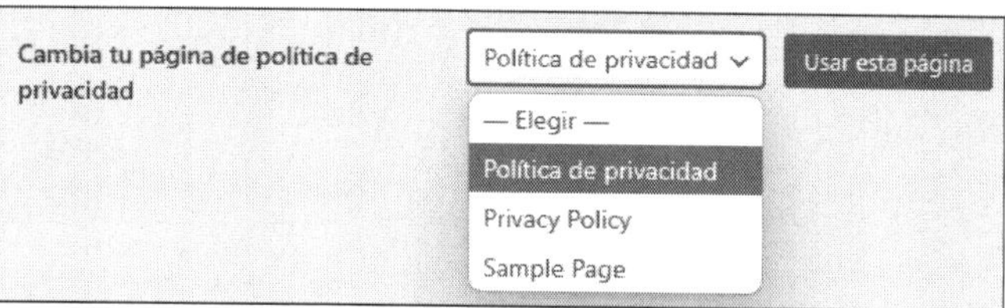

- Haga clic en el botón **Usar esta página** para crear una nueva página de política de privacidad a partir de uno de estos modelos.

Por último, en la pestaña **Guía de la política**, tiene disponible un texto de muestra sobre la política de privacidad. Por supuesto, puede inspirarse y personalizar estos textos según sus propias necesidades.

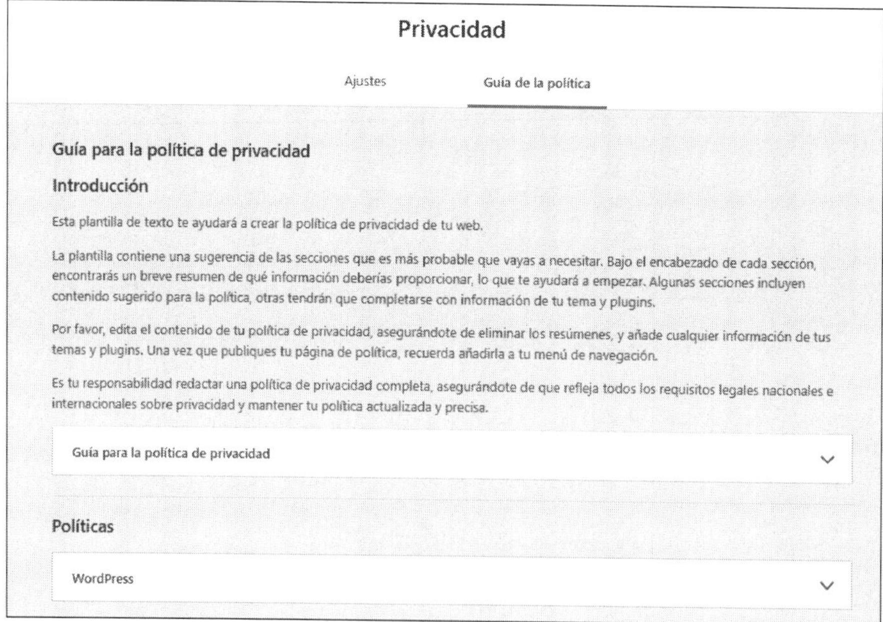

J. La actualización de WordPress

Vimos en el primer capítulo, Descubrir WordPress, que este evoluciona con regularidad. Será necesario que vaya actualizando su sitio en WordPress para aprovechar las correcciones y las nuevas funciones.

WordPress incorpora una detección automática de nuevas versiones y le notificará cuando haya una actualización disponible. Además, WordPress le permite realizar actualizaciones automáticas. Tan pronto como se lance una nueva versión, el propio WordPress puede aplicar esta actualización. Sin embargo, tenga en cuenta que no se realizará una copia de seguridad automática de su sitio.

Tras una instalación estándar de la última versión de WordPress, las actualizaciones automáticas estás habilitadas para las nuevas versiones de WordPress.

➜ En el menú **Escritorio**, elija **Actualizaciones**.

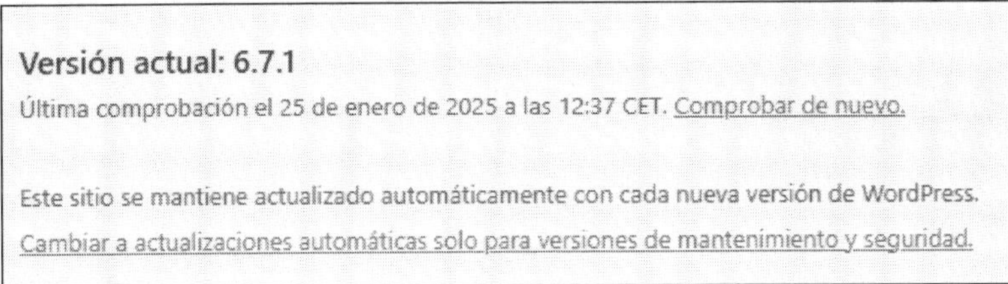

Pero puede optar por actualizaciones «menores» de WordPress. Es decir, solo actualizaciones de versiones de mantenimiento y seguridad.

➜ Haga clic en el enlace **Cambiar a actualizaciones automáticas solo para versiones de mantenimiento y seguridad**.

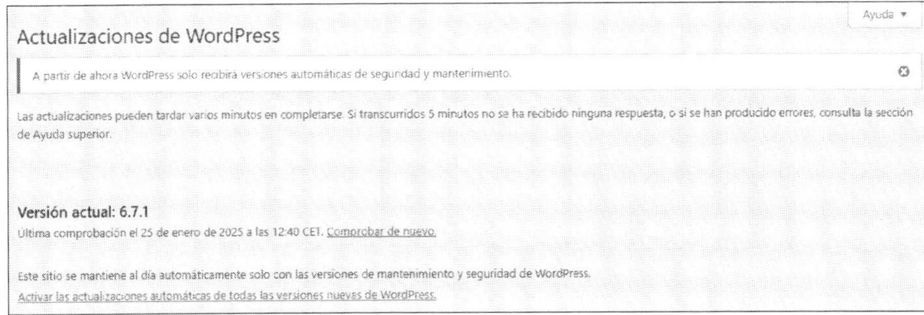

Tal y como indica WordPress, solo las actualizaciones de mantenimiento y seguridad serán automáticas. Las actualizaciones de las versiones principales, de la 6.7 a la 6.8, por ejemplo, no lo serán.

➜ Si quiere volver a las actualizaciones automáticas para todas las versiones, haga clic en el enlace **Activar las actualizaciones automáticas de todas las versiones nuevas de WordPress**.

Versión actual: 6.7.1

Última comprobación el 25 de enero de 2025 a las 12:40 CET. Comprobar de nuevo.

Este sitio se mantiene al día automáticamente solo con las versiones de mantenimiento y seguridad de WordPress.

Activar las actualizaciones automáticas de todas las versiones nuevas de WordPress.

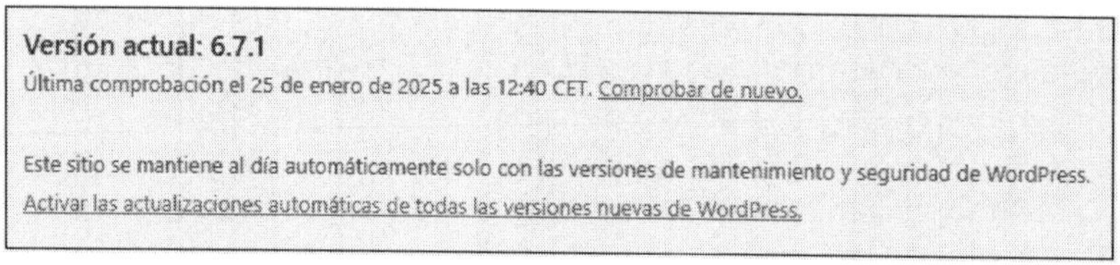

Capítulo 4: Las entradas

A. Objetivos

En este capítulo, hablaremos de la gestión de objetos. Aprenderemos a organizar las entradas en categorías, a asociarles etiquetas (a menudo llamadas palabras clave), a crearentradas y gestionar su publicación.

También veremos las diferentes posibilidades de visualización de las entradas, cómo gestionar los enlaces permanentes y cómo ofrecer a los visitantes que se suscriban al feed RSS de nuestro sitio.

B. Utilizar las entradas

Las entradas le permiten administrar el contenido regular de su sitio, las noticias actuales, diarias o semanales de su estructura. Es lo que se llama «actualidad candente» o «rabiosa» en el mundo de la prensa.

Con el tema **Twenty Twenty-Five** instalado de forma predeterminada, las entradas se mostrarán en la parte central de su sitio, de forma cronológica. La entrada más reciente se muestra primero en la parte superior del área de visualización de la entrada.

C. Categorías

1. El uso de categorías

En WordPress, es imperativo ordenar y clasificar las entradas en categorías. Es estrictamente obligatorio.

Estas categorías tienen dos objetivos:

- A los redactores de contenidos, cuando administren las entradas, les permitirán filtrarlas según una categoría determinada.
- A los visitantes del sitio, les permitirán mostrar solo entradas en una categoría en particular. Esta visualización se realizará con un simple clic en el nombre de una categoría.

Es, por lo tanto, una característica esencial de una buena gestión de publicaciones en WordPress. Además, preste mucha atención a las etiquetas de categoría, ya que serán visibles en varios lugares del sitio. Los visitantes verán los nombres de las categorías, por lo que hay que tener cuidado en este punto: ortografía, mayúsculas, plural, acentos...

> Una última observación: puede crear perfectamente una categoría «pendiente» al escribir una entrada.

2. Crear una nueva categoría

Ahora veamos cómo crear una categoría para organizar las entradas.

➔ Para crear una nueva categoría, en el menú **Entradas**, elija **Categorías**.

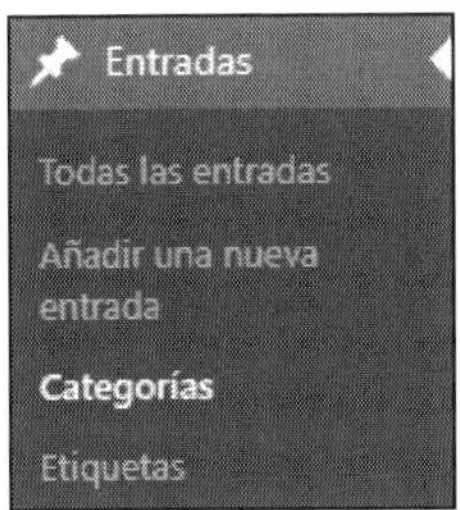

En la parte derecha de la pantalla, puede ver la categoría creada por defecto cuando se instaló WordPress. Se llama **Sin categoría** por ahora; la personalizaremos más adelante.

Es en el lado izquierdo de la pantalla donde podemos crear una categoría.

➔ Para crear una nueva categoría, primero debe asignarle un nombre en el campo **Nombre**. En este ejemplo, la nueva categoría creada se denomina **Europa**.

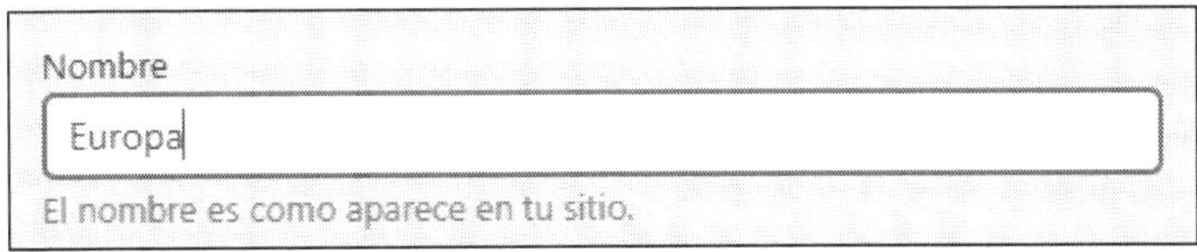

El segundo campo, **Slug**, permite personalizar la URL que se muestra cuando los visitantes hacen clic en el nombre de una categoría. Es el mismo principio que el de los enlaces permanentes en las entradas, que vimos en el capítulo anterior, en la sección Los enlaces permanentes. Este slug es creado automáticamente por WordPress a partir de las palabras del **Nombre**. WordPress elimina todos los caracteres prohibidos (espacios, acentos, caracteres especiales) y solo aplica letras minúsculas. Por lo tanto, puede dejar que WordPress genere el ID de categoría; en este ejemplo, el identificador será **Europa**. O bien, puede personalizarlo para la optimización del SEO.

➔ Por ejemplo, podríamos escribir: **viaje-europa**.

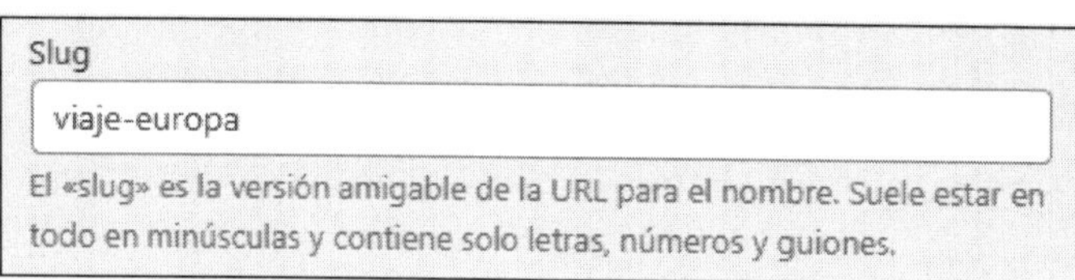

WordPress permite crear categorías jerárquicas, con categorías padre e hijo. En este ejemplo, podríamos crear perfectamente como categorías padre Europa y Asia, con Francia, Italia, España como categorías hijas, respectivamente, y Japón, Vietnam, etc.

- Una vez creadas las categorías principales, puede crear las categorías secundarias, eligiendo la categoría principal en la lista desplegable **Categoría superior**.

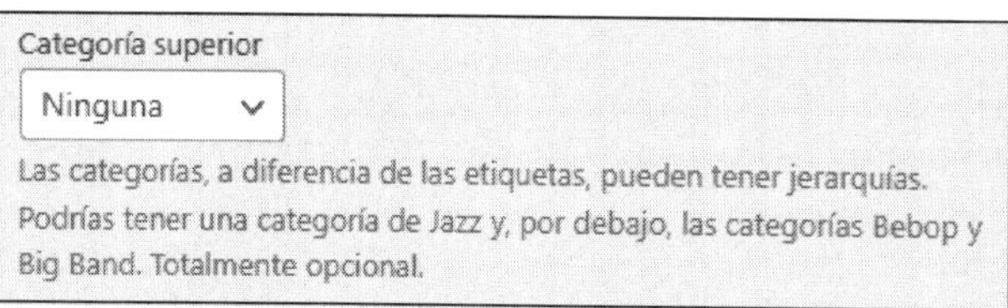

Tenga en cuenta que esta configuración es opcional y que puede dificultar la navegación por el sitio a los visitantes.

- El último campo, **Descripción**, permite introducir una descripción de la categoría. Dicha descripción aparece en primer lugar en la administración de WordPress, pero puede ser utilizada por algunos temas en la visualización del sitio publicado.

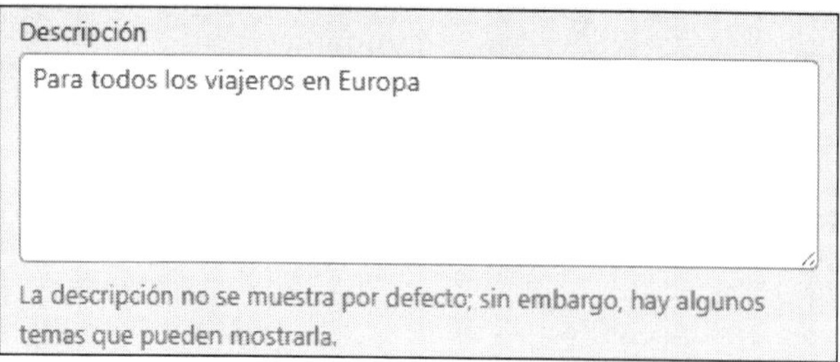

- Una vez que se hayan completado todos los campos, haga clic en el botón **Añadir una nueva categoría**.

Añadir una nueva categoría

Se crea la nueva categoría y se muestra en la tabla de categorías.

Nombre	Descripción	Slug	Cantidad
Europa	Para todos los viajeros en Europa	viaje-europa	0
Sin categoria	—	sin-categoria	1
Nombre	Descripción	Slug	Cantidad

3. Listar, ordenar y buscar categorías

Podremos listar, ordenar y buscar categorías en la administración.

➜ Al elegir en el menú **Entradas - Categorías**, se muestra una lista de todas las categorías creadas.

Nombre	Descripción	Slug	Cantidad
Asia	Para todos los viajeros en Asia	asia	0
— Japón	Para todos los viajeros en Japón	japon	0
Europa	Para todos los viajeros en Europa	viaje-europa	0
— Italia	Para todos los viajeros en Italia	italia	0
— Francia	Para todos los viajeros en Francia	francia	0
Sin categoria	—	sin-categoria	1
Nombre	Descripción	Slug	Cantidad

En esta tabla se muestran las columnas: **Nombre**, **Descripción**, **Slug** y **Cantidad**.

➜ Esta vista se puede personalizar haciendo clic en el botón **Opciones de pantalla**.

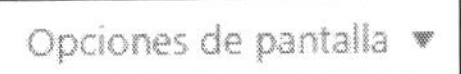

➙ A continuación, elija las columnas que desea mostrar en la tabla de categorías.

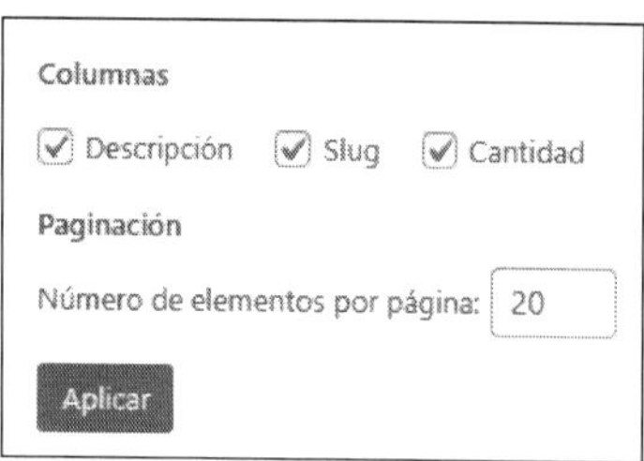

También puede elegir el número máximo de categorías que se mostrarán, antes de que aparezca una paginación automática. De forma predeterminada, este valor de umbral es 20.

En el ejemplo anterior, puede ver las categorías principales: Asia y Europa. En cada categoría principal, se muestran las categorías secundarias: Japón (para Asia) y Francia e Italia (para Europa), con un guion largo delante de cada una de ellas.

➙ En esta tabla, puede ordenar las categorías haciendo clic en los encabezados de columna: **Nombre**, **Descripción**, **Slug** y **Cantidad**. La columna **Cantidad** muestra el número de entradas que pertenecen a cada categoría.

La clasificación es ascendente (triángulo pequeño hacia abajo) o descendente (triángulo pequeño hacia arriba).

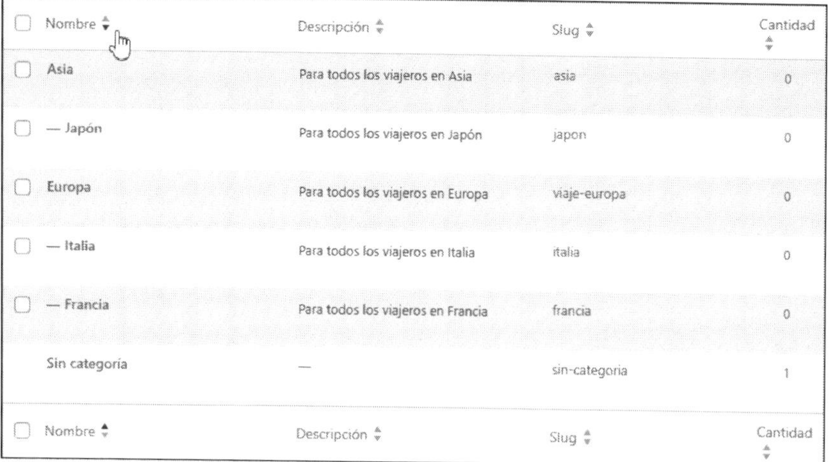

Nombre	Descripción	Slug	Cantidad
Asia	Para todos los viajeros en Asia	asia	0
— Japón	Para todos los viajeros en Japón	japon	0
Europa	Para todos los viajeros en Europa	viaje-europa	0
— Italia	Para todos los viajeros en Italia	italia	0
— Francia	Para todos los viajeros en Francia	francia	0
Sin categoría	—	sin-categoria	1
Nombre	Descripción	Slug	Cantidad

- Para buscar una categoría, utilice el campo de búsqueda y haga clic en el botón **Buscar categorías**. Tenga en cuenta que solo puede introducir una parte del nombre de la categoría.

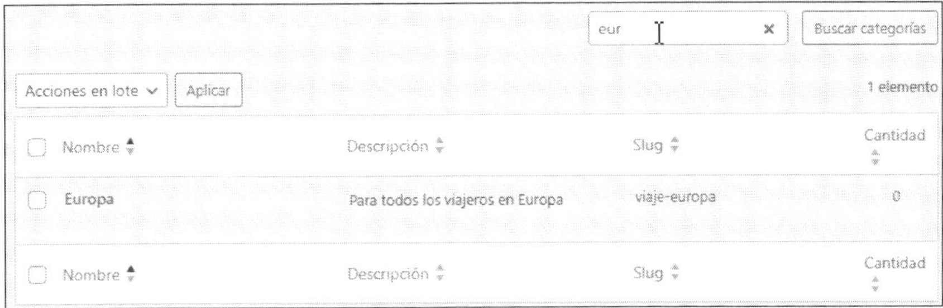

- Para ver todas las categorías, borre el contenido del campo de búsqueda y vuelva a hacer clic en el botón **Buscar categorías**.

4. La categoría predeterminada

Como mencionamos al principio del capítulo, es estrictamente obligatorio clasificar los entradas en categorías. Es por eso por lo que WordPress creó una categoría predeterminada cuando se instaló.

En el caso de que un redactor se olvide de categorizar una entrada, WordPress clasifica esa entrada en esa categoría de forma predeterminada.

Además, si eliminas una categoría, todos los elementos de esa categoría eliminada se clasificarán en la categoría predeterminada.

Como vimos anteriormente, la categoría predeterminada se llama **Sin categoría** en nuestra instalación. Veamos cómo cambiarla.

- En el menú **Entradas**, elija **Categorías**.

- En la lista de categorías, haga clic en el nombre de la categoría **Sin categoría** para editarla.

→ En la pantalla **Editar la categoría**, modifique los campos de esta categoría predeterminada.

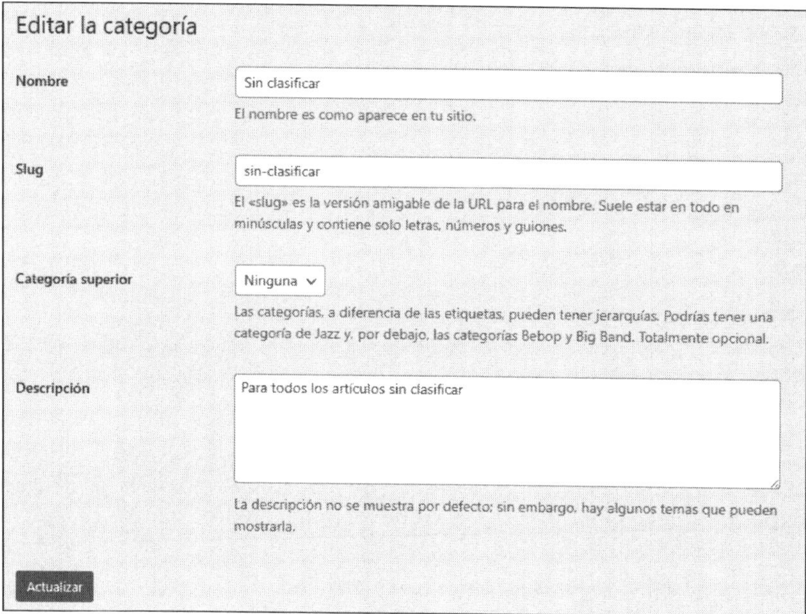

→ Una vez realizados los cambios, haga clic en el botón **Actualizar** y vuelva a la lista de categorías.

Se ha cambiado la categoría predeterminada.

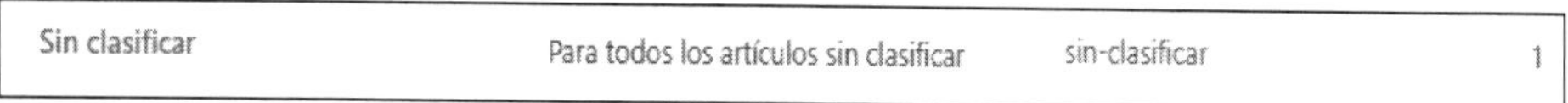

Ahora podemos configurar la categoría predeterminada.

➔ En el menú **Ajustes**, elija **Escritura**.

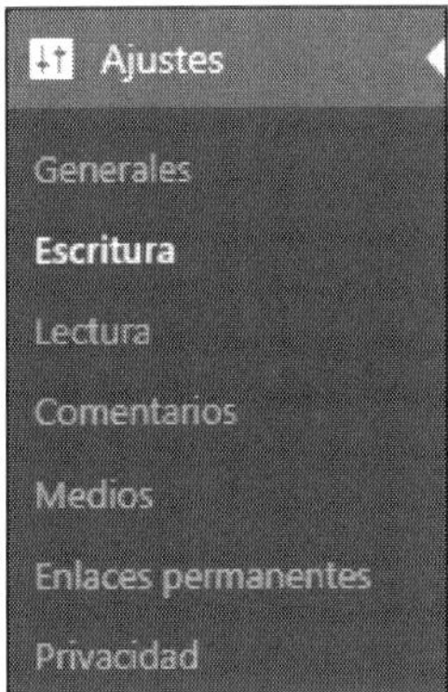

➔ En la lista desplegable **Categoría por defecto para las entradas**, elija la categoría que desea establecer como categoría predeterminada.

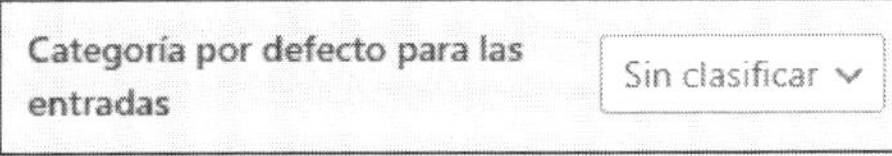

➔ Si realiza un cambio, es decir, si elige una categoría diferente, haga clic en el botón **Guardar cambios**.

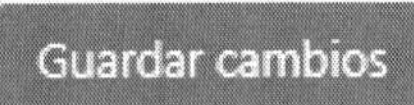

Puede ser muy interesante tener una categoría «temporal» por defecto, para clasificar las entradas que no sabe exactamente a qué categoría deben pertenecer en el momento de escribirlas. A continuación, puede asignarles la categoría correcta.

5. Editar las categorías

Por supuesto, puede editar las categorías que considere oportuno.

➔ En la lista de categorías, al pasar el cursor sobre la categoría que desea editar, haga clic en el **Nombre** de la categoría o en el enlace **Editar**.

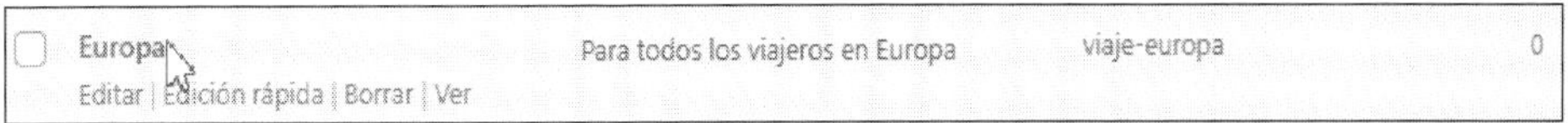

→ Aparecerá la pantalla **Editar la categoría**, con todos los campos disponibles. Realice los cambios deseados y haga clic en el botón **Actualizar**.

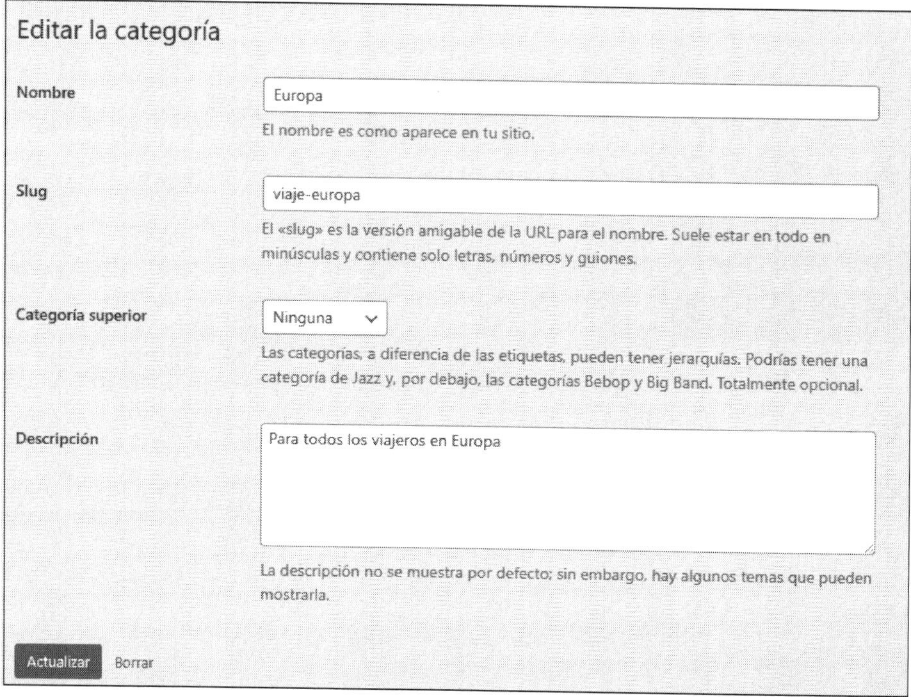

Tenga en cuenta la presencia del enlace **Borrar**, que le permite eliminar la categoría cuando se edita.

→ Para ir más rápido, puede elegir **Edición rápida** cuando pasa el cursor sobre una categoría.

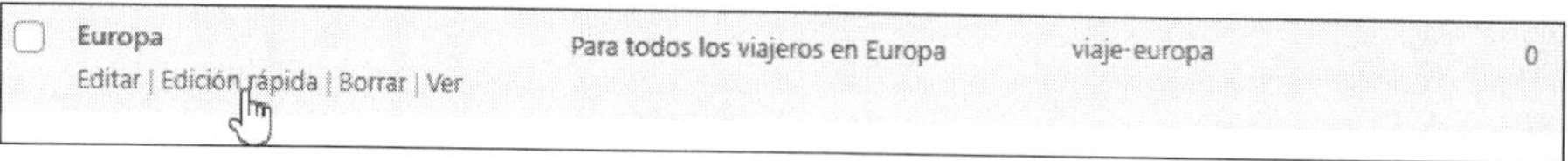

Esto evita abrir una nueva pantalla, pero solo puede editar los campos **Nombre** y **Slug**.

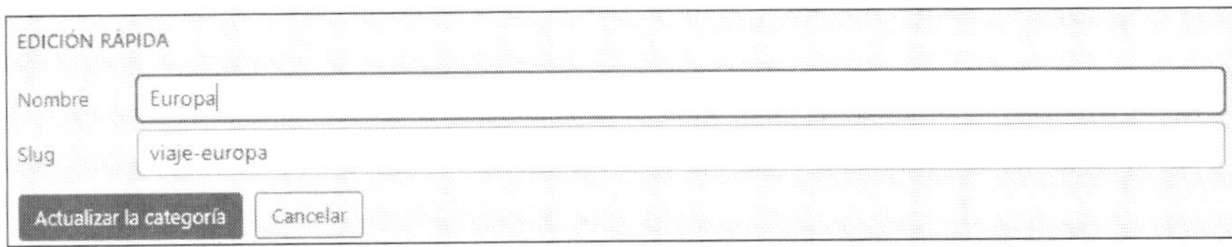

- Si realiza cambios, haga clic en el botón **Actualizar la categoría**; en caso contrario, haga clic en el botón **Cancelar**.

6. Eliminar una o más categorías

- Para eliminar una categoría, al pasar el cursor sobre ella, elija **Borrar**.

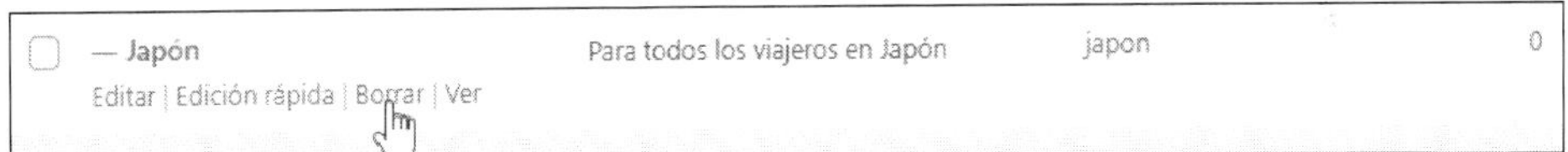

WordPress pide que confirme esta eliminación permanente.

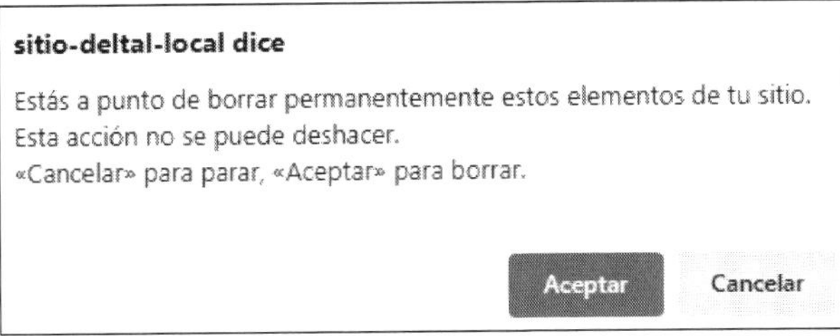

Tenga en cuenta que, si la categoría eliminada contiene entradas, se clasificarán en la categoría predeterminada. Además, debe saber que, si elimina una categoría principal, sus categorías secundarias no se eliminarán. Por último, recuerde que no puede deshacer la eliminación de categorías.

- Puede eliminar varias categorías al mismo tiempo. En la tabla de la lista de categorías, seleccione las categorías que desea eliminar usando las casillas de verificación.

☐	Nombre	Descripción	Slug	Cantidad
☐	**Asia**	Para todos los viajeros en Asia	asia	0
☑	— Japón	Para todos los viajeros en Japón	japon	0
☐	**Europa**	Para todos los viajeros en Europa	viaje-europa	0
☑	— Francia	Para todos los viajeros en Francia	francia	0
☑	— Italia	Para todos los viajeros en Italia	italia	0
	Sin clasificar	Para todos los artículos sin clasificar	sin-clasificar	1
☐	Nombre	Descripción	Slug	Cantidad

- A continuación, encima de la tabla, en la lista desplegable **Acciones en lote**, elija **Borrar** y haga clic en el botón **Aplicar**.

Borrar ⌄ | Aplicar

No se puede eliminar la categoría declarada como categoría predeterminada, **Sin clasificar** en este ejemplo. El enlace **Borrar** no aparece.

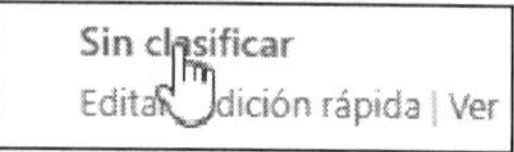

7. Mostrar las entradas de una categoría en la administración

Desde la administración de su sitio, puede ver la lista de entradas que pertenecen a una categoría.

➜ Para ello, al pasar el ratón por encima de una categoría, elija **Ver**.

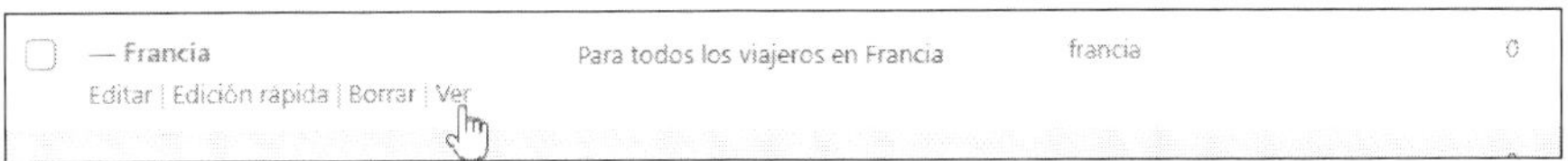

En el sitio publicado con el tema predeterminado de esta versión, WordPress muestra todas las entradas de la categoría seleccionada. En este ejemplo, se ha elegido la categoría **Francia**:

Categoría: Francia

Para todos los viajeros en Francia

La bahía del Somme

Aliquam erat volutpat. Aliquam quis sagittis massa. Vestibulum ullamcorper, libero vel ultrices accumsan, mi orci finibus ipsum, hendrerit porta quam erat pulvinar mauris. Sed id eros laoreet, tincidunt quam id, molestie purus. Pellentesque sed turpis varius, mollis purus non, euismod mauris. Aliquam accumsan, sapien vitae imperdiet ornare, justo lorem fermentum libero, sed finibus sem libero sed lacus. Suspendisse mauris nisl, cursus sed ullamcorper quis, suscipit eu ipsum.

22 de marzo de 2025

Brière

Pellentesque accumsan cursus enim non congue. In dui metus, viverra vitae nisi et, ultrices sagittis sapien. Maecenas eleifend dolor et magna accumsan vehicula. Aenean porta aliquet ex. Nam pulvinar volutpat neque at consequat. Pellentesque porttitor, velit vel euismod interdum, nisl purus lacinia justo, sit amet malesuada neque lorem non massa.

22 de marzo de 2025

8. Visualización de las categorías en el sitio publicado

En el sitio publicado, las categorías de las entradas se muestran en los metadatos de este, de acuerdo con el tema elegido. No olvide que es el tema el que indica lo que se muestra o no; toda la visualización del sitio está determinada por el tema elegido.

Tenga en cuenta que, normalmente, solo se muestran las categorías con entradas.

Este es un ejemplo de una entrada que se muestra con el tema predeterminado, el tema **Twenty Twenty-Five**. Esta entrada está categorizada como **Francia**. Con este tema, algunos metadatos se muestran debajo del título de la entrada y la fecha, al final de la página.

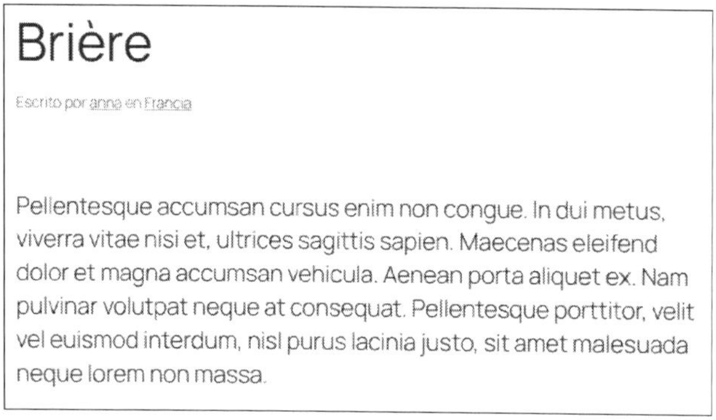

Brière

Escrito por anna en Francia

Pellentesque accumsan cursus enim non congue. In dui metus, viverra vitae nisi et, ultrices sagittis sapien. Maecenas eleifend dolor et magna accumsan vehicula. Aenean porta aliquet ex. Nam pulvinar volutpat neque at consequat. Pellentesque porttitor, velit vel euismod interdum, nisl purus lacinia justo, sit amet malesuada neque lorem non massa.

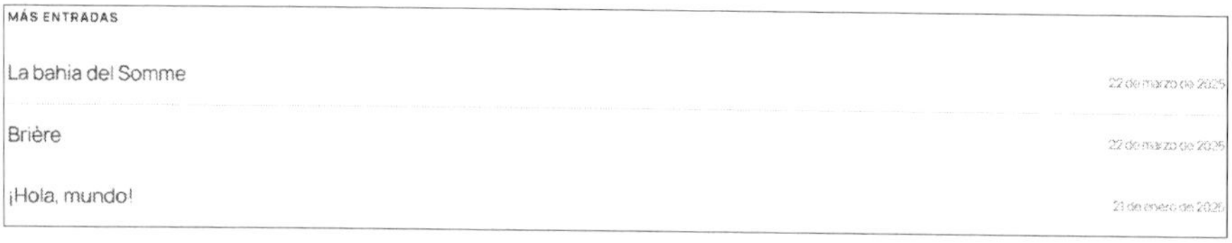

MÁS ENTRADAS

La bahia del Somme

Brière

¡Hola, mundo!

En los metadatos de una entrada, si el visitante hace clic en una de las categorías de la entrada, se enumeran todas las entradas de esa categoría. En este ejemplo, se ha hecho clic en la categoría **Francia** (es un extracto de la lista completa de entradas de esta categoría).

El tema predeterminado **Twenty Twenty-Five** muestra en la parte superior de la pantalla **Categoría: Francia**.

Categoría: Francia

Para todos los viajeros en Francia

La bahía del Somme

Aliquam erat volutpat. Aliquam quis sagittis massa. Vestibulum ullamcorper, libero vel ultrices accumsan, mi orci finibus ipsum, hendrerit porta quam erat pulvinar mauris. Sed id eros laoreet, tincidunt quam id, molestie purus. Pellentesque sed turpis varius, mollis purus non, euismod mauris. Aliquam accumsan, sapien vitae imperdiet ornare, justo lorem fermentum libero, sed finibus sem libero sed lacus. Suspendisse mauris nisl, cursus sed ullamcorper quis, suscipit eu ipsum

22 de marzo de 2025

Brière

Pellentesque accumsan cursus enim non congue. In dui metus, viverra vitae nisi et, ultrices sagittis sapien. Maecenas eleifend dolor et magna accumsan vehicula. Aenean porta aliquet ex. Nam pulvinar volutpat neque at consequat. Pellentesque porttitor, velit vel euismod interdum, nisl purus lacinia justo, sit amet malesuada neque lorem non massa.

22 de marzo de 2025

9. Visualización de categorías en el widget

La otra forma de mostrar categorías en el sitio publicado es mediante el widget dedicado a las categorías.

En WordPress, los widgets son «componentes de la interfaz» que permiten que el contenido se muestre según un criterio. Este criterio viene determinado por el tipo de widget. Aquí utilizaremos un widget que mostrará las categorías y que nos permitirá mostrar todas las entradas de la categoría seleccionada por los visitantes. Por último, debe saber que es el tema utilizado el que ofrece uno o más lugares para mostrar estos widgets.

Para este ejemplo, vamos a usar el tema Twenty Twenty-Five, que es el tema predeterminado para esta última versión de WordPress.

Vamos a insertar el widget en el pie de página del sitio.

➜ Para insertar un widget en su sitio, en el menú **Apariencia**, elija **Editor**.

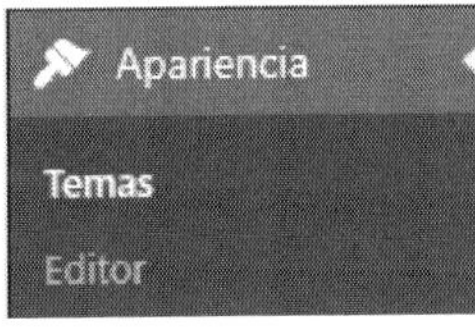

→ En la columna lateral izquierda, haga clic en **Patrones**.

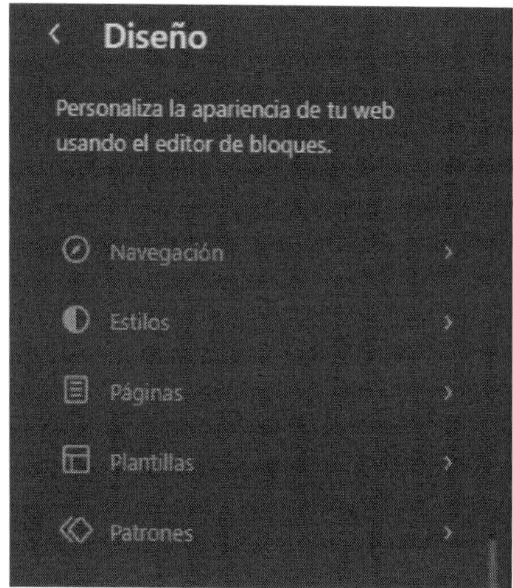

→ En la columna lateral izquierda, haga clic en **Pie de página**.

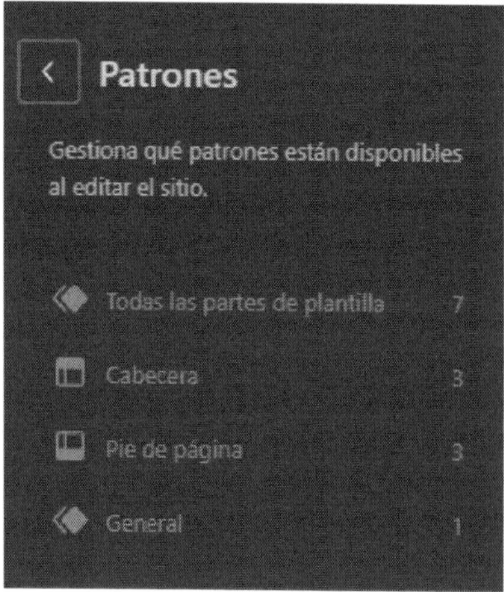

➜ Tal y como se indica a la derecha de la etiqueta **Pie de página**, esta sección dispone de tres patrones modificables. Haga clic en el patrón **Pies de página**.

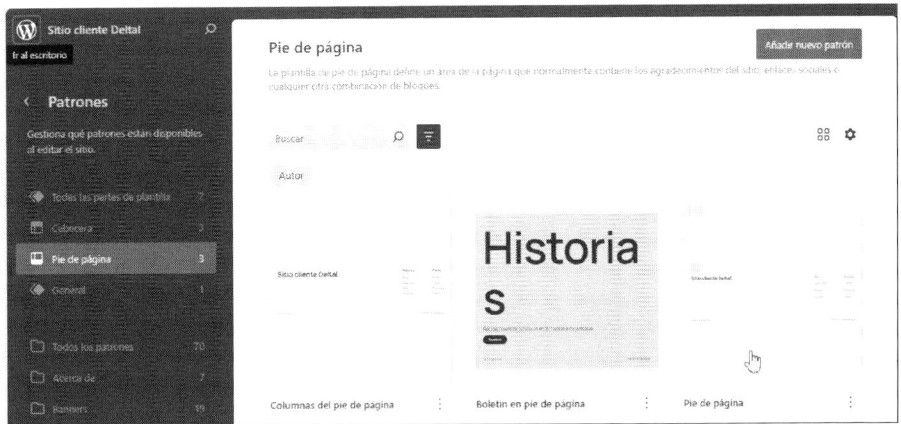

Se muestra el editor de temas para el pie de página:

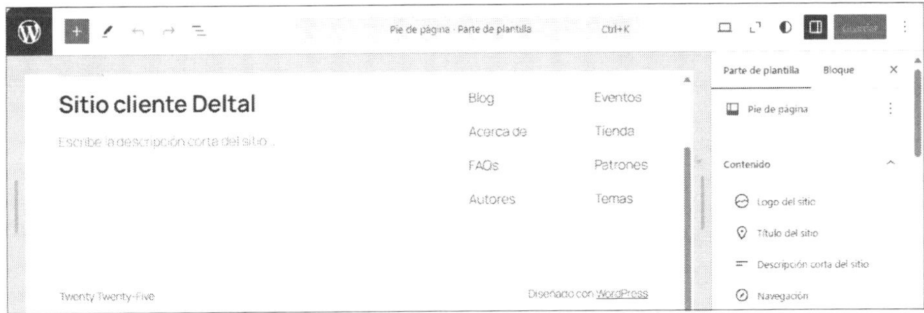

➜ En la barra de herramientas superior, haga clic en el botón [+] para agregar un bloque:

→ En la lista de bloques disponibles, en la pestaña **Bloques**, en la categoría **WIDGETS**, haga clic en **Lista de categorías**.

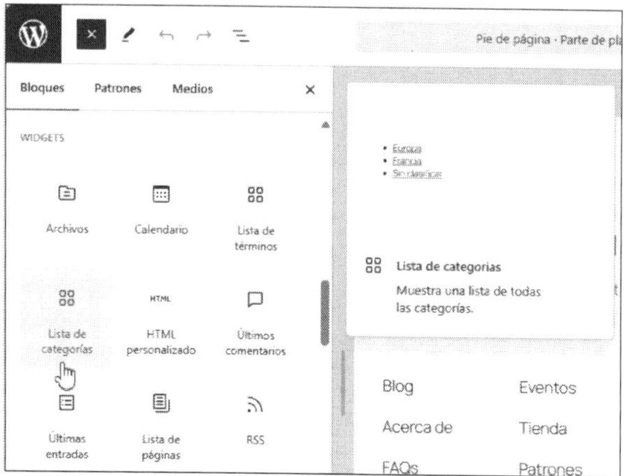

El widget se inserta en el pie de página:

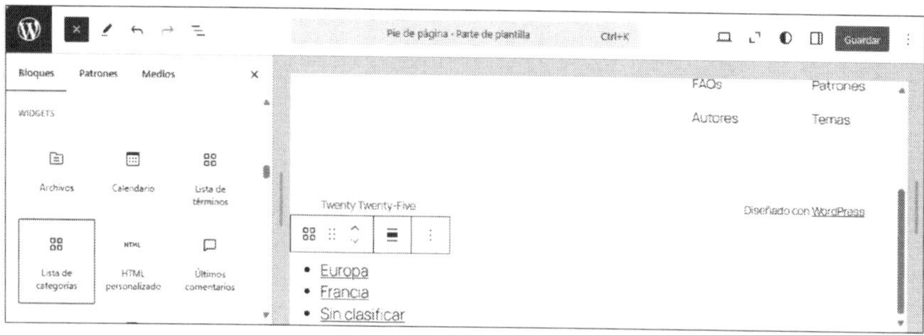

→ En la barra de herramientas superior, haga clic en el botón × para cerrar la lista de bloques.

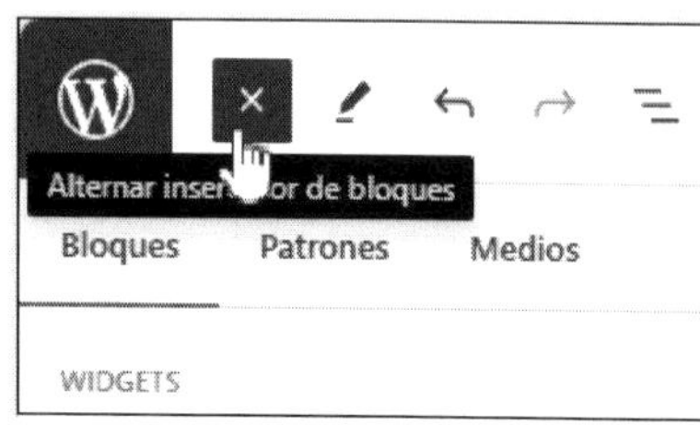

Ahora vamos a personalizar este widget.

➜ En la barra de herramientas superior, haga clic en el botón **Resumen del documento**.

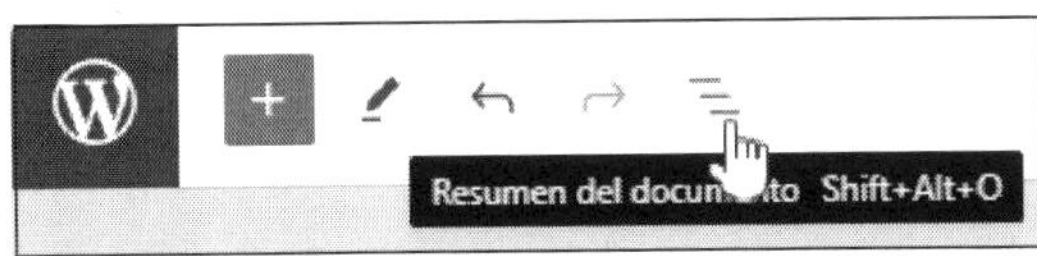

En la Lista de los bloques, asegúrese de que el bloque **Lista de categorías** esté seleccionado.

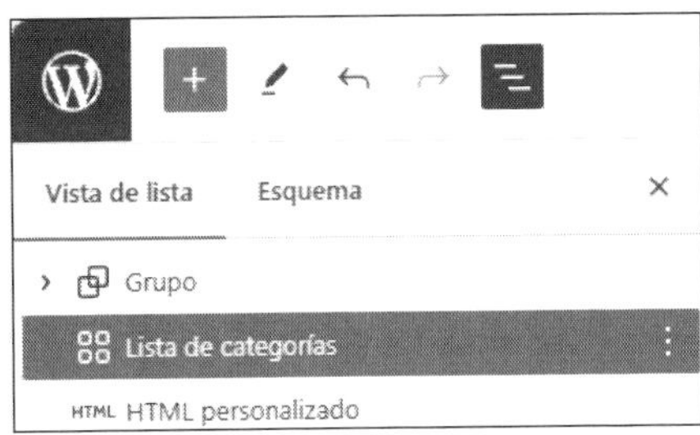

➜ En la barra de herramientas superior, puede hacer clic en el botón **Resumen del documento** para cerrar la lista de bloques.

➜ En la barra de herramientas superior derecha, haga clic en el botón **Ajustes** ◫.

En la columna lateral derecha, en la pestaña **Bloque**, puede ver que el bloque **Lista de categorías** está seleccionado.

En la pestaña **Ajustes** activa, tiene acceso a la configuración de este bloque:

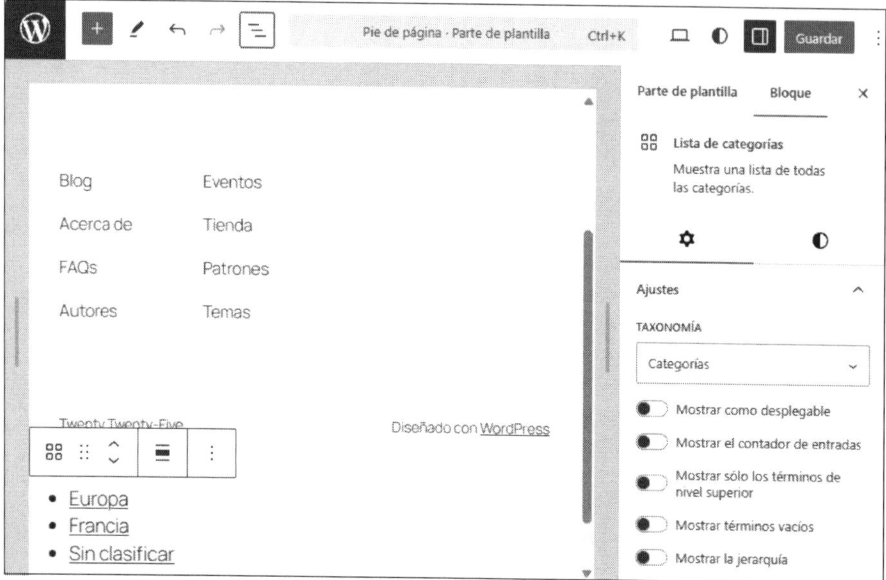

Estos son los ajustes disponibles:

- **Mostrar como desplegable**: muestra la lista de categorías en una lista desplegable.
- **Mostrar el contador de entradas**: muestra el número de entradas por categoría.
- **Mostrar sólo los términos de nivel superior**: cuando se utilizan categorías jerárquicas, solo se mostrarán las del nivel superior principal.
- **Mostrar términos vacíos**: si una categoría no contiene ninguna entrada, se mostrará de todos modos.
- **Mostrar jerarquía**: con las categorías jerárquicas, mostrará todos los niveles.

Tan pronto como hag una personalización, se mostrará inmediatamente en la vista previa.

Esta es la configuración que hemos usado para este ejemplo:

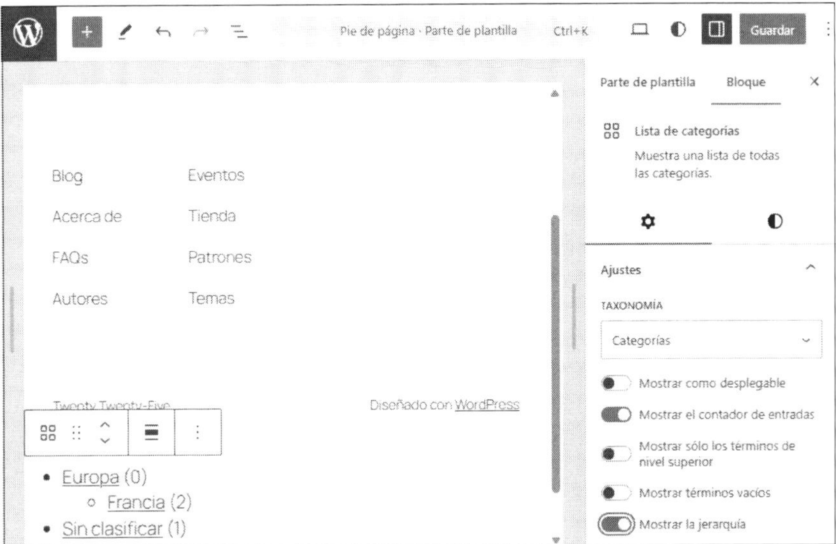

- Haga clic en el botón **Guardar**.
- Para volver al **panel de control** de la interfaz de administración de su sitio, en la barra de herramientas superior a la izquierda, haga clic en el botón **Abrir navegación**.

- A continuación, vuelva a hacer clic en el mismo botón y, una vez en el escritorio, haga clic en la opción **Visitar el sitio** del nombre del sitio:

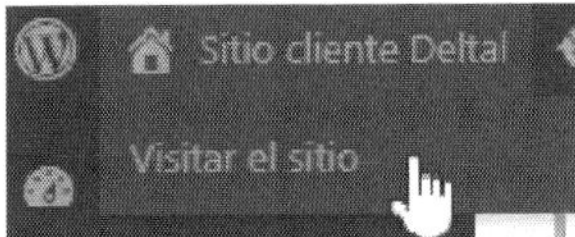

➜ Accederá al sitio publicado; vaya al pie de página y compruebe que el widget **Lista de categorías** se muestra correctamente:

Twenty Twenty-Five

Diseñado con WordPress

- Europa (2)
  - Francia (2)
- Sin clasificar (1)

D. Las etiquetas

1. El uso de etiquetas

Las etiquetas se utilizan para caracterizar entradas con palabras que no forman parte del contenido redactado de las entradas. El objetivo es asociar etiquetas con entradas. Una de las características muy prácticas de las etiquetas es que son independientes de las categorías. Las etiquetas son una parte integral de la taxonomía de las entradas.

Tenga en cuenta que la asignación de etiquetas en las entradas es opcional, pero sería una pena no utilizar una función que es muy práctica y útil para los visitantes de su sitio.

La utilidad para los visitantes de su sitio es que obtienen una lista de todas los entradas que comparten una etiqueta determinada.

Para una buena gestión y utilización de las etiquetas de su sitio por parte de los visitantes, hay algunas reglas de uso que deben seguirse:

- No asociar una sola etiqueta a una entrada; esto no es relevante para la selección de entradas.
- También al revés: no asociar demasiadas etiquetas con la misma entrada, ya que complicará el filtrado de estas.
- Un promedio «clásico» de número de etiquetas por entrada es de alrededor de cinco.
- No asociar una entrada con una etiqueta que sea específica para ella; de nuevo, la razón es que el filtrado no sería relevante.
- Es necesario, pues, asociar varias etiquetas comunes con varias entradas.

Al igual que con las categorías, el nombre de las etiquetas estará visible y lo utilizarán los visitantes de su sitio, así que tenga cuidado con la ortografía. Por último, tenga en cuenta que las etiquetas pueden contener varias palabras para mayor precisión. Por ejemplo, podríamos tener la etiqueta «deporte acuático».

Recuerde que podrá crear etiquetas al escribir las entradas.

2. Crear nuevas etiquetas

- Para crear etiquetas, en el menú **Entradas**, elija **Etiquetas**.

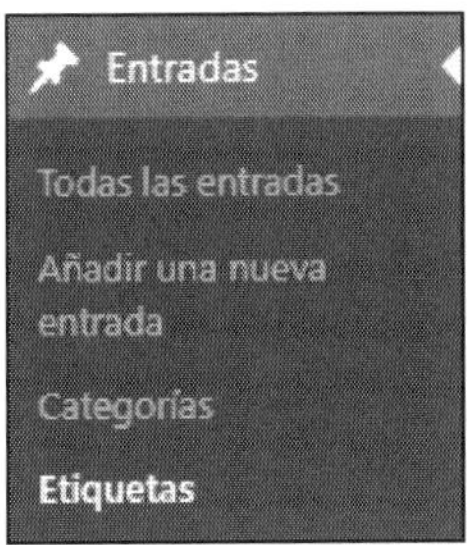

Observe que la interfaz de administración de etiquetas es la misma que la interfaz de administración de categorías.

- El campo **Nombre** se utiliza para definir las etiquetas.
- El campo **Slug** se utiliza en las URL cuando un visitante hace clic en una etiqueta. WordPress puede generar el identificador a partir del nombre, que usted mismo puede personalizar para una mejor optimización de SEO. Tenga cuidado: no debe usar espacios, caracteres acentuados, caracteres especiales (%, *,+...) ni letras mayúsculas.
- Por último, el campo opcional **Descripción** permite introducir una descripción de la etiqueta. Esta descripción aparece primero en la administración de WordPress, pero puede ser utilizada por algunos temas, como, por ejemplo, con el tema **Twenty Twenty-Three**.

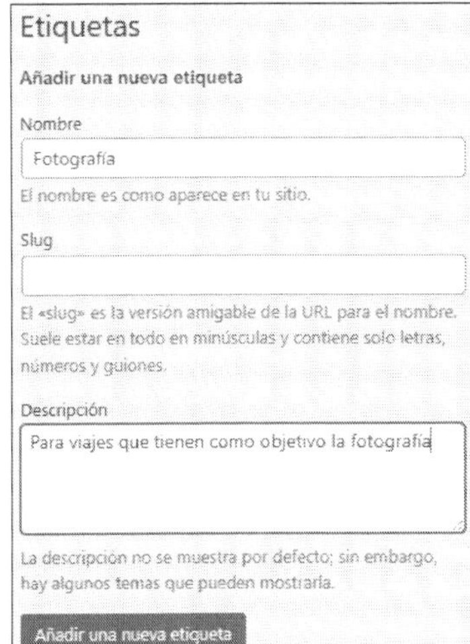

→ Una vez que se hayan rellenado los campos, haga clic en el botón **Añadir una nueva etiqueta**. La nueva etiqueta se muestra en la tabla.

	Nombre	Descripción	Slug	Cantidad
☐	Fotografía	Para viajes que tienen como objetivo la fotografía	fotografia	0

3. Enumerar, ordenar y buscar etiquetas

Cuando elige **Etiquetas** en el menú **Entradas**, WordPress muestra en una tabla la lista de las etiquetas introducidas. Verá las columnas **Nombre**, **Descripción**, **Slug** y **Cantidad**. La columna **Cantidad** muestra el número de entradas asociadas a cada etiqueta.

	Nombre	Descripción	Slug	Cantidad
☐	Avión	Para viajes en avión	avion	0
☐	Familia	Para viajes en familia	familia	0
☐	Fotografía	Para viajes que tienen como objetivo la fotografía	fotografia	0
☐	Solo	Para viajes en solitario	solo	0
☐	Tren	Para viajes en tren	tren	0
☐	Nombre	Descripción	Slug	Cantidad

→ Para administrar la visualización de la tabla, haga clic en el botón **Opciones de pantalla**.

Opciones de pantalla ▼

➙ Elija lo que desea mostrar en la tabla.

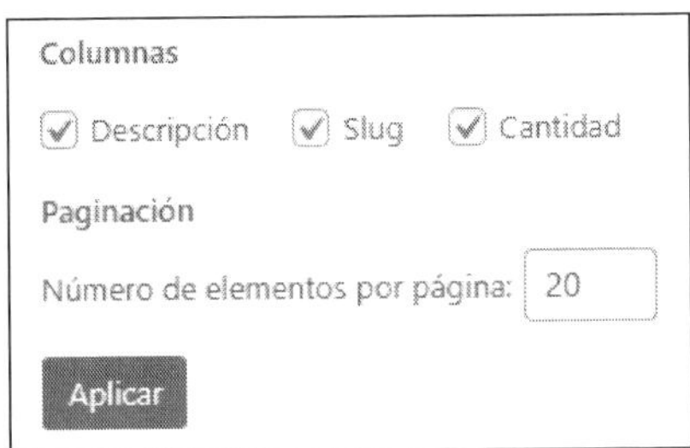

También puede elegir el número máximo de etiquetas que se mostrarán, antes de que aparezca una paginación automática. De forma predeterminada, este valor de umbral es 20.

➙ En esta tabla, puede ordenar las categorías haciendo clic en los encabezados de columna: **Nombre**, **Descripción**, **Slug** y **Cantidad**.

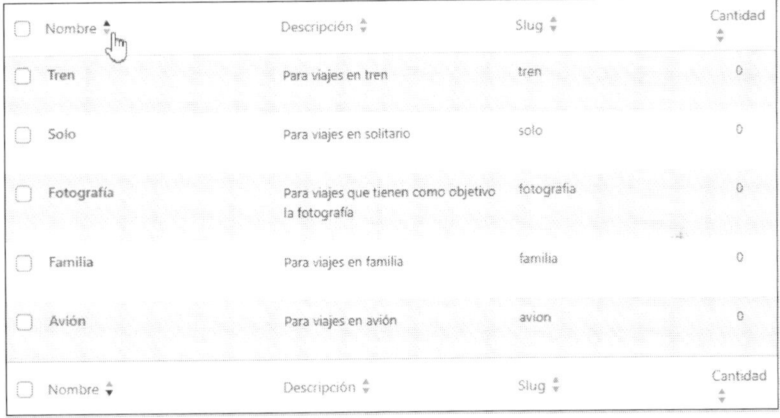

La clasificación es ascendente (triángulo pequeño hacia abajo) o descendente (triángulo pequeño hacia arriba).

→ Para buscar una etiqueta, utilice el campo de búsqueda y haga clic en el botón **Buscar etiquetas**. Observe que puede introducir solo una parte del nombre de la categoría.

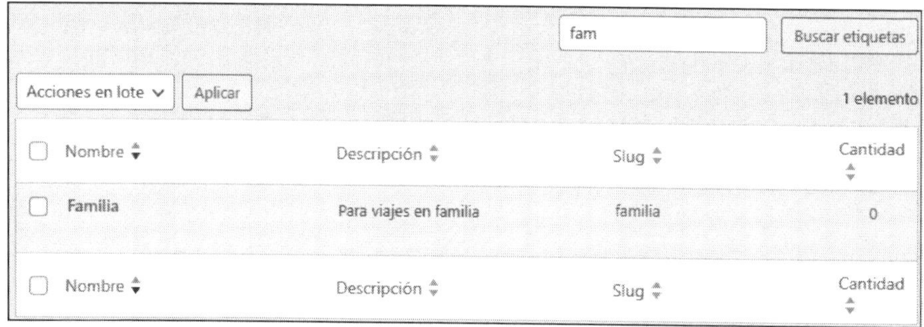

→ Después de una búsqueda, para ver de nuevo todas las etiquetas, borre el contenido del campo de búsqueda y vuelva a hacer clic en el botón **Buscar etiquetas**.

4. Editar etiquetas

Puede editar las etiquetas creadas.

→ En la lista de etiquetas, al pasar el cursor sobre la etiqueta que desea editar, haga clic en el nombre de la etiqueta o en el enlace **Editar**.

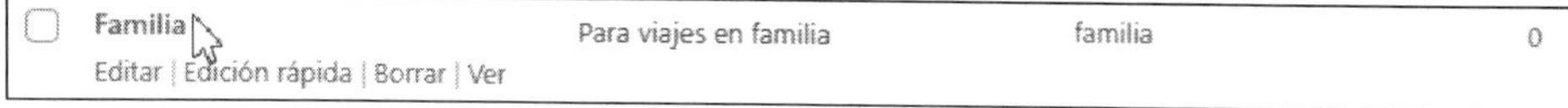

➚ Aparece la pantalla **Editar la etiqueta** con todos los campos disponibles. Realice los cambios y haga clic en el botón **Actualizar**.

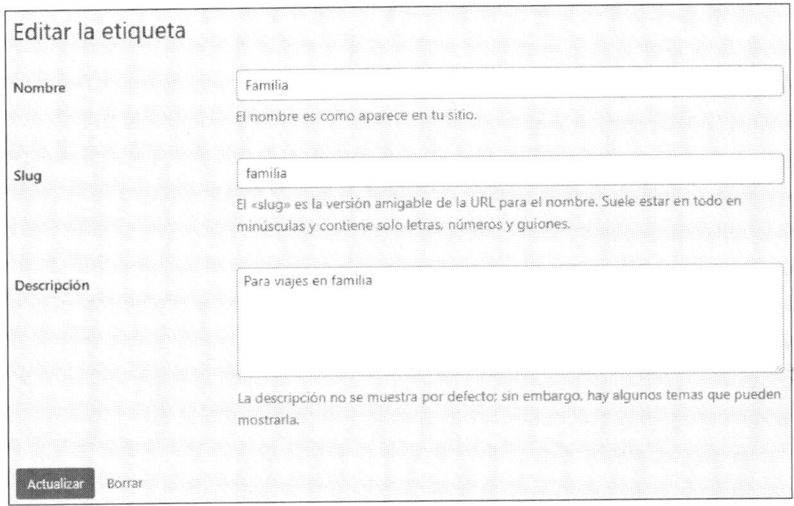

Observe la presencia del enlace **Borrar**, que permite eliminar la etiqueta durante su edición.

5. Eliminar una o más etiquetas

➚ Para eliminar una etiqueta, al pasar el cursor sobre ella, haga clic en **Borrar**.

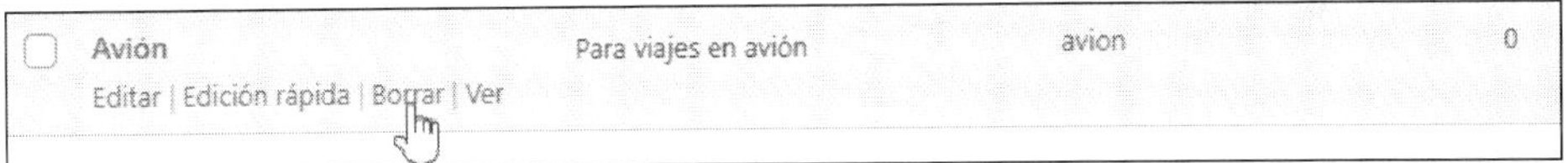

A continuación, debe confirmar esta eliminación, que es permanente.

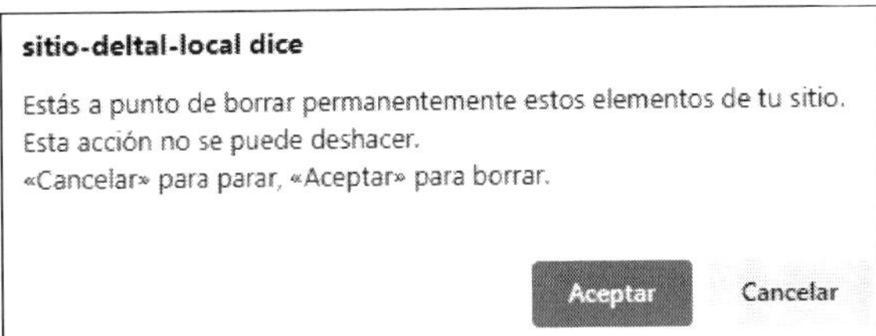

➜ Por último, puede eliminar varias etiquetas al mismo tiempo. En la tabla con la lista de etiquetas, seleccione las que desea eliminar marcando las casillas de verificación.

☐	Nombre	Descripción	Slug	Cantidad
☐	Avión	Para viajes en avión	avion	0
☑	Familia	Para viajes en familia	familia	0
☐	Fotografía	Para viajes que tienen como objetivo la fotografía	fotografia	0
☑	Solo	Para viajes en solitario	solo	0
☐	Tren	Para viajes en tren	tren	0
☐	Nombre	Descripción	Slug	Cantidad

➜ A continuación, encima de la tabla, en la lista desplegable **Acciones en lote**, elija **Borrar** y haga clic en el botón **Aplicar**.

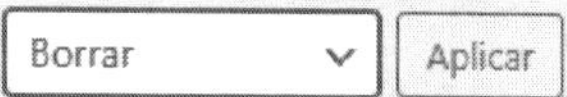

6. Convertir las categorías en etiquetas

Para las personas que son nuevas en el uso de la taxonomía, puede ser difícil distinguir entre categoría y etiqueta. Recuerde que las categorías se utilizan para clasificar las entradas y que las etiquetas se utilizan para identificarlas con palabras clave independientemente de las categorías.

Usando un plugin, WordPress ofrece la posibilidad de transformar las categorías en etiquetas. Para ello, primero debe instalar esta extensión.

➜ En el menú **Herramientas**, elija **Importar**.

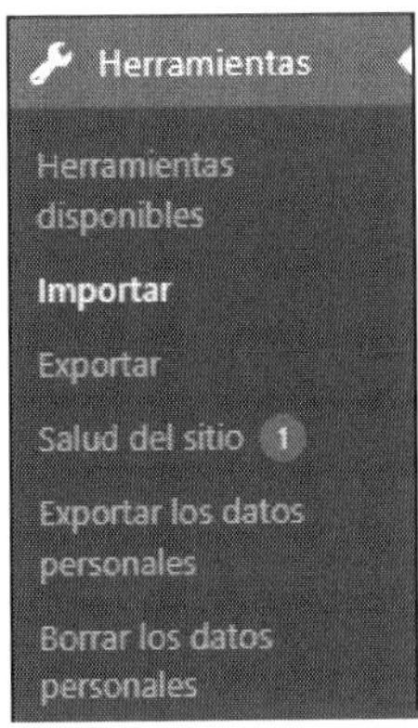

➜ En la lista de herramientas de importación, haga clic en el enlace **Instalar ahora** de **Conversor de etiquetas y categorías** para instalar esta extensión.

Conversor de etiquetas y categorías Instalar ahora | Detalles	Convierte las categorías existentes a etiquetas o las etiquetas en categorías, de manera selectiva.

➜ A continuación, haga clic en el enlace **Ejecutar el importador**.

En la ventana de conversión, seleccione las categorías que desea convertir.

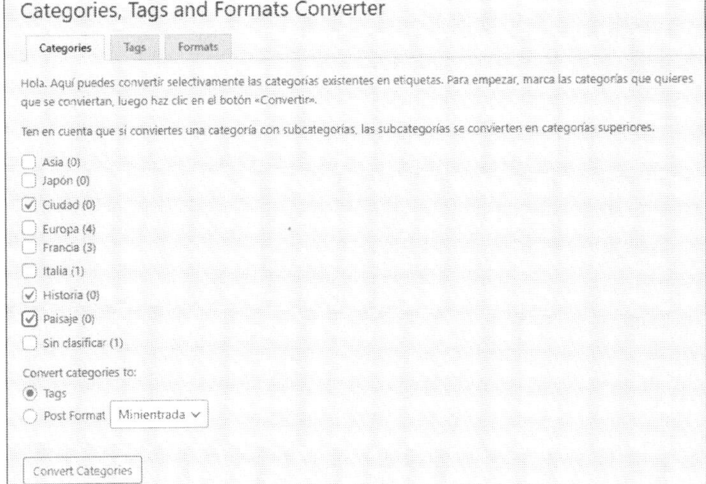

→ A continuación, haga clic en el botón **Convert Categories**.

WordPress confirma la conversión.

Puede comprobarlo: estas categorías ya no aparecen en la lista de categorías (menú **Entradas - Categorías**). En contraposición, ahora aparecen como etiquetas (en el menú **Entradas**, elija **Etiquetas**).

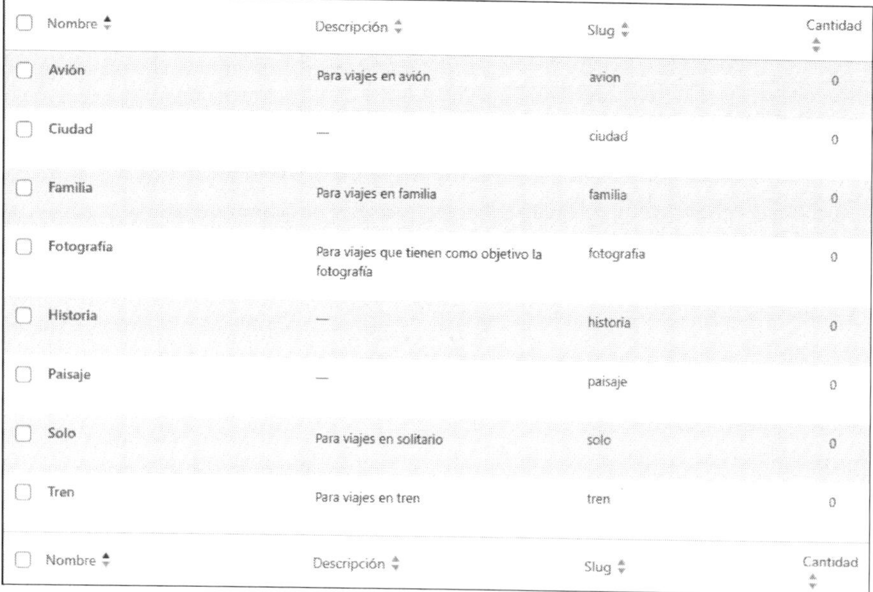

Nombre	Descripción	Slug	Cantidad
Avión	Para viajes en avión	avion	0
Ciudad	—	ciudad	0
Familia	Para viajes en familia	familia	0
Fotografía	Para viajes que tienen como objetivo la fotografía	fotografia	0
Historia	—	historia	0
Paisaje	—	paisaje	0
Solo	Para viajes en solitario	solo	0
Tren	Para viajes en tren	tren	0
Nombre	Descripción	Slug	Cantidad

7. Mostrar las entradas de una etiqueta desde la administración

Desde la administración de su sitio, puede ver todas las entradas que están asociadas con una etiqueta en particular.

➜ En el menú **Entradas**, elija **Etiquetas**.

En la lista de etiquetas, en la columna **Cantidad** de la etiqueta que escoja, puede ver el número de entradas asociadas a esa etiqueta. En este ejemplo, para la etiqueta **Fotografía**, tenemos dos entradas.

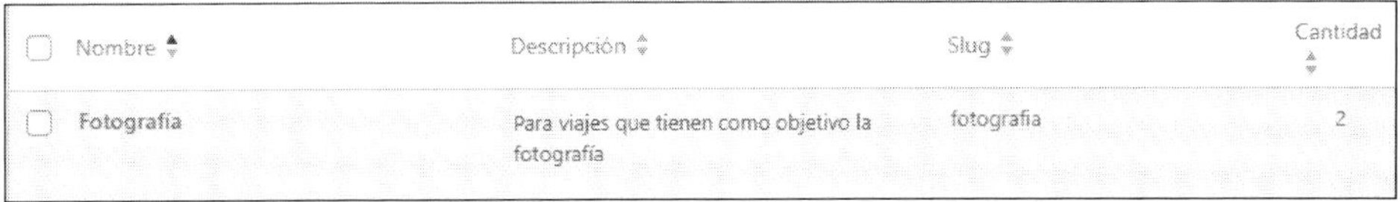

También puede utilizar la lista de entradas.

- En el menú **Entradas**, elija **Todas las entradas**.
- En la columna **Etiquetas**, haga clic en la etiqueta que desee.

En este ejemplo, se ha hecho clic en la etiqueta **Fotografía**.

WordPress solo muestra en la lista las entradas que están asociadas a la etiqueta **Fotografía**.

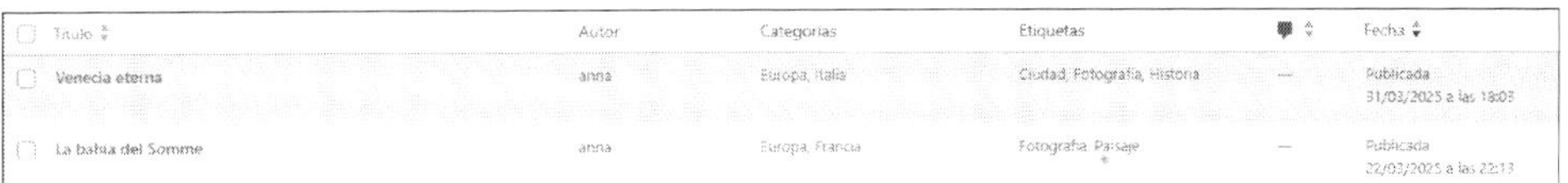

➜ En la lista de etiquetas, al pasar el cursor sobre una de ellas, haga clic en el enlace **Ver** para mostrar, en la misma pestaña, la lista de las entradas con esta etiqueta.

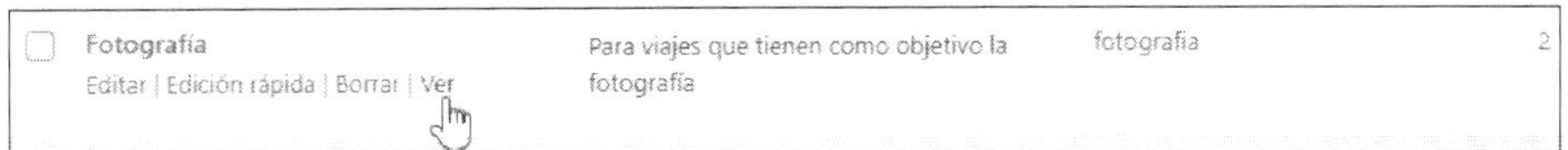

He aquí un extracto de las entradas que se muestran en el sitio publicado:

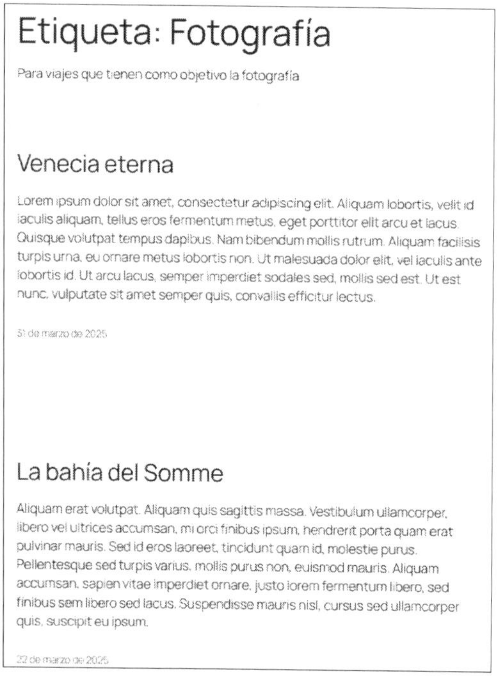

Etiqueta: Fotografía

Para viajes que tienen como objetivo la fotografía

Venecia eterna

Lorem ipsum dolor sit amet, consectetur adipiscing elit. Aliquam lobortis, velit id iaculis aliquam, tellus eros fermentum metus, eget porttitor elit arcu et lacus. Quisque volutpat tempus dapibus. Nam bibendum mollis rutrum. Aliquam facilisis turpis urna, eu ornare metus lobortis non. Ut malesuada dolor elit, vel iaculis ante lobortis id. Ut arcu lacus, semper imperdiet sodales sed, mollis sed est. Ut est nunc, vulputate sit amet semper quis, convallis efficitur lectus.

31 de marzo de 2025

La bahía del Somme

Aliquam erat volutpat. Aliquam quis sagittis massa. Vestibulum ullamcorper, libero vel ultrices accumsan, mi orci finibus ipsum, hendrerit porta quam erat pulvinar mauris. Sed id eros laoreet, tincidunt quam id, molestie purus. Pellentesque sed turpis varius, mollis purus non, euismod mauris. Aliquam accumsan, sapien vitae imperdiet ornare, justo lorem fermentum libero, sed finibus sem libero sed lacus. Suspendisse mauris nisl, cursus sed ullamcorper quis, suscipit eu ipsum.

22 de marzo de 2025

8. Visualización de etiquetas en el sitio publicado

En el sitio publicado, las etiquetas generalmente se muestran debajo de las entradas. Pero, de nuevo, recordemos que es el diseñador del tema quien elige dónde mostrar las etiquetas y si quiere mostrarlas.

Con el tema predeterminado **Twenty Twenty-Five**, las etiquetas se muestran efectivamente debajo de las entradas, en los metadatos.

En este ejemplo, las etiquetas son **Fotografía** y **Paisaje**. Se muestran debajo de la entrada.

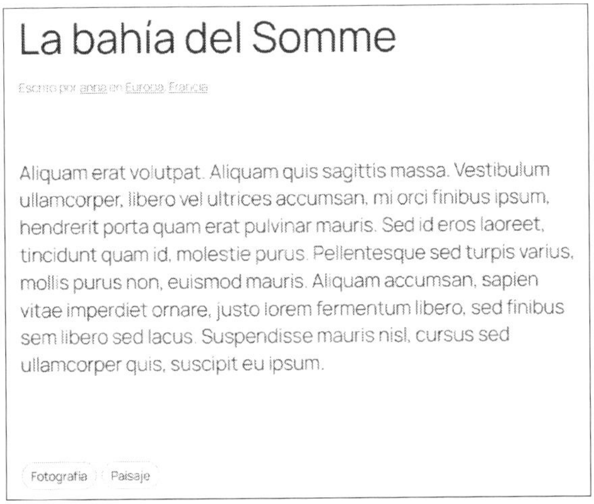

La bahía del Somme

Escrito por anna en Europa, Francia

Aliquam erat volutpat. Aliquam quis sagittis massa. Vestibulum ullamcorper, libero vel ultrices accumsan, mi orci finibus ipsum, hendrerit porta quam erat pulvinar mauris. Sed id eros laoreet, tincidunt quam id, molestie purus. Pellentesque sed turpis varius, mollis purus non, euismod mauris. Aliquam accumsan, sapien vitae imperdiet ornare, justo lorem fermentum libero, sed finibus sem libero sed lacus. Suspendisse mauris nisl, cursus sed ullamcorper quis, suscipit eu ipsum.

Fotografía Paisaje

En los metadatos de una entrada, cuando el visitante hace clic en una de las etiquetas, se muestra la lista de entradas con esa etiqueta. En este ejemplo, el visitante ha hecho clic en la etiqueta **Fotografía** (es un extracto de la lista completa de las entradas asociadas con esta etiqueta).

El tema predeterminado **Twenty Twenty-Five** muestra **Etiqueta** en la parte superior de la pantalla, junto con el nombre de la etiqueta.

Etiqueta: Fotografía

Para viajes que tienen como objetivo la fotografía

Venecia eterna

Lorem ipsum dolor sit amet, consectetur adipiscing elit. Aliquam lobortis, velit id iaculis aliquam, tellus eros fermentum metus, eget porttitor elit arcu et lacus.

9. La visualización de etiquetas en el widget

En el sitio publicado, también puede ver las etiquetas utilizadas en el widget dedicado **Nube de etiquetas**.

Vamos a insertar el widget en el pie de página del sitio.

➙ Para insertar un widget en su sitio, en el menú **Apariencia**, elija **Editor**.

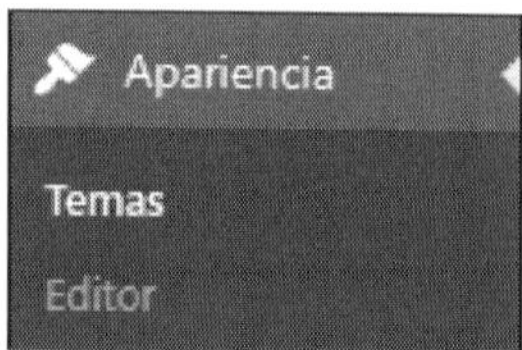

➙ En la columna lateral izquierda, haga clic en **Patrones**.

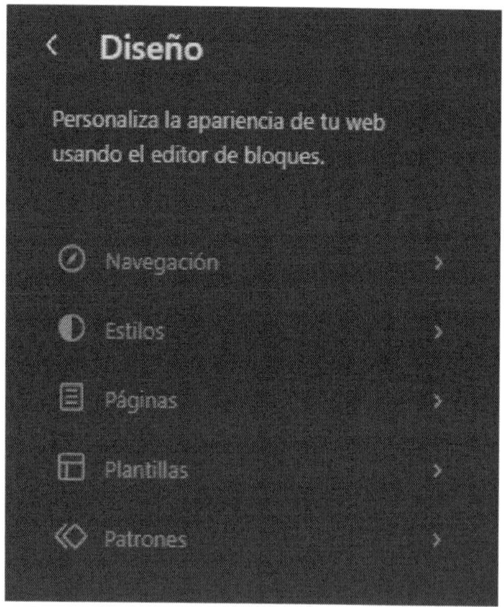

→ En la columna lateral izquierda, haga clic en **Pie de página** y, a continuación, vuelva a hacer clic en la opción **Pie de página** en el centro de la pantalla.

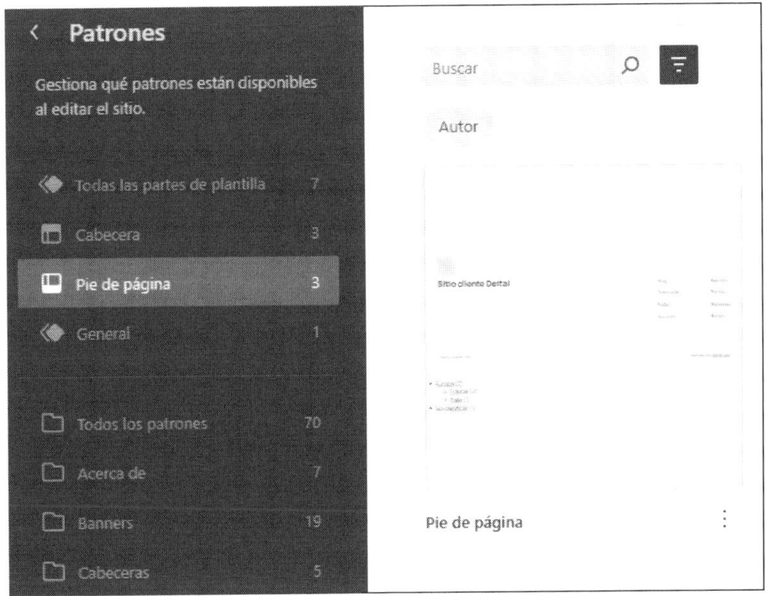

Accederá al editor del tema para el pie de página. Encontrará el widget que insertamos anteriormente:

- En la barra de herramientas superior, haga clic en el botón + para agregar un bloque:

- En la lista de bloques disponibles, en la pestaña **Bloques**, categoría **WIDGETS**, haga clic en **Nube de etiquetas**.

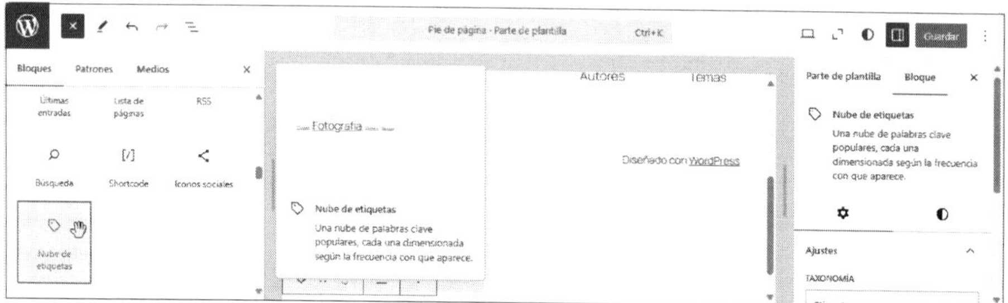

El widget se inserta y se puede cerrar la lista de bloques:

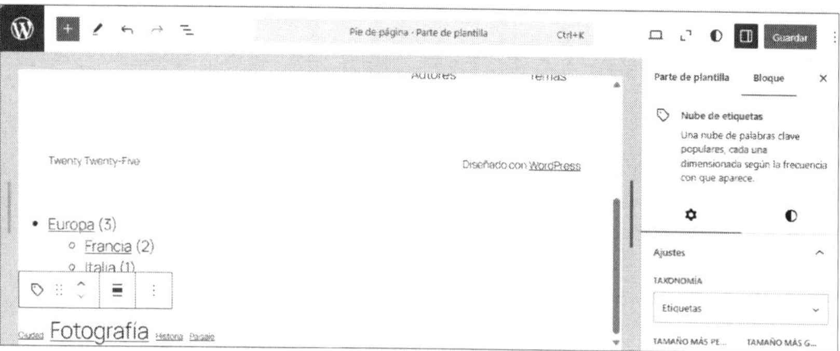

Ahora vamos a personalizar este widget.

En la barra de herramientas superior, haga clic en el botón **Resumen del documento** .

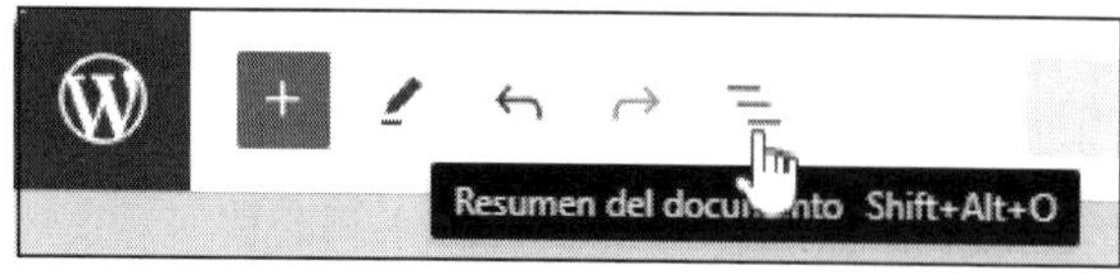

En la lista de bloques, asegúrese de que el bloque **Nube de etiquetas** esté seleccionado.

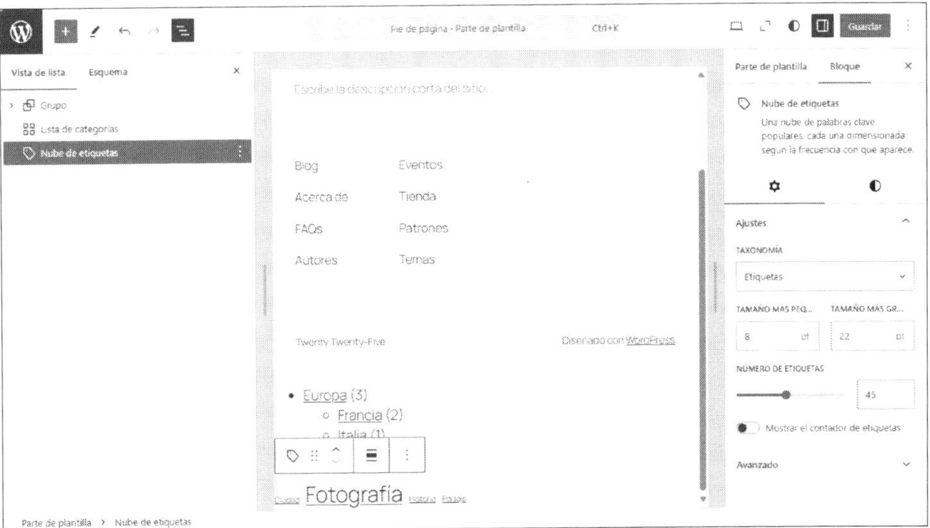

En la columna lateral derecha, en la pestaña **Bloque**, puede ver que el bloque **Nube de etiquetas** está seleccionado.

→ En la pestaña **Ajustes** activa, tiene acceso a la configuración de este bloque:

- En la lista desplegable **TAXONOMÍA**, está correctamente seleccionada **Etiquetas**.
- En los campos **TAMAÑO MÁS PEQUEÑO Y TAMAÑO MÁS GRANDE**, puede determinar el tamaño de fuente utilizado para mostrar las etiquetas menos usadas y más usadas.
- El control deslizante **NÚMERO DE ETIQUETAS** permite limitar el número de etiquetas que se mostrarán.
- El botón **Mostrar el contador de etiquetas** activado muestra el número de entradas por etiqueta.

- Si ha realizado algún cambio, haga clic en el botón **Guardar** en la barra de herramientas superior y confirme la acción.

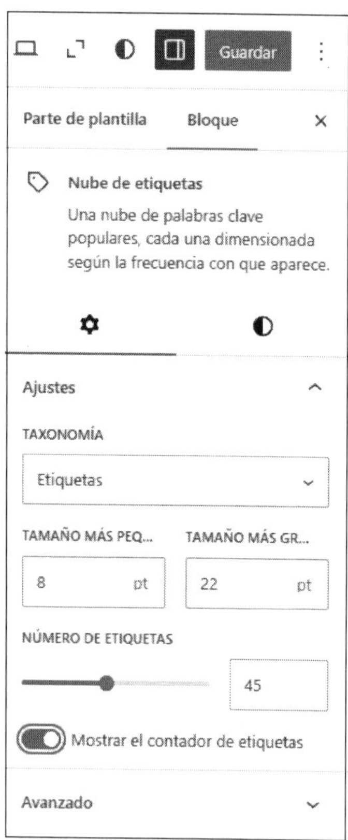

- Para volver al **Escritorio** de la interfaz de administración de su sitio, en la barra de herramientas superior izquierda, haga clic en el botón **Abrir navegación**.

- A continuación, vuelva a hacer clic en el mismo botón:

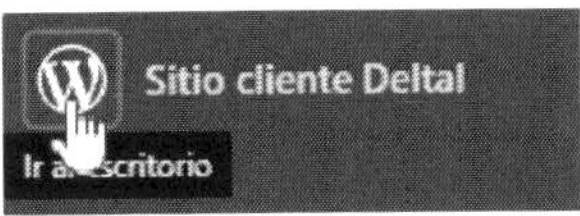

- Acceda al sitio publicado y observe el pie de página: el widget **Nube de etiquetas** se muestra correctamente:

E. Crear una entrada

1. Una nueva entrada

Para crear una nueva entrada, hay varios métodos posibles.

- En el menú **Entradas**, elija **Añadir una nueva entrada**.

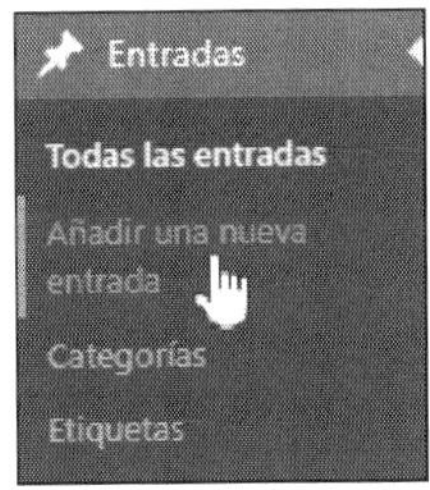

- También puede utilizar la barra de herramientas, eligiendo **Entrada** en el menú **+ Añadir**.

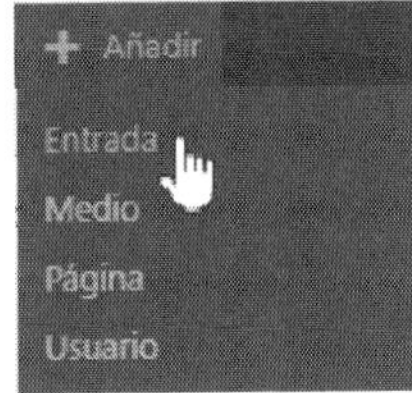

- Y, en la gestión de entradas (**Entradas - Todas las entradas**), también puede hacer clic en el botón **Añadir una nueva entrada**.

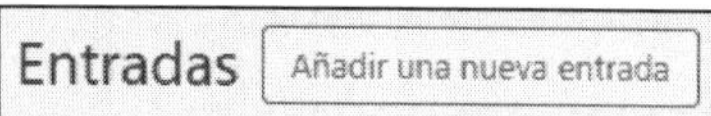

2. La Guía de Bienvenida

Cuando crea una primera entrada en su sitio de WordPress, lo primero que ve es una guía de bienvenida que ofrece información sobre el uso de bloques de contenido: los bloques de **Gutenberg**.

- Puede ver las páginas de esta guía haciendo clic en los botones **Siguiente**.
- Puede cerrar esta guía haciendo clic en su casilla de cierre, en la parte superior derecha.

Si ha cerrado esta guía, puede volver a visualizarla en cualquier momento.

→ En la columna lateral derecha, haga clic en el botón **Opciones**.

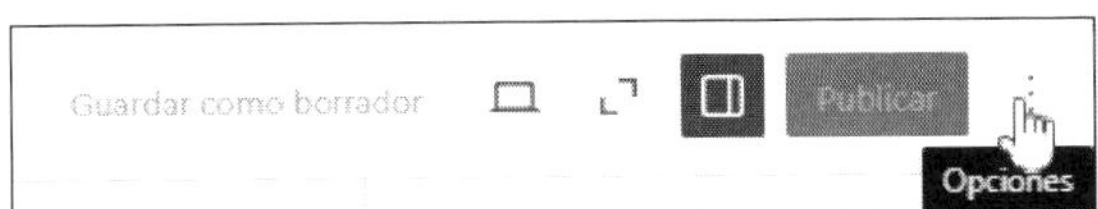

→ En el área **HERRAMIENTAS**, haga clic en el enlace **Guía de bienvenida**.

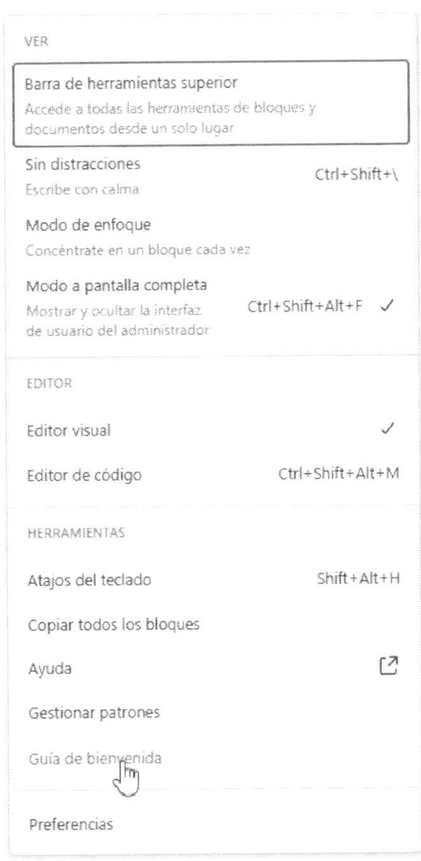

Se volverá a mostrar la Guía de bienvenida.

→ En la misma columna lateral, tiene el enlace **Ayuda**, que muestra ayuda para usar los bloques de contenido de Gutenberg.

3. Introducir contenido

→ En primer lugar, debe introducir el título de la entrada en el campo **Escibe un título**.

Escribe un título

El título se mostrará y, por lo tanto, será visto por los visitantes. Es muy importante introducir un título bien pensado.

El título debe contener las palabras susceptibles de ser utilizadas por los usuarios que realizan búsquedas con motores de búsqueda. Las palabras de los títulos son especialmente bien indexadas por los motores de búsqueda.

El título será lo primero que vean los visitantes del sitio, por lo que debe ser atractivo; debe hacer que el usuario quiera leer toda la entrada. El título también se muestra, se ve y se lee en las listas de entradas (por categorías, palabras clave buscadas, etc.) y debe dar una idea precisa del contenido de la entrada.

Los títulos no deben ser demasiado largos; deben poder aparecer en una sola línea en las listas de entradas.

Por último, suele ser innecesario indicar la fecha de publicación, ya que esta información suele estar indicada en los metadatos de la entrada por casi todos los temas.

El Cabo de Devin en Noirmoutier

→ En el siguiente campo, escriba un primer bloque de tipo **Párrafo**.

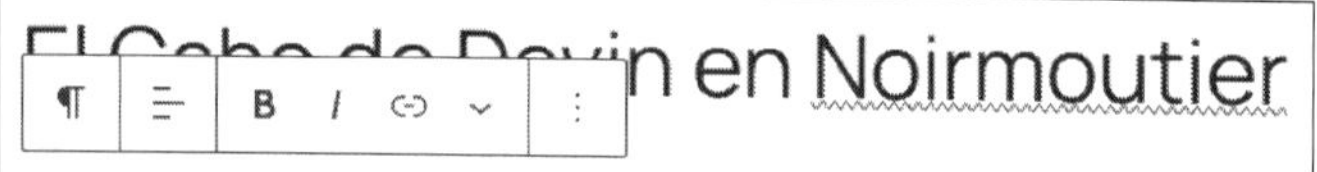

Lorem ipsum dolor sit amet, consectetur adipiscing elit. Suspendisse molestie, elit at posuere dictum, sem nisl posuere lectus, vitae pellentesque arcu lacus et nisl. Aenean convallis tempus leo, finibus vulputate leo venenatis quis. Sed sit amet arcu convallis, sagittis mauris eu, facilisis mauris. In sed tincidunt ligula, ut finibus ligula. Aliquam sagittis mauris id mollis finibus. Aliquam vulputate pulvinar eros. Sed dictum auctor leo eu dapibus.

Veremos el uso de bloques y su formato en el capítulo Dar formato al contenido.

4. Las categorías

A continuación, debe clasificar esta entrada en una o más categorías.

- En la columna lateral derecha, haga clic en la pestaña **Entrada**.
- En el panel **Categorías**, seleccione las categorías que desee para este artículo.

- Si necesita crear una nueva categoría al crear y escribir una nueva entrada, haga clic en el enlace **Añadir una nueva categoría**.
- En el campo de escritura, asigne un nombre a esta nueva categoría.
- En la lista desplegable **Categoría principal**, puede elegir la categoría principal para esta nueva categoría.
- A continuación, haga clic en el **botón Añadir nueva categoría**.

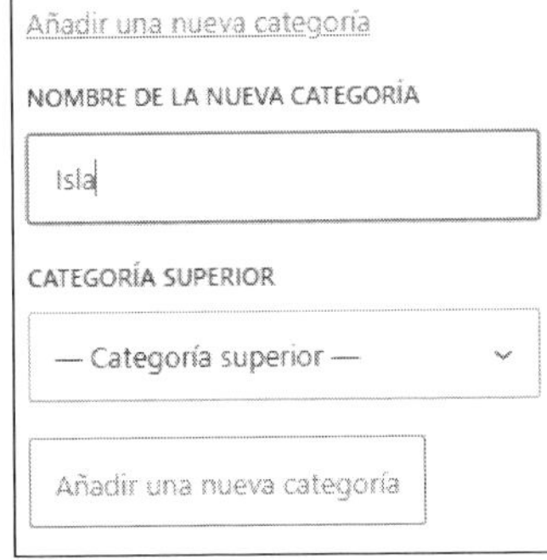

Se crea la nueva categoría y se asigna a la entrada que está creando.

5. Las etiquetas

Siempre dentro de la administración de taxonomías, puede asociar etiquetas con la entrada. Esta asociación es opcional, pero muy útil para los visitantes de su sitio.

→ Para asociar etiquetas con la entrada que está escribiendo, en la pestaña **Entrada**, use el panel **Etiquetas**.

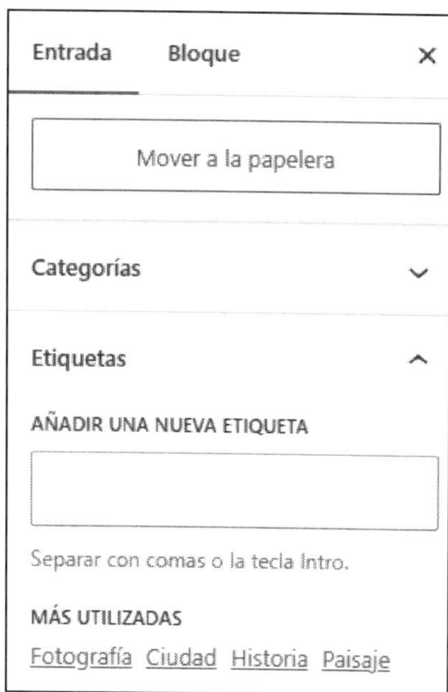

Hay dos formas de especificar las etiquetas que se van a asociar a la entrada: la ayuda para introducir una etiqueta existente y la introducción de una nueva etiqueta.

- En el campo de entrada, escriba las primeras letras de una etiqueta. Si esta ya existe, WordPress muestra la etiqueta completa, justo debajo.

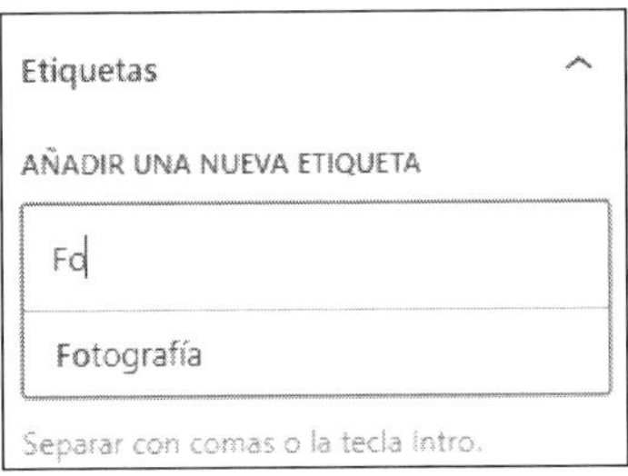

- Haga clic en la propuesta completa de etiqueta para agregarla.

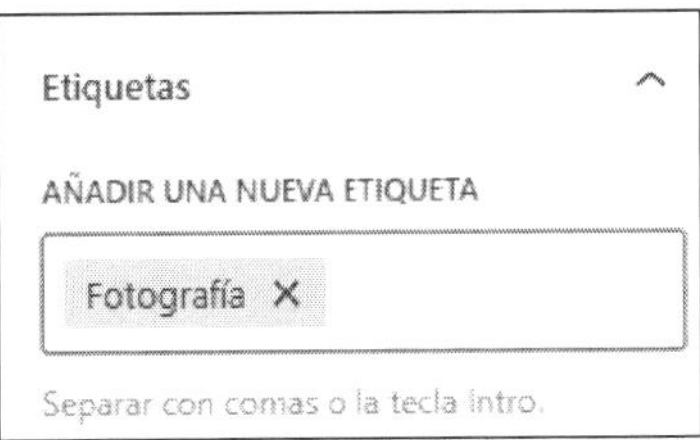

WordPress añade la etiqueta.

A continuación, puede agregar otras etiquetas existentes usando el mismo método.

- También puede introducir nuevas etiquetas usted mismo.

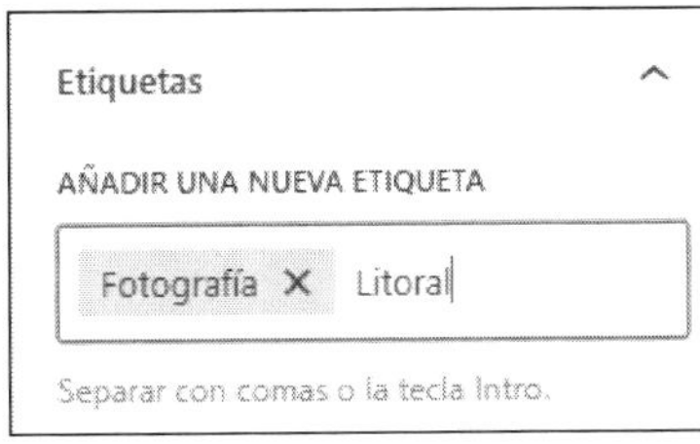

Confirme con la tecla ⏎.

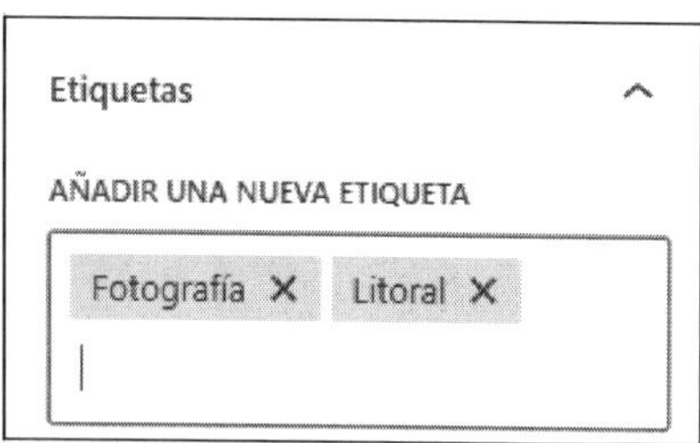

Se añade la nueva etiqueta.

- Para eliminar una etiqueta, al pasar el cursor sobre el botón en cruz, haga clic en él: la etiqueta se elimina.

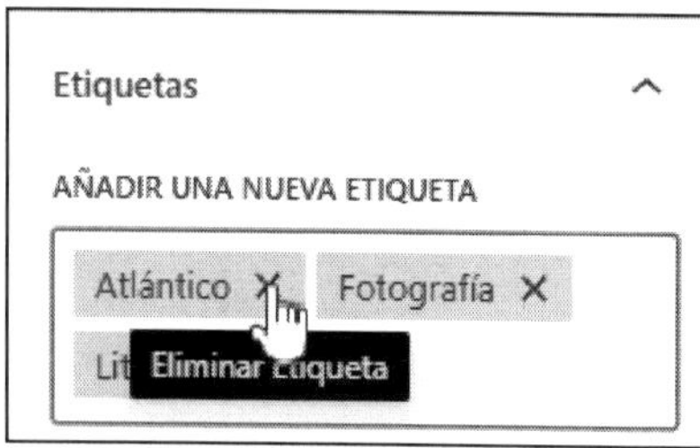

6. El extracto

WordPress ofrece una característica muy interesante para el diseño de entradas: el uso de un extracto. El extracto es un resumen de la entrada que debe animar al visitante a leer la entrada completa.

> Atención: no todos los temas usan extractos; nuevamente, depende de la buena voluntad de los diseñadores del tema. Por lo general, el extracto se utiliza en la visualización de la página de inicio, en los temas de tipo revista.

→ En el campo de entrada del panel **Entrada**, haga clic en el enlace Añade un extracto y escriba el texto del extracto.

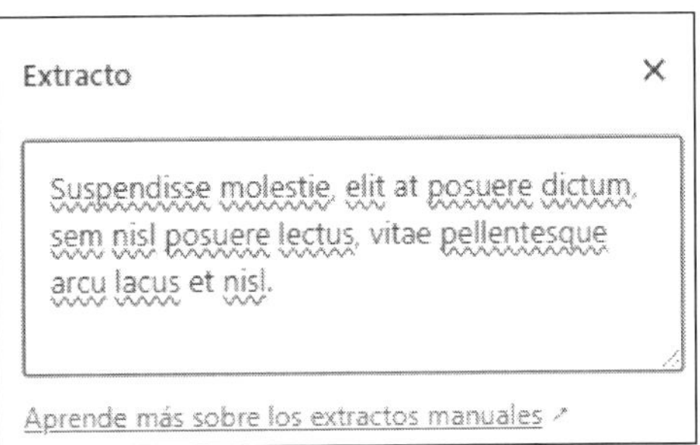

7. La imagen destacada

WordPress ofrece la posibilidad de mostrar una imagen que ilustre el contenido de la entrada, aparte del contenido en sí. Esta imagen de ilustración se llama **Imagen destacada**.

> Preste atención: es posible que algunos temas no tengan en cuenta este tipo de ilustración; la visualización dependerá, como siempre, del tema utilizado.

→ En la columna lateral derecha, en la pestaña **Entrada**, haga clic en el botón **Establecer la imagen destacada**.

→ Haga clic en el botón **Seleccionar archivos** o bien arrastre el archivo de la imagen hasta la zona central del panel que se ha abierto.

- En la ventana de selección de archivos, en la pestaña **Biblioteca de medios**, escoja la imagen que desee.

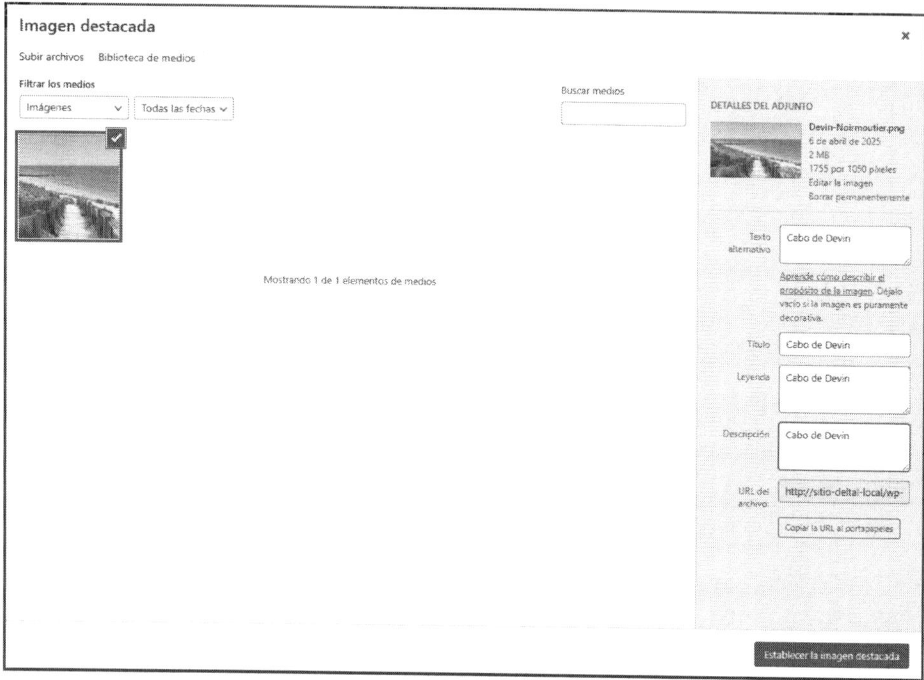

- Haga clic en el botón **Establecer la imagen destacada**.

La imagen aparece en el panel **Imagen destacada**.

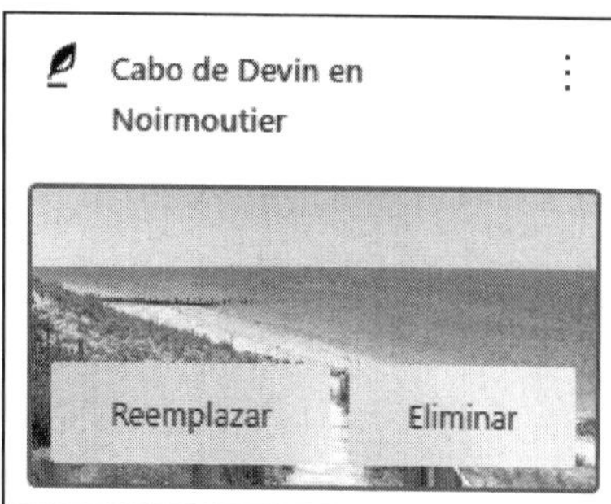

➙ Si desea cambiar la imagen, haga clic en el botón **Reemplazar**.

➙ Si desea eliminar esta imagen, haga clic en el botón **Eliminar**.

Esta es una visualización resultante, con el tema predeterminado **Twenty Twenty-Five**:

Cabo de Devin en Noirmoutier

Lorem ipsum dolor sit amet, consectetur adipiscing elit. Suspendisse molestie, elit at posuere dictum, sem nisl posuere lectus, vitae pellentesque arcu lacus et nisl. Aenean convallis tempus leo, finibus vulputate leo venenatis quis. Sed sit amet arcu convallis, sagittis mauris eu, facilisis mauris. In sed tincidunt ligula, ut finibus ligula. Aliquam sagittis mauris id mollis finibus. Aliquam vulputate pulvinar eros. Sed dictum auctor leo eu dapibus.

Teclea / para elegir un bloque

F. Crea una entrada rápidamente

WordPress ofrece una función muy sencilla para crear rápidamente una entrada, sin tener que realizar el proceso de creación de entrada que acabamos de ver: se trata del **Quick Draft**. Está accesible desde el escritorio.

- En el menú **Escritorio**, elija **Inicio**.
- Utilice el módulo **Borrador rápido**.

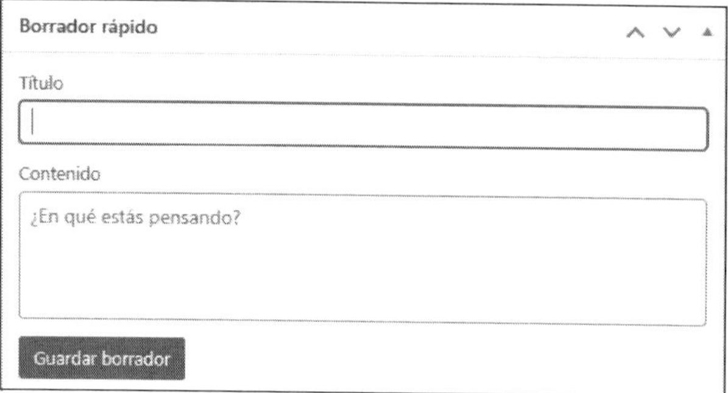

- En el campo **Título**, introduzca el título de la entrada.
- En el siguiente campo, introduzca el contenido de la entrada.
- A continuación, haga clic en el botón **Guardar borrador**. Veremos la noción de borrador en el próximo apartado.

G. Gestionar la publicación de las entradas

1. Los estados de publicación

Al crear una nueva entrada con un mínimo de contenido, puede elegir su estado de publicación. Para ello, puede utilizar la barra de herramientas superior, con los enlaces y botones **Guardar borrador** y **Publicar**.

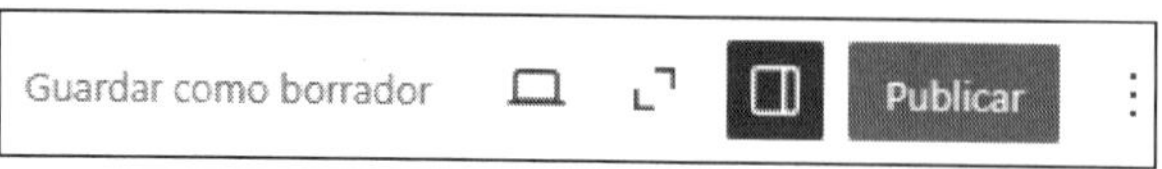

Así como en la parte superior de la pestaña **Entrada**:

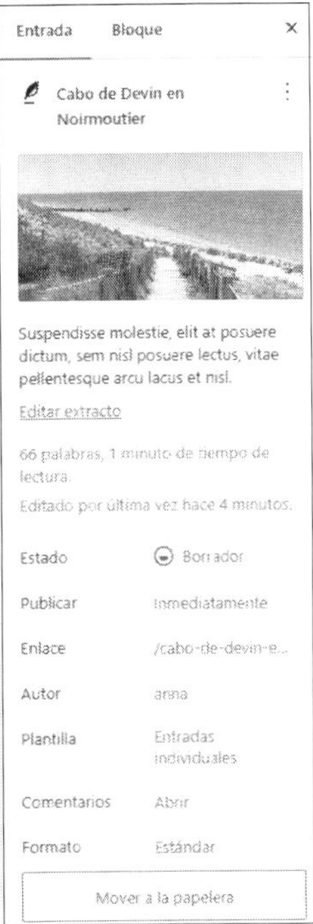

2. El borrador

Cuando crea una nueva entrada, es posible que no quiera publicarla de inmediato. En ese caso, puede guardarla como borrador. Esa entrada se guardará en su sitio, pero no se publicará, por lo que no podrá verse en el sitio.

➜ Al crear una nueva entrada, en la barra de herramientas, haga clic en el enlace **Guardar como borrador**.

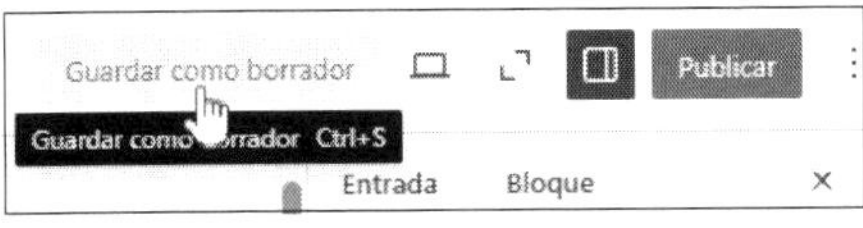

WordPress indica en la barra de herramientas que la publicación se ha guardado con el signo de validación delante de la etiqueta **Guardado**.

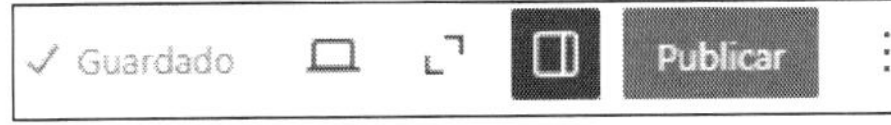

- Al mostrar la lista de entradas, en el menú **Entradas - Todas las entradas**, puede ver que este artículo tiene el atributo **Borrador**.

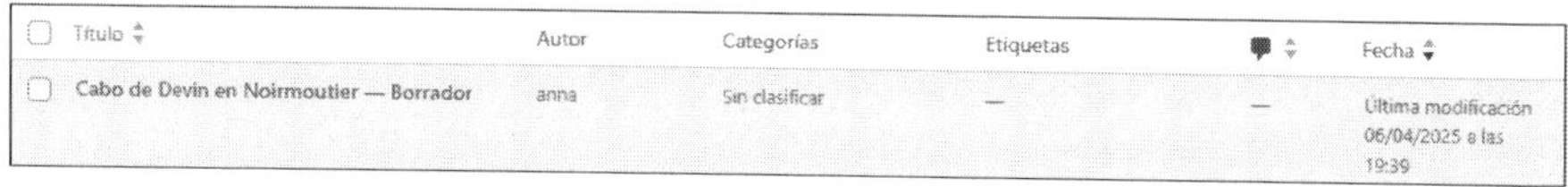

- Al editar una entrada guardada en el estado **Borrador**, el vínculo de la barra de herramientas se denomina **Guardar como borrador**.

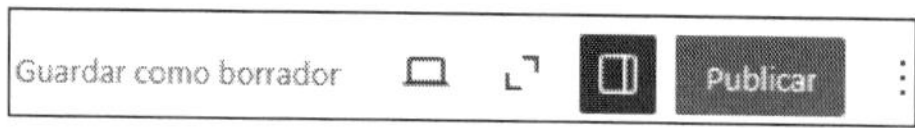

3. A la espera de revisión

Si una entrada se halla en estado de borrador y necesita ser revisada y editada por varios usuarios, puede cambiar su estado a **Pendiente**.

- En la pestaña **Entrada**, en la opción **Estado**, haga clic en el enlace **Borrador**.
- En el menú que se despliega, marque la opción **Pendiente**.

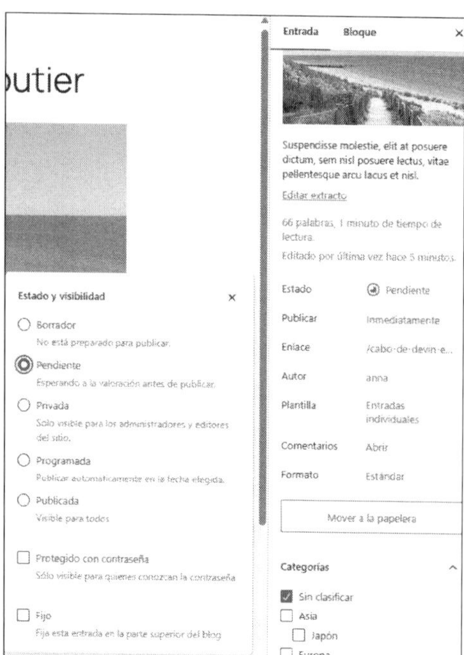

➜ A continuación, en la barra de herramientas, puede hacer clic en el botón **Guardar**.

Al hacer clic en el botón **Guardar**, la etiqueta vuelve a cambiar **a Guardado**, con la marca de verificación de confirmación delante de ella.

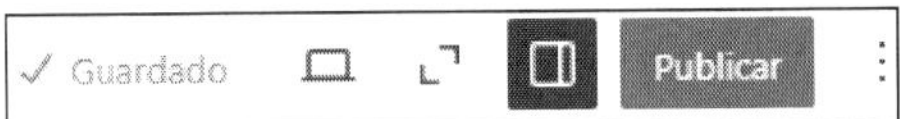

La entrada aún no está publicada; todavía no está visible para los visitantes de su sitio. Está pendiente de revisión.

➜ En la lista de entradas, en el menú **Entradas - Todas las entradas**, puede ver que este elemento tiene el atributo **Pendiente**.

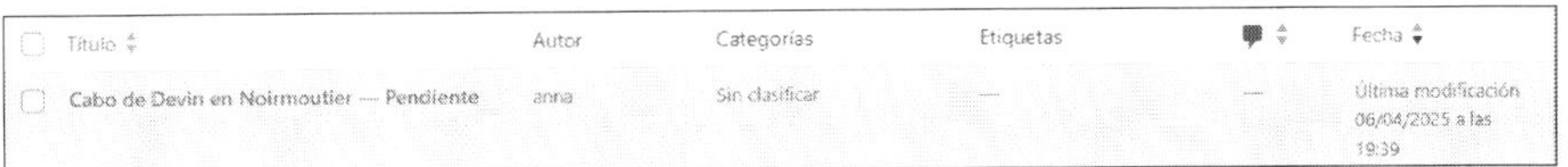

4. La publicación

Una vez creada una nueva entrada o editada una entrada como **Borrador** o **Pendiente**, puede publicarla. En este caso, la entrada se publicará en el sitio y, por lo tanto, todos los visitantes podrán verla.

➜ En la barra de herramientas, haga clic en el botón **Publicar**.

En la columna lateral derecha, WordPress pide una confirmación de la publicación y solicita que se verifique la configuración de la entrada antes de publicarla.

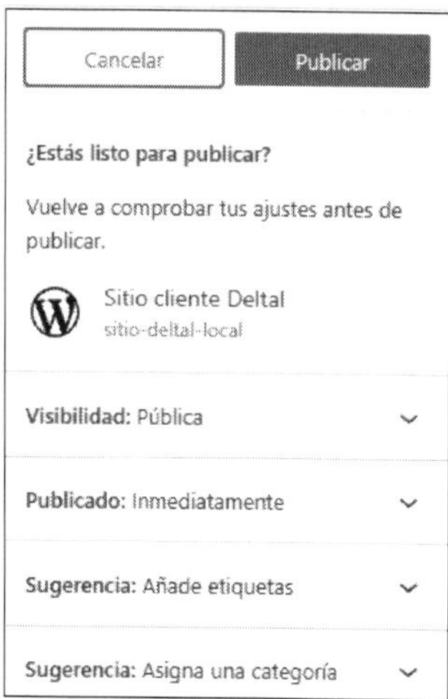

En este ejemplo, WordPress nos da sugerencias sobre qué categorías y etiquetas faltan.

➞ Cuando haya comprobado los parámetros de la publicación, haga clic en el botón **Publicar**

En la columna lateral derecha, WordPress informa de que la entrada se ha publicado:

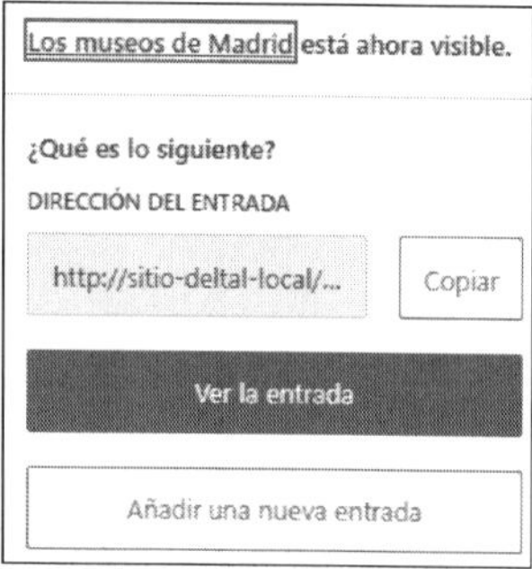

➞ Puede cerrar este mensaje haciendo clic en la casilla de cierre.

En la parte inferior izquierda de la pantalla, WordPress muestra un mensaje de confirmación, con un enlace para ver la entrada publicada.

➔ Una vez escrita o editada una entrada, para volver a la gestión de entradas, haga clic en el botón con el logotipo de WordPress a la izquierda de la barra de herramientas.

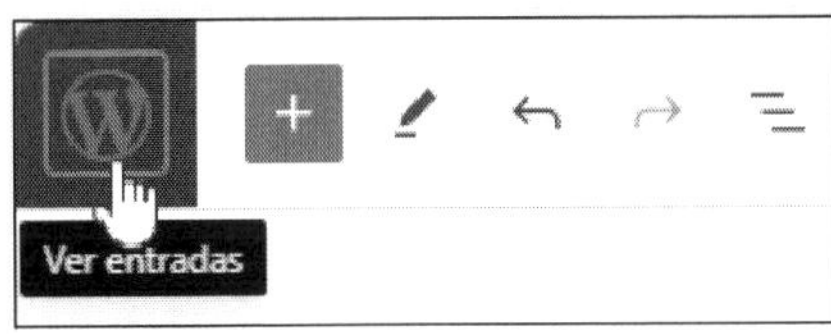

La entrada ya no tiene los posibles sufijos **Borrador** o **Pendiente**; se ha publicado correctamente.

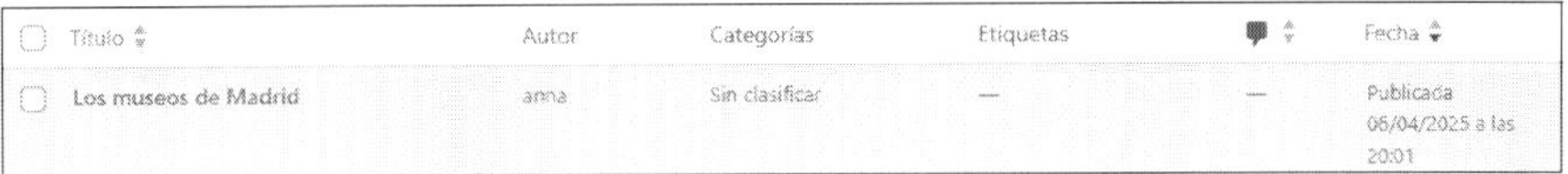

5. Despublicar una entrada

Una vez que se ha publicado una entrada, puede eliminarla del sitio en cualquier momento.

➔ En la lista de entradas, haga clic en el título de la entrada deseada que ya está publicada.

➔ En el panel de la derecha, haga clic en el enlace **Publicada** de la opción **Estado**.

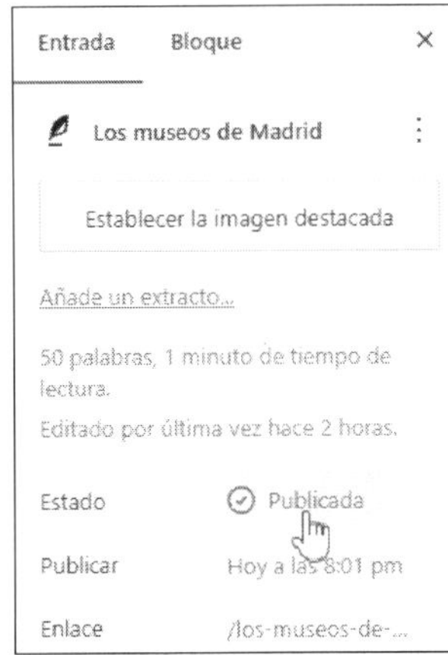

- En la lista **Estado y visibilidad** que aparece, marque la opción **Borrador**:

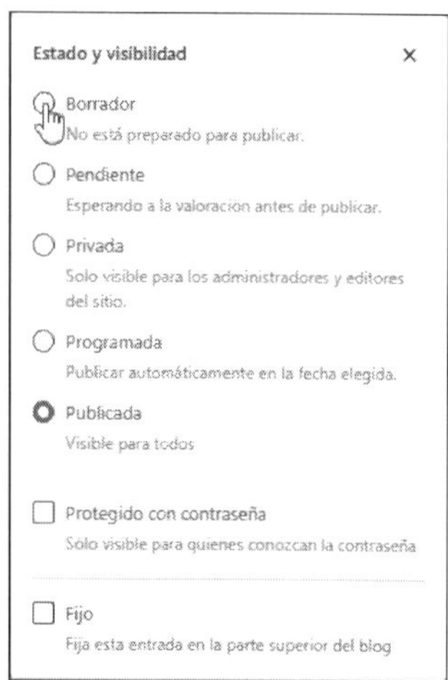

En la parte inferior izquierda de la ventana, WordPress informa de que la entrada ya no está publicada y que se ha pasado al estado de borrador.

Entrada convertida a borrador.

En la barra de herramientas, verá la marca de verificación de validación delante de la etiqueta **Guardado** y puede acceder de nuevo al botón **Publicar**.

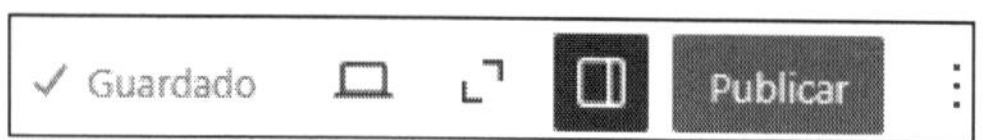

Si visualiza la lista de entradas (menú **Entradas - Todas las entradas**), puede ver que la entrada está en estado **Borrador**.

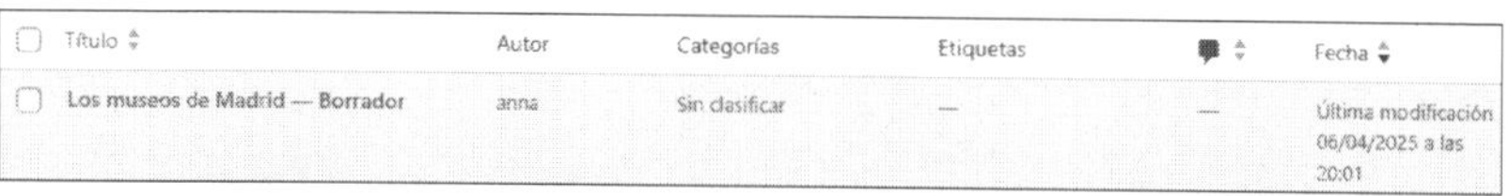

6. Destacar una entrada

Puede administrar la visibilidad de las entradas, es decir, la forma como se mostrarán en su sitio web a los visitantes.

De forma predeterminada, todas las entradas publicadas son visibles para todo el mundo y, con un tema de tipo blog, se mostrarán en orden cronológico en la página de inicio.

→ En la pestaña **Entrada**, haga clic en el enlace **Publicada** de la opción **Estado** y active la casilla **Fijo**.

→ En la barra de herramientas, haga clic en el botón **Guardar**.

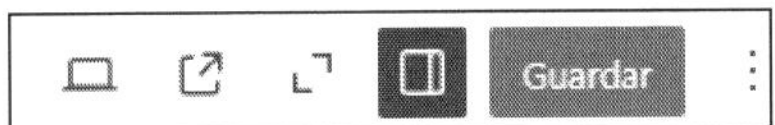

WordPress confirma este cambio:

Con la opción **Fijo**, la entrada siempre se mostrará al principio de la lista de entradas, con una vista en modo blog. Incluso si crea nuevas entradas, es decir, más nuevas, las entradas fijadas se mostrarán primero. Esto permite tener una entrada importante siempre en la parte superior del sitio.

Si vuelve a la lista de entradas, el nombre de la entrada anclada tiene el sufijo **Fija**.

Recuerde que el resalte de una entrada destacada depende totalmente del diseñador del tema.

Finalmente, tenga en cuenta que, si se resaltan varias entradas, la más reciente aparecerá primero en una publicación de tipo blog.

7. Proteger un artículo con contraseña

Puede reservar el acceso a una entrada «sensible» con una contraseña. Solo los visitantes con esta contraseña podrán acceder a su contenido.

→ En la pestaña **Entrada**, haga clic en el enlace **Publicada** de la opción **Estado** y active la casilla **Protegido con contraseña**.

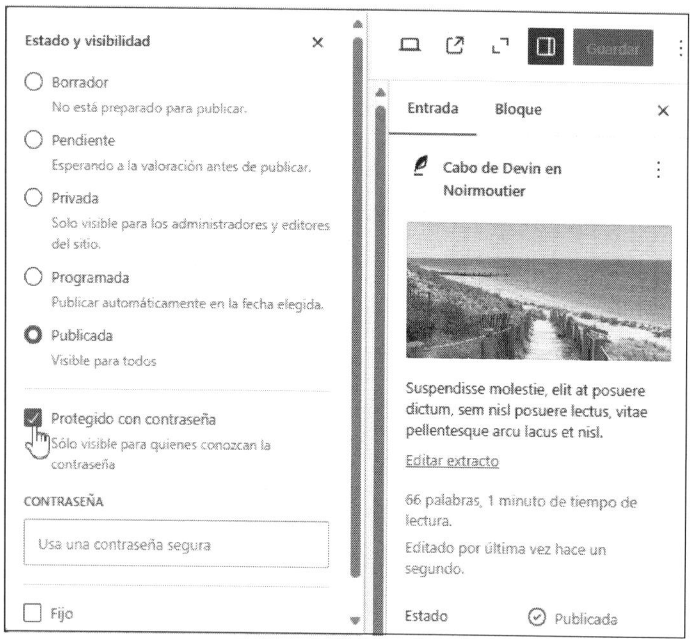

→ En el campo de entrada que hay a continuación, introduzca la contraseña que se requerirá para acceder a esta entrada.

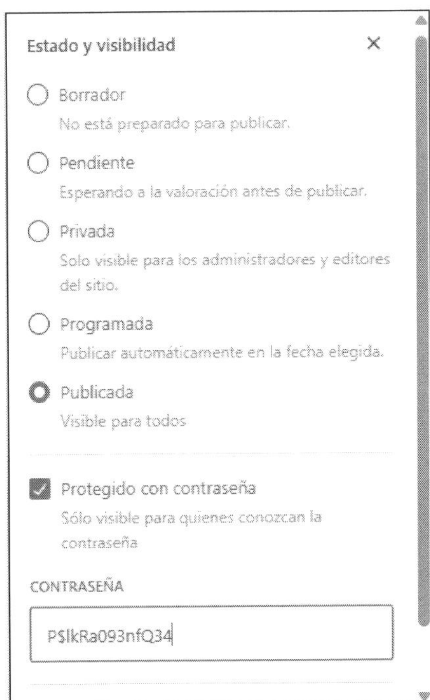

➜ En la barra de herramientas, haga clic en el botón **Guardar** para guardar este cambio.

En la parte inferior izquierda de la pantalla, WordPress informa de la actualización de la entrada:

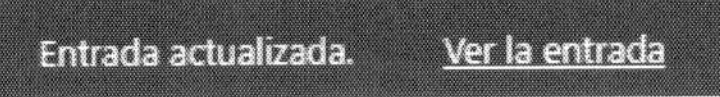

➜ En el menú **Entradas**, elija **Todas las entradas**.

La entrada protegida está marcada como **Protegida con contraseña**.

La visualización de una entrada protegida con contraseña depende, como siempre, del diseño del tema. He aquí cómo se muestra la página de inicio con el tema predeterminado **Twenty Twenty-Five**.

Cuando un visitante hace clic en el título de una entrada protegida desde la página de inicio con el tema predeterminado **Twenty Twenty-Five**, se mostrará esta pantalla:

A continuación, el visitante debe introducir la contraseña para ver la entrada protegida.

8. Crear una entrada privada

Puede crear fácilmente entradas privadas que solo se mostrarán en el sitio a los usuarios registrados. En el capítulo Los usuarios, veremos cómo se gestionan los usuarios en un sitio de WordPress.

Esto permite mostrar las entradas «sensibles» únicamente a los usuarios conocidos y conectados a su sitio. Los visitantes «corrientes» del sitio no verán esas entradas publicadas.

En primer lugar, habrá que crear usuarios en el sitio. Para ello, consulte el capítulo Los usuarios. Pero puede probar esta característica, ya que es administrador de su sitio desde su instalación.

- En la columna lateral derecha, en la pestaña **Entrada**, haga clic en el vínculo **Publicada** de la opción **Estado** para que se abra el panel **Estado y visibilidad**.
- Marque la opción **Privada**.

- Haga clic en el botón **Guardar**.
- Cierre la ventana haciendo clic en su casilla de cierre.

El **Estado** ahora indica **Privada**.

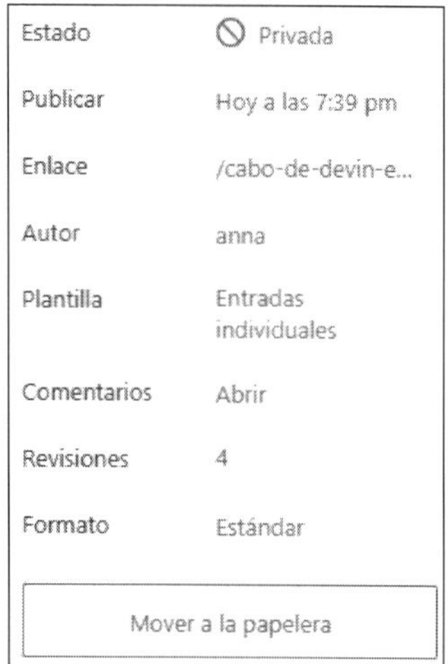

→ En el menú **Entradas**, elija **Todas las entradas**.

La entrada protegida está marcada como **Privada**.

Los usuarios registrados en su sitio verán esta entrada privada; los simples visitantes, sencillamente, no la verán. Para comprobarlo, muestre el sitio publicado en el mismo navegador que usa para la administración: verá el artículo porque está conectado como administrador.

Abra su sitio en otro navegador: no verá la entrada, ya que es un simple visitante.

9. Cambiar la fecha de publicación

Cuando se crea una entrada, la fecha que se muestra en el sitio es la fecha de creación. Sin embargo, puede cambiar esta fecha de publicación.

➜ En el panel **Entrada**, en la fila **Publicar**, haga clic en el vínculo de la fecha de publicación.

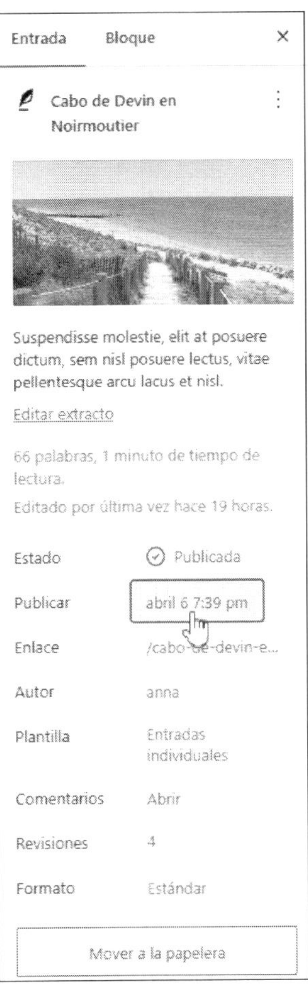

Ahora tiene acceso a los campos para cambiar la fecha y la hora de publicación.

- Elija la fecha que quiera.
- Cierre la ventana haciendo clic en su casilla de cierre.

El cambio en la fecha de publicación se indica en seguida.

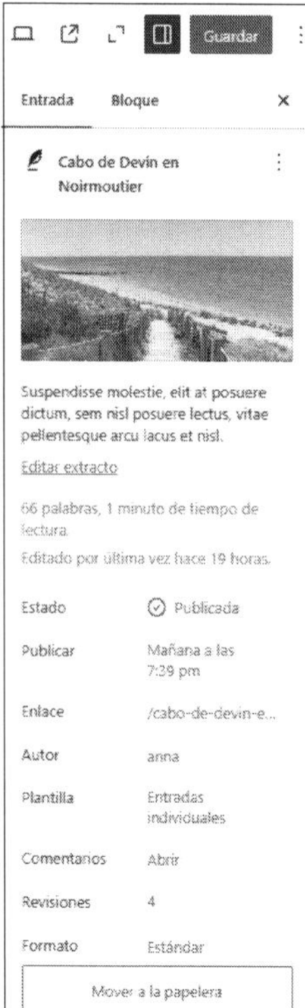

➔ En la barra de herramientas, haga clic en el botón **Guardar**.

Con este cambio de fecha, puede programar la fecha de publicación. Resulta muy práctico para publicar una entrada durante un desplazamiento o en vacaciones. Todo lo que tiene que hacer es introducir una fecha en el futuro, como en el ejemplo anterior.

Si visualiza la lista de artículos (menú **Artículos - Todos los artículos**), en la columna **Fecha**, puede ver la etiqueta **Programado**, que también aparece como sufijo en el título de la entrada.

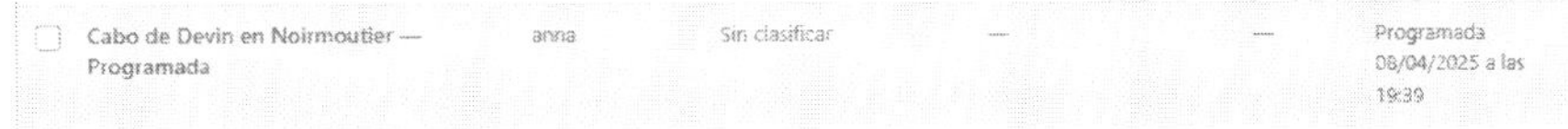

10. Las revisiones de las entradas

Debe saber que WordPress recuerda todos los cambios guardados en sus entradas en un «historial». Este historial de WordPress se llama «revisiones». Esto permite encontrar una versión antigua de una entrada, compararla con el estado actual o pasado de la entrada en cuestión y restaurar la versión.

Estas revisiones se ven en el panel de **revisiones**. Por supuesto, esta línea no aparece cuando se acaba de crear una entrada, ya que solo hay una versión.

En este ejemplo, hay cuatro revisiones.

Revisiones 4

➔ Haga clic en el panel que muestra el número de revisiones.

Wordpress muestra la última versión de la entrada.

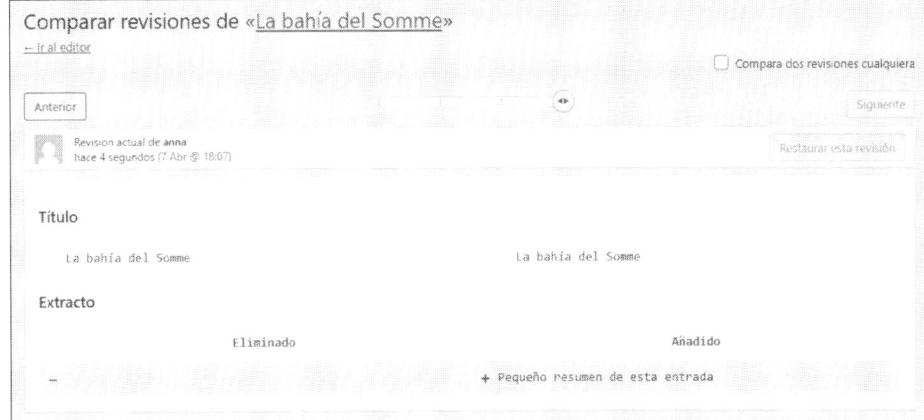

En la parte superior, vemos el control deslizante de revisiones. Este último permite retroceder en el tiempo, en la cronología de las diferentes versiones.

Al pasar el cursor por encima de este control, verá la fecha y el autor de esta revisión.

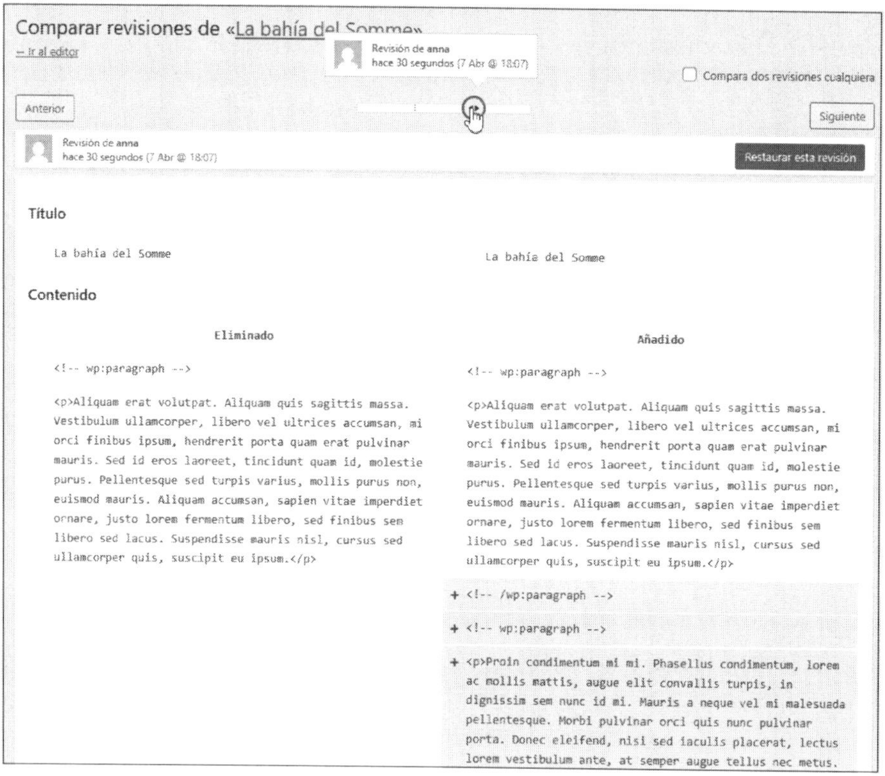

Comparar revisiones de «La bahía del Somme»
← Ir al editor
Revisión de anna
hace 30 segundos (7 Abr @ 18:07)
Compara dos revisiones cualquiera
Anterior
Siguiente
Revisión de anna
hace 30 segundos (7 Abr @ 18:07)
Restaurar esta revisión

Título

La bahía del Somme | La bahía del Somme

Contenido

Eliminado | Añadido

```
<!-- wp:paragraph -->

<p>Aliquam erat volutpat. Aliquam quis sagittis massa.
Vestibulum ullamcorper, libero vel ultrices accumsan, mi
orci finibus ipsum, hendrerit porta quam erat pulvinar
mauris. Sed id eros laoreet, tincidunt quam id, molestie
purus. Pellentesque sed turpis varius, mollis purus non,
euismod mauris. Aliquam accumsan, sapien vitae imperdiet
ornare, justo lorem fermentum libero, sed finibus sem
libero sed lacus. Suspendisse mauris nisl, cursus sed
ullamcorper quis, suscipit eu ipsum.</p>
```

```
<!-- wp:paragraph -->

<p>Aliquam erat volutpat. Aliquam quis sagittis massa.
Vestibulum ullamcorper, libero vel ultrices accumsan, mi
orci finibus ipsum, hendrerit porta quam erat pulvinar
mauris. Sed id eros laoreet, tincidunt quam id, molestie
purus. Pellentesque sed turpis varius, mollis purus non,
euismod mauris. Aliquam accumsan, sapien vitae imperdiet
ornare, justo lorem fermentum libero, sed finibus sem
libero sed lacus. Suspendisse mauris nisl, cursus sed
ullamcorper quis, suscipit eu ipsum.</p>
+ <!-- /wp:paragraph -->
+ <!-- wp:paragraph -->
+ <p>Proin condimentum mi mi. Phasellus condimentum, lorem
  ac mollis mattis, augue elit convallis turpis, in
  dignissim sem nunc id mi. Mauris a neque vel mi malesuada
  pellentesque. Morbi pulvinar orci quis nunc pulvinar
  porta. Donec eleifend, nisi sed iaculis placerat, lectus
  lorem vestibulum ante, at semper augue tellus nec metus.
```

Encontrará esta indicación en la banda que se muestra sobre el contenido.

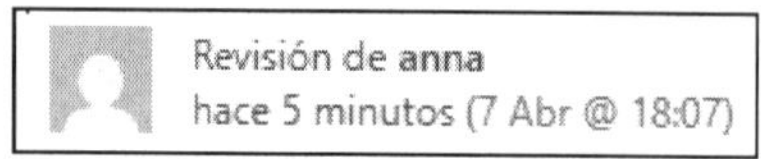

En la sección central, puede ver los cambios en esta revisión. A la derecha, puede ver la versión seleccionada y a la izquierda, la versión anterior. Se ha añadido todo el contenido con el fondo verde.

Puede mover el control deslizante de revisión hacia adelante o hacia atrás.

Observe que también puede utilizar los dos botones **Anterior** y **Siguiente** para desplazarse por las revisiones.

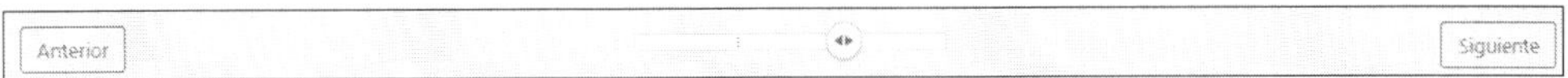

El texto eliminado aparece en rojo y el texto agregado aparece en verde.

Ahora restauraremos una versión anterior de nuestra entrada.

- Utilice el control deslizante de revisión para desplazarse hasta la revisión que desee.

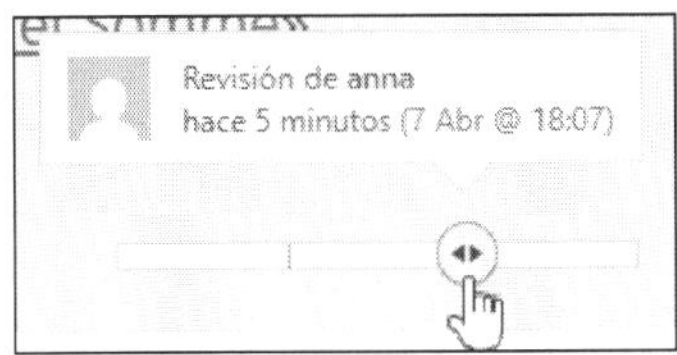

- En el banner superior, haga clic en el botón **Restaurar esta revisión**.

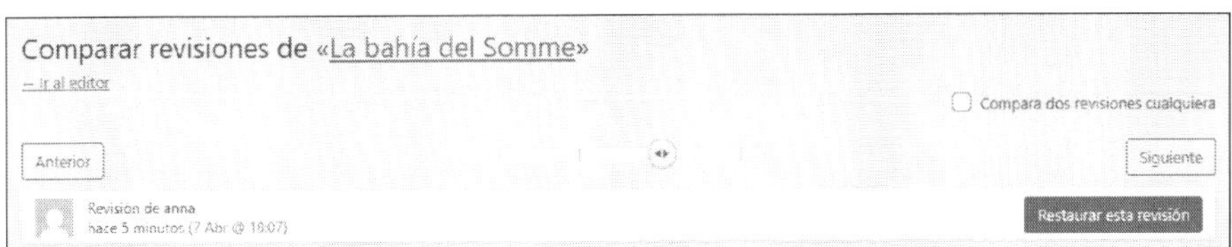

H. Mostrar las entradas en la administración

1. Listar las entradas

- Para listar todas las entradas del sitio en la administración, en el menú **Entradas**, elija **Todas las entradas**.

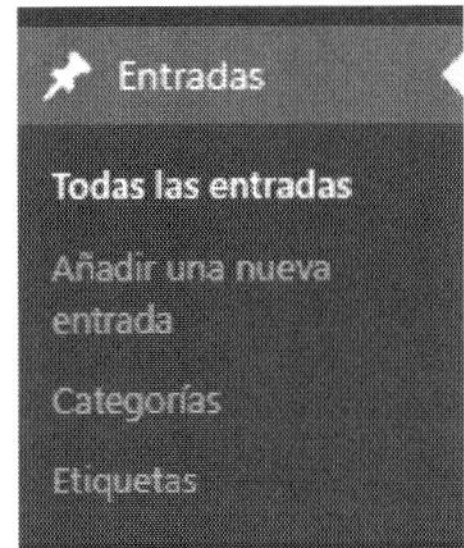

WordPress enumera todas las entradas de su sitio, independientemente de su estado de publicación.

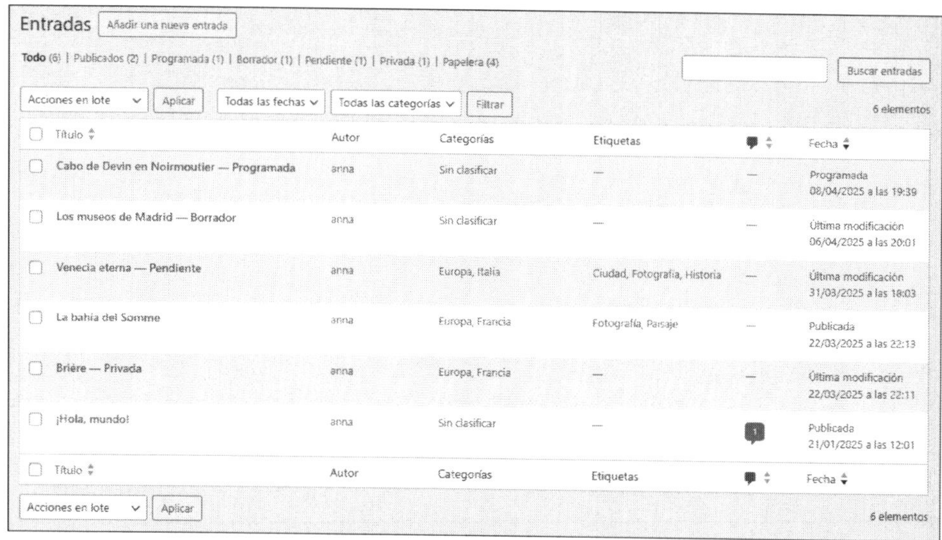

Las columnas que se muestran en la tabla se administran en las **Opciones de pantalla**.

Encima y debajo de la tabla, a la derecha, puede ver la indicación del número de entradas presentes: seis entradas en este ejemplo.

2. Mostrar según el estado de publicación

Puede filtrar las entradas por su estado de publicación. Encima de la tabla, se muestran los diferentes estados de publicación de las entradas. Solo se muestran los estados en uso. Además, WordPress muestra el número de publicaciones en cada estado entre paréntesis.

Todo (6) | Publicados (2) | Programada (1) | Borrador (1) | Pendiente (1) | Privada (1) | Papelera (4)

→ Para filtrar la pantalla, simplemente haga clic en el estado deseado.

En este ejemplo, las entradas se filtran según el estado **Publicados**, que aparece en negrita.

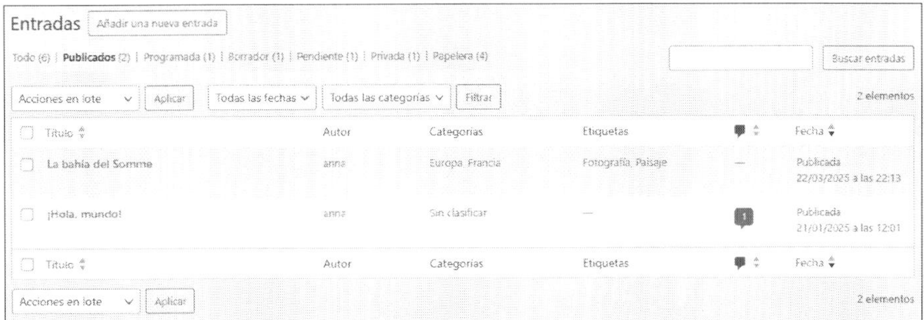

- Para mostrar todas las entradas, independientemente de su estado de publicación, haga clic en el enlace **Todo**.

3. Filtrar las entradas

- Puede filtrar las entradas por fecha de publicación (mes y año) en la lista desplegable **Todas las fechas**.

Todas las fechas

- A continuación, haga clic en el botón **Filtrar**.
- Una vez que haya elegido la fecha, para volver a la lista de todas las entradas, en la lista desplegable, elija **Todas las fechas**. A continuación, vuelva a hacer clic en el botón **Filtrar**.
- Puede filtrar elementos por categoría en la lista desplegable **Todas las categorías**. Elija la categoría que desee y, a continuación, haga clic en el botón **Filtrar**.

- Una vez que haya elegido la categoría, para volver a la lista de todos los elementos, en la lista desplegable, elija **Todas las categorías**. A continuación, vuelva a hacer clic en el botón **Filtrar**.
- También puede filtrar sus entradas en la tabla que las lista. Si desea filtrar las entradas según una categoría, en la tabla, en la columna **Categorías**, haga clic en la categoría que desee.

En este ejemplo se ha seleccionado la categoría Francia.

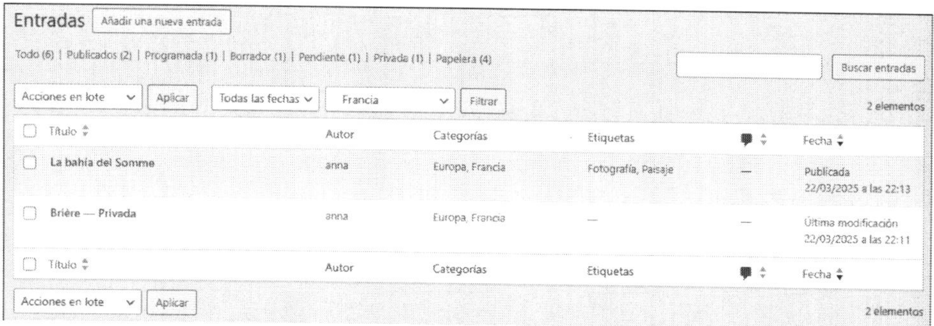

Esta categoría consta de dos entradas.

- Para ver todos los elementos, independientemente de la categoría, haga clic en el enlace **Todo**.
- Para filtrar por una etiqueta en particular, haga lo mismo haciendo clic en la etiqueta deseada en la columna **Etiquetas**.

En este ejemplo, se utiliza la etiqueta **Fotografía**.

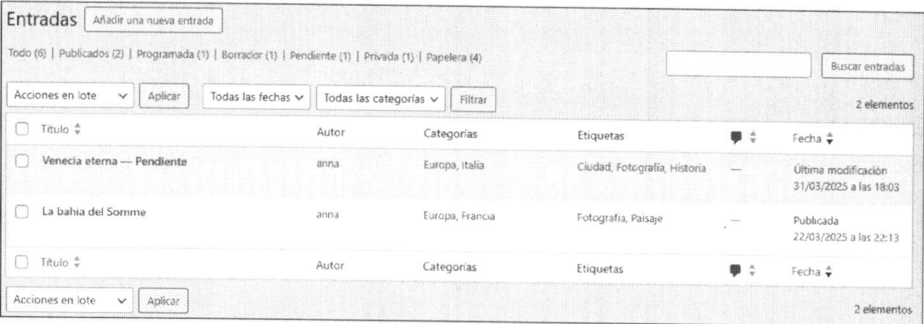

Las entradas se filtran según la etiqueta. Observe que WordPress muestra las entradas que contienen esta etiqueta, y no las entradas que solo la contienen a ella.

4. Buscar entradas

En la lista de elementos, puede buscar una entrada introduciendo una o más palabras en el campo de búsqueda. Esta búsqueda se realiza tanto en el título como en el contenido de la entrada.

➔ Utilice el campo de búsqueda y haga clic en el botón **Buscar entradas**.

WordPress muestra el resultado de su búsqueda: **2** elementos encontrados en este ejemplo.

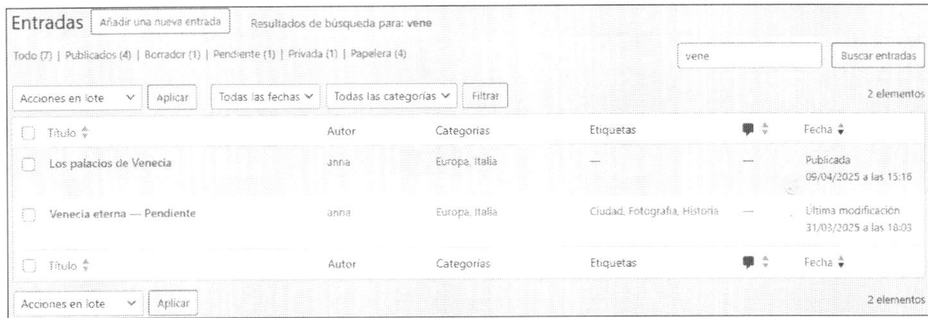

➔ Para ver la lista completa de entadas, puede borrar el contenido del campo de búsqueda y hacer clic en el botón **Buscar entradas**. También puede hacer clic en el enlace **Todo**, en la línea de estados de la entrada.

5. Ordenar las entradas

➔ La tabla que enumera las entradas permite ordenarlas. Simplemente, haga clic en el encabezado de la columna deseada para ordenar las entradas de acuerdo con este criterio.

En este ejemplo, la clasificación se realiza por el **Título** de la entrada.

Con el primer clic, el criterio de ordenación es ascendente y el triángulo negro apunta hacia abajo.

Con el segundo clic, el orden es descendente y el triángulo negro apunta hacia arriba.

El principio es el mismo para ordenar por **Autor**, **Categorías**, **Etiquetas** y **Fecha**.

I. Administrar las entradas

1. Editar una entrada

Ahora veamos las posibilidades que ofrece WordPress para modificar entradas.

- Para editar una entrada en la tabla de entradas, al pasar el ratón por encima de una de ellas, haga clic en el enlace **Editar** o en el título de la entrada.

Se abre la ventana de edición con la entrada que desea modificar, así como todos los paneles vistos anteriormente, visibles en la columna lateral derecha, en la pestaña **Entrada**.

- Realice los cambios deseados y haga clic en el botón que corresponda al estado de publicación deseado. Puede ser **Guardar**, **Publicar**, **Guardar como borrador**...

2. Edita rápidamente una entrada

Si solo tiene que hacer un cambio en una de las propiedades de la entrada (título, categoría, palabra clave, fecha de publicación, estado...) y no en el contenido editorial de la entrada, utilice la función de edición rápida. Esto le permite permanecer en la lista de entradas y no abrir una nueva pantalla. Resulta muy práctico y rápido.

- En la entrada deseada, al pasar el ratón por encima, haga clic en el enlace **Edición rápida**.

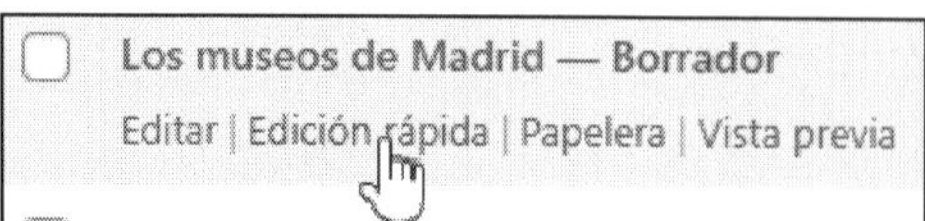

A continuación, puede editar la entrada directamente en la tabla.

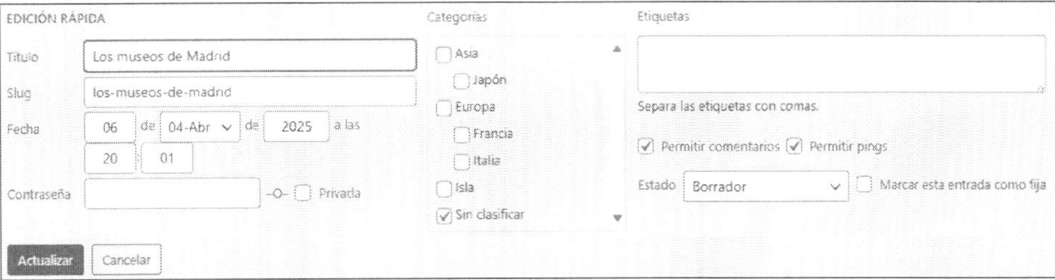

Tiene acceso a las distintas propiedades de la entrada.

- Si cambia alguna de las propiedades, haga clic en el botón **Actualizar**; en caso contrario, haga clic en el botón **Cancelar**.

3. Editar varias entradas

WordPress permite editar varias entradas al mismo tiempo, cambiando las propiedades que son comunes a las entradas correspondientes.

- En la tabla de la lista de entradas, seleccione los aquellas que desea editar activando su casilla de verificación.

- En la lista desplegable **Acciones en lote**, elija **Editar**.

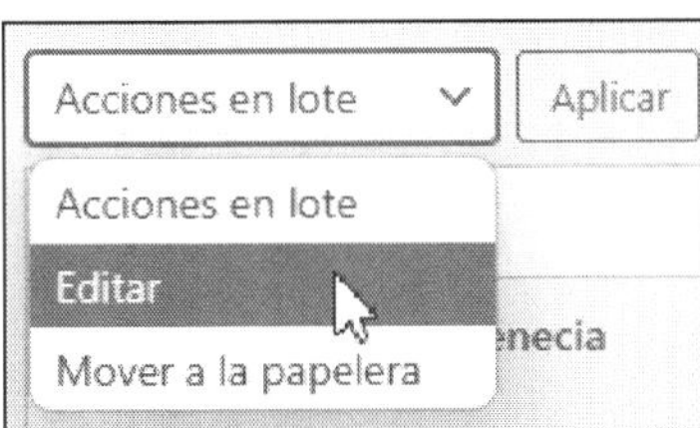

- Haga clic en el botón **Aplicar**.

Las partes seleccionadas se pueden editar en el cuadro de edición que aparece.

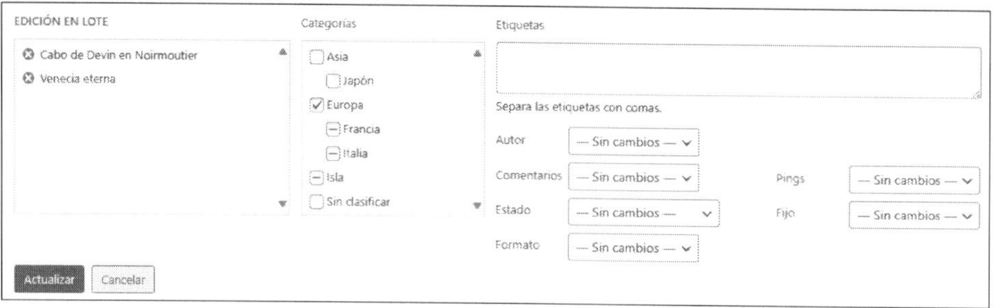

- En el área **EDICIÓN EN LOTE**, puede eliminar uno de los elementos seleccionados para edición haciendo clic en el botón de cruz que se encuentra a su lado.

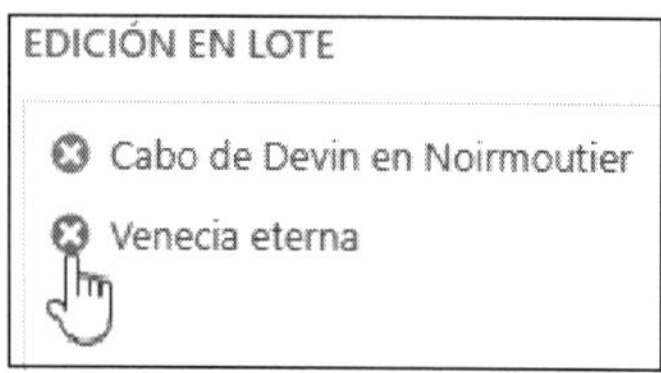

- Luego, para cada propiedad, **Categorías**, **Etiquetas**, **Estado**... Realice los cambios necesarios. Estos cambios se sumarán a las propiedades existentes de las entradas.
  En este ejemplo, se han agregado dos etiquetas.

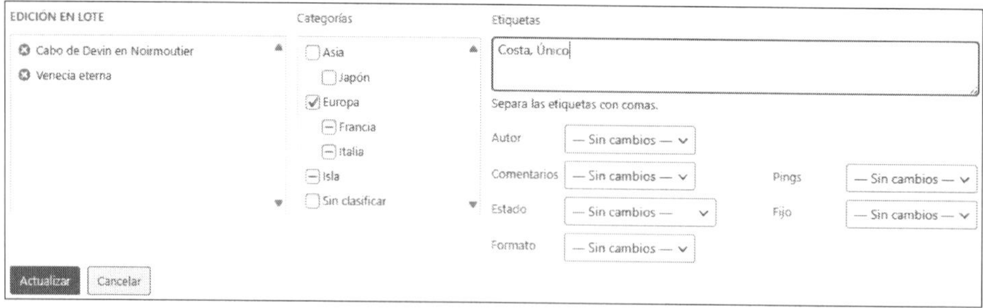

- Luego, haga clic en el botón **Actualizar** para guardar todos estos cambios comunes.

WordPress notifica los cambios en las entradas.

2 entradas actualizadas.

4. Mover objetos a la papelera

Siempre en la gestión de entradas, veamos cómo eliminar entradas y cómo administrar la papelera. Para eliminar entradas, WordPress usa una papelera de reciclaje como la de su ordenador. Usted coloca los elementos en la papelera y luego los administra.

➜ En la lista de entradas, al pasar el puntero sobre la entrada que quiere eliminar, haga clic en el enlace **Papelera**.

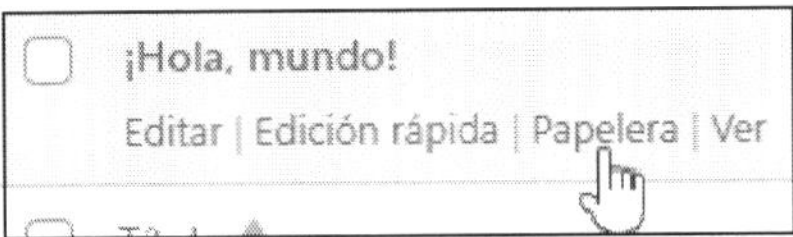

La entrada se coloca en la papelera de entradas. WordPress lo confirma en la banda verde.

Tenga en cuenta la presencia del enlace **Deshacer**, que puede usar en caso de error.

➜ Puede mover varios elementos a la papelera al mismo tiempo. En la lista de entradas, seleccione las que desee activando su casilla de verificación. A continuación, en la lista desplegable **Acciones en lote**, elija **Mover a la papelera**. A continuación, haga clic en el botón **Aplicar**.

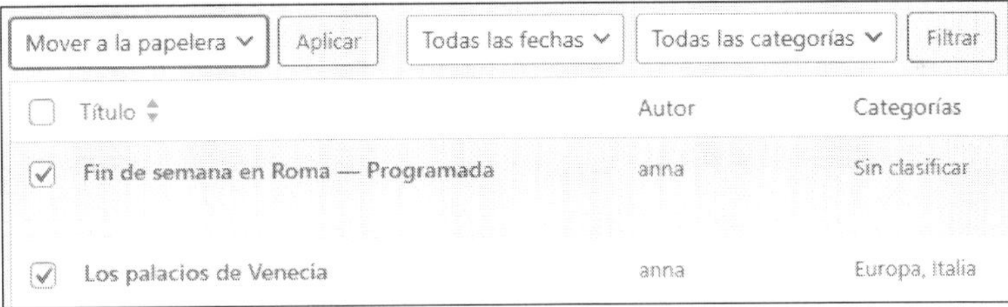

5. La papelera de las entradas

➜ Para acceder al contenido de la papelera de las entradas, encima de la tabla, en los tipos de entradas, haga clic en **Papelera (x)**, donde x es el número de elementos de la papelera.

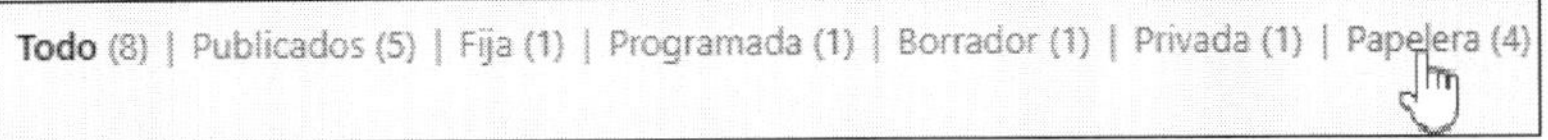

Se muestra el contenido de la papelera de reciclaje.

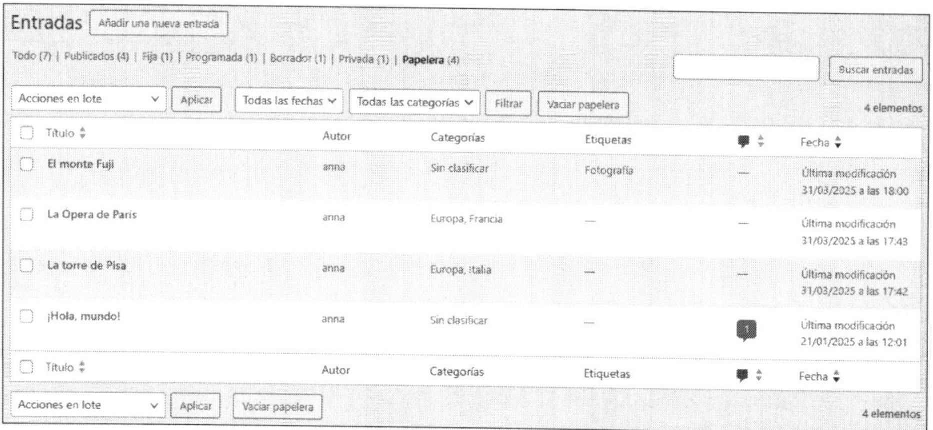

Por supuesto, una entrada publicada que se ha tirado a la papelera, deja de estar publicada.

6. Restaurar artículos

Ahora puede restaurar una entrada, es decir, volver a colocarla en la lista de entradas, fuera de la papelera. Use esta opción en caso de error.

➜ Para ello, al pasar el puntero sobre la entrada deseada, haga clic en el enlace **Restaurar.**

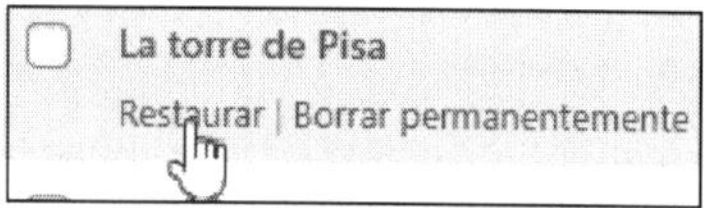

WordPress informa de que la entrada se ha recuperado con éxito; ya no está en la papelera y puede accederse a ella en la lista de todas las entradas.

1 entrada restaurada de la papelera. Editar la entrada

➜ Puede restaurar varias entradas al mismo tiempo. En la lista de entradas de la papelera, seleccione las que desea restaurar activando su casilla de verificación.

➔ En la lista desplegable **Acciones en lote**, elija **Restaurar**.

➔ A continuación, haga clic en el botón **Aplicar**.

7. Eliminar entradas

Puede eliminar elementos de la papelera de reciclaje de forma permanente.

➔ Para eliminar una entrada, en la lista de entradas de la papelera, pase el ratón por encima de la que desea eliminar y elija **Borrar permanentemente**.

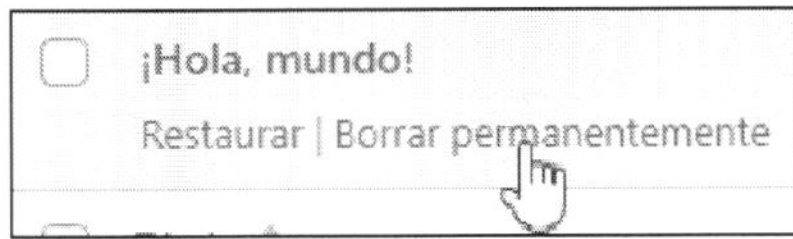

WordPress informa de esta eliminación permanente.

1 entrada borrada permanentemente.

➔ Puede eliminar varias entradas seleccionadas. En la lista de entradas de la papelera, seleccione las que desea eliminar activando su casilla de verificación.

- En la lista desplegable **Acciones en lote**, elija **Borrar permanentemente**.

A continuación, haga clic en el botón **Aplicar**.

- Para eliminar permanentemente todos los elementos de la papelera, haga clic en el botón **Vaciar papelera**.

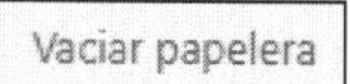

J. Mostrar las entradas en el sitio

1. La visualización y el tema

La visualización de las entradas en el sitio publicado depende totalmente del tema que se elija. Cada tema tendrá su propio diseño para mostrar las entradas.

En los ejemplos que vamos a ver, usaremos el tema predeterminado para la instalación de WordPress, el tema **Twenty Twenty-Five**. Este tema es del tipo blog, es decir, muestra las entradas de forma lineal, una debajo de otra, en orden cronológico de publicación; la última entrada publicada aparece en primera posición.

2. Visualización de las entradas

Como acabamos de mencionar, en la página de inicio del sitio, las entradas se muestran cronológicamente (sabiendo que las entradas destacadas siempre se mostrarán antes que todas las demás).

He aquí un ejemplo de una pantalla con el tema **Twenty Twenty-Five**, con dos publicaciones con imágenes destacadas.

3. Visualización de una entrada

Cuando el visitante hace clic en el título de una entrada, solo se muestra dicha entrada en la página. El diseño depende, de nuevo, del tema utilizado, como siempre.

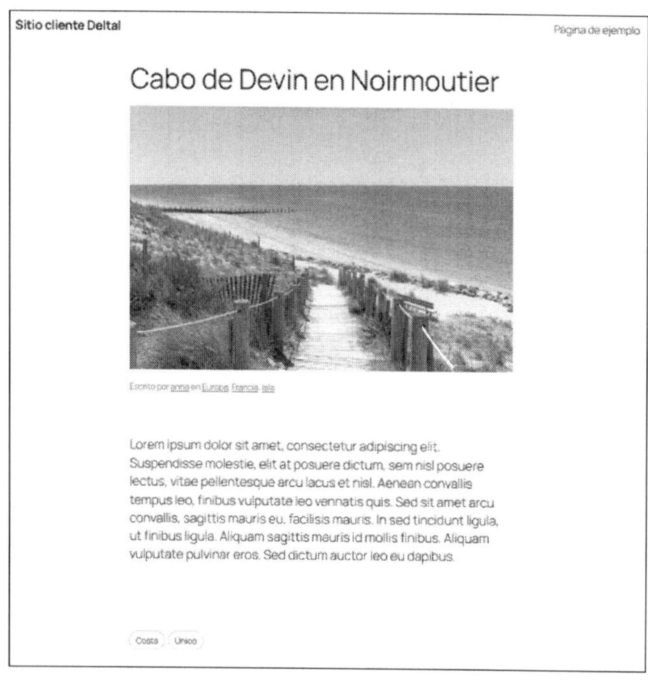

4. Las entradas recientes

Con el tema **Twenty Twenty-Five**, puede ver la lista de otras entradas publicadas recientemente en la parte inferior de la página, antes del pie. No obstante, si utiliza un tema personalizado o de años anteriores, como, por ejemplo, **Twenty Twenty-Three**, esta opción no se incluye por defecto; en estos casos, es preciso instalar el widget **Últimas entradas**. A continuación, y únicamente con fines ilustrativos, veremos cómo instalarlo en el pie de página de nuestro tema predeterminado; el proceso será el mismo con independencia del tema que tenga instalado.

→ Para insertar un widget en el lugar deseado, en el menú **Apariencia**, elija **Editor**.

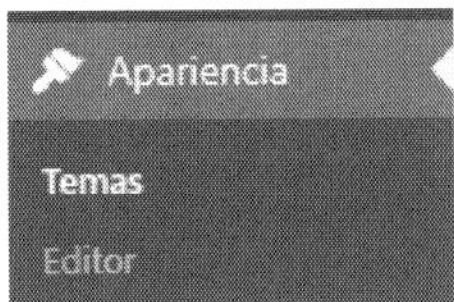

→ En la columna lateral izquierda, haga clic en **Patrones**.

➙ En la columna lateral izquierda, haga clic en **Pie de página** y, a continuación, vuelva a hacer clic en **Pie de página** en la pantalla central.

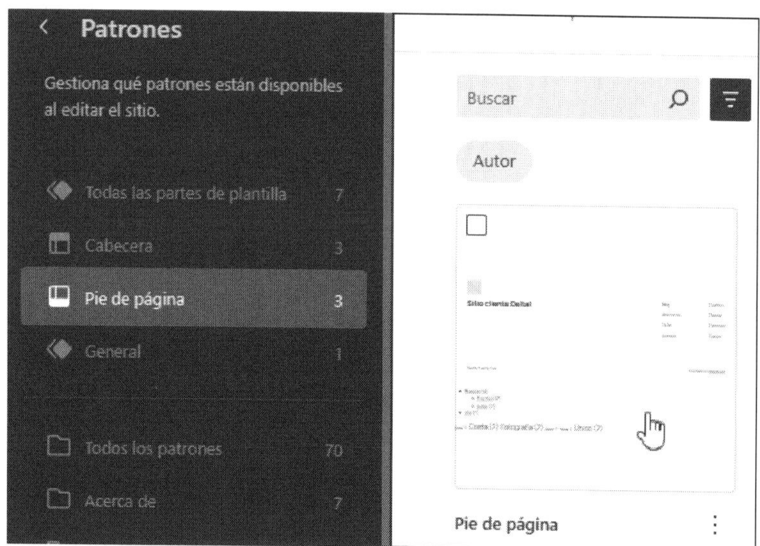

➙ Para personalizar el pie de página, en la barra superior, haga clic en el botón **Editar**, en forma de lápiz.

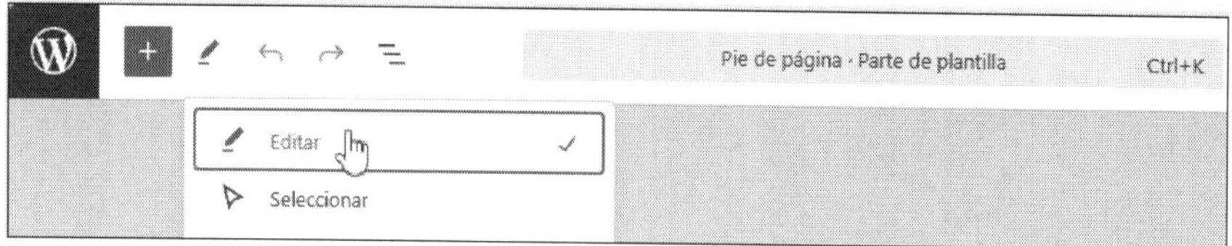

➙ En la barra de herramientas superior, haga clic en el botón **+** para agregar un bloque:

➜ En la lista de los bloques disponibles, en la pestaña **Bloques**, en la categoría **WIDGETS**, haga clic en **Últimas entradas**.

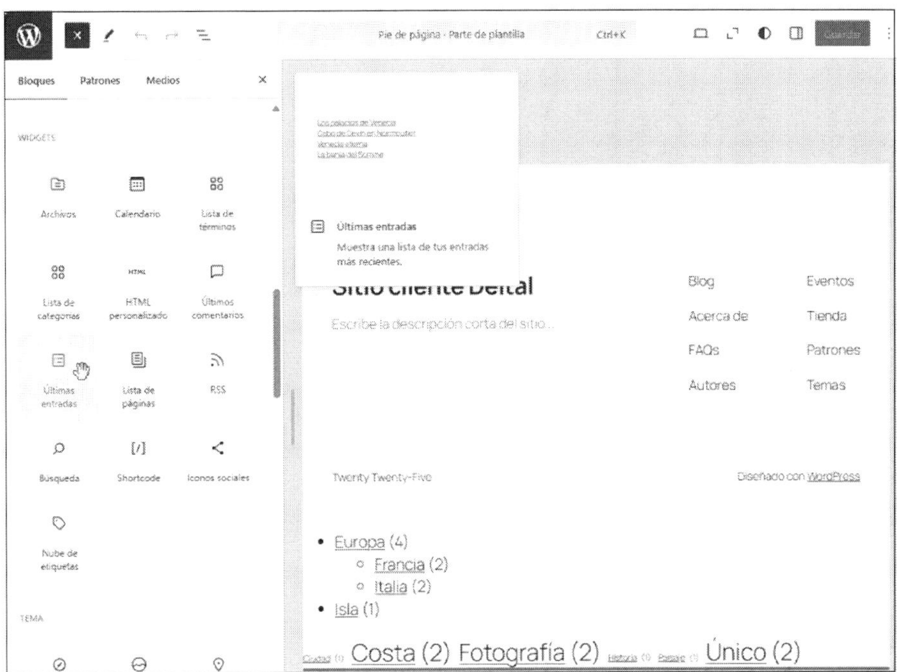

El widget se inserta y se puede cerrar la lista de bloques:

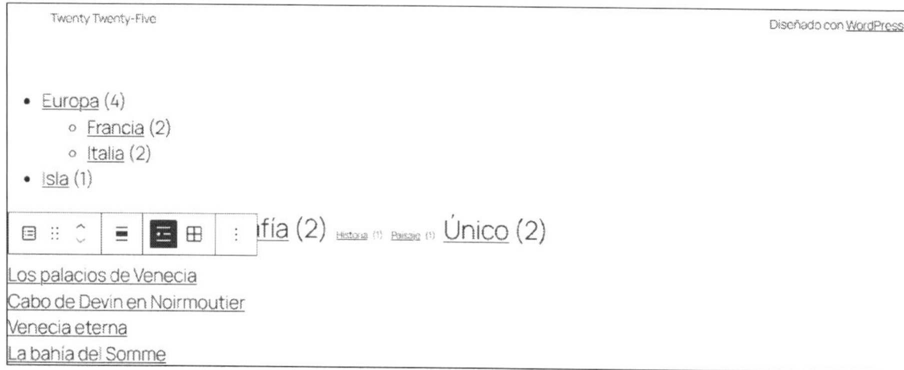

Ahora vamos a personalizar este widget.

→ En la barra de herramientas superior, haga clic en el botón **Resumen del documento**.

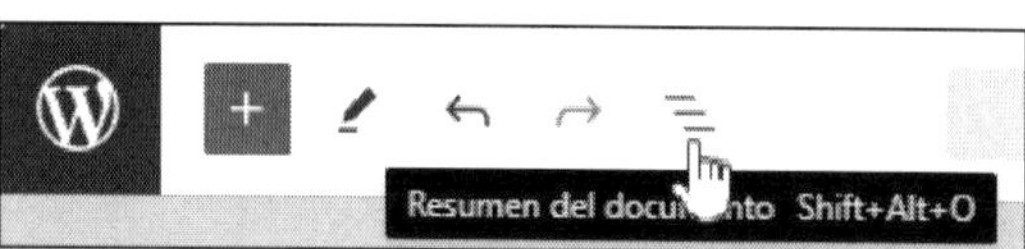

En la lista de bloques, asegúrese de que el bloque **Últimas entradas** esté seleccionado.

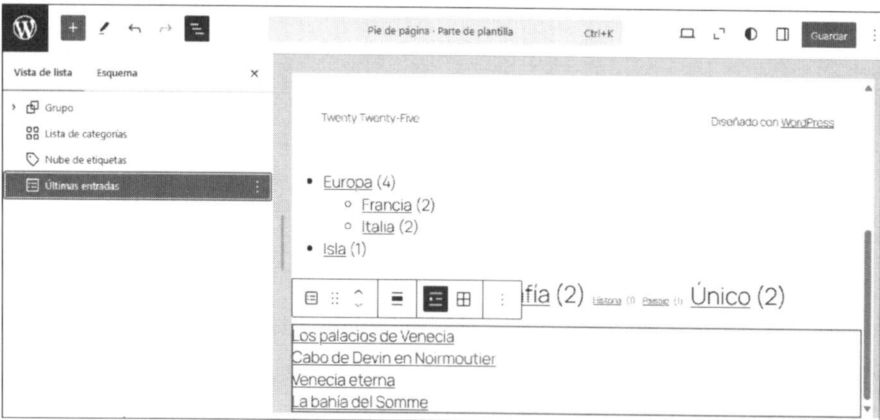

→ En la barra de herramientas superior, si es necesario, haga clic en el botón **Ajustes**.

En la columna lateral derecha, en la pestaña **Bloque**, puede ver que el bloque **Últimas entradas** está seleccionado.

Tenemos varios paneles a nuestra disposición para personalizar este widget.

El panel **Contenido de la entrada** con la opción **Contenido de la entrada** activada permite mostrar el contenido de cada entrada que se muestre en la lista de últimas entradas.

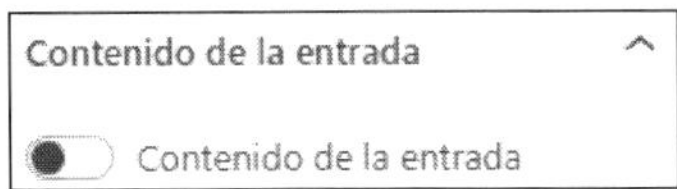

El panel **Metadatos de la entrada** ofrece dos opciones:

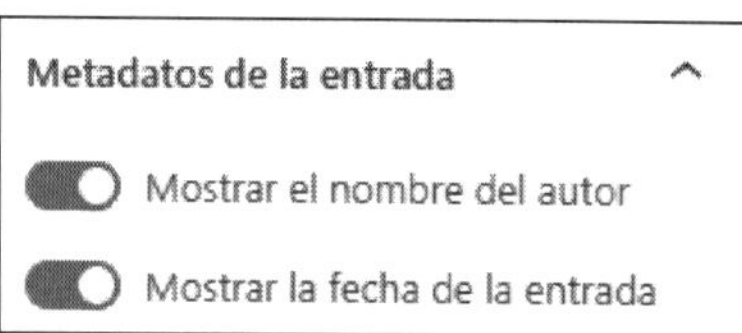

- **Mostrar nombre del autor** muestra el nombre del redactor debajo de cada entrada de la lista.
- **Mostrar la fecha de la entrada** muestra la fecha de aparición de cada entrada.

Esta es la visualización obtenida con estas dos opciones marcadas:

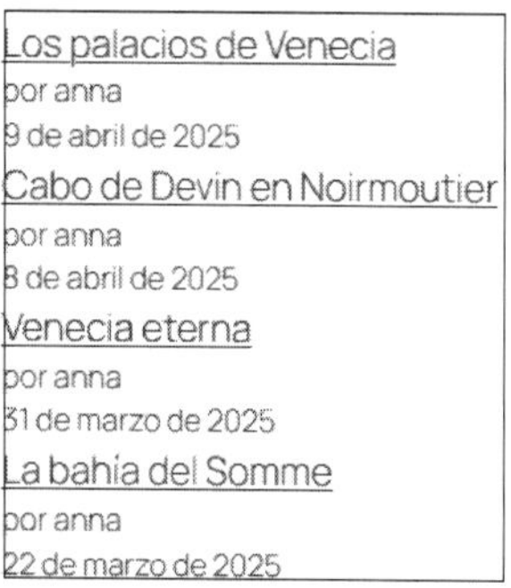

El panel **Imagen destacada** con la opción **Mostrar la imagen destacada** activada permite mostrar la imagen destacada en la entrada, si dicha entrada dispone de una.

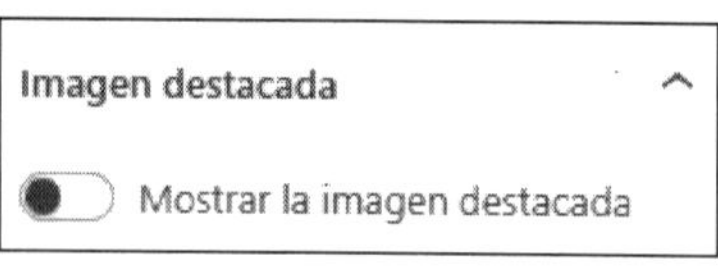

➔ Si marca esta opción, aparecerán otros ajustes para personalizar la visualización de la imagen destacada:

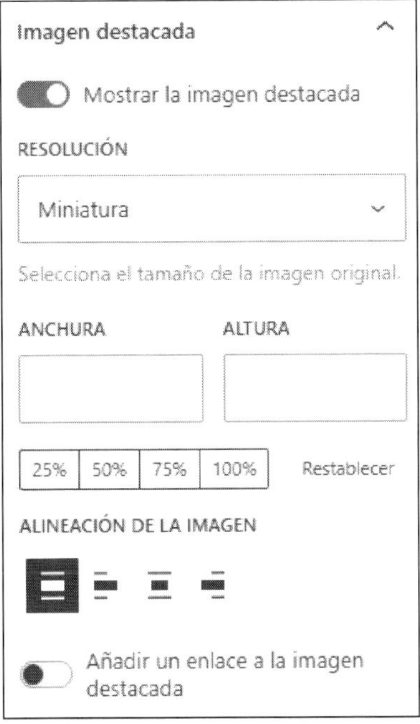

Esta configuración permite personalizar el tamaño y las dimensiones de la imagen destacada.

En este ejemplo, las dos primeras entradas tienen una imagen destacada:

Los palacios de Venecia

por anna

9 de abril de 2025

Cabo de Devin en Noirmoutier

por anna

8 de abril de 2025

Venecia eterna

por anna

31 de marzo de 2025

La bahía del Somme

por anna

22 de marzo de 2025

El panel **Ordenación y filtrado** permite personalizar la forma en que se muestran las entradas en la lista.

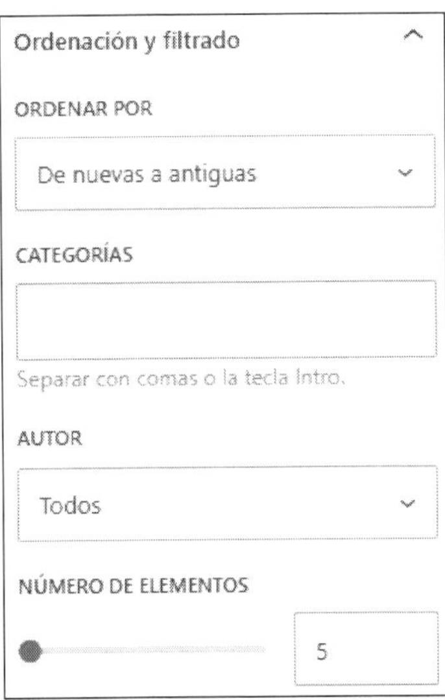

- La configuración **ORDENAR POR** permite elegir el criterio de clasificación para mostrar las entradas, en orden cronológico o alfabético.
- La configuración **CATEGORÍAS** permite mostrar solo los elementos que pertenecen a una o más categorías especificadas.
- La configuración **AUTOR** permite mostrar solo las entradas escritas por uno o más redactores seleccionados.
- La configuración **NÚMERO DE ELEMENTOS** permite elegir cuántos elementos deben mostrarse en esta lista de últimas entradas.

➜ Si realiza algún cambio, en la barra de herramientas, haga clic en el botón **Guardar** y, a continuación, confírmelo.

5. Los archivos de las entradas

El widget **Archivos** le permite enumerar entradas por mes y año.

→ Para agregar el widget **Archivos**, siga el mismo procedimiento que hemos visto anteriormente para insertar los otros widgets en el pie de página del tema predeterminado.

He aquí el widget **Archivos** insertado y seleccionado. Puede encontrar su configuración en la columna lateral derecha.

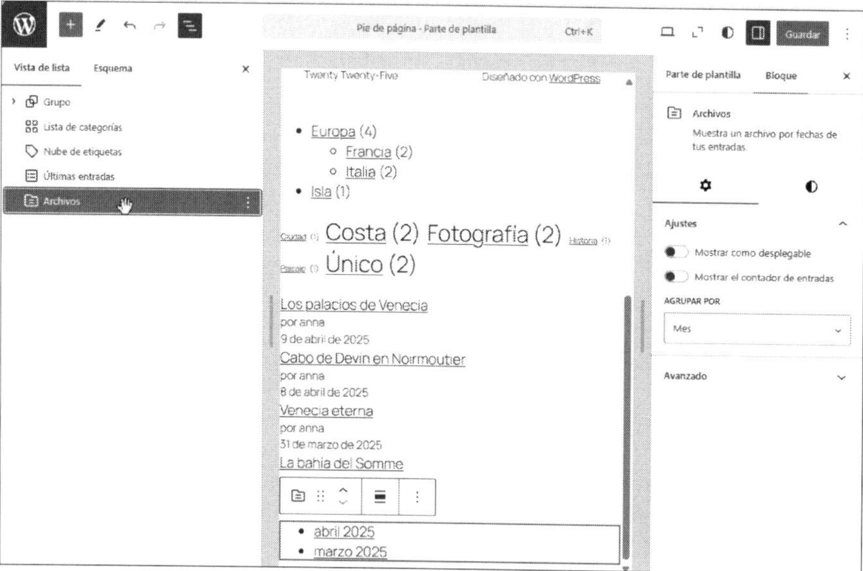

En la pestaña **Bloque**, en el panel **Ajustes**, dispone de tres parámetros:

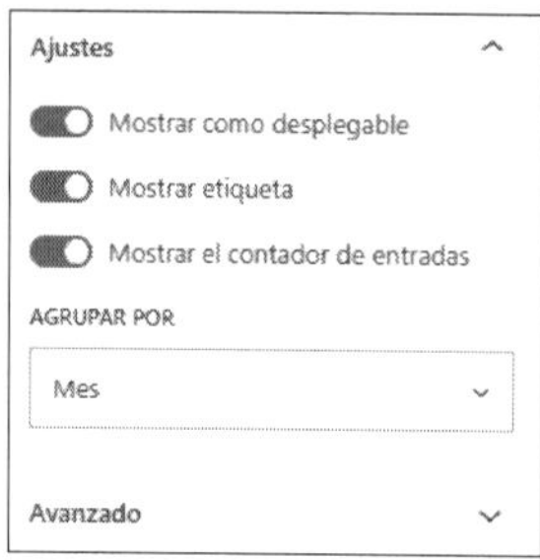

- **Mostrar como desplegable** muestra los meses en una lista desplegable. Si la activa, inmediatamente aparece otra configuración, **Mostrar etiqueta**, que muestra la palabra **Archivos**.

- **Mostrar el contador de entradas** permite mostrar el número de entradas publicadas en cada mes.
- **AGRUPAR POR** permite elegir la duración por la que desea agrupar las entradas: **Año**, **Mes**, **Semana** o **Día**.

➜ Si realiza algún cambio, en la barra de herramientas, haga clic en el botón **Guardar** y, a continuación, confírmelo.

6. El calendario de publicaciones

El widget **Calendario** permite ver el calendario de publicación de las entradas del sitio. Este widget no se utiliza de forma predeterminada; debe colocarse y configurarse.

➜ Para agregar el widget **Calendario**, siga los mismos pasos que hemos visto anteriormente para insertar los otros widgets en el pie de página del tema predeterminado.

He aquí el widget **Calendario** insertado y seleccionado. Puede encontrar su configuración en la columna lateral derecha.

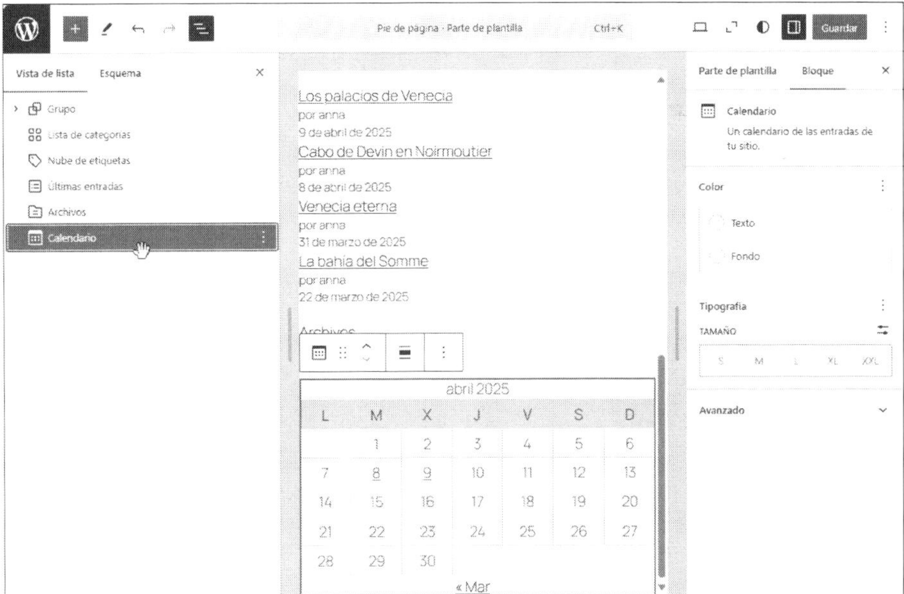

En la pestaña **Bloque**, dispone de dos paneles de configuración:

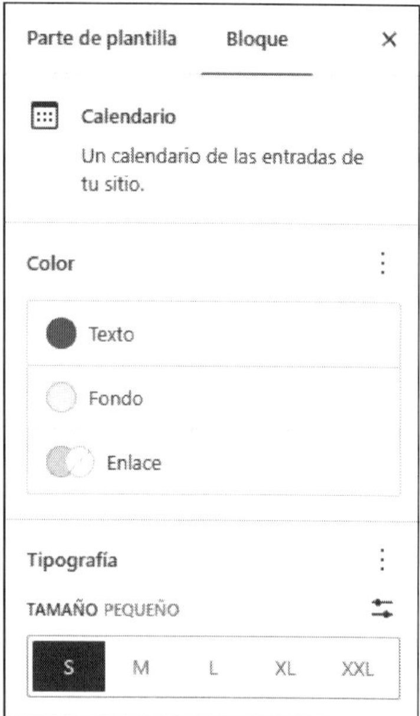

En el panel **Color**, puede personalizar los colores:

- del **Texto**, que permite cambiar el color de los bordes de la tabla,
- del **Fondo** del calendario,
- del **Enlace** que indica que hoy se ha realizado una publicación.

En el panel **Tipografía**, puede personalizar el tamaño de fuente.

➜ Si realiza algún cambio, en la barra de herramientas, haga clic en el botón **Guardar** y, a continuación, confírmelo.

He aquí la visualización obtenida en el pie de página:

abril 2025

L	M	X	J	V	S	D
	1	2	3	4	5	6
7	8	9	10	11	12	13
14	15	16	17	18	19	20
21	22	23	24	25	26	27
28	29	30				

7. Buscar contenido

Los visitantes tienen la oportunidad de efectuar búsquedas en el contenido editorial de su sitio, en las entradas y en las páginas.

→ Para insertar el widget **Búsqueda**, siga el mismo procedimiento que hemos visto anteriormente.

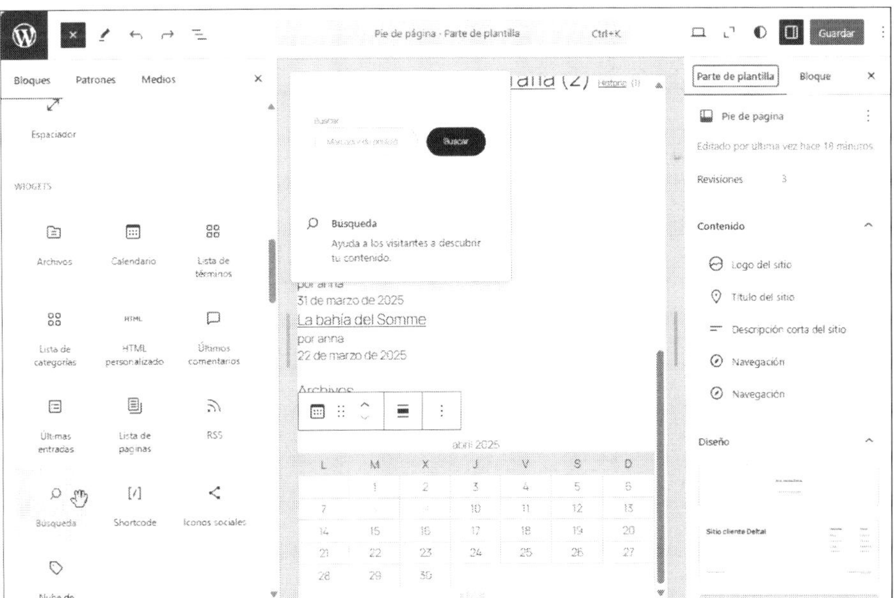

Cuando se inserta y selecciona el widget **Búsqueda**, en la pestaña **Bloque** de la columna lateral derecha el panel **Ajustes** permite cambiar la configuración de **ANCHURA**.

Puede cambiar el ancho del widget, ya sea en píxeles o como un porcentaje con valores predefinidos.

➙ Si realiza algún cambio, en la barra de herramientas, haga clic en el botón **Guardar** y, a continuación, confírmelo.

Esta es la visualización obtenida en el pie de página:

A continuación, el visitante puede introducir una o varias palabras en las que se centrará su búsqueda:

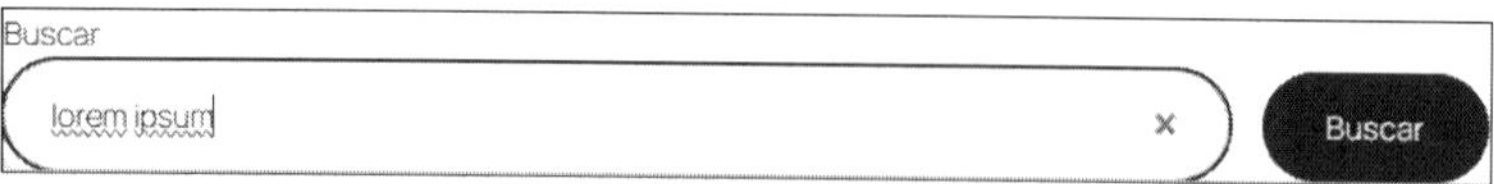

Después de hacer clic en el botón **Buscar**, WordPress muestra los resultados:

K. Gestión de enlaces permanentes

Hemos visto en el capítulo La administración del sitio cómo activar la optimización de las URL de los contenidos, las entradas y las páginas para el SEO natural, con enlaces permanentes.

Cuando escribe una entrada que tiene un título, el enlace permanente se genera automáticamente a partir de las palabras de dicho título.

WordPress permite editar los enlaces permanentes de las entradas. Esto resulta muy útil cuando no todas las palabras del título son completamente adecuadas para una URL bien optimizada.

- Abra la entrada cuyo enlace permanente necesita cambiar.
- En la pestaña **Entrada**, muestre el parámetro **Enlace**.

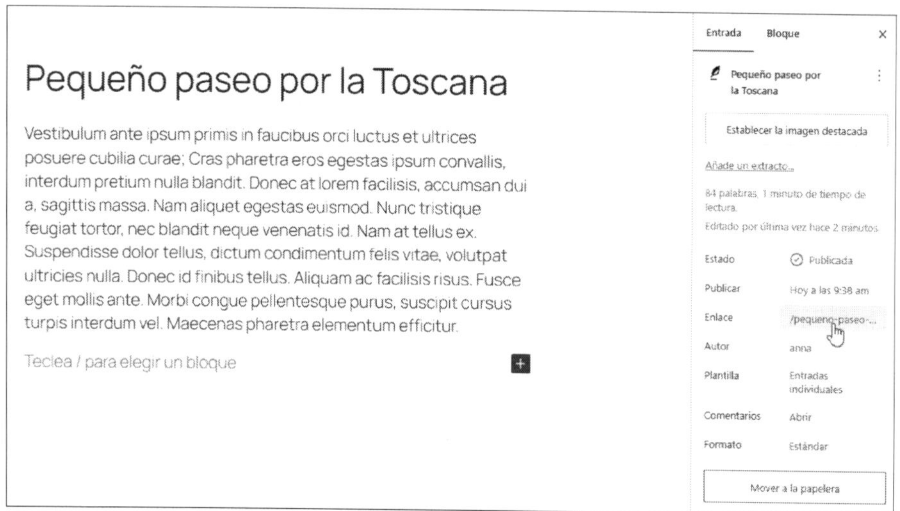

→ Para personalizar el **Enlace**, es decir, el enlace permanente de esta entrada, haga clic en este campo.

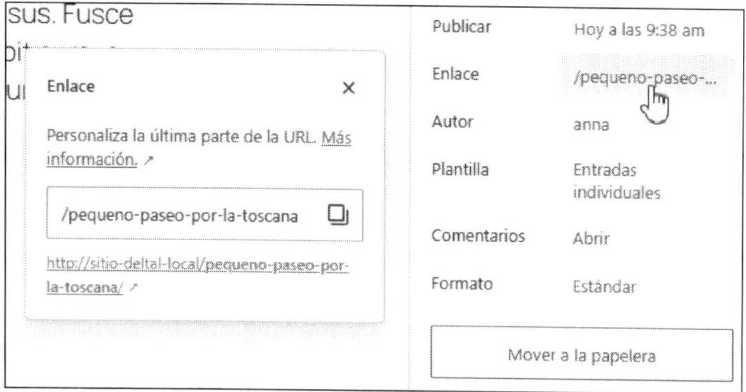

→ En el campo **Enlace**, puede personalizar esta URL o enlace permanente.

Para ello, debe respetar las siguientes reglas de sintaxis:

- Sin espacios; reemplácelos con guiones (-).
- Sin caracteres acentuados (é, à, ô...).
- Sin caracteres especiales (*, %, $...).
- Utilice solo letras minúsculas.

He aquí un ejemplo de optimización de enlaces permanentes, utilizando términos que tienen más probabilidades de usarse en una búsqueda.

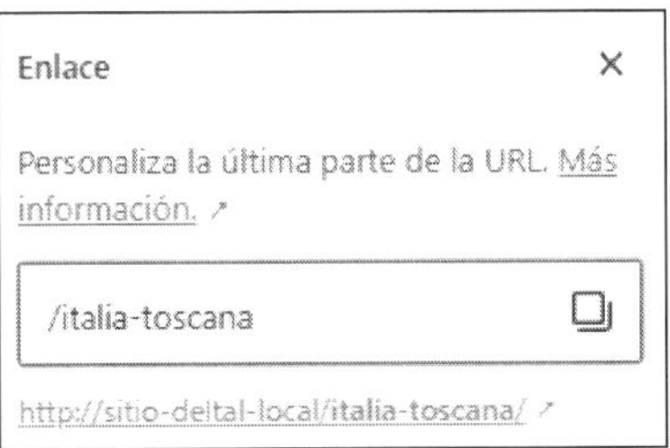

➜ Luego, haga clic en el botón **Guardar** de la barra de herramientas.

Dispone de un segundo método para personalizar el enlace.

➜ En la lista de entradas, al hacer clic en el enlace **Edición rápida**, aparecerá el campo **Slug**.

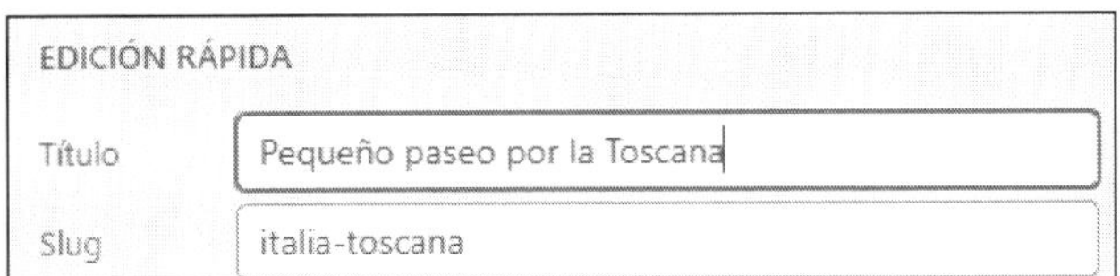

➜ Para ver el resultado que se muestra, haga clic en el enlace **Ver** en la lista de entradas, por ejemplo.

En la barra de direcciones de su navegador, el enlace permanente se personaliza tal y como deseaba.

He aquí el ejemplo del enlace permanente modificado con anterioridad:

sitio-deltal-local/italia-toscana/

Última observación muy importante: debe saber que, si cambia el título de una entrada, el enlace permanente no cambia. Depende de usted modificar los enlaces permanentes, como acabamos de ver, cada vez que se cambian los títulos.

L. Fuentes RSS de las entradas

1. Los ajustes

Puede resultar muy interesante para sus visitantes recibir una notificación tan pronto como se publique una nueva entrada en su sitio. Este es el objetivo de utilizar fuentes (o feeds) RSS. Al suscribirse a la fuente RSS de nuevos entradas, los visitantes pueden recibir una notificación cuando se publique una nueva entrada.

- En primer lugar, tiene que configurar la fuente RSS de sus entradas. En el menú **Ajustes**, elija **Lectura**.
- En los campos **Número máximo de entradas a mostrar en el feed**, especifique cuántas entradas desea que se muestren en la fuente RSS de su sitio.
- En la opción **Para cada entrada en el feed, incluir**, elija la opción **Texto completo** o **Extracto**.

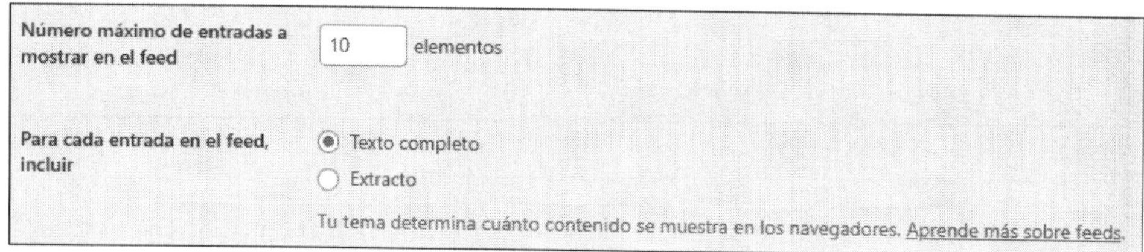

- A continuación, haga clic en el botón **Guardar cambios**.

2. Insertar una fuente RSS de su sitio para los visitantes

Puede proponer a los visitantes de su sitio que se suscriban a su fuente RSS. Para ello, utilizaremos un widget dedicado a este uso.

Como siempre, vamos a personalizar el tema predeterminado, editando el pie de página. Utilice siempre el mismo método para insertar un widget.

→ En la lista de widgets, seleccione e inserte el widget **Iconos sociales**.

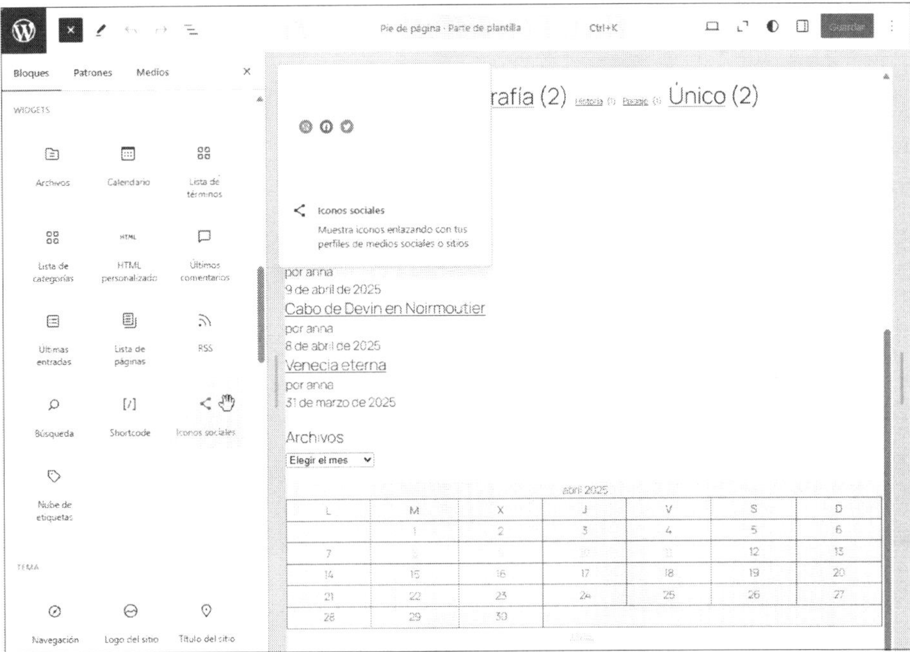

El widget se inserta:

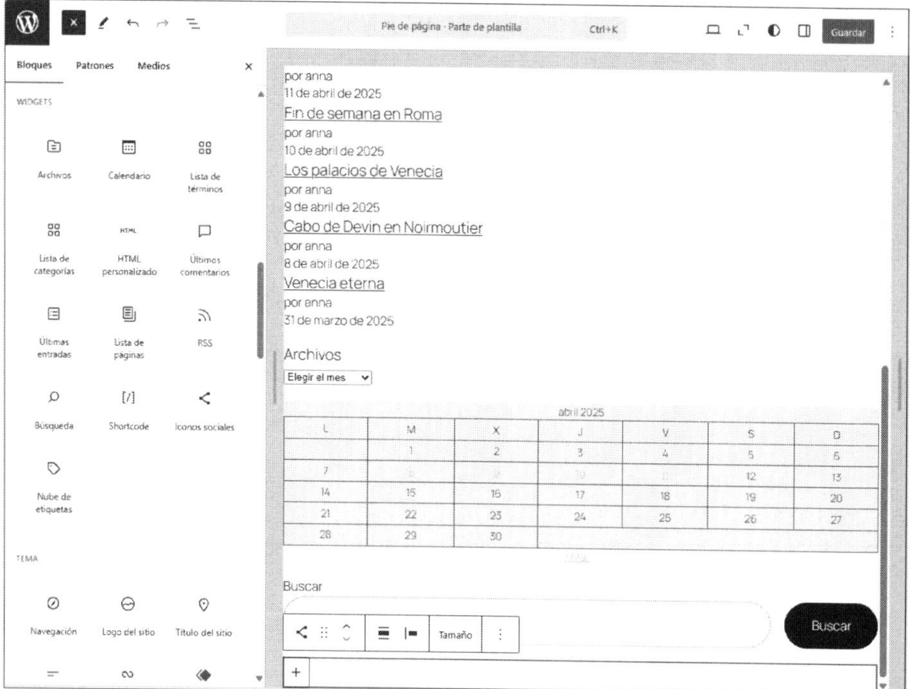

→ Seleccione el widget y, para agregar un icono de redes sociales, haga clic en el botón a la izquierda del bloque.

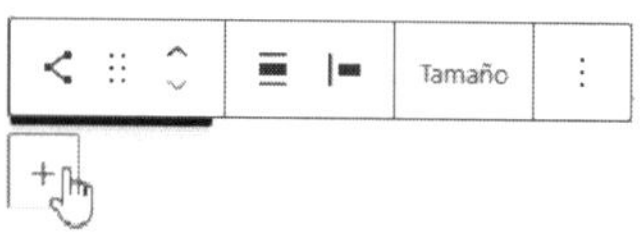

- En la lista de iconos, elija **RSS Feed** (si no aparece en primera instancia, introduzca una «r» en la barra de búsqueda).

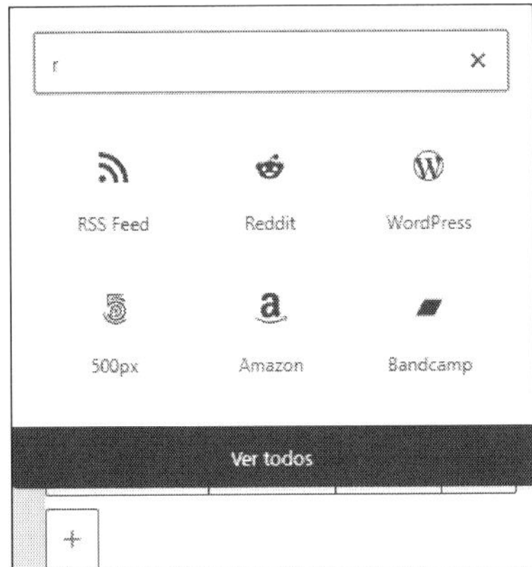

Se inserta el icono:

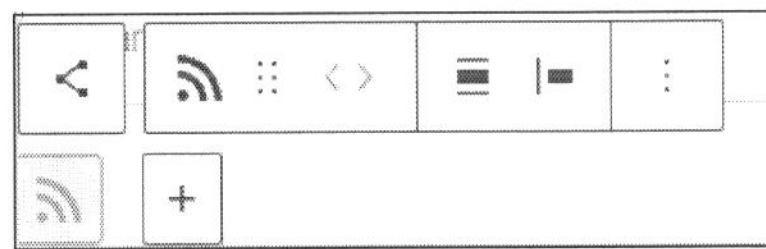

- Para introducir la URL de la fuente RSS de su sitio, haz clic en el icono **RSS feed**.

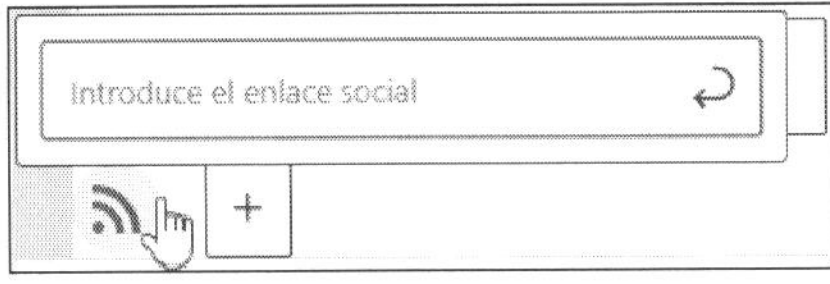

La URL de las fuentes RSS de los sitios web que admiten esta función está estandarizada. Debe añadir el sufijo `/feed` después de la URL de la página principal de tu sitio. En nuestro ejemplo, el sitio se desarrolla en nuestro ordenador, con Local by Flywheel, y el nombre del sitio es `sitio-delta1`. Por lo tanto, la URL de la fuente RSS de este sitio es: http://sitio-deltal-local/feed. Esta es, pues, la etiqueta la que debe introducirse en el campo del icono:

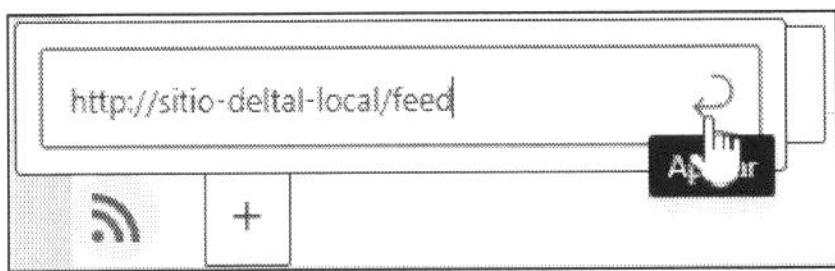

- Haga clic en el botón de confirmación, a la derecha del campo.

La URL se ha introducido correctamente:

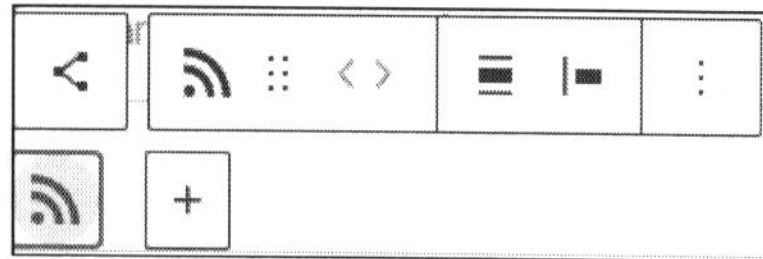

- Puede elegir cómo alinear el icono en el bloque con las opciones de la barra de herramientas del bloque:

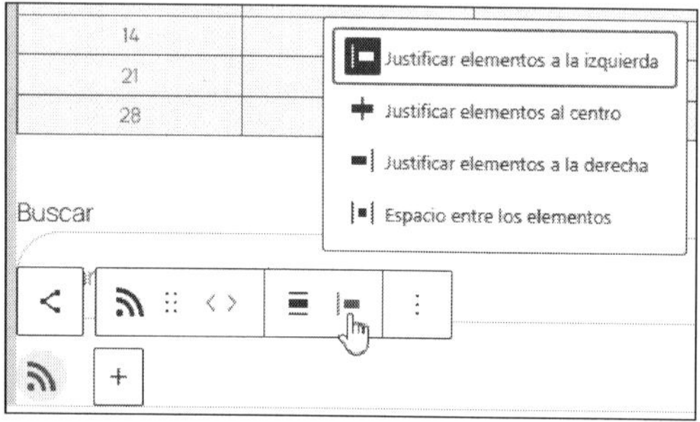

- En la columna lateral derecha, en la pestaña **Bloque**, para **fuente RSS**, en el panel **Ajustes**, en el campo **TEXTO**, puede introducir texto para indicar el uso de este icono:

➜ A continuación, en la vista de resumen del documento, seleccione el bloque **Iconos sociales**.

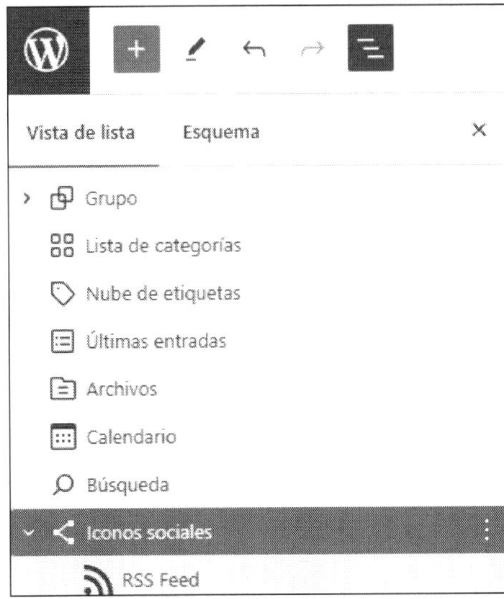

➜ En la columna lateral derecha, en la pestaña **Bloque** para **Iconos sociales**, en el panel **Ajustes**, active **Mostrar texto** para mostrar el texto introducido anteriormente.

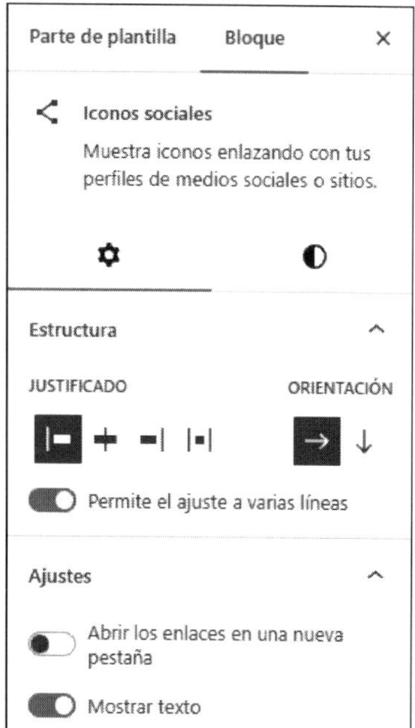

El texto se muestra a la derecha del icono:

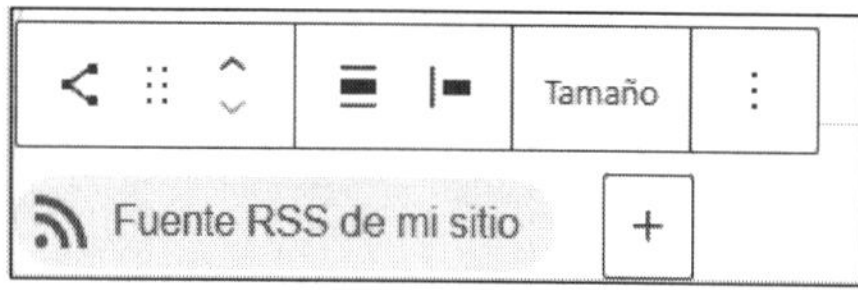

→ Haga clic en el botón **Guardar**.

Si sus visitantes quieren suscribirse a su fuente RSS, solo tendrán que hacer clic en este botón y luego podrán gestionar su suscripción con una aplicación especializada.

Tenga cuidado: al publicar el sitio con un host profesional, deberá acordarse de modificar la URL de la fuente, indicando la nueva URL de su nombre de dominio, que corresponderá a su sitio accesible en la web.

3. Ver una fuente RSS de otro sitio

Ahora, en su sitio de WordPress, puede mostrar la fuente RSS de otro sitio. No obstante, preste mucha atención a los derechos de autor antes de mostrar, posiblemente, la totalidad de una entrada de terceros en su sitio. Y tenga en cuenta que no todos los sitios web y WordPress ofrecen necesariamente esta función.

De nuevo, vamos a usar un widget en el pie de página del tema predeterminado.

➔ Siguiendo el mismo método que antes, inserte el widget **RSS**.

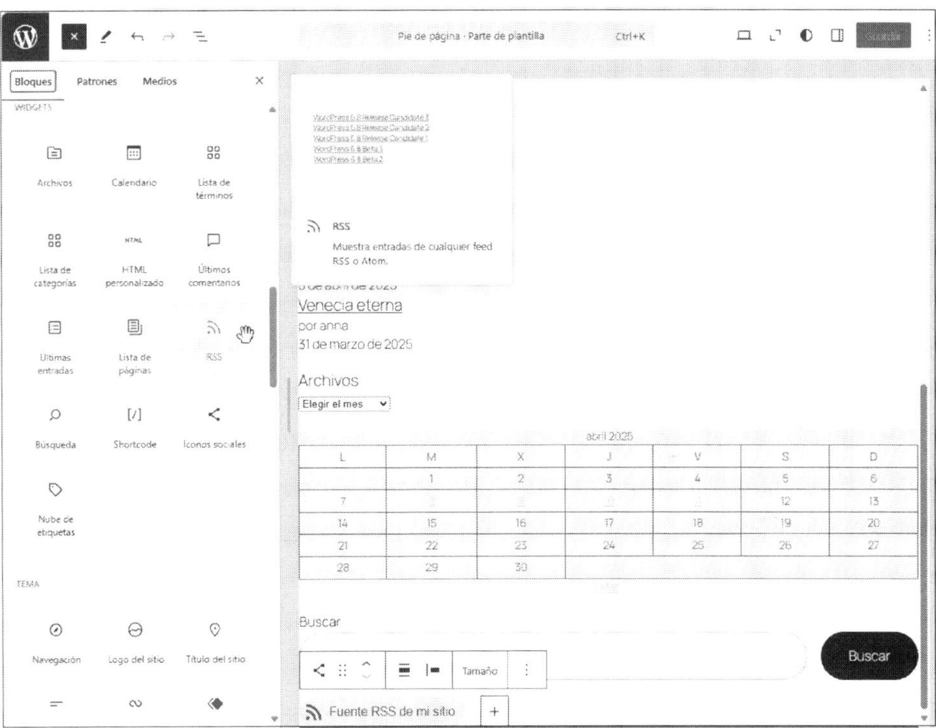

→ En el campo del widget **RSS** insertado, introduzca la URL de la fuente RSS del sitio al que desea suscribirse.

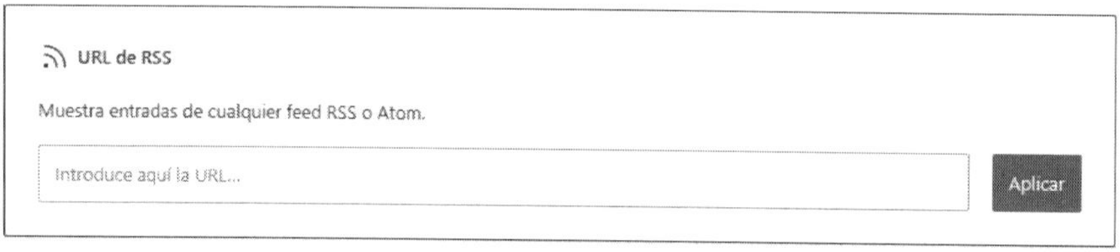

URL de RSS

Muestra entradas de cualquier feed RSS o Atom.

Introduce aquí la URL... | Aplicar

En este ejemplo, es el feed RSS de la página Secrets of Paris, en inglés:

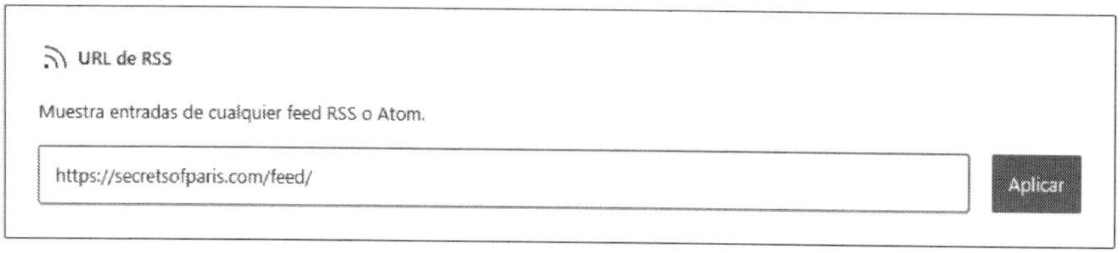

URL de RSS

Muestra entradas de cualquier feed RSS o Atom.

https://secretsofparis.com/feed/ | Aplicar

→ Haga clic en el botón **Aplicar**.

Se muestran las últimas entradas:

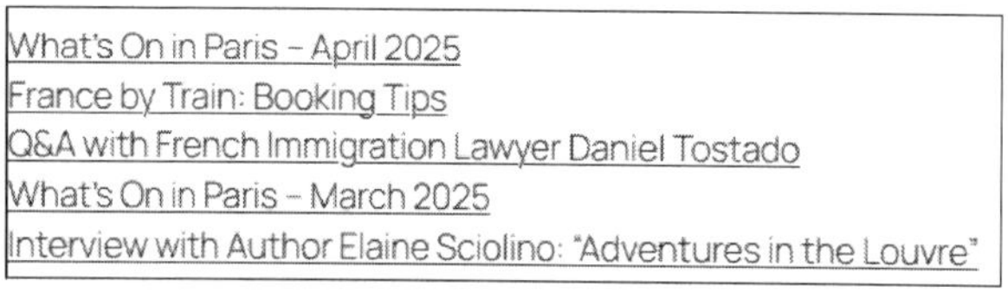

What's On in Paris – April 2025
France by Train: Booking Tips
Q&A with French Immigration Lawyer Daniel Tostado
What's On in Paris – March 2025
Interview with Author Elaine Sciolino: "Adventures in the Louvre"

→ Para dar formato a la fuente, en la columna lateral derecha, pestaña **Bloque** para **RSS**, el panel **Ajustes** proporciona cuatro posibilidades de configuración:

- **NÚMERO DE ELEMENTOS** permite especificar cuántos elementos se deben mostrar.
- **Mostrar el autor** muestra el nombre del redactor si aparece en la fuente.
- **Mostrar la fecha** muestra la fecha en que se escribió cada entrada.
- **Mostrar el extracto** permite mostrar el extracto de WordPress, si existe, o el comienzo de la entrada. En el campo **NÚMERO MÁXIMO DE PALABRAS EN EL EXTRACTO**, puede especificar cuántas palabras se deben mostrar.

A continuación, se muestra un ejemplo de configuración:

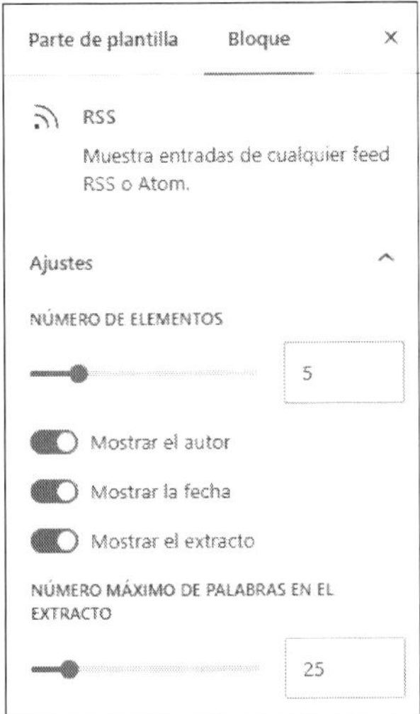

Esta es la visualización resultante:

What's On in Paris – April 2025
1 de abril de 2025
por Heather Stimmler
The latest events and expositions in Paris this April and beyond The post What's On in Paris – April 2025 appeared first on Secrets of [...]
France by Train: Booking Tips
23 de marzo de 2025
por Heather Stimmler
Tips on booking French trains and finding the beedtst deals from high-speed TGVs to budget Ouigo. The post France by Train: Booking Tips appeared first [...]
Q&A with French Immigration Lawyer Daniel Tostado
9 de marzo de 2025
por Heather Stimmler
An expert on French immigration answers legal questions about visas and naturalization in a 45-minute video with the Secrets of Paris Community members. The post [...]
What's On in Paris – March 2025
1 de marzo de 2025
por Heather Stimmler
The latest events and expositions in Paris this March and beyond The post What's On in Paris – March 2025 appeared first on Secrets of [...]
Interview with Author Elaine Sciolino: "Adventures in the Louvre"
19 de febrero de 2025
por Heather Stimmler
Heather sits down with best-selling author and journalist Elaine Sciolino to discuss the latest news about the Louvre Museum and her new book, "Adventures in [...]

→ Haga clic en el botón **Guardar**.

Para finalizar esta parte, debe saber que existen muchos plugins para WordPress que permiten gestionar las fuentes RSS de forma muy precisa.

Capítulo 5: Las páginas

A. Objetivos

En este capítulo, abordaremos la gestión de las páginas. Aprenderemos a crear páginas y a utilizarlas en el diseño de menús de navegación.

La gestión de las páginas tiene toda una serie de características en común con la gestión de las entradas. No las volveremos a trabajar porque estas características se utilizan tal y como aprendimos anteriormente, en la gestión de las entradas.

B. Usar páginas

Las páginas permiten administrar el contenido «informativo» de su sitio: información general, presentaciones «estáticas» de su organización (asociación, empresa, etc.). Es lo que en el mundo de la prensa se denomina «actualidad fría».

Con el tema predeterminado **Twenty Twenty-Five**, las páginas aparecerán en la barra de navegación, ubicada en la parte superior de la pantalla, debajo del encabezado del sitio.

C. Crear una página

1. Una nueva página

Empecemos por aprender a crear una página.

➜ Para crear una nueva página, en el menú **Páginas**, elija **Añadir una nueva página**.

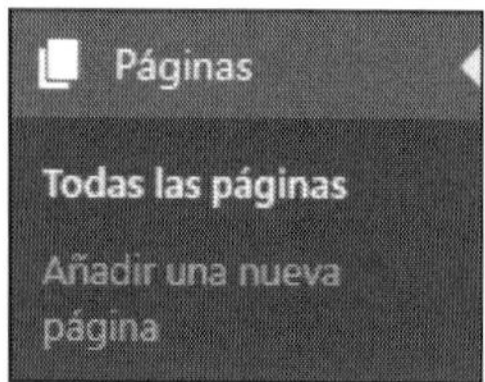

➜ También puede utilizar la barra de herramientas: en el menú **+ Añadir**, elija **Página**.

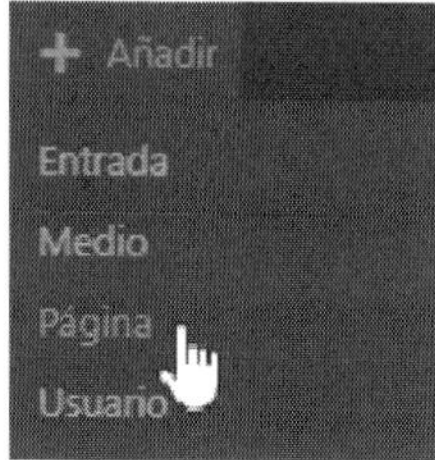

➜ También puede hacer clic en el botón **Añadir una nueva página** en la administración de páginas (menú **Páginas - Todas las páginas**).

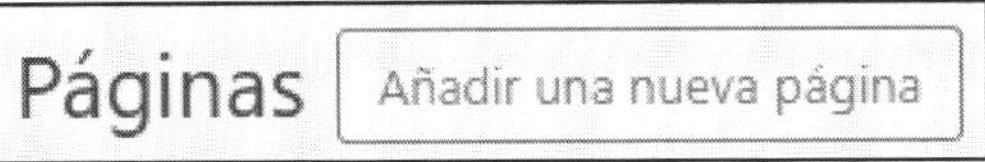

2. Introducir contenido

➜ En primer lugar, debe introducir el título de la página en el campo **Escribe un título**.

De forma predeterminada, el título de la página se muestra tal cual en la barra de navegación de su sitio de WordPress. Pero tenga en cuenta desde ahora que podemos cambiar esta configuración. Por lo tanto, este título se mostrará y será visto por los visitantes tal y como usted lo haya introducido.

Dado que aparece en la barra de navegación, este título no debe ser demasiado largo; de lo contrario, ocupará demasiado espacio.

Un ejemplo de título de una página:

¿Quiénes somos?

➜ En el siguiente campo, introduzca el contenido de la entrada.

¿Quiénes somos?

Lorem ipsum dolor sit amet, consectetur adipiscing elit. Praesent ut est malesuada, commodo est nec, tincidunt sem. Vivamus in orci nec eros iaculis pulvinar. In nisi orci, faucibus nec lacinia vel, ullamcorper iaculis sapien. Etiam congue neque ac accumsan

Veremos el formato del texto en el capítulo Dar formato al contenido.

> Ten en cuenta que, a diferencia de las entradas, las páginas no utilizan la taxonomía. No hay gestión de categorías ni de etiquetas.

3. El orden y la jerarquía de páginas

En la pestaña **Página**, es posible crear páginas jerárquicas para que tengan menús desplegables y cambiar el orden de las páginas, utilizando la propiedad **Superior**.

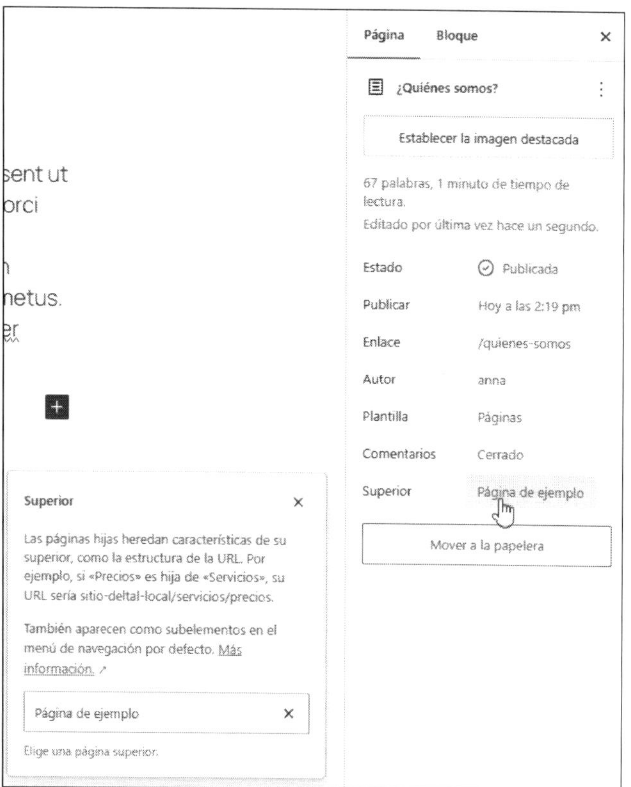

Esto podríamos hacerlo sin problemas en este módulo, pero veremos en el apartado dedicado a la creación de menús un método mucho más sencillo, rápido y eficiente.

4. Administrar la publicación de las páginas

- Al igual que con los artículos, puede administrar la publicación de páginas en la barra de herramientas.

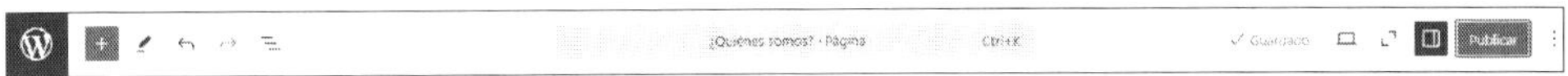

Y en el panel **Página**.

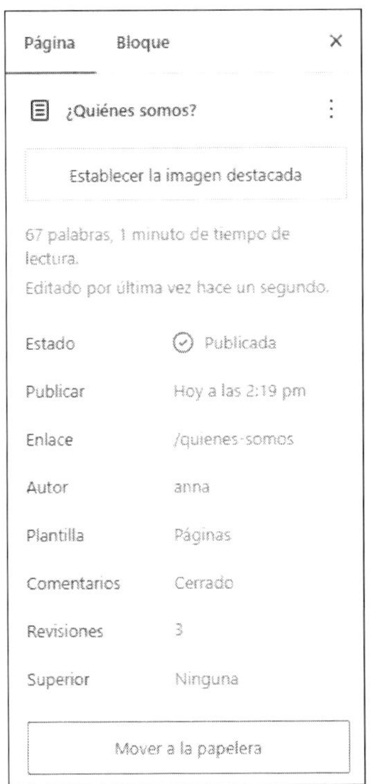

Encontramos las mismas características: borrador, pendiente de revisión, privada y programada.

Como la publicación de las páginas es idéntica a la de las entradas, no vamos a tratarlo de nuevo. Consulte el apartado equivalente, Gestionar la publicación de las entradas, en el capítulo Las entradas.

La gestión de los enlaces permanentes es, en todos los aspectos, similar a la que vimos en el capítulo sobre las entradas. Consulte Gestión de enlaces permanentes.

D. Administrar las páginas

1. Mostrar las páginas en la administración

➜ Para enumerar todas las páginas de su sitio, en el menú **Páginas**, elija **Todas las páginas**.

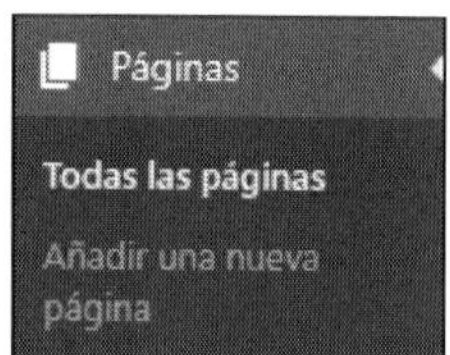

WordPress muestra la lista de páginas en una tabla similar a la que hemos visto para las entradas.

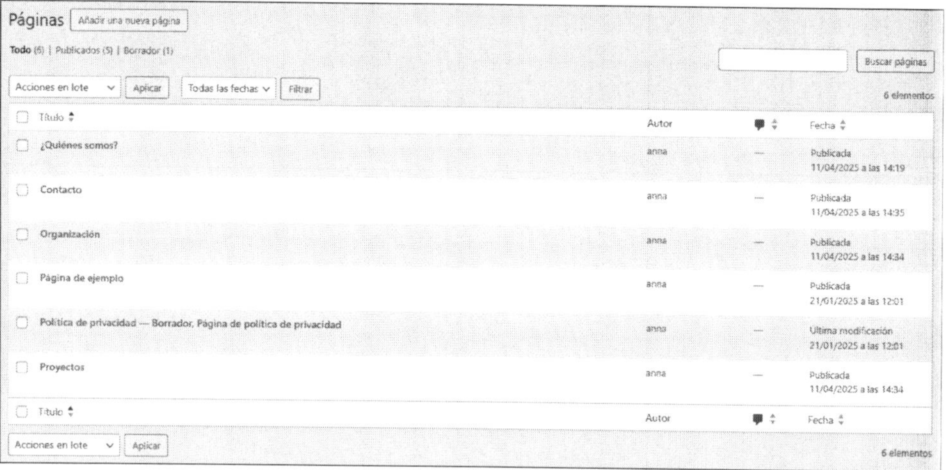

Para la gestión de las páginas en la administración, dispone de las mismas funcionalidades que para las entradas.

Puede ordenar las páginas por fecha de publicación en la lista desplegable **Todas las fechas**.

Puede ordenar las páginas de la tabla haciendo clic en los encabezados **Título** y **Fecha**.

Puede realizar una búsqueda de texto a través de las páginas utilizando el campo de búsqueda.

Por último, puede filtrar las páginas en función del estado de publicación. En el ejemplo anterior, se observan páginas que están **publicadas (5)** y una página que está en el estado **Borrador (1)**.

> Consulte los apartados equivalentes en el capítulo Las entradas para revisar todas estas características.

2. Editar y eliminar páginas

Al igual que en el caso de las entradas, la modificación y eliminación de páginas se realiza pasando el ratón por encima de ellas. La interfaz de administración es similar para estos dos tipos de contenido.

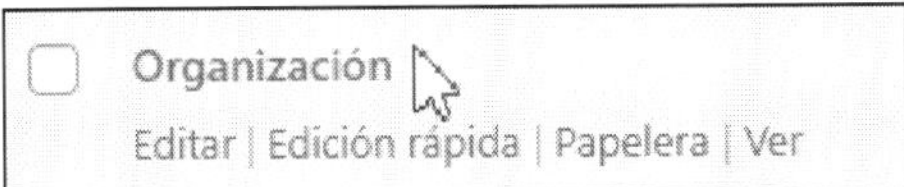

Encontrará las funciones que permiten **Editar**, **Edición rápida** y enviar a la **Papelera**.

Consulte el apartadp equivalente en el capítulo Las entradas para revisar todas estas características. De nuevo, son similares en todos los aspectos.

Capítulo 6: Los medios

A. Objetivos

Para ilustrar sus artículos y páginas, puede insertar imágenes; el primer paso consiste en agregar estas imágenes a la biblioteca de su sitio de WordPress.

WordPress utiliza los formatos de imagen estándar para la web: .gif, .jpg y .png. En lo que respecta al tamaño de la imagen, tenga en cuenta que algunos temas usan tamaños específicos para que las imágenes se puedan mostrar de manera óptima de acuerdo con el diseño del tema. Obtenga más información sobre este punto en la documentación técnica del tema que desea utilizar.

B. La configuración de los medios

1. El tamaño de la imagen

Tenga en cuenta que, cuando añade una imagen a la biblioteca de WordPress, se generan automáticamente tres tamaños de imagen diferentes a los que se podrá acceder cuando se inserten en el contenido (entrada y página). Esto le dará la opción de insertar las imágenes con tamaños pequeño, mediano y grande, además de sus tamaños originales.

→ En el menú **Ajustes**, elija **Medios**.

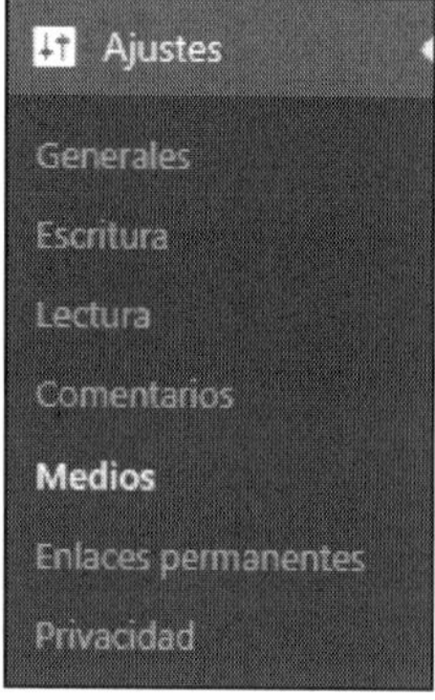

Puede establecer las anchuras y las alturas deseadas para los tres tamaños de imagen generados por WordPress.

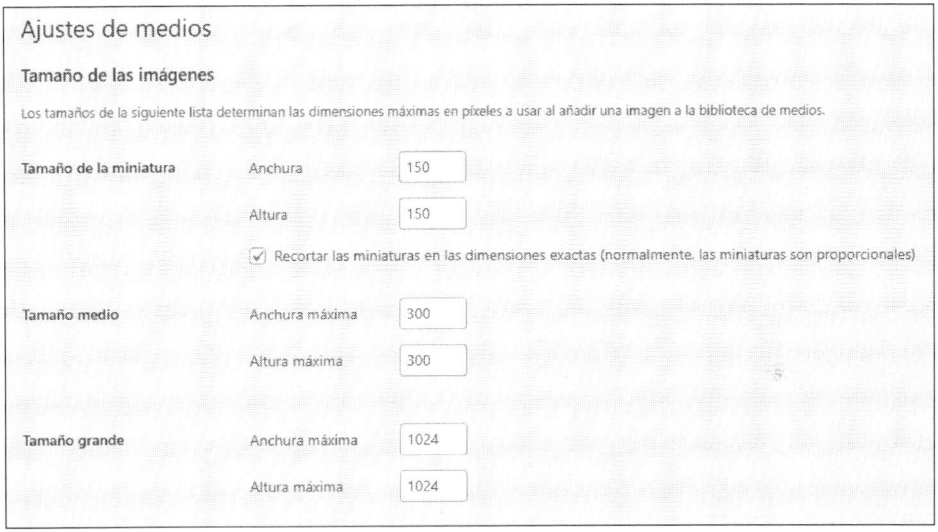

Ajustes de medios

Tamaño de las imágenes

Los tamaños de la siguiente lista determinan las dimensiones máximas en píxeles a usar al añadir una imagen a la biblioteca de medios.

Tamaño de la miniatura — Anchura 150 — Altura 150

☑ Recortar las miniaturas en las dimensiones exactas (normalmente, las miniaturas son proporcionales)

Tamaño medio — Anchura máxima 300 — Altura máxima 300

Tamaño grande — Anchura máxima 1024 — Altura máxima 1024

Para el **Tamaño de la miniatura**, cambie si es preciso la **Anchura** y la **Altura** de las imágenes que deben insertarse con un tamaño pequeño en el contenido. Tenga cuidado: la opción **Recortar las miniaturas**... que está marcada de forma predeterminada permite recortar, reencuadrar las imágenes para obtener exactamente el tamaño indicado. Si desea que el cambio de tamaño sea proporcional y no un reencuadre, desmarque esta opción.

Para los tamaños **Tamaño medio** y **Tamaño grande**, elija las dimensiones que desea obtener mediante el cambio de tamaño proporcional en los campos de entrada **Anchura máxima** y **Altura máxima**.

WordPress cambiará proporcionalmente el tamaño de las imágenes al valor de anchura especificado o al valor de altura indicado.

- En los campos **Tamaño de la miniatura**, **Tamaño medio** y **Tamaño grande**, realice los cambios necesarios.
- Si ha hecho algún cambio, haga clic en el botón **Guardar cambios**.

Guardar cambios

2. La organización de los archivos

Cuando importa imágenes a la biblioteca de su sitio de WordPress, los archivos se importan a la carpeta de su instalación, en una carpeta llamada **uploads**. Dentro de esta carpeta, WordPress crea automáticamente subcarpetas organizadas por año y luego por mes. Así, obtenemos esta estructura de carpetas: **uploads/2025/02/** para imágenes importadas en febrero de 2025.

→ En el menú **Ajustes**, elija **Medios**. En el área **Subida de medios**, la opción **Organizar mis archivos subidos**... está activada de forma predeterminada.

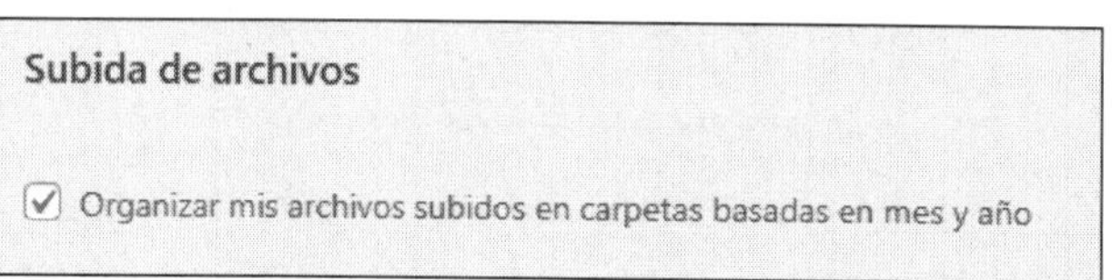

Si desmarca esta opción, los archivos importados se colocarán directamente en la carpeta **uploads**, sin subcarpetas.

C. Importar medios

Ahora vamos a aprender cómo importar imágenes a la biblioteca de nuestro sitio de WordPress.

→ En el menú **Medios**, elija **Añadir nuevo archivo de medios**.

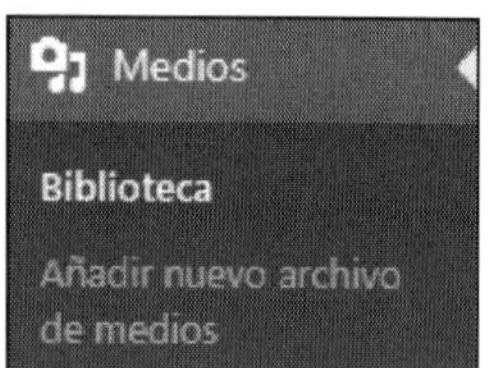

También puede utilizar la barra de herramientas: en el menú **+ Añadir**, elija **Medio**.

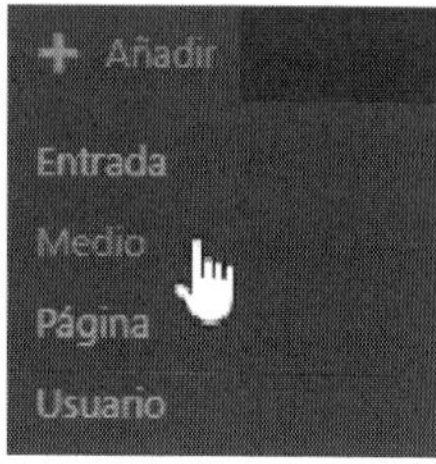

La pantalla que aparece propone utilizar el método de importación de varios archivos. Si tiene problemas con este método, puede hacer clic en el enlace **subirlos desde el navegador**, que le permite utilizar un método más tradicional.

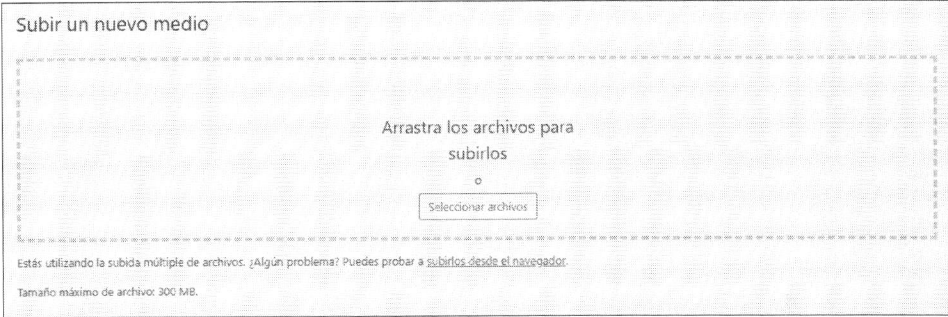

Observe que el tamaño máximo de los archivos cargados es de 300 MB.

Para importar sus archivos, puede usar dos métodos:

- Haga clic en el botón **Seleccionar archivos** para abrir su administrador de archivos y seleccione los archivos que desea agregar a su biblioteca.
- Desde su administrador de archivos, seleccione los medios que desea agregar o arrastre y suelte dentro del área delimitada por el borde de puntos.

En ambos casos, los archivos se importan a la biblioteca del sitio. Puede observar esta importación.

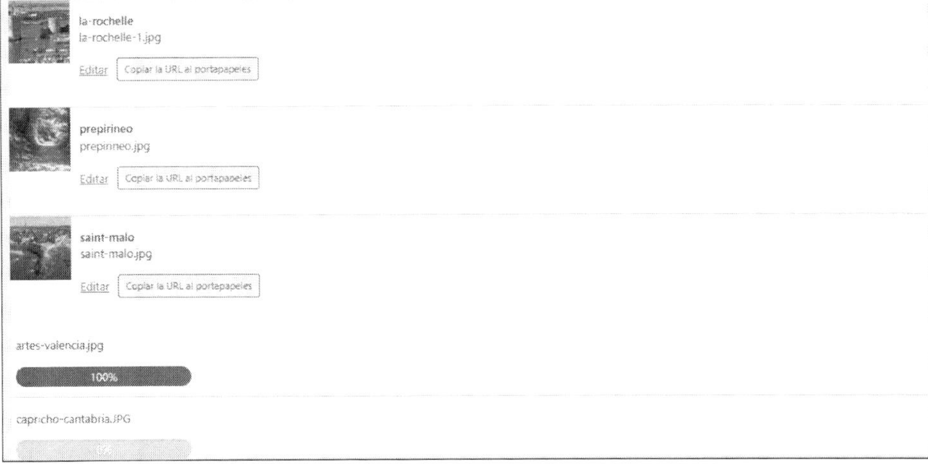

A continuación, verá los archivos importados.

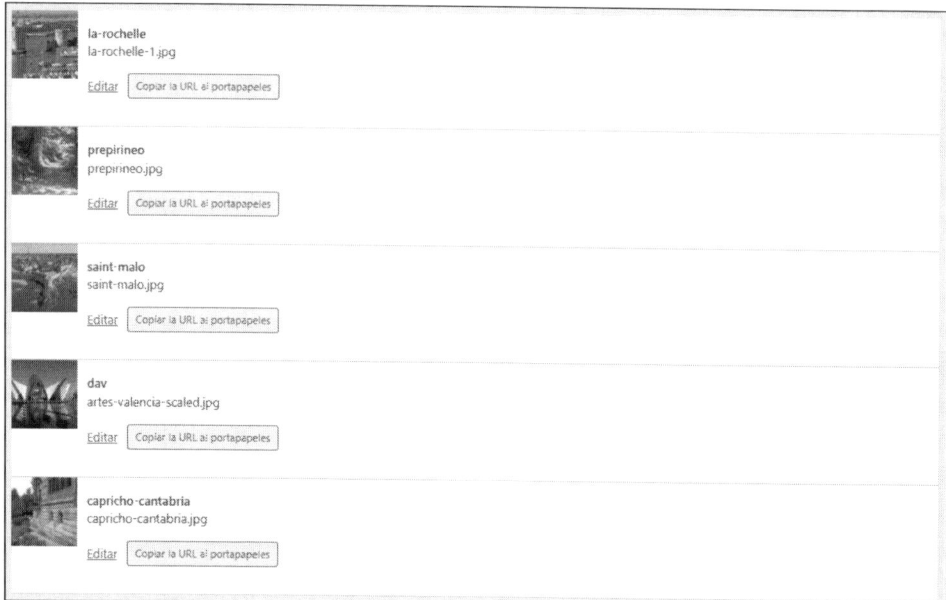

Observe la presencia del enlace **Editar**, para cambiar la configuración de las imágenes importadas.

El mismo principio se aplica a la importación de otros tipos de medios, como audio o vídeo.

D. Mostrar los medios en la administración

1. Listar los medios

→ Para listar los medios de su biblioteca, en el menú **Medios**, elija **Biblioteca**.

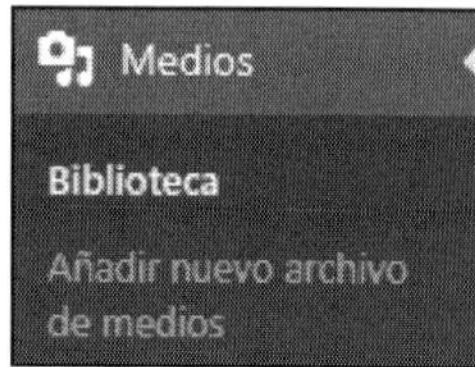

Se muestra la lista de archivos importados.

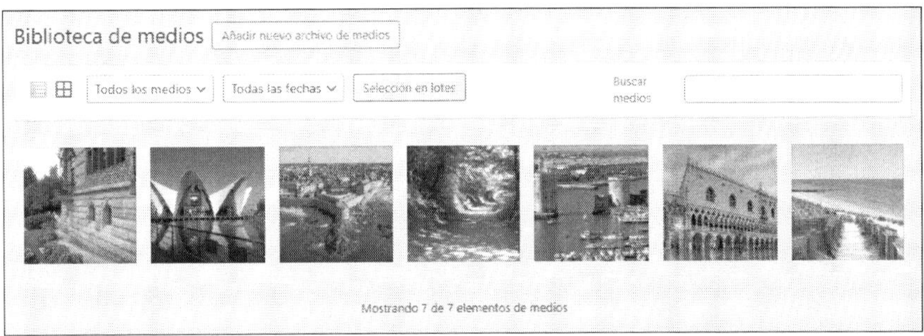

De forma predeterminada, los medios se muestran en forma de cuadrícula.

➜ Para ver los medios como una lista, haga clic en el botón de visualización como lista.

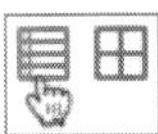

Esta es la vista de lista:

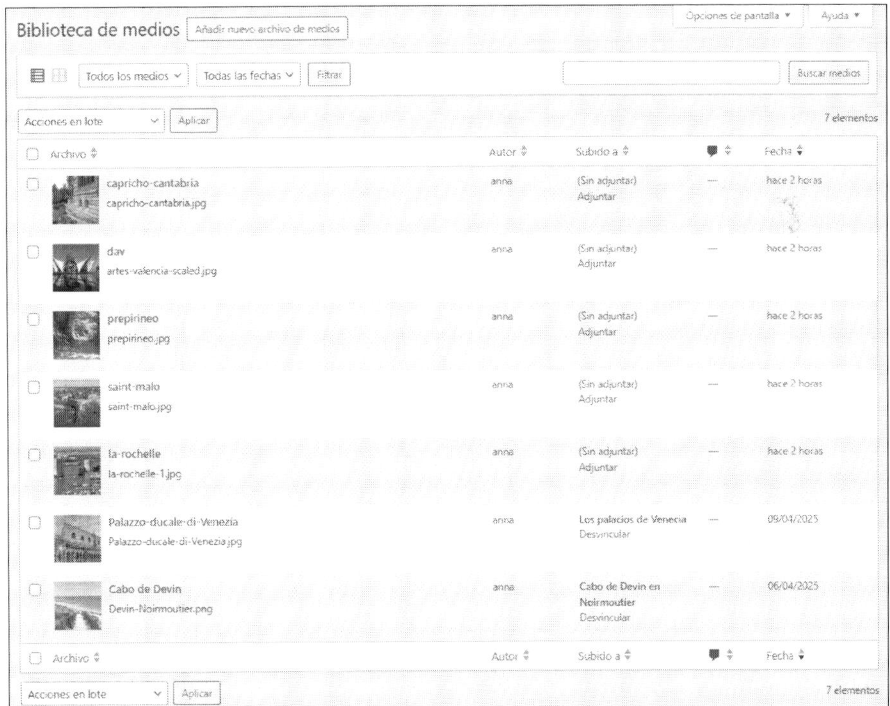

Solo la vista de lista proporciona acceso a las **Opciones de pantalla**.

2. Filtrar los medios

La vista de los filtros difiere en función del modo elegido: en cuadrícula o en lista:

Así es como se muestran los filtros en la vista **Cuadrícula**:

Así es como se muestran los filtros en la vista **Lista**:

➜ Para filtrar por tipo de medio, utilice las listas desplegables **Todos los medios**:

- En cuadrícula:

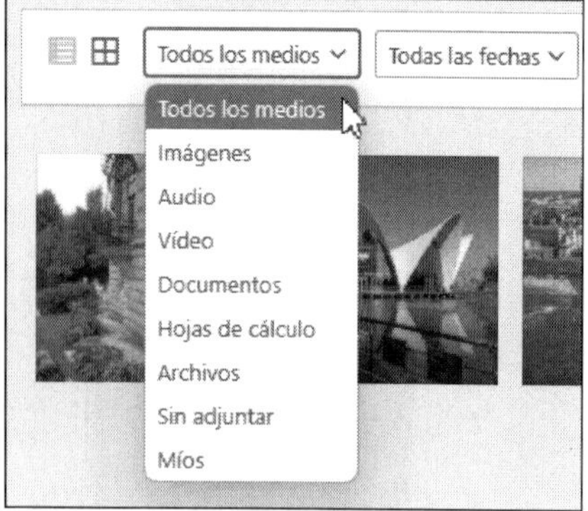

- En lista:

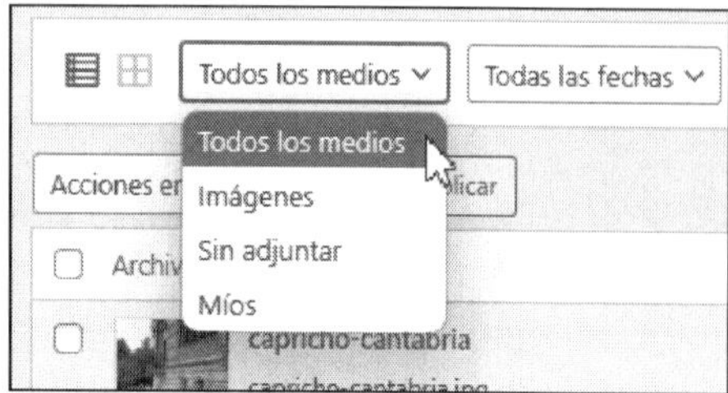

Puede filtrar por tipo: **Imágenes**, **Audio**, **Vídeo**... y **Sin adjuntar**. El tipo **Sin adjuntar** indica los medios que no se utilizan en un contenido.

→ A continuación, haga clic en el botón **Filtrar**.

→ Para volver a la lista completa de los medios, elija **Todos los medios** o **Todos** y haga clic en el botón **Filtrar**.

También puede filtrar por fechas de importación.

→ Utilice la lista desplegable **Todas las fechas**.

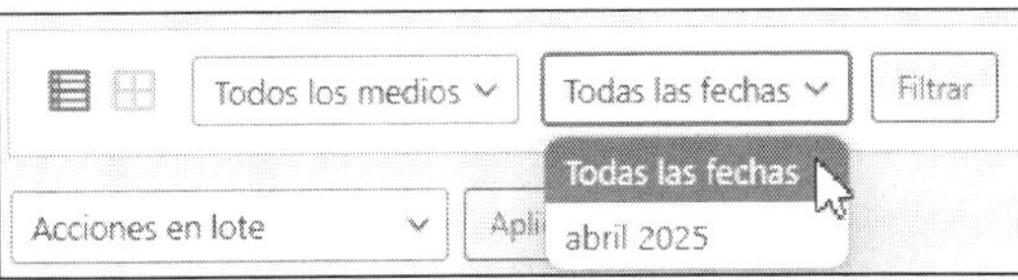

→ A continuación, haga clic en el botón **Filtrar**.

→ Para volver a la lista completa de medios, elija **Todas las fechas** y haga clic en el botón **Filtrar**.

3. Ordenar los medios

En la tabla de medios, puede ordenar los archivos haciendo clic en el encabezado de columna del criterio de clasificación que desee.

→ Puede ordenar por nombre de **Archivo**, por **Autor** (el usuario que ha importado los medios), por el nombre del contenido (artículo o página) en el que se inserta el medio, con la columna **Subido a**, o por la **Fecha** de importación.

→ La ordenación puede ser creciente o decreciente. Al hacer clic en el encabezado, cambia la dirección y el pequeño triángulo apunta hacia arriba o hacia abajo.

4. Buscar medios

→ Para buscar medios en su biblioteca, introduzca una o más palabras en el campo de búsqueda y confirme con la tecla ⏎.

WordPress muestra todos los medios que cumplen con sus criterios de búsqueda.

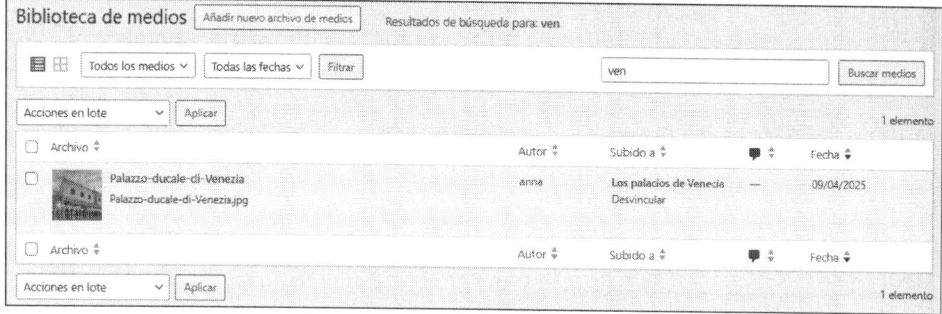

→ Para ver todos los archivos multimedia, borre la búsqueda.

→ Haga clic en el botón **Filtrar**.

5. Mostrar una imagen

→ Puede mostrar una imagen en la administración con un tamaño grande haciendo clic en el enlace **Ver**, al pasar el cursor sobre la imagen deseada.

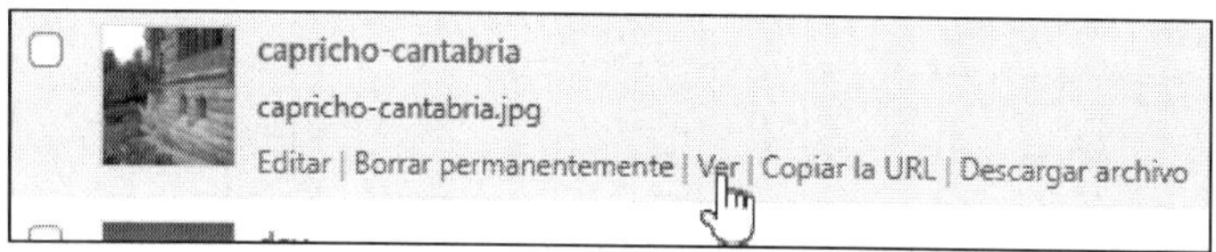

→ En su navegador, haga clic en el botón **Atrás** para volver a la administración.

Puede usar la tecla Ctrl en Windows, o la tecla cmd ⌘ en Mac, para ver la imagen en una nueva pestaña.

E. Administrar los medios

1. Editar un medio

➜ Para editar un medio, en la tabla con la lista de medios, haga clic en su nombre o en su miniatura o, al pasar el ratón por él, haga clic en el enlace **Editar**.

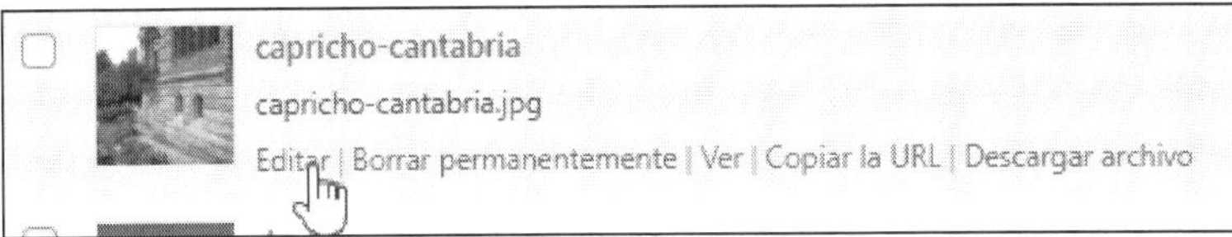

Se abre la pantalla de edición.

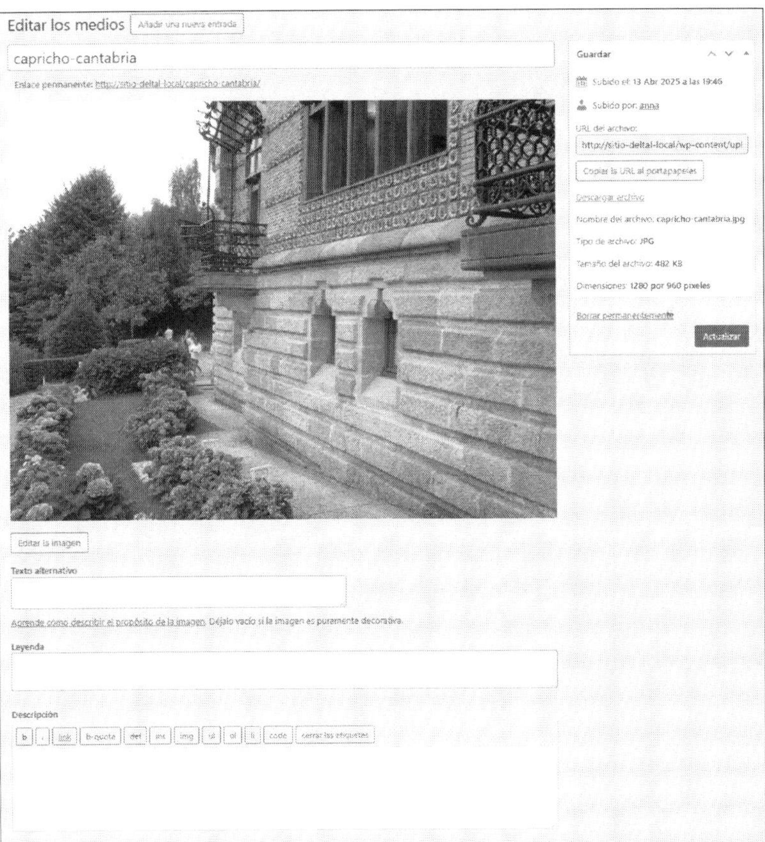

- El primer campo permite cambiar el **Título** de la imagen. Este título solo se utiliza en la administración de la biblioteca de su sitio.

  Debajo del título, puede verse el enlace permanente.

- Debajo de la vista previa de la imagen, encontrará el botón **Editar la imagen**, que permite realizar manipulaciones en la imagen (recortar, cambiar el tamaño, rotar y duplicar). Esto puede ser útil para las personas que no poseen un software de edición de imágenes.

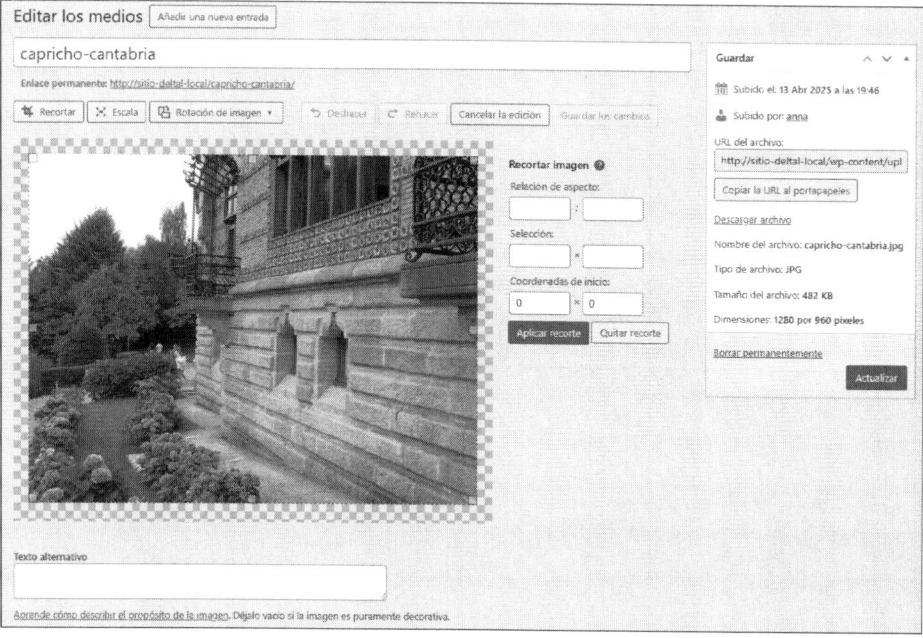

- Si realiza algún cambio, haga clic en el botón **Guardar**.

- El campo **Leyenda** permite insertar texto que puede aparecer debajo de la imagen cuando se inserta en un artículo. Como siempre, dependerá del tema utilizado.

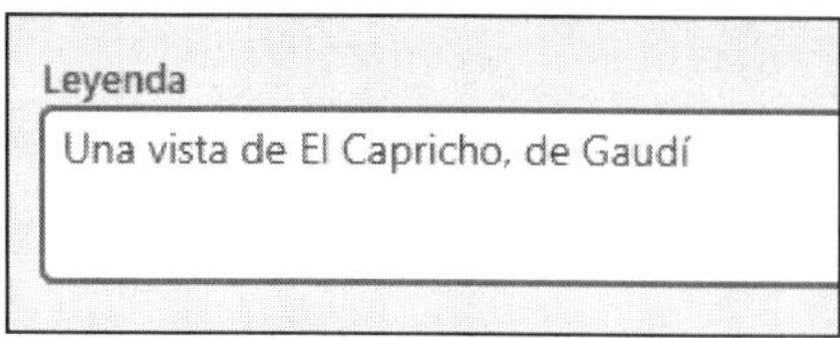

Con el tema predeterminado **Twenty Twenty-Five** y la configuración por defecto, las leyendas introducidas en la Biblioteca de medios no se insertan automáticamente al añadir la imagen a una entrada o página. Para que la leyenda sea visible, debe escribirse manualmente en el campo de leyenda del bloque de imagen, al que se accede desde la barra de herramientas de la propia imagen que aparece al hacer clic en ella.

- El campo **Texto alternativo** permite introducir texto que se utilizará como alternativa a la visualización posiblemente defectuosa de la imagen y para la accesibilidad de los sitios web para personas con discapacidad.

Texto alternativo

Edificio El Capricho, de Gaudí, en Comillas

Aprende cómo describir el propósito de la imagen. Déjalo vacío si la imagen es puramente decorativa.

- El campo **Descripción** permite introducir un texto descriptivo al que se le puede dar formato y que utilizarán los temas.

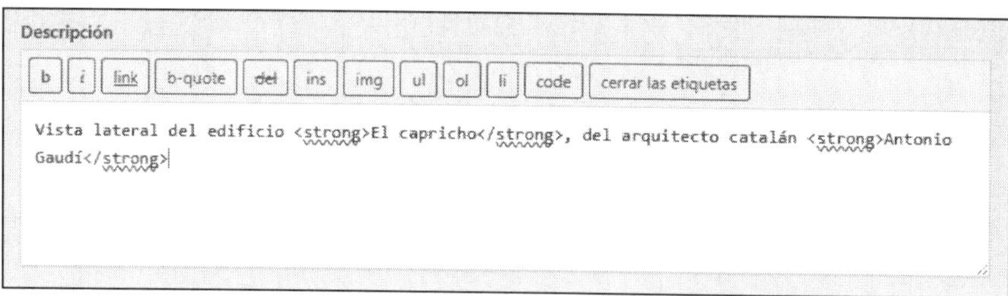

- Por último, en el módulo **Guardar**, encontrará la visualización de los parámetros técnicos de la imagen:
  - Fecha de publicación: **Subido el**.
  - **Subido por**.
  - La dirección **URL del archivo**.
  - **Nombre del archivo**.
  - **Tipo de archivo**.
  - **Tamaño del archivo**.
  - **Dimensiones**.

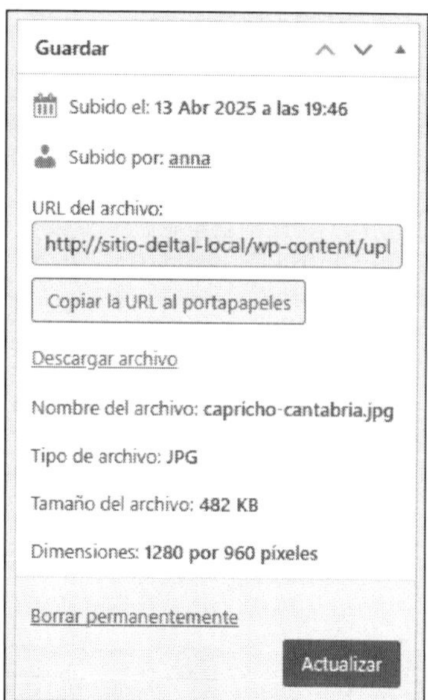

- Cuando haya terminado con los cambios, en el módulo **Guardar**, haga clic en el botón **Actualizar**.

2. Eliminar uno o más medios

- En su biblioteca, puede eliminar un medio haciendo clic en el enlace **Borrar permanentemente** al pasar el cursor sobre la imagen deseada.

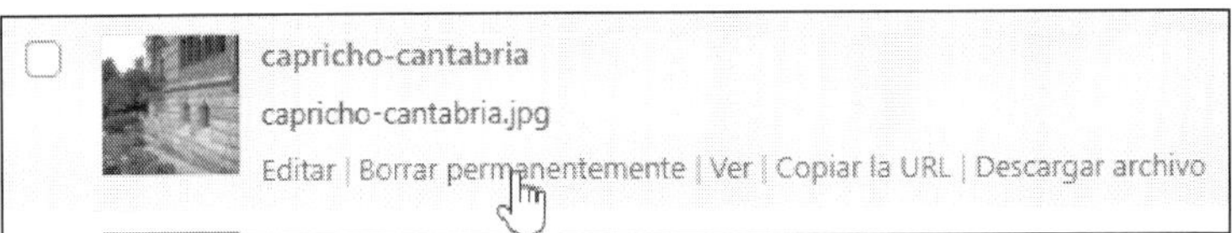

WordPress le pide que confirme esta eliminación permanente.

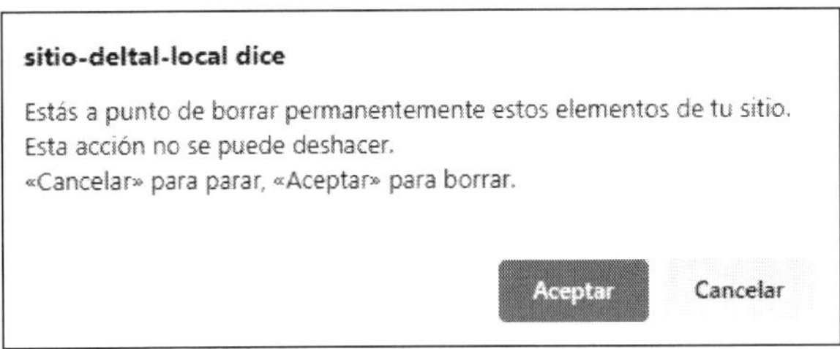

- También puede eliminar varios medios al mismo tiempo. En la tabla de medios, seleccione todos los medios relevantes haciendo clic en sus respectivas casillas de verificación.
- En la lista desplegable **Acciones en lote**, elija **Borrar permanentemente** y haga clic en el botón **Aplicar**.

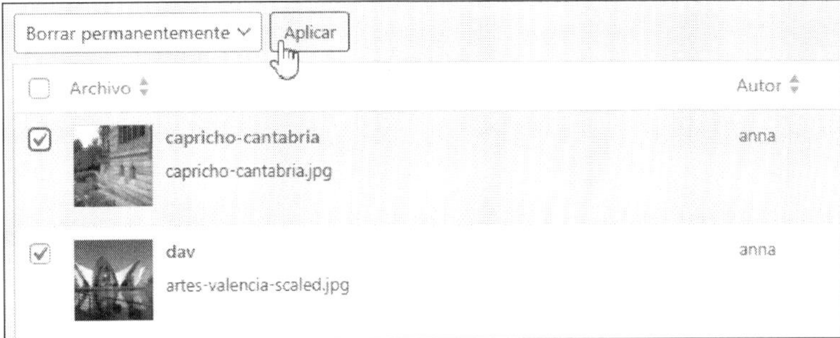

El mensaje de confirmación aparecerá de nuevo.

WordPress confirmará esta eliminación.

Capítulo 7: Dar formato al contenido

A. Objetivos

En este capítulo vamos a estudiar el uso de **Gutenberg** y sus bloques para diseñar los contenidos, tanto de las entradas como de las páginas. La creación de contenidos no se realiza a través de un único campo de escritura con una sola barra de herramientas de formato. Se trabaja utilizando bloques de diferentes tipos. Para añadir un tipo de contenido, deberá insertar un bloque específico: para un título, un bloque de tipo **Título**; para una imagen, un bloque de tipo **Imagen**; para una lista, un bloque de tipo **Lista**, etc.

B. La pantalla de creación de contenidos

La pantalla de creación de contenidos de las entradas y de las páginas es muy similar.

He aquí la pantalla de edición de una nueva entrada, con todos los paneles de la columna lateral derecha cerrados:

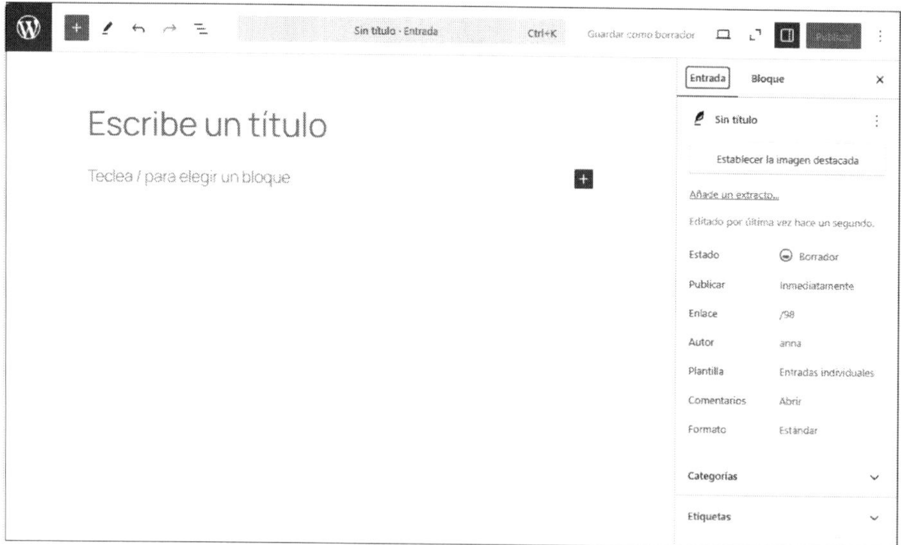

Y he aquí el de una página:

La interfaz de edición de entradas y páginas se compone de varias secciones.

En la parte superior encontrará la barra de herramientas:

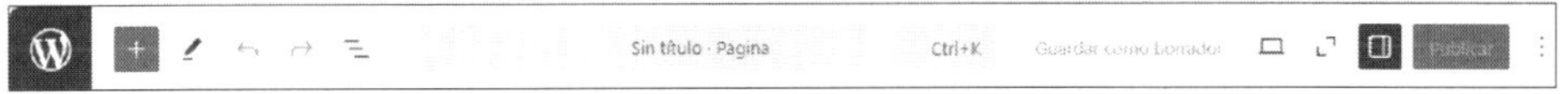

A continuación, se detallan los botones, en el orden en que aparecen, y su función:

- El botón con el logo de WordPress permite regresar al panel de administración general del sitio.
- El botón Alternar insertador de bloques muestra la lista de bloques disponibles para añadir contenido. He aquí un ejemplo:

- El botón **Herramientas** permite elegir el modo de trabajo sobre los bloques. Puede utilizar el modo **Editar**, que es el modo predeterminado, o el modo **Seleccionar**, que sirve para seleccionar bloques de contenido.

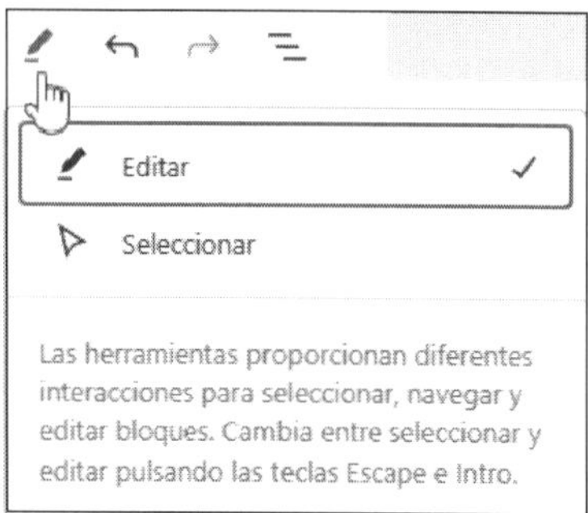

- Los botones **Deshacer** y **Rehacer** permiten, respectivamente, cancelar la última operación realizada o restaurarla si es necesario.

- El botón **Resumen del documento** muestra la lista de bloques utilizados en la redacción.

- A la derecha, el botón **Ver** permite previsualizar cómo se ejecuta la responsividad, es decir, cómo quedará el contenido en una pantalla de ordenador, en una tableta o en un móvil, mientras que el botón **Ver la entrada** muestra la entrada en una nueva pestaña.

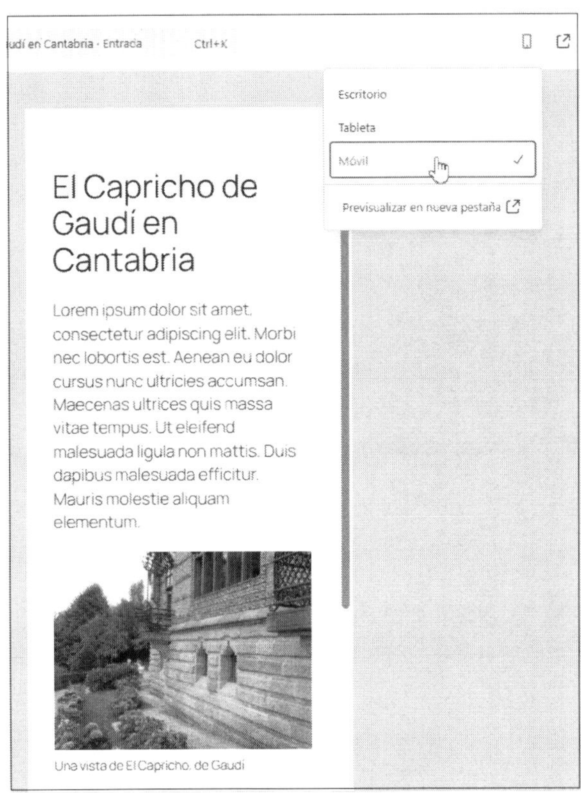

- El botón **Alejar** aplica un «zoom out» sobre la entrada para verla en su totalidad en pantalla.

- El botón **Ajustes** permite mostrar u ocultar la columna lateral derecha, que contiene las opciones de configuración del contenido, de la entrada o de la página, así como los ajustes de formato de los bloques seleccionados en el contenido.

- El último botón, **Opciones** ⋮, da acceso a numerosas configuraciones de visualización para facilitar la creación de sus contenidos.

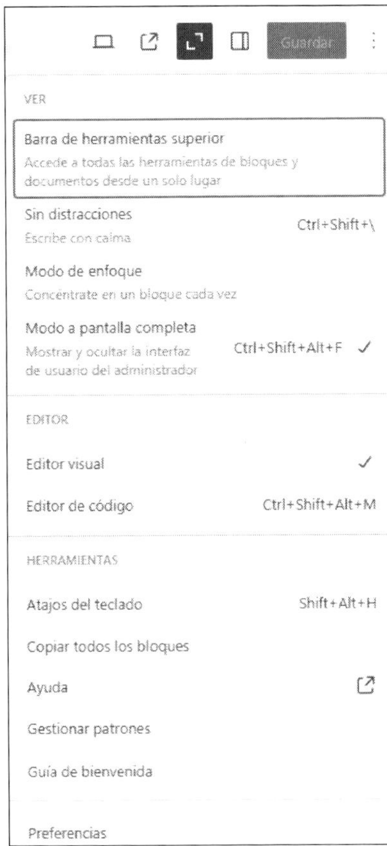

C. Administrar los bloques

1. Utilizar el primer bloque

Debajo del título del contenido, encontrará un primer bloque que, por defecto, es un bloque de tipo **Párrafo**.

→ Haga clic en este bloque e introduzca el texto.

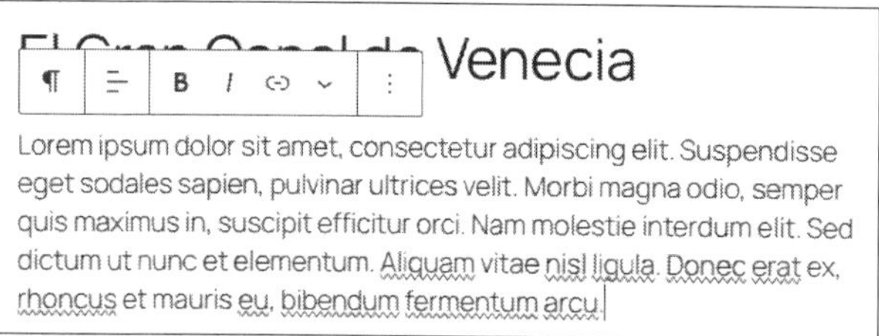

2. Añadir un bloque

Para añadir otro bloque, dispone de varias opciones. La primera consiste en utilizar el primer botón de la barra de herramientas.

→ Haga clic en el botón **Alternar insertador de bloques**.

→ En el menú que se abre, elija el tipo de bloque que desee insertar.

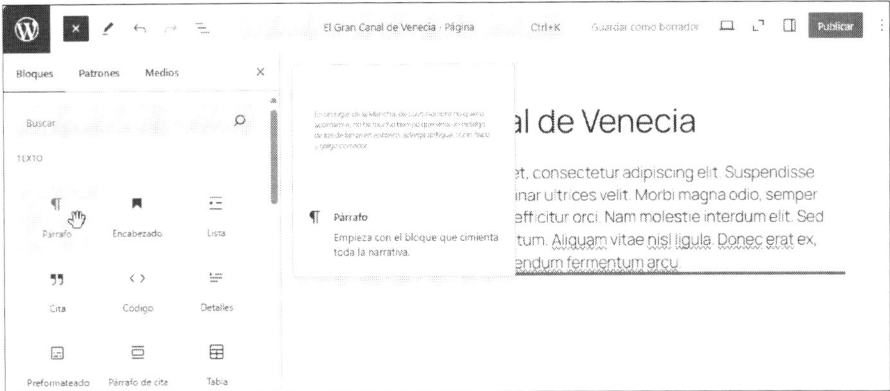

En este ejemplo, se selecciona un bloque de tipo **Párrafo**. El nuevo bloque de párrafo se inserta después del bloque activo o después del último bloque, si no hay ninguno seleccionado.

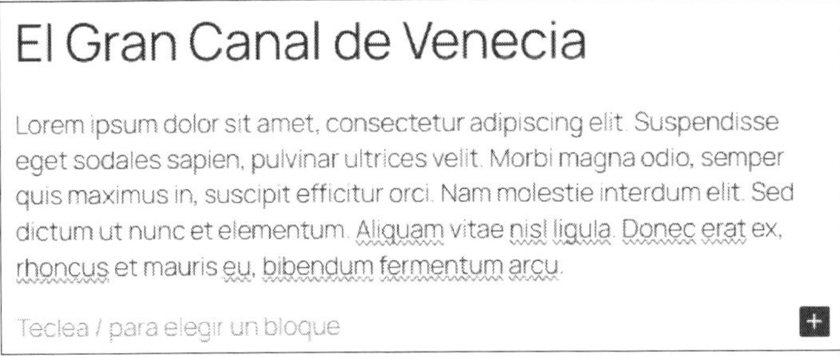

Tenga en cuenta desde ahora que puede utilizar el campo de búsqueda situado en la parte superior de la lista de bloques para encontrar más rápidamente el bloque deseado.

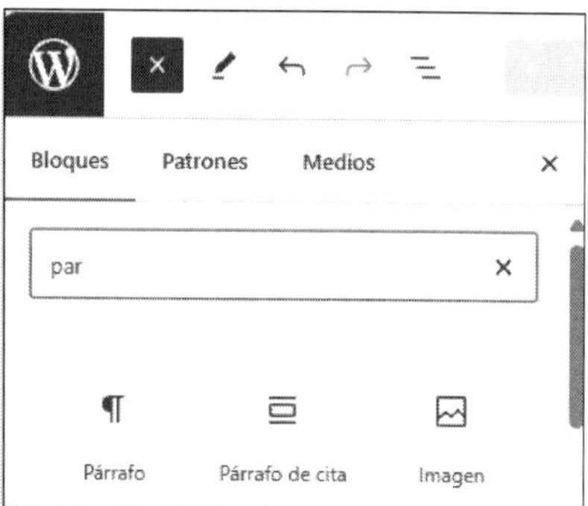

La segunda solución consiste en utilizar el menú de opciones de los bloques, representado por tres puntos verticales. Este menú se muestra sistemáticamente a la derecha de la barra de herramientas de formato de todos los bloques.

Aquí está el menú desplegable:

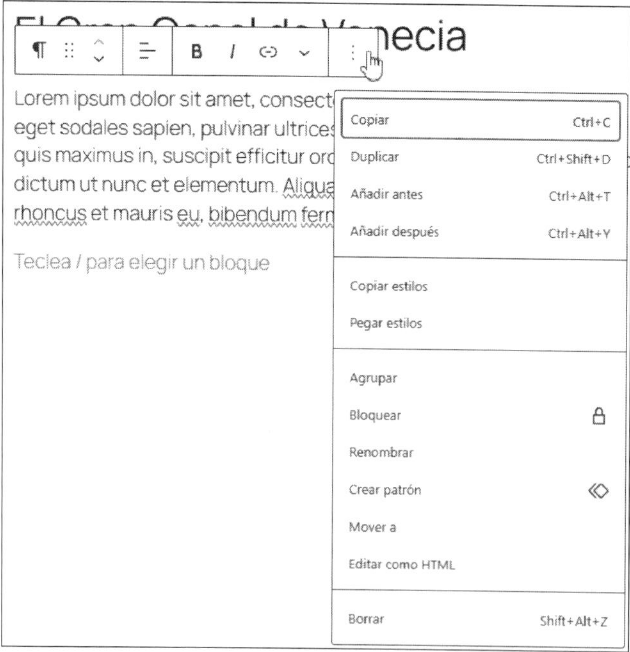

En este menú, dispone de los elementos **Añadir antes** y **Añadir después**.

- Utilice **Añadir antes** si desea añadir un bloque antes del bloque que contiene el punto de inserción.
- Utilice **Añadir después** si desea añadir un bloque después de cualquier bloque.

La tercera solución consiste, simplemente, en utilizar la tecla ⏎ de su teclado cuando se encuentre al final de un bloque de tipo **Párrafo**. El nuevo bloque también será de tipo **Párrafo**.

➜ Si desea cambiar el tipo de bloque, pulse la tecla **/**. WordPress mostrará entonces la lista de los bloques más comunes:

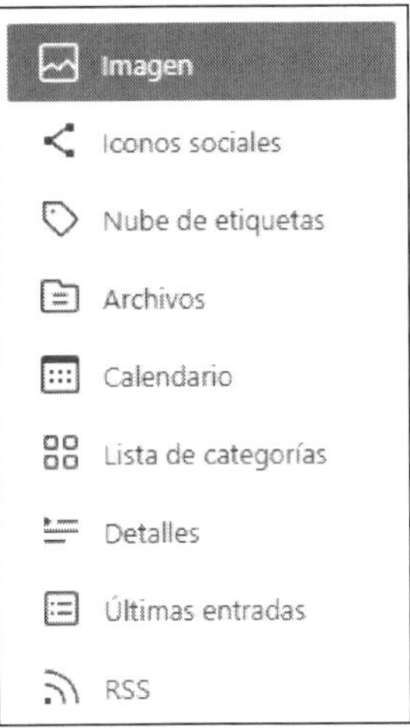

3. Conocer el tipo de bloque

Cuando añade un bloque, Gutenberg siempre le indica su tipo mediante un icono, situado en el primer elemento de la barra de herramientas de formato.

Este es el icono para el tipo **Párrafo**:

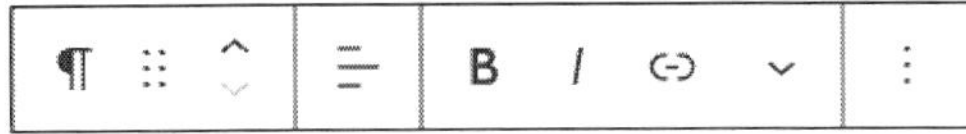

Este es el icono para el tipo **Imagen**:

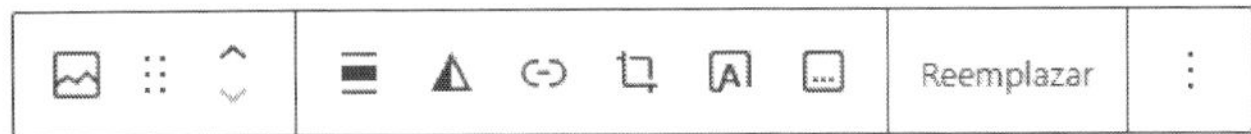

Este es el icono para el tipo **Encabezado**:

Dado que existen muchísimos tipos de bloques, no vamos a mostrar todos los iconos asociados en este apartado. Los iremos descubriendo a medida que estudiemos cada tipo.

4. Cambiar el tipo de bloque

Dentro de ciertos límites, dependiendo del tipo inicial de bloque, puede cambiar el tipo de un bloque que ya haya insertado. Para hacerlo, debe utilizar el menú local del primer elemento de la barra de herramientas de formato, donde se muestra el tipo del bloque.

He aquí un ejemplo con un bloque de tipo **Párrafo**:

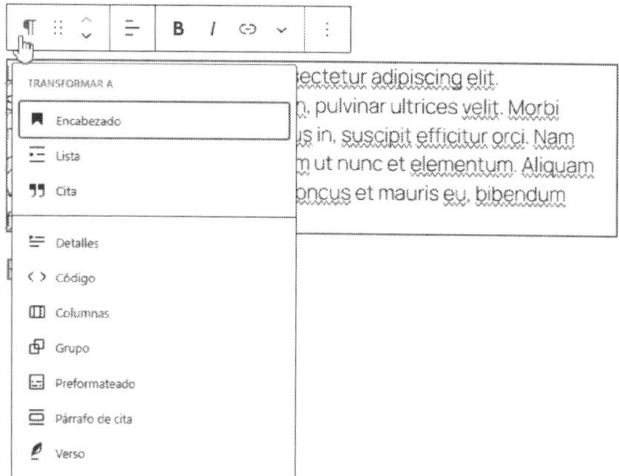

Aquí, un ejemplo con un bloque de tipo **Título**:

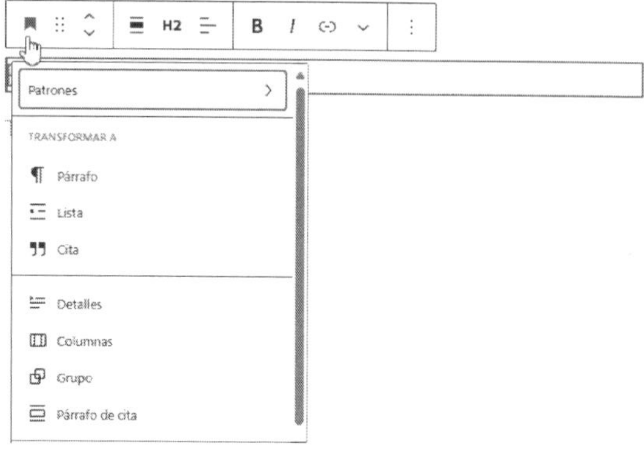

Y aquí, un ejemplo con un bloque de tipo **Imagen**:

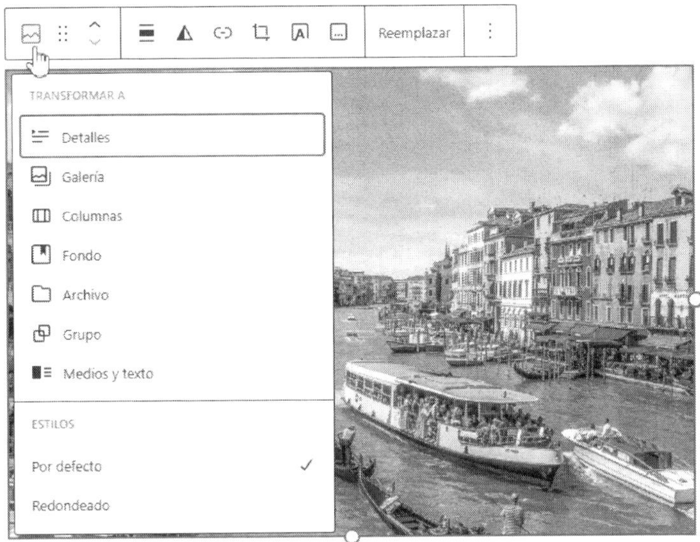

5. Mover un bloque

→ Cuando inserte sus bloques, su posición no es inmutable: puede moverlos en cualquier momento.

La primera solución consiste en usar los botones **Subir**:

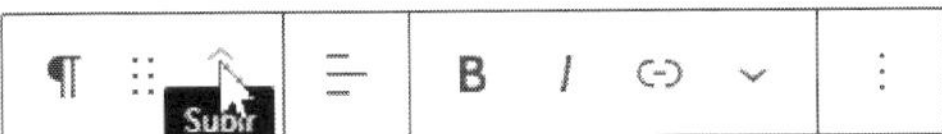

Y **Bajar**.

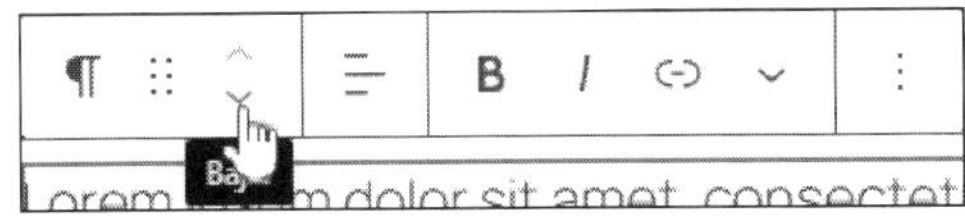

Estos dos botones aparecen en todos los bloques.

El botón **Subir** permite mover el bloque por encima del bloque que lo precede, y el botón **Bajar** permite moverlo por debajo del bloque siguiente.

También puede utilizar el botón **Arrastrar**, situado antes de los dos anteriores, que le permite hacer clic y arrastrar el bloque hasta la posición que desee.

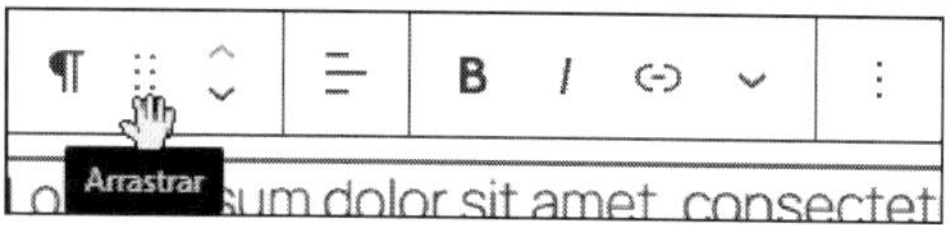

6. Otras opciones de los bloques

Para gestionar sus bloques, utilice el menú de opciones de los bloques, accesible como último elemento de la barra de herramientas de formato:

- **Copiar** permite copiar el bloque.
- **Duplicar** permite duplicar el bloque.
- **Añadir antes** y **Añadir después** permiten añadir un nuevo bloque antes o después del bloque seleccionado.
- **Mover a** permite mover el bloque seleccionado a otra ubicación.
- **Editar como HTML** permite acceder al código fuente del bloque (opción reservada, naturalmente, a desarrolladores web).

D. El bloque Párrafo

1. La barra de herramientas de formato

El bloque **Párrafo** forma parte de la categoría **TEXTO**. Recuerde que tiene un párrafo por bloque. La barra de herramientas de formato de los bloques de tipo **Párrafo** contiene los botones clásicos para dar formato al texto.

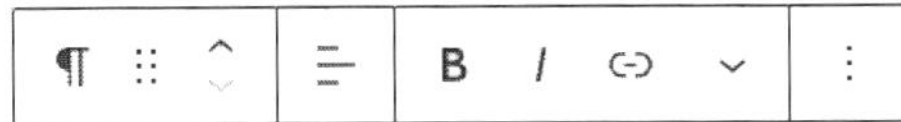

Encontrará los botones de alineación:

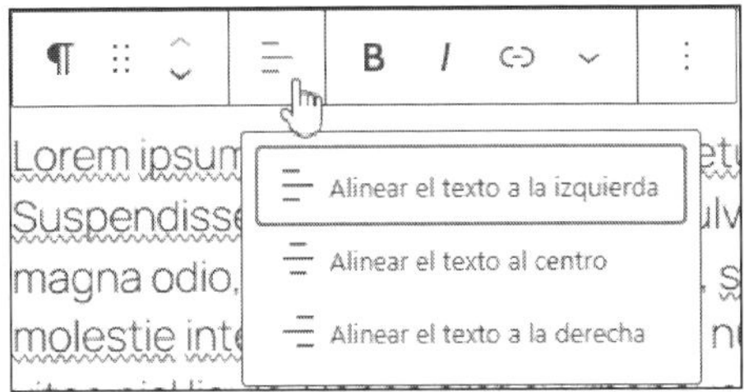

- **Alinear el texto a la izquierda**.
- **Alinear el texto al centro**.
- **Alinear el texto a la derecha**.

Los botones de estilo:

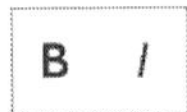

- **Negrita**.
- **Cursiva**.

A continuación, el botón para crear enlaces de hipertexto:

→ Seleccione el texto en el que desea que los visitantes hagan clic.

→ Haga clic en el botón **Enlace**.

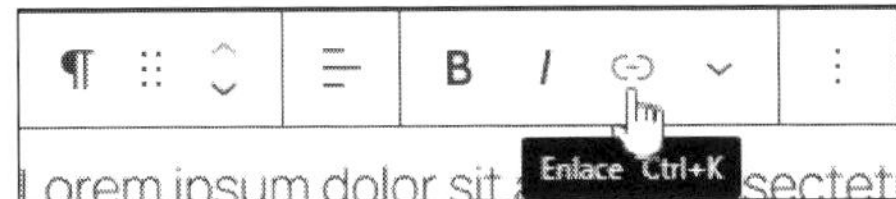

En este primer ejemplo, vamos a enlazar con una página de un sitio web externo.

➜ En el campo de escritura, indique la dirección web (URL) de la página a la que desea enlazar.

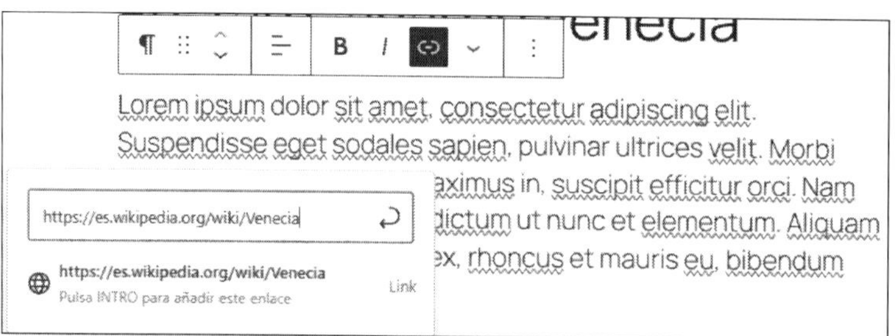

En este ejemplo, WordPress ha reconocido la URL introducida y la muestra como válida.

➜ Confirme pulsando la tecla ↵.

Lorem ipsum dolor sit amet, consectetur adipiscing elit. Suspendisse eget sodales sapien, pulvinar ultrices velit. Morbi magna odio, semper quis maximus in, suscipit efficitur orci. Nam molestie interdum elit. Sed dictum ut nunc et elementum. Aliquam vitae nisl ligula. Donec erat ex, rhoncus et mauris eu, bibendum fermentum arcu.

➜ Para modificar el enlace, haga clic en él.

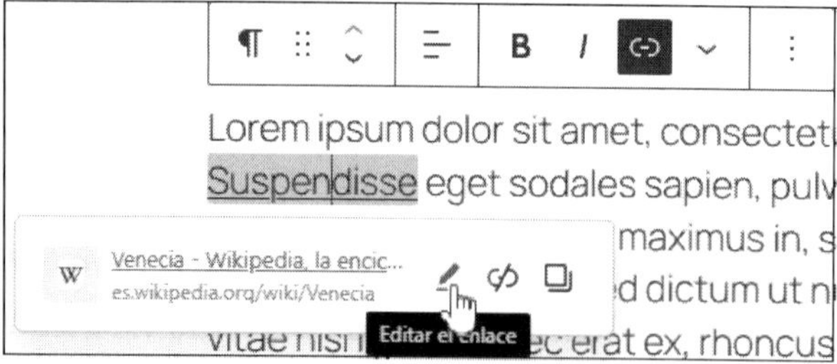

➜ Puede probar el enlace haciendo clic en su URL.

➜ Luego, haga clic en el botón **Editar el enlace** para modificar el enlace.

→ Para eliminar un enlace, haga clic en el enlace y luego en el botón **Eliminar enlace**.

Ahora veamos cómo insertar un enlace que dirija a otra página de su sitio WordPress:

→ Seleccione el texto en el que los visitantes harán clic.

→ Haga clic en el botón **Enlace**.

→ En el campo de entrada del enlace, escriba algunos caracteres que estén presentes en el título o en el contenido de la página que desea enlazar.

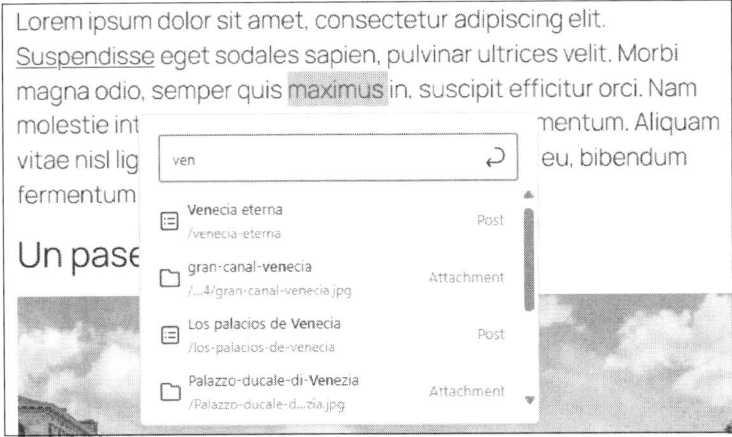

→ En la lista desplegable que se muestra, haga clic para seleccionar la entrada, página o medio deseado.

La edición y la eliminación del enlace funcionan igual que en el caso anterior.

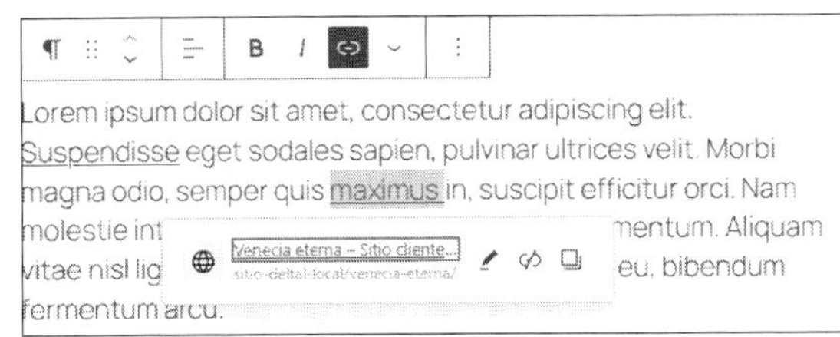

La barra de herramientas de formato finaliza con un último botón:

- El último botón, **Más**, permite acceder a otras opciones de formato.

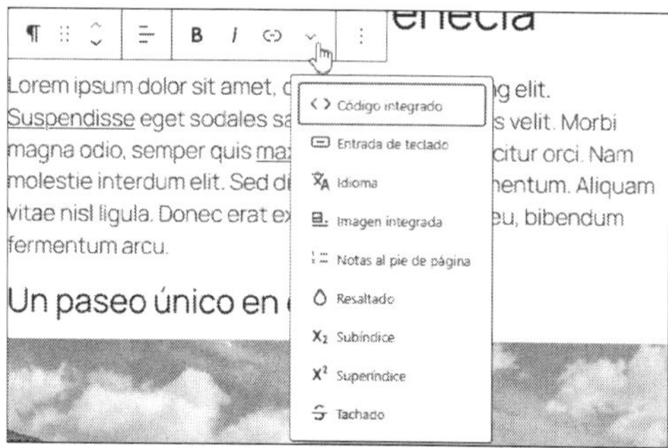

2. La pestaña Bloque

En la columna lateral derecha, la pestaña **Bloque** también permite dar formato al contenido de los bloques, utilizando varios paneles.

➜ Haga clic en el bloque de párrafo al que desea dar formato.

El primer panel le indica el tipo de bloque seleccionado.

El segundo panel permite aplicar un estilo rápido al párrafo seleccionado (lo que incluye atributos de tamaño o decorativos).

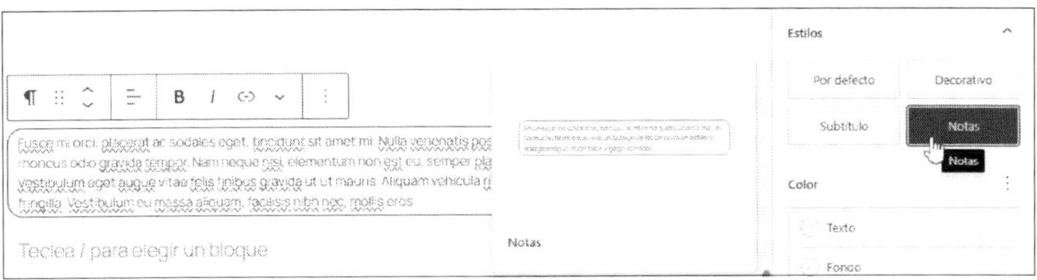

3. El panel Color

El panel **Color** permite aplicar un color de fondo al bloque y un color al texto.

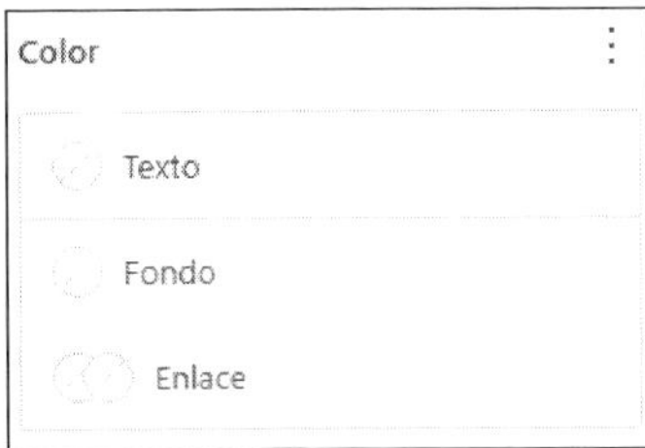

➔ En el panel **Color**, haga clic en **Texto**.

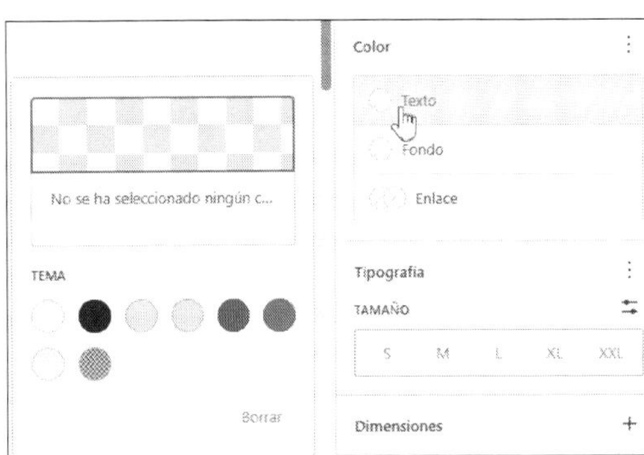

A continuación, tiene dos opciones posibles:

- Haga clic en el selector de color para seleccionar el color que desee.

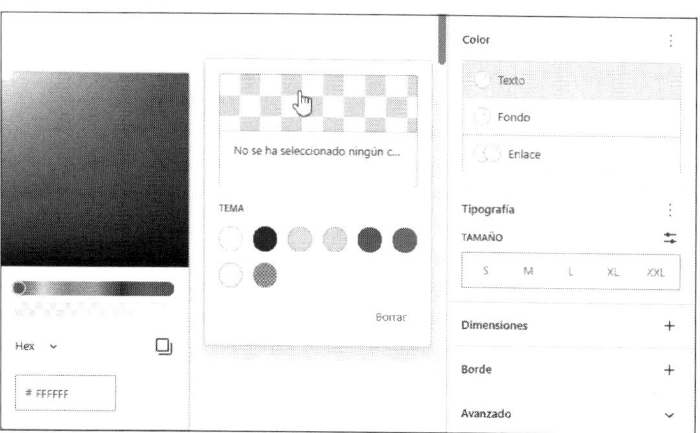

- Elija uno de los colores del **TEMA**.

Cuando seleccione un color, este aparecerá en el selector de color y se aplicará al texto:

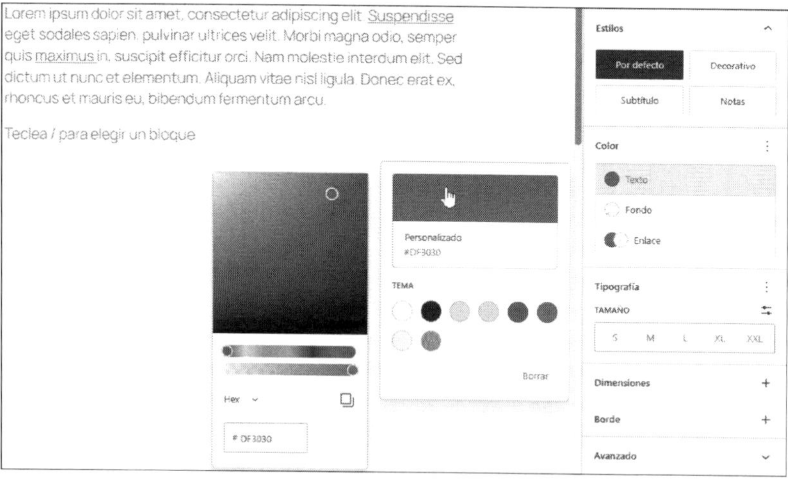

→ Proceda de la misma manera para cambiar el color de **Fondo** y de **Enlace**.

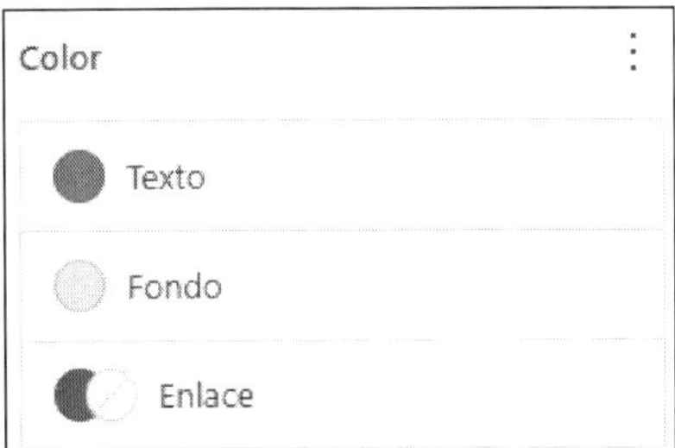

→ En el menú de opciones del panel **Color**, puede restablecer uno de los colores o todos ellos.

4. El panel Tipografía

El panel **Tipografía** permite modificar todo lo relacionado con el formato de los caracteres.

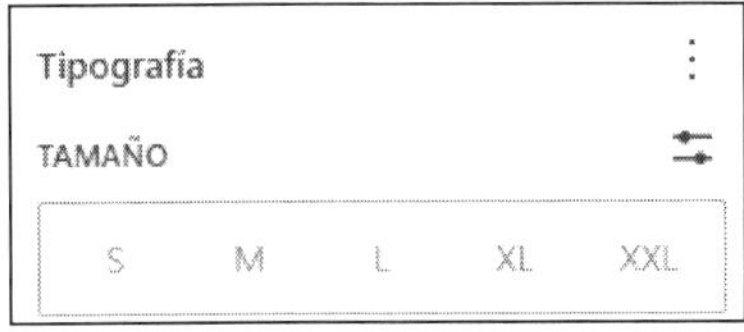

Preste atención: cuando realice modificaciones tipográficas, se aplicarán a todo el bloque seleccionado.

→ Para mostrar todas las opciones de formato disponibles, haga clic en el botón **Opciones de Tipografía**.

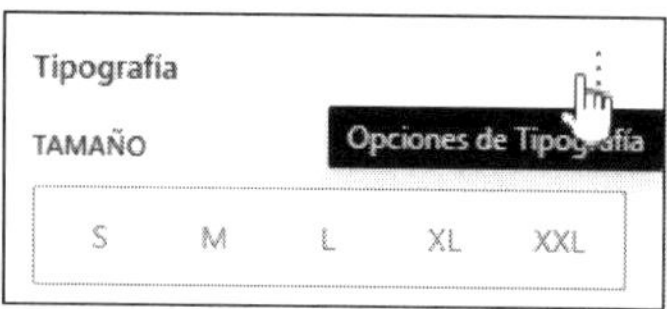

Se muestra el menú de opciones:

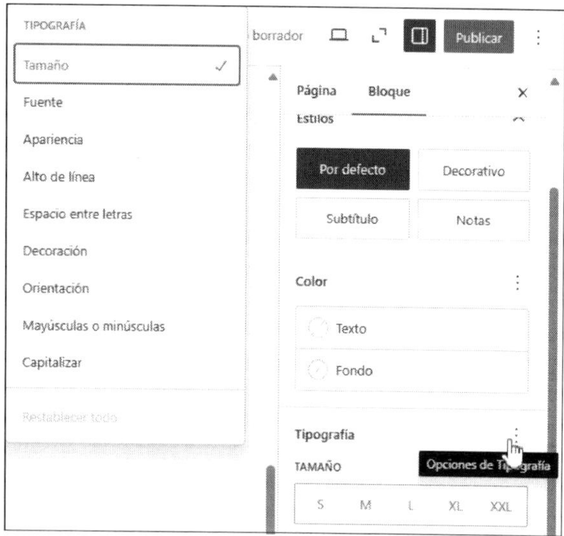

→ Al hacer clic en uno de los elementos de este menú, este aparecerá en el panel **Tipografía**. A continuación se muestra el ejemplo con **Fuente**:

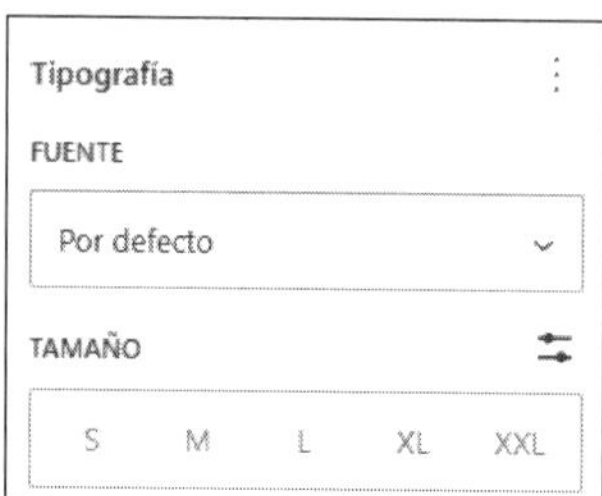

➙ Para ocultar esta opción de formato, haga clic de nuevo en **Fuente** en el menú de opciones:

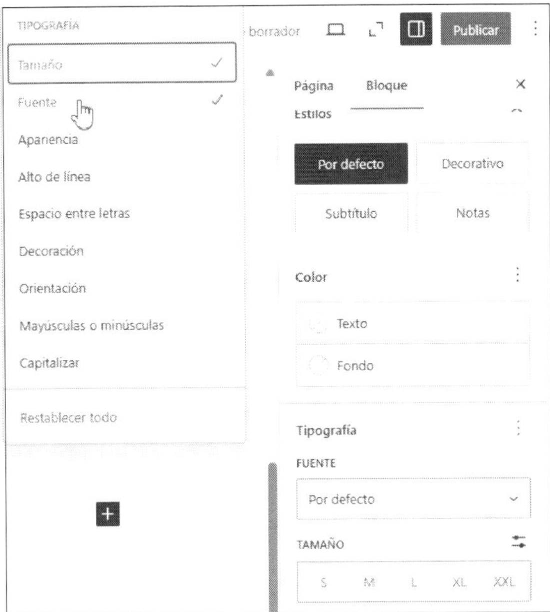

Comencemos por modificar el tamaño de los caracteres.

En la lista **Tamaño**, encontrará varios tamaños predefinidos: de **S** a **XXL**.

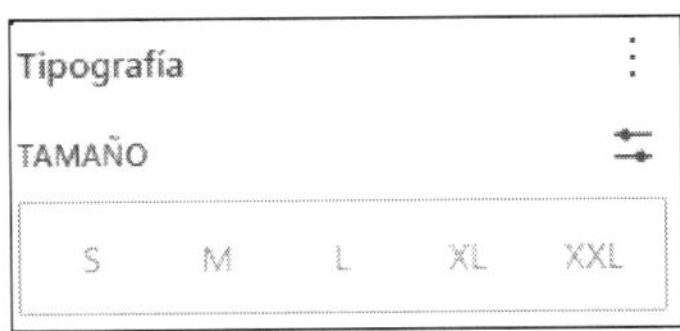

➙ Haga clic en el tamaño que desee aplicar.

Así se verá con un tamaño **L**:

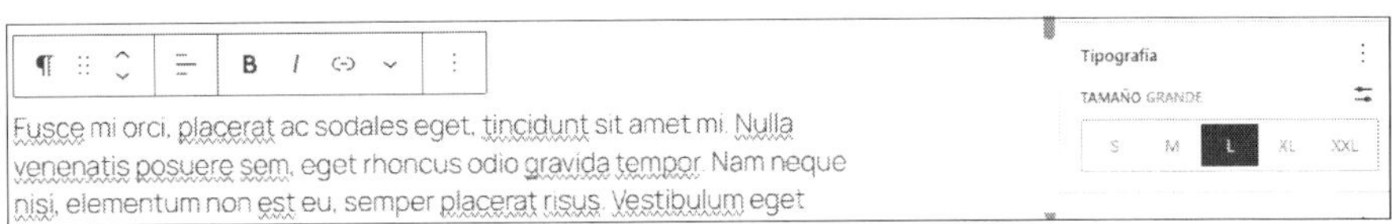

- Si desea ajustar con precisión el tamaño de los caracteres, haga clic en el botón **Establecer un tamaño personalizado**:

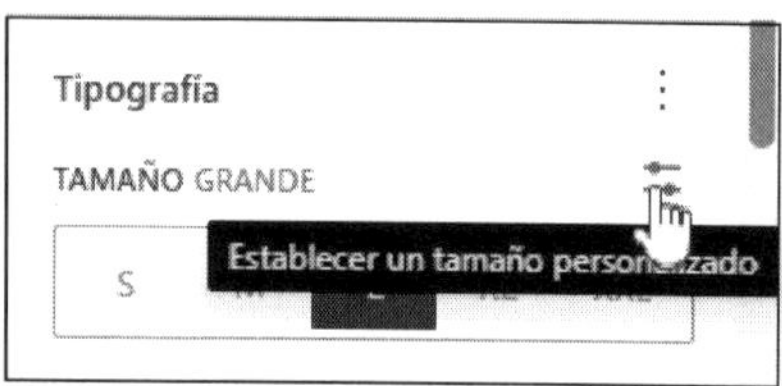

Aparecerá el ajuste personalizado:

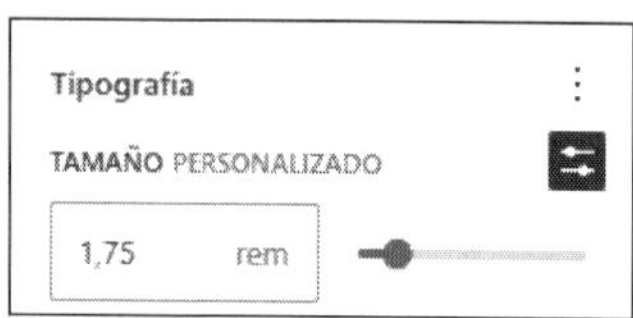

- Puede introducir el valor deseado en el campo donde aparece el valor actual, **1,75** en este ejemplo.
- Si lo desea, puede cambiar la unidad haciendo clic en la unidad actual, **rem** en este ejemplo:

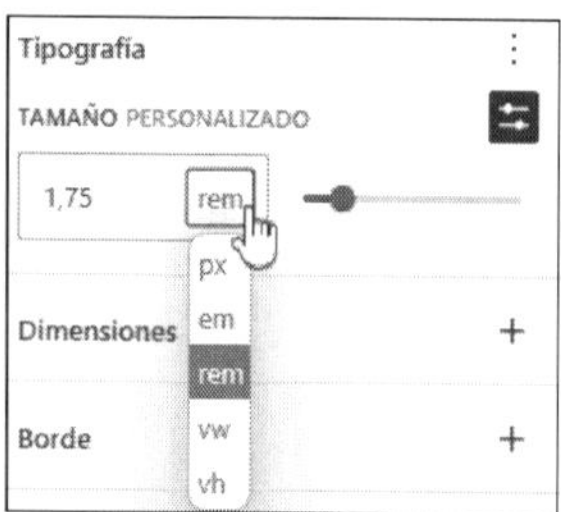

- Finalmente, también puede modificar el tamaño utilizando la regla horizontal.
- Para volver al tamaño inicial, haga clic en el botón **Usar un tamaño prestablecido**:

➜ Para mostrar la selección de una familia de fuentes, en el menú de opciones, elija **Fuente**.

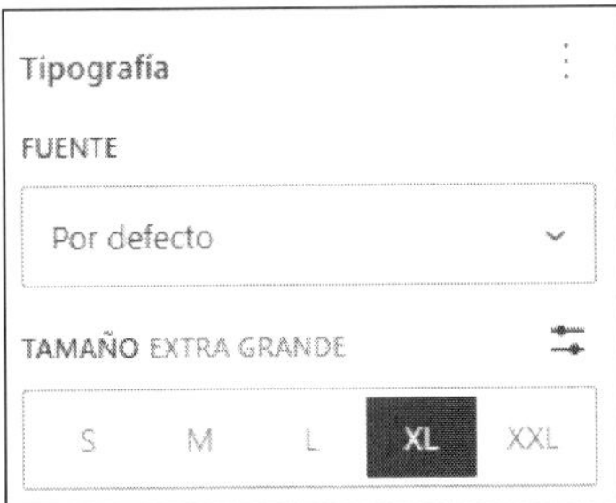

➜ En la lista desplegable **FUENTE**, elija la que desee aplicar.

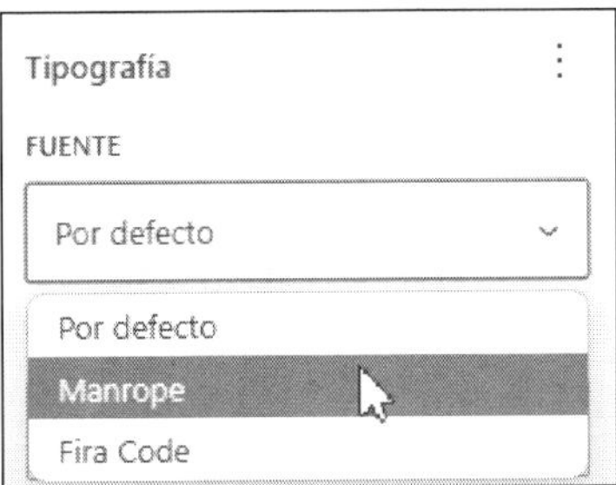

➜ Para mostrar las diferentes variantes de una fuente, en el menú de opciones, elija **Apariencia**.

- En la lista desplegable, elija la que desee aplicar.

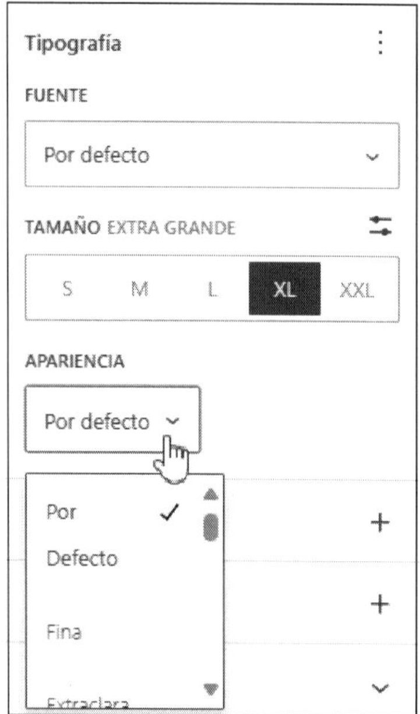

- Para modificar la altura de línea, en el menú de opciones, elija **Alto de línea**.
- En el campo **ALTO DE LÍNEA**, introduzca el valor deseado o utilice los botones + y -.

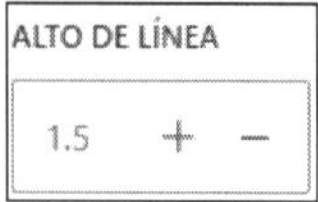

- Para modificar el espaciado entre todas las letras de las palabras del bloque, en el menú de opciones, elija **Espacio entre letras**.
- En el campo **ESPACIO ENTRE LETRAS**, introduzca el valor que desee.

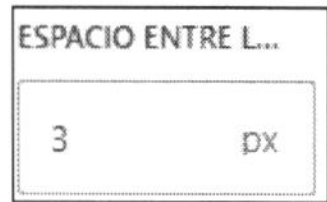

- Para acceder a otros estilos de caracteres, en el menú de opciones, elija **Decoración**.

- En el área **DECORACIÓN**, dispone de tres botones: **Ninguna** (para eliminar el formato), **Subrayado** y **Tachado**.

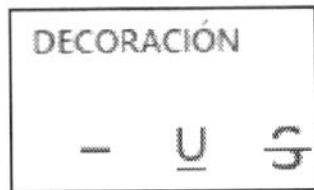

- Finalmente, para acceder a los cambios de mayúsculas y minúsculas, en el menú de opciones, elija **Mayúsculas o minúsculas**.
- En el área **MAYÚSCULAS O MINÚSCULAS**, dispone de cuatro botones: **Ninguna** (para eliminar el formato), **Mayúsculas**, **Minúsculas** e **Iniciales en mayúscula** (solo la primera letra de cada palabra estará en mayúscula ; el resto, en minúscula).

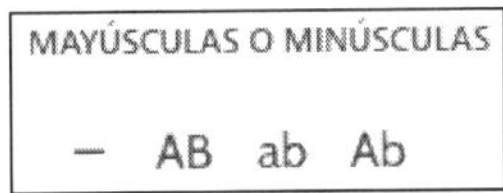

- En cada uno de los ajustes mencionados anteriormente, puede cancelar las modificaciones realizadas seleccionando **RESTABLECER** en el menú de opciones correspondiente.

Por ejemplo, para el tamaño de los caracteres, puede **RESTABLECER** el **Tamaño**.

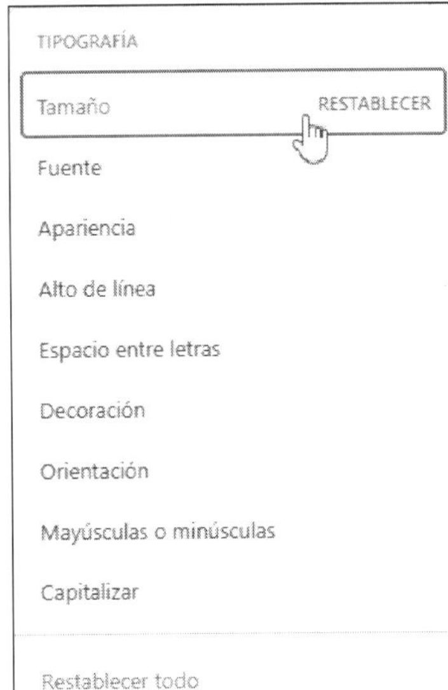

Para restaurar todos los valores iniciales, en el menú de opciones, elija **Restablecer todo**:

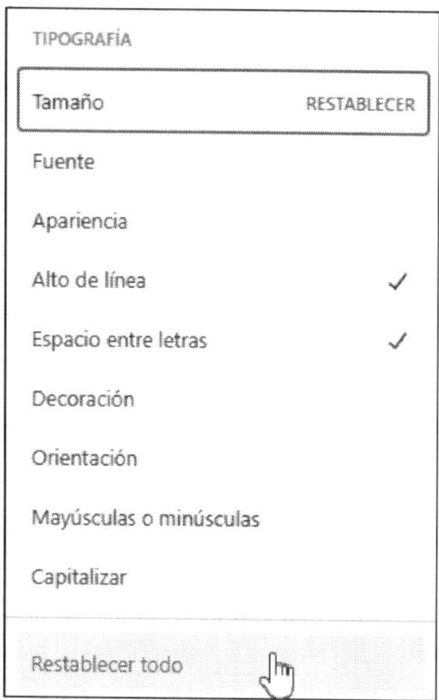

5. El panel Dimensiones

El panel **Dimensiones** permite modificar los márgenes del bloque de texto.

→ Haga clic en el botón **Opciones de Dimensiones**:

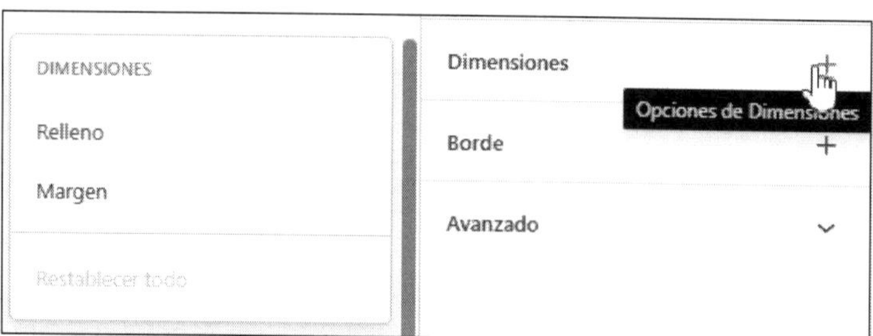

→ Seleccione **Relleno** para modificar el espacio entre el borde del bloque y el texto (incluido).

→ Seleccione **Margen** para modificar el espacio alrededor del bloque.

Así se muestra la personalización de los márgenes internos:

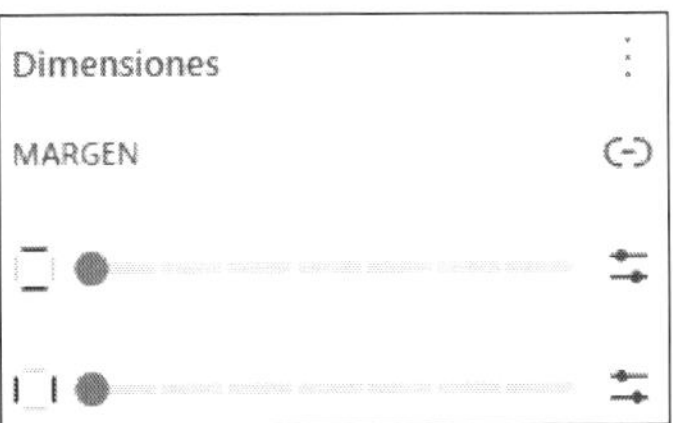

- Utilice las regletas para cambiar el valor de los márgenes superior e inferior, por un lado, y derecho e izquierdo, por otro. En este ejemplo, los márgenes tienen valores diferentes:

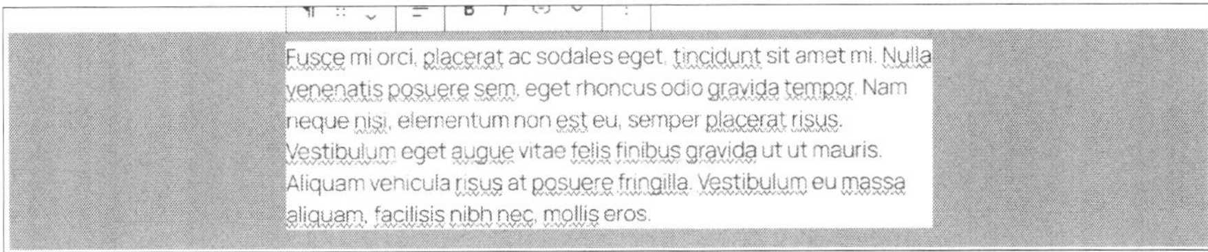

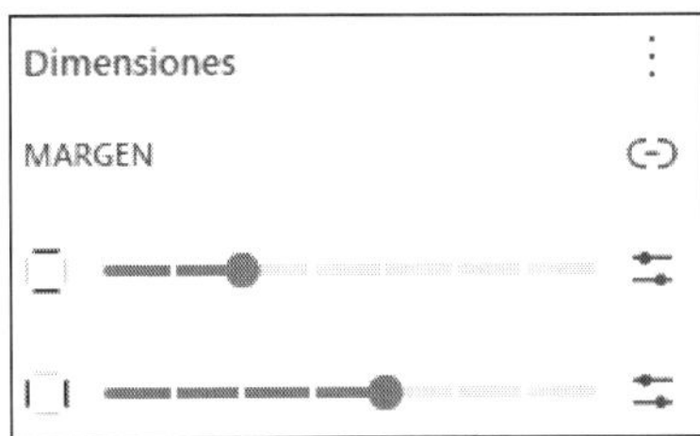

- Para especificar un valor preciso, haga clic en el botón **Establecer un tamaño personalizado**.

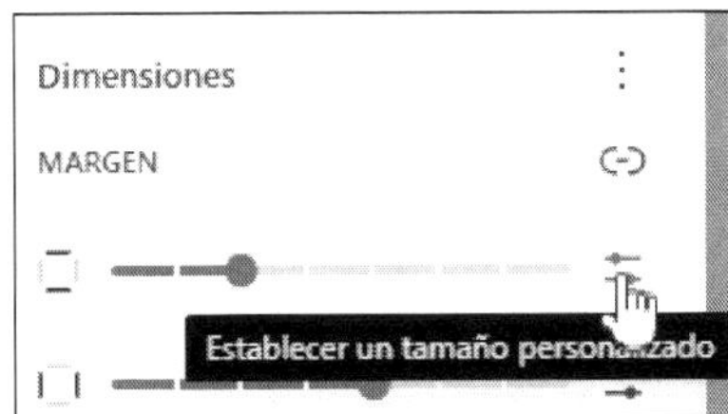

- En el campo que se muestra, introduzca el valor que desee. También puede cambiar la unidad haciendo clic en la unidad actual, **px** (píxeles) en este ejemplo.

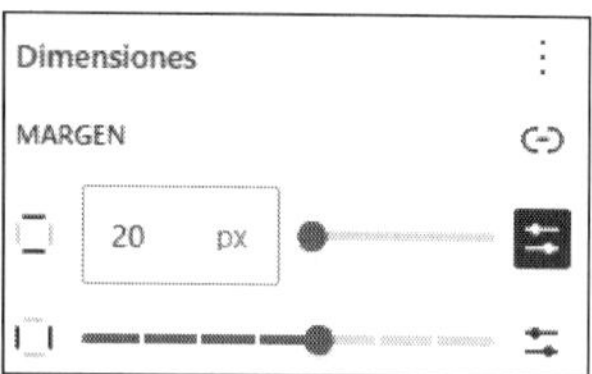

- Si desea definir valores distintos para cada lado, haga clic en el botón **Quitar enlaces laterales**.

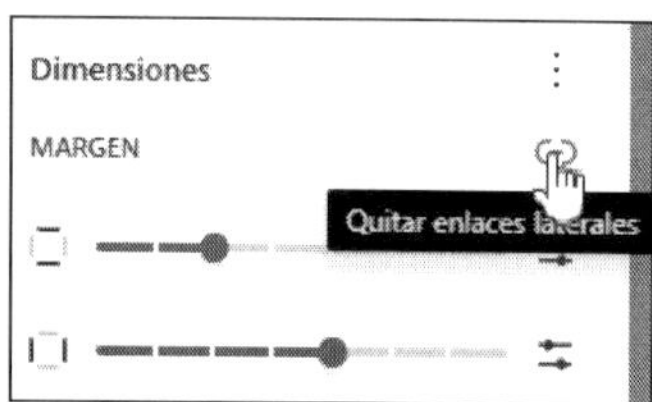

- A continuación, podrá introducir un valor preciso para cada lado del bloque:

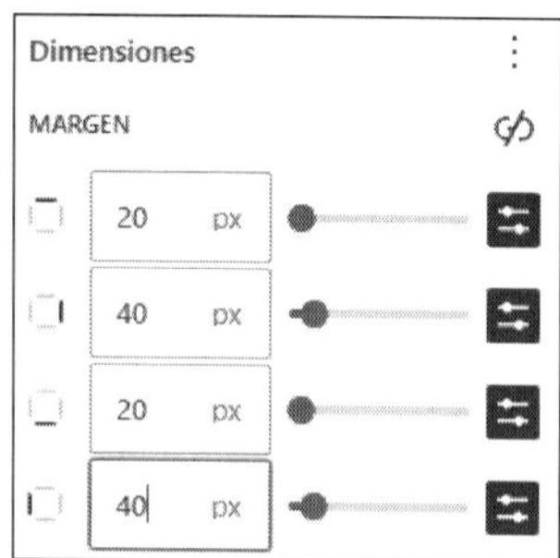

- Los principios son exactamente los mismos para el **Relleno**.

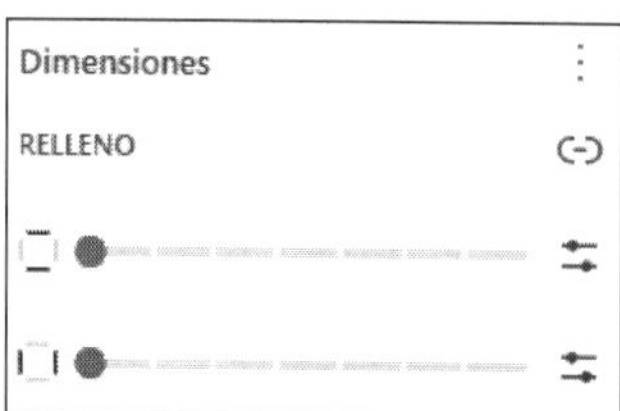

➜ Nuevamente, en el menú de opciones, podrá restablecer los valores introducidos para los márgenes y el relleno:

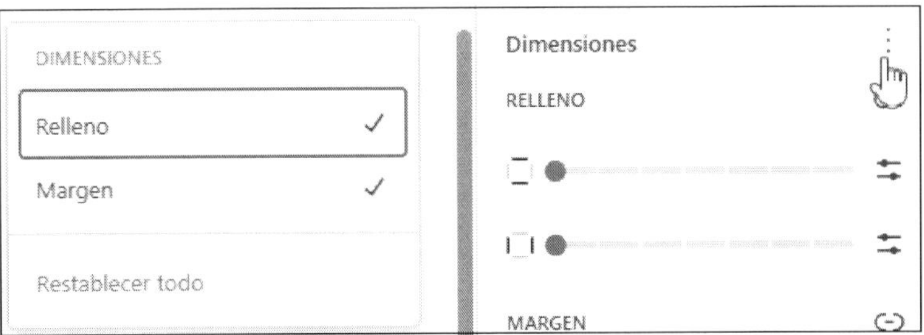

6. El panel Avanzado

El último panel, **Avanzado**, permite gestionar anclas HTML en este bloque para poder crear enlaces internos. También puede añadir una clase CSS adicional al bloque seleccionado si domina el lenguaje CSS, por supuesto.

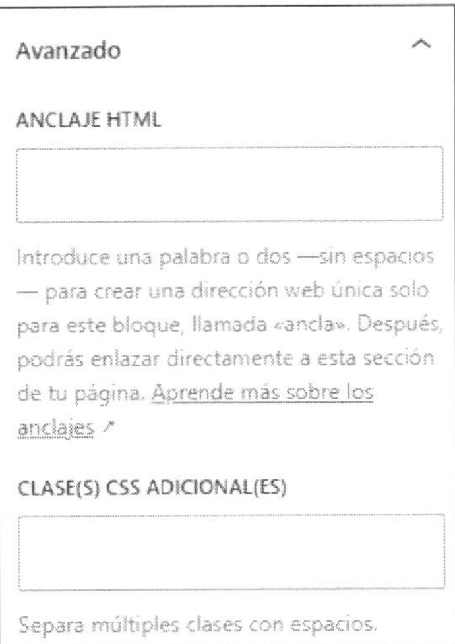

E. El bloque Encabezado

1. Insertar un encabezado

El bloque **Encabezado** forma parte de la categoría **Texto**.

➜ Inserte un bloque de tipo **Encabezado** e introduzca su texto.

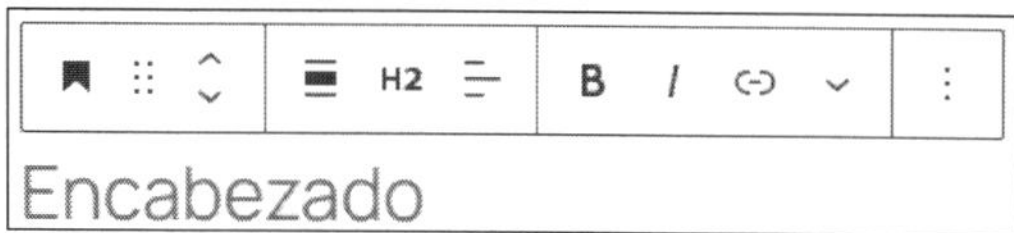

2. La barra de formato

La barra de formato de los encabezados permite modificar su nivel. Por defecto, se utiliza un nivel de encabezado 2, que corresponde a un **H2** en HTML. El nivel 1 suele reservarse para el título de la entrada o de la página. Cuanto menor es el número del nivel, mayor es la importancia. Un encabezado de nivel **H2** es, por tanto, más importante que un encabezado de nivel **H4**.

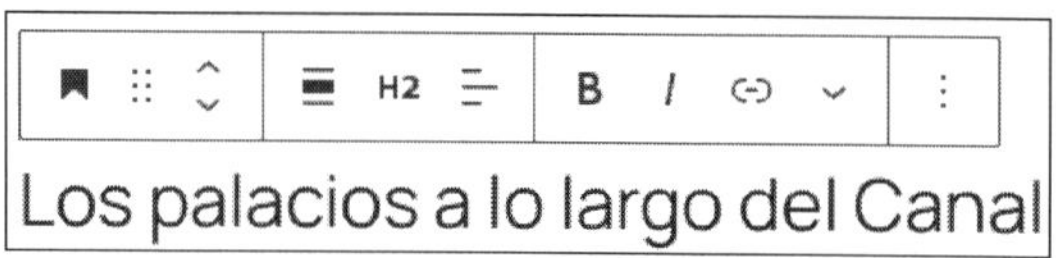

➜ Para modificar el nivel del encabezado, utilice los tres botones **H2**, **H3** o **H4**.

También tiene a su disposición los botones para modificar la alineación del bloque y del texto.

Encontrará los botones **Negrita**, **Cursiva**, **Enlace** y las opciones de formato adicionales vistas anteriormente.

He aquí los parámetros de alineación del bloque:

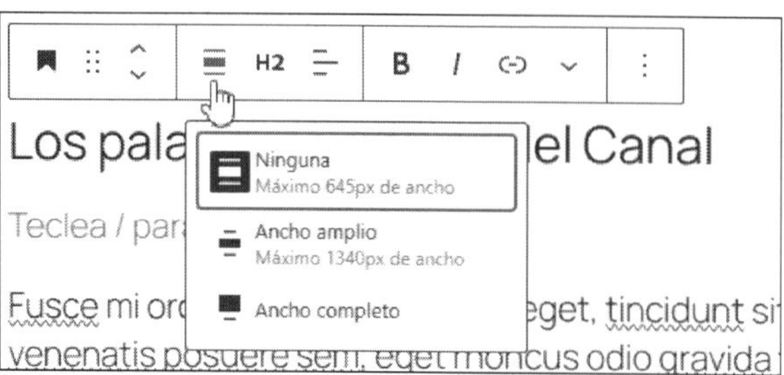

- **Ancho amplio** muestra el encabezado a lo largo de toda la página, dejando márgenes a la izquierda y a la derecha.

- **Ancho completo** muestra el encabezado ocupando toda la anchura de la página, sin márgenes laterales.

- **Ninguna** permite volver a la alineación inicial.

3. Los otros paneles

En la columna lateral derecha, en la pestaña **Bloque**, encontrará los paneles **Estilos**, **Color**, **Tipografía**, **Dimensiones** y **Avanzado** que ya hemos visto anteriormente.

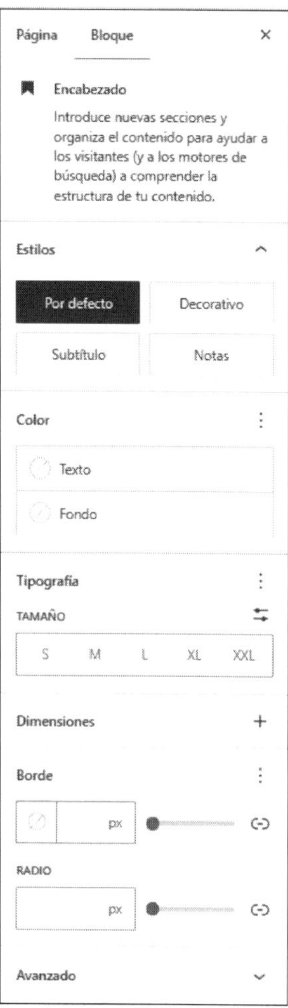

F. El bloque Lista

El bloque **Lista** forma parte de la categoría **TEXTO**. Permite insertar listas con viñetas y listas numeradas.

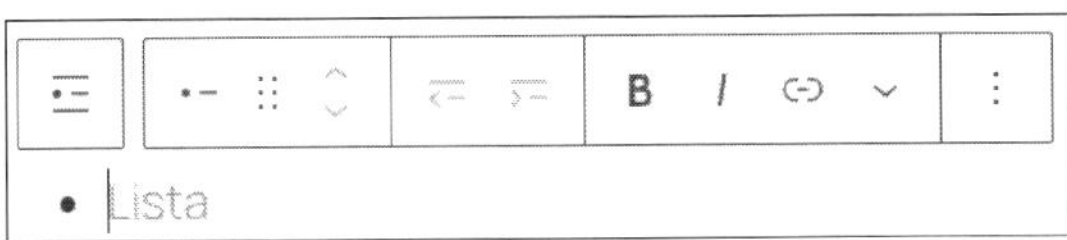

➜ Cuando inserte el bloque, escriba la lista pulsando la tecla ↵ después de cada elemento para pasar a la línea siguiente.

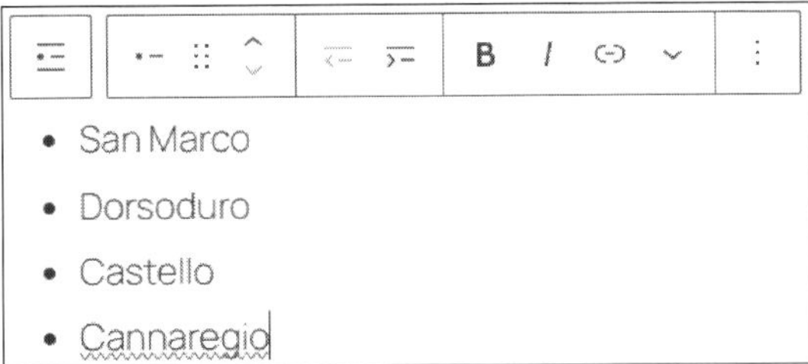

Para dar formato a la lista, debe seleccionar el bloque **Lista**. Cada vez que esté introduciendo un elemento, la barra de herramientas solo permitirá dar formato a ese elemento y no a la lista completa.

➜ Cuando esté escribiendo un elemento, para seleccionar el bloque **Lista**, haga clic en el botón **Seleccionar bloque superior lista**.

El bloque **Lista** quedará entonces seleccionado:

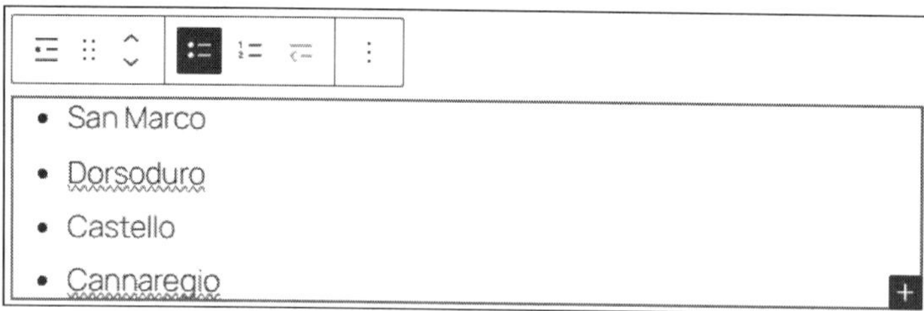

El formato de las listas se realiza únicamente en la barra de herramientas del bloque. Por defecto, la lista utiliza viñetas y se denomina **Sin ordenar**.

➜ Para crear una lista numerada, haga clic en el botón **Ordenada**.

Para crear listas anidadas, utilice los botones **Disminuir margen** y **Aumentar margen**.

➜ Haga clic dentro de un elemento de la lista.

➜ Para indentar ese elemento, haga clic en el botón **Aumentar margen**.

➜ Haga lo mismo para cada elemento de la lista.

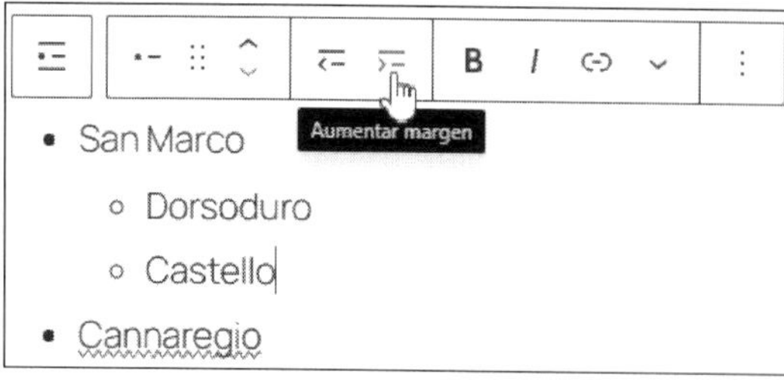

➜ Para eliminar una anidación, haga clic en el botón **Disminuir margen**.

➜ En la columna lateral derecha, en la pestaña **Bloque**, encontrará nuevamente los paneles **Color**, **Tipografía**, **Dimensiones**, **Borde** y **Avanzado** que hemos visto con anterioridad.

G. El bloque Imagen

1. Insertar una imagen

El bloque **Imagen** forma parte de la categoría **MEDIOS**. Cuando elige insertar un bloque de tipo **Imagen**, Gutenberg proporciona varios métodos para añadir una imagen:

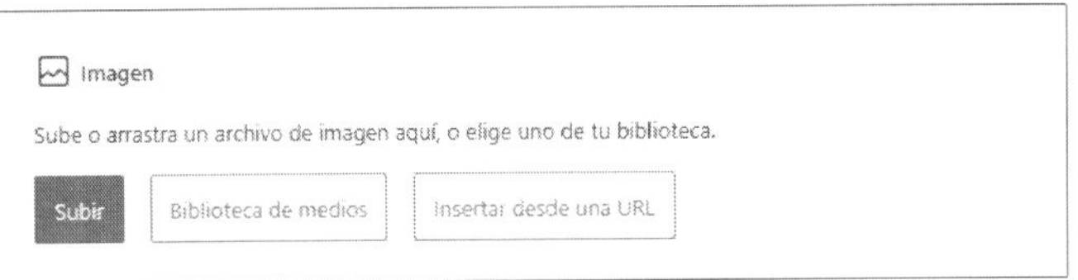

Puede utilizar las opciones:

- **Subir** para mostrar la ventana de selección de archivos de su ordenador de modo que pueda seleccionar la imagen que desee. A continuación, la imagen se añadirá automáticamente a la biblioteca de su sitio.
- **Biblioteca de medios** para abrir la ventana de selección de medios de la biblioteca de su sitio.

Haga clic en la imagen que desea para seleccionarla.

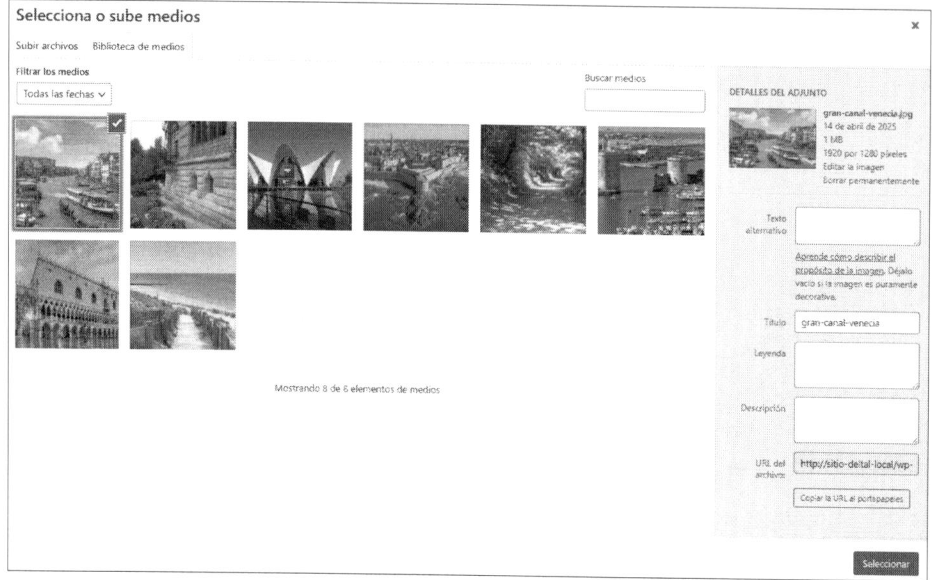

Si es necesario, también puede rellenar los campos descriptivos.

A continuación, haga clic en el botón **Seleccionar**.

- **Insertar desde una URL** para copiar/pegar la dirección web de una imagen que ya se ha publicado en la Web. Pero hay que prestar atención a los derechos de autor y a la durabilidad de esta imagen publicada.

➜ Cuando se inserta la imagen, conviene que introduzca una leyenda.

➜ Puede dar formato a esta leyenda.

➜ Si desea eliminar la leyenda, haga clic en el botón **Eliminar leyenda**.

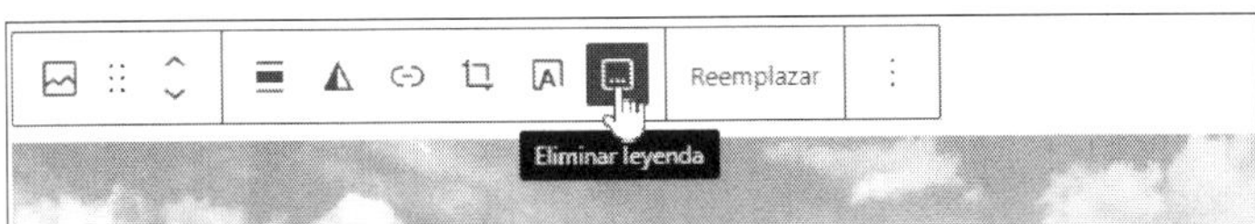

2. La barra de formato

- Cuando la imagen está seleccionada, puede cambiarla, si no le gusta, haciendo clic en el botón **Reemplazar**:

- El botón **Alineación** permite colocar la imagen en el centro, a la derecha, en su ancho completo...

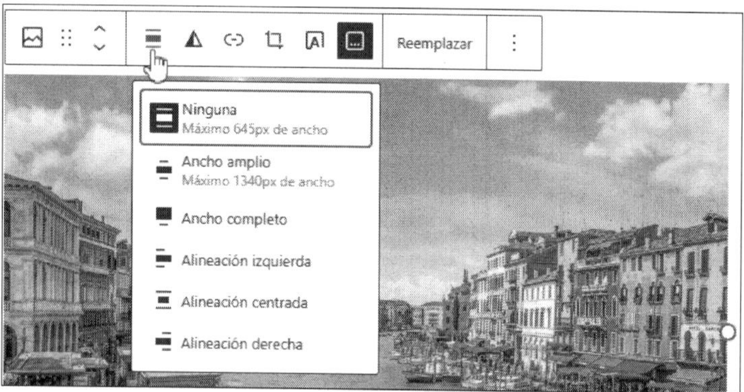

- El botón **Añadir texto encima de la imagen** sirve para tomar el texto del pie de foto, cuando existe, y colocarlo encima de la imagen. A continuación, el bloque **Imagen** se transforma en un bloque **Fondo**. Veremos este bloque más adelante.

- El botón **Recortar** permite recortar la imagen dentro de su bloque. Conviene tener una imagen original lo suficientemente grande para realizar esta operación.

➜ A continuación, puede utilizar el botón **Zoom** para ampliar la imagen en su bloque.

➜ El botón **Relación de aspecto** permite elegir la relación de aspecto que se aplicará al reencuadre.

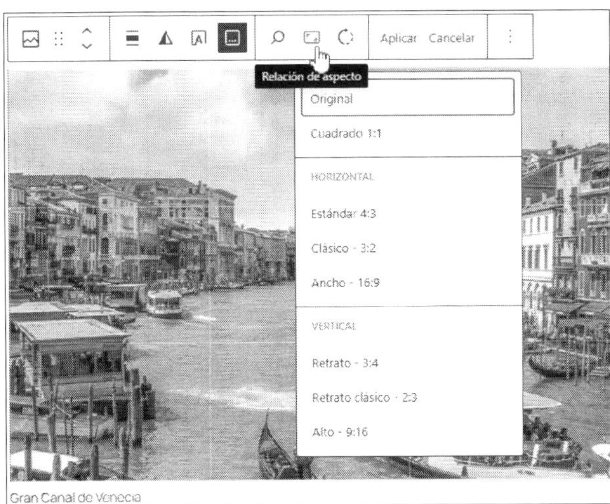

A continuación, con el puntero del ratón, mueva la imagen dentro del bloque.

Este movimiento se realiza con el zoom y las proporciones elegidas previamente.

➙ Cuando haya terminado de recortar, haga clic en el botón **Aplicar**.

Por último, puede cambiar el tamaño de la imagen directamente en el bloque.

➜ Haga clic en la imagen para mostrar los dos controladores de cambio de tamaño, a la derecha y en la parte inferior del cuadro delimitador.

➜ Haga clic y arrastre para cambiar el tamaño de la imagen proporcionalmente.

También puede aplicar un efecto visual de duotono con el botón **Aplicar filtro de duotono**:

→ Elija entre una gama de colores o escoja su propio color haciendo clic en la muestra:

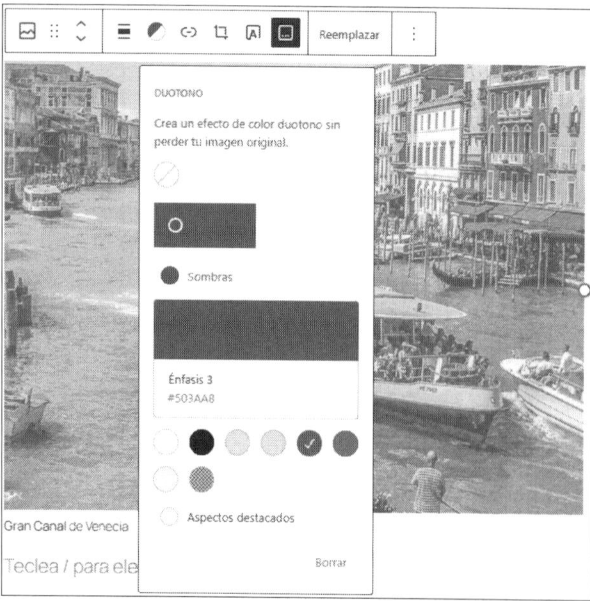

→ Puede escoger un segundo color para los **Aspectos destacados**:

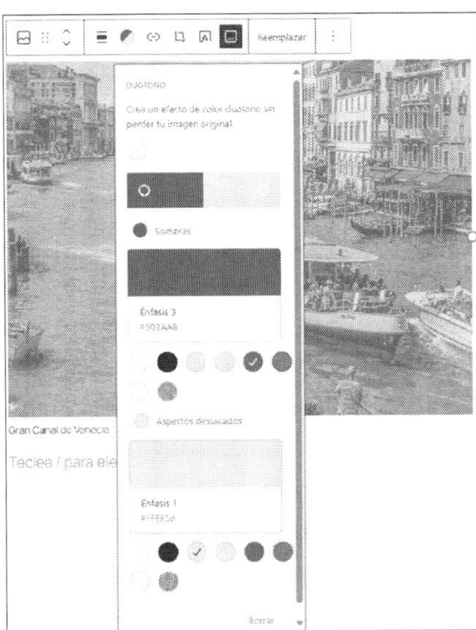

→ Al hacer clic en cualquiera de los dos colores elegidos, **Sombras** y **Aspectos destacados**, puede cambiar su tono o elegir un color personalizado.

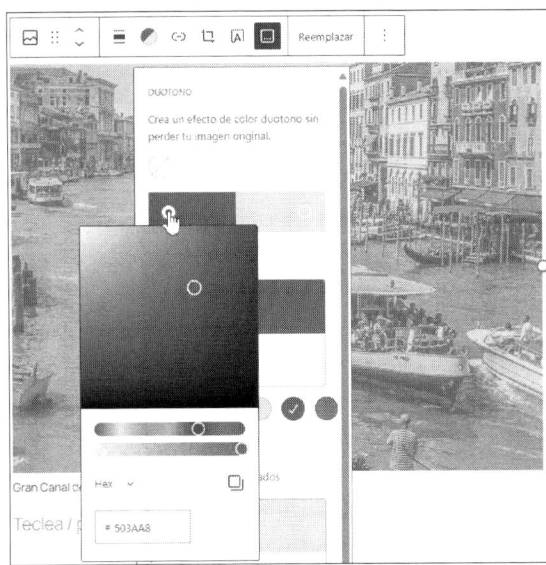

- Más adelante, puede cambiar esta configuración de color haciendo clic en el mismo botón **Aplicar filtro de duotono**:

3. La pestaña Bloque

En la barra lateral derecha, la pestaña **Bloque** también permite dar formato al contenido de los bloques **Imagen** utilizando varios paneles.

El primer panel muestra el tipo de bloque.

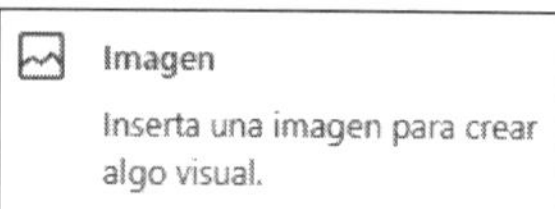

4. El panel Ajustes

En la pestaña **Bloque**, en el panel **Ajustes** de la subpestaña **Ajustes**, puede configurar la visualización de la imagen.

➜ En el campo **TEXTO ALTERNATIVO**, introduzca el texto que se mostrará si la imagen no se puede cargar en el navegador del visitante.

Este texto lo usarán las funciones específicas de los navegadores dedicadas a las personas con discapacidad.

En el campo **RELACIÓN DE ASPECTO**, puede indicar el tipo de relación o proporción entre la altura y la anchura que desea para su imagen:

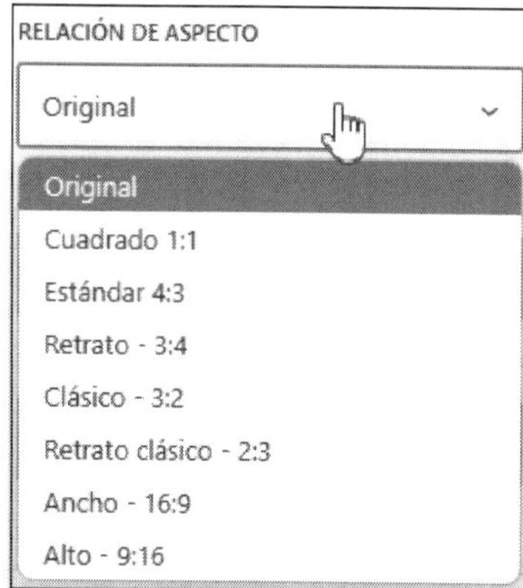

En los campos **ANCHURA** y **ALTURA** se concretan los valores específicos para estas dimensiones.

- Si lo desea, puede cambiar estos valores.

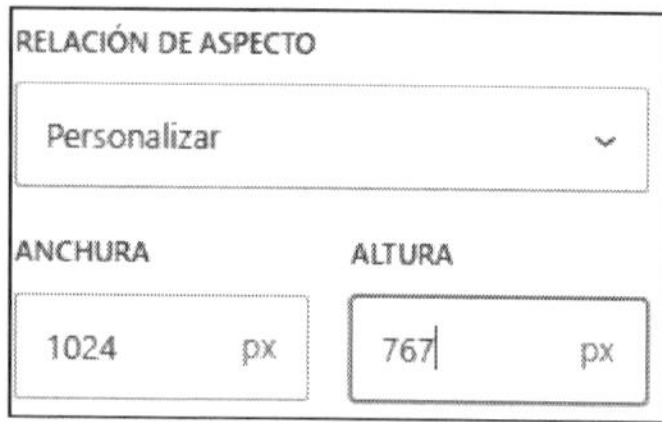

- En la lista desplegable **Resolución**, elija un tamaño preestablecido.

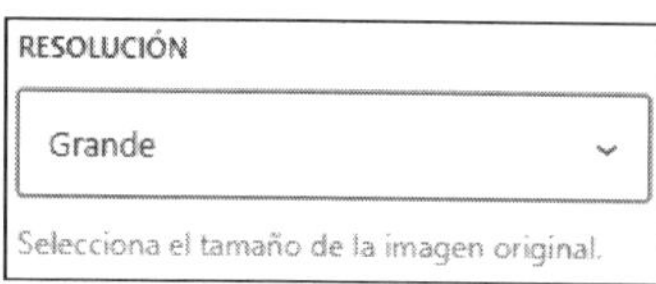

5. El panel Estilos

En la barra lateral derecha, en la pestaña **Bloque**, la subpestaña **Estilos** ofrece varios formatos para la imagen.

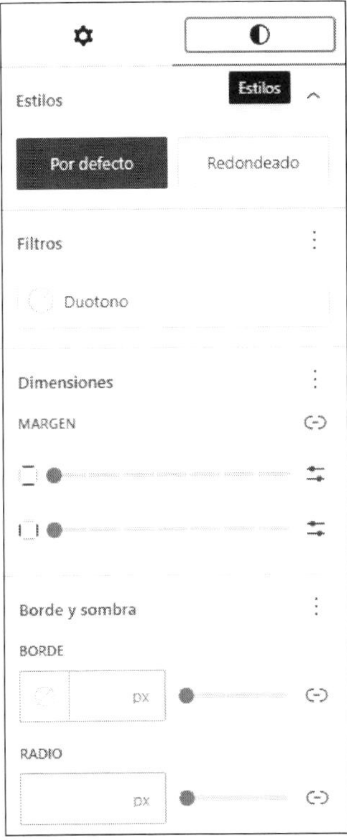

En el panel **Estilos**, el estilo predeterminado está activo. El botón **Por defecto** aparece en negro.

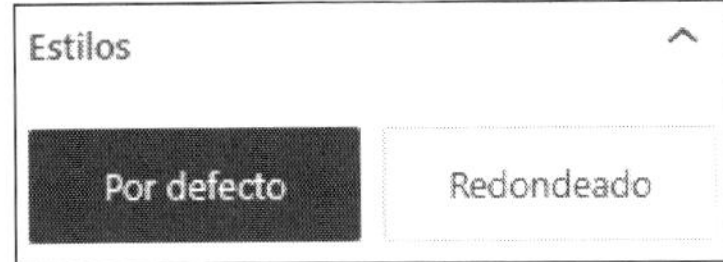

Esto significa que las imágenes tienen las esquinas en ángulo recto.

→ Para personalizar el estilo, es decir, para aplicar esquinas redondeadas, haga clic en el botón **Redondeado**.

→ Para personalizar este estilo, utilice los ajustes de **BORDE** y **RADIO**.

H. El bloque Galería

1. Seleccionar imágenes de la galería

El bloque **Galería** forma parte de la categoría **MEDIOS**. El bloque **Galería** permite mostrar una galería de imágenes. Cuando inserta un bloque **Galería**, Gutenberg pide la fuente de las imágenes que deben formar esa galería.

Encontrará los dos botones clásicos **Subir** y **Biblioteca de medios**. En este ejemplo, las imágenes ya están en la biblioteca de medios.

➙ Seleccione los archivos que desea utilizar en la galería.

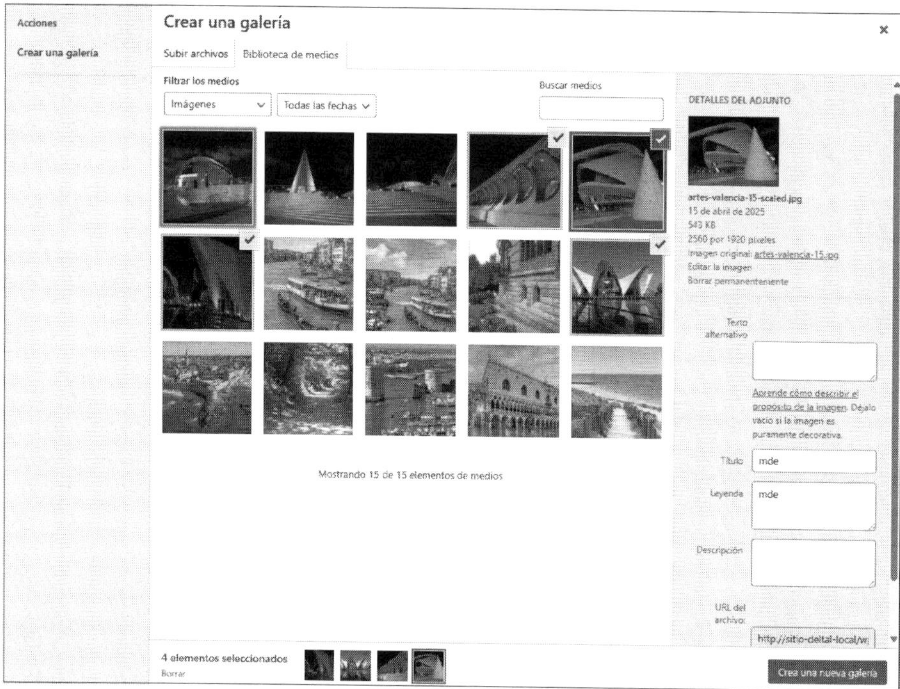

➙ Para cancelar la selección de una imagen, haga clic en el botón en forma de X en la parte superior derecha.

➙ Haga clic en el botón **Crea una nueva galería**.

➜ Introduzca una descripción para cada imagen.

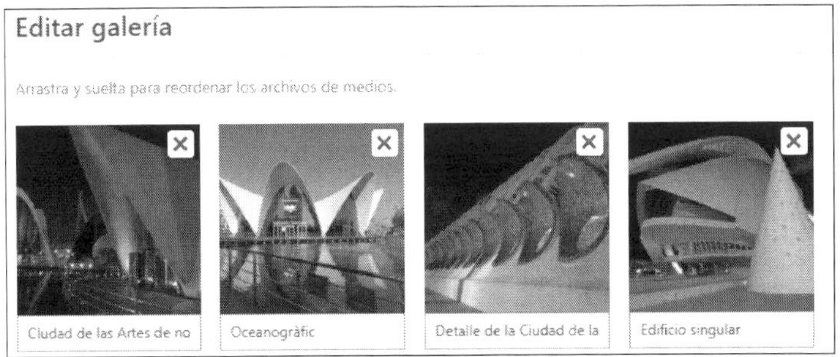

➜ Haga clic en el botón **Insertar galería**.

Se inserta la galería.

→ Con el bloque **Galería** seleccionado, en la barra de herramientas, el botón **Añadir** permite agregar una nueva imagen a la galería.

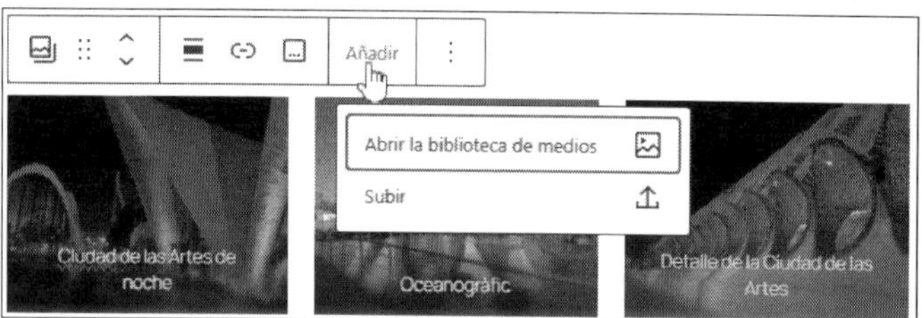

→ Puede agregar una imagen de la biblioteca de medios o cargar una nueva imagen.

También puede editar una imagen de la galería.

→ En la galería, seleccione la imagen que desea editar.

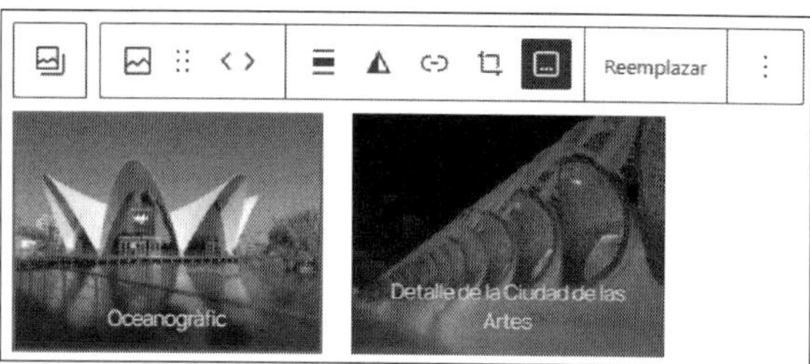

Tiene acceso a estos botones:

- **Aplicar filtro de duotono**,
- **Insertar un Enlace**,
- **Recortar**,
- **Eliminar leyenda** de la imagen seleccionada,
- **Reemplazar**.

→ Para editar la leyenda, haga clic en ella y realice los cambios deseados.

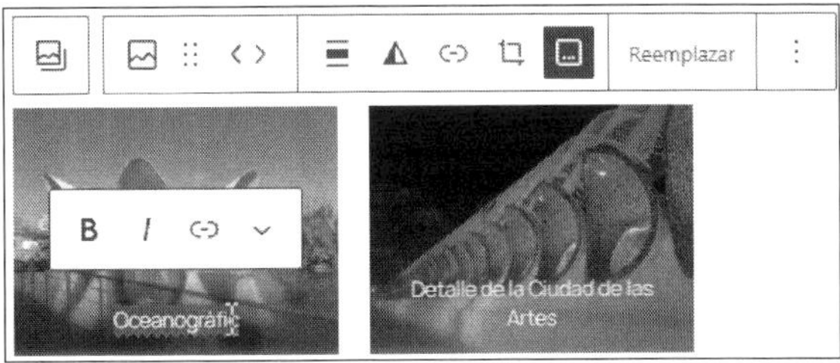

2. El formato de la galería

→ Seleccione el bloque de la galería.

→ En la pestaña **Bloque**, en el panel **Ajustes** de la galería, mediante el campo **COLUMNAS**, puede especificar el número de columnas que desea para esta galería.

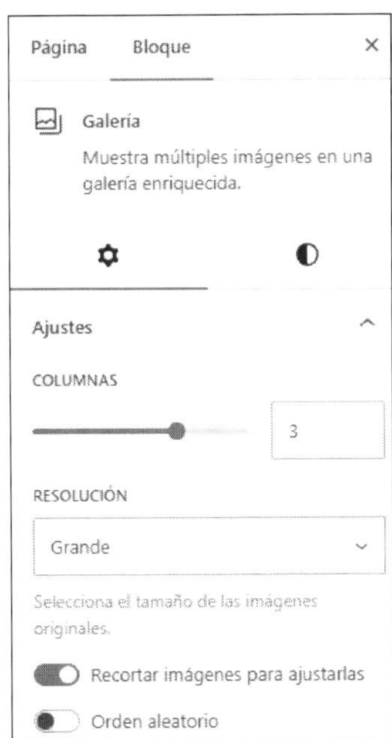

→ Mantenga activada la opción **Recortar imágenes para ajustralas** para que las imágenes se muestren en la galería.

Tenga en cuenta que puede administrar la **RESOLUCIÓN** de las imágenes.

También puede personalizar el estilo de la galería.

- Seleccione el bloque **Galería**.
- En la barra lateral derecha, en la pestaña **Bloque**, seleccione la subpestaña **Estilos**.

- Puede cambiar el color de fondo.
- Puede cambiar las **Dimensiones** del **ESPACIADO DEL BLOQUE**.
- En el menú de opciones de **Dimensiones**, tiene acceso al **Relleno** y al **Margen**.

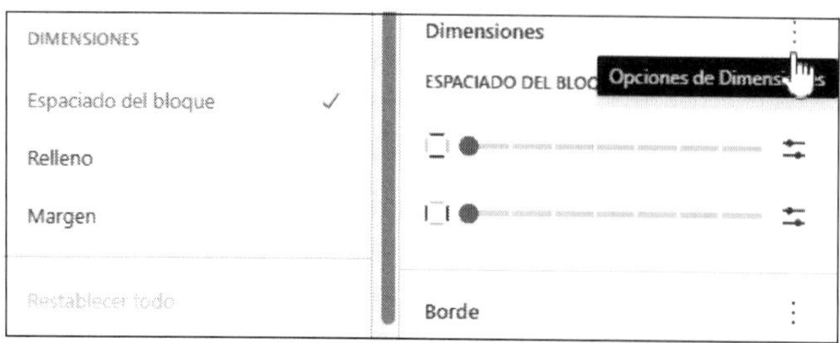

- También puede aplicar un **Borde** a la galería, con las esquinas cuadradas o redondeadas, indicando un **RADIO**.

I. El Bloque Fondo

1. Insertar la imagen del fondo

El bloque **Fondo** forma parte de la categoría **MEDIA**. El bloque **Fondo** permite insertar una imagen con un efecto de paralaje cuando los visitantes utilicen la barra de desplazamiento. Considere usar una imagen grande para una mejor visualización.

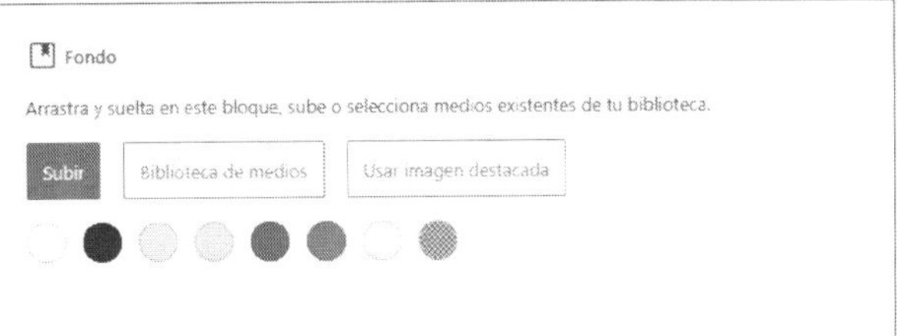

- Encontrará los mismos métodos que hemos visto anteriormente para seleccionar una imagen.

2. El texto del fondo

Cuando se selecciona la imagen, Gutenberg pide que se agregue un título que se mostrará encima de ella.

- Introduzca un título al que pueda dar formato con la barra de herramientas.

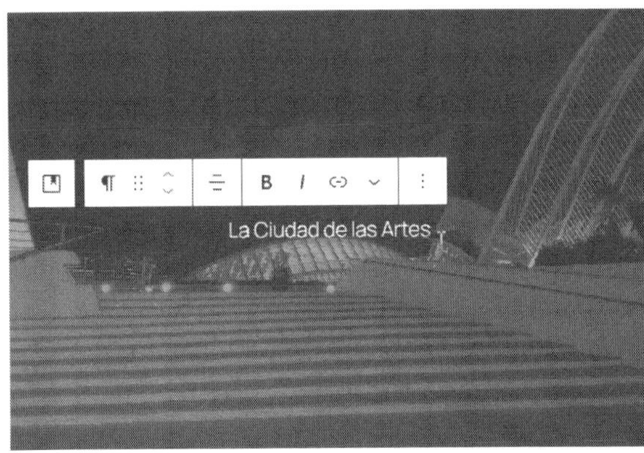

3. El formato del texto

Al escribir el texto de un fondo en un bloque de tipo **Párrafo**, puede dar formato al bloque en la pestaña **Bloque**.

→ La configuración de color le permite personalizar los colores del **Texto**, el **Fondo** y el **Enlace**.

→ En el panel **Tipografía**, puede cambiar el **TAMAÑO** del texto.

→ En el panel **Dimensiones**, puede personalizar el **Relleno** y el **Margen**.

4. Aplicar efecto de paralaje

El efecto de paralaje se determina en la columna lateral derecha.

→ Seleccione el bloque **Fondo**.

→ En la columna lateral derecha, en la pestaña **Bloque**, seleccione la subpestaña **Ajustes**.

→ Para lograr el efecto de paralaje, en **Ajustes**, seleccione el botón **Fondo fijo**.

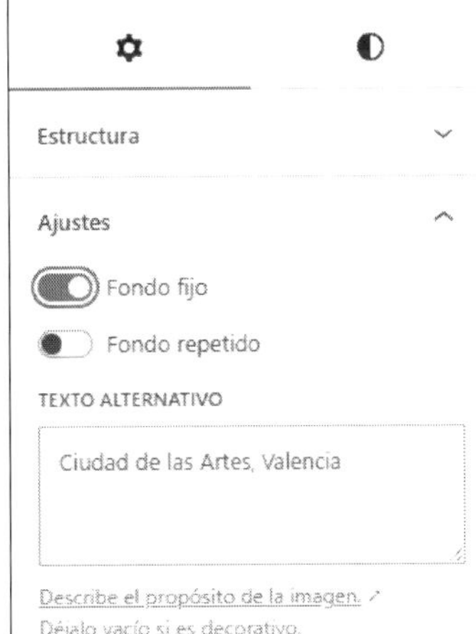

5. El formato del fondo

Por último, puedes dar formato al fondo utilizando numerosos parámetros de estilo.

- Seleccione el bloque **Fondo**.
- En la columna lateral derecha, en la pestaña **Bloque**, seleccione la subpestaña **Estilos**.

➔ En el panel **Color**, puede cambiar el color del texto, del encabezado y de la capa de superposición que cubre la imagen.

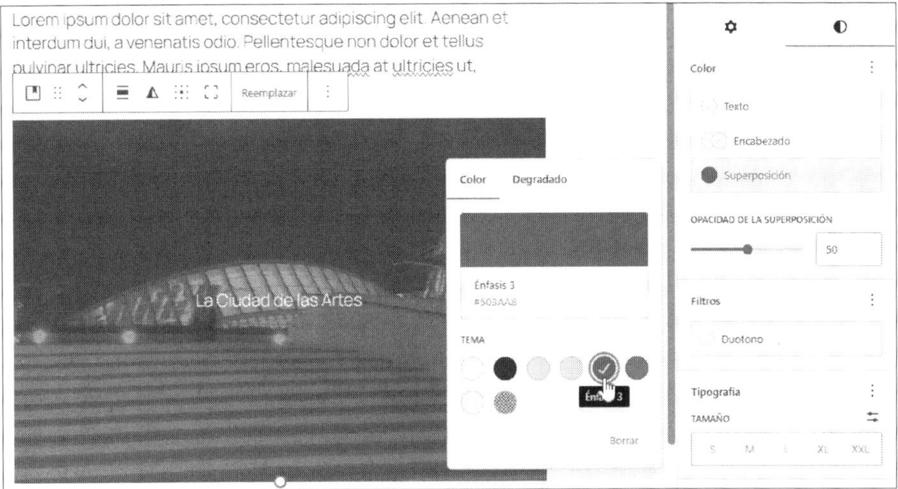

➔ Con el control deslizante **OPACIDAD DE LA SUPERPOSICIÓN**, puede determinar el valor de transparencia de la capa de superposición.

➔ En los paneles **Tipografía** y **Dimensiones**, encontrará los ajustes que hemos abordado previamente.

→ En el panel **ALTURA MÍNIMA**, puede imponer una altura mínima para visualizar el bloque del fondo.

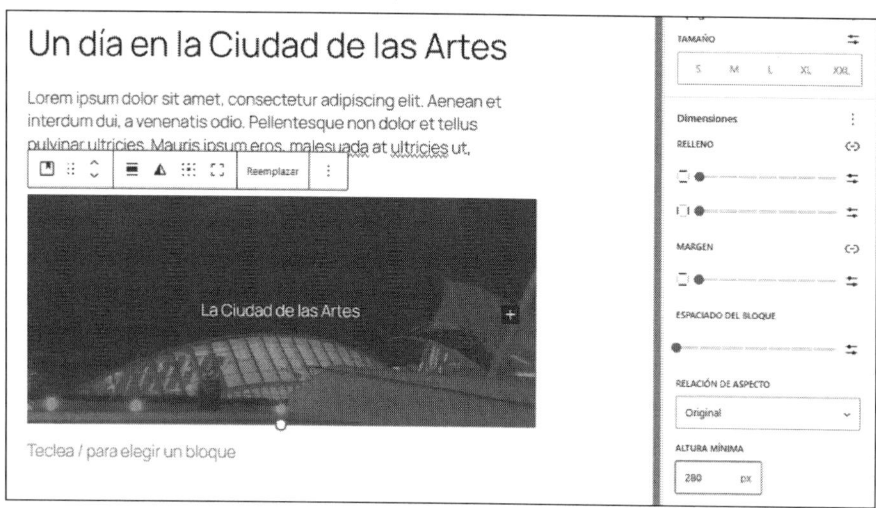

6. Sacar partido del fondo

→ Una vez que haya realizado todos los ajustes, guarde o actualice la entrada o la página que contiene el fondo. A continuación, realice una vista previa:

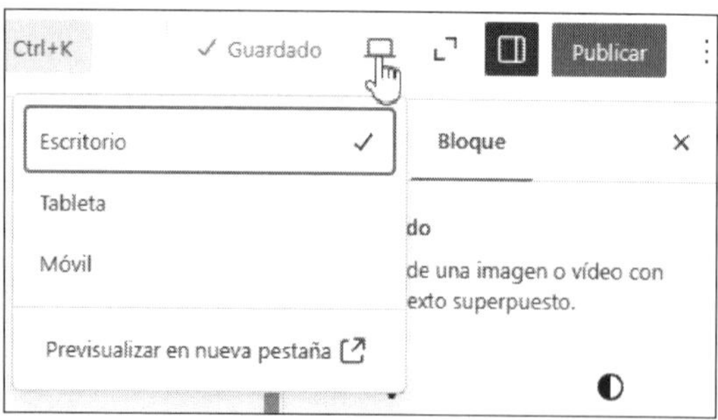

Esta es la visualización inicial:

Un día en la Ciudad de las Artes

Lorem ipsum dolor sit amet, consectetur adipiscing elit. Aenean et interdum dui, a venenatis odio. Pellentesque non dolor et tellus pulvinar ultricies. Mauris ipsum eros, malesuada at ultricies ut, vestibulum vel enim.

Vivamus blandit eros rhoncus lacus varius sodales. Curabitur aliquam enim lorem, quis laoreet tellus scelerisque et. Etiam congue quis elit ac eleifend. Proin nec nulla pellentesque, viverra purus eget, convallis erat. Vestibulum feugiat imperdiet congue.

Cuando el visitante se desplaza por el contenido de la página, se activa el efecto de paralaje:

Un día en la Ciudad de las Artes

Lorem ipsum dolor sit amet, consectetur adipiscing elit. Aenean et interdum dui, a venenatis odio. Pellentesque non dolor et tellus pulvinar ultricies. Mauris ipsum eros, malesuada at ultricies ut, vestibulum vel enim.

Vivamus blandit eros rhoncus lacus varius sodales. Curabitur aliquam enim lorem, quis laoreet tellus scelerisque et. Etiam congue quis elit ac eleifend. Proin nec nulla pellentesque, viverra purus eget, convallis erat. Vestibulum feugiat imperdiet congue.

La imagen queda fija en relación con el fondo de la página:

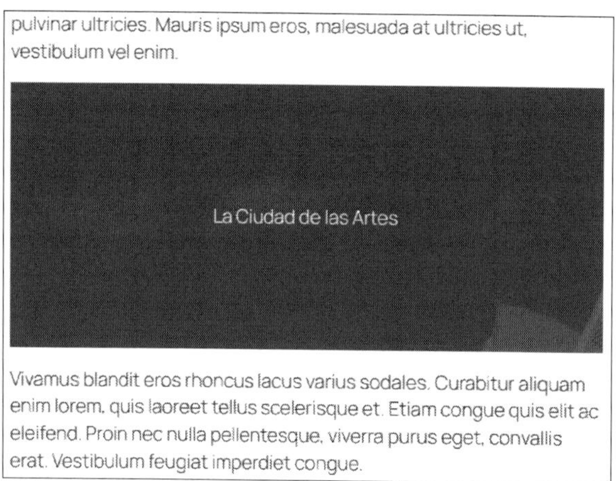

J. Multimedia

1. Insertar vídeo

Si desea insertar un vídeo en su sitio, la mejor solución, y la más económica en términos de recursos, es publicar el vídeo en una plataforma para compartir, como YouTube, Vimeo... y enlazarlo a tu sitio.

→ En la lista de bloques, en la categoría **INCRUSTADOS**, seleccione el bloque correspondiente a la plataforma para compartir utilizada. En este ejemplo, es **YouTube**.

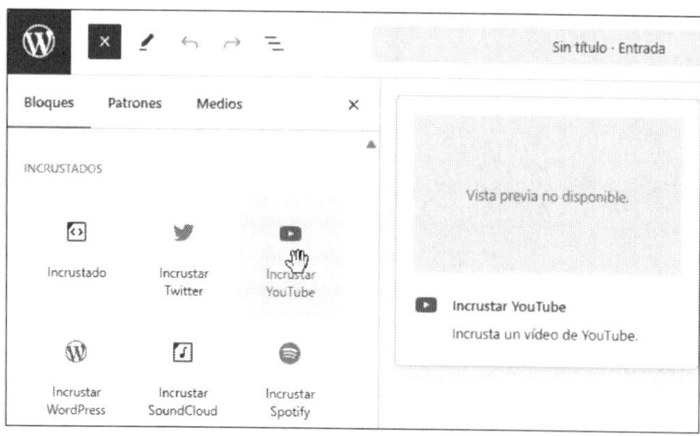

El bloque se inserta:

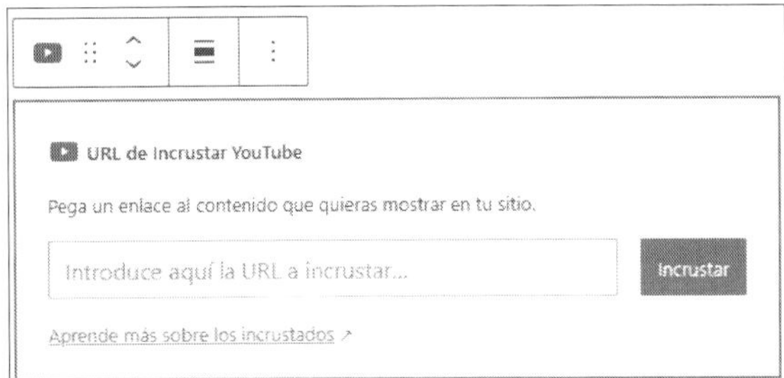

- En la plataforma (aquí, YouTube), copie la URL para compartir del vídeo elegido.
- En el campo del bloque, pegue la URL copiada y haga clic en el botón **Incrustar**.

El video se ha incrustado correctamente en el contenido:

- Puede introducir una leyenda pulsando el botón **Añadir una leyenda**:

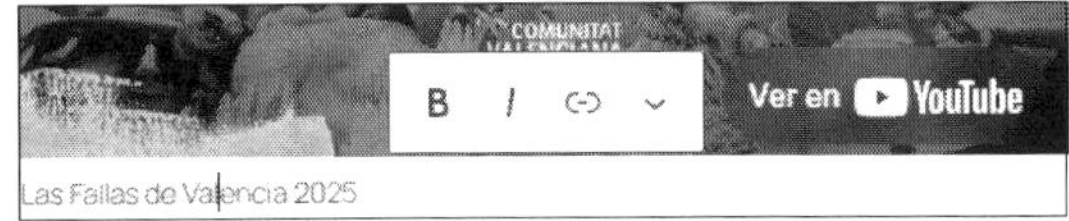

- En la columna de la derecha, en la pestaña **Bloque**, en el panel **Ajustes**, solo dispone de un ajuste, **Cambia el tamaño para dispositivos** más pequeños, que permite cambiar automáticamente el tamaño del bloque, es decir, el vídeo, cuando la página se muestra en un dispositivo de tipo teléfono inteligente.

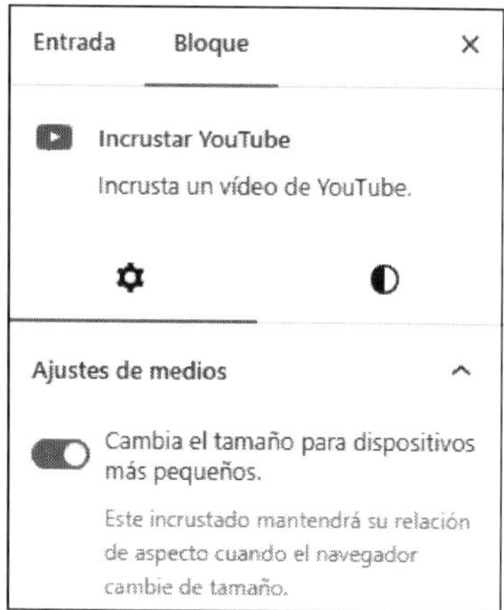

2. El bloque Audio

El bloque **Audio** forma parte de la categoría **MEDIA**. Puede especificar la fuente del sonido desde su biblioteca de medios o desde una dirección web.

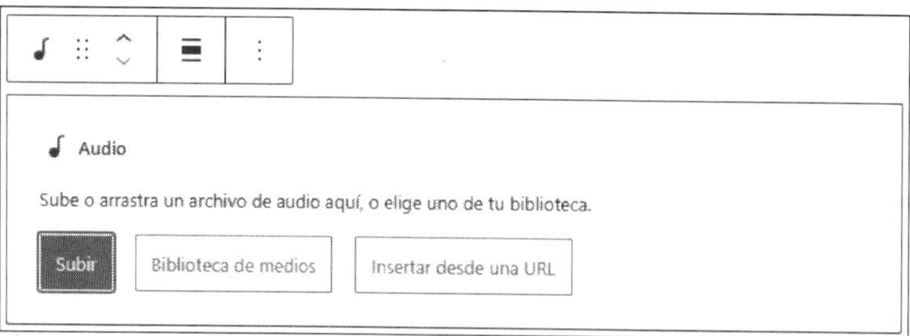

- Seleccione el archivo de audio.

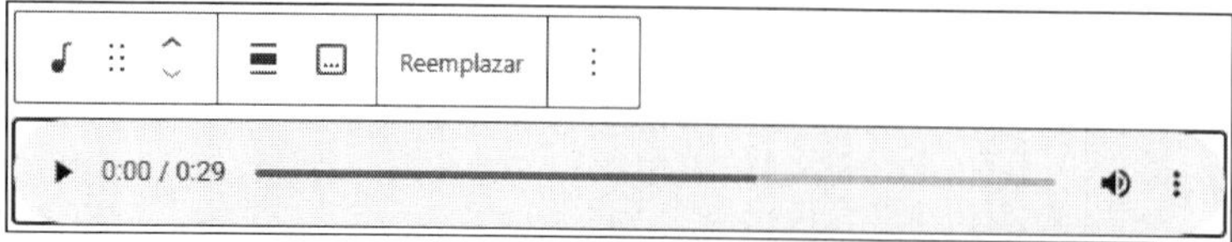

En la pestaña **Bloque**, en el panel **Ajustes**, tiene tres opciones de configuración a su disposición:

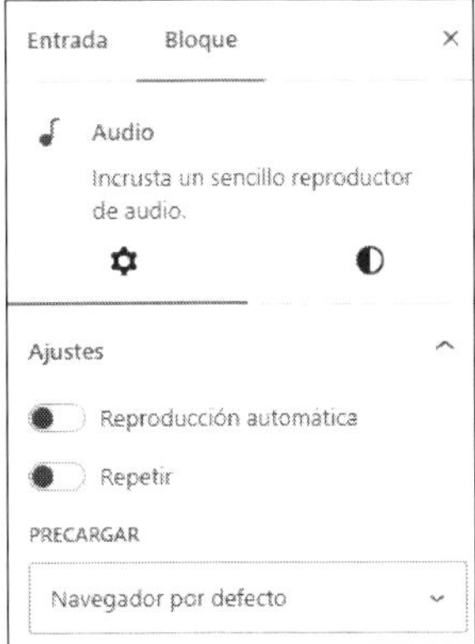

- La **Reproducción automática** permite comenzar a reproducir el audio cuando se carga la página, sin que el visitante tenga que iniciarlo él mismo.
- Con **Repetir**, el audio volverá al principio y se reproducirá de nuevo. Por lo tanto, el sonido se repetirá indefinidamente, siempre y cuando el visitante no lo detenga.
- En la lista desplegable **PRECARGAR**, elija un método de precarga, para que los visitantes no tengan que esperar demasiado tiempo para que se cargue el sonido cuando lo inicien.

La visualización del reproductor de audio dependerá, por supuesto, del navegador utilizado por los visitantes.

3. El bloque Archivo

El bloque **Archivo** forma parte de la categoría **MEDIOS**. El bloque **Archivo** permite ofrecer la descarga de todos los archivos que desee.

Cuando agregue este bloque, WordPress volverá a preguntar por la fuente del archivo con los métodos conocidos: **Subir** o **Biblioteca de medios**.

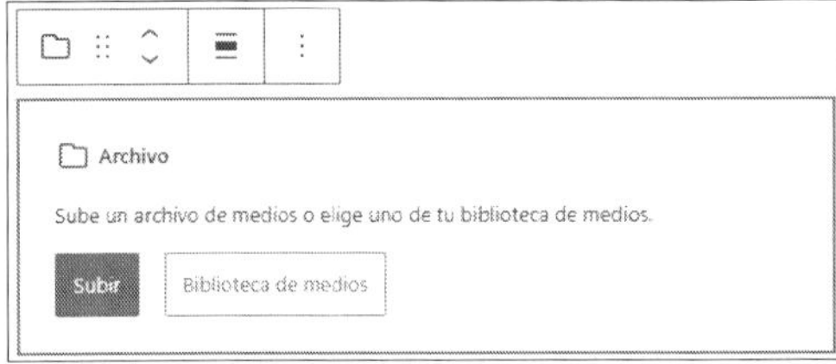

En este ejemplo, se selecciona un archivo PDF, **viaje.pdf**. A modo de enlace, Gutenberg muestra el nombre del archivo, sin su extensión. Además, Gutenberg inserta automáticamente un botón **Descarga**.

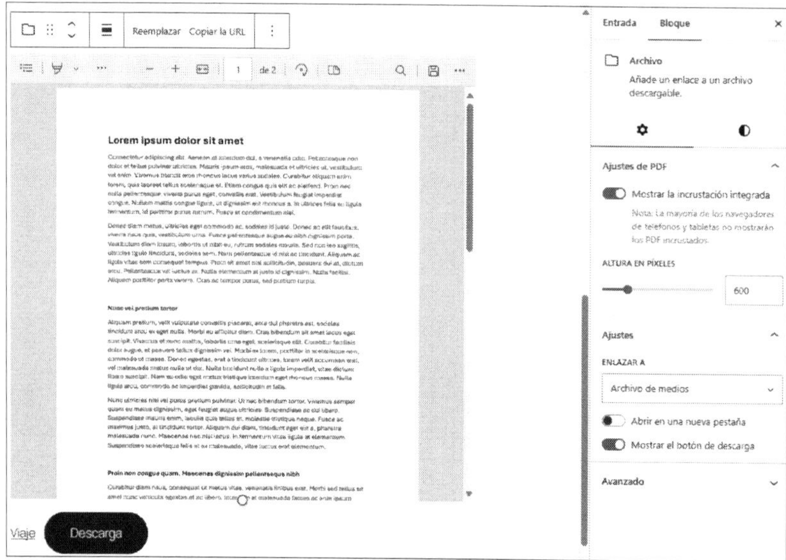

→ Puede editar los textos del enlace y del botón:

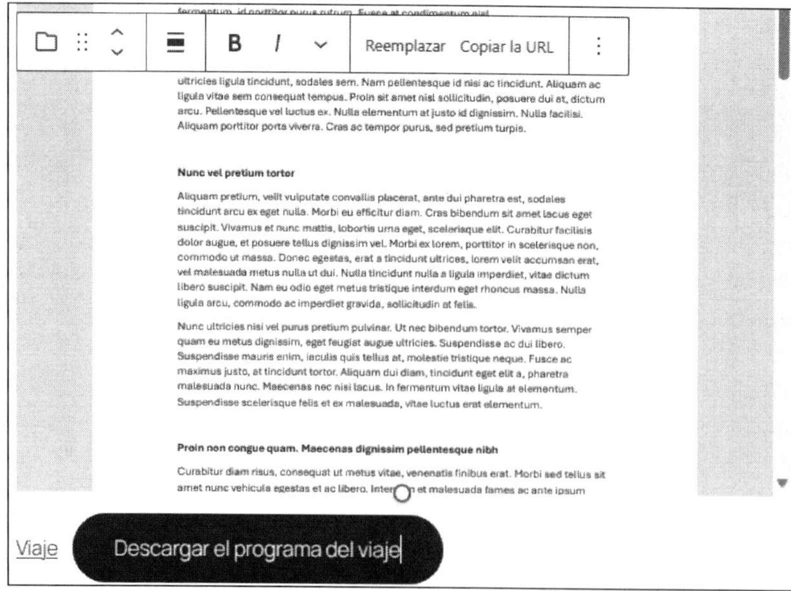

➜ Cuando el bloque está seleccionado, puede configurarlo en la barra lateral derecha, en la pestaña **Bloque**.

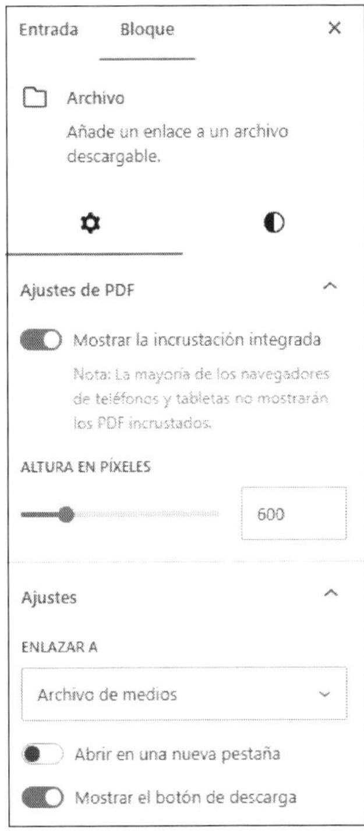

En el panel **Ajustes de PDF**:

- La opción predeterminada **Mostrar la incrustación integrada** está activada para mostrar el contenido del archivo PDF.
- La regleta y el control deslizante **ALTURA EN PÍXELES** se utilizan para determinar la altura de la vista previa del PDF.

En el panel **Ajustes**:

- La lista desplegable **ENLAZAR A** se utiliza para determinar la acción que se realizará cuando un visitante haga clic en el enlace, **Viaje** en este ejemplo. Aquí, el enlace mostrará los medios, es decir, el archivo PDF.
- La opción **Abrir en una nueva pestaña** abre el medio, el archivo PDF, en una nueva pestaña del navegador.
- La opción **Mostrar el botón de descarga** hace que se muestre el botón de descarga del PDF.

K. El bloque Medios y texto

El bloque **Medios y texto** forma parte de la categoría **MEDIOS**. Este bloque permite crear diseños elaborados con una imagen que se mostrará junto a un texto.

Cuando se inserta este bloque, WordPress pide que se indique la fuente de la imagen y que se introduzca el texto asociado a ella.

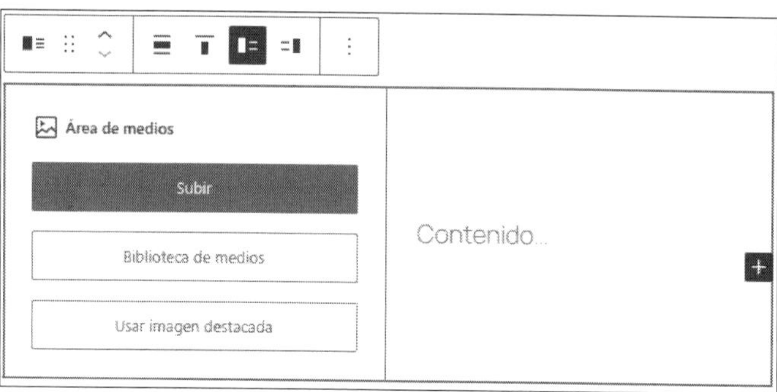

→ Añada una imagen e introduzca el texto.

→ Puede cambiar el tamaño de la imagen usando el controlador azul en el lado derecho de la imagen seleccionada.

→ Haga clic en el texto para darle formato. Es un bloque **Párrafo** clásico.

De forma predeterminada, la imagen se coloca a la izquierda del texto:

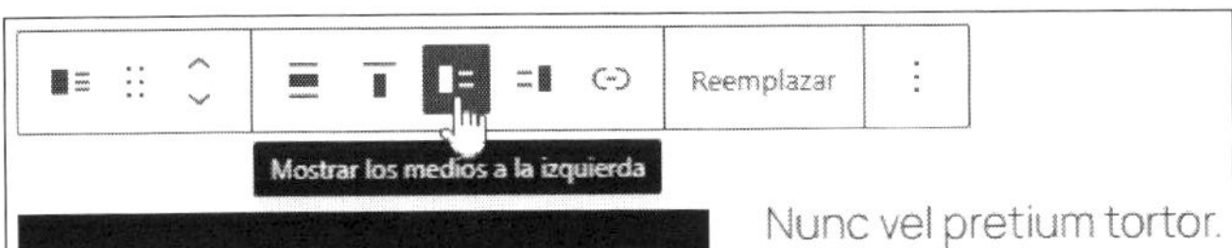

➜ Para mover la imagen a la derecha, haga clic en el botón siguiente:

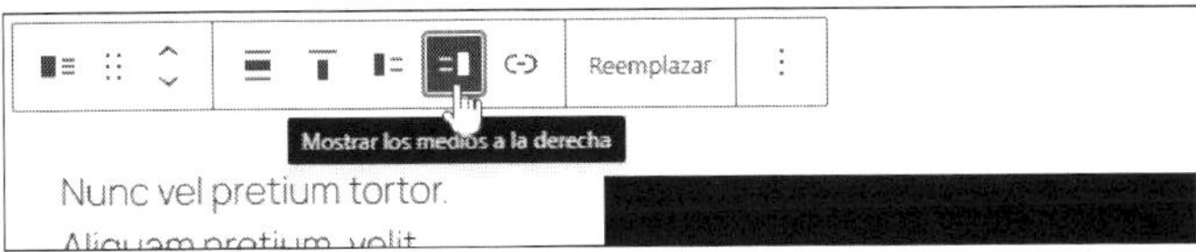

➜ El botón **Cambiar la alineación vertical** permite elegir la alineación vertical entre la imagen y el texto. Inicialmente, la alineación está centrada. En este ejemplo, la alineación está en la parte superior, por lo que el texto está alineado con la parte superior del marco, al igual que la imagen.

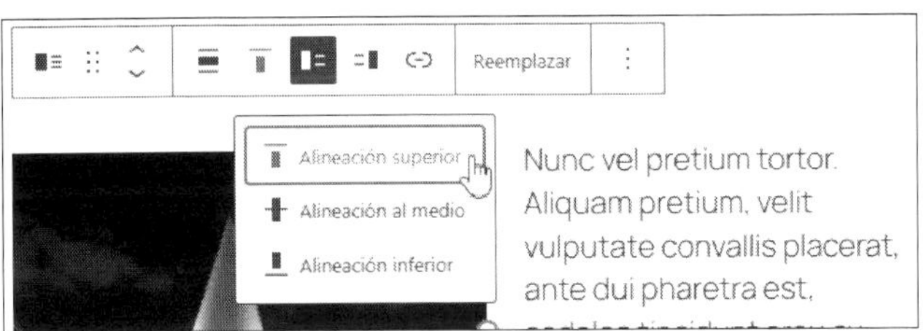

→ Al seleccionar el bloque **Medios y texto**, en la columna lateral derecha, en la subpestaña **Ajustes** de la pestaña **Bloque**, puede dar formato este bloque en el panel **Ajustes**.

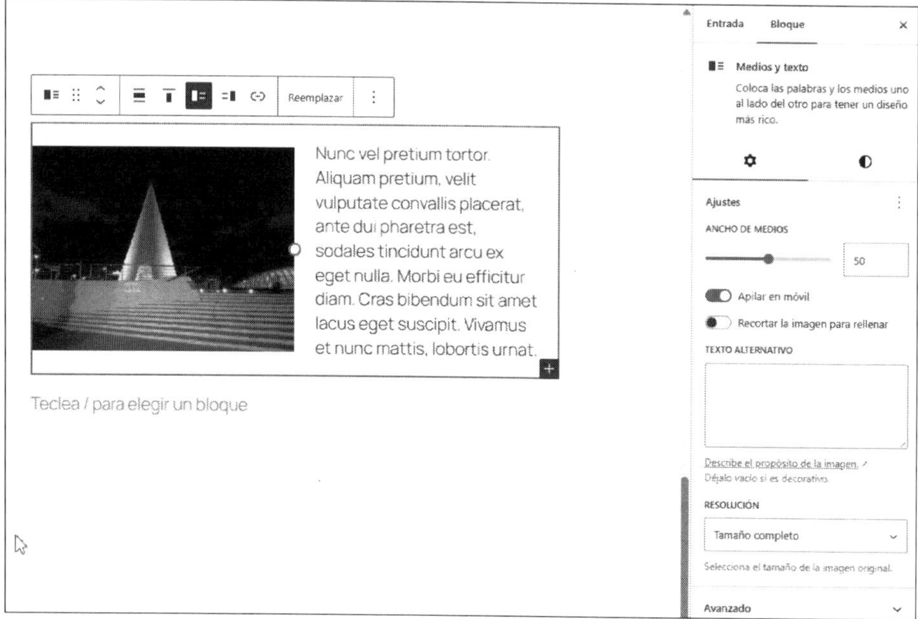

- La opción **Apilar en móvil** permite una visualización optimizada en teléfonos inteligentes, colocando el bloque de imagen y el bloque de texto uno encima del otro.
- La opción **Recortar la imagen para rellenar** permite a WordPress recortar la imagen para que llene toda la altura del bloque cuando sea necesario.
- La opción **TEXTO ALTERNATIVO** permite introducir texto alternativo a la imagen para materiales destinados a personas con discapacidad.
- En la lista desplegable **RESOLUCIÓN**, puede elegir un tamaño preestablecido para la imagen.
- Con la regleta y el control deslizante **ANCHO DE MEDIOS**, puede especificar el ancho del bloque de la imagen. El del bloque de texto se calculará automáticamente.

He aquí la pantalla que se obtiene con algunos ajustes:

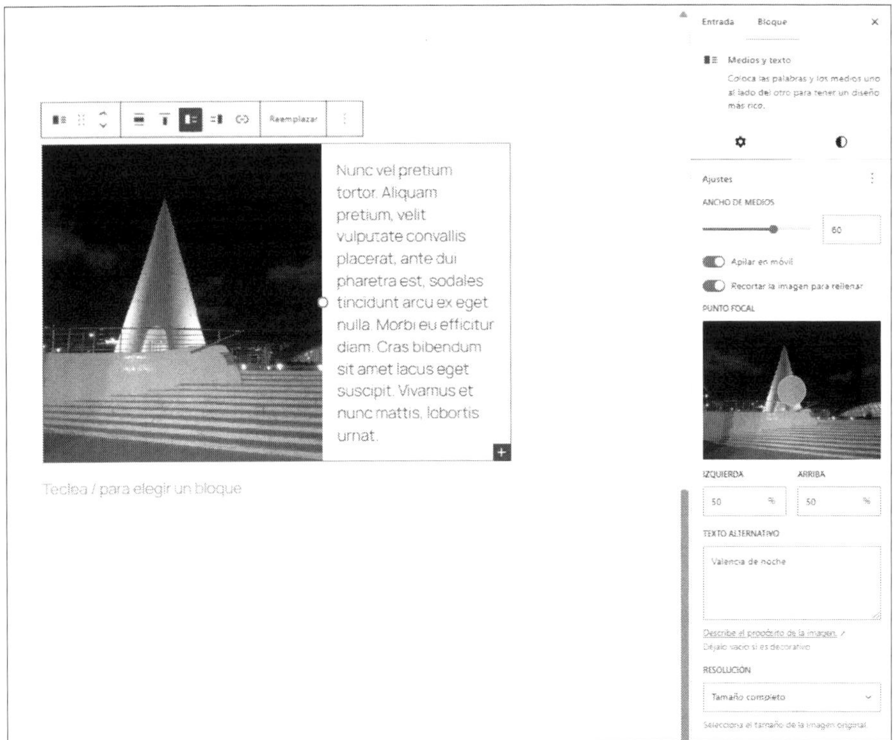

L. El bloque Tabla

El bloque **Tabla** forma parte de la categoría **TEXTO**. Este bloque permite insertar tablas en los contenidos. Al insertar este bloque, Gutenberg pregunta cuántas columnas y filas desea tener para su tabla, sabiendo que luego puede modificar estos números.

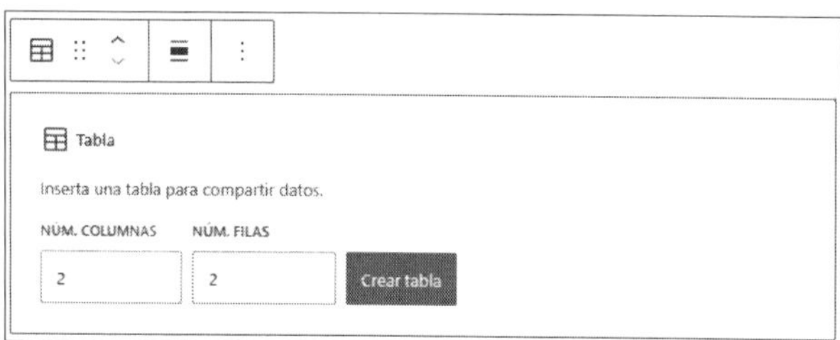

➜ Introduzca los valores deseados y haga clic en el botón **Crear tabla**.

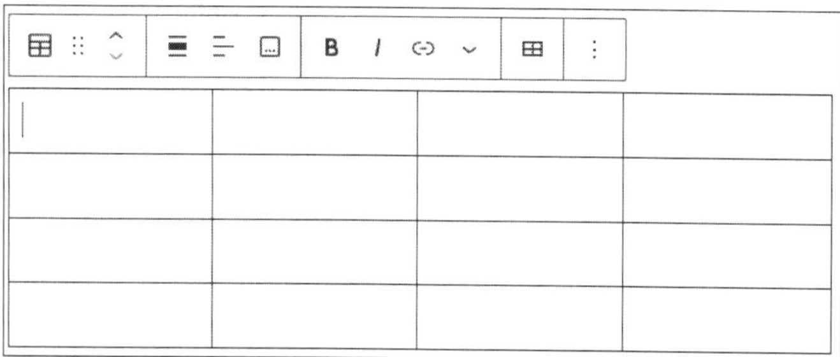

➜ Introduzca los datos de la tabla utilizando la tecla ⇥ para pasar de una celda a otra. También puede añadir una leyenda pulsando el botón correspondiente de la barra del bloque.

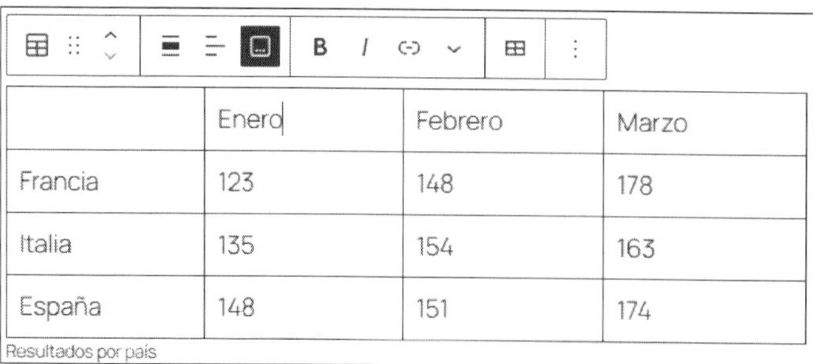

	Enero	Febrero	Marzo
Francia	123	148	178
Italia	135	154	163
España	148	151	174

Resultados por país

➜ Para cambiar la estructura de la tabla, haga clic en una celda.

El cambio se realiza en relación con la celda seleccionada, que contiene el punto de inserción.

- En la barra de herramientas, haga clic en el botón **Editar la tabla** y elija el ítem para agregar o quitar una fila o columna.

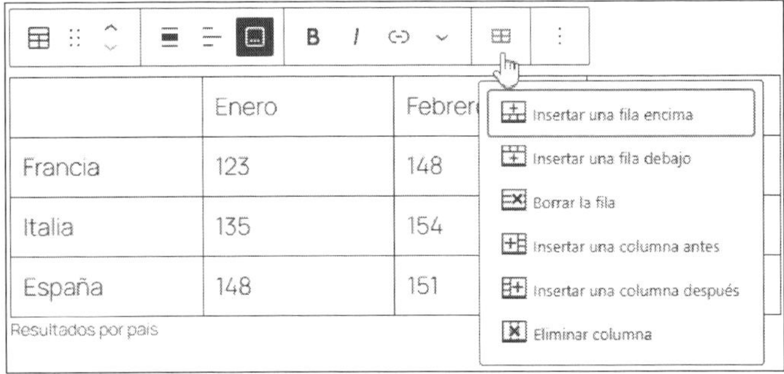

- La configuración de la tabla seleccionada se realiza en la columna lateral derecha, en la subpestaña **Ajustes** de la pestaña **Bloque**, en el panel **Ajustes**.

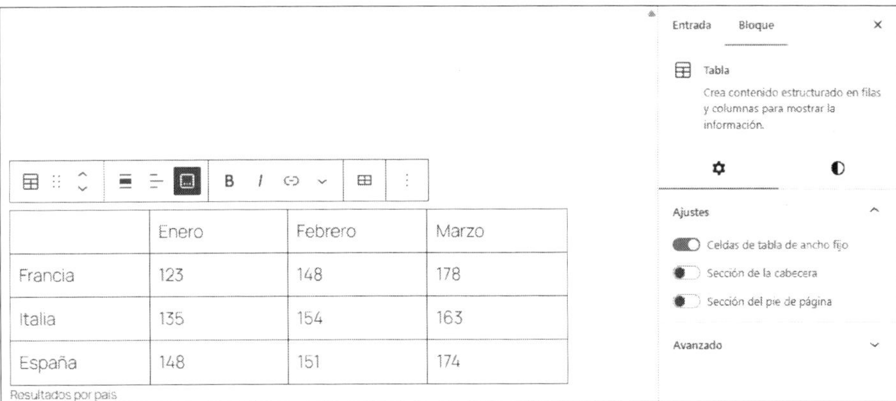

Se ofrecen tres configuraciones:

- **Celdas de tabla de ancho fijo**, para que todas las celdas tengan el mismo ancho.
- **Sección de la cabecera** y **Sección del pie de página** para tener una primera fila y una última fila en la que insertar datos particulares.

→ El formato de la tabla se aplica en la subpestaña **Estilos**:

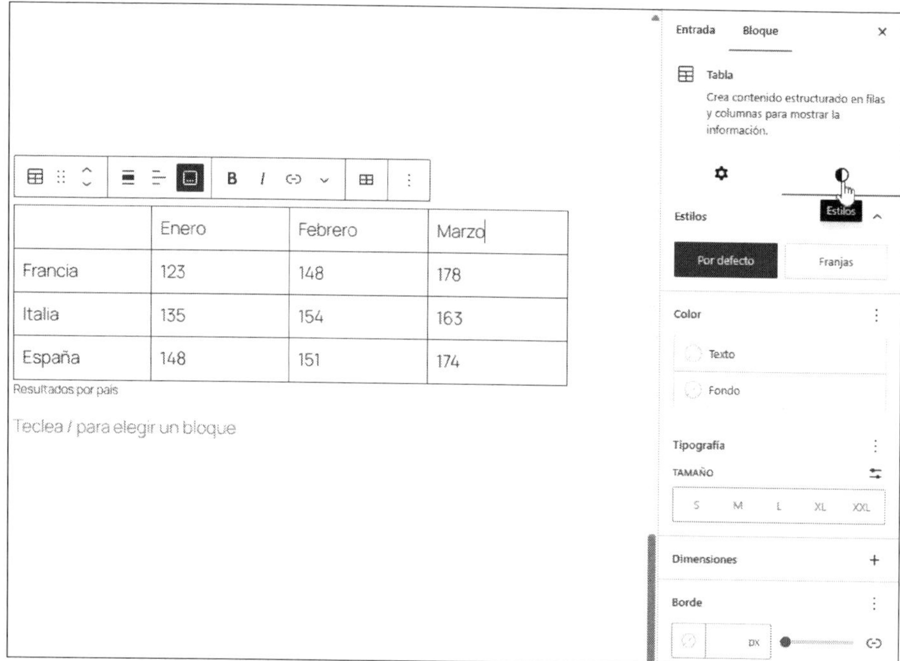

- En el panel **Estilos**, puede elegir el formato **Por defecto** o preferir formato con **Franjas**.
- En el panel **Color**, puede cambiar el color del **Texto** y el color del **Fondo**.
- El panel **Tipografía** ya se ha utilizado muchas veces.
- El panel **Dimensiones** permite cambiar el relleno y el margen.
- El panel **Borde** permite aplicar un color a los bordes de la tabla.

A continuación, se muestra un ejemplo de formato:

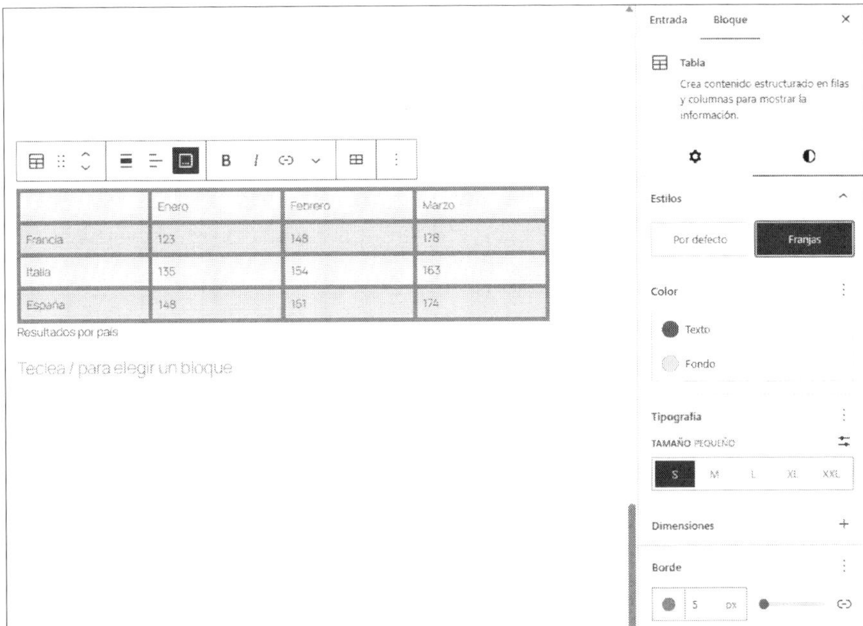

M. El bloque Columnas

El bloque **Columnas** forma parte de la categoría **DISEÑO**. Este bloque permite mostrar texto en columnas.

➜ Cuando inserte el bloque, deberá especificar el número y las dimensiones de las columnas.

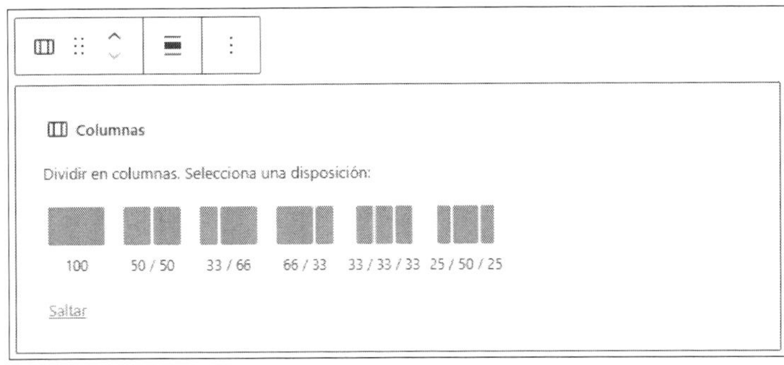

En este ejemplo, trabajaremos con dos columnas de dimensiones iguales: **50/50**, siendo la unidad el porcentaje.

Se insertan las columnas:

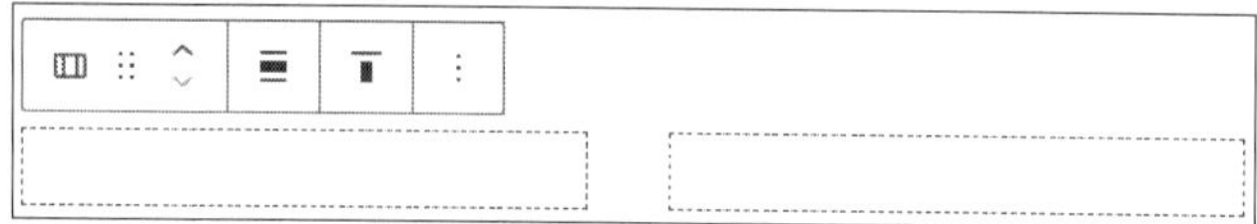

→ En la primera columna, haga clic en el botón **+** para agregar un bloque de contenido.

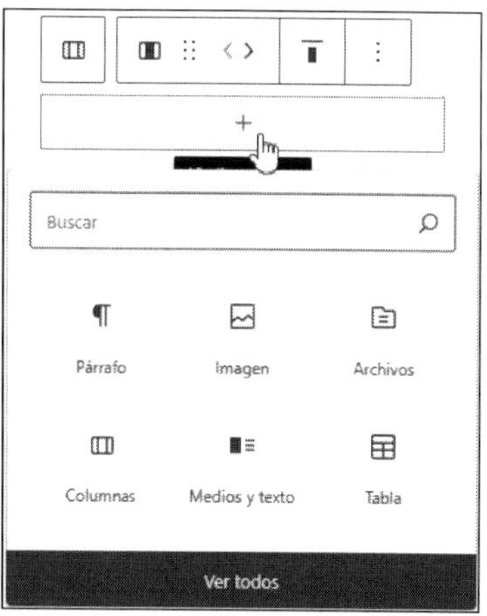

Para este ejemplo, se elige un **Párrafo** y se le agrega texto.

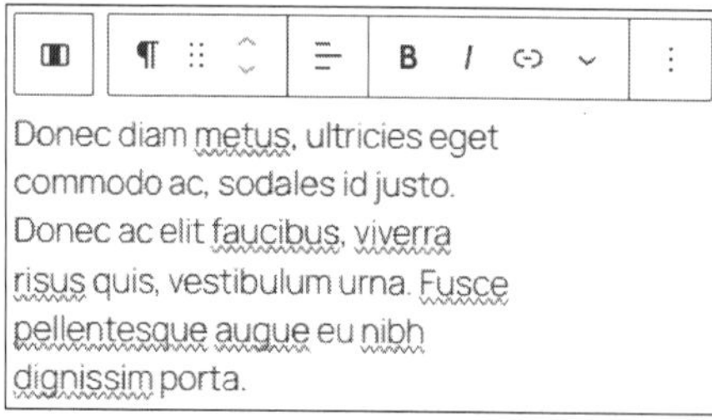

➜ Haga lo mismo para la segunda columna:

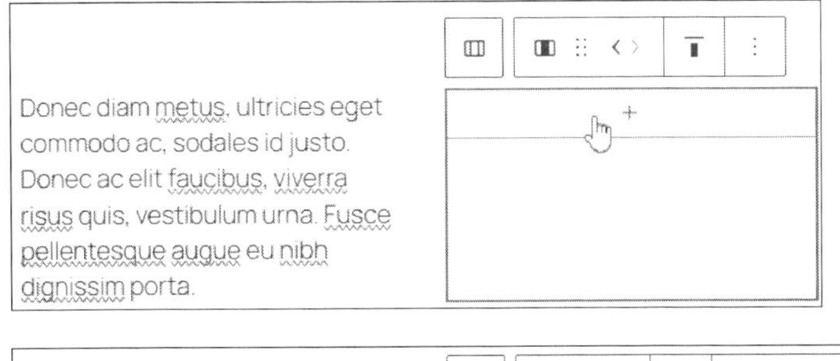

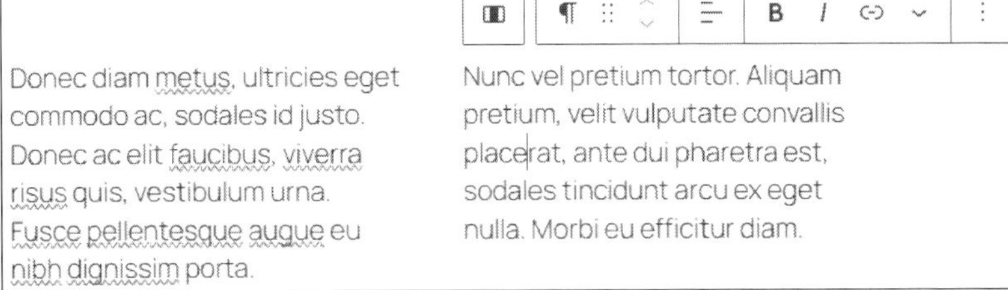

Tiene a su disposición la barra de herramientas y los paneles para dar formato a los textos de los párrafos, tal y como hemos visto anteriormente.

Comencemos por dar formato a cada una de las dos columnas.

➜ Haga clic en el texto de la primera columna.

➜ Para seleccionar la primera columna, haga clic en el botón **Seleccionar bloque superior: Columna**.

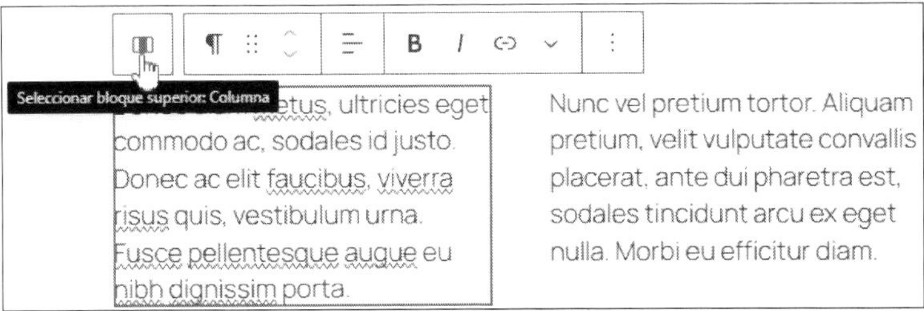

➔ En la columna lateral derecha, en la pestaña **Bloque**, seleccione la subpestaña **Ajustes**.

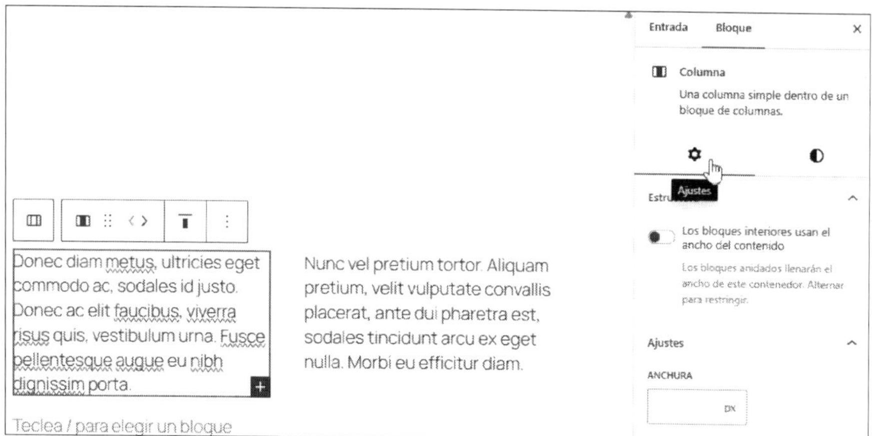

El panel **Estructura** contiene solo la opción **Los bloques interiores usan el ancho del contenido**: permite que los bloques incluidos en esta columna usen el ancho completo de dicha columna. Si desea determinar usted mismo el ancho de los bloques incluidos, marque esta opción.

➔ A continuación, tiene acceso al **ANCHO DEL CONTENIDO** y al **JUSTIFICADO**, es decir, a la posición horizontal del bloque incluido en la anchura de la columna.

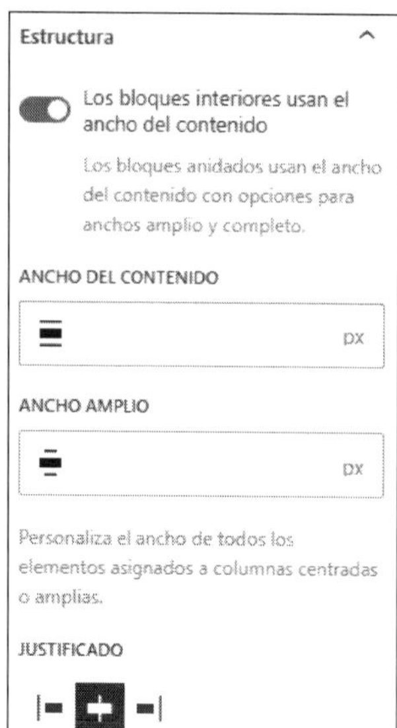

He aquí un ejemplo de configuración:

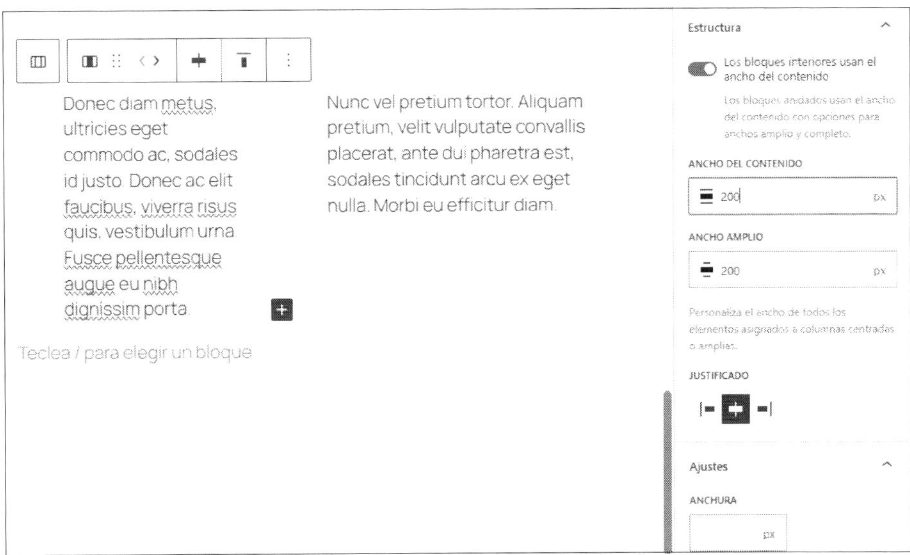

➜ En el panel **Ajustes**, puede especificar la **ANCHURA** de la columna seleccionada, con un valor y una unidad elegida.

En este ejemplo, la segunda columna ocupa el **55 %** de la anchura disponible en la anchura del bloque **Columnas**.

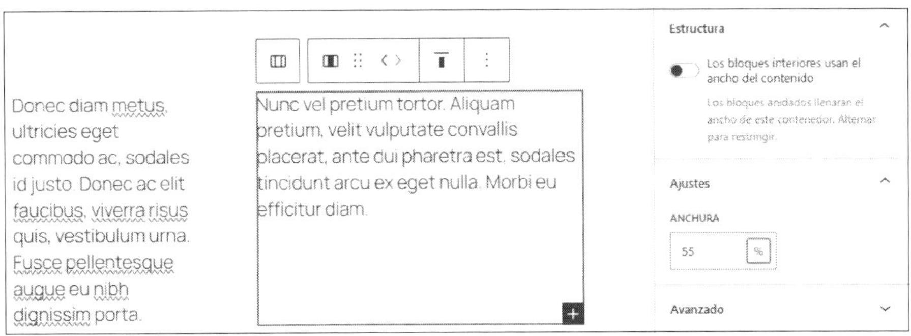

Ahora podemos dar formato al bloque **Columnas**. Veamos un segundo método para seleccionarlo.

➜ Haga clic en el texto de una de las dos columnas.

➙ En la barra de herramientas superior, haga clic en el botón **Resumen del documento**.

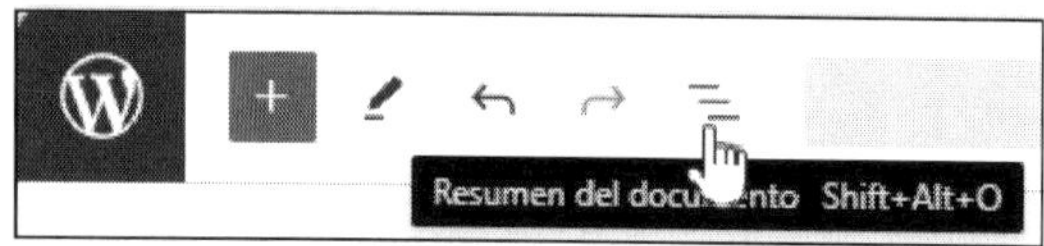

En la lista de bloques, seleccione el bloque principal **Columnas**.

Se selecciona el bloque **Columnas** y en la columna lateral derecha, en la pestaña **Bloque**, se puede ver el nombre del bloque seleccionado: **Columnas**.

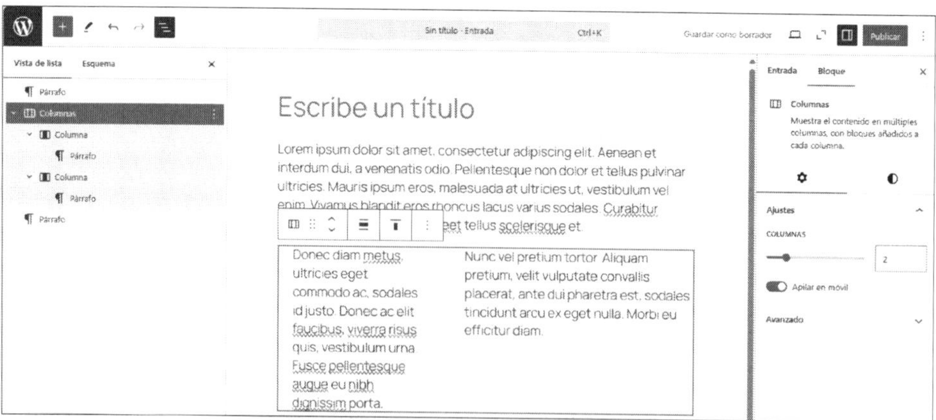

➜ En la pestaña **Bloque**, subpestaña **Ajustes**, en el panel **Ajustes**, tiene dos parámetros:

- **COLUMNAS**: permite determinar el número de columnas que se van a mostrar.
- **Apilar en móvil** permite que las columnas se muestren una debajo de la otra en dispositivos de tipo teléfonos inteligentes.

Ahora podemos dar formato al bloque **Columnas**, personalizando sus estilos.

➜ Seleccione el bloque **Columnas** y, en la columna lateral derecha, en la pestaña **Bloque**, seleccione la subpestaña **Estilos**.

Tiene acceso a muchos estilos con los que ahora está familiarizado: **Color**, **Tipografía**, **Dimensiones**, **BORDE** y **RADIO**.

N. Otros bloques de formato

En la categoría **TEXTO**, Gutenberg ofrece varios bloques especializados y de uso menos frecuente:

- **Código**: este bloque le permite introducir código respetando los espacios, las tabulaciones y las sangrías.
- **Preformateado**: el texto introducido conservará todos los espacios adicionales y se mostrará en una fuente de espacio fijo, de tipo Courrier.
- **Cita** y **Párrafo de cita** permiten mostrar una cita con un formato específico.
- **Verso** utiliza un formato determinado para mostrar un fragmento de una canción o un poema.

O. Otros bloques de diseño

1. El Bloque Más

Por defecto, todo el contenido de una entrada se muestra en la página de inicio. Esto no resulta necesariamente muy práctico para los visitantes, ya que la página de inicio puede estar muy recargada y requerir mucho desplazamiento. El bloque **Más**, de la categoría **DISEÑO**, permite mostrar únicamente el inicio del contenido de una entrada.

➜ Muestre el bloque que sirve como introducción a la entrada.

➜ Después de este bloque de «introducción», inserte el bloque **Más**.

➜ Puede editar el texto **LEER MÁS**.

- En la configuración de este bloque, puede marcar la opción **Ocultar el extracto en la página con el contenido completo** para que no se muestren los bloques colocados antes del bloque **Más**, cuando esta entrada se muestra en una sola página.

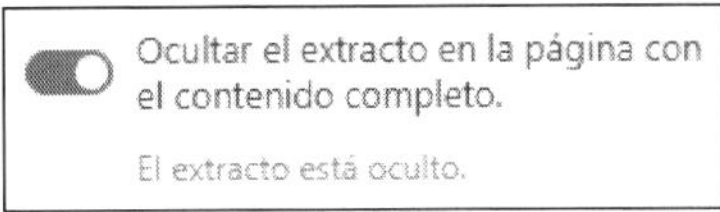

Cuando se muestra el sitio, en la página de inicio, solo aparecerá el título del artículo y los bloques colocados antes del bloque **Más**.

2. El bloque de salto de página

No siempre resulta muy cómodo utilizar la barra de desplazamiento en una entrada muy larga para acceder a la parte inferior de esta. El bloque **Salto de página**, de la categoría **DISEÑO**, permite crear una paginación automática en el punto que usted desee dentro de su entrada. Puede insertar varios bloques de este tipo cuando tenga entradas muy largas, con mucho contenido.

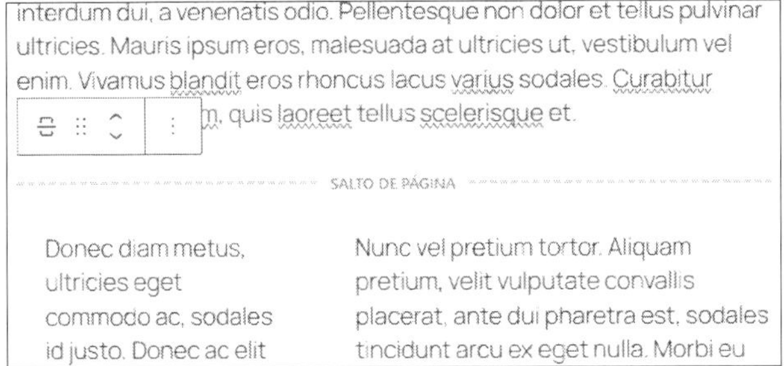

No hay ningún ajuste para este bloque.

A continuación, se muestra cómo se obtiene la vista en la página publicada, con un artículo que tiene saltos de página:

Páginas: 1 2 3 4 5

3. El bloque separador

Para visualizar claramente las diferentes partes de un artículo bastante largo, puede insertar el bloque **Separador** de la categoría **DISEÑO**, que mostrará una línea divisoria horizontal.

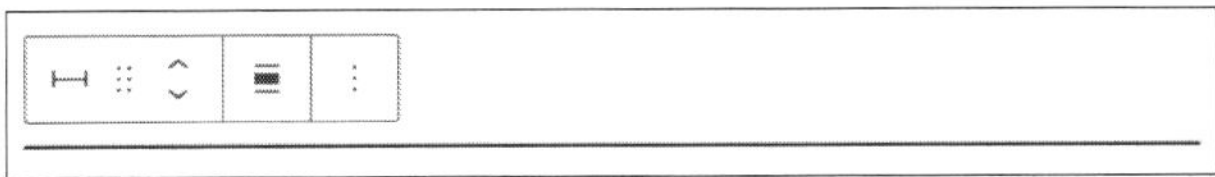

- En la barra lateral derecha, en la pestaña **Bloque**, panel **Estilos**, puede elegir un estilo de línea:

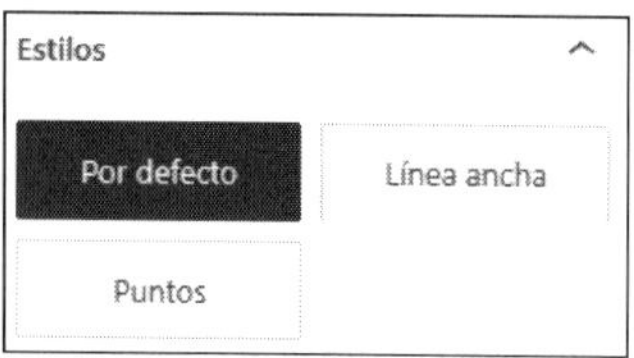

- En el panel **Color**, puede aplicar un color a la línea divisoria.

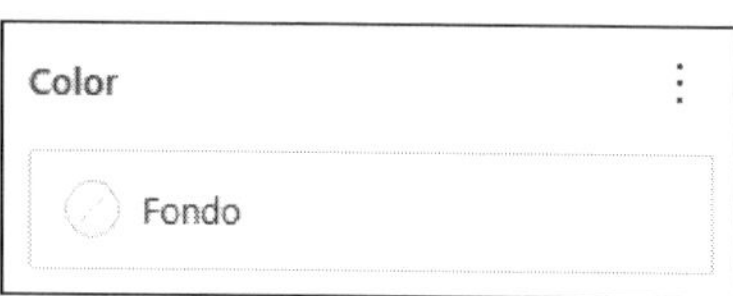

- Por último, en el panel **Dimensiones**, puede cambiar el **MARGEN**.

4. El bloque Espaciador

El bloque **Espaciador** de la categoría **DISEÑO** permite espaciar dos partes separadas de su contenido.

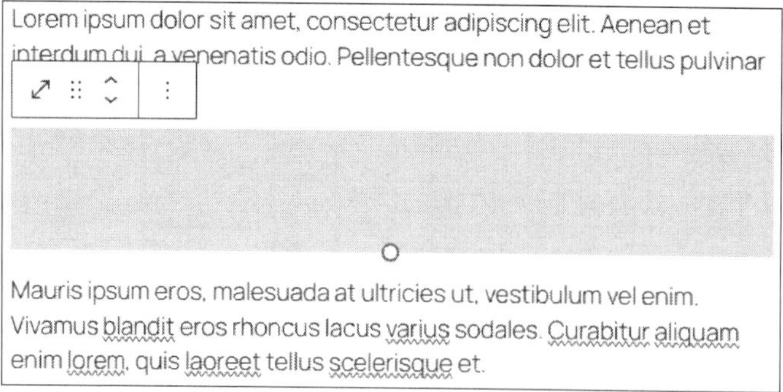

- Para cambiar la altura del espaciador, puede usar el controlador azul, que se muestra en el borde inferior.

➜ En la pestaña **Bloque**, subpestaña **Ajustes**, en el panel **Ajustes**, puede introducir el valor de **ALTURA** del espaciador.

➜ En la pestaña **Bloque**, subpestaña **Estilos**, en el panel **Dimensiones**, puede introducir el valor del **MARGEN** del espaciador.

P. Los bloques Incrustados

Los bloques de contenidos **Incrustados** permiten mostrar contenido de otros sistemas de publicación, como **X**, **Facebook**, **Instagram**, **Flickr**, etc., en un artículo o en una página. Gutenberg ofrece más de una docena de tipos de contenidos incrustados. Veamos un ejemplo con **X** (antigua Twitter).

➜ Inserte un bloque de tipo **INCRUSTADOS** y elija **Twitter** (Por ahora, WordPress mantiene la nomenclatura y el logo antiguos de esta red social).

→ En el campo de entrada, introduzca la URL de la cuenta de Twitter que desee.

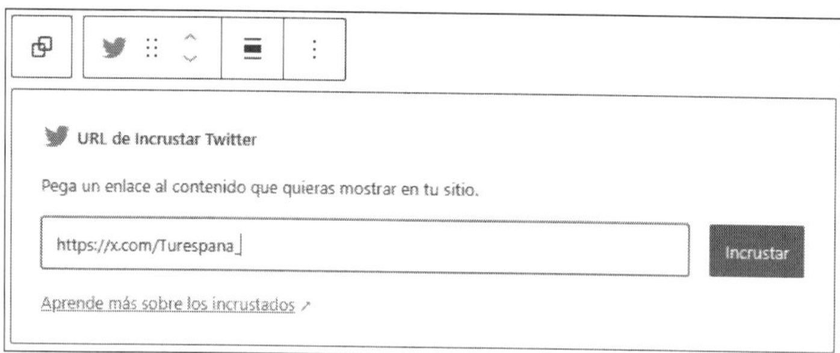

→ Haga clic en el botón **Incrustar**.

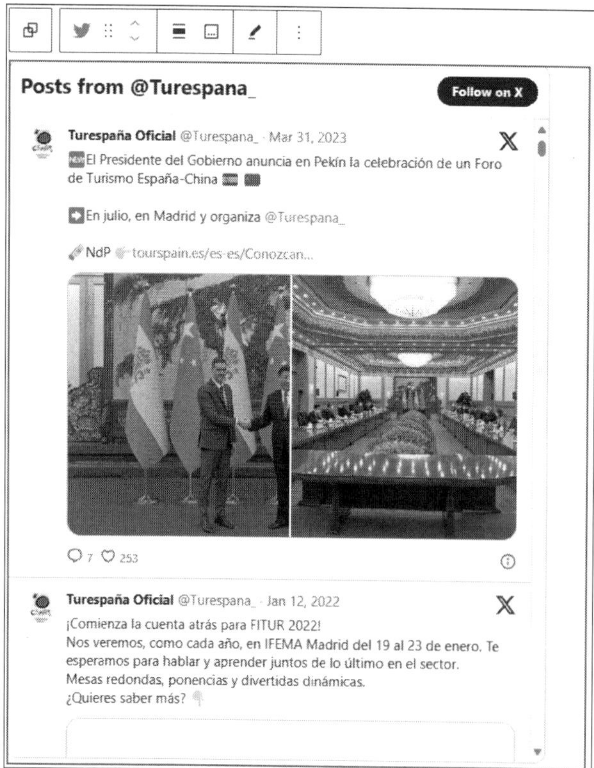

- En la parte inferior del bloque, puede introducir una leyenda pulsando el botón correspondiente de la barra de herramientas.
- Para configurar la visualización de contenido incrustado de tipo Twitter, en la barra lateral derecha, en la pestaña **Bloque**, use la opción **Cambia el tamaño para dispositivos más pequeños** en el panel **Ajustes de medios**, a fin de tener una pantalla optimizada para teléfonos inteligentes.

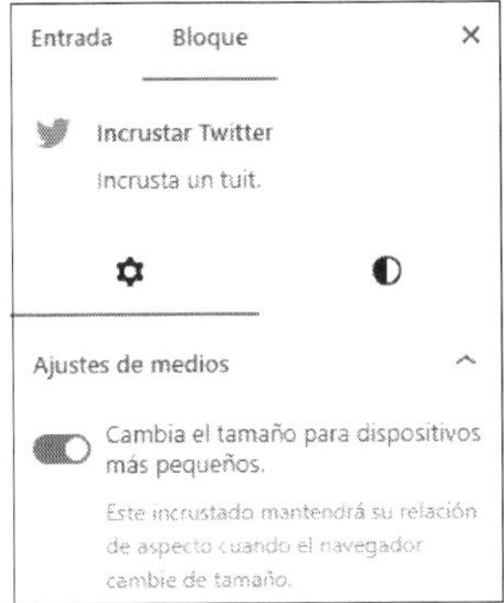

Q. El bloque Botones

El bloque **Botones** de la categoría **DISEÑO** permite a los visitantes realizar una acción haciendo clic en un botón. Esta acción puede ser, por ejemplo, la posibilidad de volver a la página de inicio del sitio o a otra página.

- En la categoría **DISEÑO**, inserte el bloque **Botones**.

Se inserta el bloque de botones:

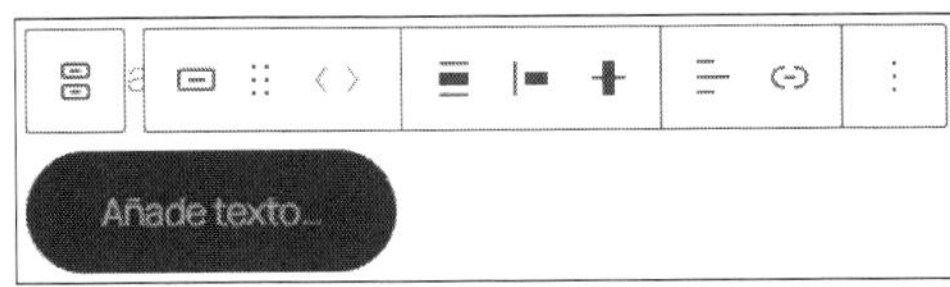

- En el campo del botón, introduzca la etiqueta deseada.

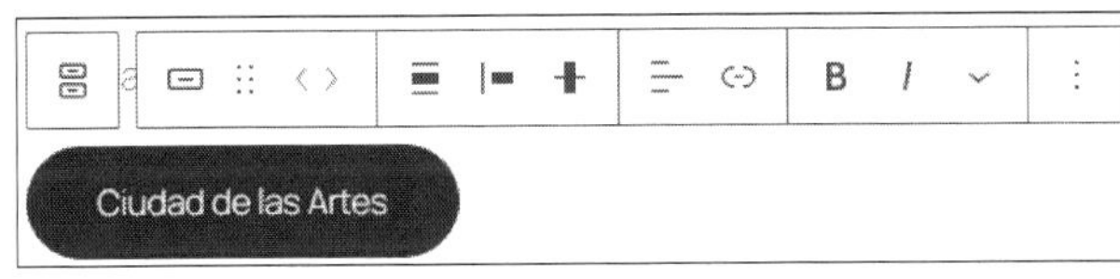

- Para agregar un enlace al botón, en la barra de herramientas del bloque, haga clic en el botón **Enlace**.

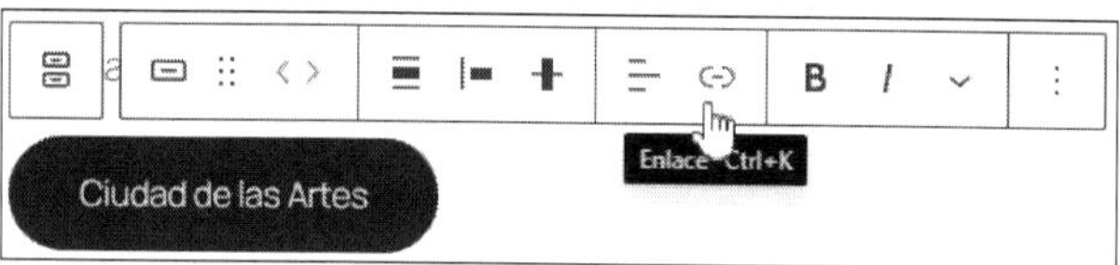

- En el campo del enlace, introduzca la URL deseada, sabiendo que también puede copiar/pegar una URL de su navegador.

A continuación, WordPress analiza la URL y muestra el sitio de destino.

- Confirme con la tecla ⏎.

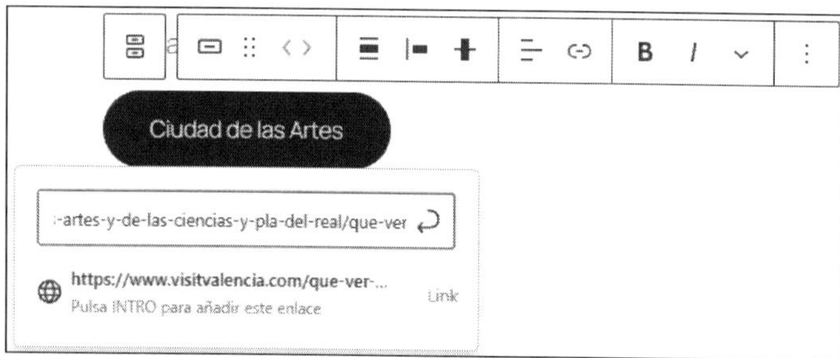

Se crea el botón con el enlace:

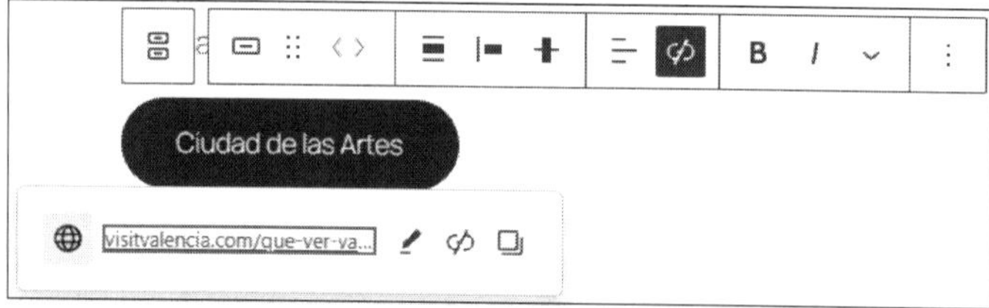

- Puede eliminar el enlace haciendo clic en el mismo botón.

- Puede cambiar la URL haciendo clic en el botón ✎.

La aplicación de formato al botón se realizará, como siempre, en la barra lateral derecha.

- Seleccione el botón.
- En la pestaña **Bloque**, subpestaña **Ajustes**, en el panel **Ajustes**, puede personalizar la anchura del botón con valores predefinidos expresados como porcentajes del ancho disponible.

- En la pestaña **Bloque**, subpestaña **Estilos**, tiene a su disposición varias configuraciones que ya hemos visto con anterioridad: **Estilos**, **Color**, **Tipografía**, **Dimensiones** y **Borde**.

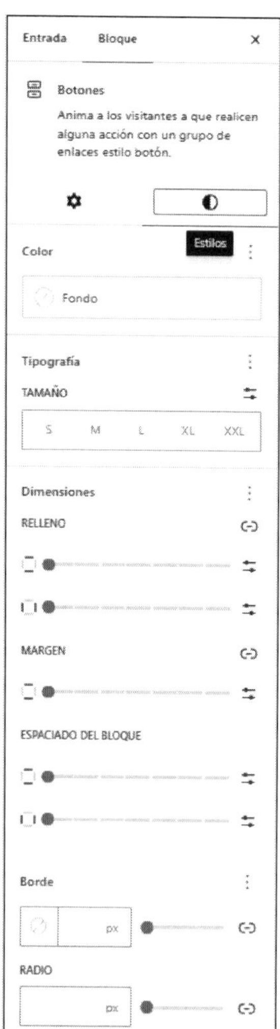

→ Para agregar otro botón, haga clic en el botón **Añadir Botón**.

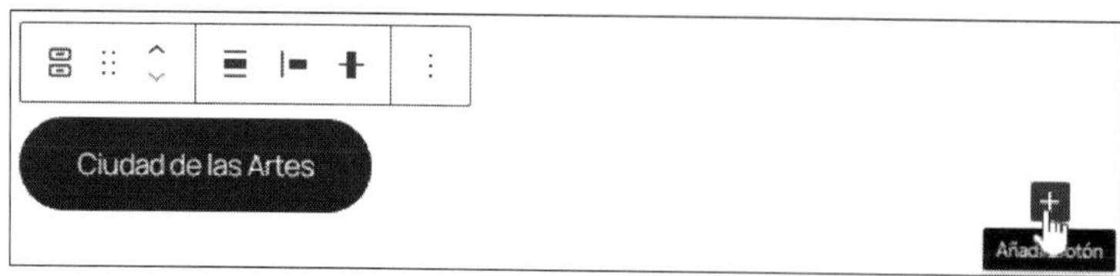

➜ Siga los pasos anteriores para configurar el nuevo botón:

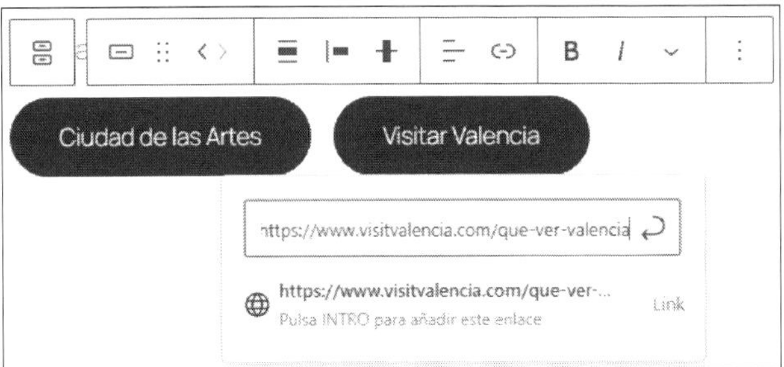

Cuando tiene varios botones, puede cambiar su diseño.

➜ Cuando se selecciona uno de los botones, en la barra de herramientas, haga clic en el primer botón, **Seleccionar bloque superior: Botones**, para seleccionar el bloque superior.

A continuación, verá la barra de herramientas del bloque de botones con los botones **Alineación**, **Cambiar el justificado de los elementos** y **Cambiar alineación vertical**.

Como siempre, en la columna lateral derecha es donde se da formato al grupo de botones.

➜ En la pestaña **Bloque**, subpestaña **Ajustes**, en el panel **Estructura**, puede personalizar el **JUSTIFICADO** y la **ORIENTACIÓN** de los botones.

- La opción **Permite el ajuste a varias líneas**, que está marcada de forma predeterminada, sirve para que los botones se muestren uno debajo del otro si es necesario, de forma similar a como se mostrarían en la pantalla de un teléfono inteligente.
- En la subpestaña **Estilos**, encontrará las opciones de formato de **Tipografía**, **Dimensiones**, etc., que ya hemos visto anteriormente.

R. Los patrones

1. Usar patrones

Al redactar sitios web, puede ocurrir que ciertos contenidos sean siempre los mismos. Por ejemplo, imaginemos que queremos incluir la foto del redactor y su información de contacto en las redes sociales. Sería muy tedioso insertar estos elementos en cada entrada. Y si hubiera que modificar alguna información de contacto, habría que revisar todo el contenido para actualizar esos datos.

Con WordPress, puede configurar contenido recurrente con patrones, que son bloques reutilizables.

2. Crear patrones

El primer paso consiste en insertar los bloques que desea convertir en patrones.

→ En una entrada o página, inserte los bloques que quiera y añada contenido.

En este ejemplo, estamos usando un bloque de **Medios y texto** al que estamos dando formato.

→ En la barra de herramientas de bloques, haga clic en el botón **Opciones** (⋮) y elija **Crear patrón**.

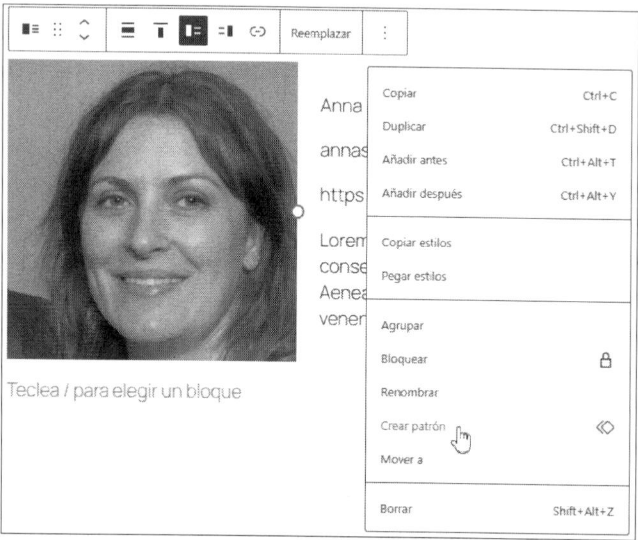

→ A continuación, WordPress pide que asigne un nombre y una categoría a este patrón:

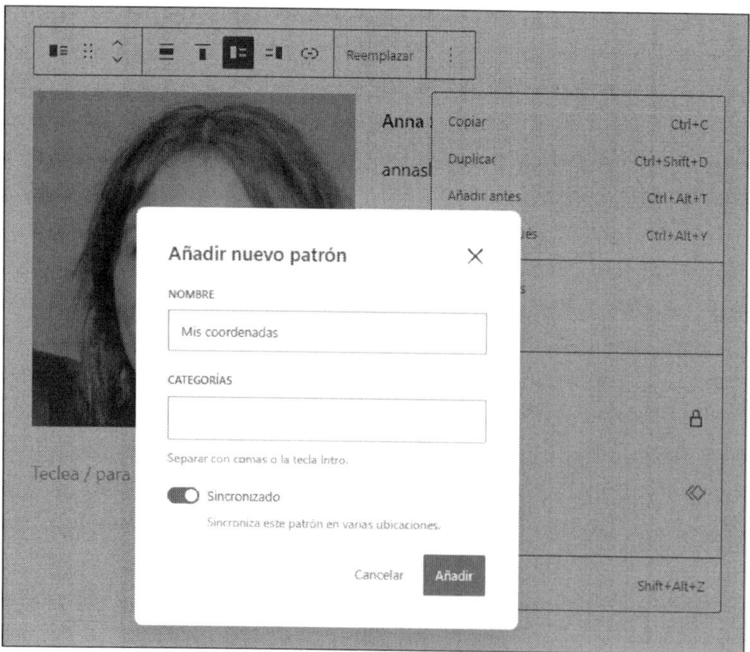

➔ Proporcione estos datos y haga clic en el botón **Añadir**.

El bloque inicial se transforma inmediatamente en una instancia del patrón creado:

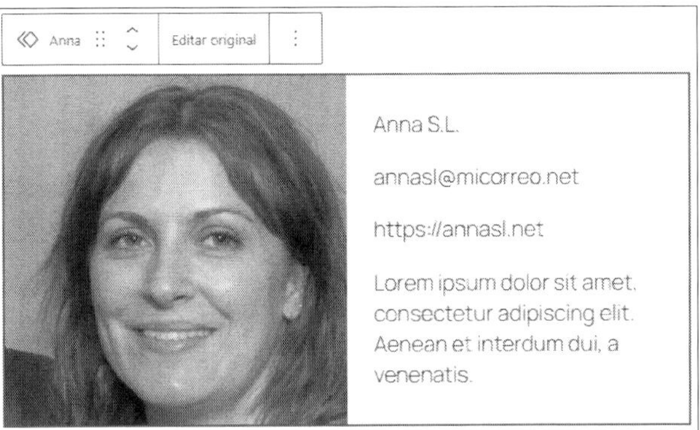

En la pestaña **Bloque**, puede ver que se trata de la instancia de un patrón:

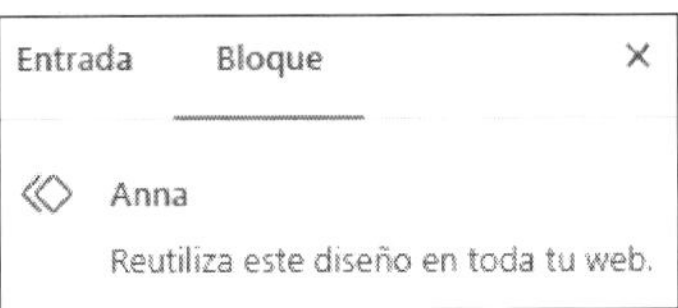

➔ Haga lo mismo con todos los patrones que necesite.

3. Administrar los patrones

A continuación veremos cómo gestionar los patrones.

➔ Abra el contenido (entrada o página) que incorpora uno de los patrones que ha creado.

- En la columna lateral derecha, desde el menú **Opciones** (el botón con los tres puntos verticales), elija **Gestionar patrones**.

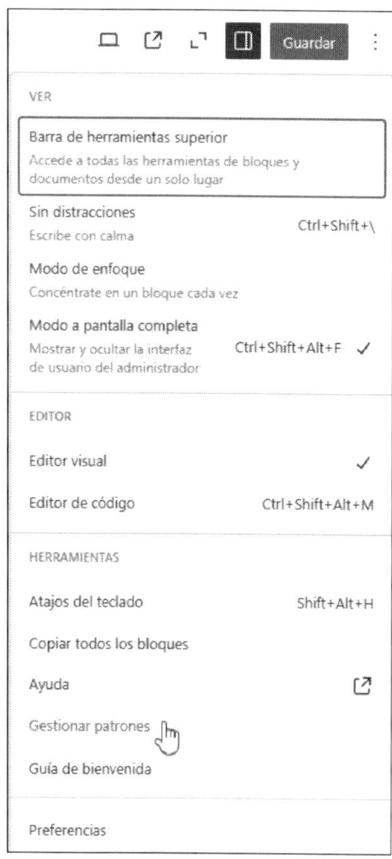

Guarde la página para no perder el trabajo hecho. A continuación, se mostrará la interfaz de patrones de WordPress. Por defecto, se situará en la carpeta **Todos los patrones**, con patrones instalados en WordPress de forma predeterminada. Debajo se halla la carpeta **Mis patrones**, donde se guardan los patrones que usted crea.

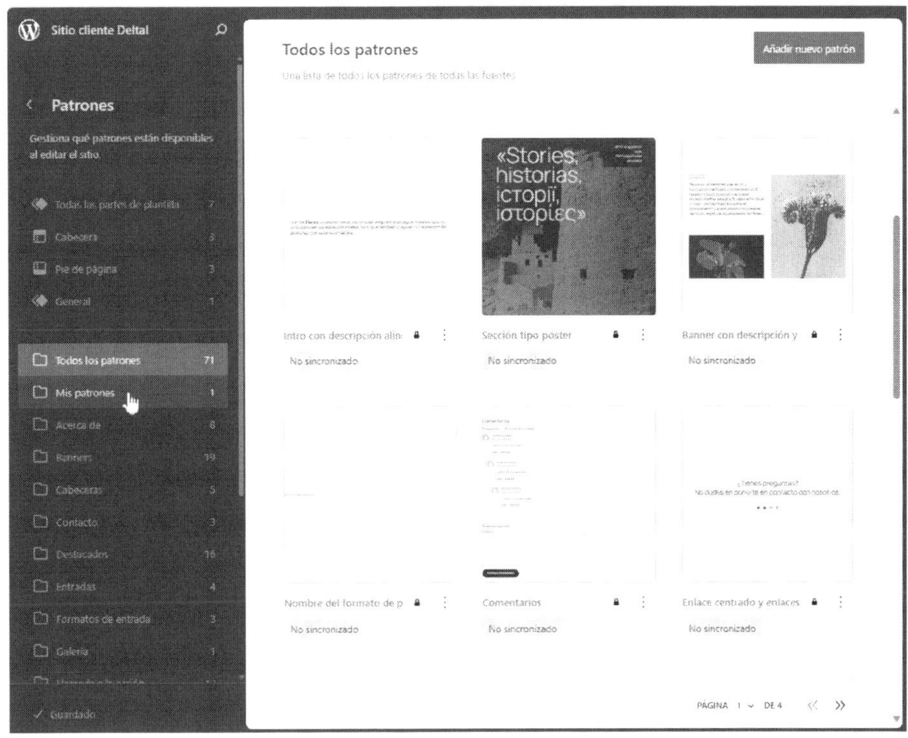

En esta carpeta aparecen todos los patrones que ha creado. Desde el icono de los tres puntos del patrón escogido, puede **Editar**, **Duplicar**, **Renombrar**, **Exportar como JSON** o **Borrar**.

➜ Para editar un patrón, escoja la opción **Editar**.

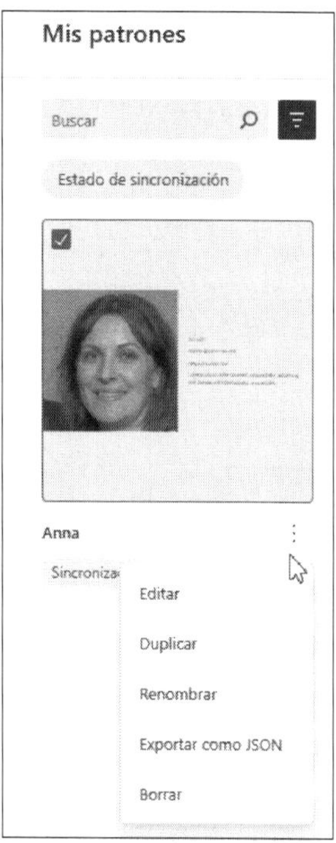

→ Si es necesario, puede cambiar el formato de cada bloque como desee, con todas las técnicas que hemos visto anteriormente.

→ A continuación, haga clic en el botón **Guardar**.

Se actualiza el patrón.

➜ Haga lo mismo con otros patrones.

Para administrar sus patrones, recuerde usar siempre la barra lateral derecha, el menú **Opciones**

( ) y luego elija **Gestionar patrones**.

4. Añadir patrones

Desde la pantalla del administrador de patrones, puede agregar un nuevo patrón.

➜ Haga clic en el botón **Añadir nuevo patrón** y, a continuación, en la opción **Añadir nuevo patrón**.

Aparecerá la ventana **Añadir nuevo patrón**.

➜ En el campo **NOMBRE**, introduzca un nombre para este nuevo patrón.

➜ En el campo **CATEGORÍAS**, especifique una categoría.

➜ Haga clic en el botón **Añadir**.

➜ Agregue los bloques que desee y aplíqueles formato.

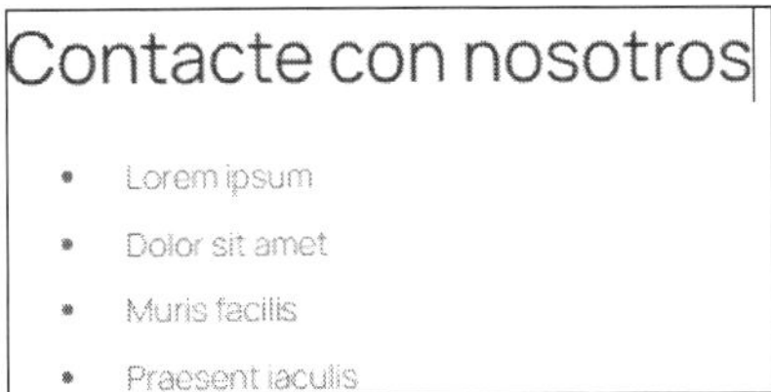

➜ Haga clic en el botón **Guardar**.

Se crea el nuevo patrón.

5. Exportar e importar patrones

Tenga en cuenta que los patrones solo son reutilizables en el sitio donde se crearon. Para poder aprovecharlos en otro sitio, debe exportarlos primero.

➜ Para exportar un patrón, haga clic en su icono de tres puntos y escoja **Exportar como JSON**.

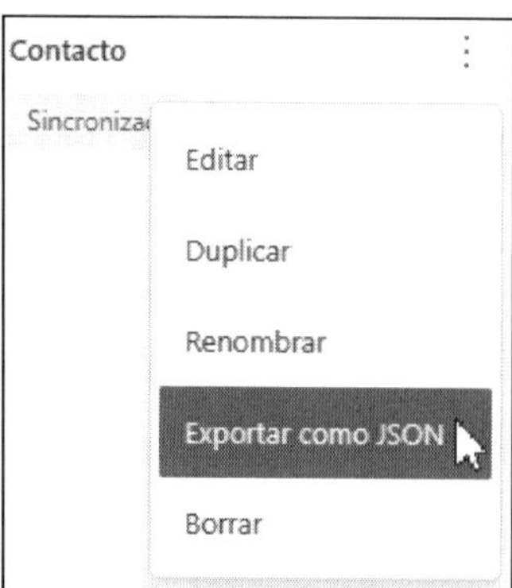

JSON es un formato de descripción en modo texto. El patrón se exporta a un archivo JSON cuyo nombre es el mismo que el del bloque: **anna.json** en este ejemplo.

- Para importar un patrón exportado a otro sitio, en la pantalla de patrones, haga clic en el botón **Añadir nuevo patrón** y, a continuación, en **Importar patrón desde JSON**.
- En la ventana que aparece, con el selector de archivos, seleccione el archivo JSON deseado.
- Haga clic en el botón **Abrir**.

El patrón se ha importado automáticamente a la carpeta **Mis patrones** y un mensaje en la esquina inferior izquierda de la pantalla informa de la importación:

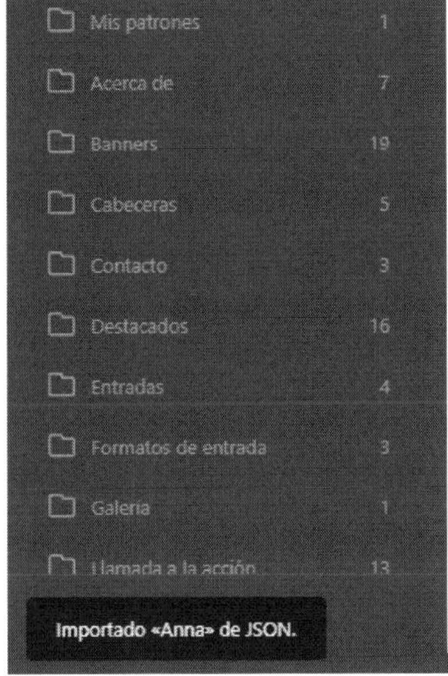

6. Sacar partido de los patrones

Ahora que se han creado los patrones, puede insertarlos en el contenido.

- Cree un nuevo contenido, publicación o página.
- Introduzca un título para este contenido.
- En la barra de herramientas superior, haga clic en el botón + para agregar un bloque.

Ahora tiene una pestaña llamada **Patrones**.

➙ Haga clic en la pestaña **Patrones** y luego en la opción **Mis patrones** para ver una lista de los patrones personalizados disponibles.

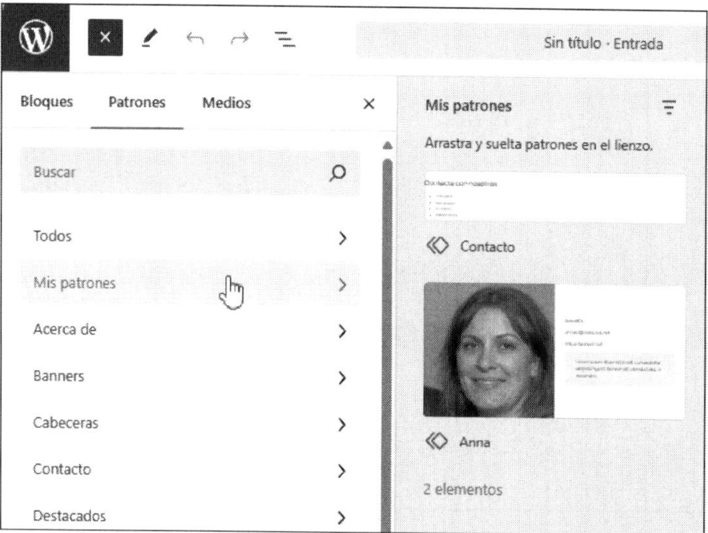

➙ Para insertar el bloque deseado, haga clic en él.

Se inserta una instancia del patrón:

En la columna lateral derecha, en la pestaña **Bloque**, se indica que se trata de un elemento reutilizable y también puede ver su nombre.

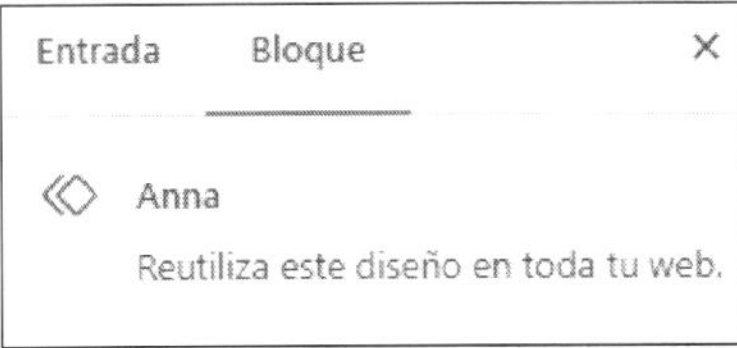

7. Actualizar los patrones

Un sitio web está en constante evolución y el contenido de los patrones puede cambiar. En ese caso, deben actualizarse.

- Abra un contenido, una publicación o una página que utilice patrones.
- En el menú **Opciones** de la columna lateral derecha, seleccione **Gestionar patrones**.
- En la lista de patrones personalizados (carpeta **Mis patrones**), abra el que necesita ser editado y actualizado.
- Realice los cambios que desee.

- Haga clic en el botón **Guardar**.

- Muestre la lista de publicaciones o páginas.
- Abra uno o más contenidos que usen el patrón que acaba de editar.

En todos estos contenidos, las instancias del patrón que acaba de editar aparecerán actualizadas automáticamente.

También puede actualizar un patrón desde un contenido, una publicación o una página que lo utilice.

- En el menú de opciones de la instancia insertada en el contenido, elija **Gestionar patrones**.

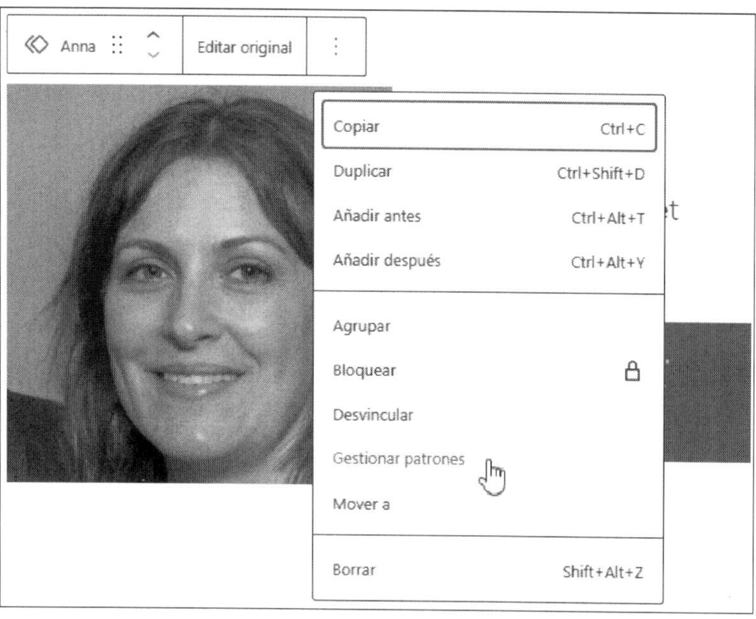

8. Eliminar un patrón

En la administración de patrones, puede eliminar un patrón.

➜ En la lista de patrones, haga clic en el icono de tres puntos del patrón que desea eliminar y seleccione **Borrar**.

➜ Abra el contenido que utiliza este patrón eliminado.

Un mensaje de alerta indica que ya no se puede acceder a la instancia del patrón:

El bloque se ha borrado o no está disponible.

S. Otros patrones

Además de los patrones personalizados que acabamos de ver, los temas pueden ofrecer patrones de diseño listos para usar. El tema predeterminado para esta versión de WordPress ofrece varios patrones «de serie».

- Cree un nuevo contenido, publicación o página.
- Agregue un bloque y haga clic en la pestaña **Patrones**.

Los patrones se clasifican por categorías. En la categoría **Todos** podrá encontrar todos los patrones de todas las categorías, incluidos los patrones personalizados que acabamos de ver.

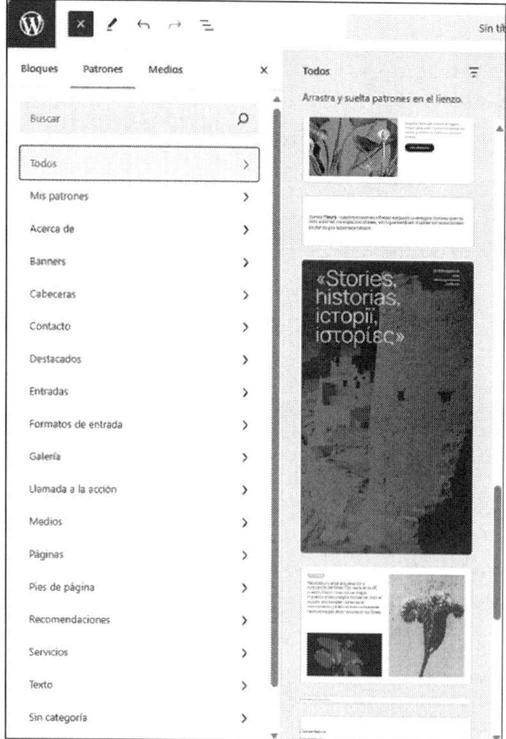

- Para insertar un patrón, haga clic en su nombre.

El patrón se inserta.

A continuación, puede editar los bloques individuales y añadirles su contenido.

Capítulo 8: Los comentarios

A. Objetivos

Debido a su origen como «motor de blogs», WordPress permite a los visitantes de su sitio comentar las entradas y las páginas. Esto contribuye a crear interacción con los visitantes.

Veremos cómo configurar los comentarios, cómo moderarlos y cómo mostrarlos.

B. Los ajustes de los comentarios

1. Permitir comentarios en el sitio

→ Para permitir comentarios en todo el sitio, en el menú **Ajustes**, elija **Comentarios**.

De forma predeterminada, en los **Ajustes por defecto de las entradas**, está marcada la opción **Permitir que se envíen comentarios en las entradas nuevas**.

Ajustes de comentarios

Ajustes por defecto de las entradas
- [x] Intentar avisar a cualquier blog enlazado desde la entrada
- [x] Permitir avisos de enlaces de otros blogs (pingbacks y trackbacks) en las nuevas entradas
- [x] Permitir que se envíen comentarios en las entradas nuevas

Las entradas individuales pueden anular estos ajustes. Los cambios hechos aquí solo se aplicarán a las nuevas entradas.

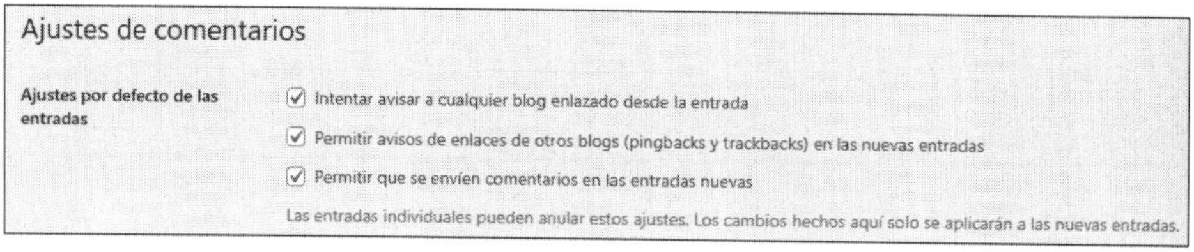

Como se ha indicado, puede hacer excepciones para una entrada determinada. Lo veremos más adelante.

→ Si realiza un cambio, en la parte inferior de la pantalla, haga clic en el botón **Guardar cambios**.

2. Los ajustes de los comentarios

El área **Otros ajustes de comentarios** permite ajustar cómo se crean y muestran los comentarios.

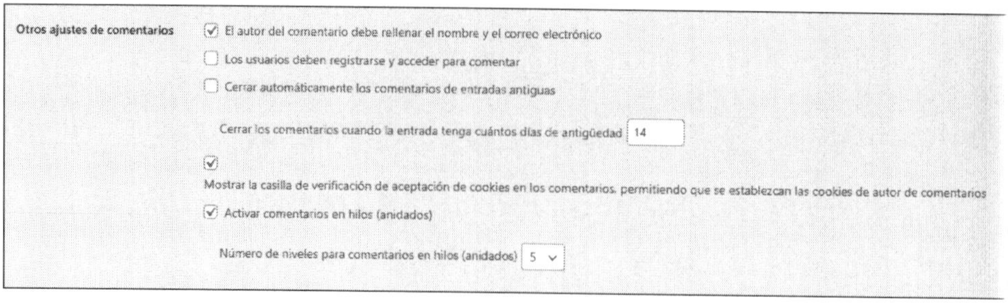

Otros ajustes de comentarios
- [x] El autor del comentario debe rellenar el nombre y el correo electrónico
- [ ] Los usuarios deben registrarse y acceder para comentar
- [ ] Cerrar automáticamente los comentarios de entradas antiguas

Cerrar los comentarios cuando la entrada tenga cuántos días de antigüedad 14

- [x] Mostrar la casilla de verificación de aceptación de cookies en los comentarios, permitiendo que se establezcan las cookies de autor de comentarios
- [x] Activar comentarios en hilos (anidados)

Número de niveles para comentarios en hilos (anidados) 5

- **El autor del comentario debe rellenar el nombre y el correo electrónico**; la opción marcada requiere que los visitantes proporcionen un nombre y una dirección de correo electrónico para dejar un comentario.

Con el tema **Twenty Twenty-Five**, este es el formulario de comentarios con esta opción marcada. Tenga en cuenta la presencia de asteriscos para indicar la entrada obligatoria de los campos **Nombre** y **Correo electrónico**.

Comentarios

Deja una respuesta

Tu dirección de correo electrónico no será publicada. Los campos obligatorios están marcados con *

Comentario *

Nombre *

Correo electrónico *

Web

Guarda mi nombre, correo electrónico y web en este navegador para la próxima vez que comente.

Publicar el comentario

Cuando pruebe WordPress localmente, en su máquina, para probar los comentarios, debe abrir su sitio de WordPress en otro navegador. De esta forma, tendrá dos sesiones abiertas: la del administrador y la de un visitante.

El formulario de comentarios con la opción de nombre y dirección de correo electrónico no marcado: ya no aparecen los asteriscos que indican obligatoriedad.

- La opción **Los usuarios deben registrarse y acceder para comentar** hace que los comentarios solo se permitan para los usuarios registrados en el sitio.

Si esta opción está marcada, este es el mensaje que se muestra con el tema **Twenty Twenty-Five**:

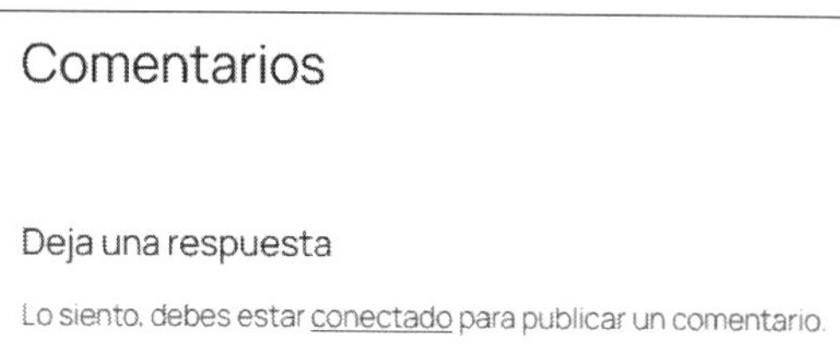

- Las opciones **Cerrar automáticamente los comentarios de entradas antiguas** y **Cerrar los comentarios cuando la entrada tenga cuántos días de antigüedad x** hacen que no se permitan comentarios más allá del número de días especificado. El número de días se calcula en relación con la fecha de publicación de las entradas o las páginas.
- Si la opción **Mostrar la casilla de verificación de aceptación de cookies en los comentarios**... está marcada, se agrega una opción adicional en el formulario.

☐ Guarda mi nombre, correo electrónico y web en este navegador para la próxima vez que comente.

Esta opción permite aceptar o rechazar el uso de cookies para almacenar los datos introducidos. Se trata de un requisito para cumplir con el **RGPD**. El RGPD (Reglamento General de Protección de Datos) es un conjunto de textos legales europeos para proteger los datos personales de los usuarios de Internet. Puede consultar el sitio web de la Agencia Española de Protección de Datos sobre este tema: https://www.aepd.es/prensa-y-comunicacion/notas-de-prensa/aepd-actualiza-guia-cookies-para-adaptarla-a-nuevas-directrices-cepd

WordPress permite responder a un comentario publicado y muestra la respuesta con una sangría para visualizar claramente las respuestas sucesivas.

- Las opciones **Activar comentarios en hilos (anidados)** y **Número de niveles para comentarios en hilos (anidados) x** permite especificar cuántos niveles de anidamiento desea mostrar.

He aquí un ejemplo con un solo nivel de anidamiento, por lo que solo se permite un nivel de respuesta a un comentario publicado, con el tema **Twenty Twenty-Five**:

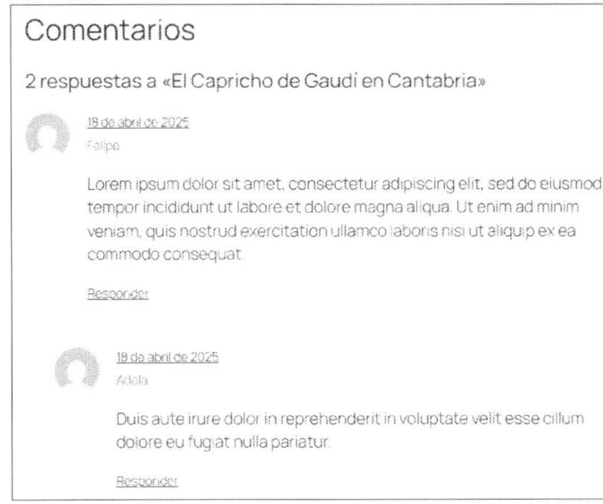

- Las opciones **Desglosar los comentarios en páginas, Comentarios de nivel superior por página x, Página de comentarios a mostrar por defecto última página/primera página** permiten mostrar una paginación automática si hay más de X comentarios para una publicación o página. Puede elegir mostrar primero la última o la primera página de comentarios.
- La opción **Comentarios para mostrar en la parte superior de cada página más antiguos/más recientes** permite mostrar primero los comentarios más antiguos o los más nuevos.
- Si realiza un cambio, en la parte inferior de la pantalla, haga clic en el botón **Guardar cambios**.

3. Las notificaciones de los comentarios

Como administrador, puede recibir una notificación por correo electrónico tan pronto como se publique un nuevo comentario y cuando hay un comentario pendiente de moderación, mediante las opciones **Enviarme un correo electrónico cuando**.

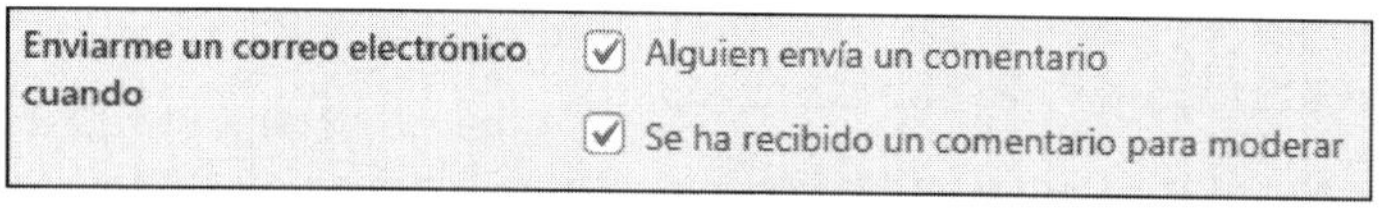

Enviarme un correo electrónico cuando	☑ Alguien envía un comentario ☑ Se ha recibido un comentario para moderar

- Si realiza un cambio, en la parte inferior de la pantalla, haga clic en el botón **Guardar cambios**.

4. La publicación de los comentarios

También puede establecer reglas para publicar comentarios con las opciones **Para que un comentario aparezca**.

Para que un comentario aparezca	☐ El comentario debe aprobarse manualmente ☑ El autor del comentario debe tener un comentario previamente aprobado

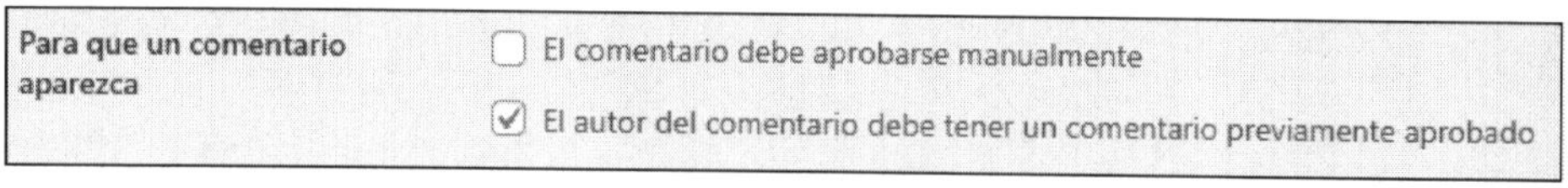

- La opción **El comentario debe aprobarse manualmente** permite publicar un comentario solo si es aprobado por un usuario del sitio que posea los derechos necesarios.
- La opción **El autor del comentario debe tener un comentario previamente aprobado** permite no tener que aprobar sistemáticamente los comentarios de un visitante al que ya se le ha aprobado un comentario. Esto le permite confiar en los visitantes que ya han tenido un comentario aprobado y reduce el número de comentarios que se deben moderar.
- Si realiza un cambio, en la parte inferior de la pantalla, haga clic en el botón **Guardar cambios**.

5. La moderación de los comentarios

WordPress permite poner automáticamente en la cola de moderación un comentario si contiene más de X de estos elementos prohibidos:

- una o más palabras clave,
- el nombre de un visitante,
- un sitio web,
- una dirección de correo electrónico,
- o una dirección IP.

➜ Debe introducir estos «elementos prohibidos» en el campo de entrada **Moderación de comentarios.** Tenga en cuenta que solo debe introducir un elemento prohibido por línea.

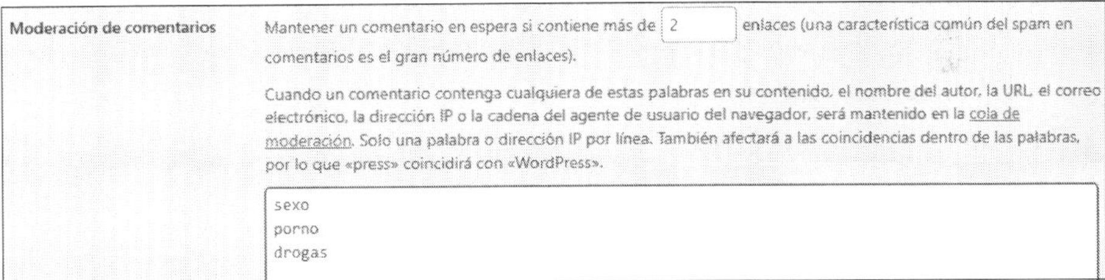

Si un comentario contiene un elemento prohibido, se pondrá automáticamente en la cola de moderación. Esta es la pantalla que obtendrá.

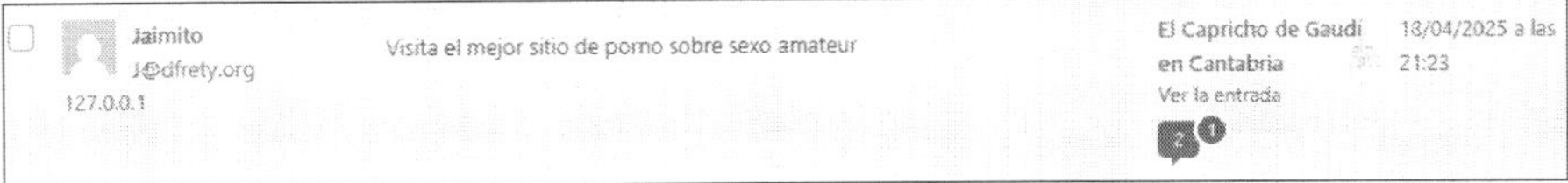

Siguiendo el mismo principio, WordPress permite gestionar una lista de **Palabras rechazadas encomentarios**. Esto hace que todos los comentarios con una de las palabras prohibidas especificadas se pongan como comentarios de spam.

➜ Utilice el campo de entrada para indicar todas las palabras prohibidas.

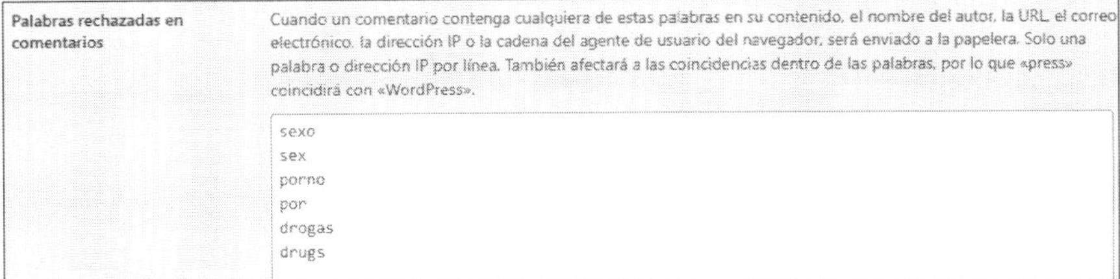

Si un comentario contiene una palabra clave prohibida, se colocará automáticamente en la lista de correo no deseado.

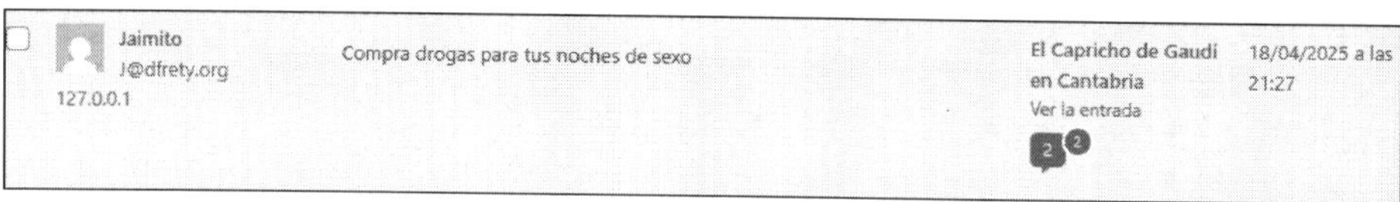

- Si realiza un cambio, en la parte inferior de la pantalla, haga clic en el botón **Guardar cambios**.

6. Los avatares de los visitantes

Cuando se publican comentarios, se puede mostrar una pequeña ilustración para personificar al visitante que dejó un comentario. Estas ilustraciones se llaman avatares.

- En el menú **Ajustes**, elija Comentarios.
- En el área **Avatares**, deje activada la opción **Mostrar avatares**.

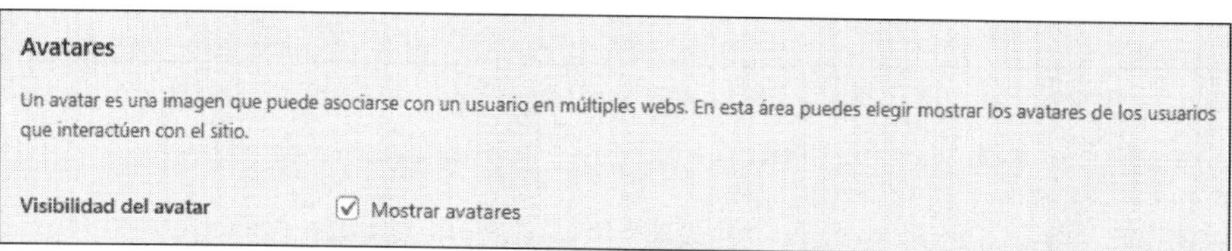

- En las opciones de **Clasificación máxima**, puede especificar si los avatares son visibles **Para todos los públicos** (valor predeterminado) o están reservados para una audiencia determinada.

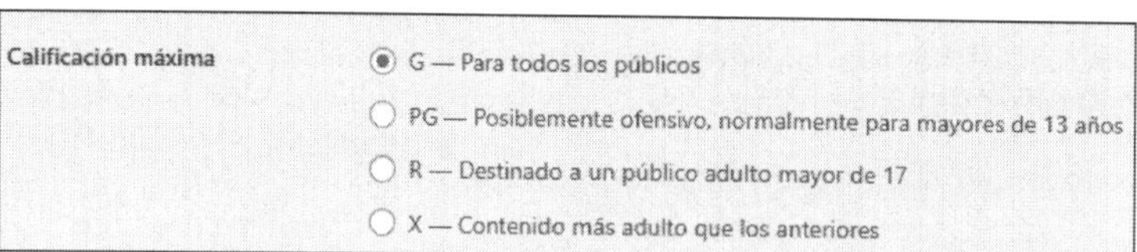

→ A continuación, puede elegir qué avatar mostrar, en las opciones **Avatar por defecto**.

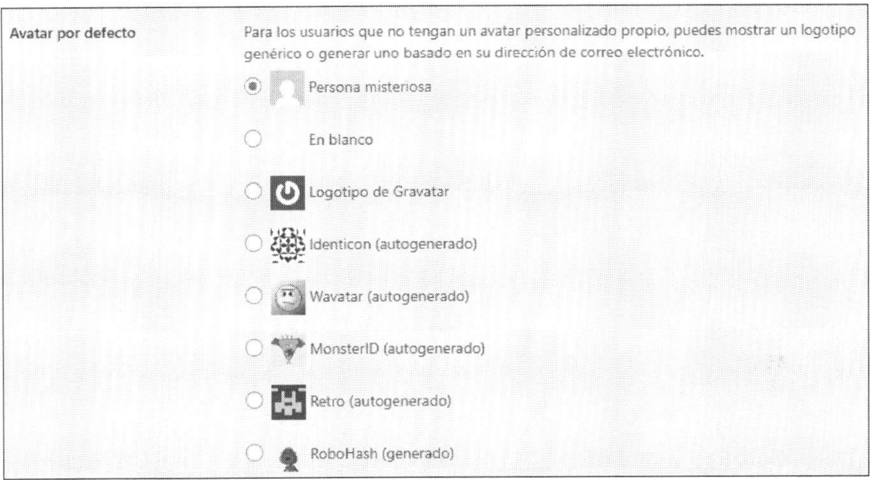

→ Si realiza un cambio, en la parte inferior de la pantalla, haga clic en el botón **Guardar cambios**.

C. Los comentarios de los visitantes

1. Dejar un comentario

Para dejar un comentario, el visitante debe visualizar una entrada o una página en una sola página. A continuación, accede al formulario de comentarios de acuerdo con la configuración previamente definida por el administrador del sitio.

El visitante rellena los campos y hace clic en el botón **Publicar el comentario**.

Comentarios

Deja una respuesta

Tu dirección de correo electrónico no será publicada. Los campos obligatorios están marcados con *

Comentario *

Nombre *

Correo electrónico *

Web

Guarda mi nombre, correo electrónico y web en este navegador para la próxima vez que comente.

Publicar el comentario

Tenga en cuenta que la aparición de este formulario depende por completo del tema elegido para mostrar el sitio.

Los visitantes pueden dar formato a sus comentarios con elementos HTML indicados debajo del campo de entrada.

Una vez haya hecho clic en el botón **Publicar el comentario**, y de acuerdo con la configuración que se haya indicado, el visitante verá que su comentario está pendiente de validación. WordPress muestra este mensaje con el tema predeterminado **Twenty Twenty-Five**.

2. Responder a un comentario

Una vez que se haya aprobado un comentario, los visitantes siguientes podrán responder a dicho comentario utilizando el enlace **Responder**, situado debajo del comentario original.

D. Administrar los comentarios

1. Mostrar los comentarios

Ahora, como administradores del sitio, vamos a gestionar los comentarios.

En la barra de menús, si observa una «pastilla» roja con un número dentro, significa que tiene X comentarios esperando ser moderados.

En la barra de herramientas, verá un símbolo similar.

➜ Para ver los comentarios, en la barra de menús, elija **Comentarios** o, en la barra de herramientas, haga clic en el botón **Comentarios**.

La lista de comentarios se muestra en una tabla. El comentario aparece sobre un fondo amarillo pálido, lo que indica que está pendiente de moderación.

En la tabla, en la columna **Autor**, puede ver información sobre el autor del comentario. Se mostrará su nombre, su dirección de correo electrónico y su dirección IP (en este ejemplo, todas las direcciones IP son iguales (::1) porque estamos trabajando en local, en nuestro equipo personal).

En la columna **Comentario**, verá el contenido del comentario.

En la columna **En respuesta a**, verá el nombre de la entrada que se está comentando y el número de comentarios aprobados en ella.

Por último, en la columna **Enviado el**, verá la fecha y la hora en que se envió el comentario.

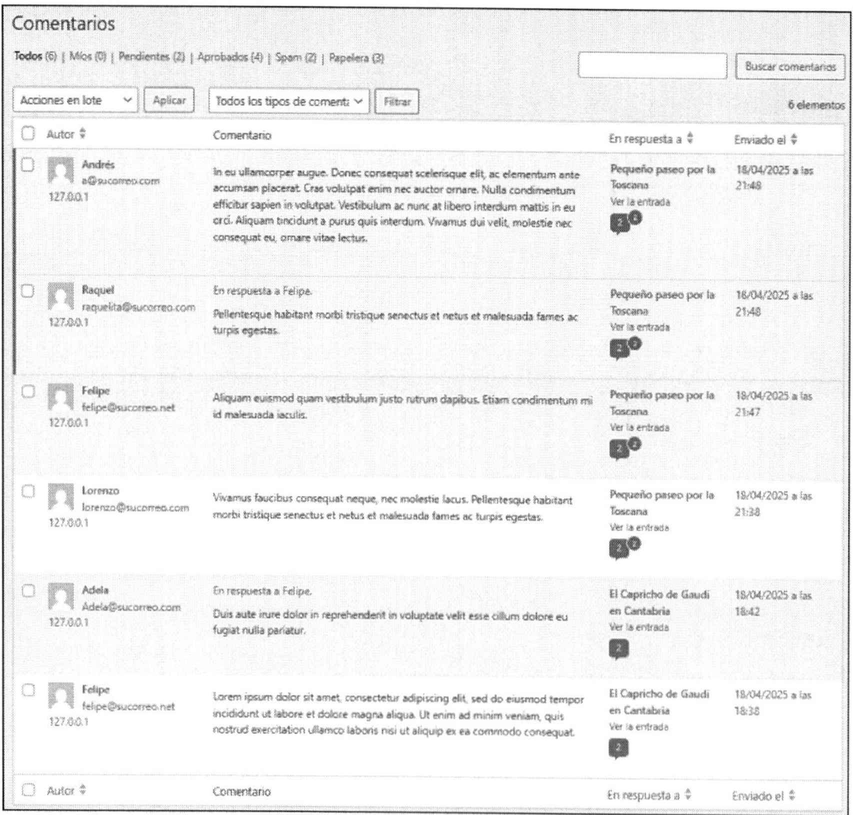

Encima de la tabla, verá una serie de enlaces que le permitirán filtrar tus comentarios por tipo.

- **Todos**: para ver todos los comentarios, independientemente del tipo.
- **Mío(s)**: muestra todos los comentarios que ha escrito usted mismo.
- **Pendientes** muestra todos los comentarios que están pendientes de moderación.
- **Aprobados** muestra todos los comentarios que se han aprobado.
- **Spam** muestra todos los comentarios que han sido declarados spam por las reglas aplicadas a los comentarios o por usted.
- **Papelera** muestra todos los comentarios colocados en la Papelera.

En los siguientes apartados, veremos cómo llevar a cabo la gestión de comentarios.

A la derecha, verá un campo de búsqueda de texto dentro de los comentarios.

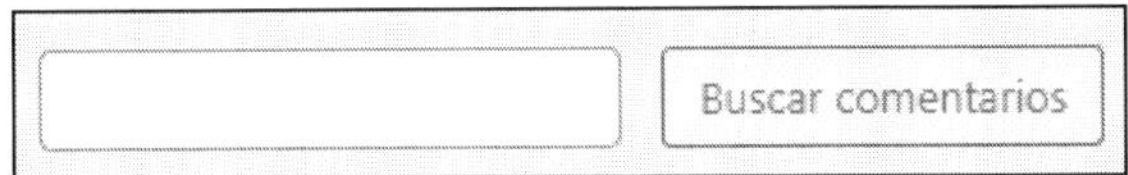

2. Moderar los comentarios

➜ Al pasar el ratón sobre un comentario, puede realizarse la moderación de dicho comentario.

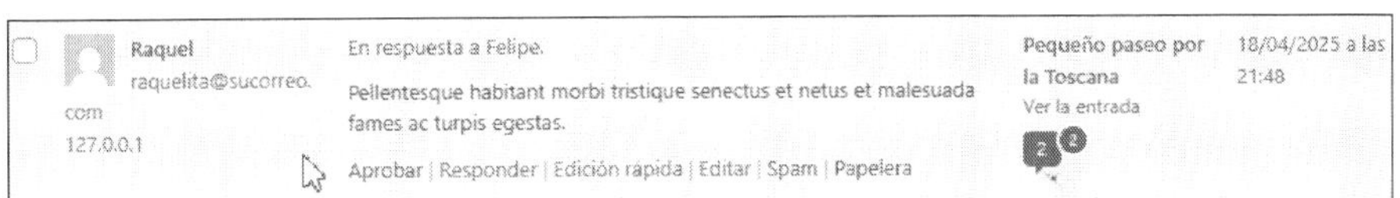

➜ También puede seleccionar varios comentarios y, en la lista desplegable **Acciones en lote** (encima de la tabla de comentarios), elegir la acción que se aplicará a esa selección. A continuación, haga clic en el botón **Aplicar**.

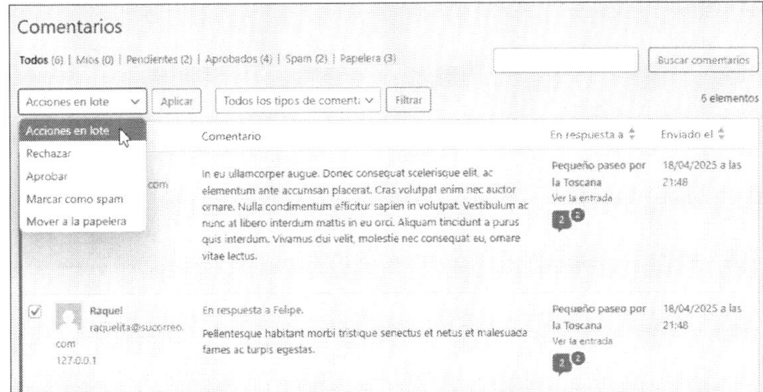

3. Aprobar un comentario

- El enlace **Aprobar** permite aprobar ese comentario. A continuación, se publicará inmediatamente y será visible para todos los visitantes del sitio.

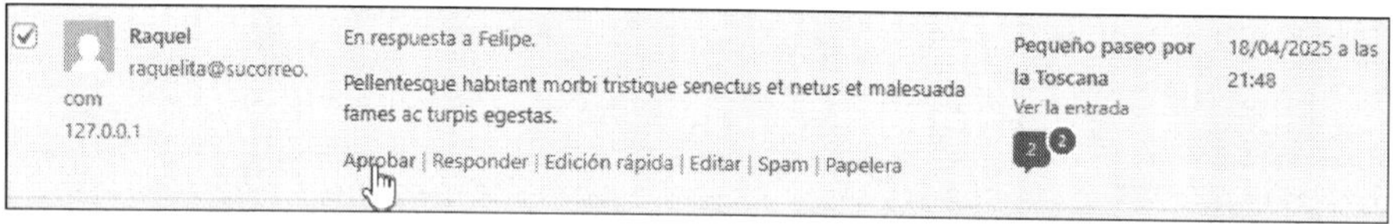

El fondo del comentario pasa a color blanco, lo que significa que se ha aprobado.

El comentario se publica en el sitio.

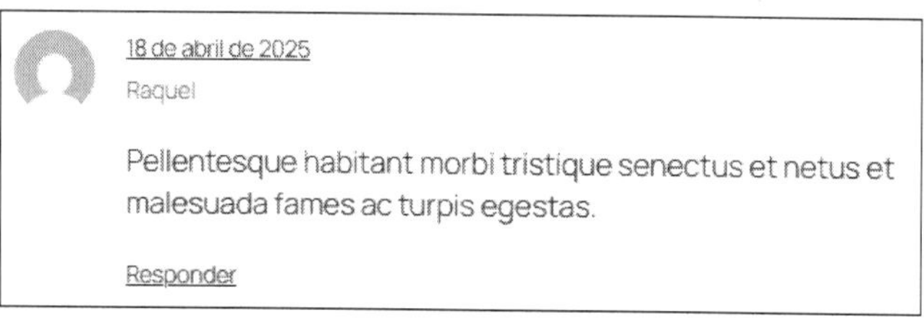

4. Responder a un comentario

- El enlace **Responder** permite al administrador responder a este comentario en la interfaz de administración del sitio.

A continuación, tendrá acceso a un campo de entrada para introducir el texto de su respuesta.

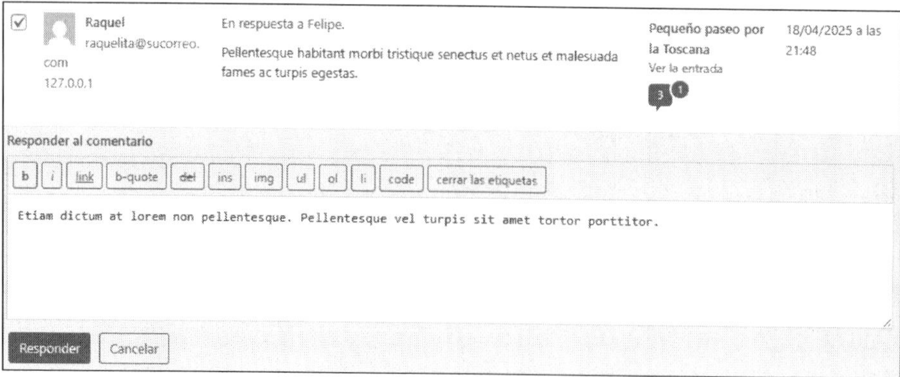

- Haga clic en el botón **Responder**.

La respuesta se publica en el sitio, con la sangría correspondiente con respecto al comentario al que respondió.

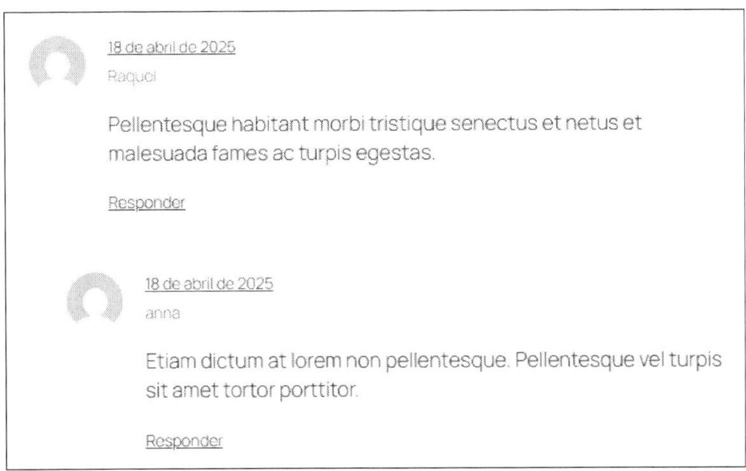

Su respuesta también aparece en la lista de comentarios.

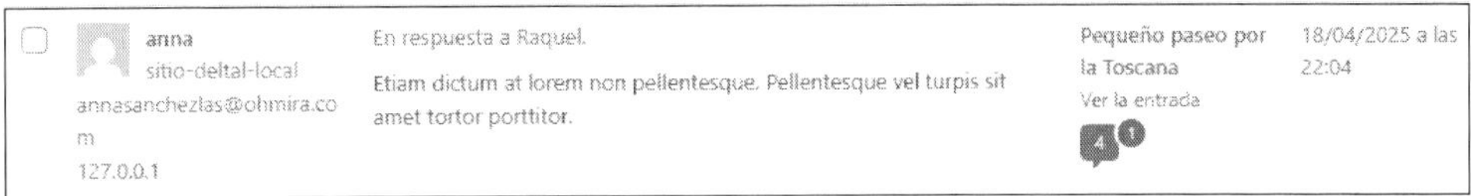

5. Editar un comentario

- Al hacer clic en el enlace **Edición rápida**, puede editar rápidamente un comentario. Tiene acceso a los campos de texto **Nombre**, **Correo electrónico**, **URL** y **Comentario** .

- Si realiza algún cambio, haga clic en el botón **Actualizar comentario**.

- El enlace **Editar** , que también aparece al pasar el ratón sobre un comentario, permite modificar todos los parámetros del comentario.

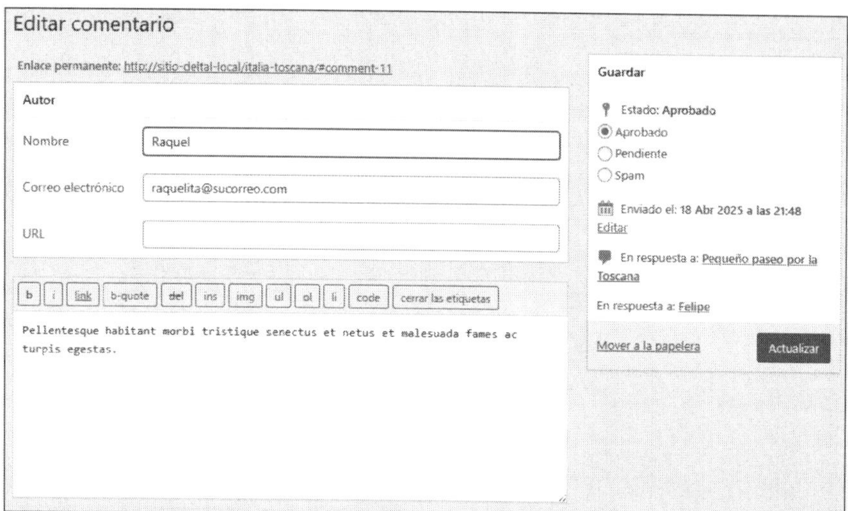

- Si realiza algún cambio, haga clic en el botón **Actualizar**.

6. Marcar un comentario como spam

- Si considera que un comentario no es digno de ser publicado, haga clic en el enlace **Spam**.

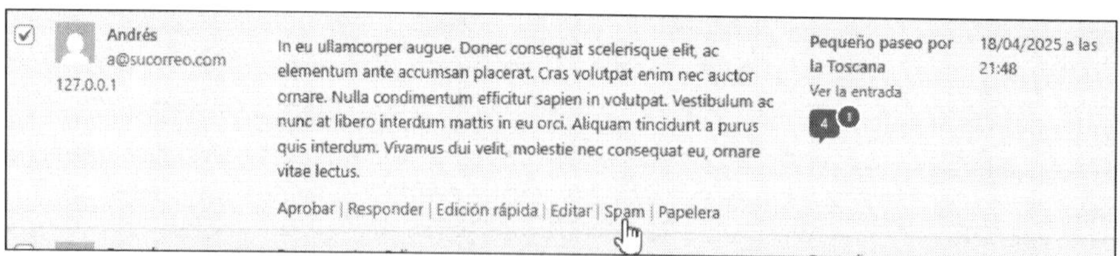

El comentario no se publica y se ha trasladado a la categoría **Basura**.

El comentario de Andrés se ha marcado como spam. Deshacer

➜ Para ver todos los comentarios no deseados, encima de la tabla de la lista de comentarios, haga clic en el enlace **Spam (x)**, donde x indica el número de comentarios.

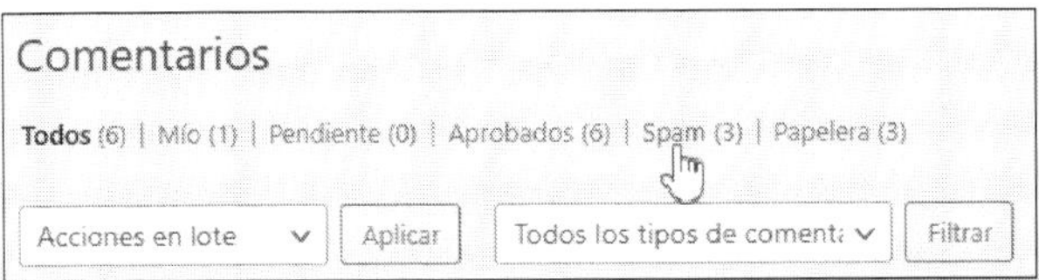

Al pasar el ratón sobre este comentario no deseado, aparecen dos enlaces:

- El enlace **No es spam** permite quitarle al comentario la etiqueta de **Spam** y devolverlo a la categoría **Pendientes**.
- El enlace **Borrar permanentemente** permite eliminar este comentario de forma definitiva.

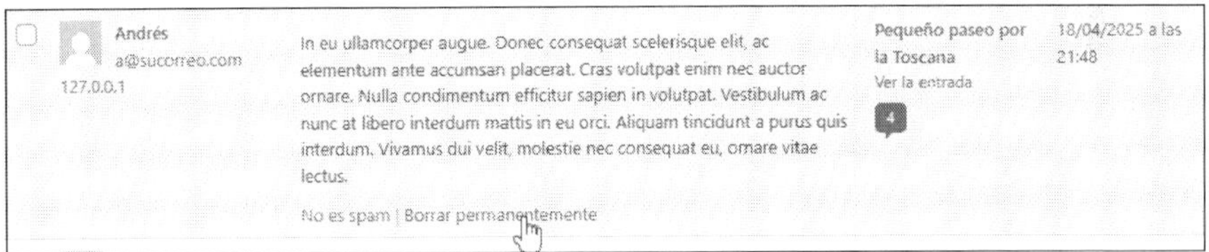

7. Eliminar un comentario

➜ El enlace **Papelera** permite mover un comentario a la Papelera.

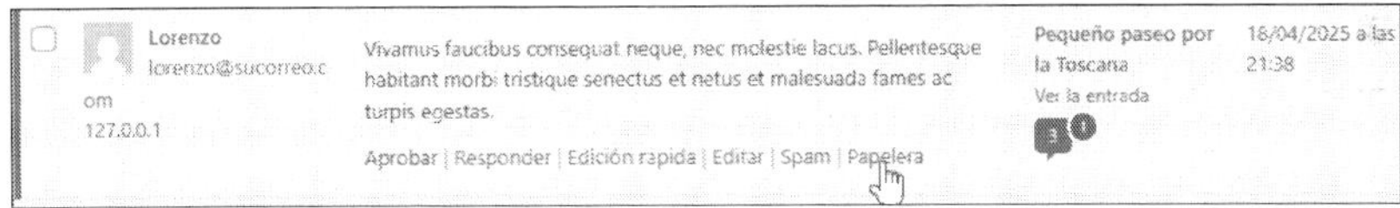

A continuación, el comentario se coloca en la papelera.

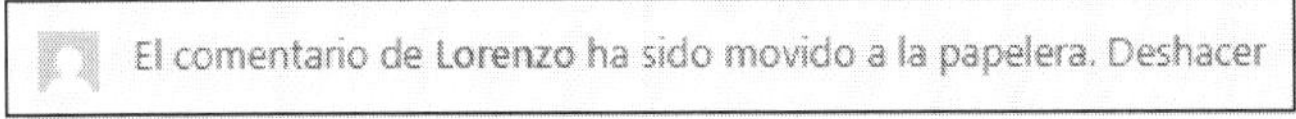

➜ Para ver todos los comentarios en la papelera, encima de la tabla de la lista de comentarios, haga clic en el enlace **Papelera (x)**, donde x indica el número de comentarios.

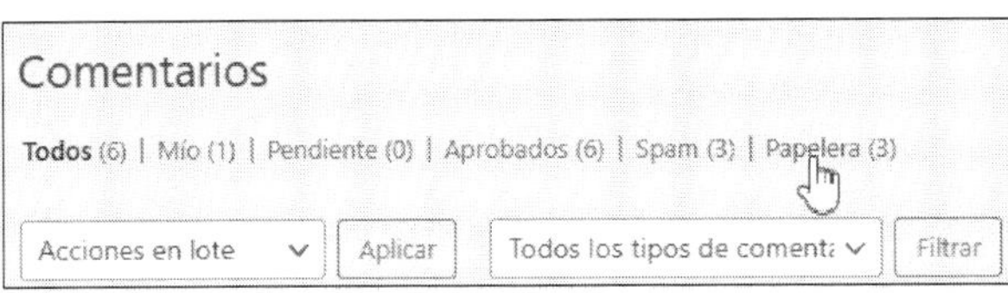

Se muestra el contenido de la papelera y, al pasar el ratón sobre un comentario, podrá administrarlo.

- El enlace **Restaurar** saca el comentario de la papelera.
- El enlace **Borrar permanentemente** permite eliminar este comentario de forma definitiva.

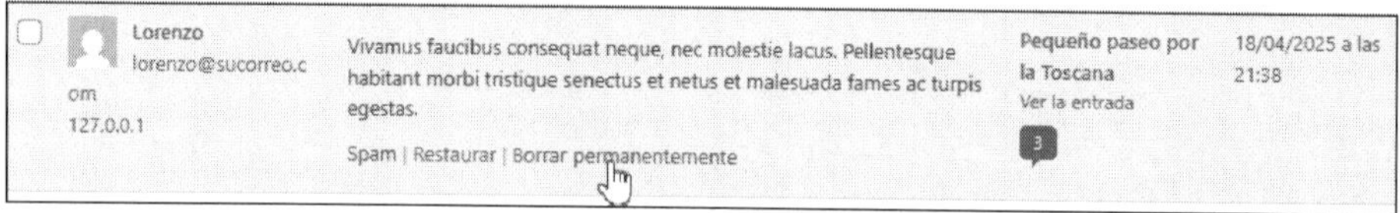

➜ También puede seleccionar varios comentarios en la papelera y, en la lista desplegable **Acciones en lote**, elegir **Marcar como spam**, **Restaurar** o **Borrar permanentemente** y hacer clic en el botón **Aplicar**.

8. Mostrar los comentarios recientes

En el escritorio, puede tener una vista global de los comentarios más recientes publicados en su sitio.

➜ En el menú **Escritorio**, elija **Inicio**. El módulo **Actividad** muestra, entre otras cosas, los últimos comentarios del sitio. Además, al pasar el ratón sobre los comentarios, puede administrarlos con los enlaces **Rechazar**, **Responder**, **Editar**, **Spam** y **Papelera**.

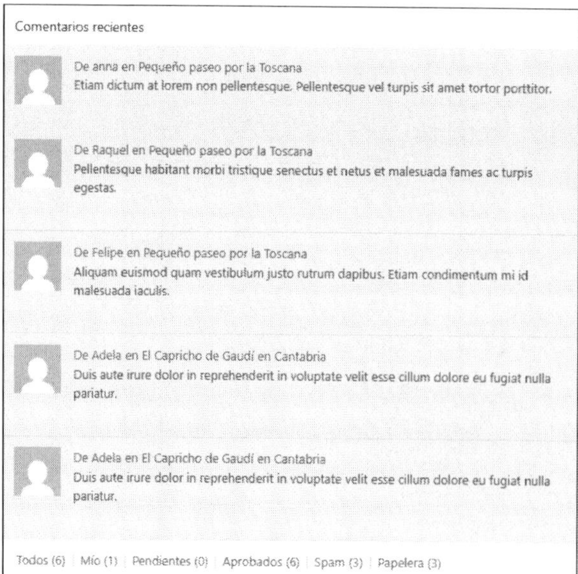

En la parte inferior de esta lista, dispone de enlaces para filtrar los comentarios.

E. Los comentarios y las entradas

1. No permitir comentarios

Hemos visto en los ajustes generales de los comentarios que podemos autorizar los comentarios en todo el sitio. Pero también se pueden hacer excepciones caso por caso, para no permitir comentarios en determinadas entradas.

- Abra la entrada que desee y, en la columna lateral derecha, abra el panel **Comentarios** haciendo clic en el enlace **Abrir**.
- Marque **Cerrado**.

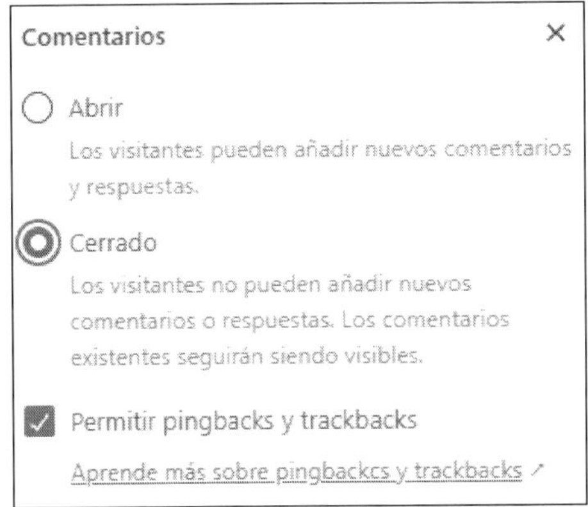

- En la barra de herramientas, haga clic en el botón **Guardar**.

En la entrada que se muestra en el sitio publicado, los visitantes no podrán introducir comentarios.

2. Mostrar los comentarios de una entrada

En la administración de comentarios, cuando se ha comentado una entrada, se puede ver el nombre de la entrada a la derecha, en la columna **Comentarios** (simbolizada por una burbuja) y, en una pequeña burbuja, el número de comentarios asociados.

En este ejemplo, hay **3** comentarios.

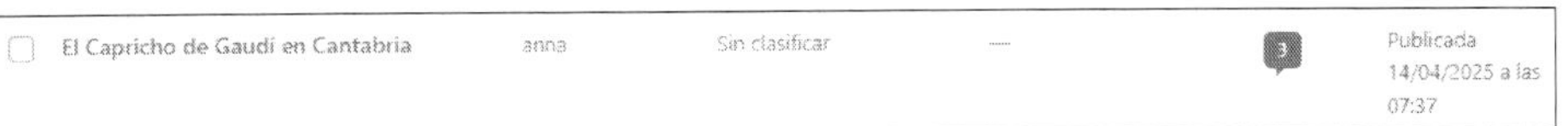

➙ Para ver los comentarios de esta entrada en la lista de comentarios, haga clic en el enlace del nombre de la entrada o en la burbuja con el número de comentarios.

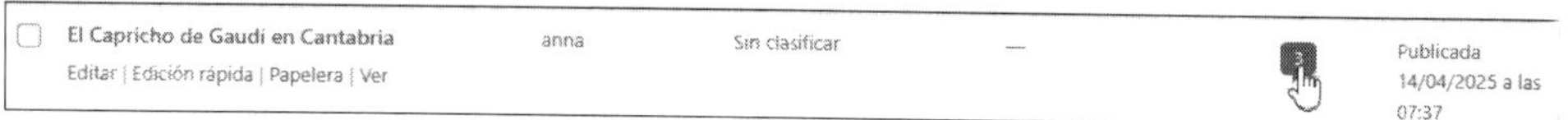

Solo mostrará los comentarios de esta entrada, en la pantalla denominada **Comentarios en «El Capricho de Gaudí en Cantabria»** en este ejemplo.

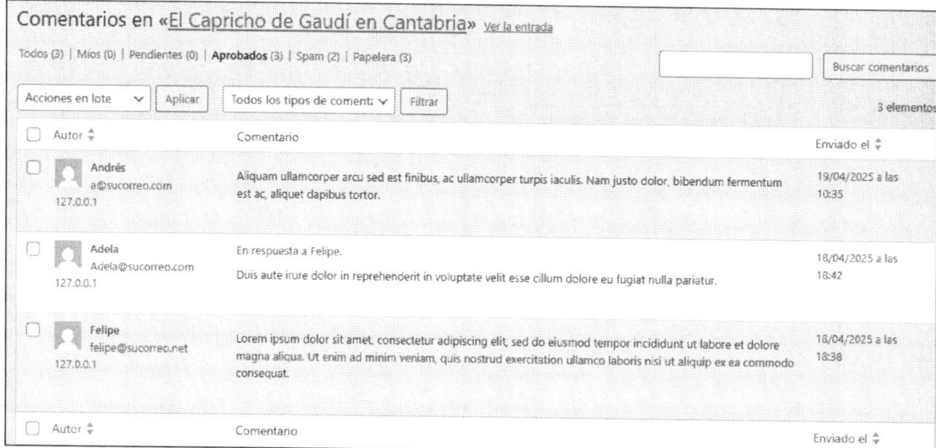

3. Mostrar la entrada comentada

En la lista de comentarios, puede ver la entrada publicada con sus comentarios.

➙ Para un comentario específico, en la columna **En respuesta a**, haga clic en el enlace **Ver la entrada**.

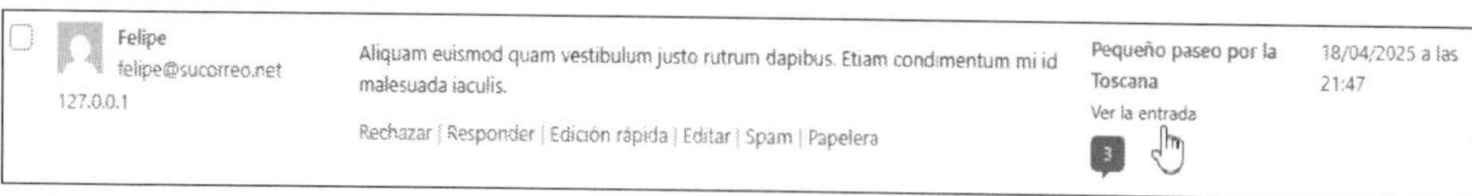

La entrada se muestra con sus comentarios. El tema **Twenty Twenty-Five** se encarga de la visualización completa de la entrada.

F. Mostrar los comentarios en el sitio

Como hemos visto en uno de los apartados anteriores, los comentarios realizados a una entrada son visibles cuando dicha entrada se muestra en una sola página.

Con el tema **Twenty Twenty-Five**, el número de comentarios (respuestas) se muestra debajo de la entrada; **3 respuestas** en este ejemplo.

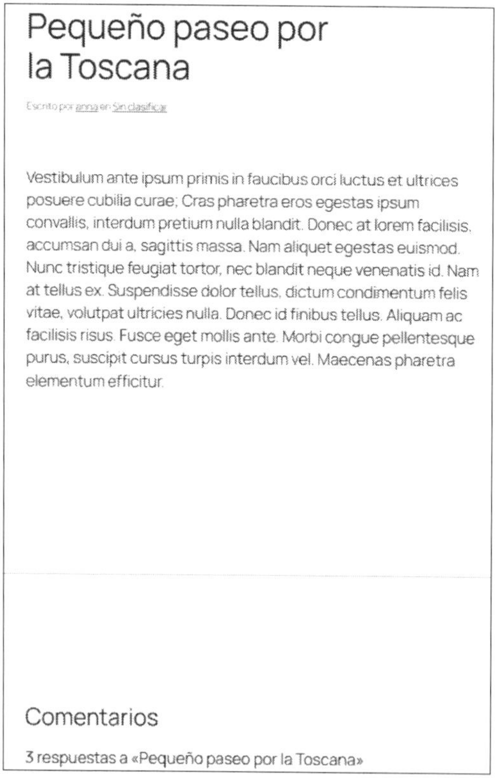

Pequeño paseo por la Toscana

Escrito por anna en Sin clasificar

Vestibulum ante ipsum primis in faucibus orci luctus et ultrices posuere cubilia curae; Cras pharetra eros egestas ipsum convallis, interdum pretium nulla blandit. Donec at lorem facilisis, accumsan dui a, sagittis massa. Nam aliquet egestas euismod. Nunc tristique feugiat tortor, nec blandit neque venenatis id. Nam at tellus ex. Suspendisse dolor tellus, dictum condimentum felis vitae, volutpat ultricies nulla. Donec id finibus tellus. Aliquam ac facilisis risus. Fusce eget mollis ante. Morbi congue pellentesque purus, suscipit cursus turpis interdum vel. Maecenas pharetra elementum efficitur.

Comentarios

3 respuestas a «Pequeño paseo por la Toscana»

Los comentarios se muestran debajo del texto de la entrada.

Capítulo 9: Los usuarios

A. Objetivos

WordPress le permite gestionar a varias personas que podrán modificar sus sitios web. Estas personas son los usuarios de sus sitios y cada usuario tiene una cuenta. Cada usuario es, por lo tanto, una persona conocida por el sitio.

Usted asignará a cada una de estas personas un rol, y cada rol otorgará determinados permisos de gestión dentro de la administración de sus sitios web.

Si es usted quien ha instalado WordPress, automáticamente tendrá el rol de **Administrador**. Los administradores tienen plenos derechos de administración en los sitios web.

B. Editar el perfil

1. Acceder a su perfil

Cada usuario tiene un perfil en el que se indica una serie de datos, además del rol asignado. Cada usuario podrá modificar su perfil.

→ Cuando haya iniciado sesión en la administración de su sitio, en la parte derecha de la barra de herramientas, dentro del mensaje de bienvenida, elija **Editar perfil** o su nombre de usuario, aquí **anna**.

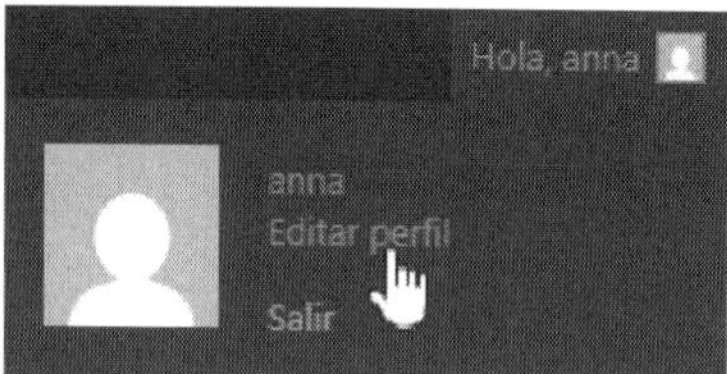

También puede llegar a través del menú **Usuarios - Perfil**.

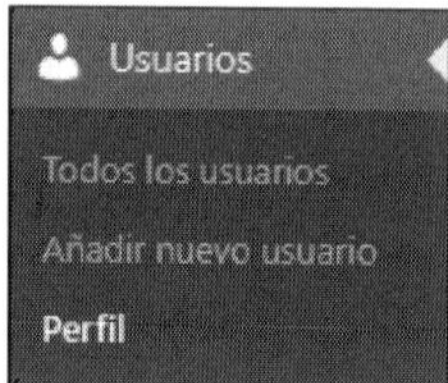

2. Configuración de la interfaz de administración

Los primeros ajustes del perfil se refieren a las opciones personales de la interfaz de administración.

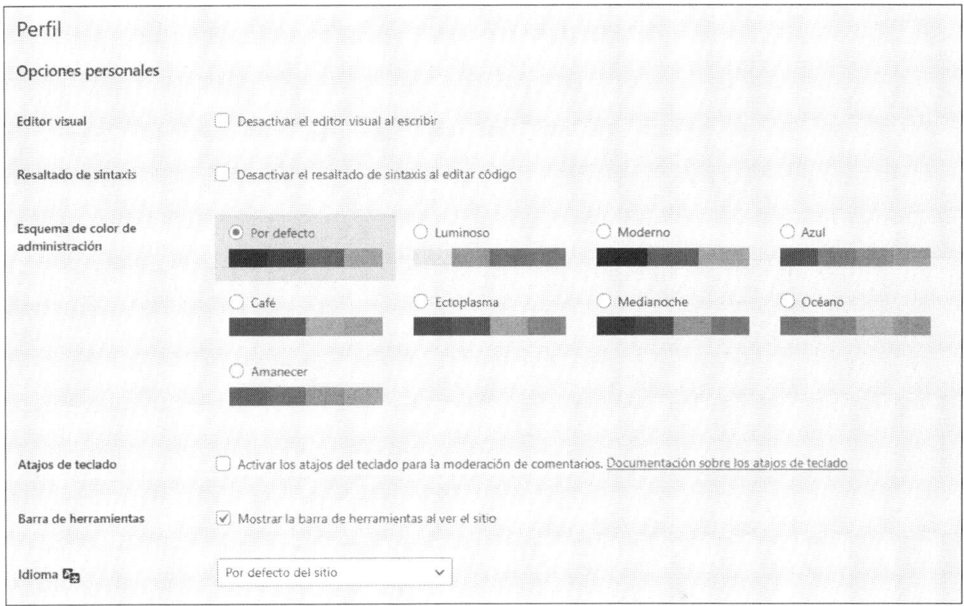

➜ La opción **Editor visual** activada hace que no se muestre la barra de botones de formato en los bloques.

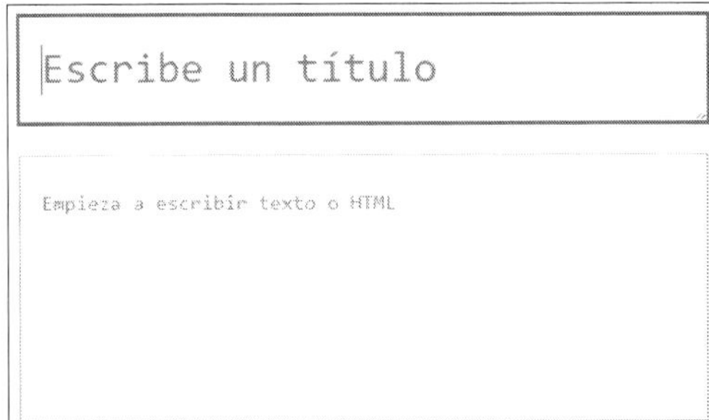

➜ La opción **Resaltado de sintaxis** activada hace que no se muestre el resalte de la sintaxis al editar el código en la interfaz de administración de WordPress.

- La opción **Esquema de color de administración** permite mostrar la barra de menú con diferentes colores.
- La opción **Atajos de teclado** activada permite habilitar atajos de teclado para moderar los comentarios.
- Por último, la opción **Barra de herramientas** activada sirve para que la barra de herramientas se muestre en el sitio publicado cuando un usuario que ha iniciado sesión muestre el sitio.

Así es como se ve la barra de herramientas en el sitio publicado.

- En la lista desplegable **Idioma**, puede elegir el idioma que desea usar en su interfaz de administración. De forma predeterminada, el idioma es el mismo que el definido en el sitio.
- Si realiza algún cambio, en la parte inferior de la pantalla, haga clic en el botón **Actualizar perfil**.

3. Los parámetros de nombre

- A continuación, en el área **Nombre**, puede cambiar el **Nombre**, los **Apellidos**, el **Alias** y la opción **Mostrar este nombre públicamente** para la publicación de las entradas y las páginas. Estos elementos se muestran si el tema activo los utiliza.

Tenga en cuenta –y esto es muy importante– que no puede cambiar el **Nombre de usuario** de inicio de sesión en la administración que especificó al crear la cuenta de usuario.

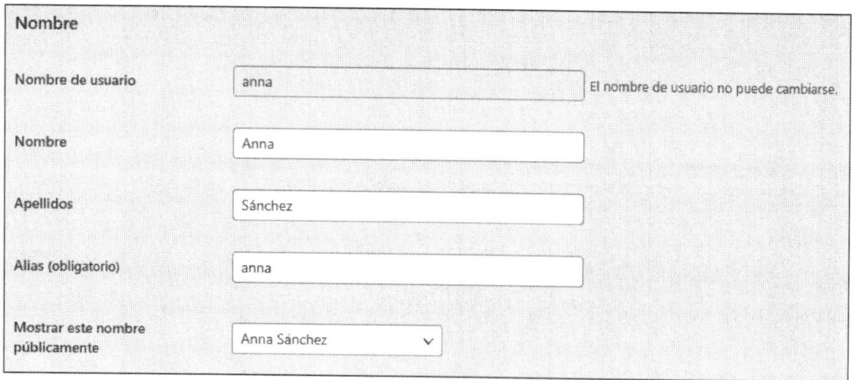

- Si realiza algún cambio, en la parte inferior de la pantalla, haga clic en el botón **Actualizar perfil**.

4. La información de contacto

- El área **Información de contacto** permite especificar distintos datos de contacto con el usuario. Tenga en cuenta que es obligatorio introducir una dirección de **Correo electrónico**, que se usará para ponerse en contacto con el usuario por email.

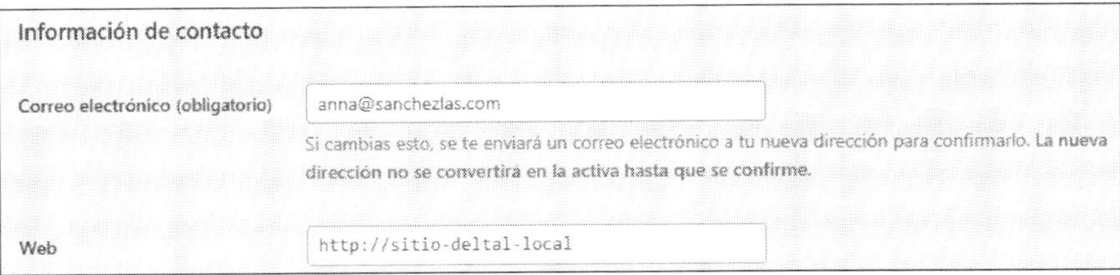

- En el campo **Web**, puede especificar la URL de su sitio web personal.

- Los datos de estos dos campos se basan en la configuración de instalación de WordPress en el entorno de desarrollo de **Local by Flywheel**.

Tenga en cuenta que, si cambia su dirección de correo electrónico, se enviará una solicitud de confirmación a la nueva dirección.

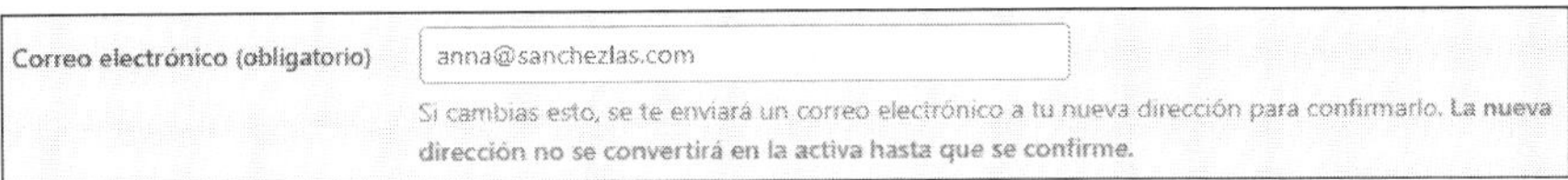

- Si realiza algún cambio, en la parte inferior de la pantalla, haga clic en el botón **Actualizar perfil**.

5. Información personal

- La última zona, **Acerca de ti**, le permite introducir información biográfica. Esta información pueden mostrarla los temas cuando los visitantes hacen clic en el nombre del autor de una entrada.

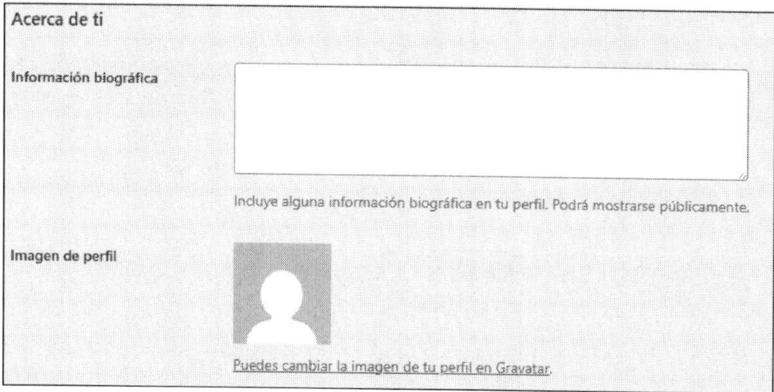

Si utiliza el servicio **Gravatar**, puedes usar la foto de perfil que haya configurado allí para que se muestre también en su perfil de WordPress.

➜ En el área **Imagen de perfil**, haga clic en el enlace **Gravatar**.

6. Administrar su contraseña

Durante la instalación de WordPress, definió la contraseña que le permite iniciar sesión en la interfaz de administración.

En la gestión de su perfil, puede cambiar su contraseña en el área **Gestión de la cuenta**.

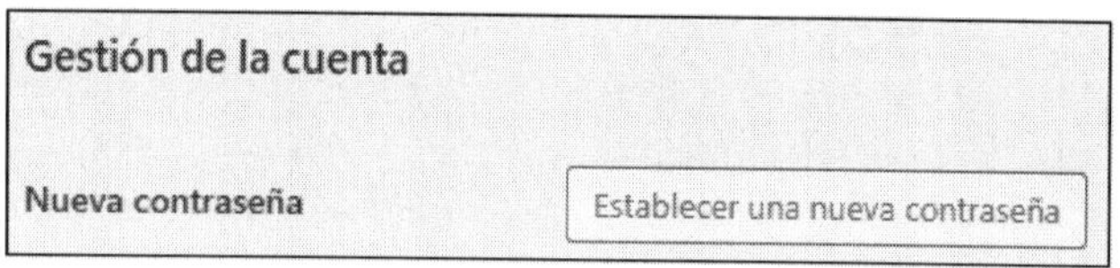

➜ Para cambiar su contraseña, haga clic en el botón **Establecer una nueva contraseña**.

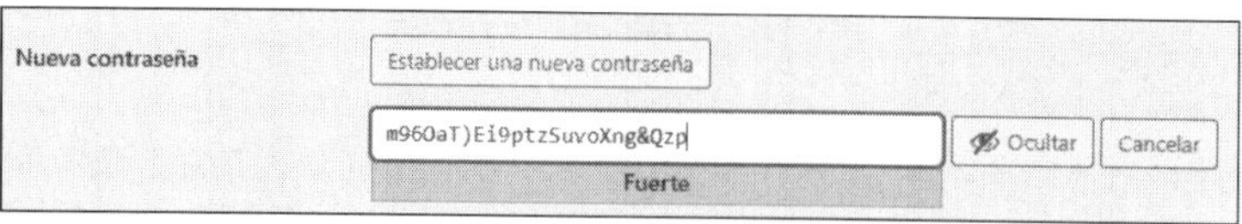

WordPress le sugerirá automáticamente una contraseña muy segura. Pero, como estamos trabajando en local, la seguridad de la contraseña no es prioritaria: nadie puede piratearle un sitio que está desarrollando en su propio ordenador. Y perderíamos tiempo tratando de memorizar o introducir una contraseña tan compleja.

➔ En el campo **Nueva contraseña**, introduzca una contraseña más compleja que sea fácil de recordar y rápida de escribir.

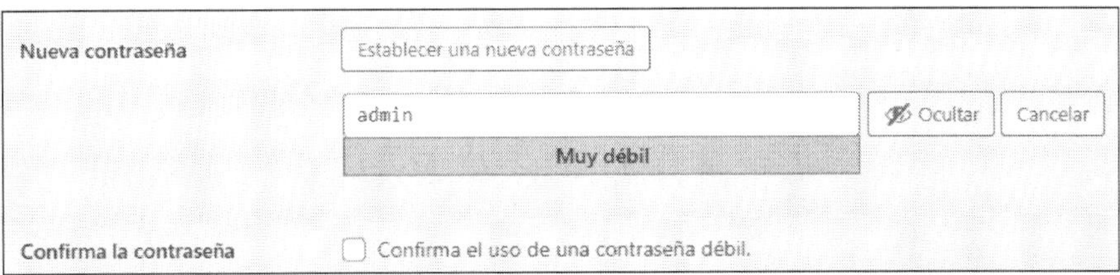

Inmediatamente WordPress indicará que esta nueva contraseña es **Muy débil**. Pero eso no importa en este contexto.

➔ Marque la casilla **Confirma el uso de una contraseña débil**.

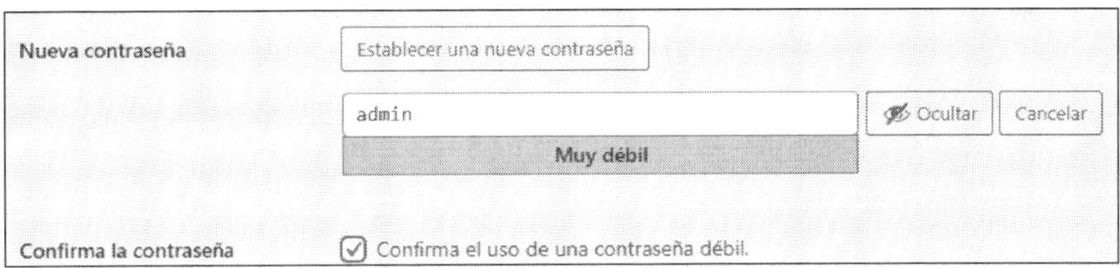

➔ Haga clic en el botón **Actualizar perfil**.

La contraseña se ha actualizado correctamente.

7. Cerrar sesión en todos los dispositivos

Otra medida de seguridad es el cierre de sesión «universal». Es muy posible que haya olvidado cerrar sesión en la administración de su sitio de WordPress, en una tableta o teléfono inteligente.

➔ En el área **Sesiones**, al hacer clic en el botón **Desconectar del resto de sitios**, se cerrarán todas las sesiones activas de WordPress que usen sus credenciales, excepto la actual, en la que seguirá conectado.

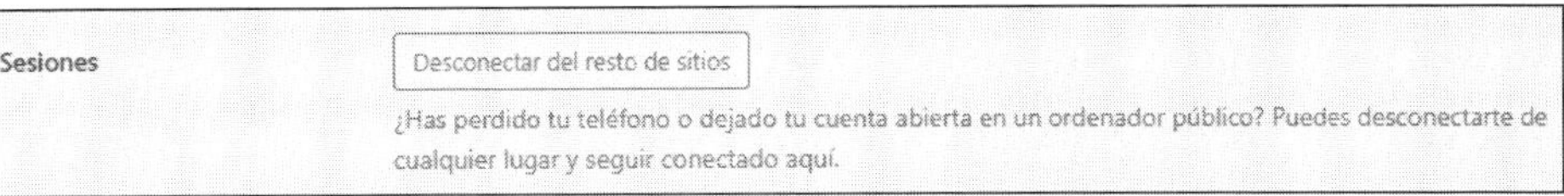

C. Administrar usuarios

1. Agregar un nuevo usuario

Como administrador, solo usted está autorizado a agregar nuevos usuarios mediante la creación de una nueva cuenta

- Para agregar un nuevo usuario, en el menú **Usuarios**, elija **Añadir nuevo usuario**.

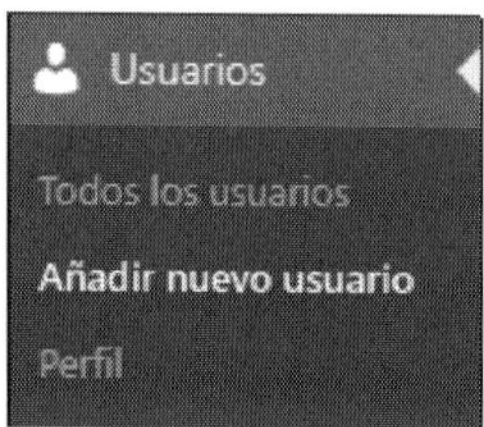

También puede acceder a través de la barra de herramientas: en el menú **+ Añadir**, elija **Usuario**.

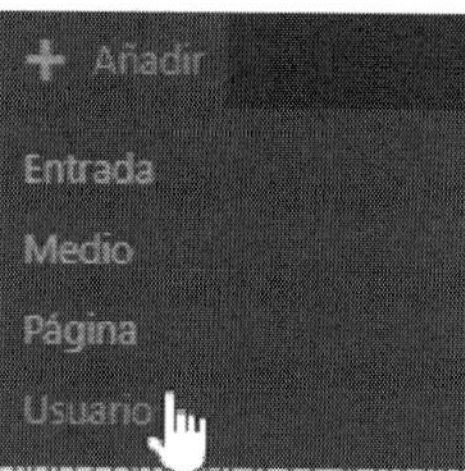

- En la pantalla **Añadir nuevo usuario**, complete todos los campos solicitados.

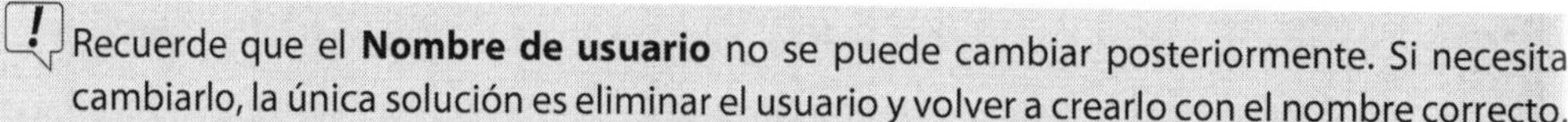
Recuerde que el **Nombre de usuario** no se puede cambiar posteriormente. Si necesita cambiarlo, la única solución es eliminar el usuario y volver a crearlo con el nombre correcto.

- En el campo **Nombre de usuario**, especifique el nombre que se utilizará para iniciar sesión en la interfaz de administración.
- Proporcione un **Correo electrónico** válido para comunicarse con el nuevo usuario.
- El **Nombre** y los **Apellidos** pueden servir para crear la firma del autor de las entradas.
- Los campos **Web** e **Idioma** son opcionales.
- Puede dejar que WordPress genere la contraseña o crearla usted mismo haciendo clic en el botón **Generar contraseña**, en el área **Contraseña**.

- La opción **Enviar aviso al usuario** permite enviar al nuevo usuario la contraseña a través de su dirección de correo electrónico.

Añadir nuevo usuario

Crea un nuevo usuario y añádelo a este sitio.

Nombre de usuario (obligatorio) cristina

Correo electrónico (obligatorio) cristina@vocce.org

Nombre Cristina

Apellidos Deltal

Web

Idioma Por defecto del sitio

Contraseña Generar contraseña

cristina Ocultar

Muy débil

Confirma la contraseña Confirma el uso de una contraseña débil.

Enviar aviso al usuario Envía al nuevo usuario un correo electrónico con información sobre su cuenta

Perfil Editor

Añadir nuevo usuario

- Por último, en la lista desplegable **Perfil** es donde debe asignar un rol a este nuevo usuario.
- Haga clic en el botón **Añadir nuevo usuario**.

El nuevo usuario se agrega a la lista de cuentas.

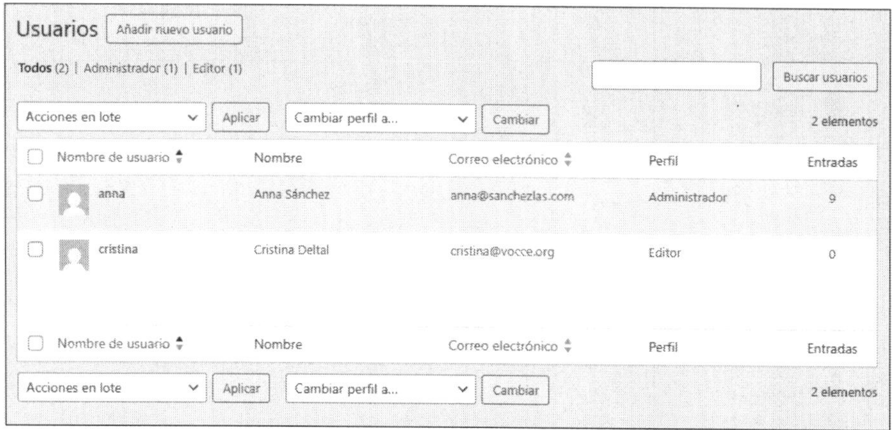

2. Ver usuarios

Cuando haya creado varios usuarios, como administrador, puede obtener la lista de todos ellos.

→ En el menú **Usuarios**, elija **Todos los usuarios**.

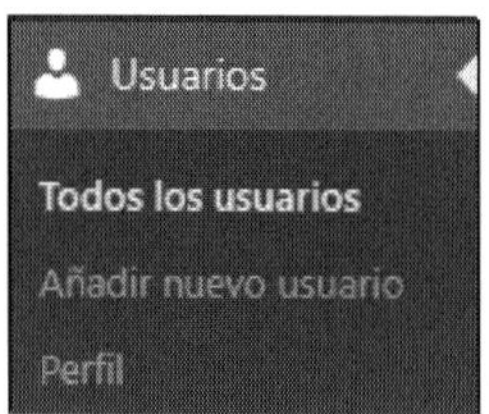

Todos los usuarios se listan en una tabla donde aparecen el **Nombre de usuario** y el **Nombre** de cada uno de ellos. Se muestra también la columna **Correo electrónico**, que permite enviar un correo electrónico a los usuarios. También aparece ek **Perfil**, así como el número de **Entradas** escritas por cada usuario.

→ Puede administrar esta visualización con el botón **Opciones de pantalla**.

→ Al hacer clic en los encabezados de columna **Nombre de usuario** o **Correo electrónico**, puede ordenar la lista de usuarios.

Encima de la tabla de usuarios, puede filtrar a los usuarios por su perfil, haciendo clic en el nombre de uno de los perfiles. Entre paréntesis, se muestra una indicación del número de usuarios con este perfil.

Todos (5) | Administrador (1) | Editor (1) | Autor (1) | Colaborador (1) | Suscriptor (1)

Por ejemplo, estos son los usuarios con el perfil **Editor**.

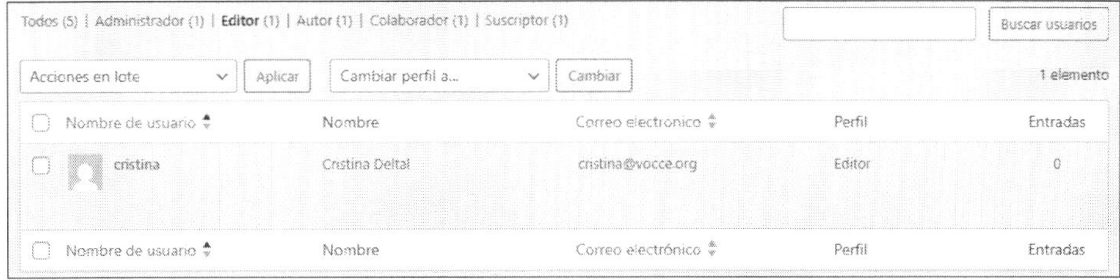

→ Para encontrar la lista completa de usuarios, haga clic en el enlace **Todos (x)**.

- Encima de la tabla de usuario, dispone de un campo para buscar una cuenta.

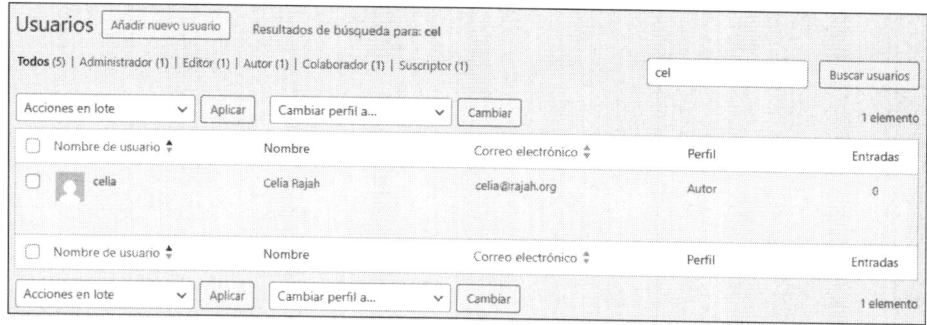

3. Editar los usuarios

Como administrador, puede editar la información de las cuentas de usuario.

- En la lista de las cuentas, haga clic en el nombre del usuario o en el enlace **Editar**.

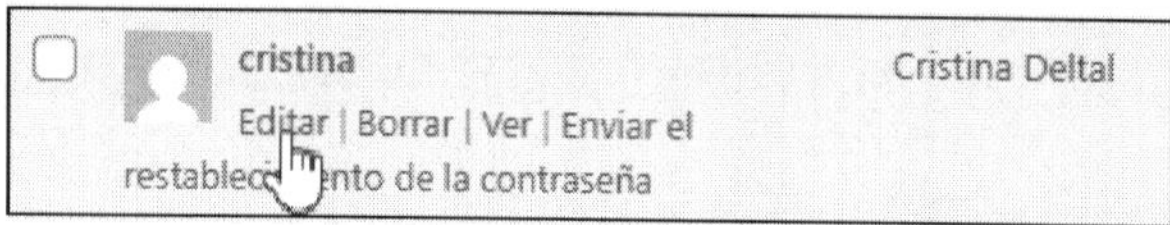

Encontrará todos los campos que hemos descrito al tratar la creación de un nuevo usuario.

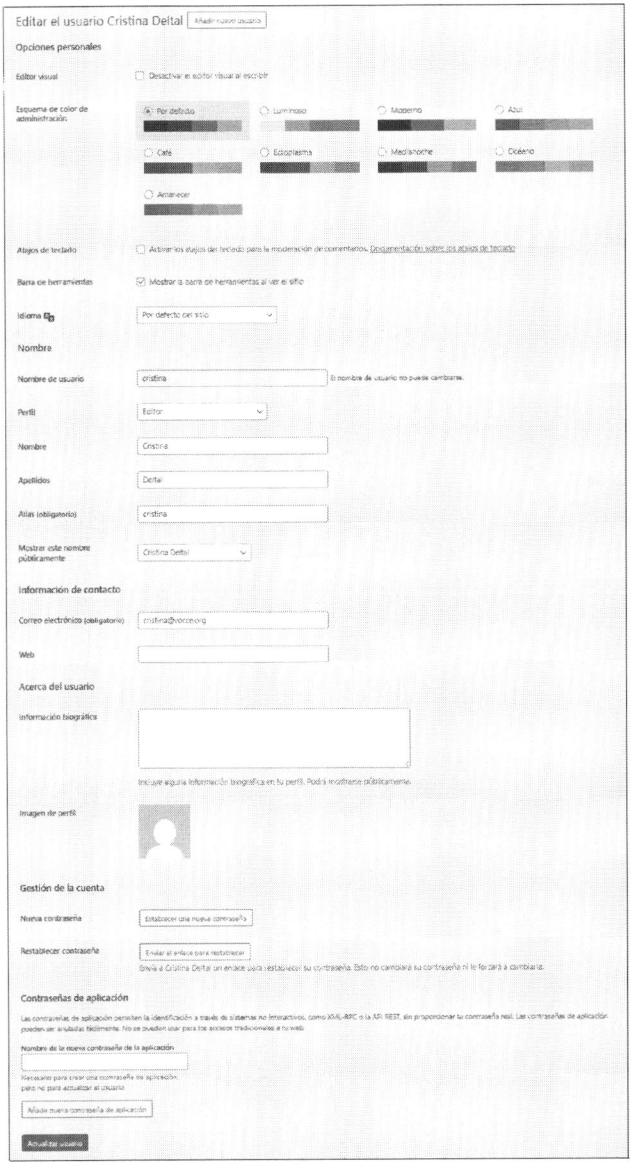

→ Cuando haya terminado con los cambios, haga clic en el botón **Actualizar usuario**.

4. Restablecer una contraseña

Como administrador, puede enviar una solicitud de restablecimiento de contraseña por motivos de seguridad.

➔ Al pasar el cursor sobre una cuenta, haga clic en el enlace **Enviar el restablecimiento de la contraseña**.

WordPress informa de que se ha enviado una solicitud al usuario de la cuenta:

Enlaces de restablecimiento de contraseña enviados a 1 usuario.

5. Editar rápidamente un perfil

Puede cambiar rápidamente el perfil de un usuario.

➔ En la lista de usuarios, seleccione los que desee haciendo clic en sus respectivas casillas de verificación. En la lista desplegable **Cambiar perfil a**, elija el nuevo perfil que desea asignar.

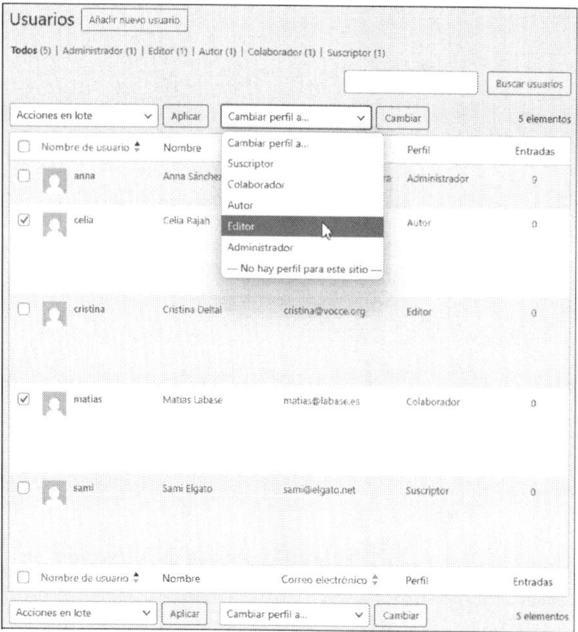

➜ Haga clic en el botón **Cambiar**.

WordPress informa de que los roles han sido cambiados.

6. Eliminar usuarios

➜ Para borrar un usuario, en la lista de usuarios, pase el ratón por encima del usuario que quiere eliminar y haga clic en el enlace **Borrar**.

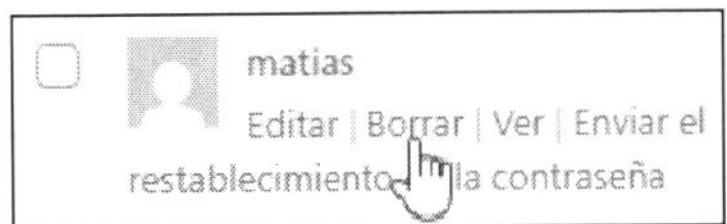

WordPress pide que confirme esta eliminación y elija una opción para determinar qué sucederá con las publicaciones creadas por este usuario.

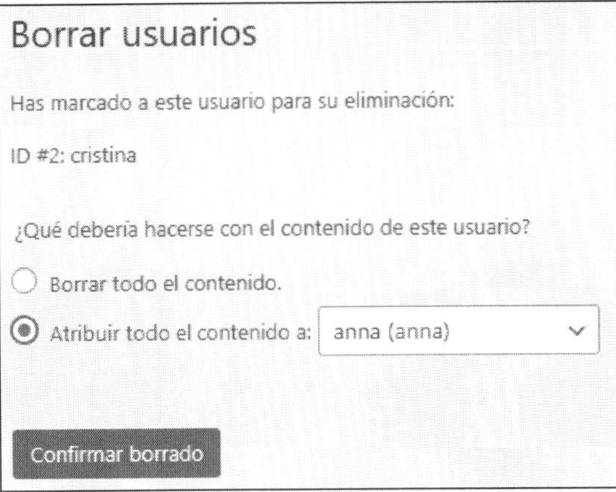

➜ Una vez que esté seguro, haga clic en el botón **Confirmar borrado**.

➜ También puede eliminar varios usuarios al mismo tiempo. En la lista de usuarios, selecciónelos. En la lista desplegable **Acciones en lote**, elija **Borrar**. A continuación, haga clic en el botón **Aplicar**, situado justo a la derecha.

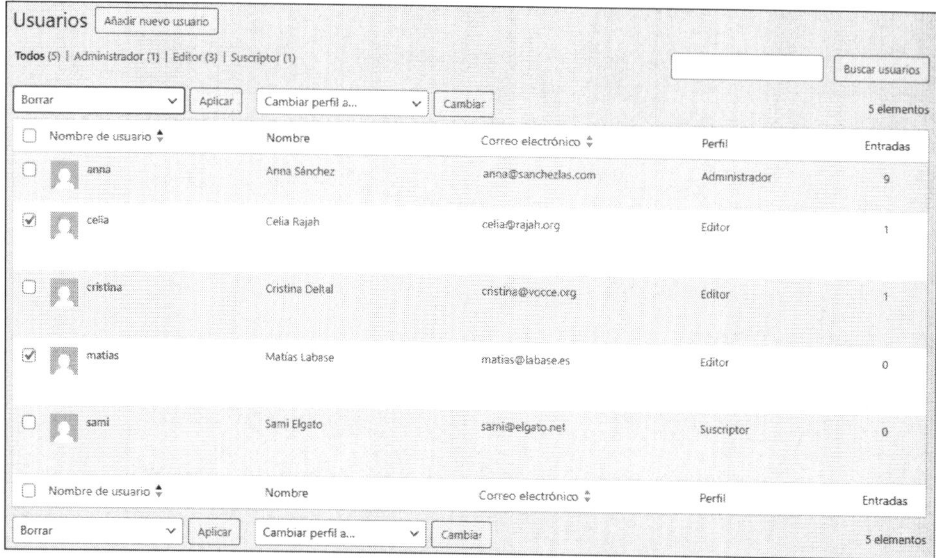

Se mostrará la pantalla de confirmación de eliminación de los usuarios.

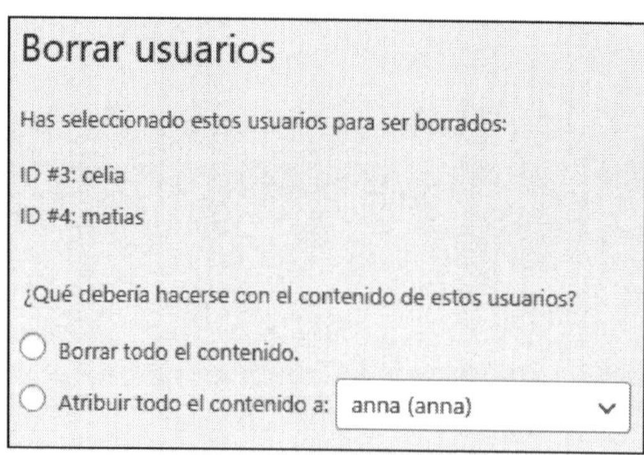

7. El registro de usuarios

Puede dar a los visitantes de su sitio la opción de registrarse como usuarios.

➜ En primer lugar, es necesario determinar qué perfil debe asignarse a quienes se registren.

Como administrador, en el menú **Ajustes**, elija **Generales**. Marque la opción **Miembros, Cualquiera puede registrarse**. A continuación, en la lista desplegable **Perfil por defecto para los nuevos usuarios**, elija el perfil que desea asignar a los nuevos usuarios.

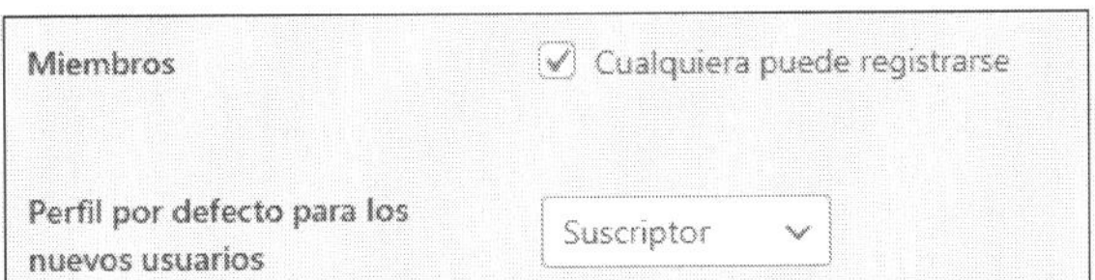

Lo más recomendable es seleccionar **Suscriptor**, el único perfil que no asigna ningún derecho de administración en el sitio.

➜ En la parte inferior, haga clic en el botón **Guardar cambios**.

Cuando activa esta función, debe permitir que los visitantes se registren en su sitio. La forma más fácil de hacerlo es mostrar un enlace para registrarse. Vamos a insertar un enlace de inicio de sesión en el pie de página del tema predeterminado, el tema **Twenty Twenty-Five**.

➜ En el menú **Apariencia**, elija **Temas**.

➜ Asegúrese de que el tema **Twenty Twenty-Five** esté activado.

➜ Haga clic en el botón **Personalizar** o, en el menú **Apariencia**, elija **Editor**.

➜ En la barra lateral izquierda, haga clic en el botón **Patrones**.

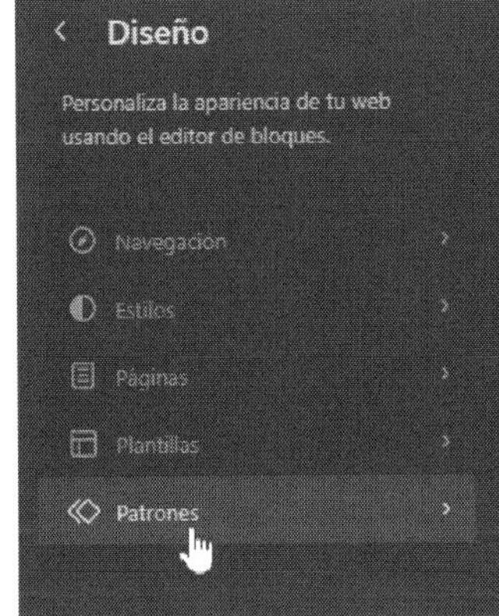

- A continuación, haga clic en el botón **Pie de página** y, en la parte central, en la plantilla **Pie de página**.

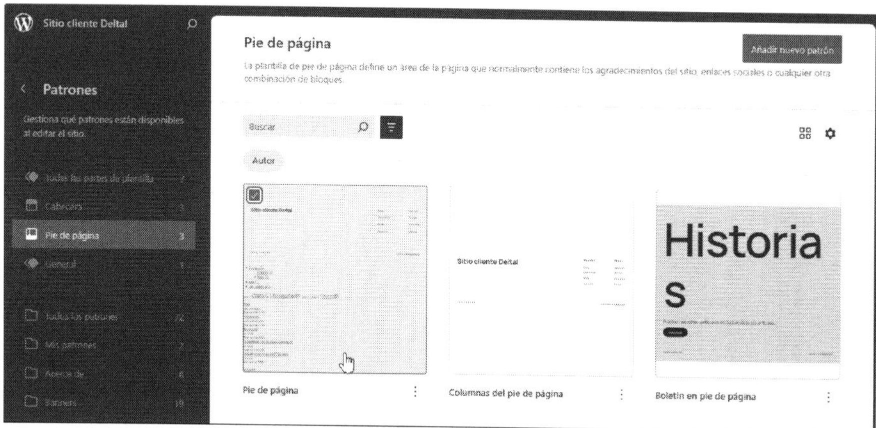

- Para agregar el enlace de conexión, en la barra de herramientas superior, haga clic en el botón **Alternar insertador de bloques**.

- En la categoría **Tema**, seleccione **Acceder/salir**.

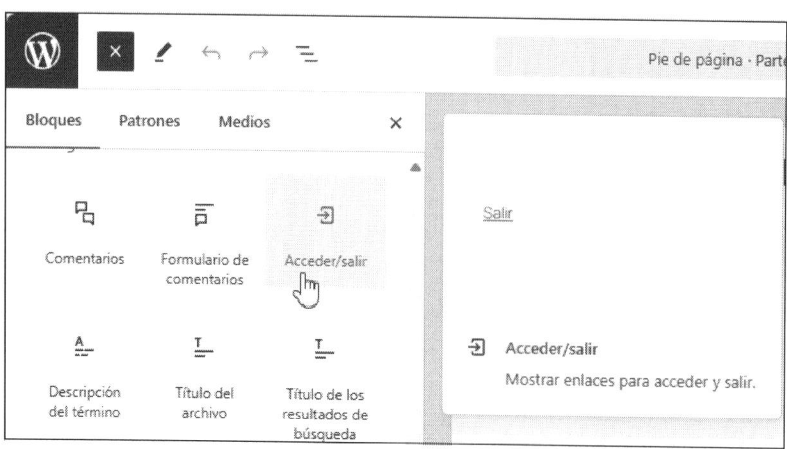

Se inserta el enlace de conexión:

Salir

En la pestaña **Bloque** de la columna lateral derecha, en el panel **Ajustes**, puede personalizar este elemento:

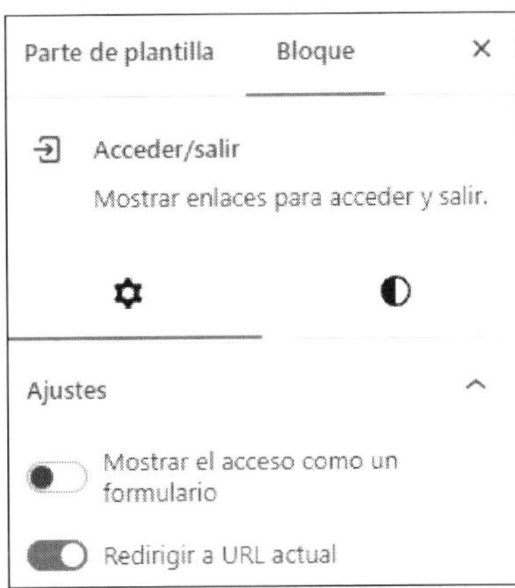

- No marque la opción **Mostrar el acceso como un formulario**, ya que esto mostrará los dos campos de inicio de sesión directamente en el pie de página. En este ejemplo, queremos un registro, no un inicio de sesión.
- La opción **Redirigir a la URL actual** está activada de forma predeterminada y permite mostrar la página de inicio.

➔ Haga clic en el botón **Guardar**.

➔ Cierre la sesión de la administración y muestre el sitio.

➔ Observe el pie de página; verá el enlace de conexión que permite el registro:

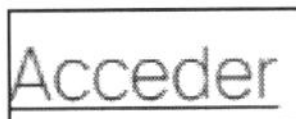

Cuando el visitante hace clic en este enlace, se muestra el formulario de inicio de sesión, con el enlace **Registro** en la parte inferior.

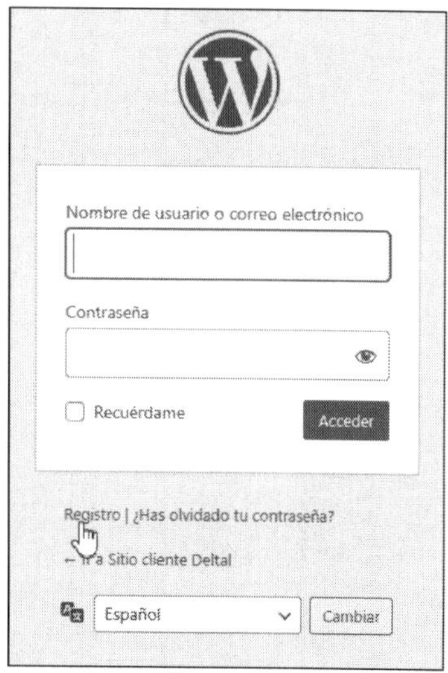

A continuación, el visitante accede al formulario de registro del sitio y debe rellenarlo:

Luego, hace clic en el botón **Registro**.

WordPress confirma el registro y pide verificar el email.

El nuevo usuario recibirá un correo del sitio con su nombre de usuario, una contraseña generada automáticamente y la URL de inicio de sesión.

Con esta URL, el nuevo usuario inicia sesión y accede a su página de perfil, con todos los campos que vimos anteriormente.

El usuario puede cambiar su configuración y hacer clic en el botón **Actualizar perfil**.

Por supuesto, en el menú **Usuario - Todos los usuarios**, el administrador puede acceder al perfil de este nuevo usuario y realizar cambios si es necesario.

> Tenga cuidado: permitir el registro, incluso con el rol de **Suscriptor**, representa un riesgo importante para la seguridad de su sitio. Debe pensarlo detenidamente antes de ofrecer esta posibilidad y tomar todas las medidas necesarias para asegurar adecuadamente el acceso a su sitio.

8. El inicio de sesión de los usuarios

Para que los miembros del sitio puedan acceder a la administración de este, existen dos métodos.

El primero consiste en utilizar el enlace de conexión que insertamos en el apartado anterior.

Cuando se muestra el sitio, en el pie de página, aparece el enlace **Acceder**:

Después de hacer clic en este enlace, se mostrará el formulario de inicio de sesión.

→ Solo tiene que rellenar los dos campos y hacer clic en el botón **Acceder**.

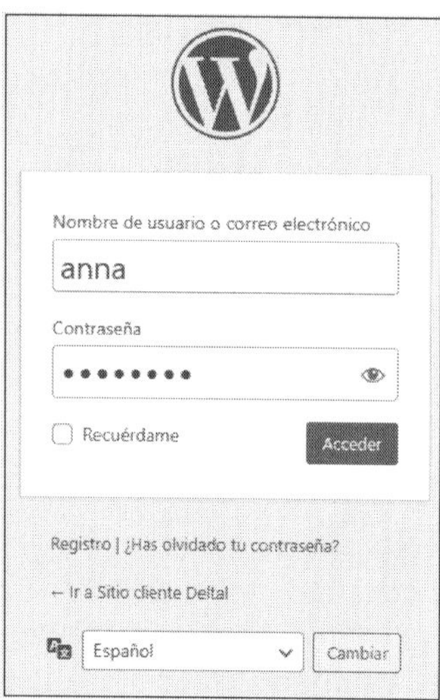

El último método consiste en introducir la URL directamente: http://sitio-deltal-local/wp-login.php, en el caso del sitio local desarrollado en el entorno **Local by Flywheel**.

El cierre de sesión siempre se realiza a través del enlace **Salir** sesión, en el menú de saludo de la barra de herramientas:

D. Los perfiles y los permisos

1. Los usuarios

Como acabamos de ver, es el administrador quien asigna un perfil a cada nuevo usuario del sitio. WordPress ofrece cinco perfiles. Cada perfil otorga un cierto número de permisos sobre la administración del sitio. Estos cinco perfiles son:

- Administrador
- Editor
- Autor

- Colaborador
- Suscriptor

Por supuesto, puede crear tantos usuarios como quiera asignándoles todos los permisos que desee. Puede ser recomendable tener varios usuarios con el rol de administrador, de modo que sea posible seguir gestionando todo el sitio en ausencia de uno de los administradores.

Tenga en cuenta que, salvo los administradores, los usuarios no pueden cambiar su propio perfil.

2. Los administradores

Cuando instala WordPress, automáticamente adquiere el rol de administrador. El administrador tiene todos los permisos para gestionar el sitio, sin ninguna limitación. Por lo tanto, los administradores tienen acceso a todos los menús.

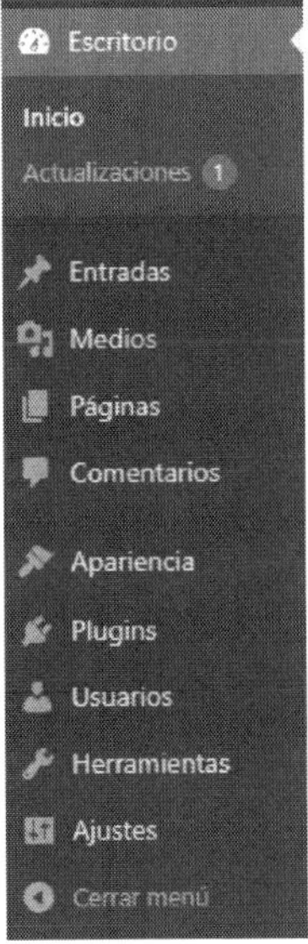

3. Los editores

Los editores tienen acceso completo a la administración del contenido del sitio, pero no a la configuración de este.

En lo que respecta a la administración de contenido, los editores tienen acceso a los menús **Escritorio**, **Entradas**, **Medios**, **Páginas** y **Comentarios**.

En cuanto a la parte de administración del sitio, tienen acceso a los menús **Perfil** y **Herramientas**. Tenga en cuenta desde este momento que todos los perfiles tienen acceso al menú **Perfil**.

4. Los autores

Los autores tienen acceso a la gestión de contenidos, pero con limitaciones. Pueden acceder a los menús **Escritorio**, **Entradas**, **Medios** y **Comentarios**.

En cuanto a la gestión de contenidos, los autores pueden crear y publicar entradas. Sin embargo, no pueden modificar una entrada que no les pertenezca. Tampoco tienen acceso a las **Categorías** ni a las **Etiquetas**.

Los autores no pueden administrar páginas; no tienen acceso a ese menú.

En el caso de los comentarios, solo pueden visualizarlos, no gestionarlos.

5. Los colaboradores

Los colaboradores tienen permisos muy limitados. Solo tienen acceso a los menús **Entradas** y **Comentarios**.

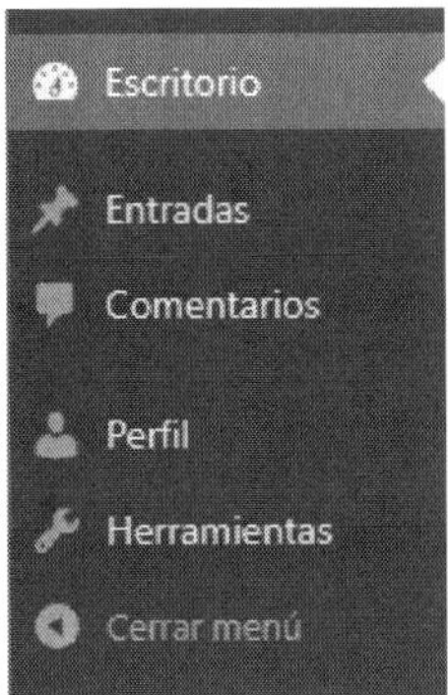

En el caso de las entradas, los colaboradores solo pueden proponer entradas, no publicarlas.

Al crear una entrada, en la barra de herramientas, los colaboradores no tienen acceso al botón **Publicar**, sino solo al botón **Enviar para revisión**.

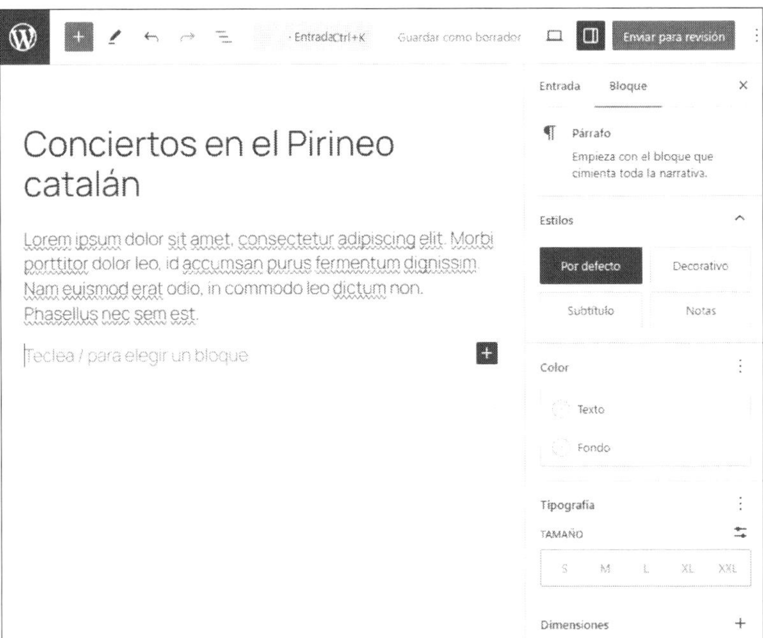

Esta es la única posibilidad. El elemento queda en un estado de **Pendiente**.

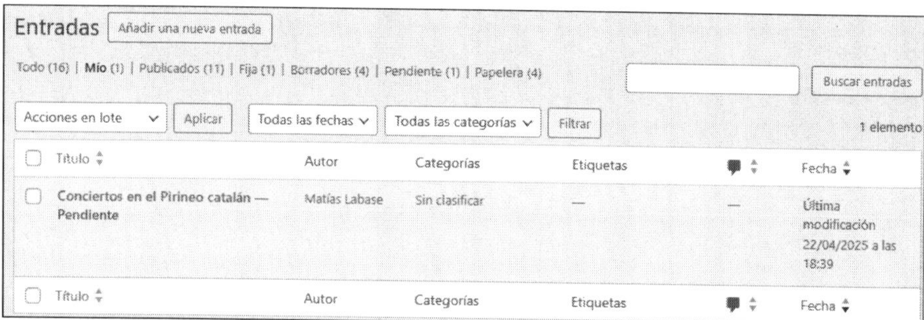

Estas entradas deberán ser revisadas, validadas y publicadas por usuarios con los perfiles de **Editor** o **Administrador**.

Además, también en el caso de las entradas, los colaboradores no pueden añadir medios, ya que no tienen acceso al menú **Medios**.

En cuanto a los comentarios, los colaboradores solo pueden visualizarlos, no pueden administrarlos.

6. Los suscriptores

Los suscriptores no tienen ningún permiso sobre la administración del sitio. Únicamente tienen acceso a su perfil.

La única ventaja que tienen los suscriptores respecto a los simples visitantes es que pueden ver entradas privadas. Consulte el capítulo Las entradas, apartado Gestionar la publicación de entradas - Crear un entrada privada, para más detalles sobre esta posibilidad.

E. Los autores de contenido

Cuando un redactor crea contenido, ya sea una entrada o una página, un usuario con el perfil de **Administrador** o **Editor** puede cambiar el nombre del autor. Dicho nombre puede mostrarse en el sitio publicado si el tema elegido lo permite.

Cuando un administrador o un editor abre una entrada o una página, en la columna lateral derecha, en la pestaña **Entrada**, puede ver el panel **Estado y visibilidad**. Allí, en la lista desplegable **Autor**, puede cambiar el autor de ese contenido.

Capítulo 10: Los plugins

A. Objetivos

En este capítulo, aprenderemos a usar plugins (a veces llamados también extensiones). Veremos hasta qué punto son útiles y aprenderemos a investigar y elegir un plugin utilizando los criterios correctos. Esta primera fase se puede realizar en el sitio oficial de plugins de WordPress o desde la administración de su sitio de WordPress.

A modo de ejemplo, terminaremos este capítulo utilizando dos plugins: el primero nos permitirá saber cuántas veces se ha leído una entrada y el segundo mostrará enlaces a redes sociales.

B. Usar plugins

Como vimos en el capítulo Descubrir WordPress, dedicado a la presentación de este CMS, WordPress utiliza por defecto las funciones disponibles en su «core».

WordPress, al igual que sucede con los demás CMS, no puede satisfacer las necesidades de todos los usuarios. Cada diseñador de sitios web tendrá necesidades específicas, que las características nativas de WordPress no podrán cubrir.

Aquí es donde entra en juego la utilidad de los plugins de WordPress. Los plugins permitirán agregar funciones para resolver un problema en particular.

En el momento de escribir este libro, hay cerca de 59 000 plugins disponibles en el sitio web oficial (http://wordpress.org/extend/plugins/).

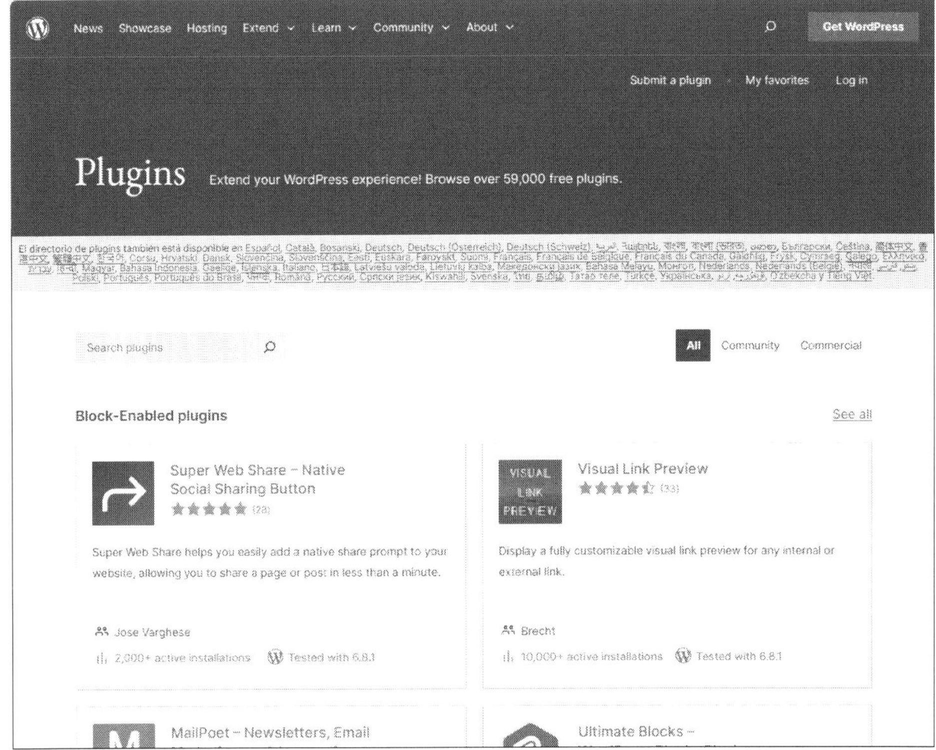

Como puede ver, hay una gran cantidad de plugins. Esto, a priori, está muy bien, pero también puede resultar un inconveniente, porque encontrar el plugin adecuado, el que se adapte perfectamente a sus necesidades, lleva mucho tiempo. Deberá probar todos los plugins que puedan satisfacer su solicitud.

Además, no hay reglas claramente definidas para configurar plugins en la interfaz de administración. Cada desarrollador, dependiendo de las características de su plugin, es libre de colocar su configuración en el menú que desee e incluso de crear un menú dedicado a la configuración de su plugin.

Por último, debe saber que el uso de plugins se realiza en varios pasos sucesivos:

- Encontrar y elegir el plugin que se adapte a sus necesidades.
- Descargar el plugin encontrado.
- Instalar el plugin en la administración.
- Activar el plugin.
- Opcionalmente, configurarlo.
- Y, al final, usar el plugin en el sitio.

C. Elegir un plugin del sitio oficial

1. El sitio oficial de plugins

Para elegir un plugin, puede ir al sitio oficial de plugins: http://wordpress.org/plugins/

2. Buscar por apartado

La primera solución para buscar un plugin consiste en utilizar las diferentes secciones que se ofrecen en la página de inicio del sitio

- **Block-Enabled Plugins** muestra plugins que ofrecen bloques de Gutenberg innovadores.

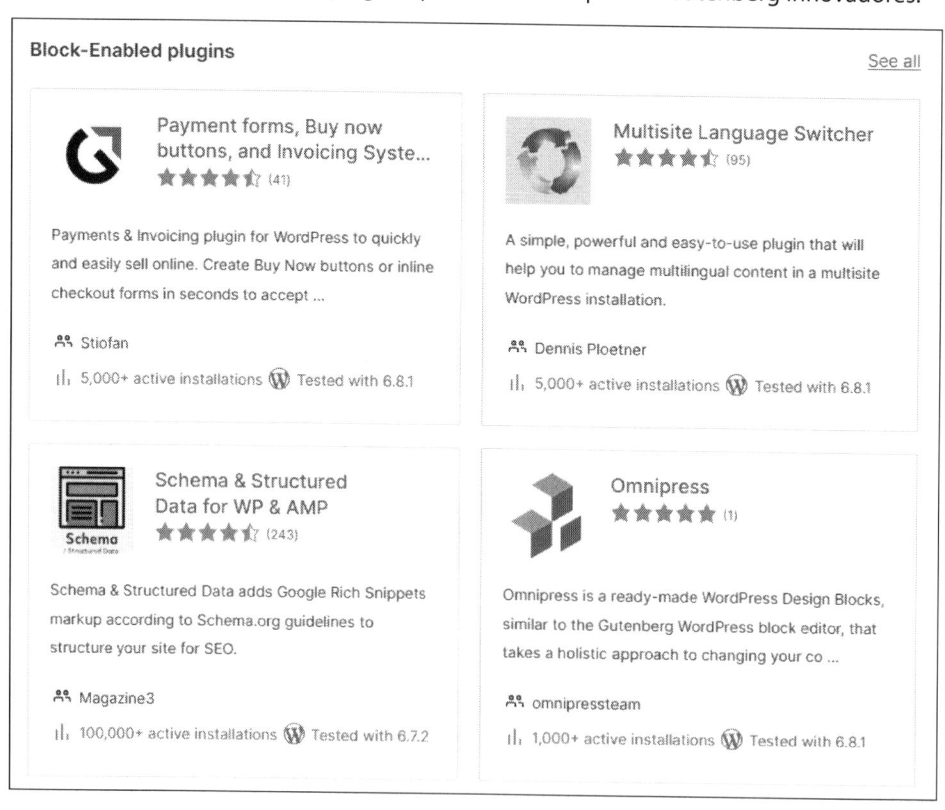

- **Featured plugins** muestra los plugins destacados por el equipo de WordPress.

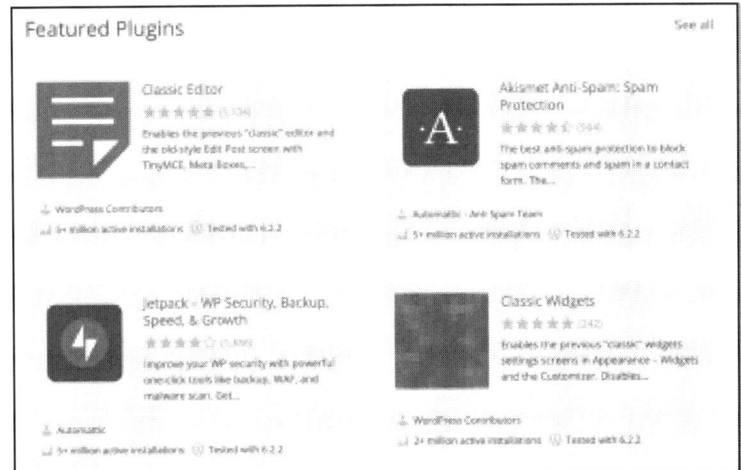

- **Popular Plugins** permite obtener una lista con los plugins más populares, los más utilizados y los más descargados.

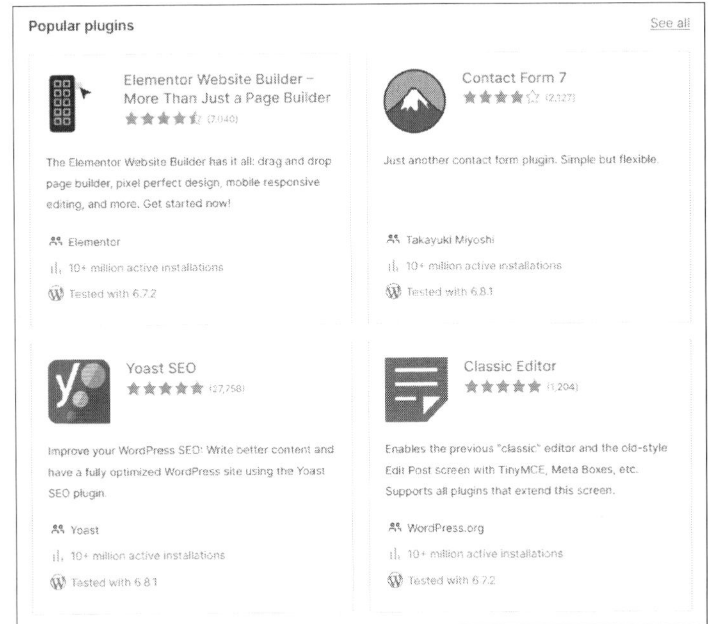

- **Beta Plugins** proporciona una lista de plugins que aún están en fase de desarrollo para las futuras versiones de WordPress.

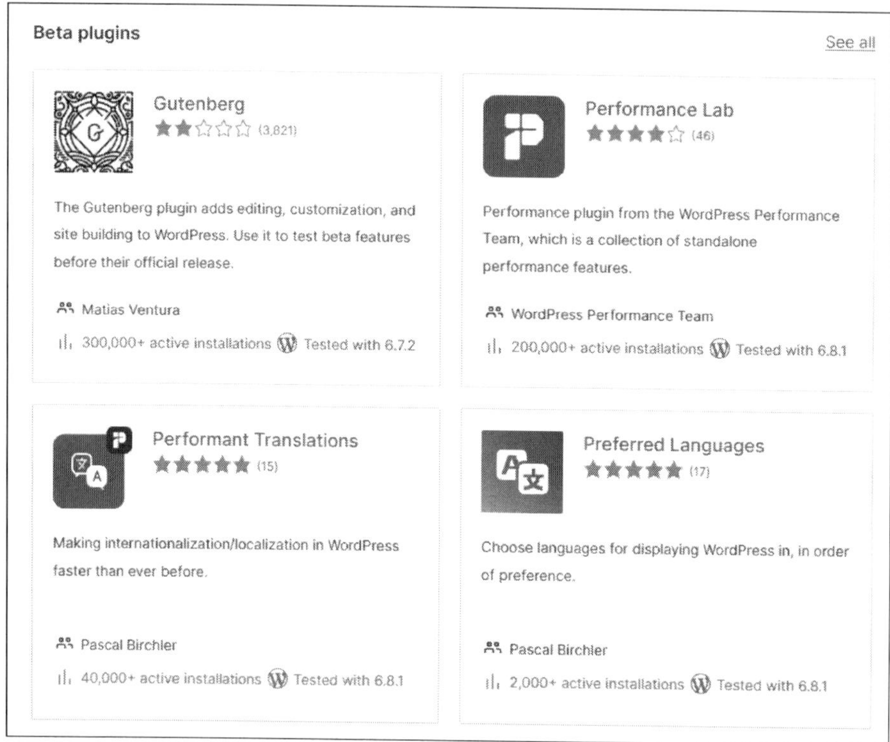

3. La búsqueda por palabras clave

La búsqueda más efectiva es la que se lleva a cabo por palabras clave. Depende de usted definir con precisión las palabras clave que mejor caractericen el plugin que está buscando. Por supuesto, ¡esta búsqueda se realiza en inglés!

En la página de inicio del sitio oficial, justo antes de los primeros bloques, tiene disponible el campo de búsqueda de palabras clave.

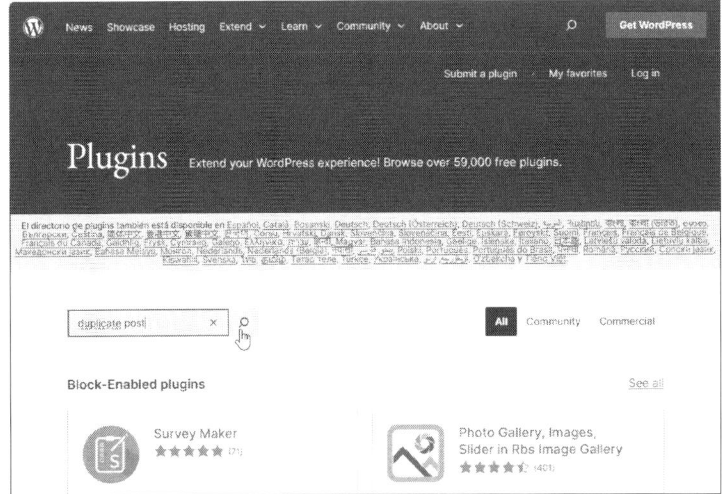

→ Puede introducir una o varias palabras clave y confirmarlas con la tecla ⏎.

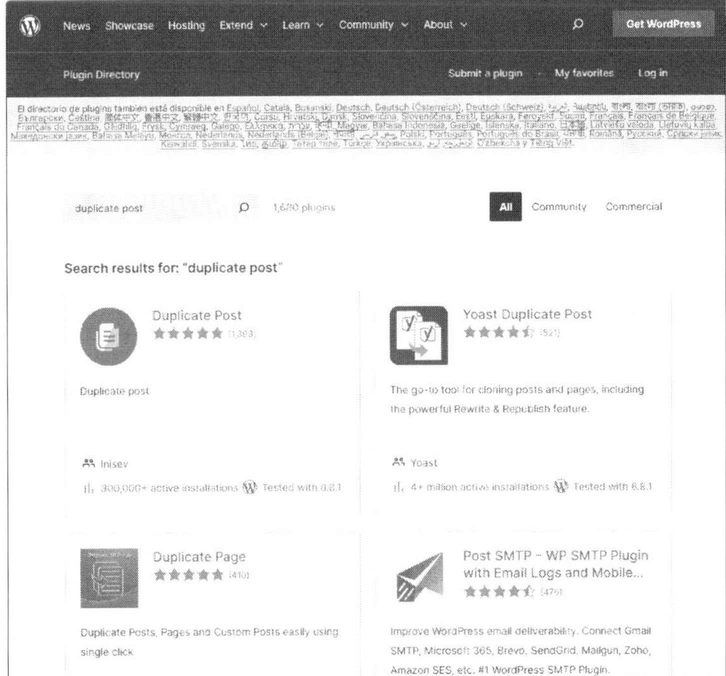

4. Elegir un plugin

Una vez ejecutada la búsqueda, WordPress mostrará la lista de plugins que cumplen con los criterios.

En este ejemplo, estamos buscando un plugin que nos permita saber cuántas veces se ha leído una entrada, así que escribimos las palabras clave: **post counter**.

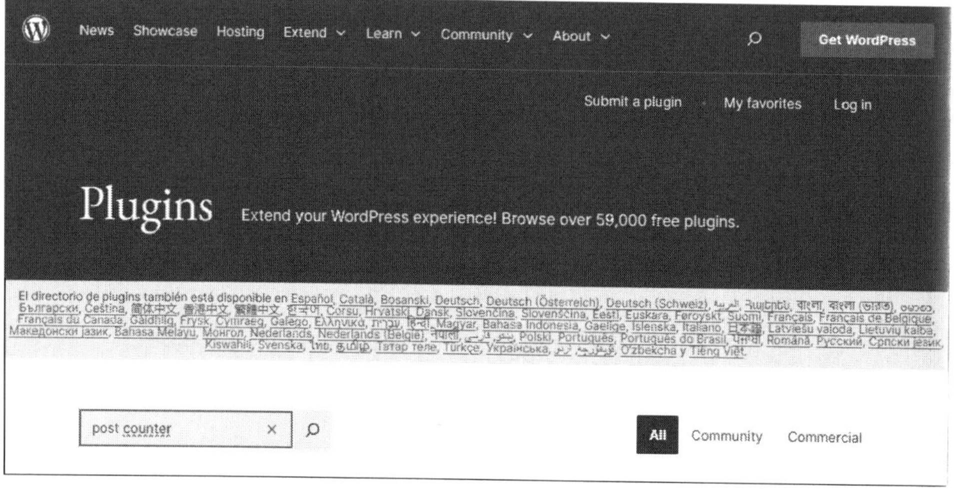

WordPress muestra el resultado de esta consulta, con las apariciones de las palabras clave que se encuentran entre comillas:

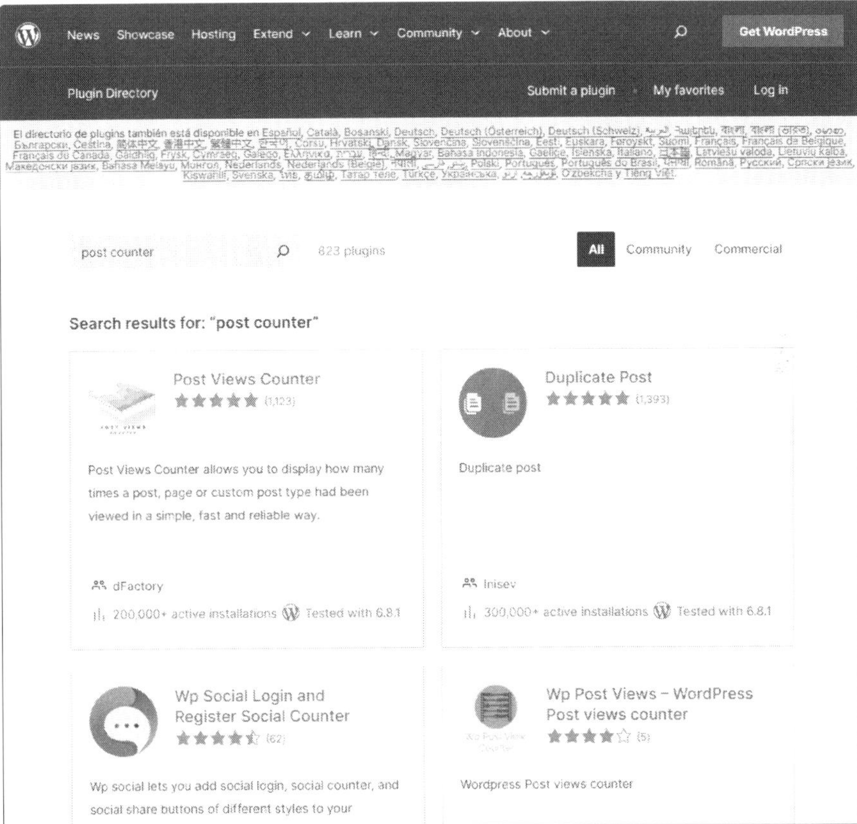

En esta página de resultados, para cada plugin, puede ver su nombre, el extracto de su descripción y diversa información técnica: calificación, autor, número de instalaciones activas y versión de WordPress con la que se ha probado.

Elegimos la extensión **Post Views Counter**.

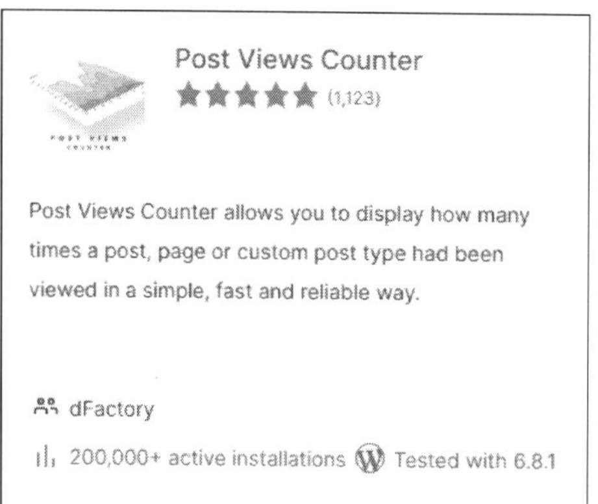

➜ Para ver más información, haga clic en el nombre del plugin en cuestión.

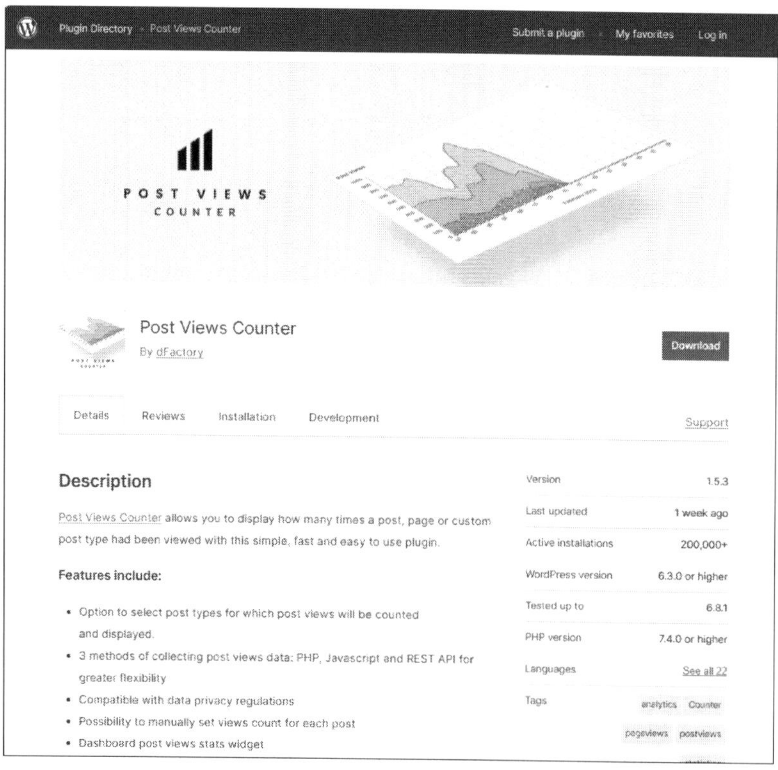

5. Información técnica

Cuando haya elegido un plugin haciendo clic en su nombre, WordPress lo muestra en una sola página, con la pestaña **Details** activa.

Tenga en cuenta que el contenido de cada pestaña que vamos a describir se deja a criterio de los desarrolladores. Encontrará plugins con mucha información y otros con el mínimo indispensable.

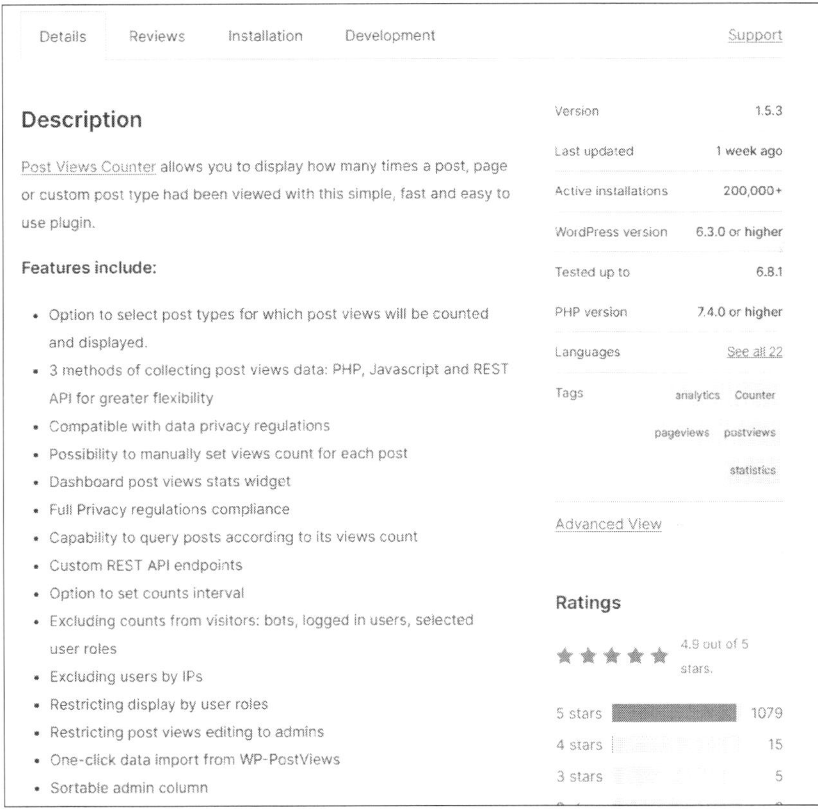

Dispone de una descripción más o menos extensa del plugin en inglés. A la derecha, puede ver la lista de palabras clave (**Tags**) asociadas con este plugin.

La pestaña **Installation** permite conocer las características especiales de la instalación del plugin. Esta información es de obligada consulta en el caso de los plugins que no utilizan la instalación estándar de WordPress.

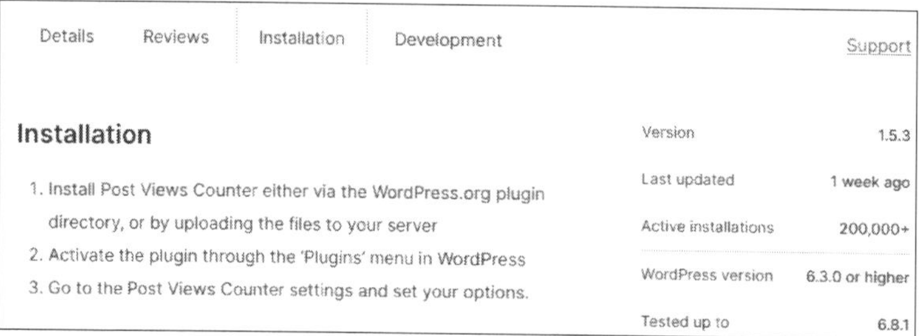

La pestaña **Reviews** muestra las calificaciones y los comentarios de los usuarios.

La pestaña **Development** muestra vínculos sobre el desarrollo del plugin.

El enlace **Support** muestra las discusiones en el foro dedicado a este plugin.

6. Criterios de selección

Una vez que haya visto las primeras pestañas esenciales, debe pasar a los criterios para elegir plugin. Estos criterios fundamentales se sitúan a la derecha.

El primer criterio se refiere a la compatibilidad y la actualización.

Version	1.5.3
Last updated	1 week ago
Active installations	200,000+
WordPress version	6.3.0 or higher
Tested up to	6.8.1
PHP version	7.4.0 or higher
Languages	See all 22

La línea **WordPress version** muestra cuál es la versión mínima de WordPress necesaria para que este plugin funcione. Usted deberá comprobar qué versión de WordPress es la que está utilizando. En el ejemplo anterior, necesita al menos un WordPress 6.3.0 para que el plugin funcione.

La línea **Tested up to** indica cuál es la versión superior de WordPress con la que este plugin es compatible. Usted deberá comprobar qué versión de WordPress es la que está utilizando. En el ejemplo anterior, el plugin es compatible con WordPress 6.8.1

La línea **Last updated** muestra cuándo se actualizó por última vez el plugin. Cuanto más reciente sea esta fecha, mejor. Desconfíe de los plugins que no se hayan actualizado recientemente. Esto puede significar que el autor ha detenido el desarrollo del plugin y que este puede no ser compatible con las últimas versiones de WordPress. En el caso de un plugin verdaderamente «antiguo», WordPress avisa con un mensaje como este.

This plugin **hasn't been tested with the latest 3 major releases of WordPress**. It may no longer be maintained or supported and may have compatibility issues when used with more recent versions of WordPress.

La fila **Active installations** muestra el número de descargas de este plugin. Cuanto mayor sea el número, más popular será el plugin, por lo que puede ser una garantía de calidad.

A continuación, aparece la calificación otorgada a este plugin, en el bloque **Ratings**.

Para calificar un plugin, debe estar registrado en el sitio de WordPress. Hay que tener en cuenta tanto la puntuación como el número de votantes y el número de descargas. Todos estos parámetros deben contemplarse a la hora de ponderar la puntuación.

El bloque **Support** permite conocer los aspectos técnicos que se han resuelto recientemente.

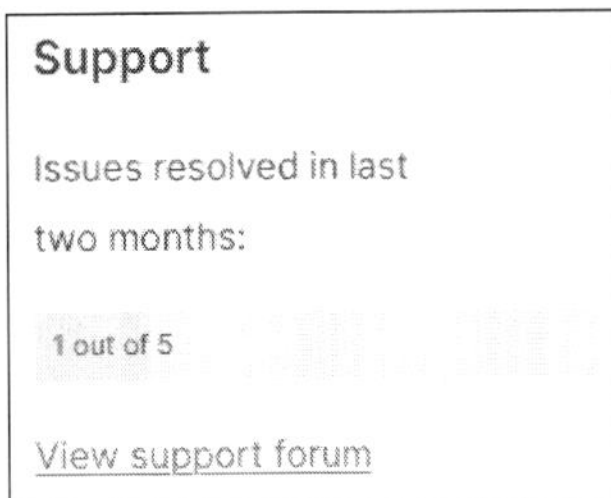

7. Descargar un plugin

→ Una vez que haya decidido por un plugin, puede descargarlo haciendo clic en el botón **Download**, ubicado en la parte superior derecha de la pantalla.

Se descarga un archivo comprimido en formato .zip.

8. Instalar un plugin

→ En la administración de su sitio, si ha iniciado sesión como administrador, en el menú **Plugins**, elija **Añadir nuevo plugin**.

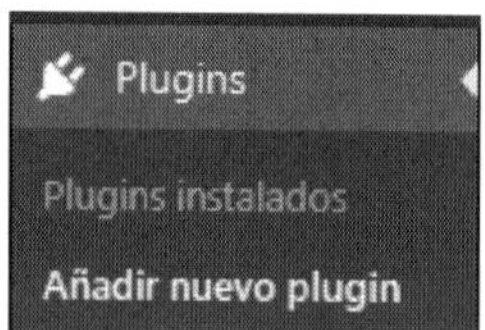

Aparecerá la pantalla **Añadir plugins**.

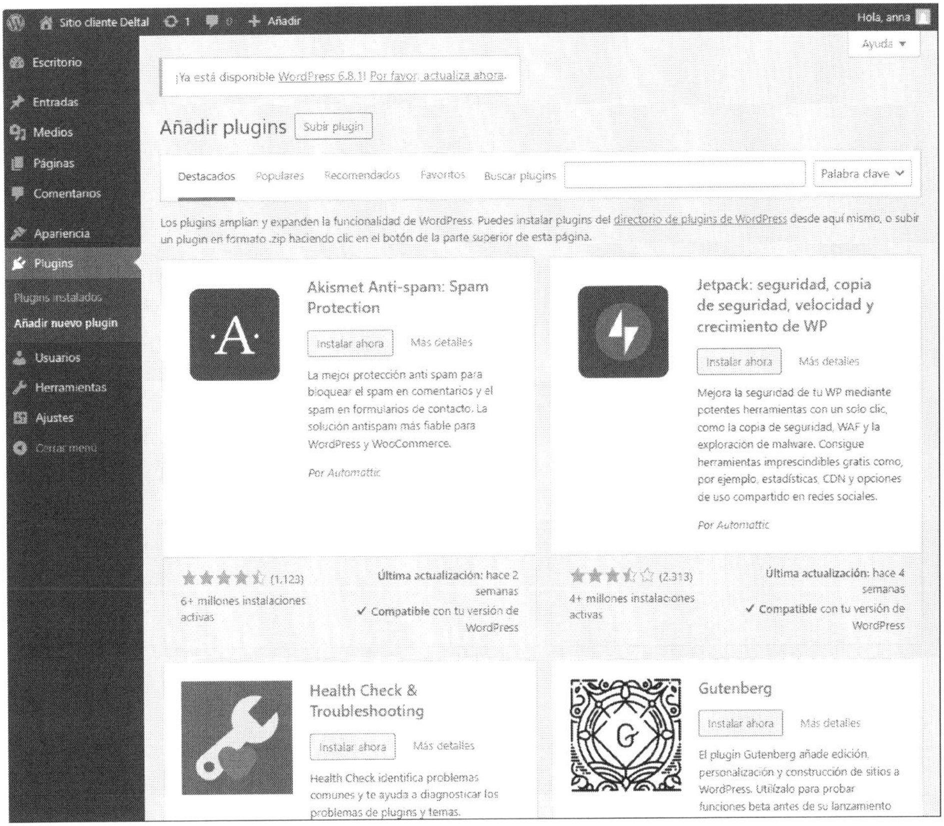

➜ En la pantalla **Añadir plugins**, puede hacer clic en el botón **Subir plugin**.

➜ En el área central de la pantalla, haga clic en el botón **Elegir archivo** (o **Examinar**) y seleccione el archivo zip descargado anteriormente.

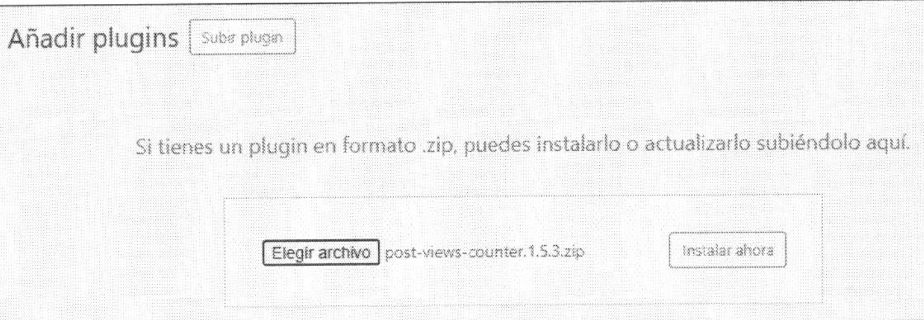

→ Haga clic en el botón **Instalar ahora**.

WordPress informa de que la instalación se ha realizado sin problemas.

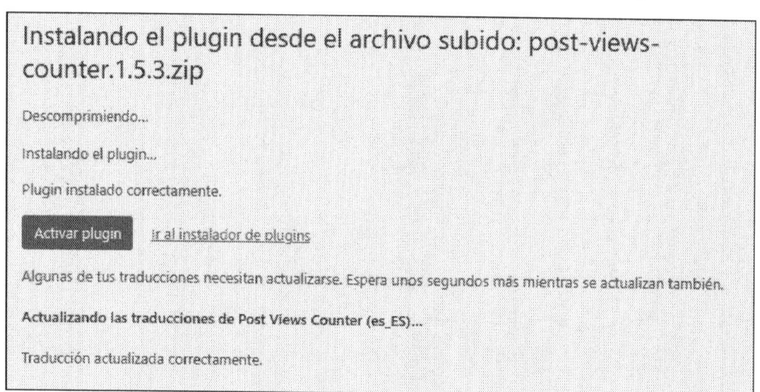

Puede activar el plugin ahora mismo, haciendo clic en el botón **Activar plugin**.

→ Pero primero vamos a mostrar la lista de plugins, en el menú **Plugins**, y a elegir **Plugins instalados**.

En la lista de Plugins, los que están activados tienen un fondo azul claro, mientras que los que están inactivos tienen un fondo blanco.

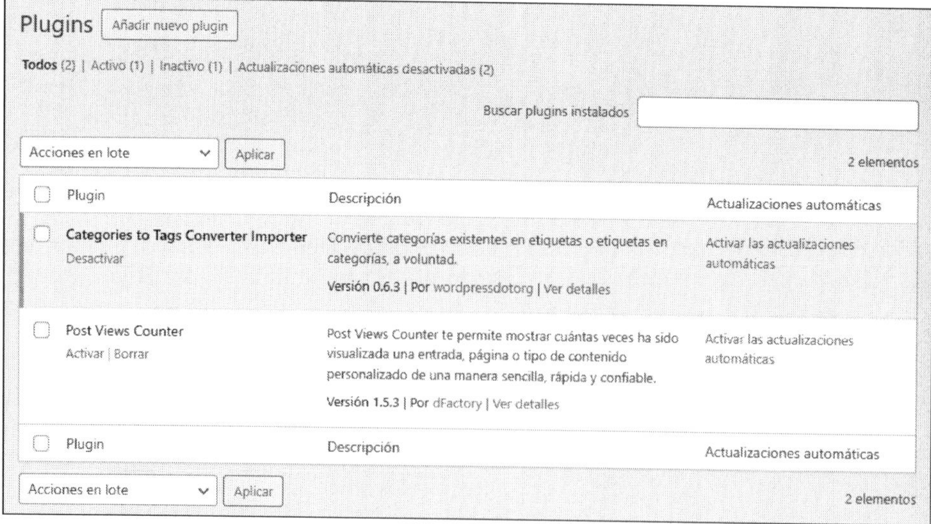

D. Elegir un plugin desde la administración

1. Buscar un plugin

Acabamos de ver cómo elegir un plugin desde el sitio web oficial de WordPress. Pero puede hacer lo mismo desde la interfaz de administración de su sitio.

➜ En el menú **Plugins**, elija **Añadir nuevo plugin**.

Encontramos las mismas características que hemos visto con anterioridad en el sitio oficial.

En la parte superior de la pantalla, encontrará los enlaces **Destacados**, **Populares**, **Recommendados** y **Favoritos** (solo utilizables si está registrado en el sitio oficial de plugins de WordPress).

A la derecha, puede ver el campo de búsqueda de palabras clave.

Buscar plugins | Palabra clave

Debajo de esta área se muestran los plugins destacados. En la barra superior, el enlace **Destacados** está activo.

Finalmente, en la parte inferior de la pantalla, se muestra el área de **Etiquetas populares**, que permite hacer clic en una de las palabras clave más populares.

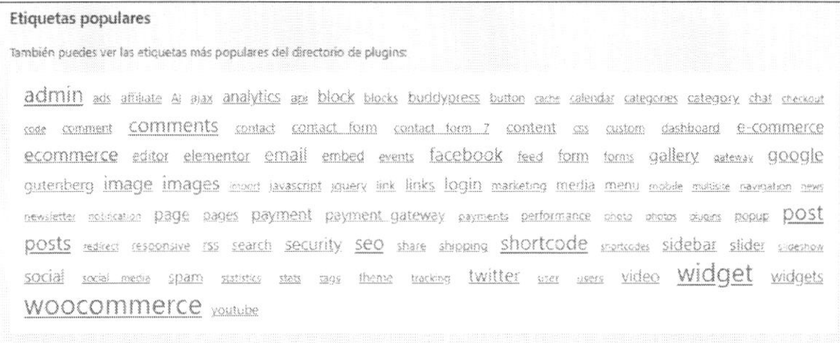

En este ejemplo, la búsqueda se realizó usando las mismas palabras clave que en el sitio oficial de plugins de WordPress: **post counter**.

Para este ejemplo, primero eliminé el plugin instalado anteriormente, a fin de tener como punto de partida un sitio sin este plugin.

El resultado de la búsqueda se muestra en una tabla. Encontramos el **Nombre** de los plugins, su **Última actualización**, la **Calificación** asignada y la **Descripción**.

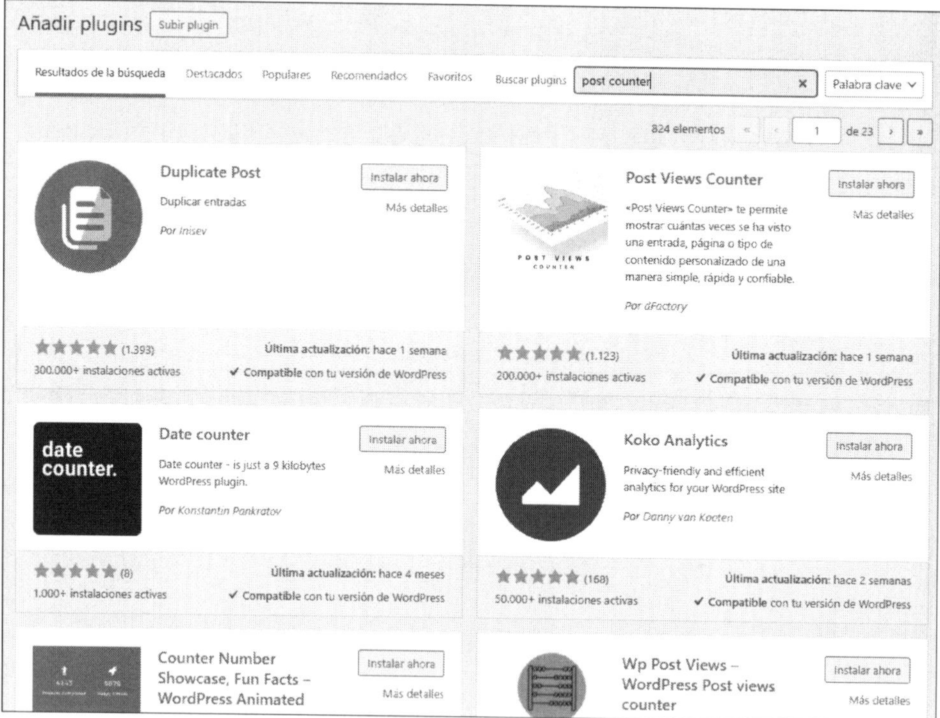

2. Elegir un plugin

En la lista de plugins encontrados, elegimos, como antes, la extensión **Post Views Counter**.

➜ Para ver información sobre una extensión, haga clic en el enlace **Más detalles**.

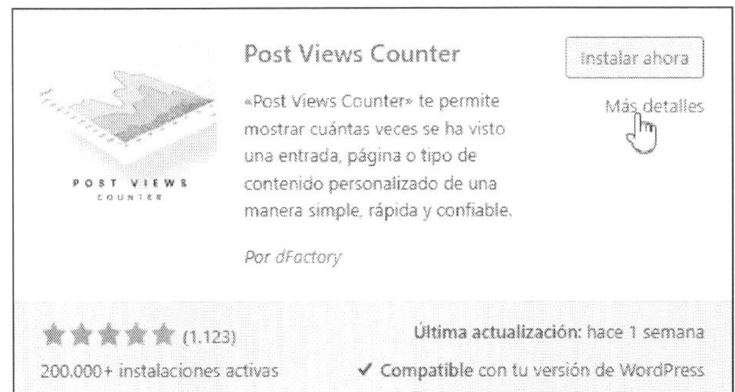

Encontramos la misma información que hemos visto anteriormente, por lo que no volveremos a ella.

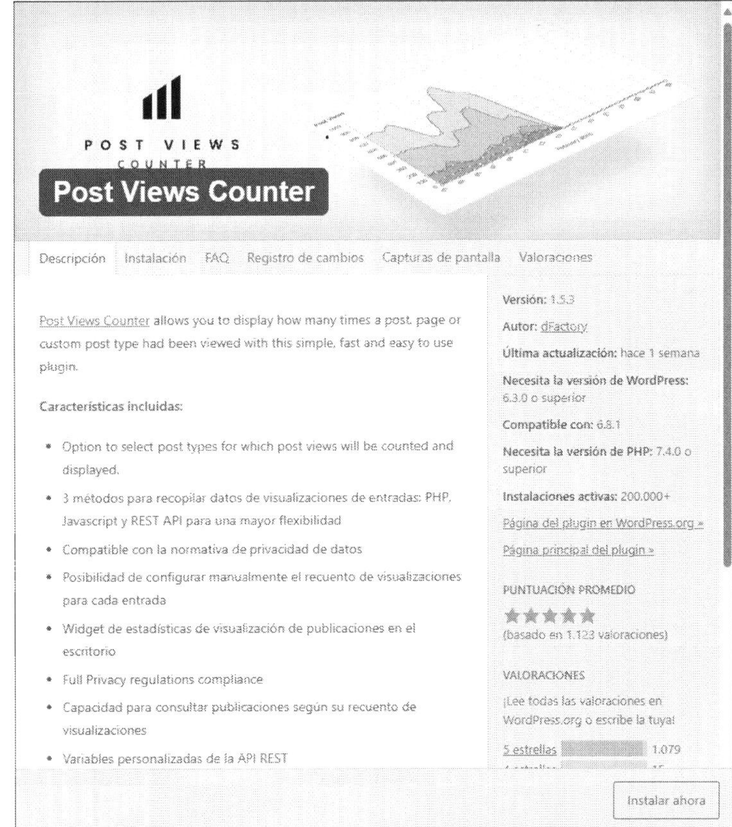

3. Instalar y activar un plugin

Para instalar este plugin, dispone de dos soluciones.

- La primera solución es posible si todavía tiene la ventana de detalles en la pantalla. En este caso, haga clic en el botón **Instalar ahora**. El plugin se descarga e instala.
  Para activarlo inmediatamente, haga clic en el enlace **Activar**.

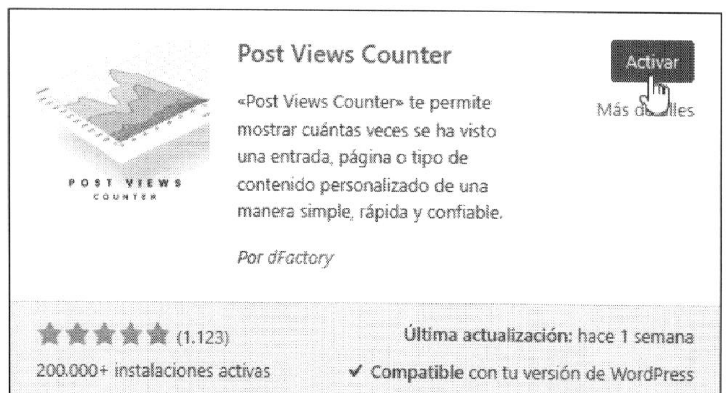

  WordPress activa el plugin, muestra el ítem de menú **Plugins instalados** e informa de que el plugin está activado.

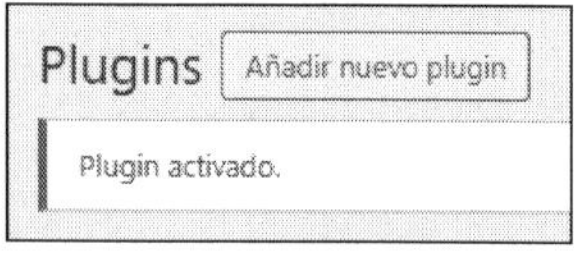

- La segunda solución es posible a partir de la lista de plugins encontrados. En este caso, haga clic en el botón **Instalar ahora**.

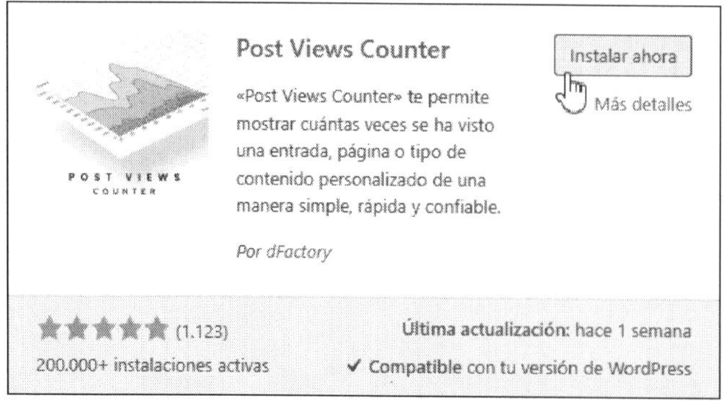

  A continuación, se iniciará la instalación y podrá activarla como antes.

E. Un plugin de contador de entradas leídas

1. Instalación

Para ver un ejemplo de plugin, usaremos un complemento que permite mostrar en la administración el número de veces que se ha leído una entrada o una página.

Vamos a usar el plugin **Post Views Counter**, que instalamos en apartados anteriores. Instálelo y actívelo como acabamos de ver.

2. Lo esencial de la configuración

- Para configurar esta extensión, en el menú **Plugins - Plugins instalados**, haga clic en el enlace **Ajustes** del propio plugin **Post Views Counter**.
- En la pestaña **Contador**, en las opciones de **Recuento de tipos de contenido**, seleccione el contenido que se debe tener en cuenta para el cálculo.
  Para este ejemplo, seleccione **Entradas** y **Páginas**.

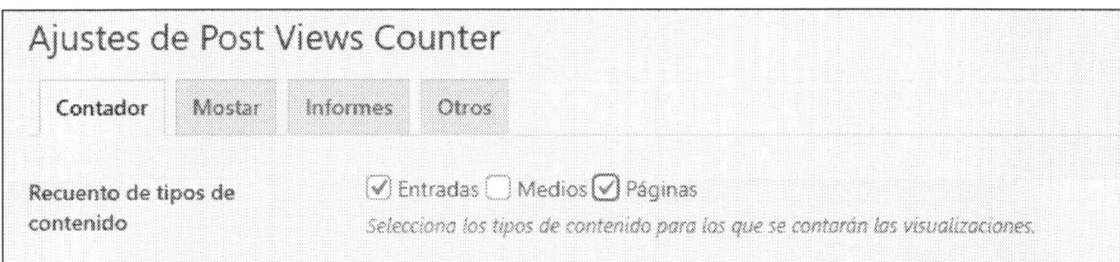

- En las opciones **Excluir visitantes**, debe especificar qué grupos de usuarios que han iniciado sesión no se deben tener en cuenta para el cálculo de la vista. Esto es muy práctico para que no se cuenten los usuarios a los que se hace referencia y que han iniciado sesión. Este plugin permite detectar las visitas por parte de bots de IA, pero para ello es necesario actualizarlo a la versión PRO (de pago).

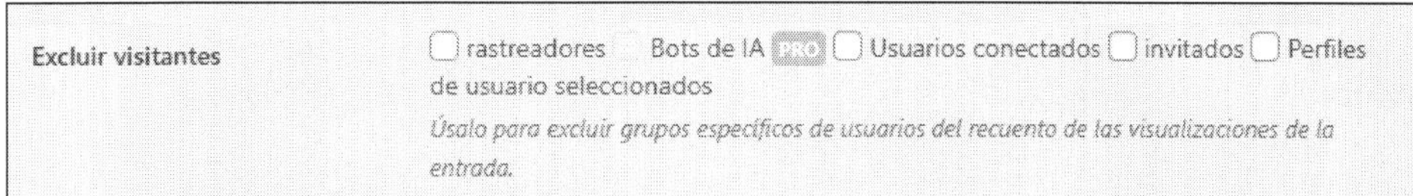

- Haga clic en el botón **Guardar cambios**.
- En la pestaña **Mostrar**, marque la opción **Columna de administración** para mostrar una columna adicional en la lista de publicaciones y páginas, a fin de ver el número de vistas.

Columna de administración	☑ Activar para mostrar el recuento de vistas de la columna de administración para cada tipo de contenido contado.

- Para administrar la visualización del contador en el sitio publicado, use el resto de las opciones de la pestaña **Mostrar**. Todas las opciones son muy fáciles de usar, no presentan dificultades.

- Si realiza cambios, haga clic en el botón **Guardar cambios**.

3. Mostrar los contadores

Si su sitio está en producción en la Web, espere a que los visitantes lean sus entradas. Si se trata de una prueba local, haga clic en varias entradas para mostrarlas en una sola página (¡tenga cuidado de no marcar la opción que no cuenta los usuarios registrados ni los administradores!). A continuación, en la administración, muestre la lista de entradas o de páginas.

En la lista de los contenidos, de las entradas en este caso, la extensión agrega una nueva columna denominada **Número de vistas**. Por ejemplo, en la administración, puede ver el número de veces que se ha visualizado una entrada.

➜ Si hace clic en el encabezado de la columna **Visitas**, donde se muestran las entradas que se han visto.

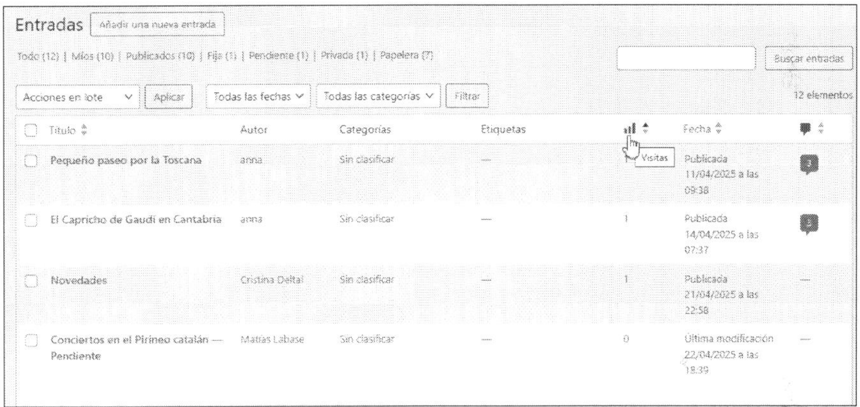

Si accede al sitio publicado y entra en la página de una entrada, verá el contador de visitas.

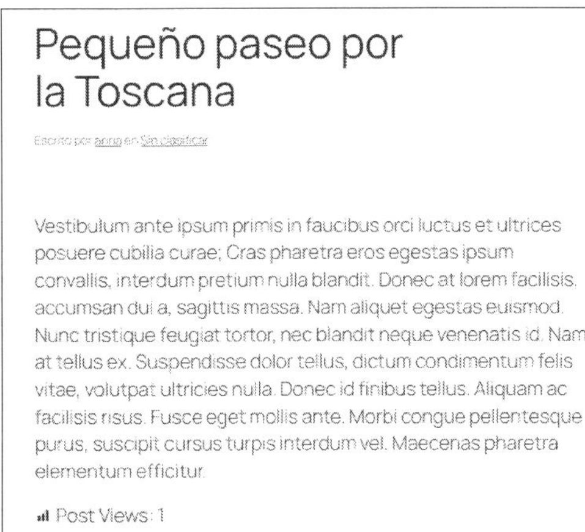

F. Administrar los plugins

1. Mostrar los plugins

Ahora que ya sabe cómo instalar y activar plugins, vamos a ver cómo gestionarlos. Para estos ejemplos, se han instalado otros plugins.

➜ Para mostrar los plugins presentes en su WordPress, en el menú **Plugins**, elige **Plugins instalados**.

En este ejemplo, se han activado dos plugins: **All-in-One WP Migration** y **Post Views Counter**, y hay otro plugin instalado, pero no activado, **Categories to Tags Converter Importer**.

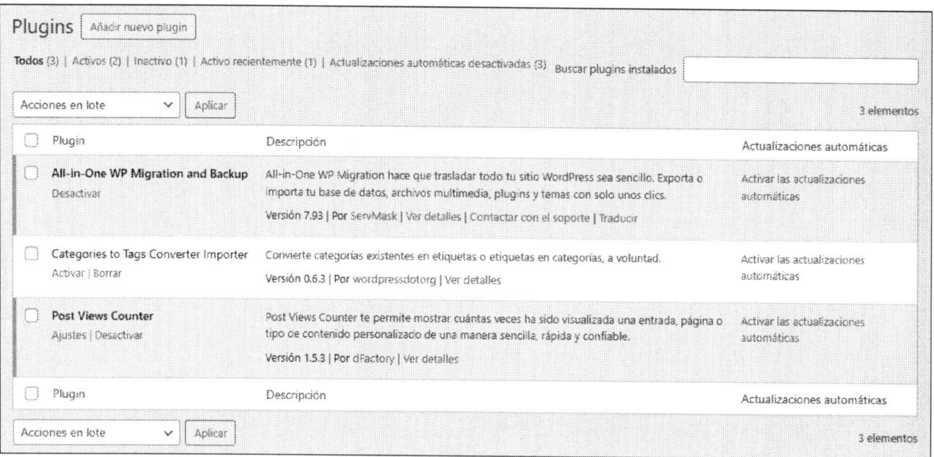

Encima de la tabla con la lista de plugins, se muestran tres enlaces que le permiten filtrar la visualización de aquellos.

El enlace **Todos (x)** permite ver todos los plugins instalados. El valor entre paréntesis indica el número de instalados.

El enlace **Activos (x)** muestra solo los plugins que están activos.

El enlace **Inactivos (x)** muestra solo los plugins que no están activos.

Actualizaciones automáticas desactivadas (x) indica qué plugins no usan el sistema de actualización automática.

A la derecha, dispone de un cuadro para buscar plugins en la administración de su sitio de WordPress.

2. Desactivar una extensión

Una vez que un plugin se ha instalado y activado, puede desactivarlo si no responde a sus necesidades.

➙ Pase el ratón por el plugin en cuestión y haga clic en el enlace **Desactivar**.

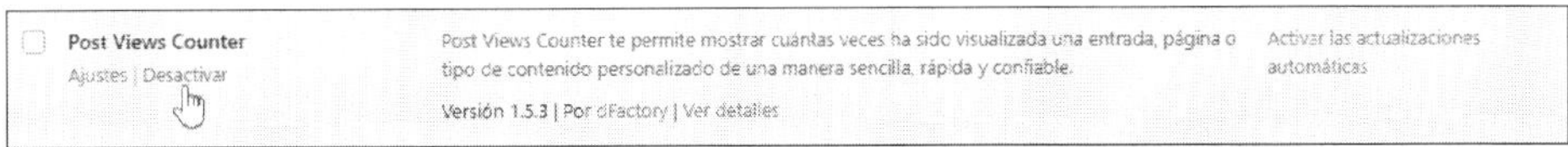

La extensión pasa a tener un fondo blanco, ya no está activa.

3. Eliminar un plugin

➙ Para eliminar un plugin, primero debe desactivarlo. Es normal, ya que, si quiere suprimirlo, lo lógico es que no lo use. Pase el ratón por el plugin desactivado en cuestión y haga clic en el enlace **Borrar**.

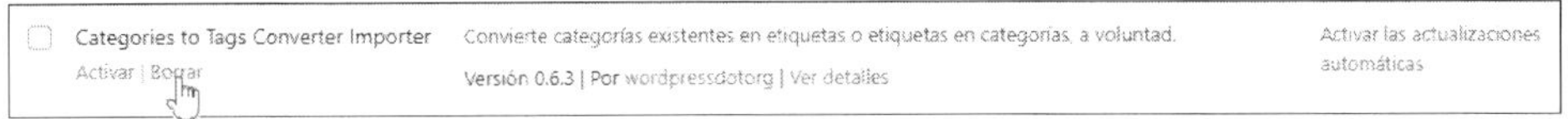

WordPress solicita que confirme esta eliminación.

➙ Haga clic en el botón **Aceptar**.

El plugin se borra.

4. Actualizar plugins

Los plugins, como WordPress, también evolucionan continuamente. Si instala un plugin, WordPress le notificará la disponibilidad de una nueva versión si es el caso.

En la administración, verá un icono de alerta en la barra de herramientas:

De igual modo, en el ítem del menú **Actualizaciones** del menú **Escritorio**, un pequeño círculo rojo indica el número de actualizaciones disponibles:

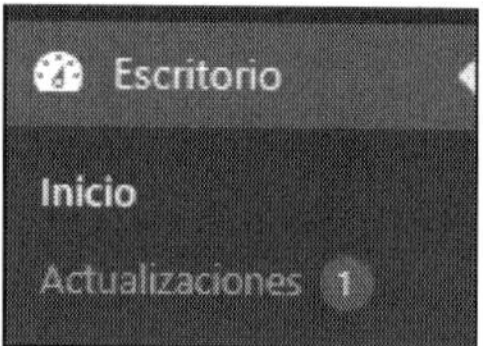

Y lo mismo sucede en el menú **Plugins**:

→ Para actualizarlo, en el menú **Plugins**, elija **Plugins instalados**.

WordPress muestra el mensaje de alerta de la actualización disponible del plugin en cuestión. La extensión que se va a actualizar aparece sobre un fondo naranja.

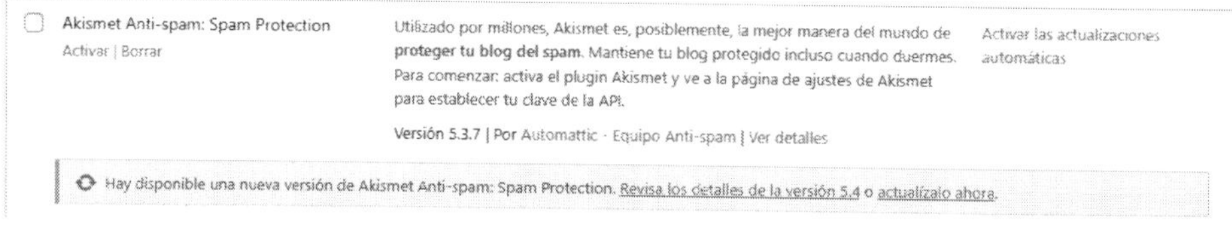

Tiene dos enlaces a su disposición:

- **Revisa los detalles de la versión X** muestra una ventana con los detalles de la actualización.
- El enlace **actualizalo ahora** permite actualizar la extensión inmediatamente.

  Si hace clic en este enlace, la actualización se lleva a cabo.

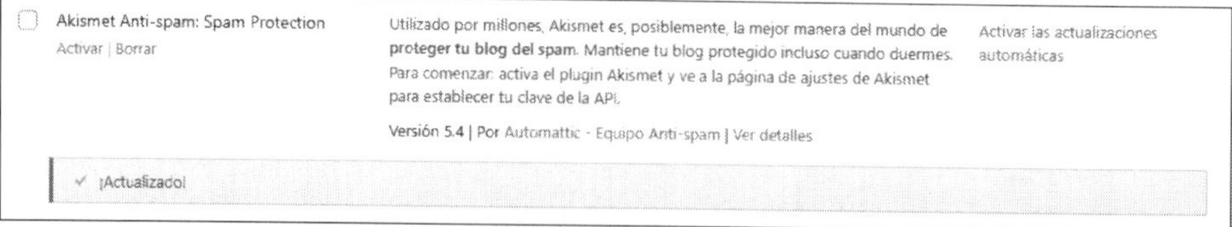

Ahora puede activar las actualizaciones automáticas para cada plugin de su instalación.

→ Para ello, en la fila de cada plugin, haga clic en el enlace **Activar las actualizaciones automáticas**.

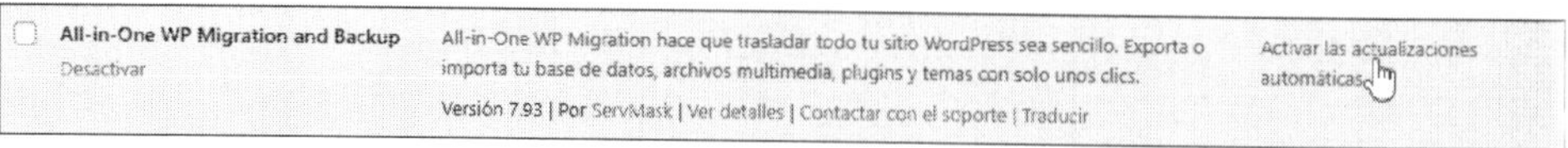

Una vez activada la actualización automática, el enlace pasa a ser **Desactivar las actualizaciones automáticas**, para que pueda volver a la situación original.

5. Acciones en lote

Puede administrar sus plugins por lotes.

- En la tabla de plugins, seleccione los que desea editar haciendo clic en sus respectivas casillas.
- En la lista desplegable **Acciones en lote**, elija el cambio que desee. Haga clic en el botón **Aplicar**.

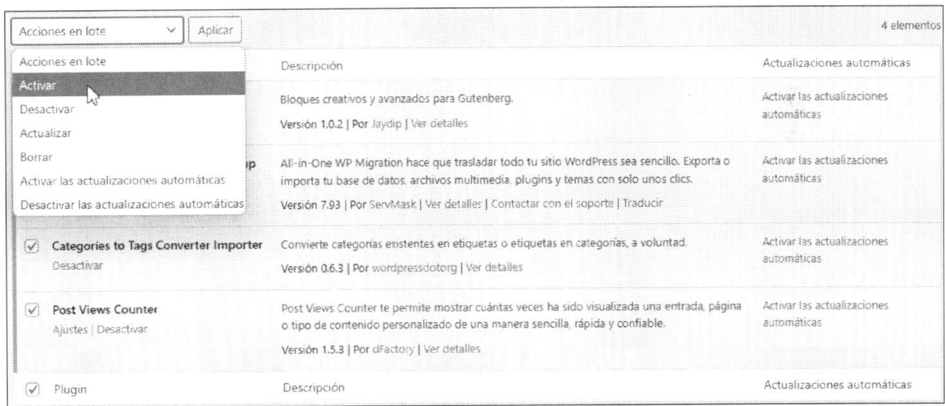

Capítulo 11: Los temas

A. Objetivos

En este capítulo, aprenderemos a sacar el máximo partido a los temas. Comprenderemos los dos tipos de temas, los buscaremos, los instalaremos y los personalizaremos. A continuación, activaremos y personalizaremos dos tipos de temas predeterminados de WordPress, los temas **Twenty Twenty-One** y **Twenty Twenty-Three**.

B. Utilizar los temas

Como vimos en el capítulo Descubrir WordPress, los temas determinan la apariencia de sus sitios de WordPress. Por ello, es esencial elegir el tema adecuado desde el comienzo del proyecto, en el momento de la concepción del sitio.

Los temas tienen orígenes diversos y, por lo tanto, calidades igualmente diversas. Algunos pueden ser desarrollados por diseñadores independientes y ofrecidos gratuitamente en numerosos mercados en línea; otros son desarrollados por agencias especializadas y están disponibles mediante compra. Algunos clientes corporativos desean un diseño único para su sitio y recurren entonces a un desarrollador de temas o a una agencia.

En todos estos casos, hay que prestar mucha atención a la viabilidad del proyecto y asegurarse de que el tema se actualice regularmente conforme avancen las versiones de WordPress.

Debe saber también que existen temas que instalan plugins adicionales para completar su propia instalación. Estos plugins, que se instalan junto con ciertos temas, permiten obtener una apariencia atractiva y profesional. Se trata de una tendencia muy fuerte en los últimos años.

Por último, en los últimos años han surgido los llamados «constructores de temas». Estos temas le permiten crear a usted mismo toda la estructura de visualización de sus contenidos. Es una manera muy flexible y eficiente de construir su propio tema personalizado. Algunos ejemplos de constructores de temas son **Divi** (https://www.elegantthemes.com/gallery/divi/), **Elementor** (https://elementor.com) y **Beaver Builder** (https://www.wpbeaverbuilder.com). Todos estos constructores son de pago.

También hay que señalar que algunos temas son temas hijo de un tema padre. Esto significa que el diseñador ha creado un tema base, un tema padre que sirve como punto de partida para crear diversas «variantes» a través de temas hijo. Por lo tanto, si utiliza un tema hijo, deberá instalar también el tema padre obligatoriamente.

Por último, debe saber que el uso de los temas se realiza en varios pasos:

- Buscar y elegir un tema que se adapte a sus necesidades.
- Descargar el tema encontrado.
- Instalar el tema en la administración.
- Activar el tema.
- Configurarlo.
- Y, al final, usar el tema.

C. Los dos tipos de temas

La revolución Gutenberg de WordPress comenzó con la llegada de la versión 5. A partir de esta versión, la edición de contenidos, entradas y páginas se realiza mediante los bloques de Gutenberg. Cada bloque está dedicado a insertar un tipo específico de contenido: hay bloques para párrafos, para encabezados, para imágenes, para portadas... Ya conoce bien este principio.

WordPress sigue esta misma lógica con los temas. Por eso, actualmente nos encontramos en una fase de transición. Tenemos los llamados temas «clásicos», que se crean y personalizan como siempre, en la pantalla de personalización «clásica». Pero desde hace algunas versiones, WordPress permite componer y personalizar los temas con bloques de Gutenberg, muy similares a los que se usan para los contenidos editoriales. Encontrará bloques idénticos, como los de Título, Párrafo, Imagen... y también bloques diseñados específicamente para los temas. Este nuevo editor se llama **Editor completo del sitio** en español, y **Full Site Editing** en inglés, a menudo abreviado como **FSE**. Es el término que vamos a utilizar en este libro.

Así que, a medio o largo plazo, los temas «clásicos» tenderán a desaparecer y solo estarán disponibles los temas optimizados para el FSE. Pero, actualmente, ambos tipos de temas siguen estando accesibles. Estamos claramente en una fase de transición. Por tanto, tendrá que prestar mucha atención al elegir un tema: ¿es un tema «clásico» o uno optimizado para el FSE?

Con esta versión de WordPress, hay cuatro temas instalados por defecto, todos ellos optimizados para el FSE: **Twenty Twenty-Two**, **Twenty Twenty-Three**, **Twenty Twenty-Four** y **Twenty Twenty-Five**, que es el tema con el que hemos trabajado a lo largo de todo el libro.

D. Elegir un tema del sitio web oficial

1. Buscar un tema

→ Para buscar un tema, puede ir al sitio web oficial de WordPress, a la sección de temas: https://wordpress.org/themes/

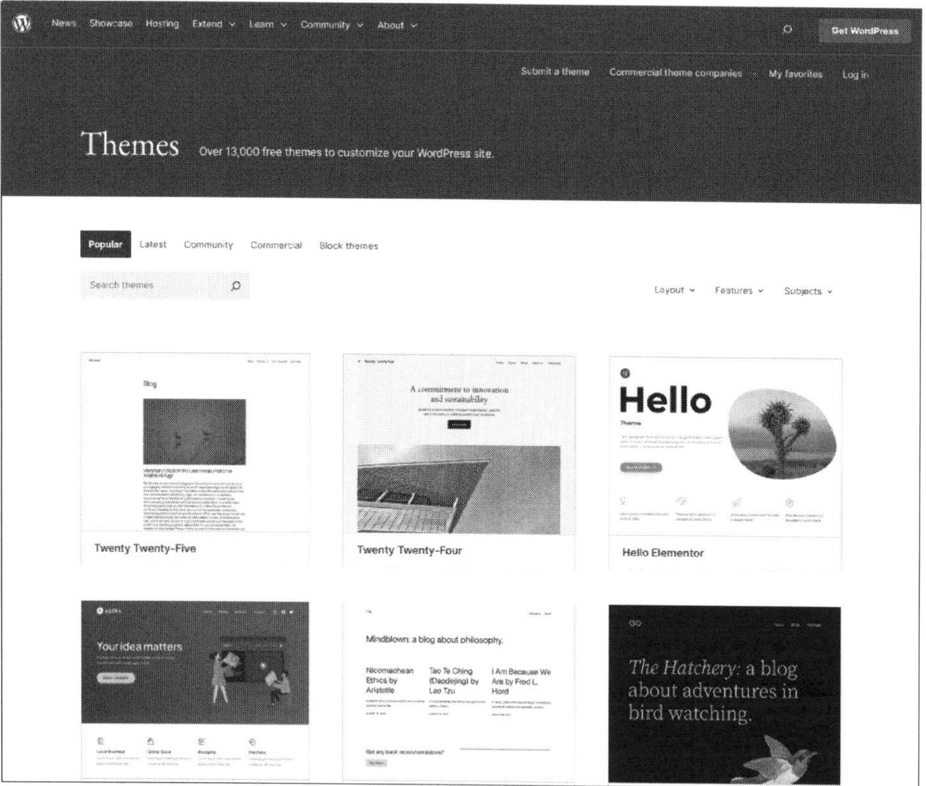

En la barra de navegación principal, tiene la opción de filtrar los temas:

- **Popular**: los temas más populares.
- **Latest**: últimos temas publicados.
- **Commercial**: temas de pago.
- **Community**: temas creados por diseñadores independientes.
- **Block themes**: temas que utilizan bloques de Gutenberg, por lo que están optimizados para el FSE.

También puede buscar un tema según los criterios disponibles en las listas desplegables **Layout**, **Features** y **Subjects**:

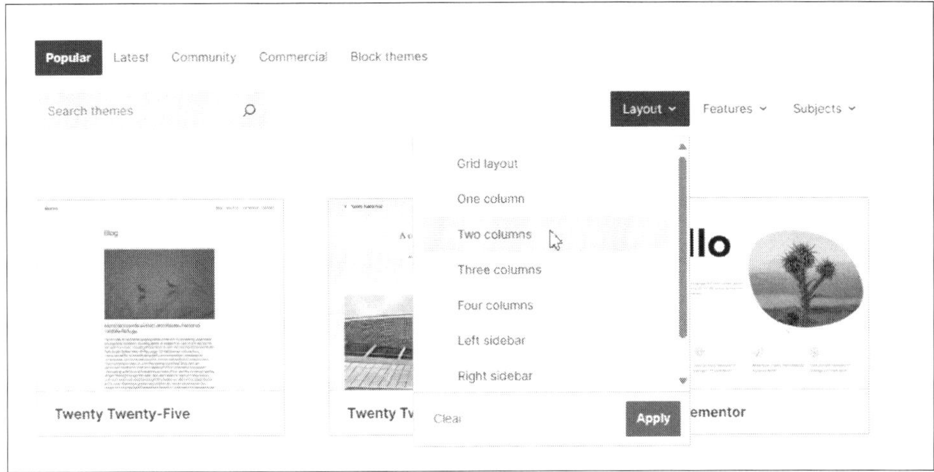

➙ Haga clic en la opción que le interese:

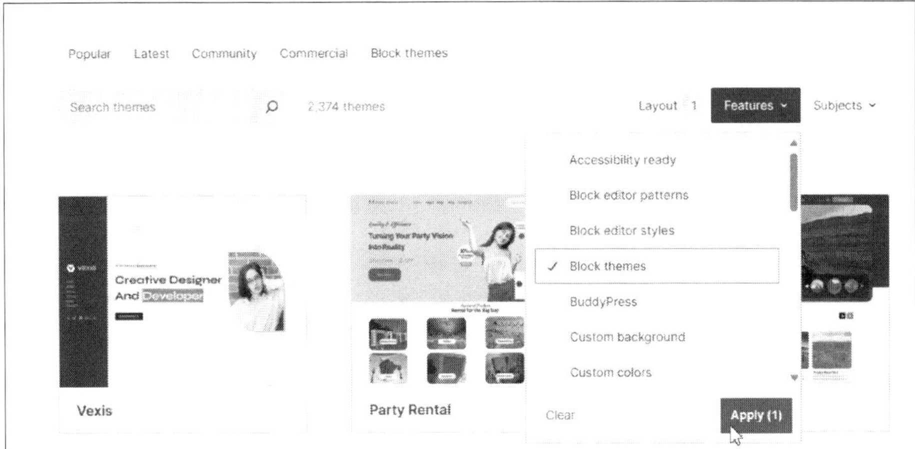

➙ A continuación, haga clic en el **Apply (X)**, donde X es el número de criterios seleccionados.

A continuación, WordPress muestra el resultado, que incluye todos los temas que cumplen con sus criterios. En este ejemplo, hemos solicitado temas con tres columnas y que usen bloques:

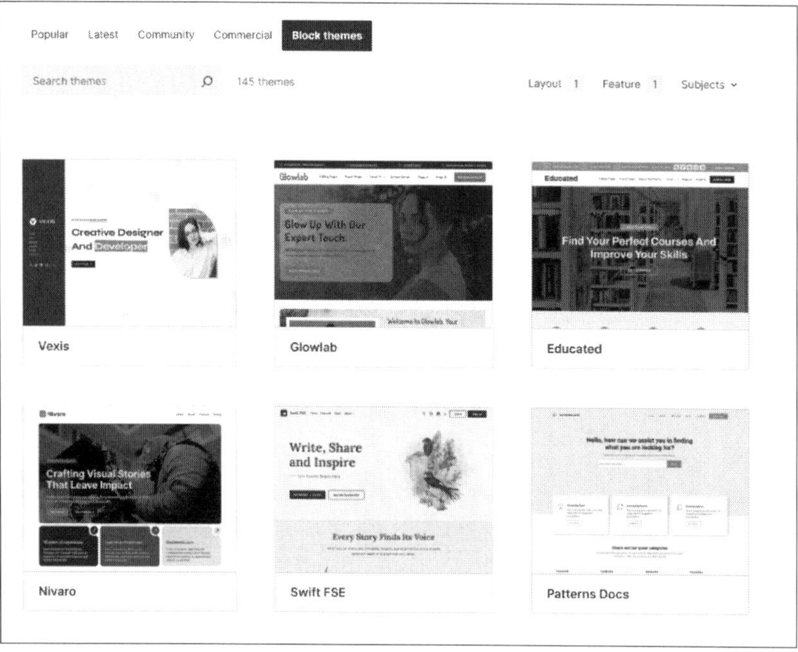

2. Elegir un tema

➜ Para elegir un tema, muestre sus detalles haciendo clic en su nombre o en su vista previa.

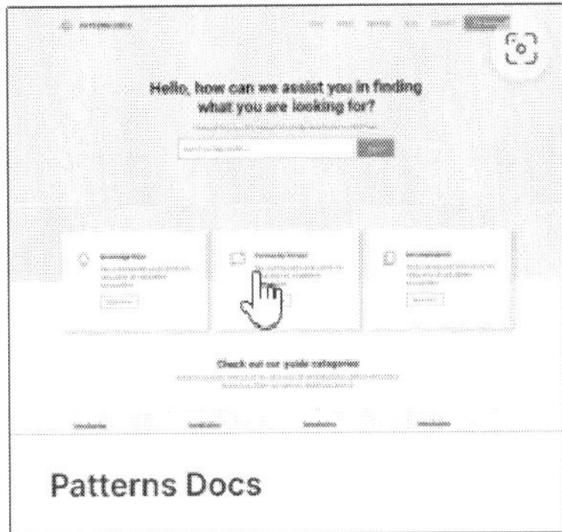

Puede ver los detalles técnicos del tema elegido en la pantalla. He aquí un extracto:

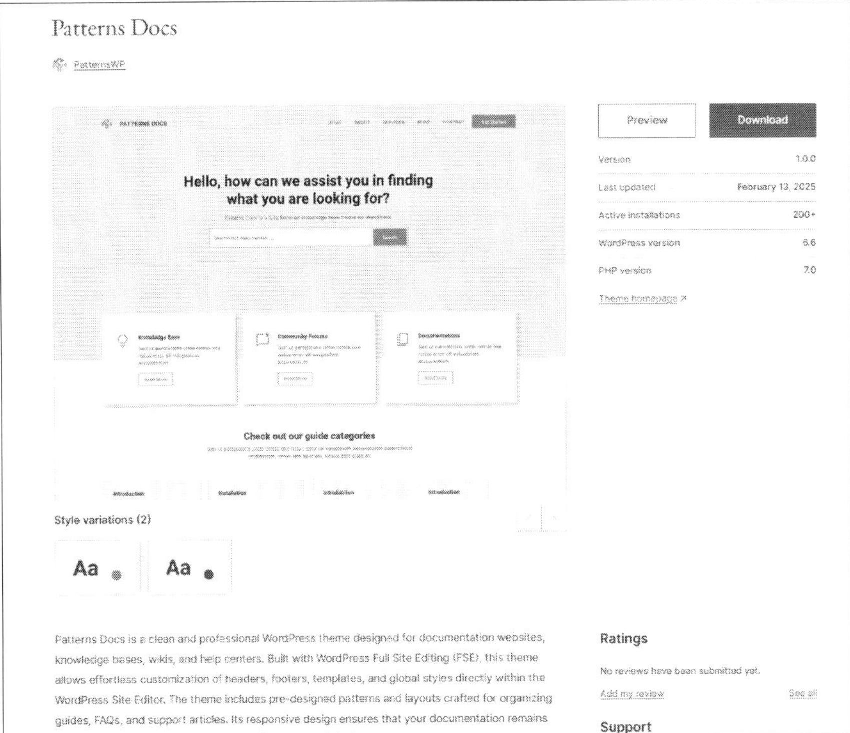

A la derecha, el botón **Preview** permite obtener una vista previa del tema:

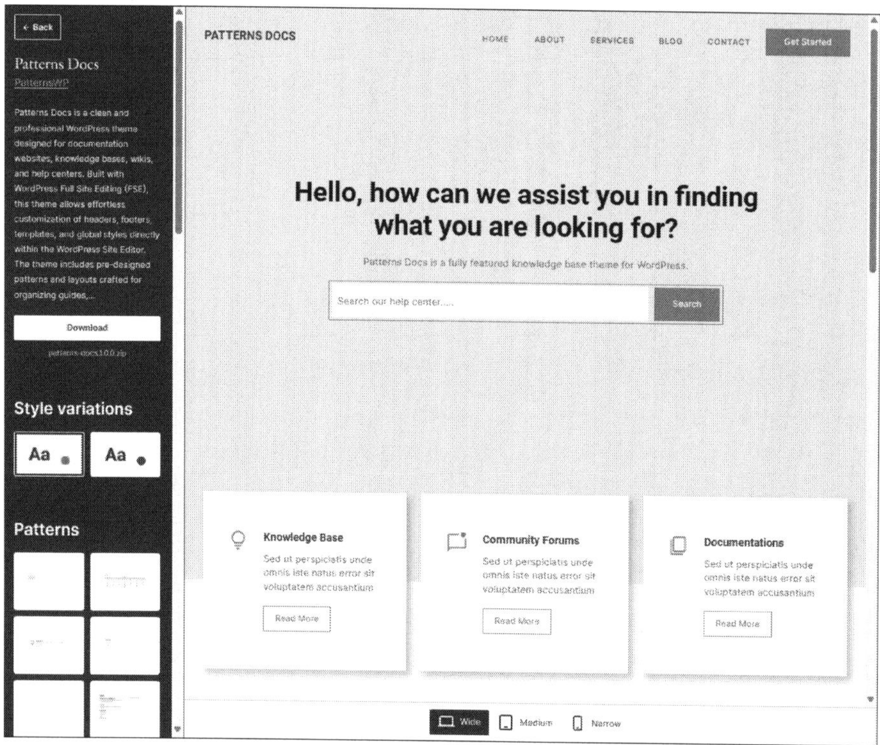

Tenga en cuenta que el tema no está configurado, por lo que la pantalla puede ser un poco «decepcionante».

➜ En la parte superior izquierda, haga clic en el botón **Back** para cerrar esta vista previa.

A la derecha, tiene varios parámetros técnicos interesantes:

Version	1.0.0
Last updated	February 13, 2025
Active installations	200+
WordPress version	6.6
PHP version	7.0
Theme homepage ↗	

- **Version** indica la versión del tema.
- **Last updated** indica la fecha de la última actualización. Es un criterio importante, ya que conviene elegir temas recientes para que sean compatibles con las últimas versiones de WordPress y puedan aprovechar las funcionalidades más recientes. En este ejemplo, el tema es bastante reciente en relación con la edición de este libro: febrero de 2025.
- **Active installations** indica el número de descargas de este tema.
- **WordPress version** indica cuál es la versión mínima de WordPress con la que funciona este tema.
- **PHP version** indica cuál es la versión mínima de PHP con la que funciona este tema.
- El enlace de **Theme homepage** lleva al sitio del diseñador.

3. Descargar un tema

➜ Cuando haya encontrado el tema que más le convenga, haga clic en el botón **Download**.

Se descarga un archivo en formato .zip.

4. Instalar un tema

➜ Una vez que se haya descargado su tema, inicie sesión como administrador en la interfaz de administración de su sitio. En el menú **Apariencia**, elija **Temas**.

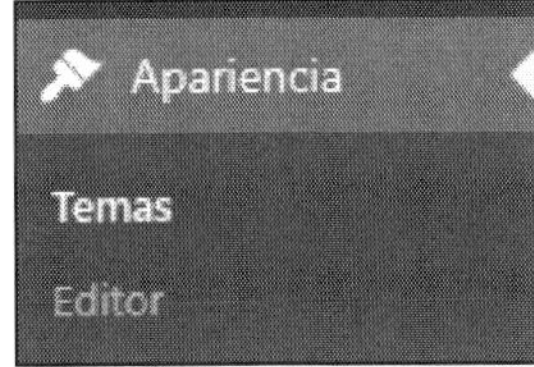

En la pantalla de temas, WordPress muestra todos los temas que ya están instalados.

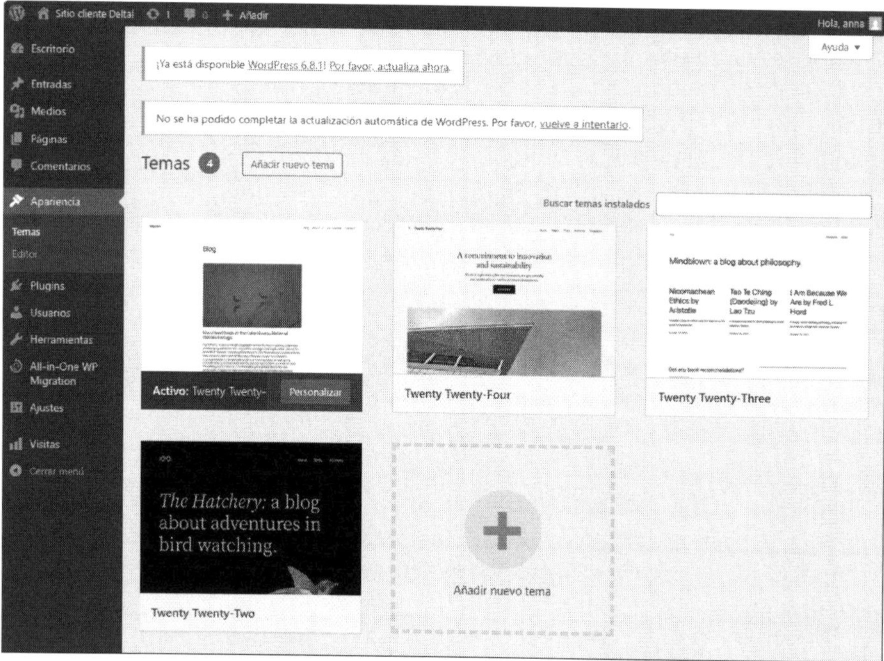

- En la barra de herramientas superior, haga clic en el botón **Añadir** o en el botón **Añadir nuevo tema** en la pantalla general.

A continuación, haga clic en el botón **Subir tema**.

- En el área central, haga clic en el botón **Elegir archivo** (o **Examinar**) y seleccione el archivo zip descargado anteriormente.

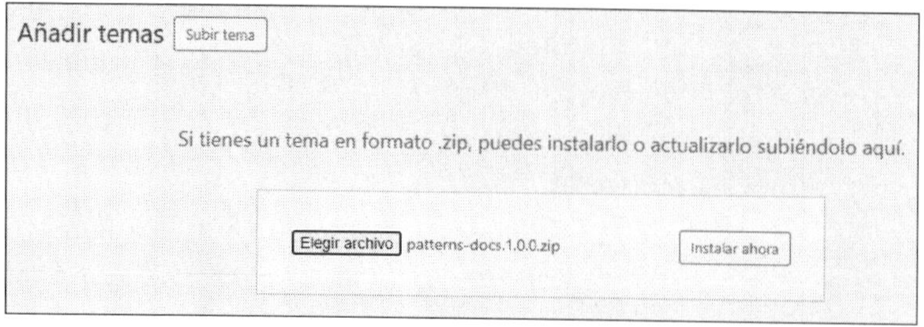

→ Haga clic en el botón **Instalar ahora**.

WordPress informa de que el tema está instalado:

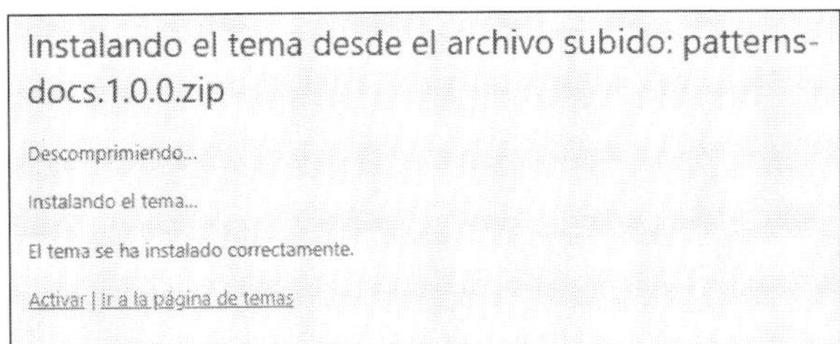

→ Haga clic en el enlace **Ir a la página de temas** para ver la lista de temas instalados.

El tema que acaba de instalar aparece en la lista de temas disponibles.

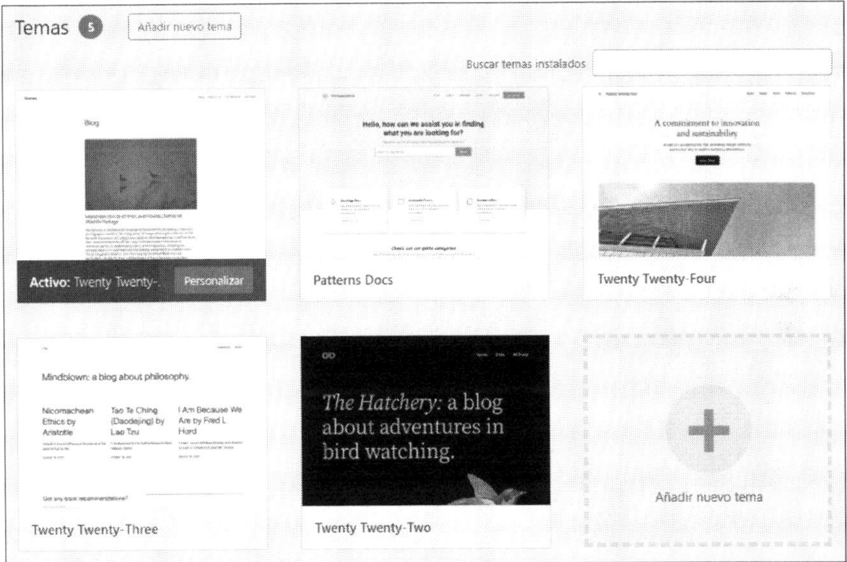

5. Activar un tema

Una vez que haya instalado el nuevo tema en su sitio, el último paso es activarlo. Esto le permitirá usarlo para su sitio.

→ En el menú **Apariencia**, elija **Temas**.

→ Para activar el tema, al pasar el cursor sobre su miniatura, haga clic en el botón **Activar**.

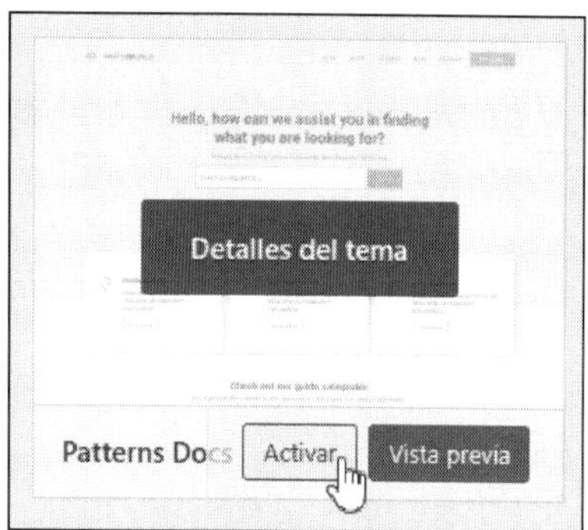

A continuación, se activa el tema y en la parte inferior de su miniatura, en la cinta negra, se indica explícitamente **Activo: Nombre del tema**.

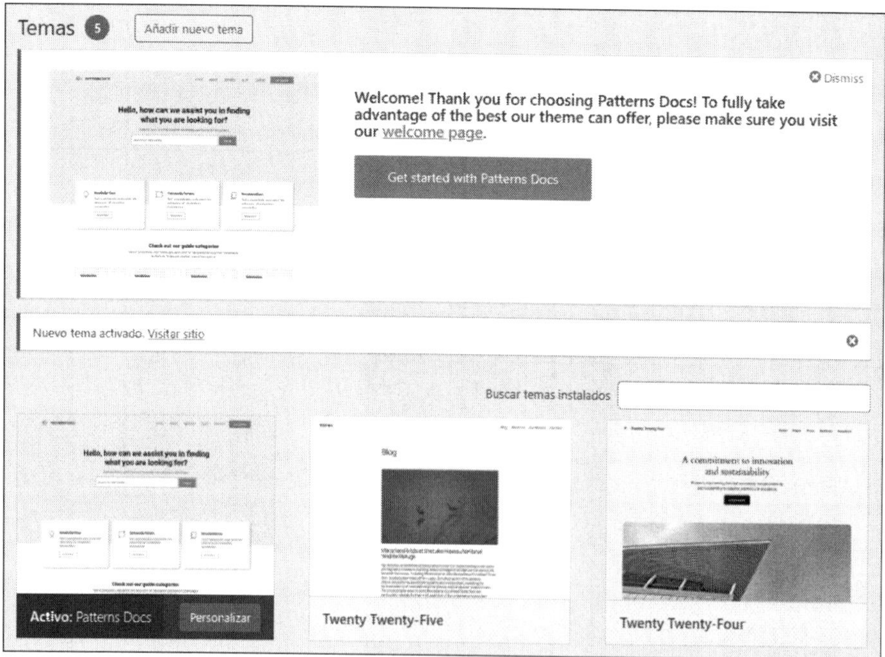

6. Administrar temas

➜ Para administrar todos los temas instalados, en el menú **Apariencia**, elija **Temas**.

Puede ver la miniatura y el nombre de todos los temas instalados. Al pasar el cursor sobre la miniatura de cada tema, verá los botones de administración del tema.

He aquí el ejemplo para el tema predeterminado de WordPress **Twenty Twenty-Five**:

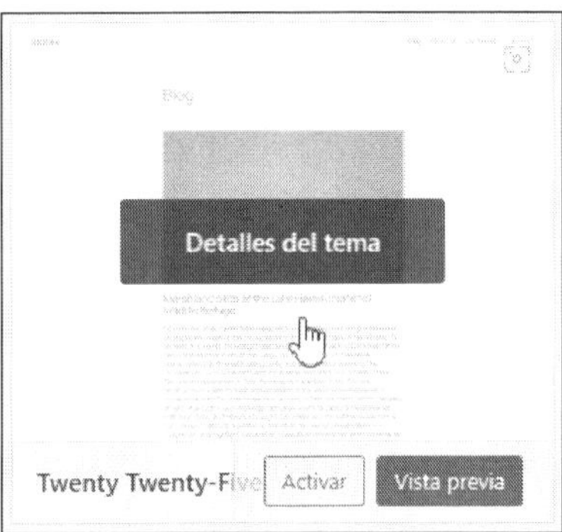

El botón **Detalles del tema** muestra una ventana con una miniatura del tema, una descripción más o menos larga, los botones **Activar** y **Borrar**.

Es muy importante tener en cuenta que es en esta ventana, en la descripción, donde encontrará la información sobre el tipo de tema: ¿es un tema optimizado para el FSE o un tema clásico?

En este ejemplo, encontramos información interesante, como, por ejemplo: «Ofrece opciones de diseño flexibles, respaldados por una variedad de patrones para distintos tipos de páginas, como páginas de servicios y de destino, por lo que es ideal para crear blogs personales, porfolios profesionales, revistas digitales o sitios web empresariales». Por otro lado, en las **Etiquetas**, también hallamos: «Editor del Sitio» y «Patrones del editor de bloques», lo que es una clara indicación de que este tema está optimizado para el FSE.

Tenga en cuenta que la descripción de un tema se deja en manos del desarrollador, que es completamente libre de indicar lo que quiere. A veces es muy difícil saber si un tema está optimizado para el FSE o si es un tema clásico.

Si es necesario, puede hacer clic en el botón **Activar** para activar este tema. El botón **Borrar** permite eliminarlo de la lista de temas disponibles en su sitio de WordPress.

- Vamos a mostrar también la información sobre el tema **Pattern Docs** previamente instalado y activado:

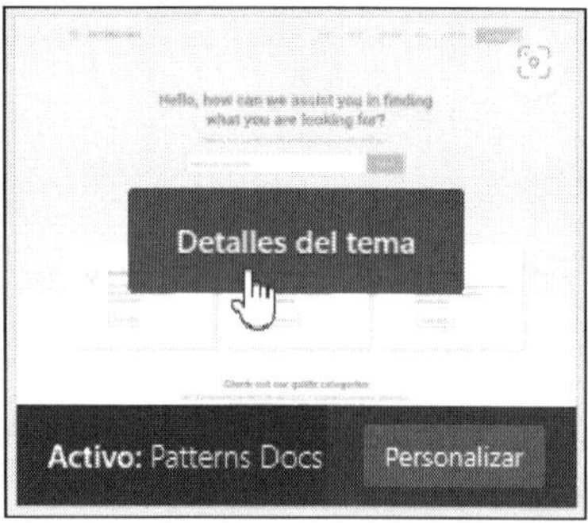

He aquí la descripción del tema:

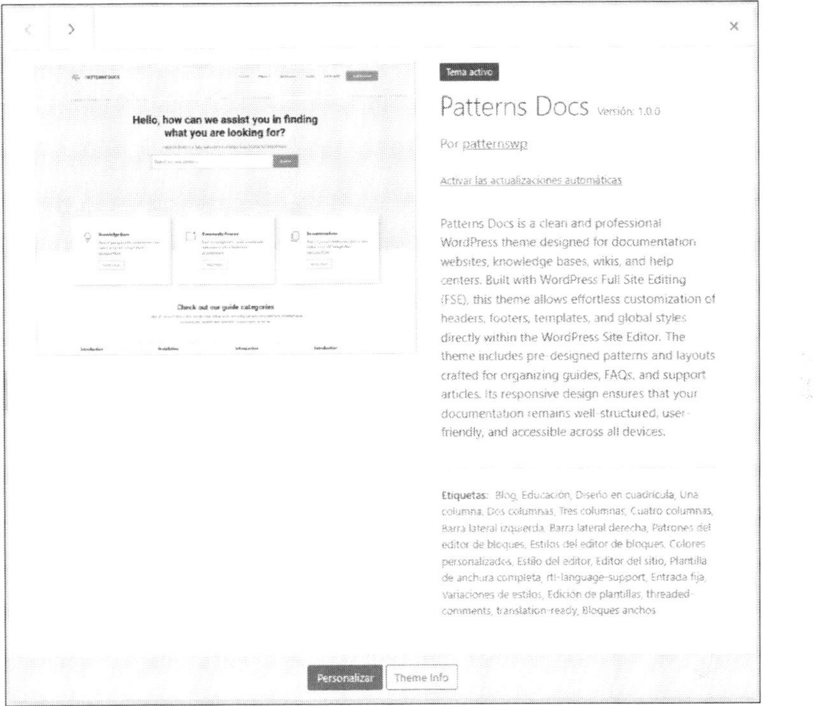

En la descripción, encontramos esta indicación: «*Built with WordPress Full Site Editing (FSE), this theme allows effortless customization of headers, footers, templates, and global styles directly within the WordPress Site Editor*», que alude claramente al FSE. Y en las etiquetas, tenemos esta indicación igualmente explícita: «*Estilos del editor de bloques*». Por lo tanto, este tema está bien optimizado para el FSE.

Por último, para desactivar un tema, basta con activar otro.

E. Elegir un tema desde la administración

1. Buscar un tema

Acabamos de ver cómo elegir un tema del sitio oficial de WordPress. Pero es posible hacer lo mismo desde la interfaz de administración del sitio.

➜ En el menú **Apariencia**, elija **Temas**.

→ Haga clic en el botón **Añadir nuevo tema**.

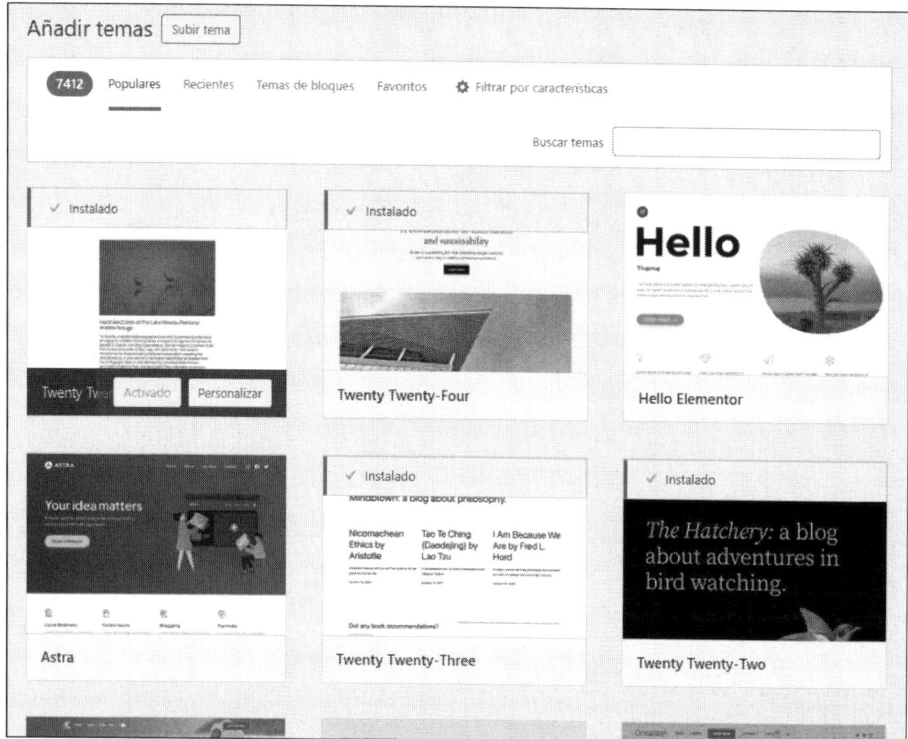

Puede encontrar las categorías que hemos visto en el sitio web oficial de temas de WordPress: **Populares**, **Recientes**, **Temas de bloques** y **Favoritos**.

También encontrará el botón de búsqueda por criterios **Filtrar por características**. Funciona de forma similar a lo que habíamos visto en la web oficial de temas de WordPress.

Además, dispone de un campo de búsqueda por palabras clave libres: **Buscar temas**. He aquí un ejemplo de una búsqueda con las palabras clave «*green magazine*». Para optimizar la búsqueda, le recomendamos que utilice palabras en inglés.

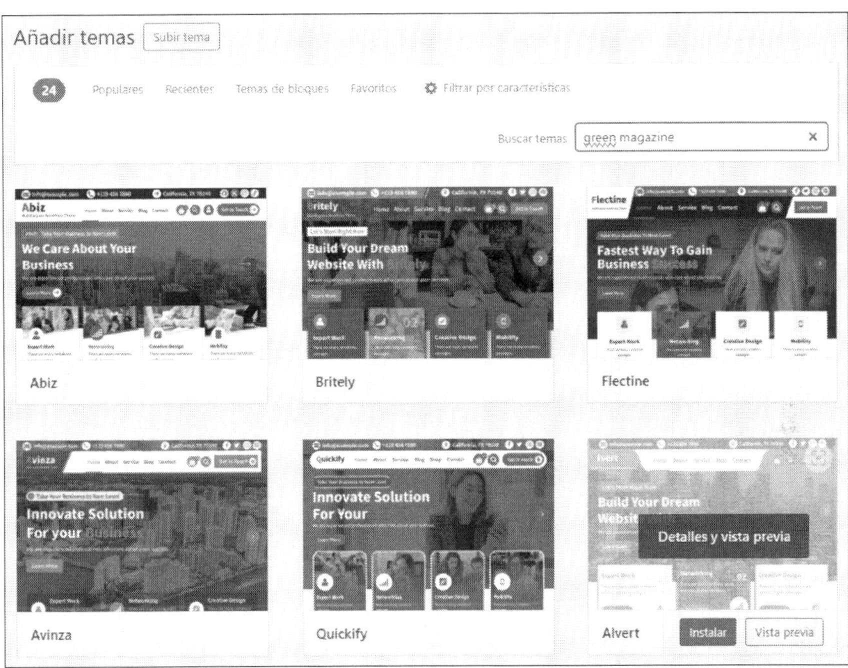

De nuevo, para cada tema encontrado, al pasar el cursor por encima, se mostrarán los botones **Detalles y vista previa**, **Instalar** y **Vista previa**.

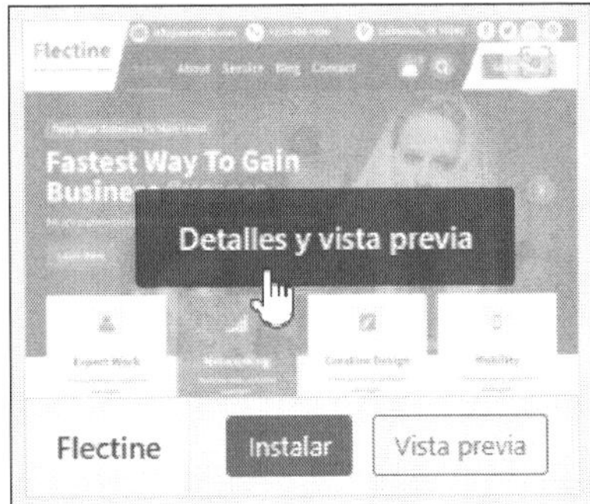

→ Si quiere instalar un tema, haga clic en el botón **Instalar**.

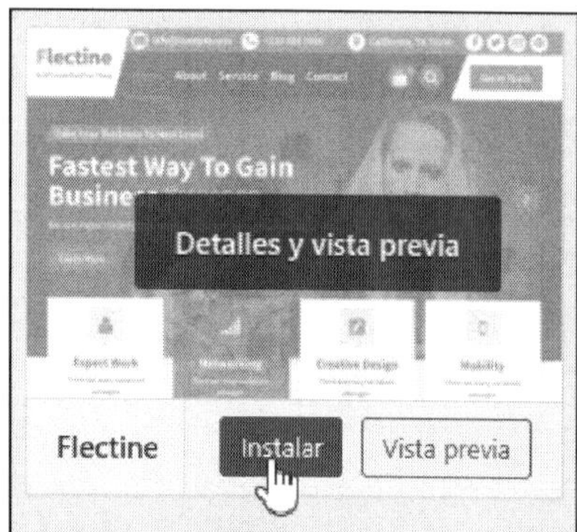

WordPress le informa de que el tema está instalado:

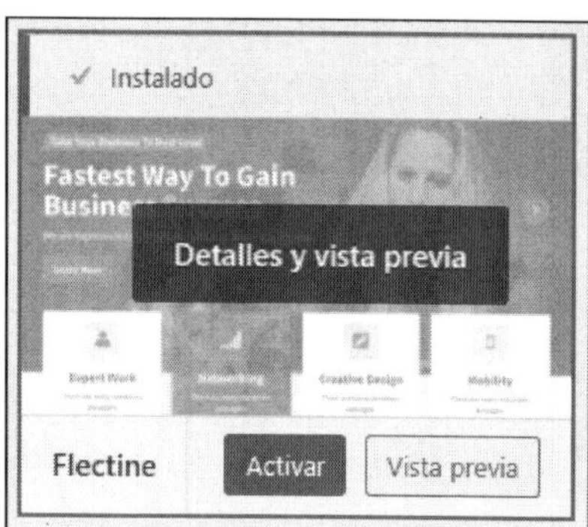

→ Para ver la lista de temas, elija **Apariencia**, **Temas**.

Puede ver que el tema **Flectine** está instalado, y que además se ha instalado su tema padre, **Flixita**:

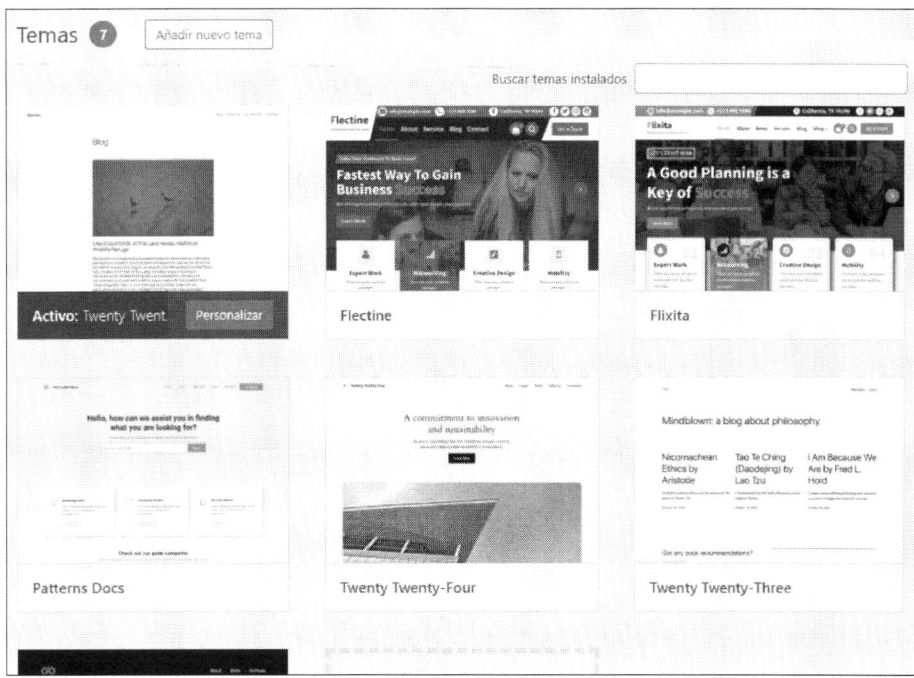

En los detalles del tema **Flectine**, se dice explícitamente:

Este es un tema hijo de **Flixita**.

F. La configuración de la página de inicio

1. Temas de tipo blog

Debido a su origen como «motor de blog», con el tema predeterminado **Twenty Twenty-Five**, así como con **Twenty-Four**, **Twenty-Three**... WordPress muestra las últimas entradas creadas en la página de inicio. Puede especificar cuántos artículos deben mostrarse en la página de inicio.

→ En el menú **Ajustes**, elija **Lectura**.

En el área **Ajustes de lectura**, en la opción **Tu página de inicio muestra**, la opción **Tus últimas entradas** está activada de forma predeterminada.

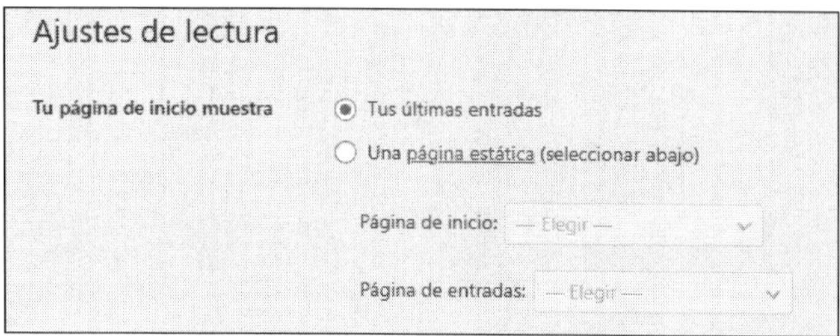

→ Es en el campo **Número máximo de entradas a mostrar en el sitio**, debe indicar cuántas entradas deben mostrarse en la página de inicio.

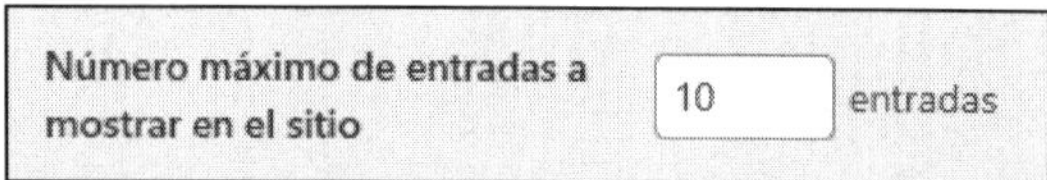

→ Una vez definido este parámetro, haga clic en el botón **Guardar cambios** en la parte inferior de la pantalla.

2. Temas de tipo sitio de información

Es importante saber que algunos temas no utilizan la visualización «tradicional» de tipo blog, sino que ofrecen una visualización de tipo «sitio clásico», más bien informativo, como hacen la mayoría de las empresas.

En este caso, para que el tema funcione correctamente, es posible que deba indicar qué página, en el sentido de WordPress, debe mostrarse como página de inicio de su sitio.

→ Si el tema que ha elegido funciona de esta manera, en las opciones de **Tu página de inicio muestra**, marque la opción **Una página estática (seleccionar abajo)**.

→ Luego, en la lista desplegable **Página de inicio**, seleccione la página de WordPress que se debe usar. En la lista desplegable **Página de entradas**, elija la página que listará todos los artículos de su sitio.

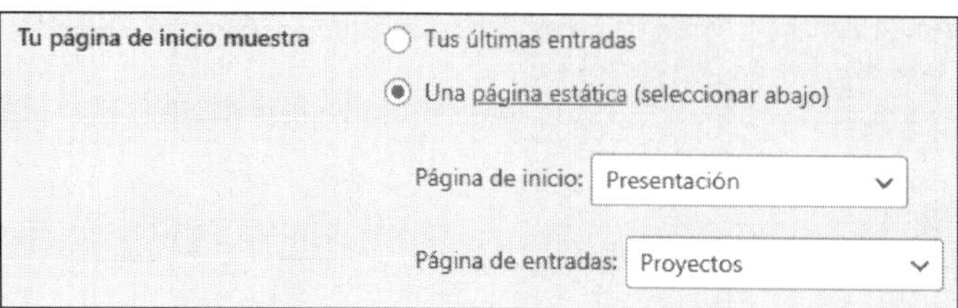

Una vez definidos estos parámetros, haga clic en el botón **Guardar cambios** en la parte inferior de la pantalla.

G. El tema clásico Twenty Twenty-One

1. Activar y personalizar el tema

La última versión de WordPress ya no viene con el clásico tema **Twenty Twenty-One**. Este es el último tema clásico que WordPress ofreció de forma predeterminada. Este tema utilizará, por lo tanto, la interfaz de personalización clásica para este tipo de temas.

En este apartado veremos cómo personalizar un tema clásico basándonos en el **Twenty Twenty-One**. Para ello, lo primero que debe hacer es descargarlo utilizando uno de los métodos que hemos visto previamente.

Una vez descargado, deberá activar este tema.

→ Pase el cursor sobre el tema **Twenty Twenty-One** y haga clic en el botón **Activar**.

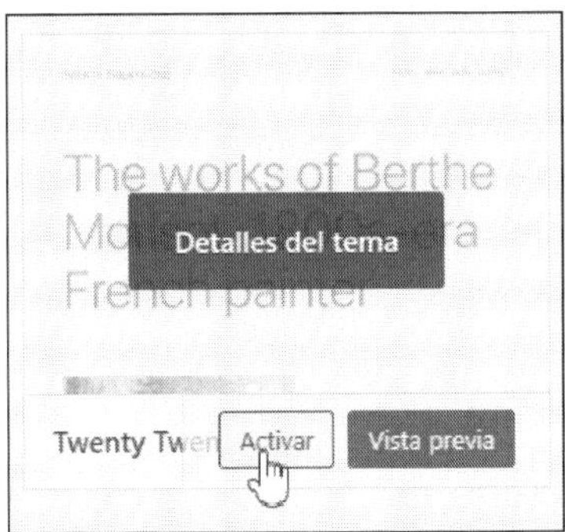

WordPress indica que el tema **Twenty Twenty-One** está activado:

Tenga en cuenta que, cuando activa un tema clásico, el menú **Apariencia** cambia sus elementos, incluyendo especialmente **Personalizar**, **Widgets**, **Menús**, etc.:

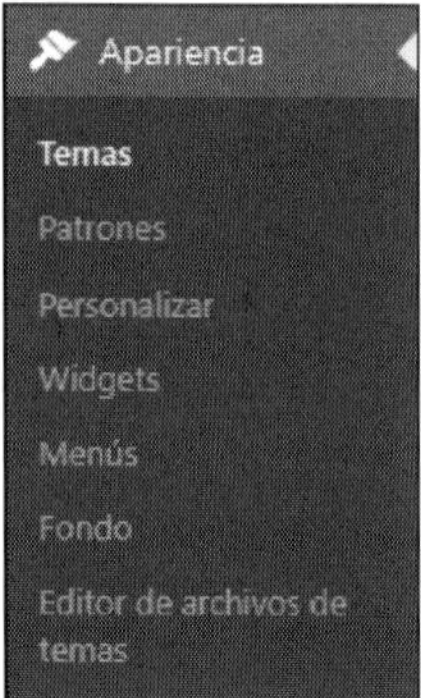

Toda la personalización de los temas clásicos se realiza ahora de forma centralizada desde el menú **Apariencia - Personalizar**.

→ También puede acceder a él pasando el cursor sobre el tema **Twenty Twenty-One** y haciendo clic en el botón **Personalizar**.

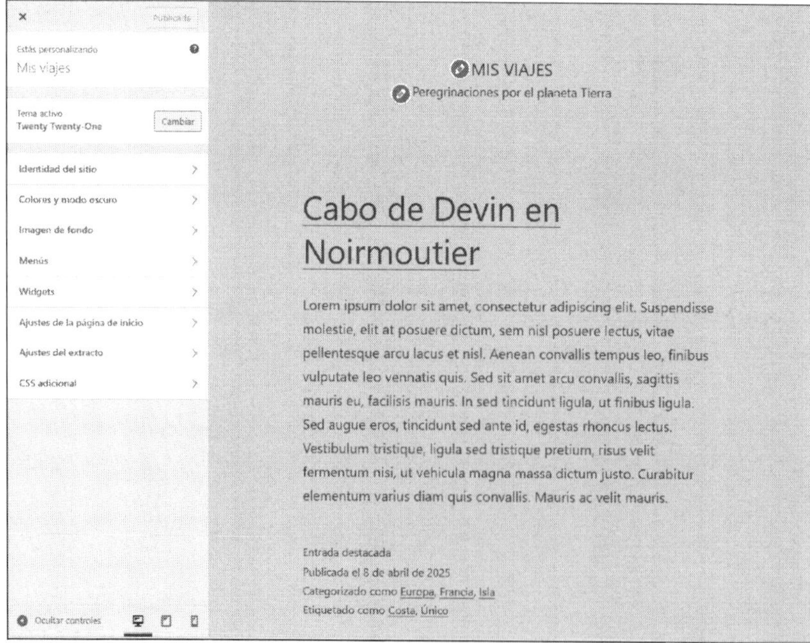

En la columna lateral izquierda, en el panel **Tema activo**, siempre se puede ver el nombre del tema activo, **Twenty Twenty-One** en este ejemplo. Puede cambiar el tema haciendo clic en el botón **Cambiar**.

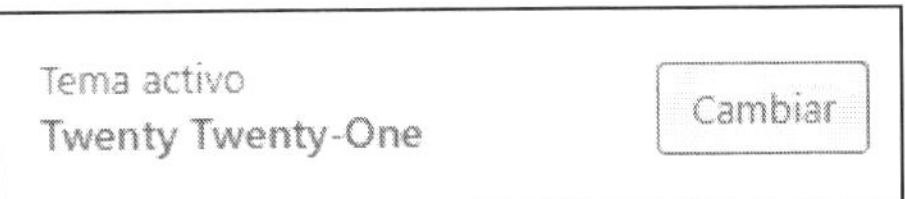

A la izquierda se muestran los paneles correspondientes a las diferentes categorías de personalización.

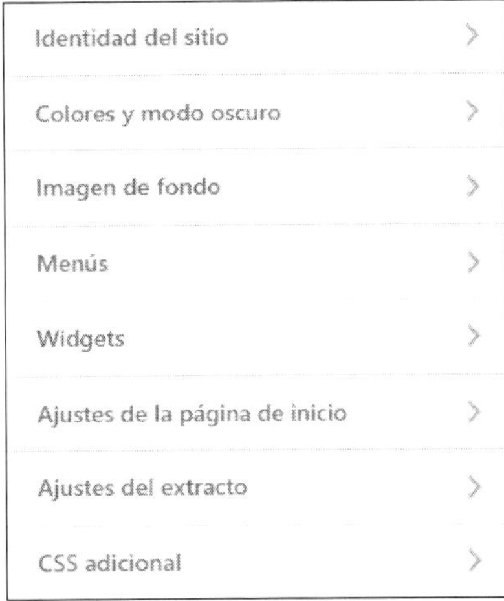

Preste atención: es importante tener en cuenta que cada tema clásico puede ofrecer sus propios paneles de personalización, aunque elementos como **Identidad del sitio**, **Menús** o **Widgets** suelen estar presentes en la mayoría de ellos. Por tanto, no siempre tendrá las mismas opciones de un tema a otro.

Finalmente, en la parte inferior de la columna lateral izquierda, hay tres botones que permiten previsualizar el sitio en Reponsive Web Design:

El primer botón simula la visualización en la pantalla de un ordenador:

El segundo, muestra el sitio como se vería en una tableta:

El último botón muestra el sitio como si se mostrase en un teléfono inteligente:

Además, en la parte inferior izquierda, el botón **Ocultar controles** permite contraer esta columna lateral a fin de disponer de más espacio para la vista previa.

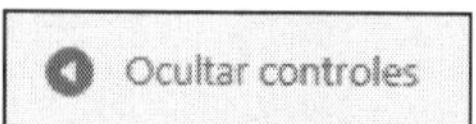

→ Puede acceder rápidamente a la personalización de un elemento, haciendo clic en botón .

WordPress muestra entonces la configuración correspondiente:

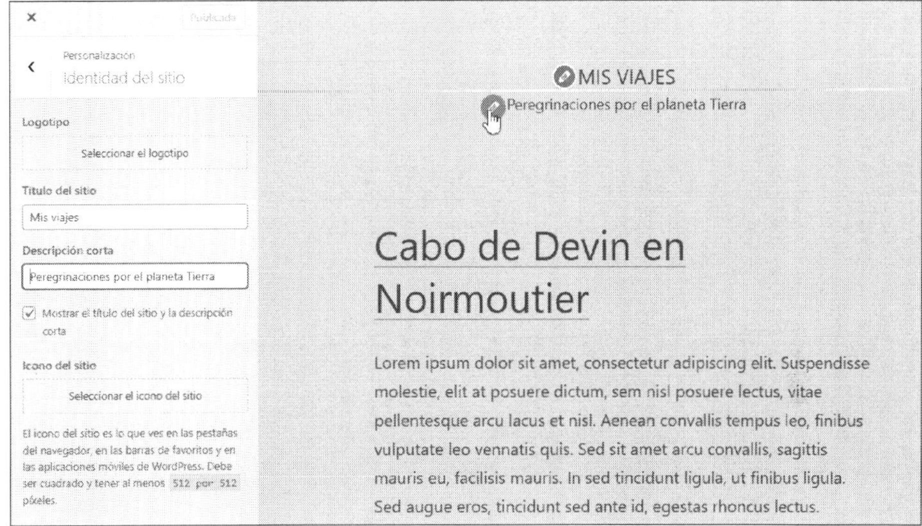

Finalmente, tenga en cuenta que todas las personalizaciones se mostrarán «en directo» en la vista previa de la derecha. De esta manera, verá inmediatamente todos los cambios que vaya haciendo. También es importante saber que todos los enlaces de navegación de su sitio siguen activos durante la personalización, de modo que puede navegar por el sitio para ver el resultado de sus ajustes.

2. La identidad del sitio

El primer panel de personalización es **Identidad del sitio**.

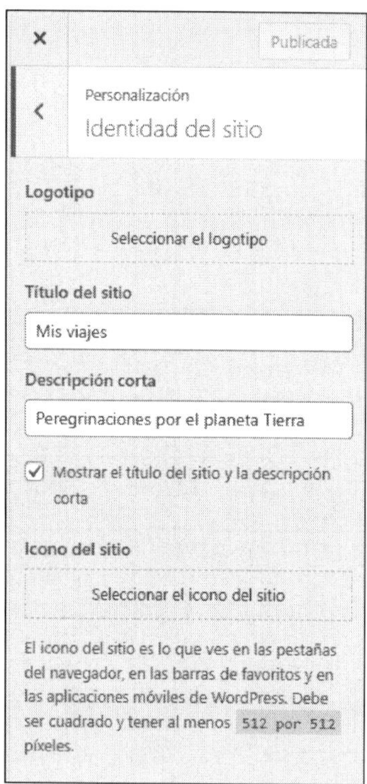

Puede colocar un logotipo que aparecerá en la parte superior, encima del título. En el caso del tema **Twenty Twenty-One**, las dimensiones óptimas para el logotipo son 300 x 100 píxeles.

- Haga clic en el botón **Seleccionar el logotipo**.
- En su biblioteca multimedia, seleccione la imagen que desee.

➙ Haga clic en el botón **Seleccionar**.

➙ Si es necesario, recorte la imagen.

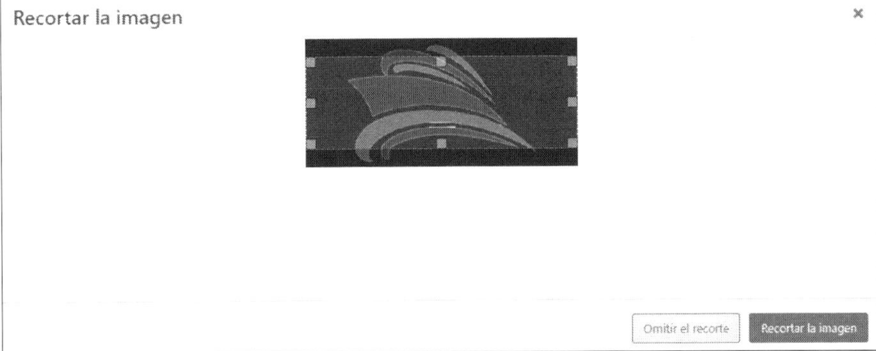

➙ Haga clic en el botón **Omitir el recorte** o **Recortar la imagen**.

Se agrega el logotipo y puede ver la vista previa en vivo:

El botón **Eliminar** permite borrar el logotipo insertado y el botón **Cambiar el logotipo** permite elegir un logotipo diferente.

- En el campo **Título del sitio**, puede editar el título del sitio.
- En el campo **Descripción corta**, puede editar el eslogan del sitio, que aparece debajo del título. En el área **Icono del sitio**, también puede agregar un favicón que aparecerá en las pestañas del navegador. Tal y como se indica, el archivo debe tener un mínimo de 512 píxeles en cada lado.
- Haga clic en el botón **Seleccionar el icono de sitio**.
- En su biblioteca multimedia, seleccione la imagen que quiera.

Se añade el icono:

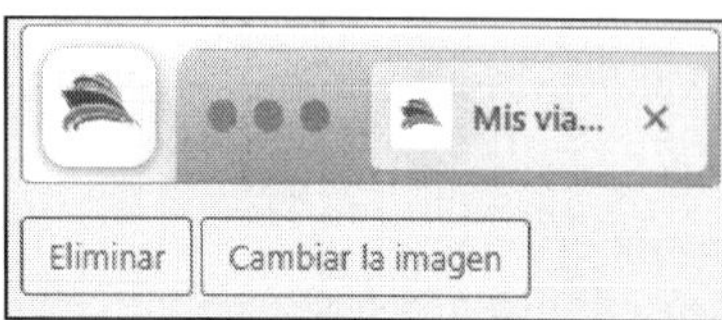

Puede verlo en la pestaña del sitio publicado:

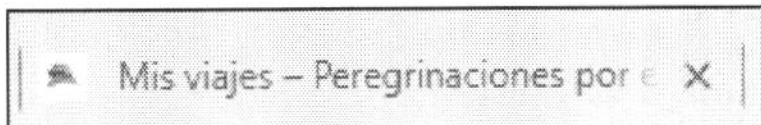

➙ En la parte superior de la columna lateral del personalizador, haga clic en el botón **Publicar**.

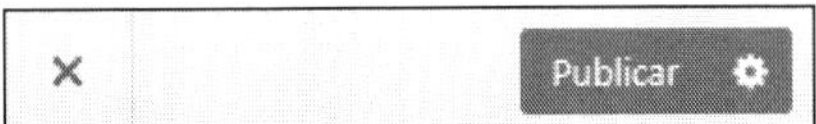

➙ Para volver a la vista de todos los paneles de personalización, haga clic en el botón < dentro del panel **Personalización - Identidad del sitio**.

3. Los colores del sitio

El segundo panel, **Colores y modo oscuro**, permite personalizar los colores utilizados en el sitio publicado.

➙ En la ventana de personalización, haga clic en el panel **Colores y modo oscuro**.

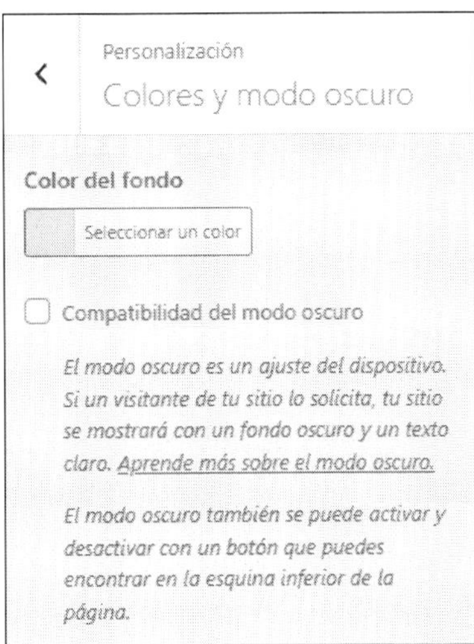

➙ Para cambiar el color de fondo, haga clic en el botón **Seleccionar un color**.

- Haga clic en un color preestablecido o en el selector de color y ajústelo con el control deslizante de saturación a la derecha.

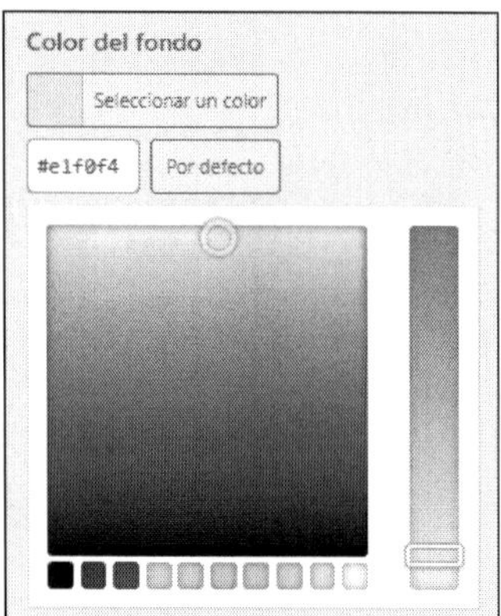

WordPress muestra en directo el resultado de su elección de color.

- Para volver al color original, haga clic en el botón **Por defecto**.

Los visitantes podrán usar colores más oscuros si el modo oscuro está activado en su ordenador, tableta o teléfono inteligente.

- Para ello, marque la opción **Compatibilidad del modo oscuro**.

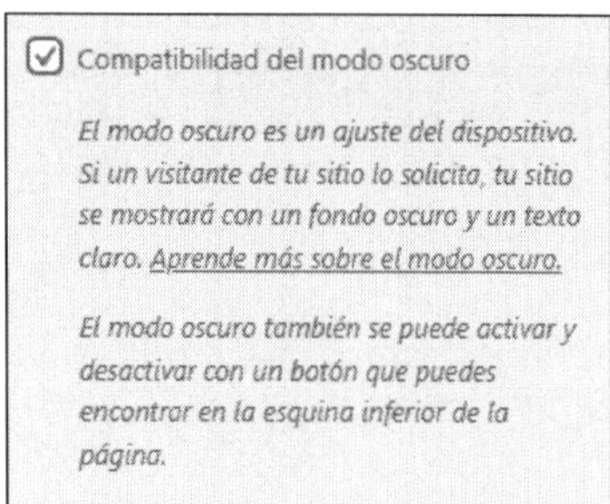

- Haga clic en el botón **Publicar**.
- Para volver a la vista de todos los paneles de personalización, haga clic en el botón < dentro del panel **Personalización - Colores y modo oscuro**.

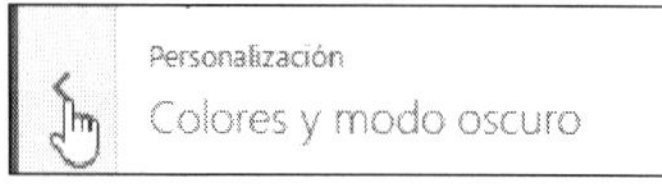

4. Imagen de fondo

El tercer panel, **Imagen de fondo**, permite aplicar una imagen al fondo del sitio.

- En la ventana de personalización, haga clic en el panel **Imagen de fondo**.

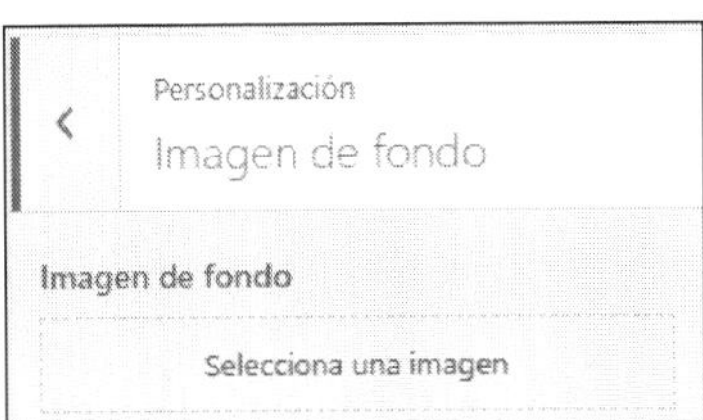

- Para elegir la imagen, haga clic en el botón **Selecciona una imagen**.
- Elija la imagen que desee de su biblioteca multimedia.

Se añade la imagen de fondo:

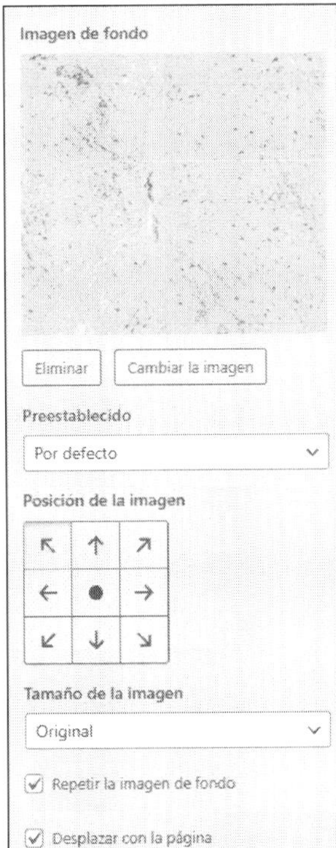

- El botón **Eliminar** elimina esta imagen de fondo.
- El botón **Cambiar la imagen** permite reemplazar esta imagen por otra.
- En la lista desplegable **Preestablecido**, puede elegir diferentes vistas de la imagen. Con las opciones de **Posición de la imagen**, elija cómo se debe colocar la imagen en relación con la página del sitio.
- En la lista desplegable **Tamaño de la imagen**, elija el tamaño que desea que tenga la imagen de fondo.
- La opción **Repetir la imagen de fondo** permite repetir la imagen tantas veces como sea necesario para que llene todo el fondo.
- La opción **Desplazar con la página** marcada permite que la imagen se desplace a medida que la página se desplaza. Si la opción no está marcada, la imagen de fondo permanece fija a medida que los visitantes se desplazan por las páginas.
- Para guardar los cambios, haga clic en el botón **Publicar**.
- Para volver a la vista de todos los paneles de personalización, haga clic en el botón < dentro del panel **Personalización - Imagen de fondo**.

5. Los menús

El panel de personalización **Menús** se utiliza para administrar los menús de navegación.

- En la ventana de personalización, haga clic en el panel **Menús**.

WordPress informa de que, por el momento, no hay ningún menú de navegación definido en el sitio:

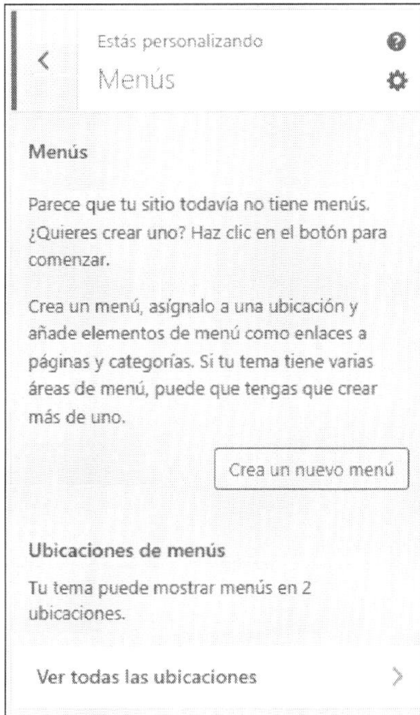

Para crear un menú, puede hacer clic en el botón **Crea un nuevo menú**. Sin embargo, administrar los menús en el panel de personalización no es muy cómodo. Es preferible hacerlo desde la interfaz de administración habitual.

→ Para salir de la personalización del tema, haga clic en el botón de cerrar.

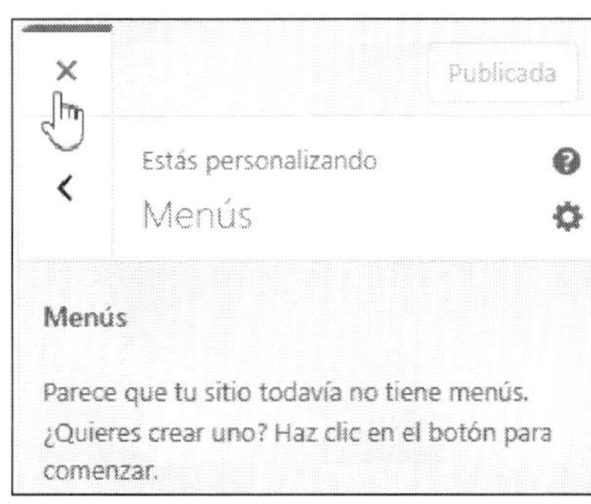

→ En el menú **Apariencia**, elija **Menús**.

WordPress muestra la interfaz de administración de los menús:

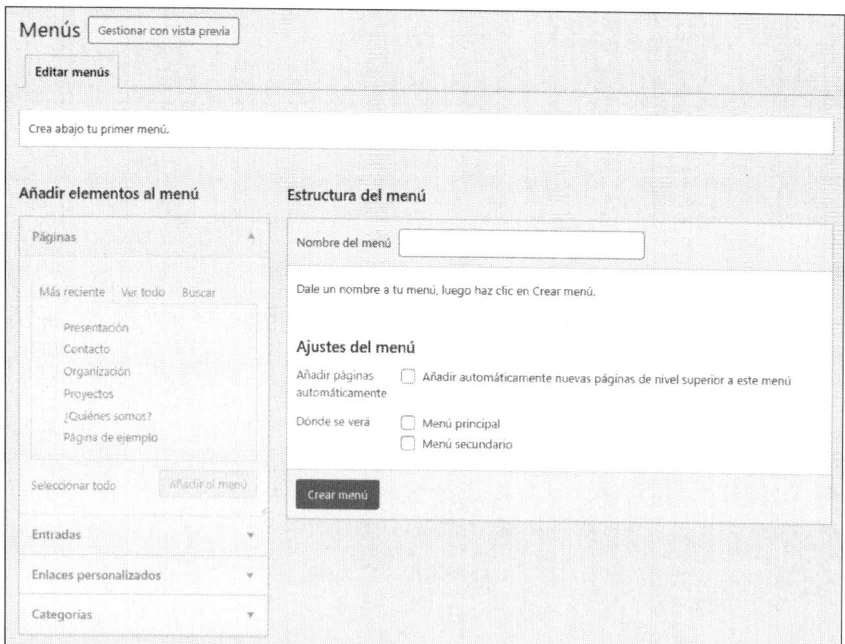

De momento, no hay menús.

→ En el campo **Nombre del menú**, escriba el nombre que desee para el menú. En este ejemplo, el nombre es **Mi menú**.

Este nombre puede ser como usted quiera, ya que solo se usa internamente, en el panel de administración.

A continuación, debe elegir una ubicación donde mostrarlo. Las ubicaciones dependen del tema. En este ejemplo, hay dos ubicaciones: **Menú principal** se coloca en el encabezado y **Menú secundario** se coloca en el pie de página.

➙ Para este ejemplo, el nuevo menú **Mi menú** se coloca en el **Menú principal**.

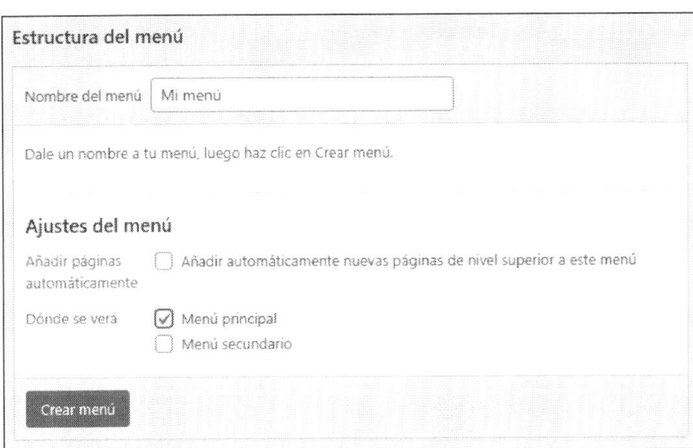

➙ A continuación, haga clic en el botón **Crear menú**.

Ahora que el menú está creado, vamos a añadir las páginas que queramos en él.

➙ En el módulo **Páginas**, seleccione las páginas que desea agregar.

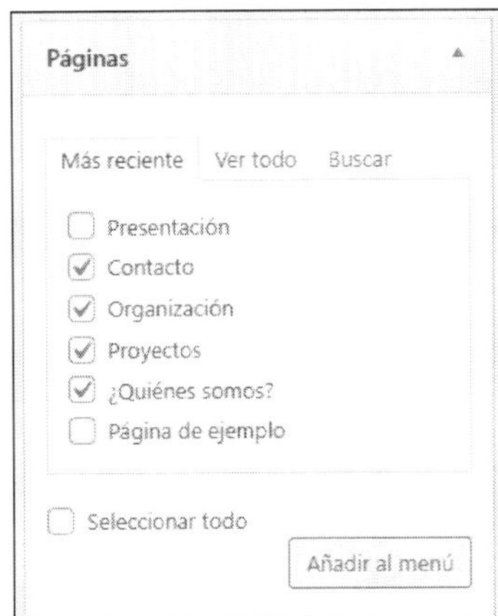

→ A continuación, haga clic en el botón **Añadir al menú**.

Observe, en el módulo **Páginas**, las facilidades que ofrece WordPress: mostrar **Más reciente**, **Ver todo** y **Buscar**.

Las páginas se añaden al menú:

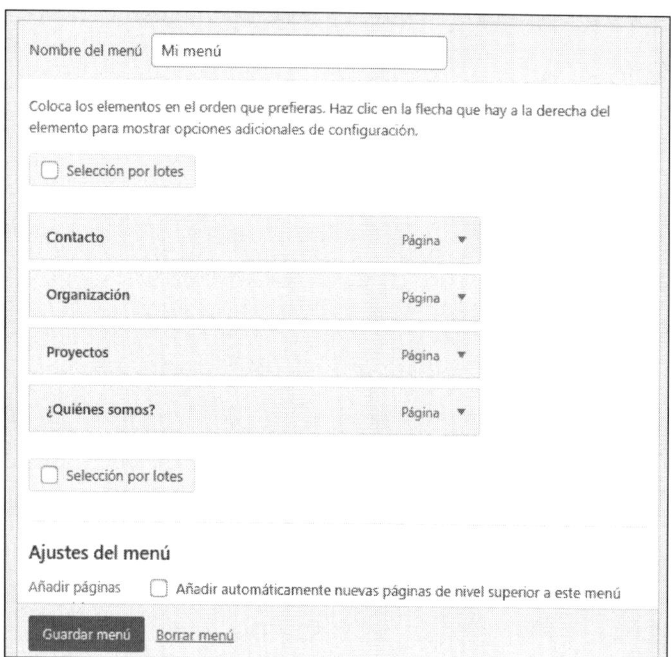

→ Haga clic en el botón **Guardar menú**.

Puede personalizar las páginas del menú desde su propio panel.

→ Para mostrar el panel de una página, haga clic en el triángulo de alternancia:

Se muestran todas las opciones de personalización:

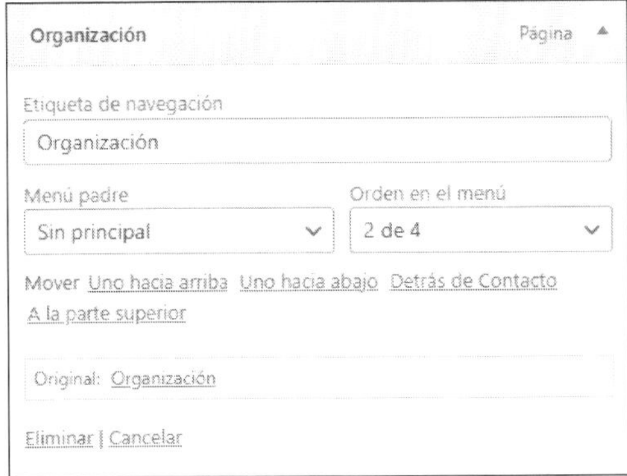

→ En el campo **Etiqueta de navegación**, puede cambiar la etiqueta de la página que se mostrará en el menú.

→ En el área **Mover**, puede utilizar los vínculos:

- **Uno hacia arriba** para subir el elemento del menú hasta situarlo encima del anterior.
- **Uno hacia abajo** para bajar el elemento del menú hasta situarlo debajo del siguiente.
- **A la parte superior** para mover el elemento a la parte superior del menú.

Tenga en cuenta que también puede hacer clic y arrastrar un elemento del menú a la ubicación que desee:

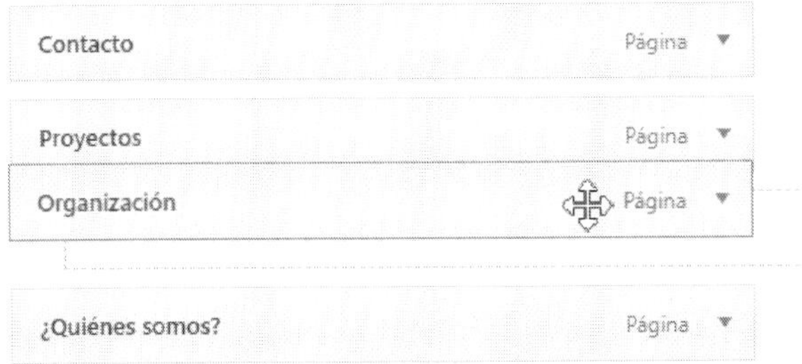

Si ha cambiado la etiqueta del elemento del menú, puede encontrar el nombre original haciendo clic en su nombre en el cuadro **Original**.

- El enlace **Eliminar** permite eliminar este elemento del menú.
- El enlace **Cancelar** permite deshacer cambios no deseados.

→ Si realiza algún cambio, haga clic en el botón **Guardar menú**.

En un menú, también puede agregar elementos de menú hacia **Entradas**:

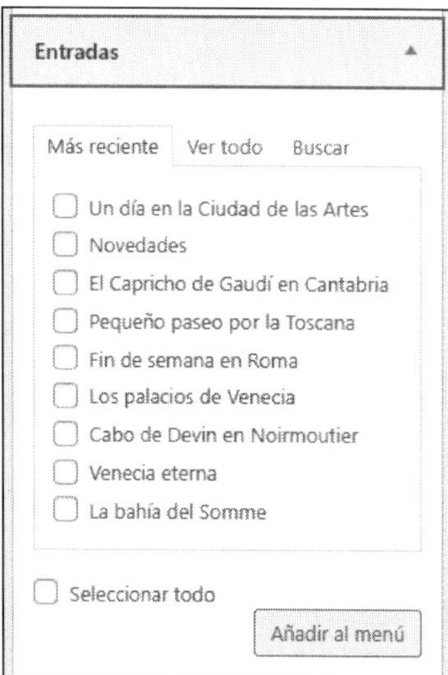

Hacia **Enlaces personalizados**, para los cuales debe introducir las URL deseadas:

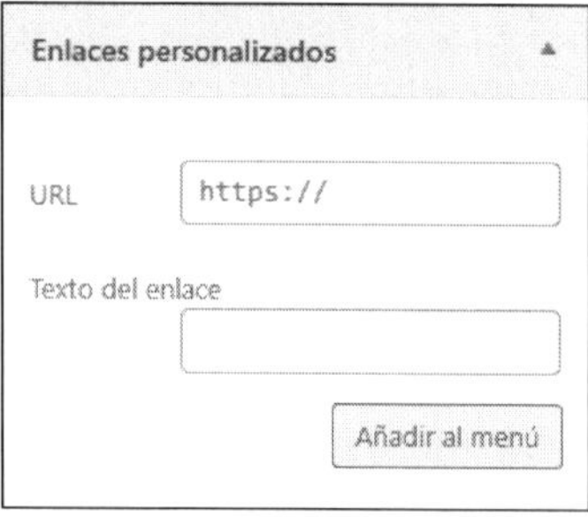

Y hacia **Categorías**:

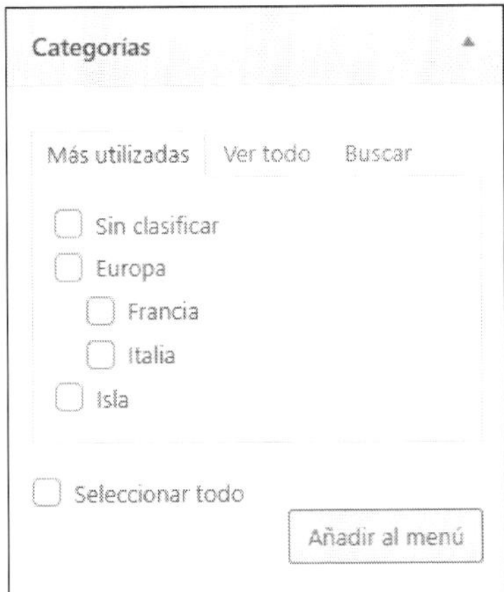

La gestión de estos elementos del menú es igual que la de las páginas.

➔ Si agrega nuevos elementos de menú, vuelva a hacer clic en el botón **Guardar menú**.

Ahora que el menú ya está creado, podemos administrarlo en la interfaz de personalización del tema.

➔ En el menú **Apariencia**, elija **Personalizar**.

➔ A continuación, haga clic en el **panel Menús**.

Verá el nombre del menú creado anteriormente: **Mi menú**, así como su ubicación, **Menú principal**.

→ Para editar el menú, haga clic en este elemento:

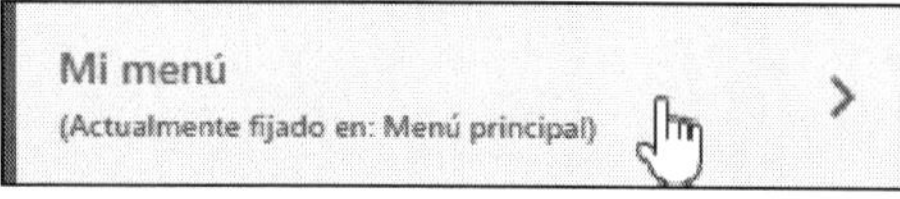

Encontrará los ajustes principales que acabamos de ver:

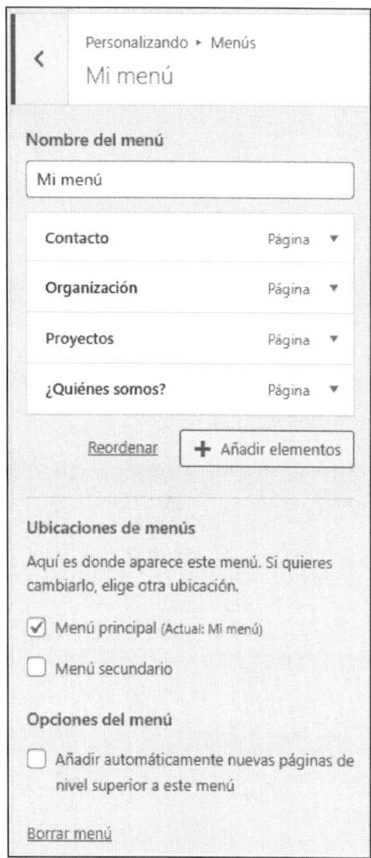

→ Si desea crear un nuevo menú, haga clic en el botón **Crea un nuevo menú**.

➔ Si desea utilizar otras ubicaciones de menú disponibles, haga clic en el elemento **Ver todas las ubicaciones**.

Y el menú creado se muestra en directo:

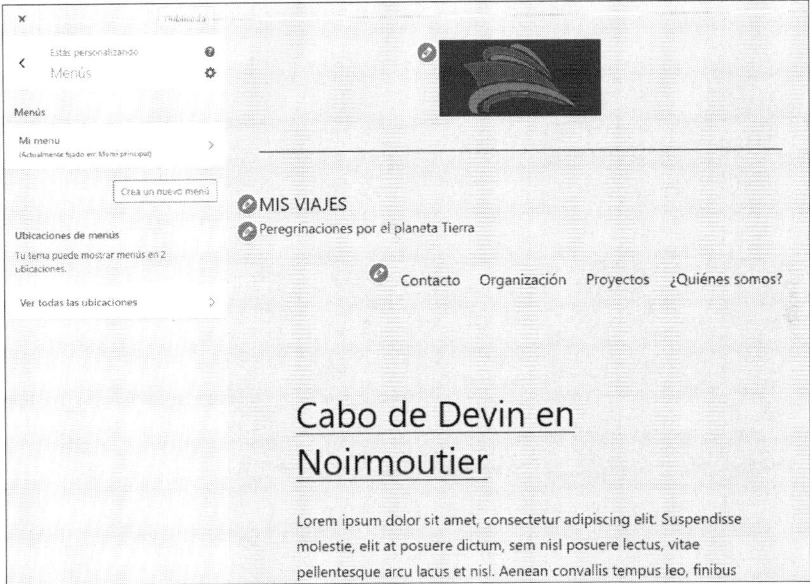

6. Los widgets

Los widgets son componentes de la interfaz que le permiten mostrar información muy diversa. Es importante tener en cuenta que los widgets son bloques de Gutenberg. Al igual que con los menús, puede administrar sus widgets desde la interfaz clásica de personalización del tema. Pero, como sucede con los menús, resulta más práctico administrarlos desde su propio apartado.

➔ En el menú **Apariencia**, elija **Widgets**.

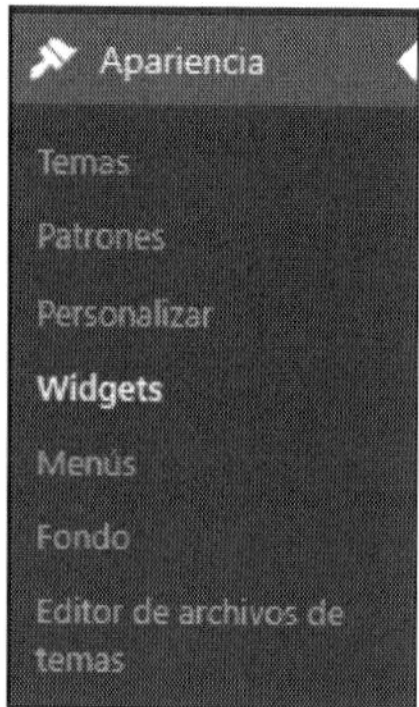

WordPress muestra la interfaz de administración de los widgets:

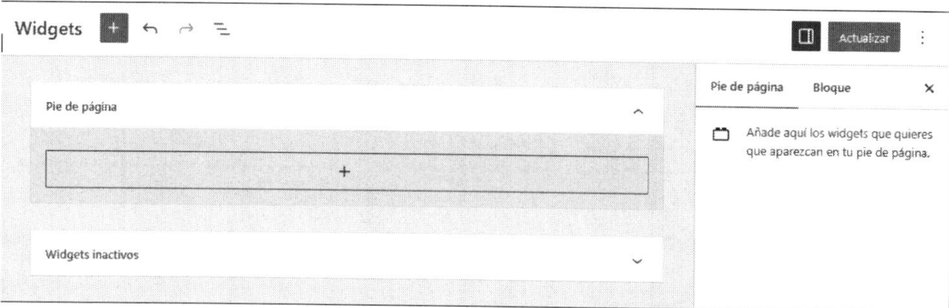

Al igual que con los menús, los widgets se insertan en ubicaciones que están definidas por el tema clásico elegido.

En este ejemplo, solo hay una ubicación que se denomina **Pie de página**.

→ Para insertar un widget, haga clic en el botón **Alternar insertador de bloques**.

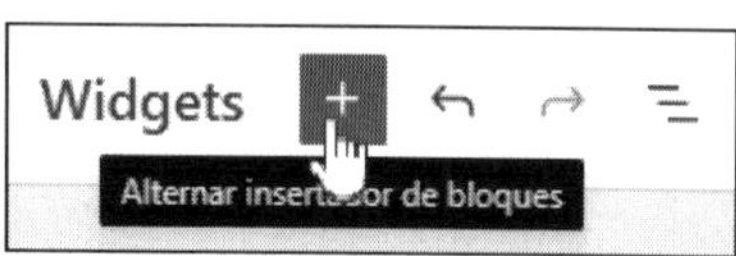

→ Desplácese por la lista hasta encontrar la categoría **WIDGETS**.

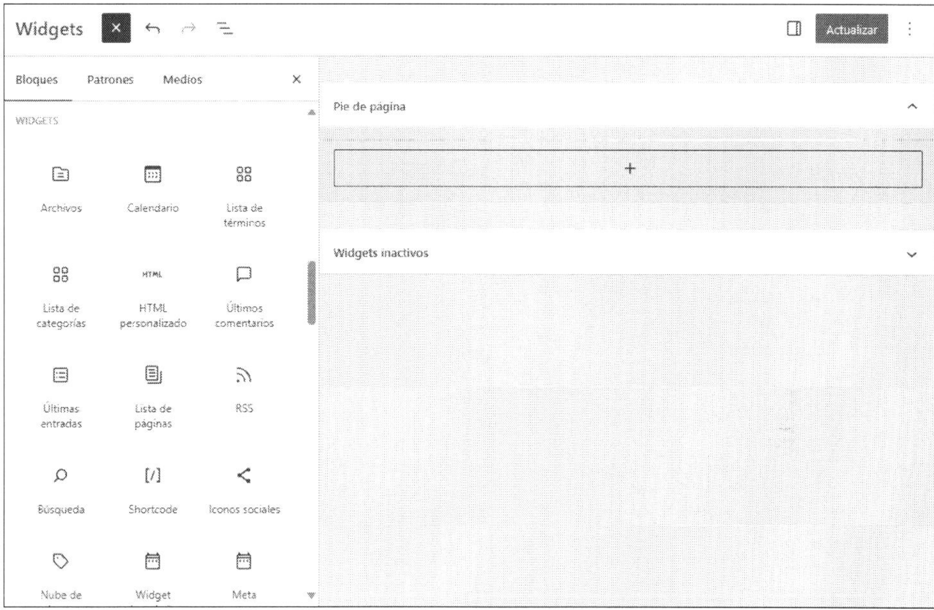

Para este ejemplo, insertaremos el widget **Últimas entradas**, que permite mostrar una lista de las últimas entradas publicadas en el sitio.

➔ En la lista, haga clic en el widget **Últimas entradas**.

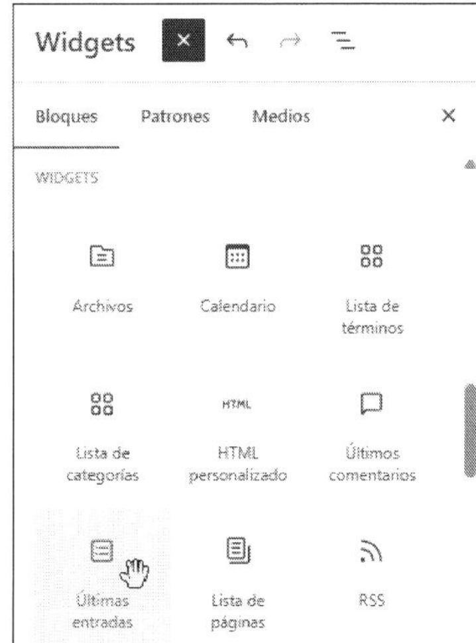

Se inserta el widget.

➜ Cierre la lista de widgets haciendo clic en el cuadro de cierre.

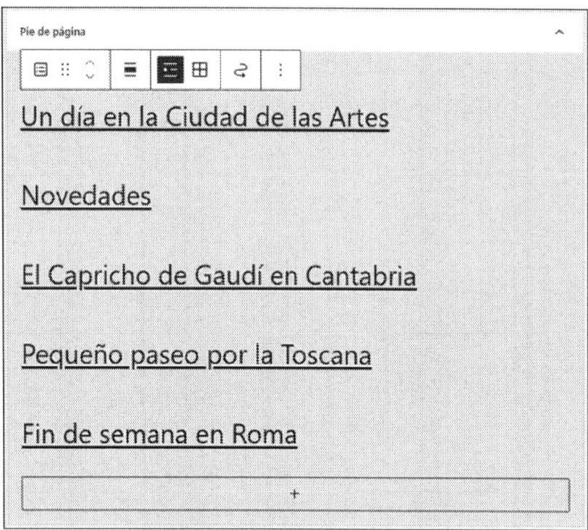

➜ Si es necesario, muestre la columna lateral derecha para configurar los bloques, haciendo clic en el botón **Ajustes**.

Se muestra la columna lateral derecha **Ajustes**:

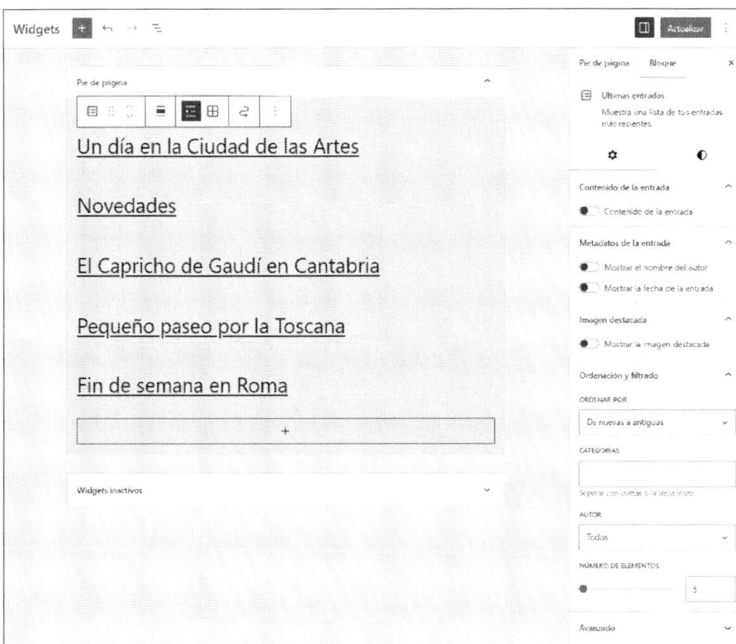

En la pestaña **Bloque**, puede ver que el widget **Últimas entradas** está seleccionado:

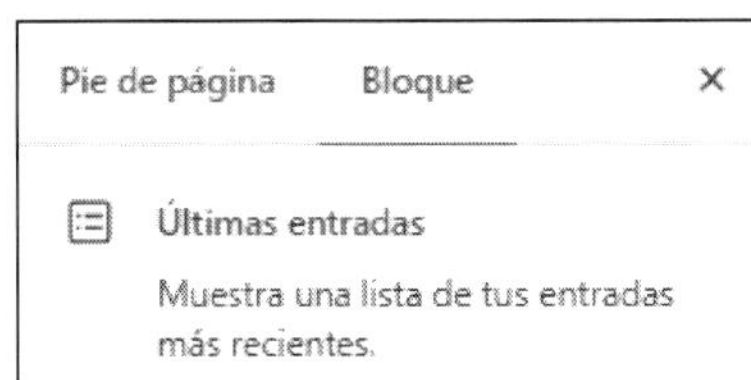

Todos los ajustes del widget seleccionado se realizan en la subpestaña **Ajustes**:

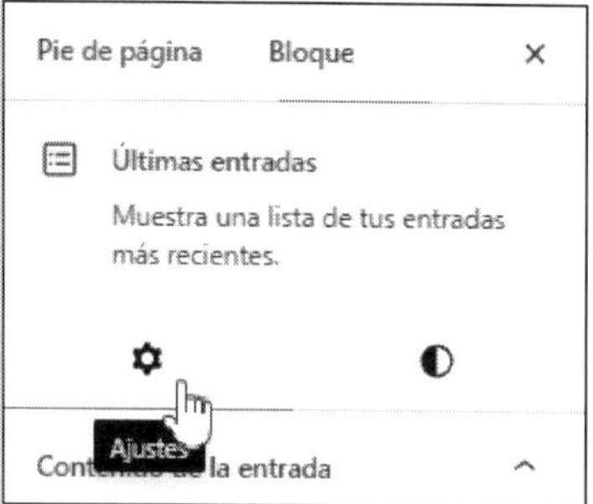

La primera sección de ajustes define qué se debe mostrar en el widget: se trata de los ajustes del **Contenido de la entrada**:

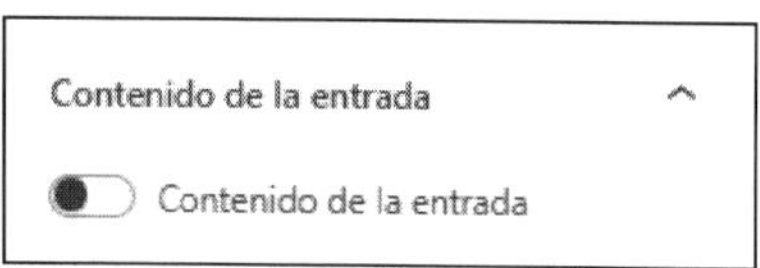

- Para mostrar estos ajustes, marque la opción **Contenido de la entrada**.

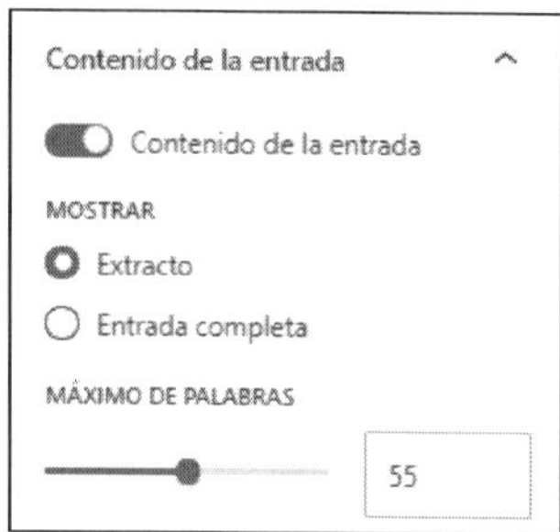

- En el área **MOSTRAR**, la opción **Extracto** activada permite mostrar el extracto de cada entrada si existe.
- Con el deslizador o el campo de entrada **MÁXIMO DE PALABRAS**, puede especificar el número máximo de palabras que se mostrarán en el extracto.
- En esta misma área **MOSTRAR**, si marca la opción **Entrada completa**, se mostrará cada entrada en su totalidad. En este caso, no tiene acceso a la configuración del número de palabras que se mostrarán.

➙ El panel **Metadatos de la entrada** permite mostrar el nombre del autor y la fecha de cada entrada:

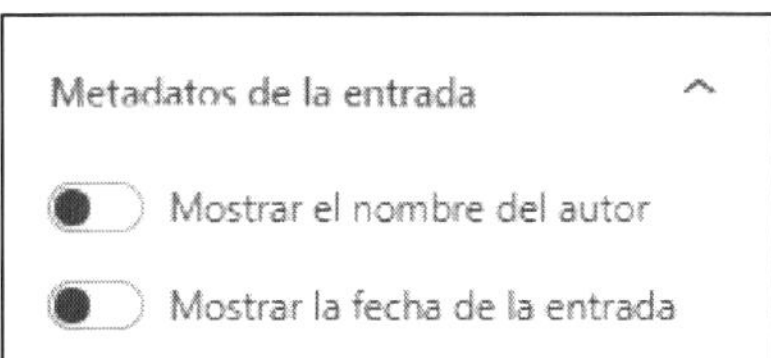

➙ Marque la opción **Mostrar el nombre del autor** para mostrar el nombre del autor debajo del título de cada entrada.

➙ Marque la opción **Mostrar la fecha de la entrada** para mostrar la fecha de publicación de cada entrada debajo del nombre del autor.

El panel **Imagen destacada** permite configurar la visualización de las entradas que tengan una imagen destacada.

➙ Marque la opción **Mostrar la imagen destacada** para ver todos los ajustes.

- En la lista desplegable **RESOLUCIÓN**, puede elegir un tamaño de visualización preestablecido.
- En el área siguiente, puede especificar usted mismo una **ANCHURA** y una **ALTURA** de visualización.
- También puede elegir un tamaño proporcional expresado como un porcentaje.
- En las opciones del área **ALINEACIÓN DE LA IMAGEN**, puede elegir una alineación para mostrar la imagen destacada.
- Al marcar la opción **Añadir un enlace a la imagen destacada**, agrega un enlace a la imagen destacada que mostrará la entrada en una página sola.

El panel **Ordenación y filtrado** permite especificar qué partes se mostrarán.

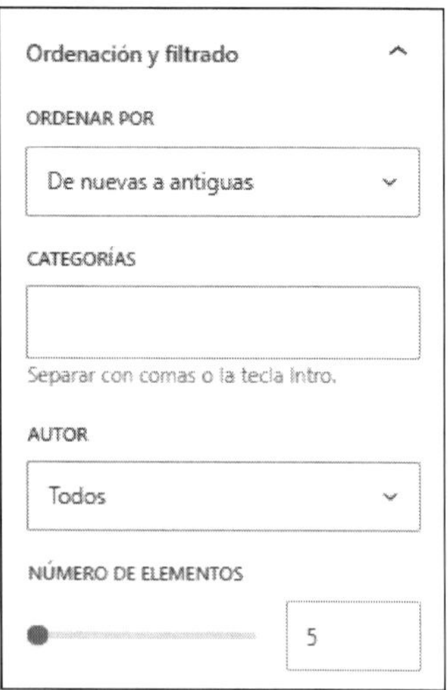

- En la lista desplegable **ORDENAR POR**, puede elegir en la lista los criterios para mostrar las entradas.
- En el campo **CATEGORÍAS**, puede elegir la categoría o las categorías cuyas entradas se deben mostrar.
- En el campo **AUTOR**, puede elegir el autor o los autores cuyas entradas se deben mostrar.
- Con el control deslizante del campo **NÚMERO DE ELEMENTOS**, puede especificar cuántas entradas se deben mostrar.

- Cuando haya realizado los cambios, en la barra de herramientas superior, haga clic en el botón **Actualizar**.

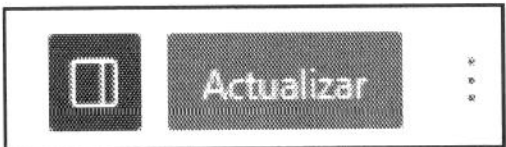

Los temas recientes permiten dar formato con estilos que se aplicarán tanto a los bloques utilizados en la creación de contenidocomo a los bloques de temas.

- En la barra lateral derecha, en la pestaña **Bloque**, haga clic en la subpestaña **Estilos**.

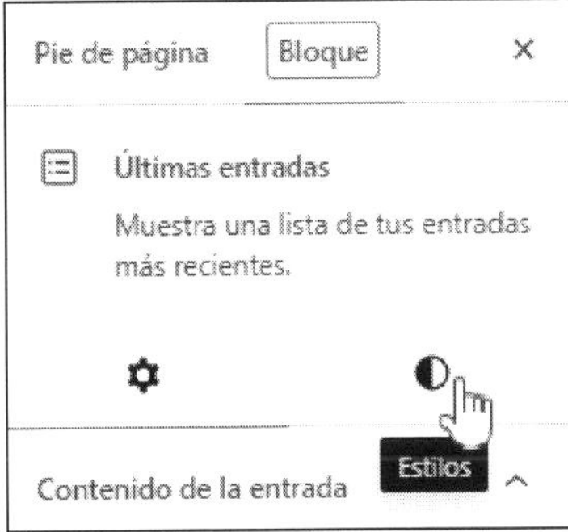

Se mostrarán cuatro paneles de formato: **Estilos**, **Color**, **Tipografía** y **Dimensiones**.

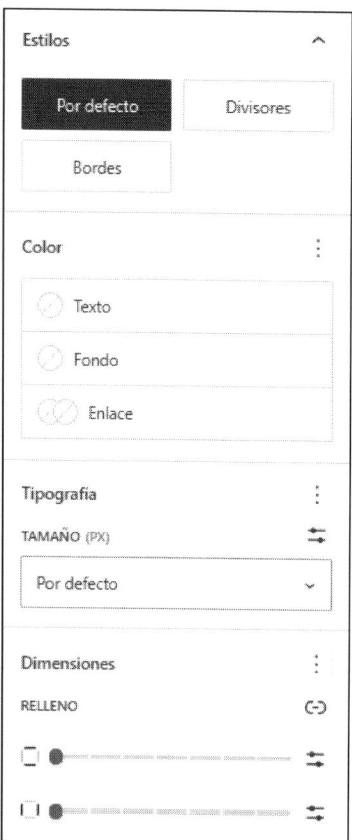

- En el panel **Estilos**, puede elegir entre tres formatos predefinidos: **Por defecto** (las entradas no tienen formato), **Divisores** (las entradas se separan por una línea horizontal) y **Bordes** (cada entrada está enmarcada).

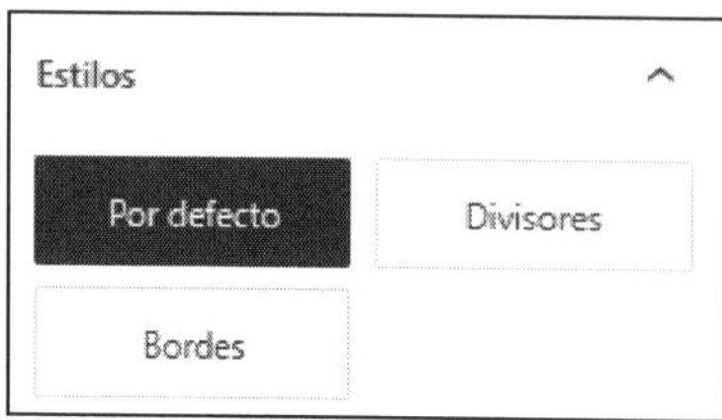

El panel **Color** permite cambiar el color del **Texto** de cada entrada; **Fondo** permite cambiar el color de fondo de la lista de entradas, y Enlace, el color de los enlaces.

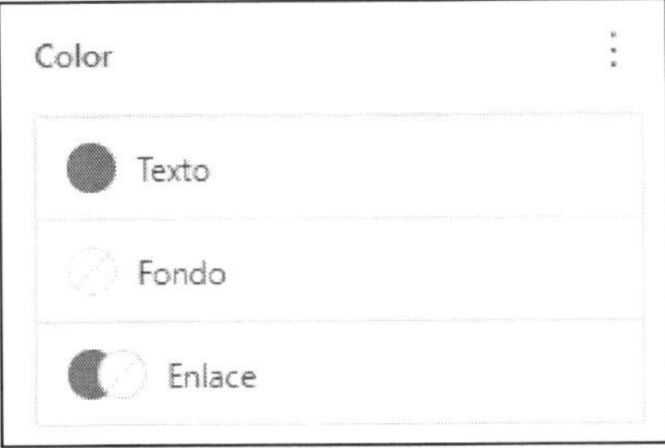

El panel **Tipografía** permite cambiar los atributos de las fuentes utilizadas para mostrar la lista de las entradas.

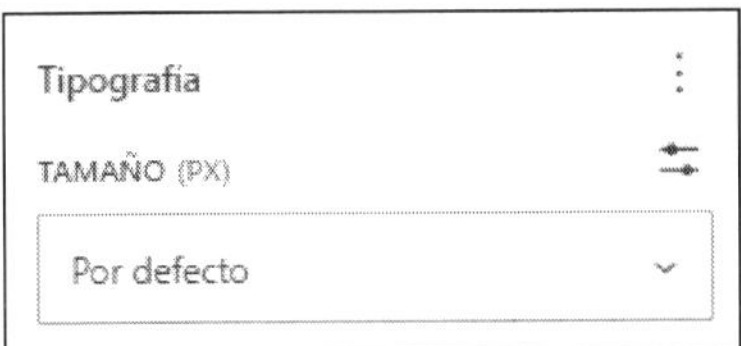

➜ Utilice el menú de opciones para ver todos los ajustes disponibles.

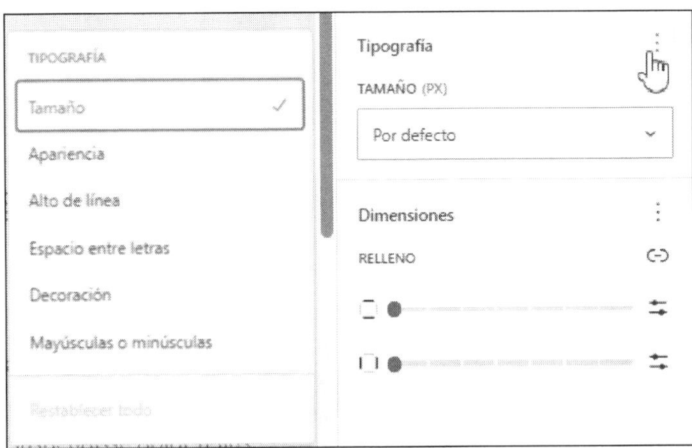

Estos ajustes son muy sencillos de usar.

El panel **Dimensiones** permite personalizar los márgenes interiores (relleno) del bloque.

- Con la regla, especifique el valor deseado:

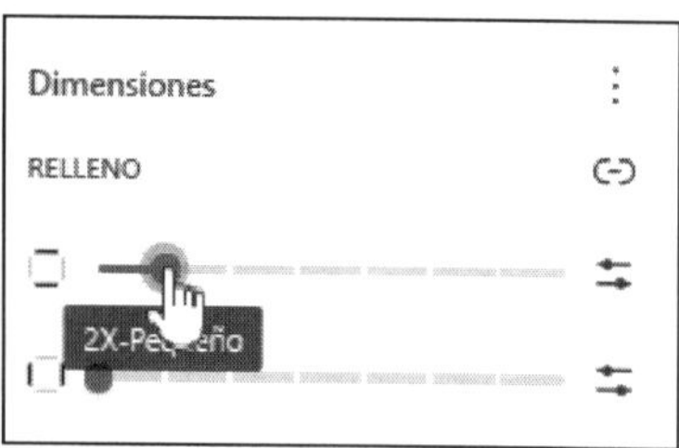

- Cuando haya realizado los cambios, haga clic en el botón **Actualizar** de la barra de herramientas superior.

Por supuesto, cada widget tendrá su propia configuración.

Ahora, volvamos a la personalización del tema.

- En el menú **Apariencia**, elija **Personalizar**.
- Haga clic en el panel **Widgets**.

Encontrará el widget que acabamos de personalizar:

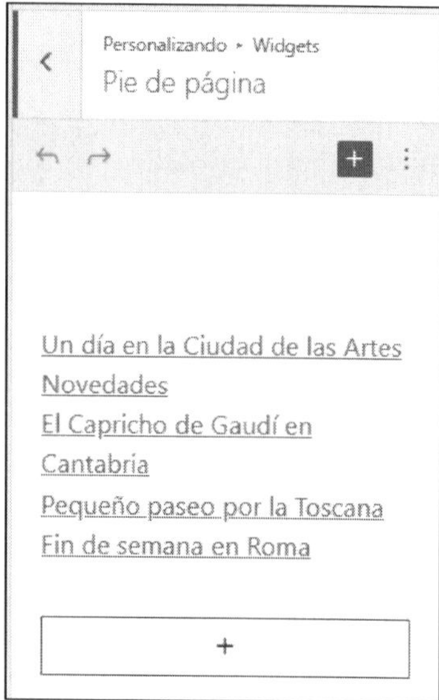

➜ Para editarlo, haga clic en él.

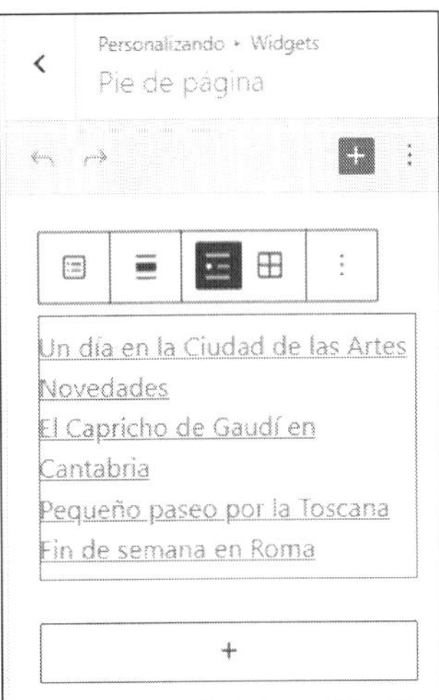

La barra de herramientas que aparece encima del widget permite cambiar algunos ajustes. Pero, de nuevo, la solución más efectiva es volver al menú **Apariencia**, **Widgets**.

➜ Para agregar un nuevo widget, haga clic en el botón **+** :

➜ En el campo de búsqueda, puede introducir el nombre del widget que busca o escribir **widget** para ver la lista de widgets.

- A continuación, haga clic en el widget deseado y configúrelo.

Pero, una vez más, resulta más eficiente hacer todo esto en el menú **Apariencia**, **Widgets**.

- Si realiza algún cambio, haga clic en el botón Publicar.

7. La página de inicio estática

El panel de personalización **Ajustes de la página principal**, permite administrar cómo se muestra la página principal, tal y como se explicó anteriormente.

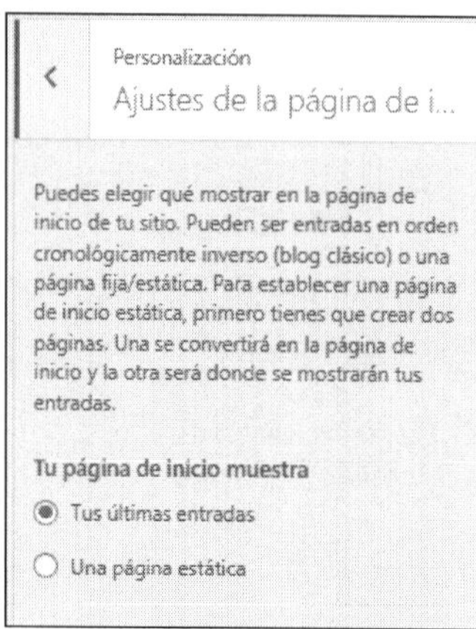

→ Si realiza algún cambio, haga clic en el botón **Publicar**.

8. Los ajustes de los extractos

Hemos visto que WordPress sigue ofreciendo la funcionalidad de extractos, pero no todos los temas la utilizan. Es en esta sección donde podrá decidir si se muestran o no los extractos de las entradas.

→ En la ventana de personalización, haga clic en el panel **Ajustes del extracto**.

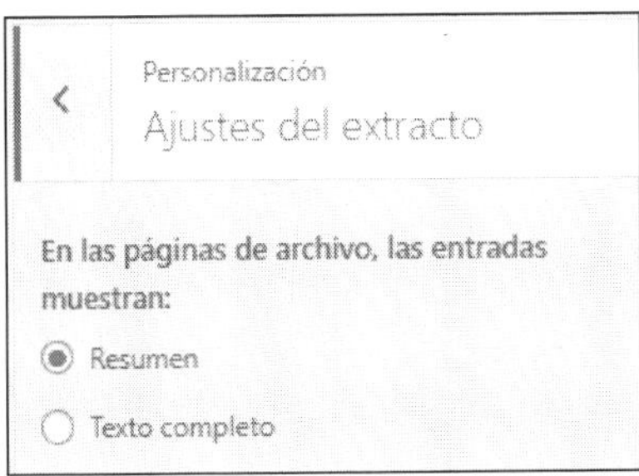

Se proponen dos opciones para mostrar las entradas en los archivos, es decir, en las páginas que listan las entradas por categoría, etiqueta, autor o fecha.

La opción **Resumen** muestra los resúmenes de las entradas si existen, por supuesto.

La opción **Texto completo** no muestra el resumen, sino el texto completo del contenido editorial de las entradas.

→ Si realiza algún cambio, haga clic en el botón **Publicar**.

9. El CSS adicional

Si domina bien HTML y CSS, y conoce la estructura de las plantillas de los temas de WordPress, puede personalizar la apariencia de su sitio desde la sección **CSS adicional**.

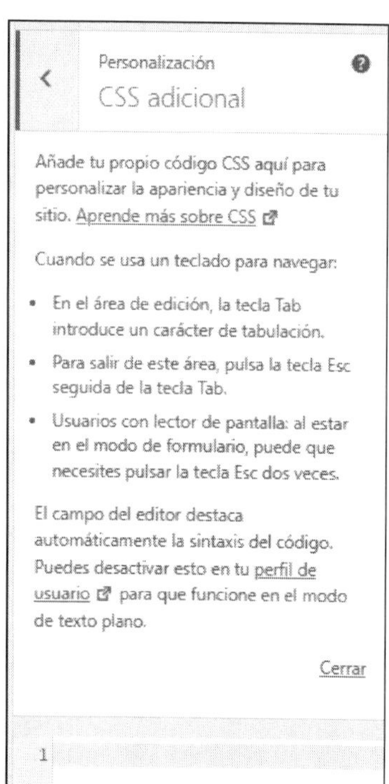

→ Si realiza algún cambio, haga clic en el botón **Publicar**.

H. El tema Twenty Twenty-Three optimizado para el FSE

1. Activar el tema

La última versión de WordPress viene con diversos temas optimizados para el editor de temas, el FSE. Uno de ellos es el tema **Twenty Twenty-Three**, que es el que vamos a tomar como ejemplo para esta sección.

En primer lugar, tiene que activar este tema.

→ En el menú **Apariencia**, elija **Temas**.

→ Al pasar el cursor sobre el tema**Twenty Twenty-Three**, haga clic en el botón **Activar**.

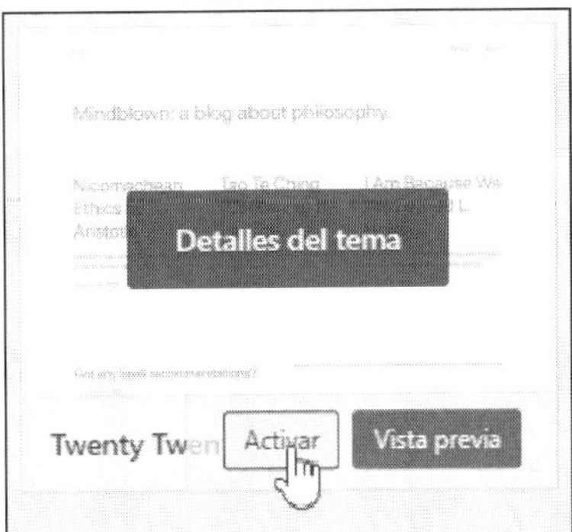

WordPress informa de que el tema está activado; puede comprobarlo con la presencia de la etiqueta: **Activo**: **Twenty Twenty-Three**, en la banda inferior del tema.

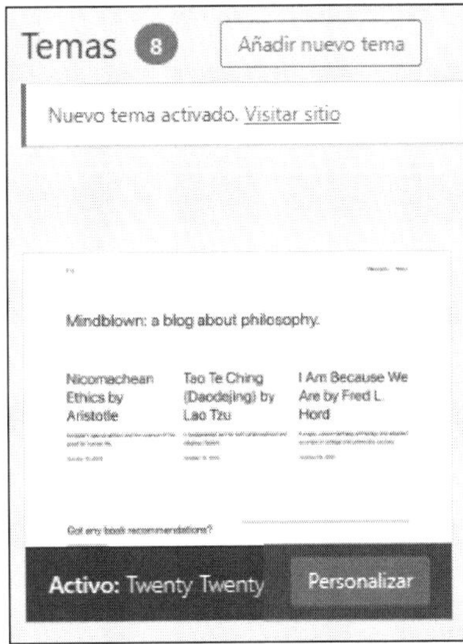

2. Los archivos que constituyen los temas optimizados para el FSE

Los temas clásicos y los temas optimizados para el FSE difieren en muchos aspectos. Se trata de dos sistemas de construcción de temas totalmente diferentes.

Los temas optimizados para el FSE permiten acceder directamente a todos los archivos que los componen. Es importante entender que cada diseñador es libre de usar estos archivos constitutivos como considere oportuno. Por eso, no existe un único método uniforme para personalizar estos temas.

Tenga en cuenta desde ahora mismo que cada tema puede tener sus propios archivos constituyentes y que puede personalizarlos de acuerdo con los deseos del diseñador.

3. Comprender la arquitectura de los temas optimizados para el FSE

Ahora, vamos a abordar la arquitectura de los temas optimizados para el FSE.

Tenga en cuenta que estos temas se componen de una **plantilla de página** y de **partes de plantilla**.

En principio, cada diseñador puede crear una plantilla de página específica para un tipo concreto de visualización. Por lo tanto, puede tener una plantilla para la página de inicio, otra para las entradas que se muestran en páginas individuales, otra para las páginas. También puede tener una plantilla de página para mostrar la lista de entradas publicadas por un autor, durante un mes, según una categoría o etiqueta.

Por supuesto, muchos temas tendrán plantillas de página comunes. Pero cada diseñador puede nombrar estas plantillas de página como desee.

Como ya sabe, hay zonas de visualización que son comunes a muchas páginas del tema, como la cabecera o el pie de página. Estas zonas comunes se llaman partes de plantilla. Esto significa que, si personaliza una parte de plantilla, esa personalización se aplicará a todas las plantillas de página que la usen.

Al igual que con las plantillas de página, cada diseñador puede crear varias partes de plantilla específicas para su tema.

Es fundamental entender que cada tema será personalizable a partir de sus propias plantillas de página y partes de plantilla. No hay una arquitectura común para todas las plantillas.

Ahora bien, ¿cómo se construyen las plantillas y las partes de plantilla? En cada componente, el diseñador utiliza **bloques de Gutenberg** colocados en ubicaciones que él mismo define. Estos bloques de Gutenberg serán similares a los que se usan en el editor de entradas y páginas, como los bloques **Título**, **Párrafo**, **Imagen**, etc., pero también se incluyen bloques especializados para el diseño del tema, como **Navegación**, **Extracto**, **Bucle de consulta**, **Título del sitio**, etc.

Una vez más, tenga en cuenta que cada diseñador tiene total libertad para diseñar su tema: elige los bloques que quiere usar y aplica más o menos personalización en ellos.

Por lo tanto, cada tema tendrá su propia personalización, sin que haya una forma común de personalizaciones entre todos.

4. Acceder a la personalización

➜ Para personalizar un tema optimizado para FSE que esté activado, en el menú **Apariencia**, elija **Editor**.

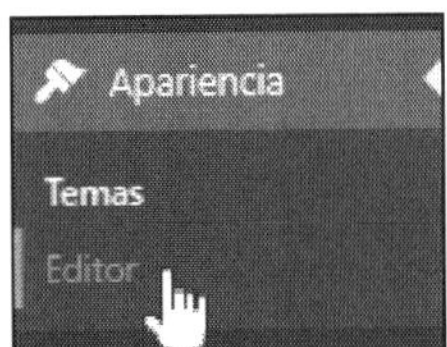

Tenga en cuenta que, si se muestra la opción **Editor** en el menú **Apariencia**, ello implica que el tema activo es un tema optimizado para FSE.

WordPress muestra el editor de temas:

En la columna lateral izquierda, tiene varios botones:

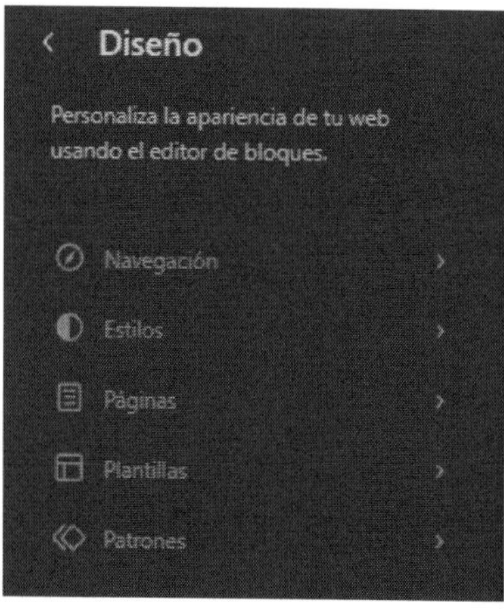

- < **Diseño**, vuelve al Escritorio. También puede hacer clic en el botón en la parte superior izquierda que muestra el nombre de su sitio.
- **Navegación** > Permite definir y modificar los menús de navegación del sitio.
- **Estilos** > Da acceso a las opciones globales de estilo: tipografía, colores, espaciado, bordes, etc.
- **Páginas** > Permite acceder a las páginas existentes del sitio y modificarlas desde el editor de bloques.
- **Plantillas** > Muestra una lista de plantillas de página.
- **Patrones** > Muestra la lista de las partes de plantilla y los patrones existentes; permite su edición y la creación de nuevos patrones.

Finalmente, en el lado derecho, puede ver la página de inicio de su sitio.

5. Mostrar las plantillas de página

➜ Con el tema **Twenty Twenty-Three**, para listar las plantillas de página accesibles, en la columna lateral izquierda, haga clic en **Plantillas** >.

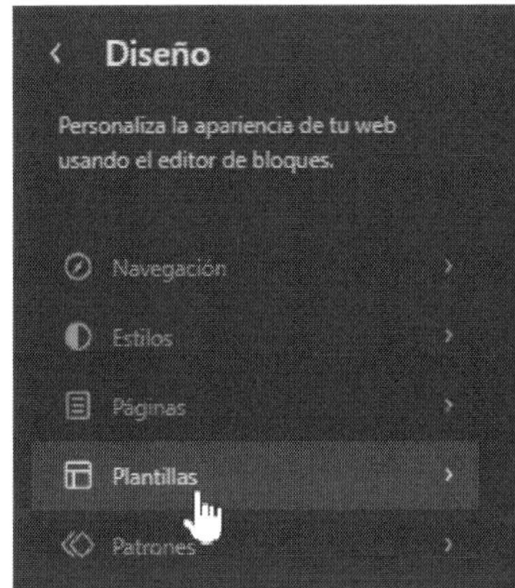

WordPress despliega un submenú con dos opciones:

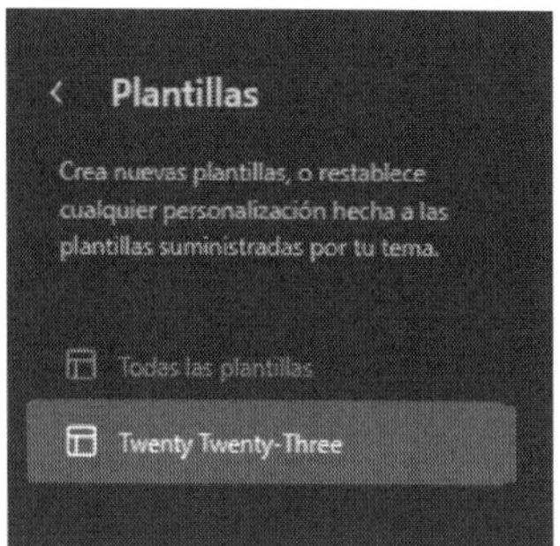

- **Todas las plantillas**: muestra una vista general de todas las plantillas disponibles en el sitio, incluyendo las del tema actual y cualquier plantilla personalizada.
- **"Nombre del tema activo"**: muestra solo las plantillas propias del tema activo. Si no ha creado ninguna plantilla adicional para su sitio, ambas opciones mostrarán el mismo contenido.

En la parte derecha de la pantalla, puede ver el contenido de cada opción, ya sea en forma de tabla, de cuadrícula o de lista (puede cambiar esta visualización haciendo clic en el icono **Estructura**, en la parte superior derecha de la ventana:

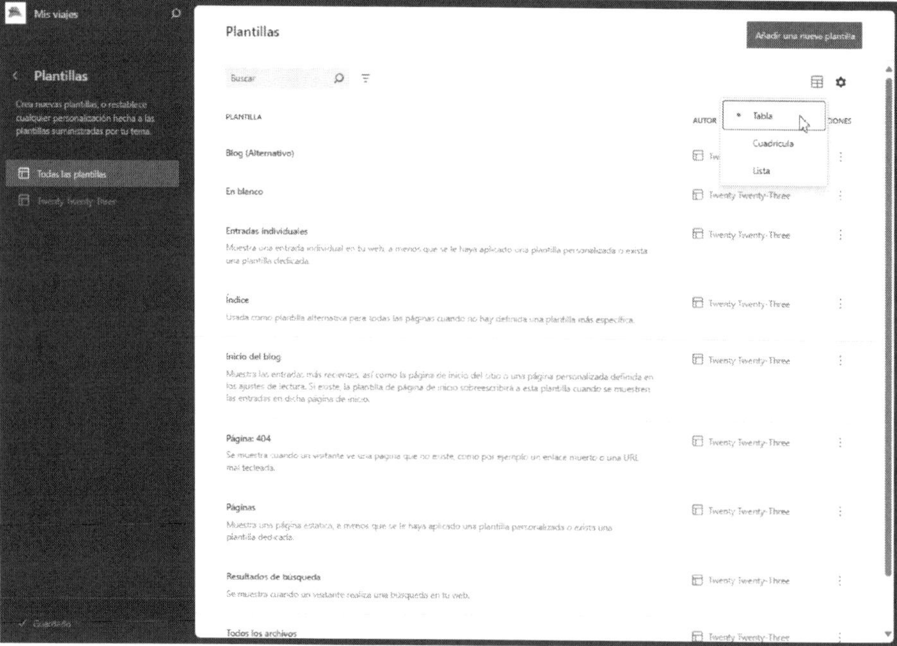

De nuevo, recuerde que el nombre de las plantillas y su descripción se dejan al diseñador del tema.

6. Mostrar la plantilla de página para la página de inicio

Veamos ahora cómo abordar la personalización de la página de inicio del tema **Twenty Twenty-Three**, que suele ser la plantilla **Inicio del blog** cuando el sitio está configurado para mostrar las entradas del blog en la página principal.

➜ En la lista de plantillas de página, haga clic en el botón **Editar** (icono en forma de lápiz) de la plantilla **Inicio del blog**.

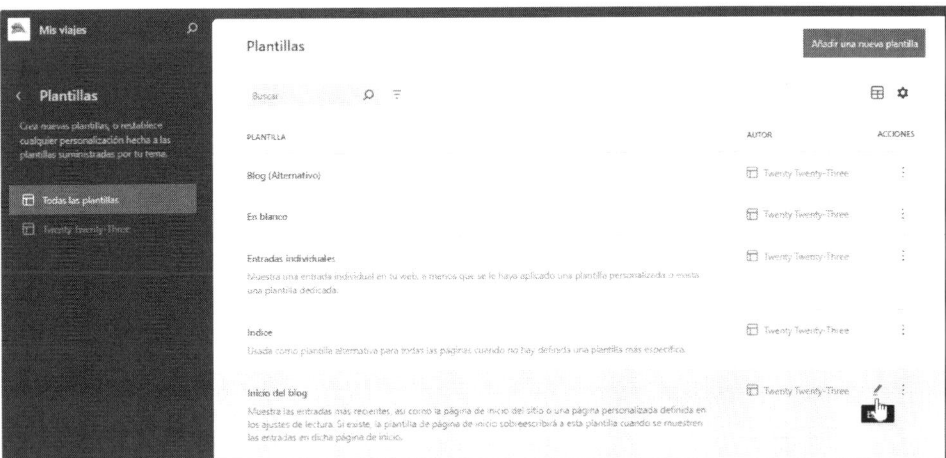

WordPress abrirá la plantilla con el editor de bloques para personalizarla:

➙ Asegúrese de que se muestra la columna lateral derecha **Ajustes**:

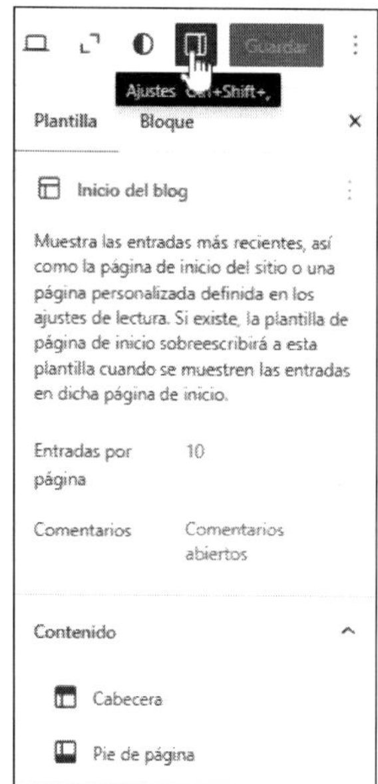

En la columna lateral de ajustes, en la pestaña **Plantilla**, puede confirmar que está editando la plantilla **Inicio del blog**. También verá la descripción de la plantilla. Esta plantilla utiliza dos partes de plantilla (bajo el epígrafe **Contenido**), que en este caso son **Cabecera** y **Pie de página**.

7. Listar los bloques constitutivos

Ahora, vamos a mostrar la lista de bloques que componen la página de inicio.

➜ En la barra de herramientas superior, haga clic en el botón **Resumen del documento**.

WordPress muestra la lista de bloques en la página:

Disponemos de tres bloques:

- **Cabecera**: es el bloque correspondiente al elemento de plantilla **Cabecera**. Tiene un icono distintivo.
- **Grupo**: es el bloque que muestra todas las entradas y los demás elementos que se visualizan en la zona central de la página de inicio.
- **Pie de página**: es el bloque correspondiente al elemento de plantilla **Pie de página**.

Delante de cada bloque, un triángulo desplegable permite expandir su contenido, de modo que puede visualizarse una lista de todos los bloques de la página. En este ejemplo, solo hemos desplegado el bloque **Grupo** de la zona central:

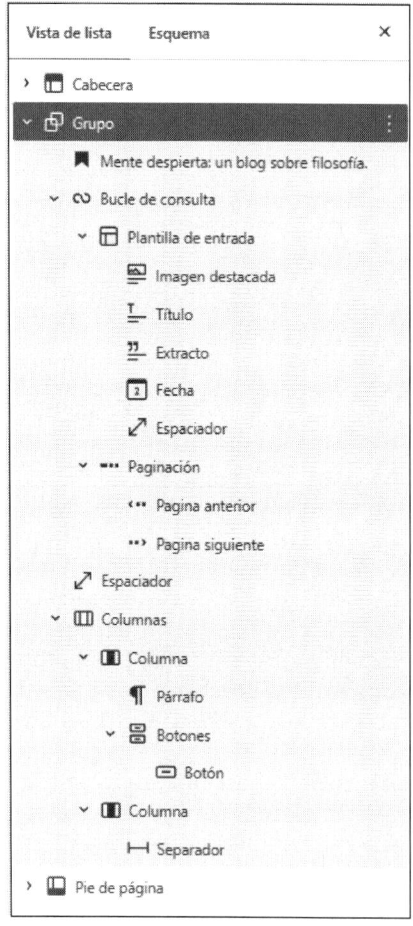

8. Personalizar bloques

Ahora veamos cómo personalizar un bloque. En este ejemplo, vamos a personalizar el título de las entradas que se muestran en la página de inicio.

➜ En la lista de bloques de la **Vista de lista**, haga clic en el bloque **Título**.

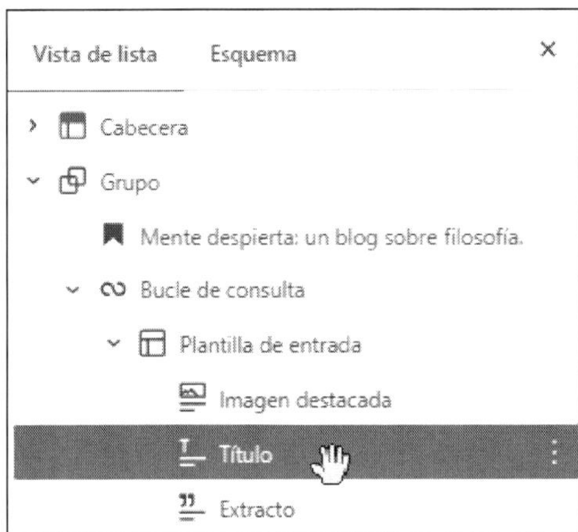

En la columna lateral derecha **Ajustes**, en la pestaña **Bloque**, se selecciona el bloque **Título**:

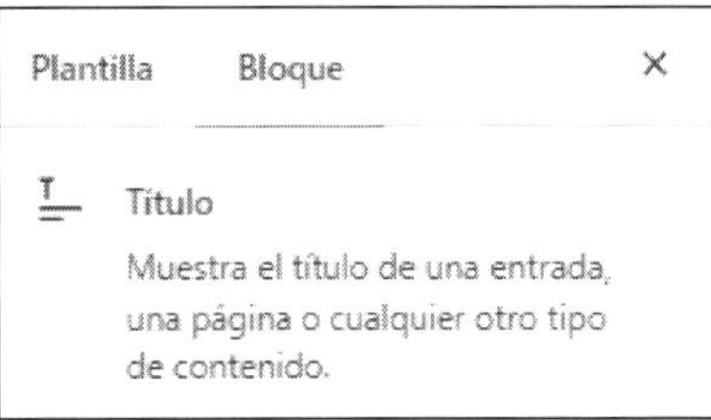

En la vista de la página de inicio, se selecciona un bloque de ejemplo:

Un día en la Ciudad de las Artes

Lorem ipsum dolor sit amet,

El Capricho de Gaudí en Cantabria

Lorem ipsum dolor sit amet,

Pequeño paseo por la Toscana

Vestibulum ante ipsum primis in faucibus orci luctus et ultrices posuere cubilia curae; Cras

Por supuesto, cualquier personalización se aplicará a todos los títulos de las entradas en la página de inicio.

Las opciones de personalización específicas del bloque están disponibles en la pestaña **Ajustes**:

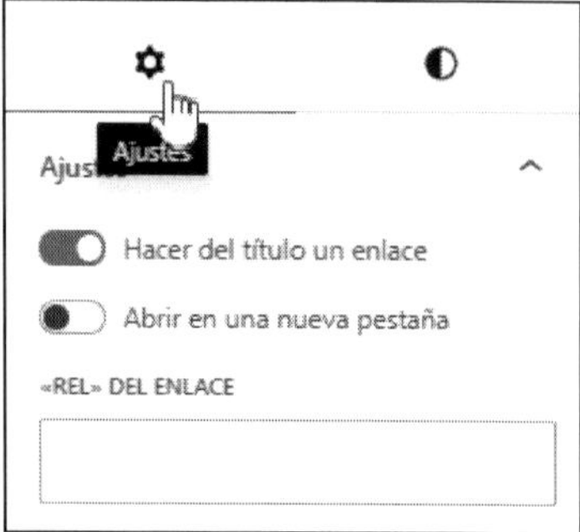

Esto lo llevará al panel **Ajustes** de los vínculos.

Siguiendo el mismo principio, ahora hemos seleccionado el bloque **Fecha**:

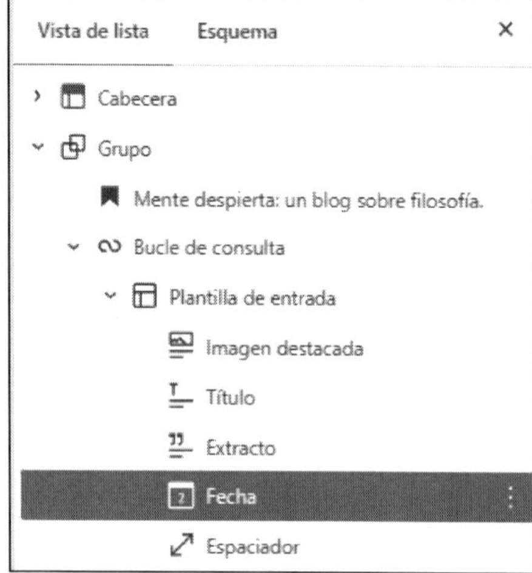

He aquí los ajustes que pueden personalizarse en este bloque:

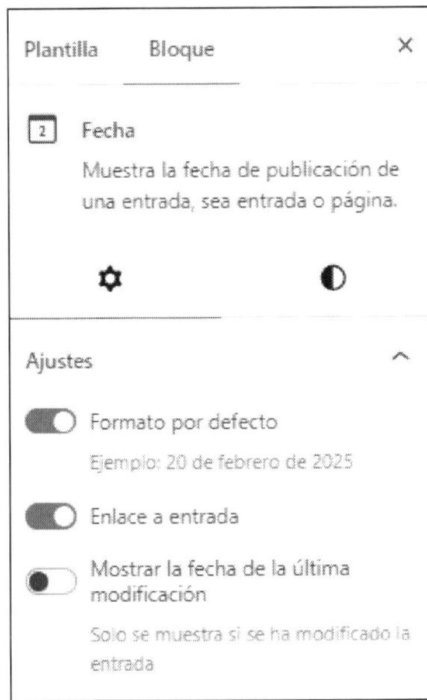

- Si realiza alguna personalización, no olvide hacer clic en el botón **Guardar** en la parte superior derecha de la barra de herramientas.

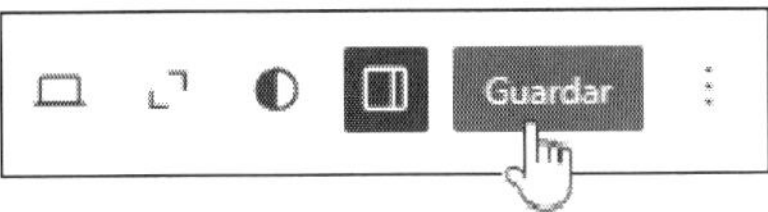

9. Eliminar un bloque

Con el tema **Twenty Twenty-Three**, se muestra un bloque de encabezado en la parte superior del área central de la página de inicio.

- En la columna lateral derecha **Ajustes**, puede personalizar este bloque si es necesario:

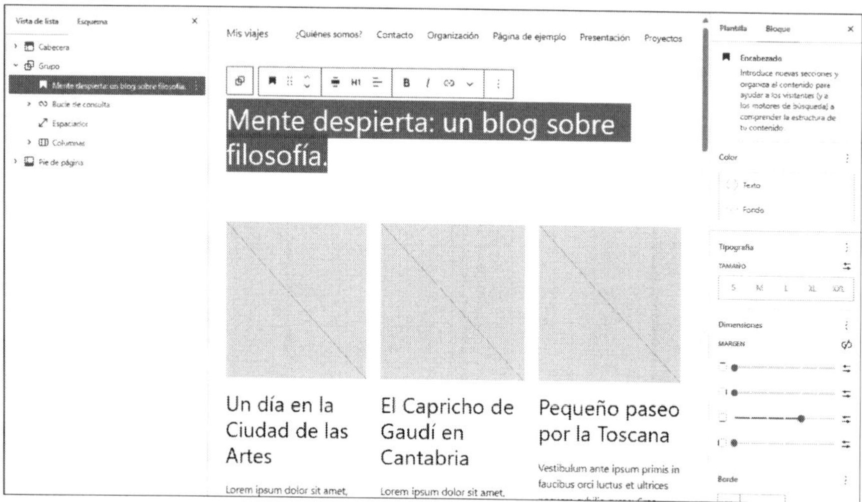

- Si desea eliminar este bloque, u otro, en el menú de opciones de la lista de bloques, elija **Borrar**:

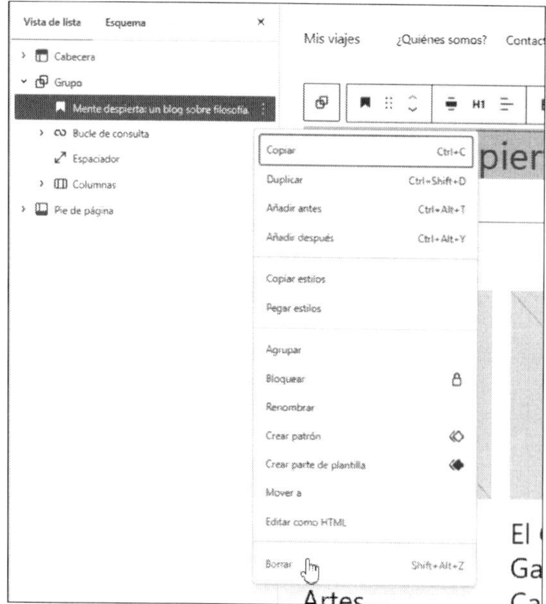

El bloque se elimina.

→ Si realiza alguna personalización, no olvide hacer clic en el botón **Guardar**, en la parte superior derecha de la barra de herramientas.

10. Los estilos de los bloques

Cada diseñador de temas puede ofrecer estilos de formato y maquetación para los diferentes componentes de los temas.

En este ejemplo, se ha seleccionado el bloque **Grupo** en el área de visualización central de la página de inicio:

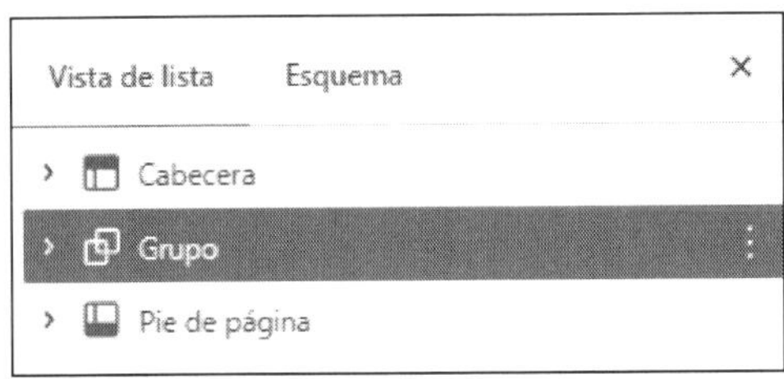

En la columna lateral derecha **Ajustes**, en la pestaña **Bloque**, haga clic en la subpestaña **Estilos**, de la que mostramos un extracto:

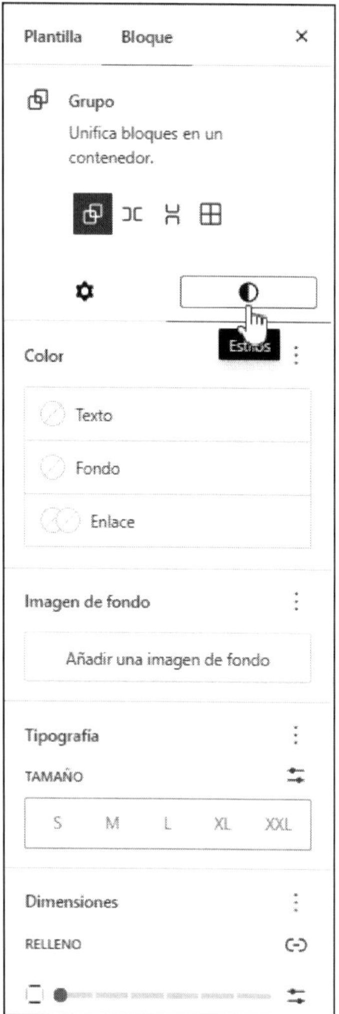

Esto le da acceso a estilos específicos para el tipo de bloque seleccionado.

Estos son los estilos de formato y diseño disponibles para el bloque **Título** seleccionado:

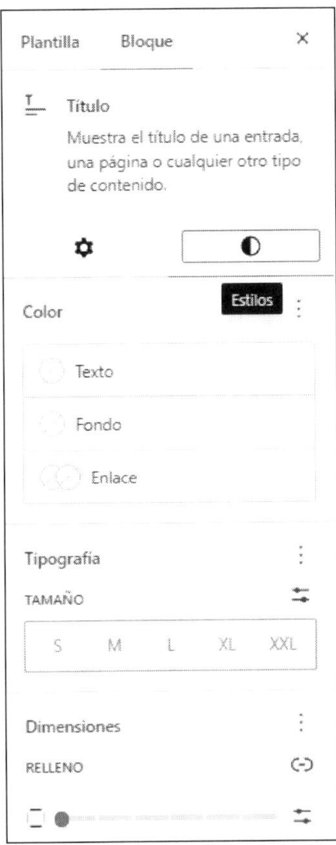

→ Si realiza alguna personalización, no olvide hacer clic en el botón **Guardar** en la parte superior derecha de la barra de herramientas.

11. Personalizar partes de la plantilla

Para personalizar una parte de la plantilla, puede acceder a ella desde una plantilla de página que utilice esa parte.

➙ En este ejemplo, para la plantilla **Inicio del blog**, en la lista de bloques, seleccionamos el bloque **Cabecera**, con su icono específico:

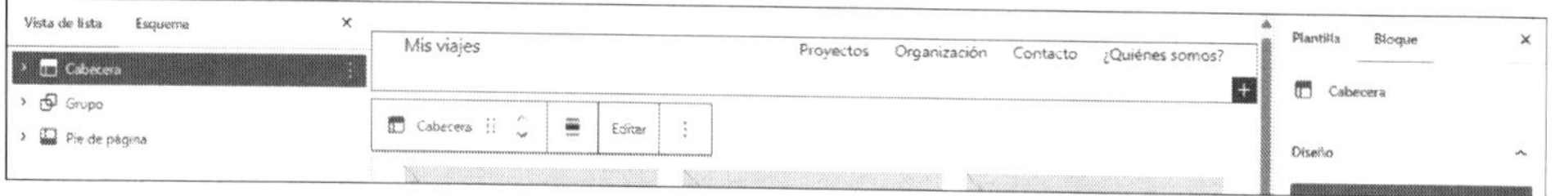

En la columna lateral **Ajustes**, en la pestaña **Bloque**, podrá observar que se ha seleccionado una **parte de plantilla**.

➙ Si está viendo la pantalla de personalización del tema, puede hacer clic en **Patrones**:

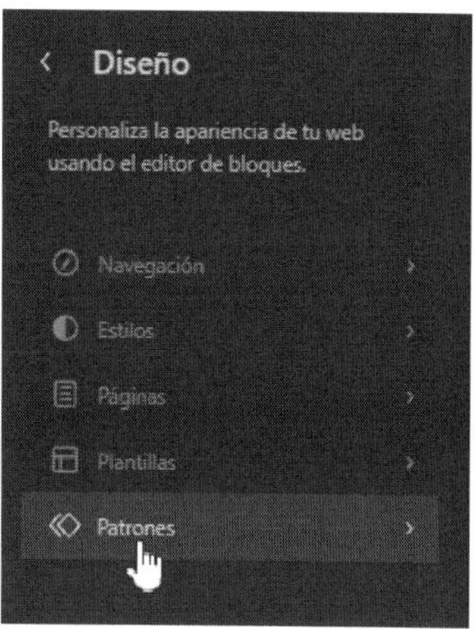

→ En la lista de **Patrones** (que incluye partes de plantilla) haga clic en **Cabecera**:

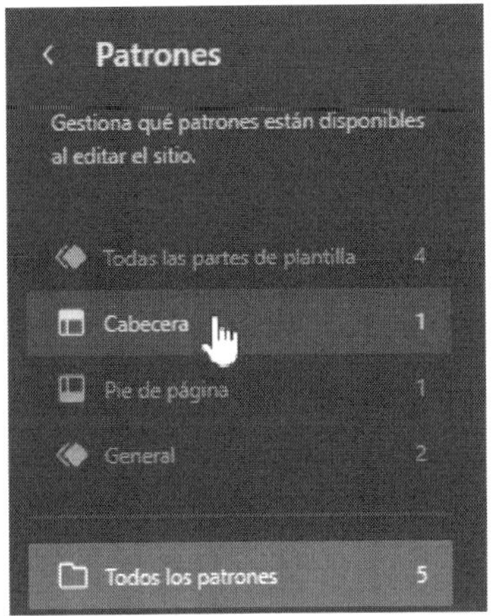

→ En la parte derecha de la pantalla, haga clic en la cabecera que desee editar (en nuestro caso, solo hay una):

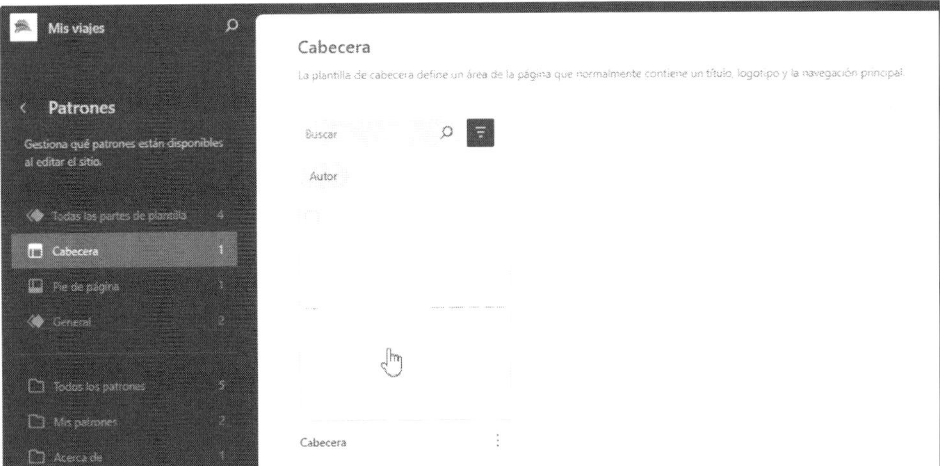

→ Como antes, muestre el **Resumen del documento** para ver todos los bloques y la columna lateral derecha **Ajustes**:

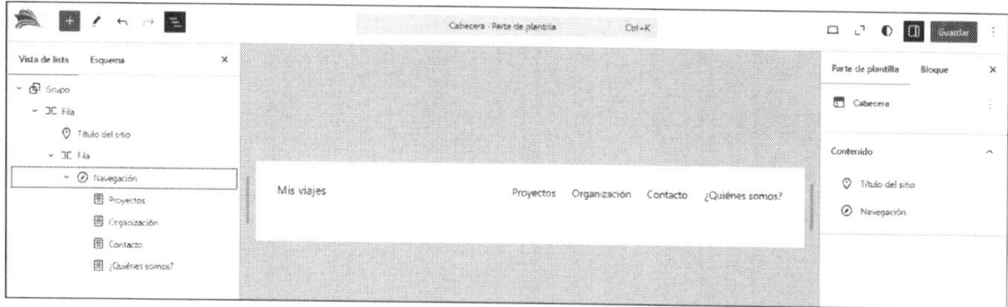

Como en los casos anteriores, cuando selecciona un bloque, puede personalizarlo en la columna de la derecha, con los ajustes y los estilos. A continuación, se muestra un ejemplo con el bloque **Título del sitio** seleccionado y la subpestaña **Ajustes** seleccionada:

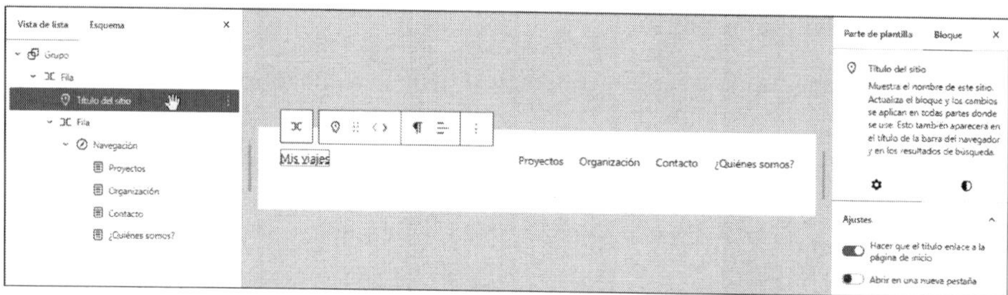

Para el mismo bloque **Título del sitio**, esto es lo que muestra la subpestaña **Estilos**:

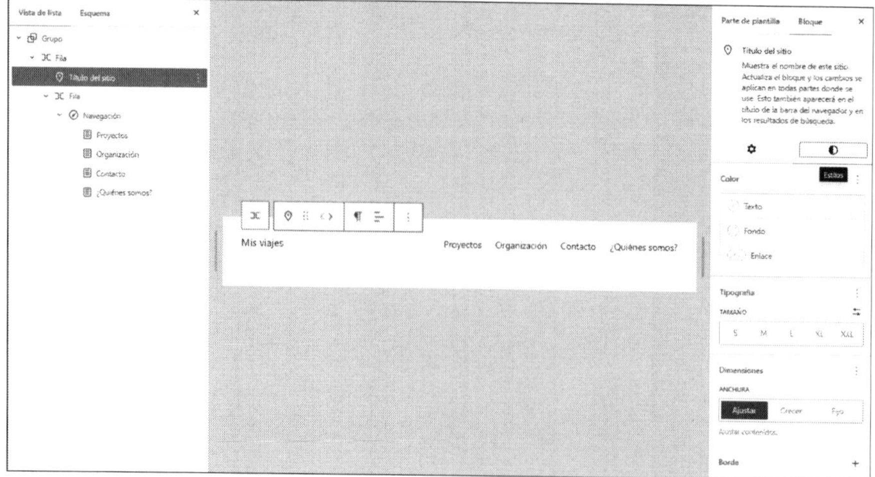

- Si realiza alguna personalización, no olvide hacer clic en el botón **Guardar** en la parte superior derecha de la barra de herramientas.

12. Personalizar el menú de navegación creado

En la parte de plantilla **Cabecera**, encontrará el menú de navegación. Podemos personalizar este menú.

- Muestre la parte de plantilla **Cabecera**.
- Muestre el **Resumen del documento** y expanda los bloques para seleccionar **Navegación**.
- Muestre la columna lateral **Ajustes**.

Esta es la visualización resultante:

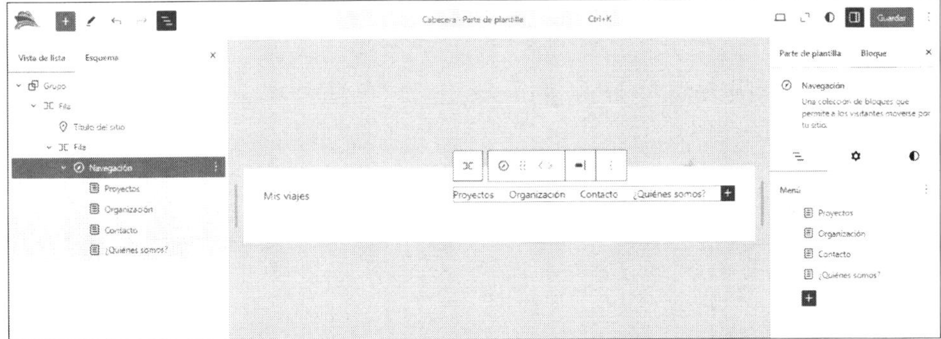

Si ya ha creado un menú de navegación con un tema clásico en su sitio de WordPress, encontrará ese mismo menú disponible en este tema optimizado para el FSE. Este es el caso en el ejemplo que nos ocupa.

En la columna lateral **Ajustes**, en la pestaña **Bloque**, subpestaña **Vista de lista**, puede ver los elementos que componen el menú. En este ejemplo, son seis páginas:

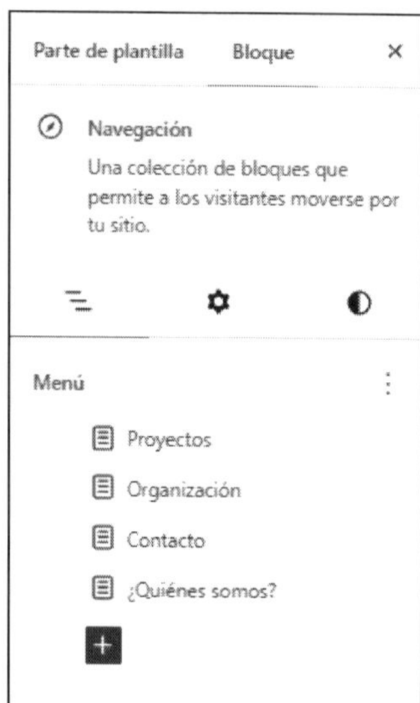

Podemos modificar perfectamente el menú actual.

→ Para agregar un nuevo elemento de menú, en el panel **Menú**, haga clic en el botón **Añadir un bloque**.

➙ En la lista de bloques de menú, puede elegir entre:

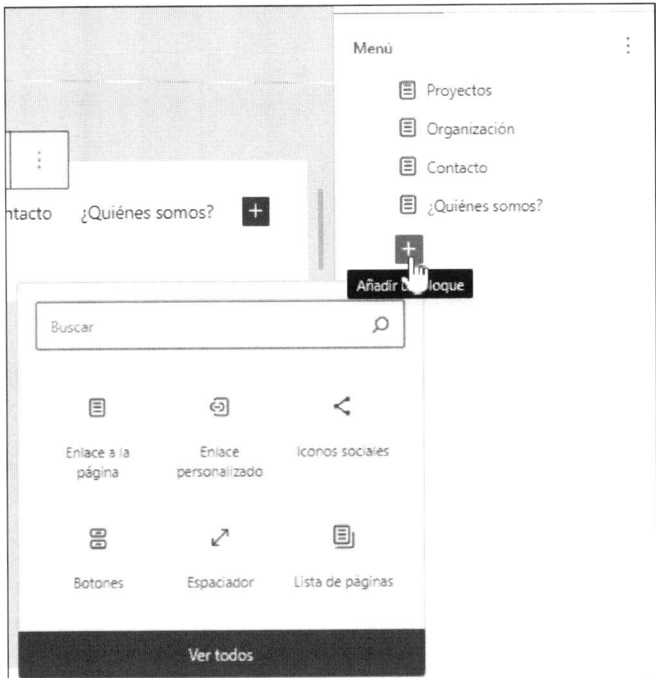

- **Enlace a la página**: para elegir una página que ya se ha creado en su sitio.
- **Enlace personalizado**: para elegir una entrada, una categoría o una URL.
- **Lista de páginas**: para agregar una lista de todas las páginas del sitio.

En este ejemplo, se ha elegido un enlace a página:

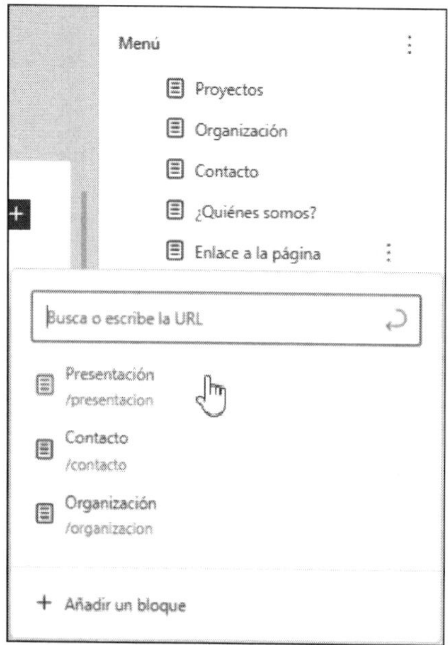

Hemos seleccionado la página **Presentación**.

La página se añade al menú.

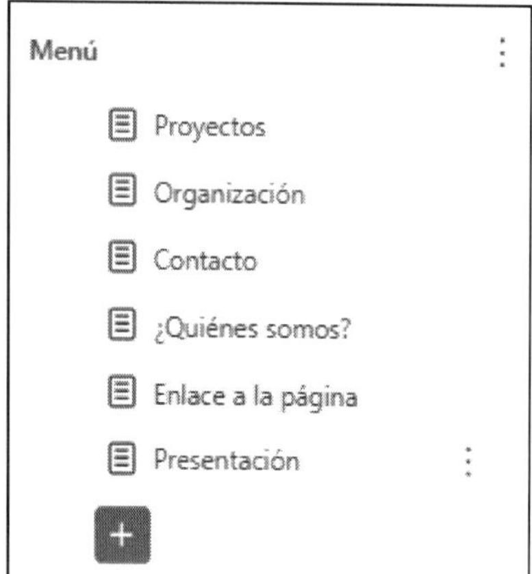

Observe que puede buscar un contenido en el campo de búsqueda.

Ahora, queremos agregar una categoría:

- Elija un **Enlace personalizado**:
- En el campo de búsqueda, introduzca los primeros caracteres de la categoría **Francia**:

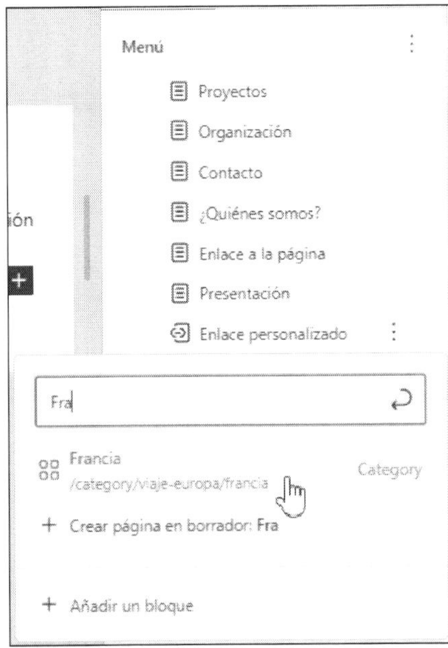

- Basta con que haga clic en la categoría **Francia**.

Se agrega el enlace personalizado:

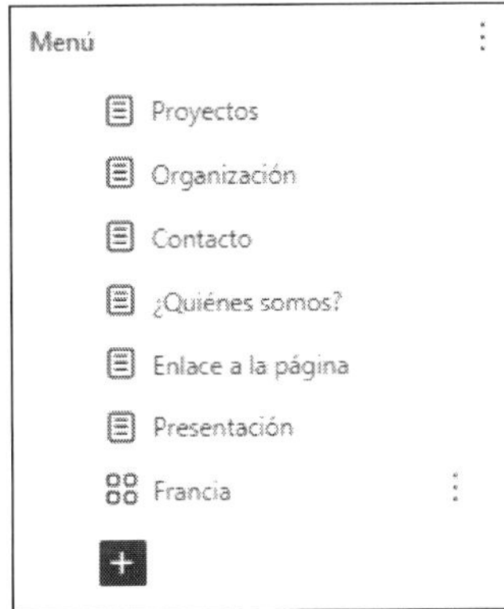

➜ Para eliminar un enlace de menú, en el menú de opciones de ese enlace, seleccione **Eliminar «nombre del elemento de menú»**:

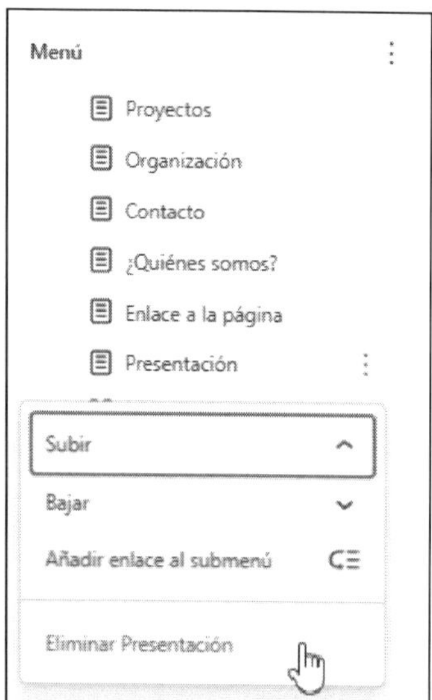

➜ Para cambiar el orden en el que se muestran los elementos del menú, **Organizar** en este ejemplo, haga clic y arrastre a la posición deseada:

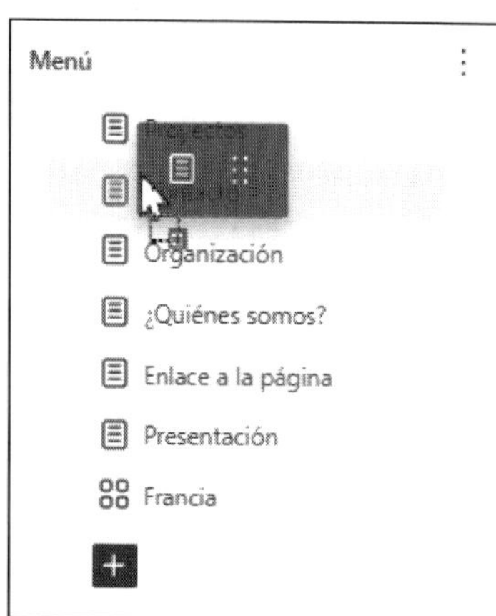

El elemento se ha desplazado correctamente:

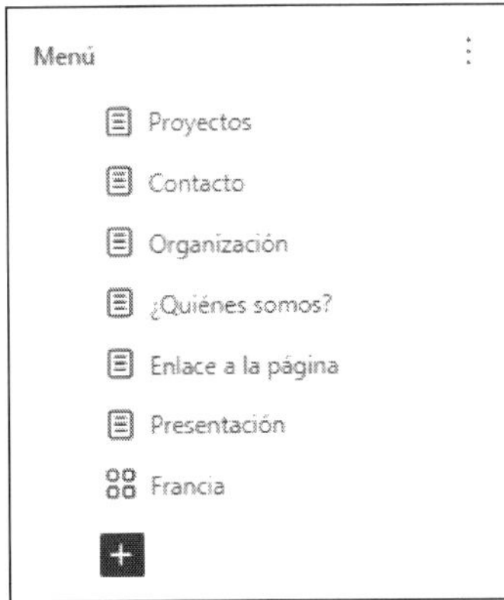

➙ También puede acceder a los ajustes de cada elemento del menú haciendo clic en su nombre:

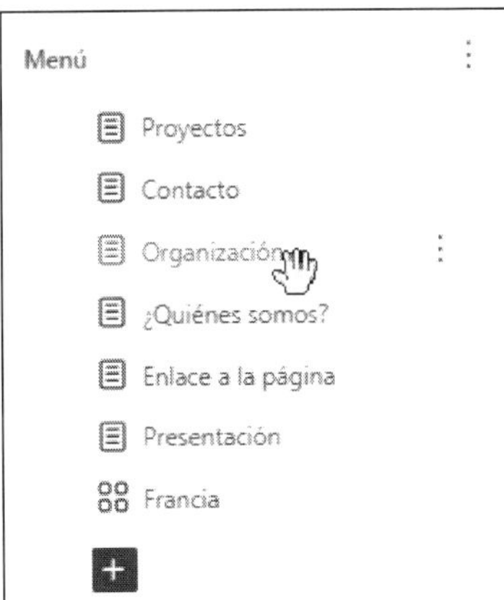

Se mostrarán todos los ajustes de este elemento:

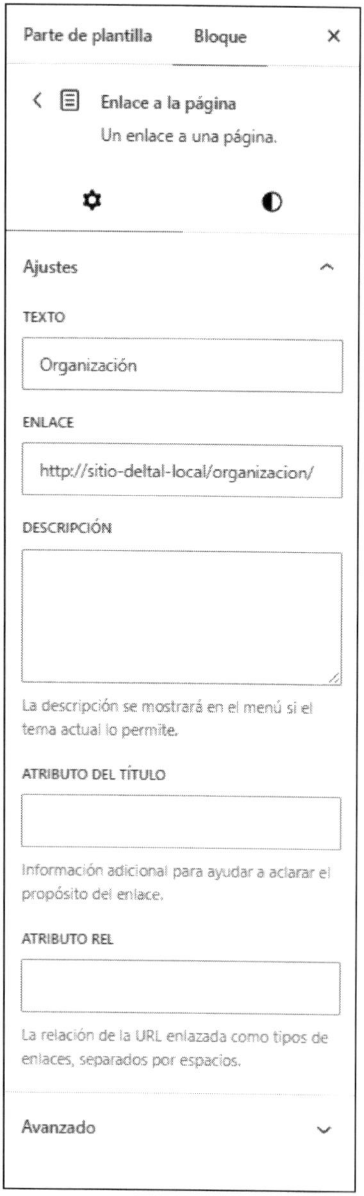

Parte de plantilla Bloque ×

Enlace a la página
Un enlace a una página.

Ajustes

TEXTO
Organización

ENLACE
http://sitio-deltal-local/organizacion/

DESCRIPCIÓN

La descripción se mostrará en el menú si el tema actual lo permite.

ATRIBUTO DEL TÍTULO

Información adicional para ayudar a aclarar el propósito del enlace.

ATRIBUTO REL

La relación de la URL enlazada como tipos de enlaces, separados por espacios.

Avanzado

→ Si realiza algún cambio en el menú, no olvide hacer clic en el botón **Guardar** en la barra de herramientas superior:

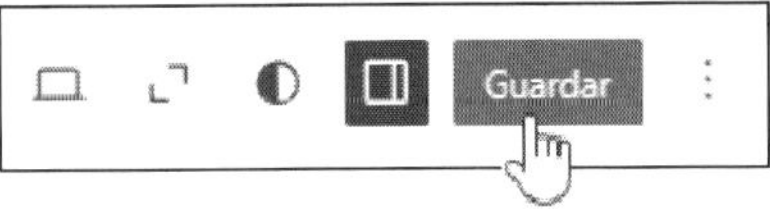

También puede personalizar el estilo de cada elemento del menú.

→ Haga clic en el elemento de menú deseado y luego en la subpestaña **Estilos**.

Así tendrá acceso a los paneles de personalización de estilo: **Tipografía** y **Dimensiones** en este ejemplo.

Por último, puede personalizar el menú de navegación.

- Con el bloque **Navegación** seleccionado, en la barra lateral **Ajustes**, en la pestaña **Bloque**, haga clic en **Ajustes**.

Puede acceder a la configuración de este menú:

- Con el ajuste **JUSTIFICADO**, puede colocar los bloques de los elementos del menú a la izquierda, al centro, a la derecha o justificarlos.
- La opción **ORIENTACIÓN** permite mostrar el menú horizontal o verticalmente.
- La opción **Permite el ajuste a varias líneas** autoriza a que los elementos de menú se distribuyan en varias líneas si es necesario.
- La configuración **Visualización** permite personalizar cómo se muestra el menú de navegación cuando está minimizado.

- El ajuste **SUPERPOSICIÓN DEL MENÚ** permite mostrar el menú de navegación de forma reducida para un tipo de medio especificado.

Por último, podemos estilizar el menú de navegación.

- Con el bloque **Navegación** seleccionado, en la barra lateral **Ajustes**, en la pestaña **Bloque**, haga clic en **Estilos**.

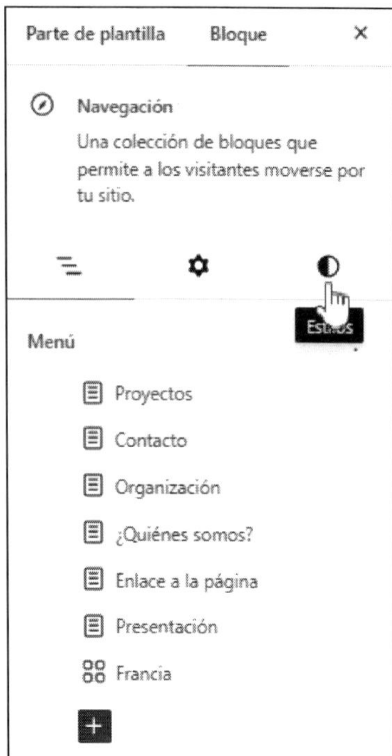

Encontrará toda una serie de ajustes de estilo que ya hemos visto:

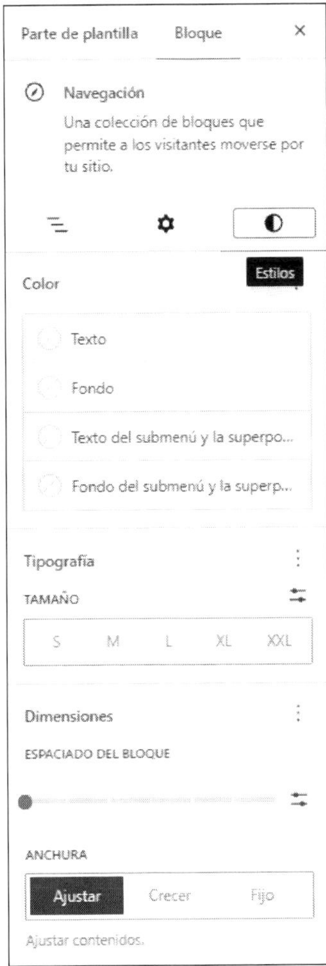

➜ Si realiza algún cambio en el menú, no olvide hacer clic en el botón **Guardar** en la barra de herramientas superior:

13. Crear un nuevo menú de navegación

En el ejemplo anterior, personalizamos, modificamos y aplicamos estilo a un menú de navegación existente, ya que se había sido creado con el tema clásico **Twenty Twenty-One**. Sin embargo, si ha aplicado el tema **Twenty Twenty-Three** desde el principio, no se habrá creado ningún menú de navegación. Por lo tanto, habrá que crear uno nuevo.

Los primeros pasos son similares a los vistos anteriormente:

- En el menú **Apariencia**, **Temas**, asegúrese de que el tema **Twenty Twenty-Three** esté activo.
- En el menú **Apariencia**, elija **Editor**.
- A continuación, haga clic en **Patrones** y en **Cabecera**.
- Haga clic en la cabecera para editarla.
- Muestre el **Resumen del documento** y la columna lateral derecha **Ajustes**.

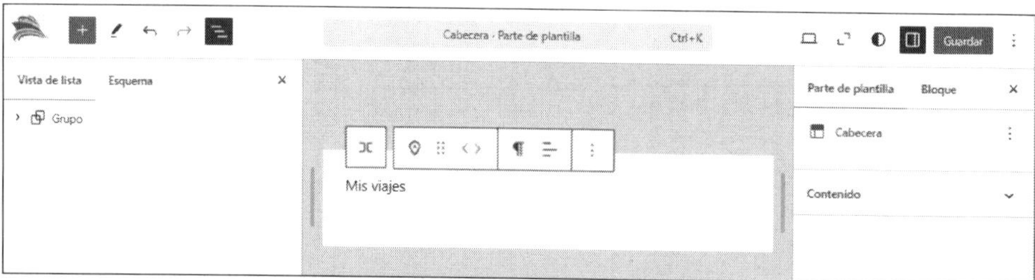

En este ejemplo, se ha eliminado el menú de navegación **Mi menú**.

- En la vista de lista, expanda el bloque **Grupo** y, a continuación, expanda la **Fila**.
- Seleccione el bloque **Título del sitio**.
- En la barra de herramientas superior, haga clic en el botón **Alternar insertador de bloques**.

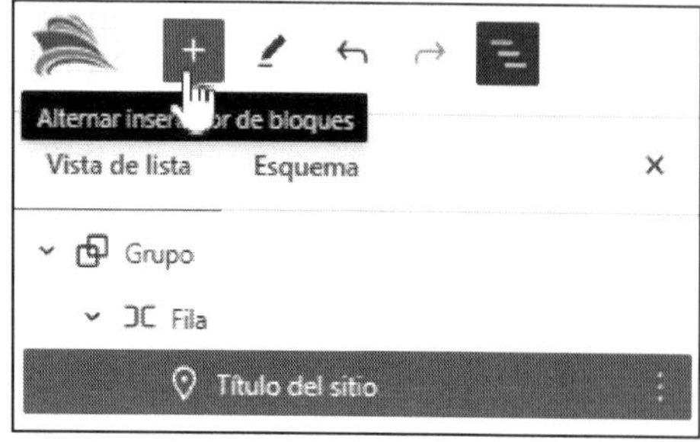

→ En el campo de búsqueda, introduzca los primeros caracteres del bloque **Navegación**.

→ A continuación, haga clic en ese bloque para insertarlo.

→ Cierre la pantalla de inserción de bloques.

El bloque **Navegación** se inserta después del bloque **Título del sitio** :

Cuando usted añade un bloque **Navegación**, WordPress inserta automáticamente un nuevo menú al que llama **Navegación**.

→ En el **Contenido** de la **Parte de plantilla**, puede ver que se ha creado y seleccionado este contenido:

Y WordPress también indica que este menú **Navegación** está vacío de cualquier elemento de menú:

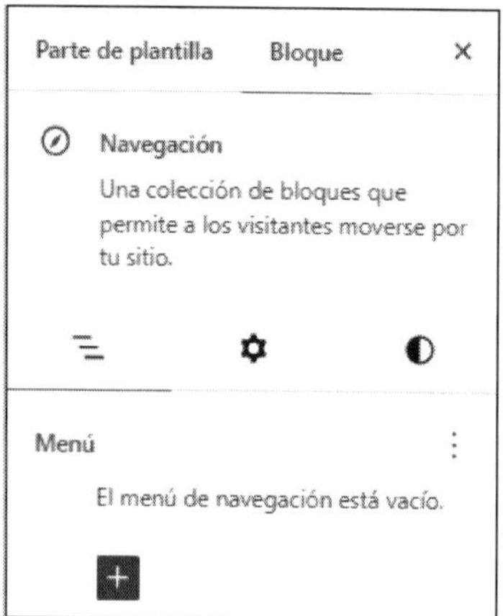

Ahora es preciso insertar un elemento de menú.

→ En el panel **Menú**, haga clic en el botón + para agregar un nuevo elemento de menú:

→ A continuación, elija, tal y como hemos hecho con anterioridad, el enlace de menú que desea añadir:

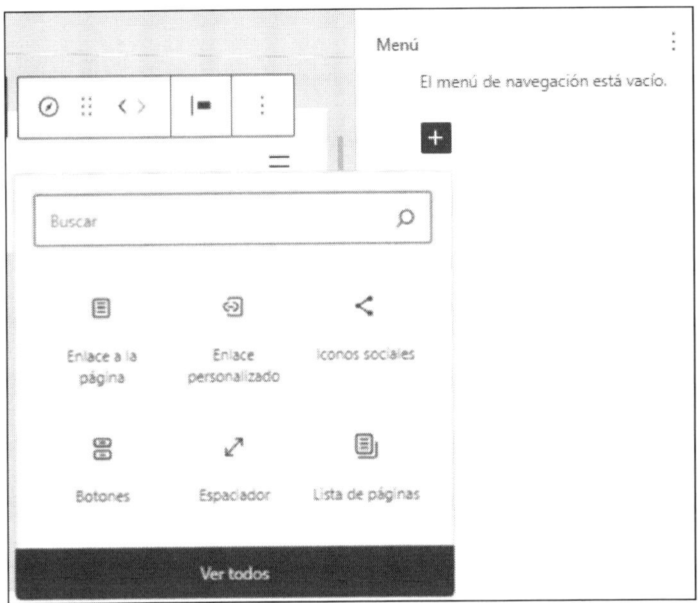

En este ejemplo, se ha elegido un **Enlace a la página**:

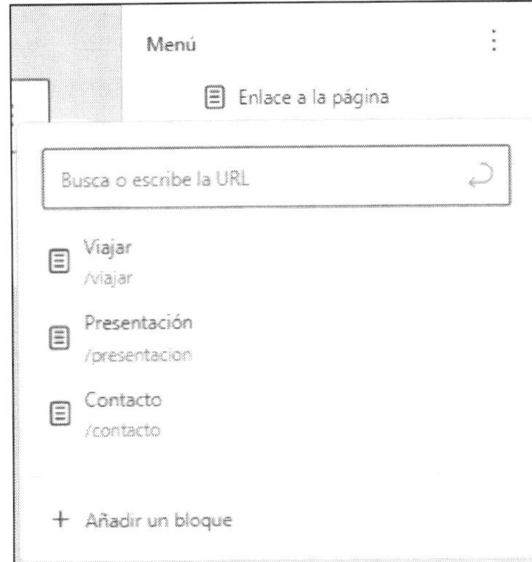

- Puede buscar una página en el campo de búsqueda o hacer clic en una de las páginas que se muestran en el cuadro.

En este ejemplo, se ha seleccionado la página **Viajar**:

- Haga lo mismo para insertar las páginas, las entradas, las categorías o enlaces personalizados que desee.

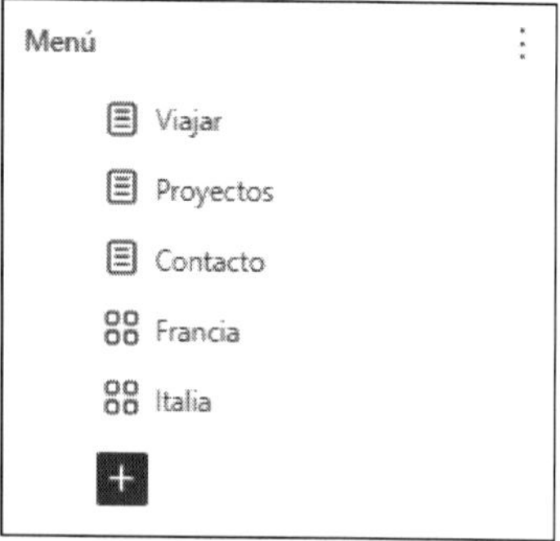

- Luego, use todas las técnicas que hemos visto en el apartado anterior para editar, personalizar y dar estilo a ese menú.
- Finalmente, haga clic en el botón **Guardar** en la barra de herramientas superior, para guardar este nuevo menú:

El menú se muestra en la parte central de la pantalla de personalización de la **Cabecera**:

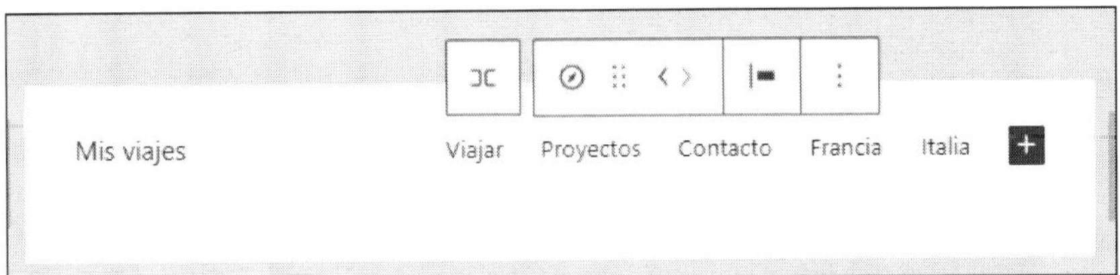

Observe que, en cualquier momento, puede crear un nuevo menú de navegación.

➜ En el menú de opciones del panel **Menú**, elija **Crear un nuevo menú**:

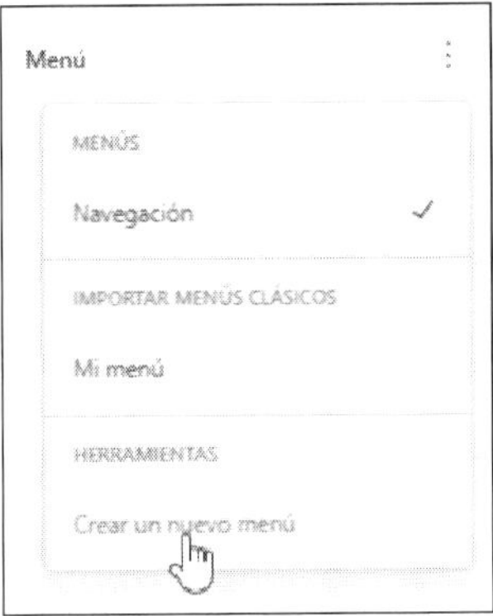

El nuevo menú está vacío:

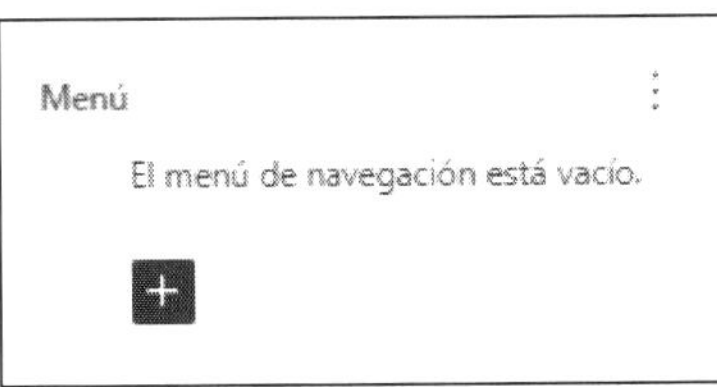

➜ Utilice los mismos procedimientos que hemos visto anteriormente para agregar elementos de menú a este nuevo menú.

Tenga en cuenta que WordPress nombra automáticamente este nuevo menú con la etiqueta **Navegación X**, donde **X** es el número de incremento:

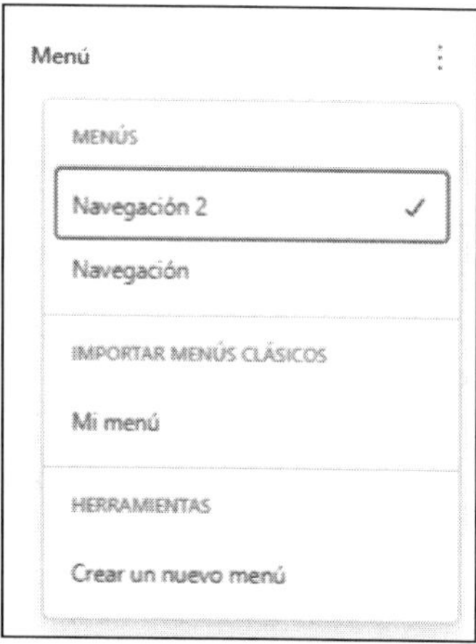

- A continuación, en el menú de opciones, puede seleccionar el menú que desea que se muestre en el bloque **Navegación**.
- Finalmente, haga clic en el botón **Guardar** en la barra de herramientas superior para guardar estos cambios:

14. Insertar Widgets

Como hemos visto anteriormente con los temas clásicos, los widgets se utilizan para mostrar información de navegación y datos para los visitantes del sitio. Vamos a insertar widgets en el pie de página de nuestro tema **Twenty Twenty-Three**.

- En el menú **Apariencia**, **Temas**, asegúrese de que el tema **Twenty Twenty-Three** esté activado.
- A continuación, en el menú **Apariencia**, elija **Editor**.
- Haga clic en **Patrones**, en **Pie de página** y haga clic en la miniatura del pie de página para editarla.
- En la barra de herramientas superior, haga clic en el botón **Resumen de documento** y muestre la columna lateral derecha **Ajustes** si es necesario.

Tenga en cuenta que los widgets insertados anteriormente con el tema clásico **Twenty Twenty-One** se han eliminado en este ejemplo.

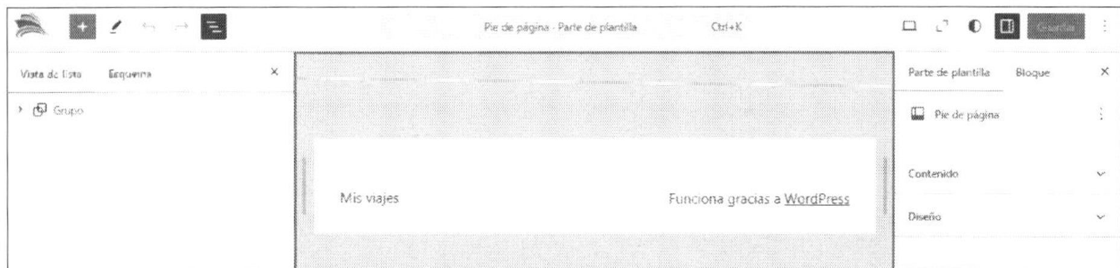

➜ En la lista de bloques, expanda todo el árbol.

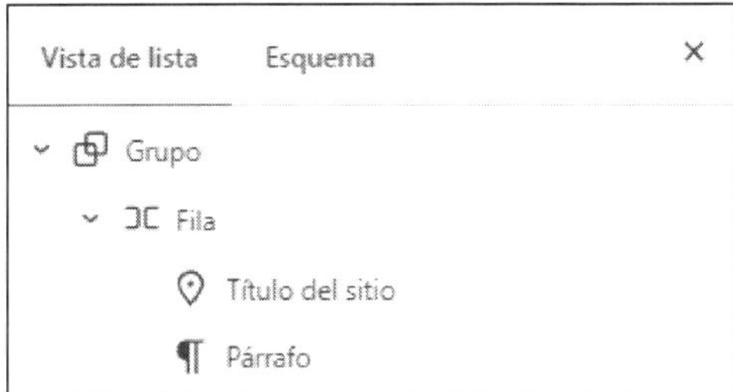

Tenemos un bloque **Título del sitio**, colocado a la izquierda, y un bloque **Párrafo**, colocado a la derecha. Estos dos bloques se insertan en un bloque **Fila**, que a su vez está anidado dentro de un bloque **Grupo**.

Vamos a insertar widgets en un nuevo bloque **Fila**, colocado después del anterior.

➜ En la **Vista de lista**, seleccione el bloque **Fila**.

➜ En la barra de herramientas superior, haga clic en el botón **Alternar insertador de bloques**.

➜ En el campo de búsqueda, introduzca los primeros caracteres del bloque **Fila**.

➜ A continuación, haga clic en el bloque **Fila** para insertarlo.

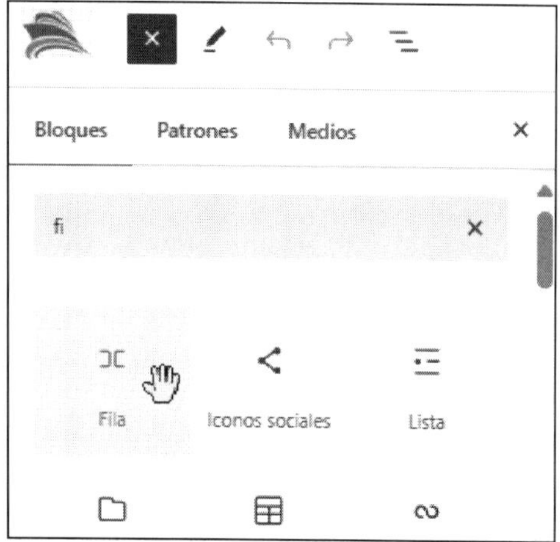

- En la barra de herramientas superior, haga clic en el botón **Alternar insertador de bloques** para cerrar la lista de bloques.

El bloque se ha insertado correctamente:

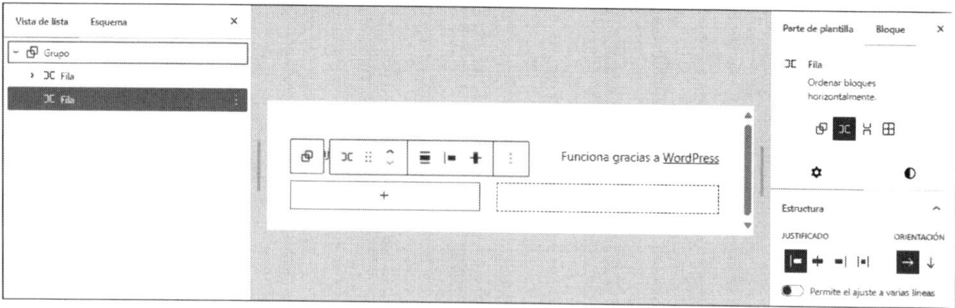

- En el bloque de la nueva fila, en el primer espacio, haga clic en el botón **+ Añadir un bloque** para insertar un nuevo bloque.

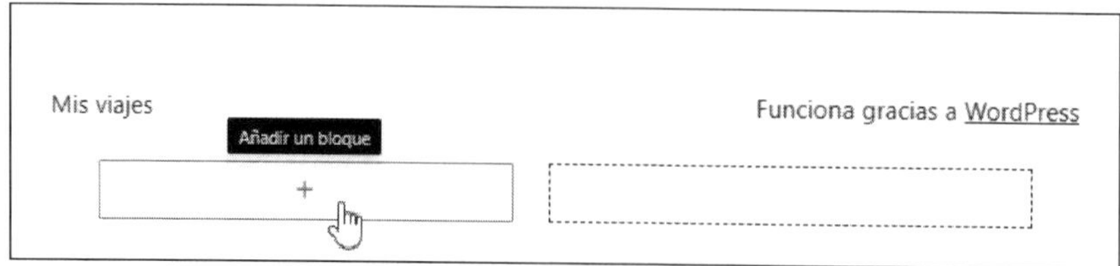

- En el campo de búsqueda, introduzca los primeros caracteres del widget **Últimas entradas**.

→ A continuación, haga clic en este widget para insertarlo.

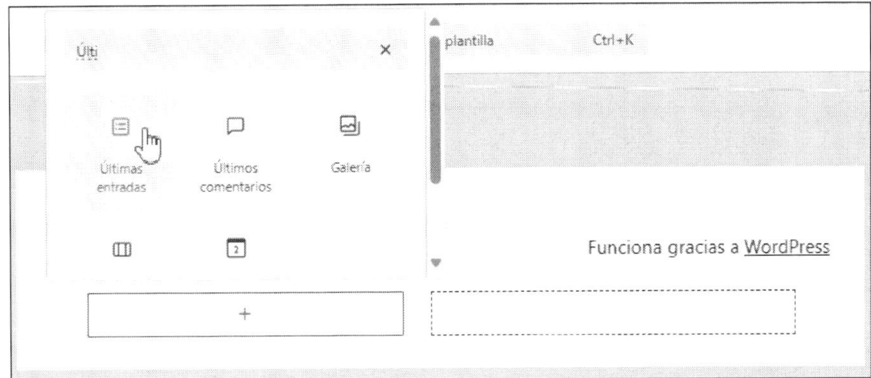

El widget se ha insertado correctamente:

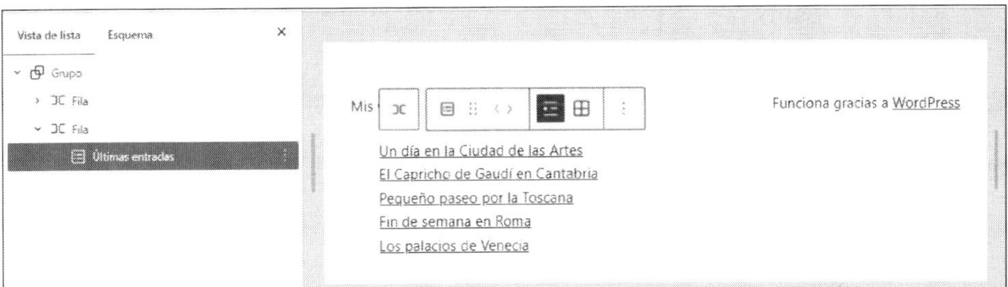

El formato y el diseño de este widget pueden configurarse en la columna lateral derecha **Ajustes**.

→ Con el bloque **Últimas entradas** seleccionado en la **Vista de lista**, en la barra lateral derecha **Ajustes**, pestaña **Bloque**, subpestaña **Ajustes**, use los paneles **Contenido de la entrada**, **Metadatos de la entrada**, **Imagen destacada** y **Ordenación y filtrado**.

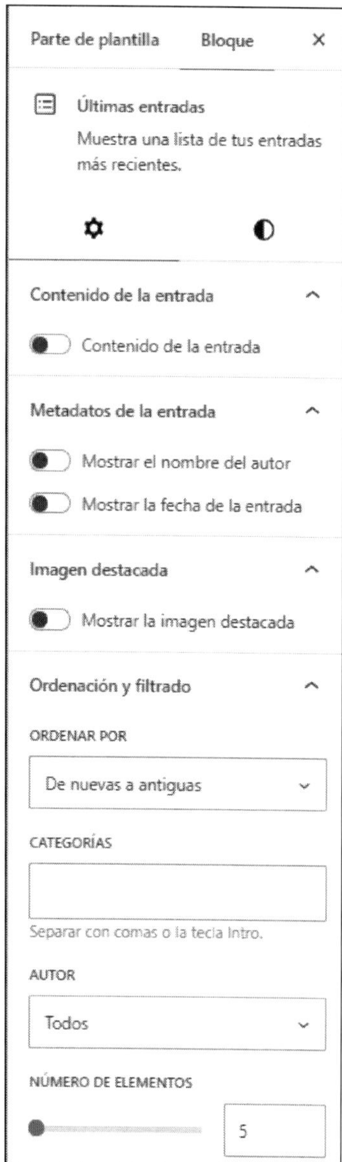

Consulte el apartado dedicado a los widgets insertados para revisar estos diferentes ajustes.

➜ Con el bloque **Últimas entradas** seleccionado en la **Vista de lista**, puede formatear este widget en la columna lateral derecha **Ajustes**, pestaña **Bloque**, subpestaña **Estilos**.

De nuevo, los ajustes son similares a los vistos anteriormente.

Vamos a insertar un segundo widget, en el segundo espacio de la fila.

➜ En la **Vista de lista**, seleccione la fila que se insertó anteriormente.

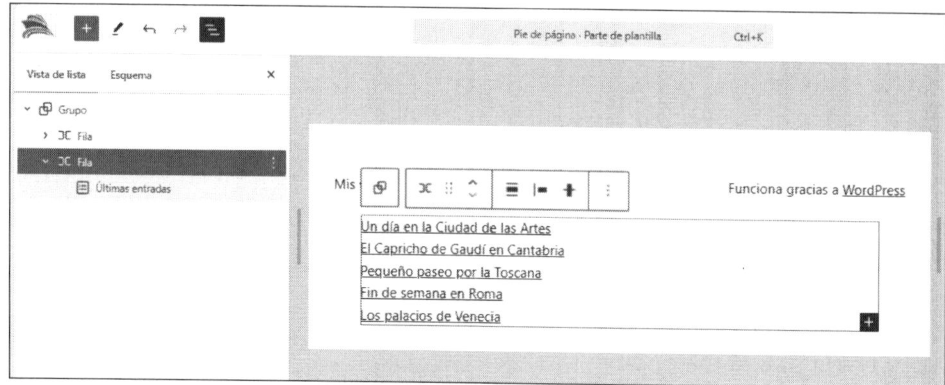

➜ Haga clic en el botón **+ Añadir un bloque**.

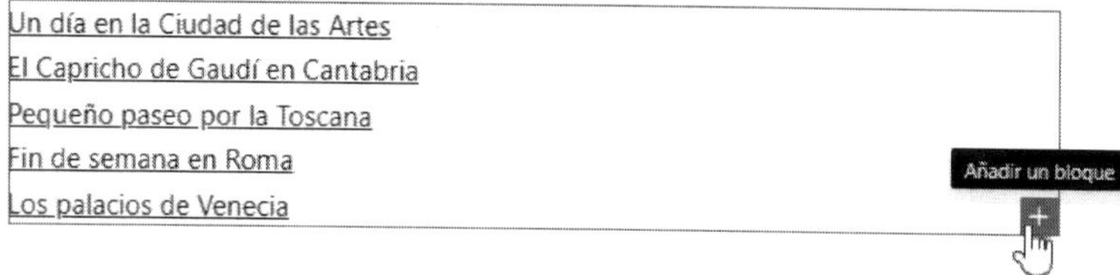

➜ En el campo de búsqueda, introduzca los primeros caracteres del widget **Lista de categorías**.

➜ A continuación, haga clic en este widget para insertarlo.

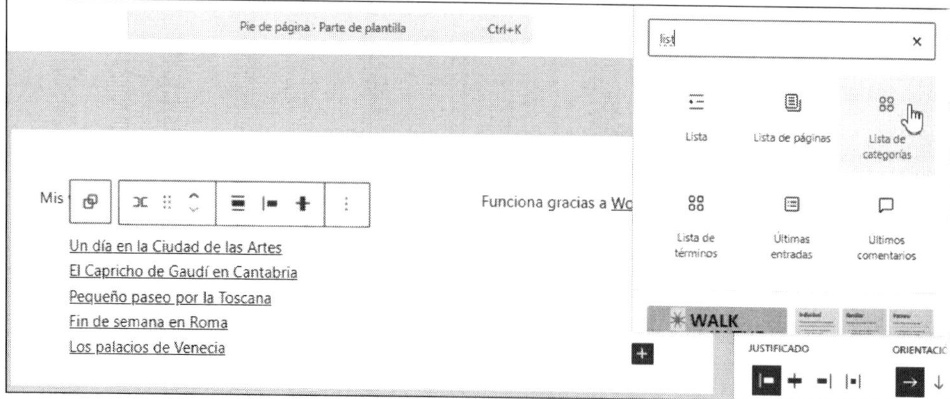

El widget **Lista de categorías** se ha insertado correctamente:

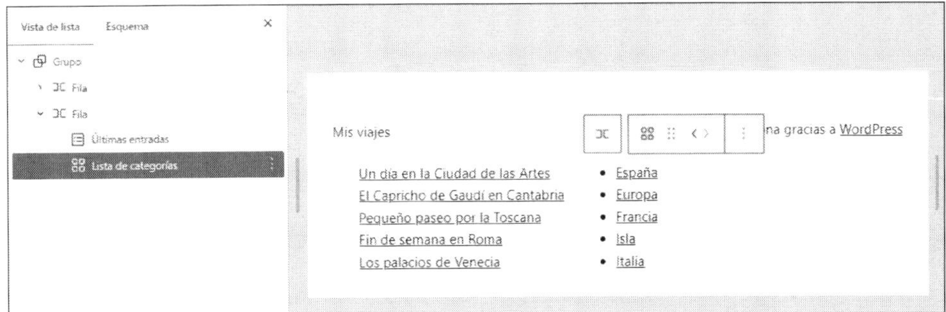

↗ Para configurar este widget, utilice la subpestaña **Ajustes**:

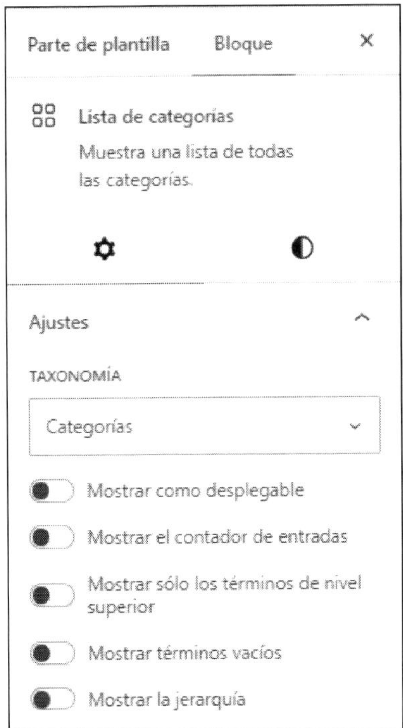

➙ Para dar formato a este widget, utilice la subpestaña **Estilos**:

Para realizar esta configuración y formato, consulte nuevamente el apartado dedicado a los widgets.

Finalmente, vamos a ajustar el diseño del bloque **Fila** que contiene estos dos widgets.

➙ En la **Vista de lista**, seleccione el bloque **Fila**.

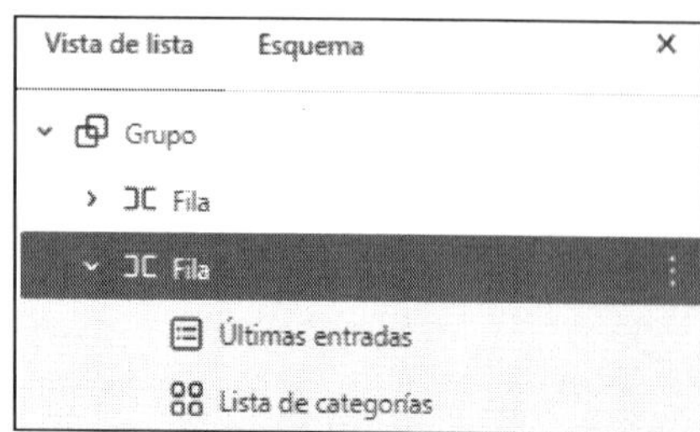

→ En la columna lateral derecha **Ajustes**, pestaña **Bloque**, subpestaña **Ajustes**, verá el panel **Estructura**.

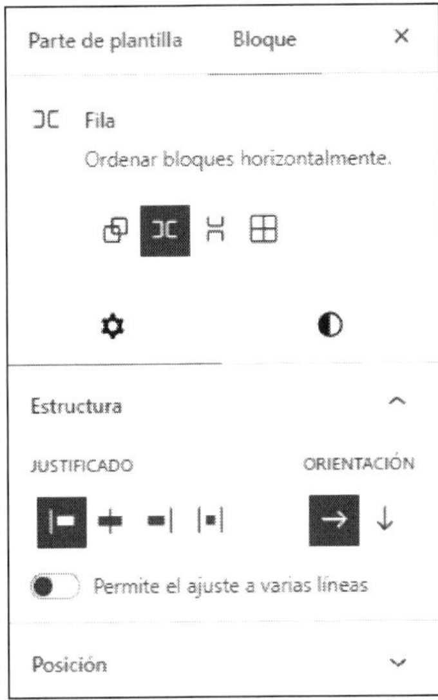

El ajuste **JUSTIFICADO** permite elegir el tipo de alineación de los bloques de widgets incluidos en el bloque **Fila**.

Puede elegir entre cuatro alineaciones:

- **Justificar elementos a la izquierda**: todos los bloques están alineados a la izquierda del bloque de fila.

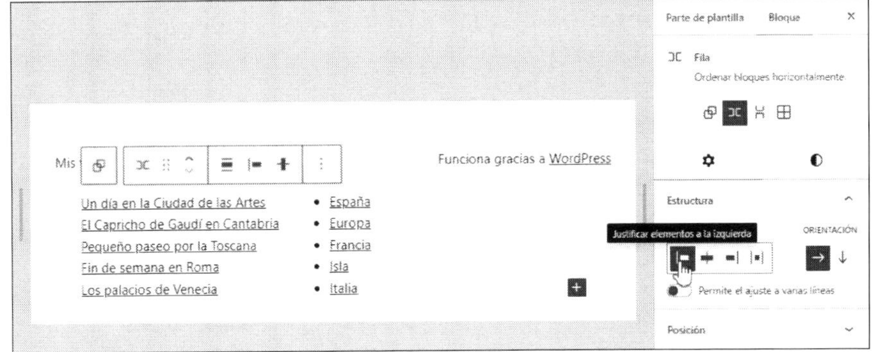

- **Justificar elementos al centro**: todos los bloques están centrados en el bloque de fila.

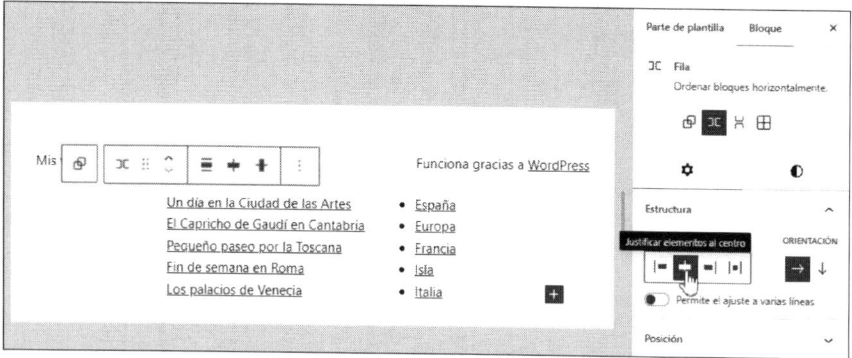

- **Justificar elementos a la derecha**: todos los bloques se alinean a la derecha del bloque de fila.

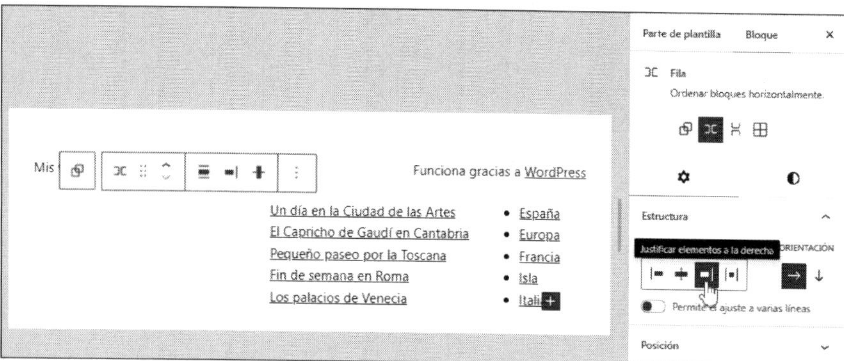

- **Espacio entre los elementos**: todos los bloques se distribuyen horizontalmente en el bloque de fila, con el fin de ocupar todo el ancho disponible.

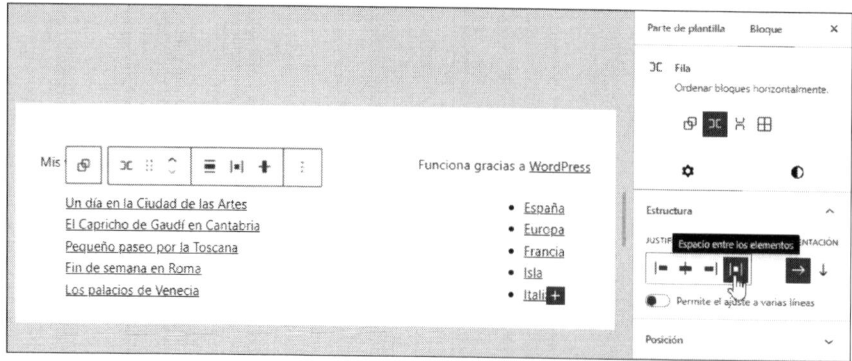

➜ El parámetro **ORIENTACIÓN** permite elegir cómo se muestran los widgets en el bloque de fila:

- La opción **Horizontal** hace que los widgets se muestren horizontalmente:

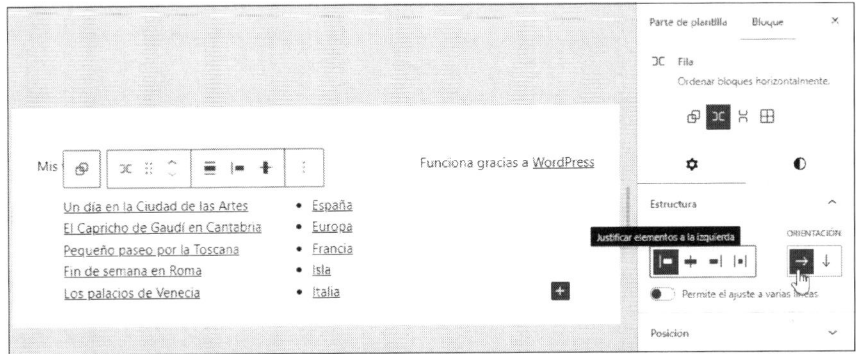

- La opción **Vertical** hace que los widgets se muestren verticalmente:

➜ La opción **Permite el ajuste a varias líneas** marcada, permitirá, si es necesario, que los bloques incluidos, en este caso widgets, pasen a la siguiente línea si el ancho disponible en la fila es insuficiente.

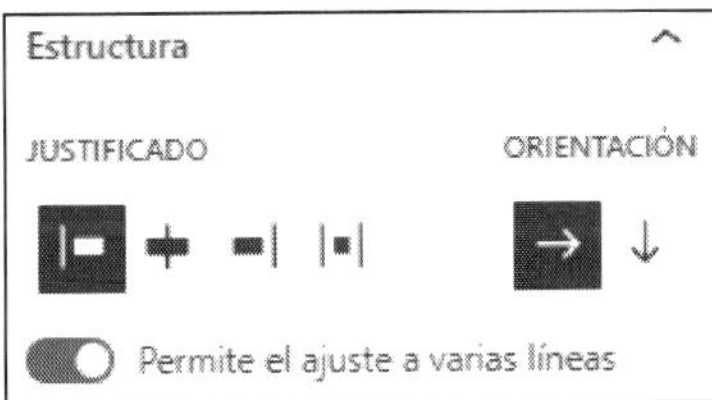

- Por supuesto, si está aplicando personalizaciones, no olvide hacer clic en el botón **Guardar** en la parte superior derecha de la barra de herramientas.

15. Los estilos de plantilla

Para finalizar este capítulo, veremos que los diseñadores pueden proponer estilos listos para usar para dar formato a las plantillas de página del tema.

Por supuesto, esta posibilidad no es obligatoria; cada diseñador decide libremente, y las personalizaciones propuestas también dependen de su criterio. Veamos esto con el tema **Twenty Twenty-Three**.

- En el menú **Apariencia**, **Temas**, compruebe que el tema **Twenty Twenty-Three** está activado.
- En el menú **Apariencia**, seleccione **Editor**.
- A continuación, haga clic en **Plantillas** y, para este ejemplo, elija la plantilla **Inicio del blog** (da igual que llegue a ella a través de la opción **Todas las plantillas** o de **Twenty Twenty-Three**).
- Haga clic en la miniatura de esta plantilla para editarla.
- En la barra de herramientas superior, haga clic en el botón **Estilos**.

Se muestra la columna lateral **Estilos**:

En la parte superior de la pestaña **Estilos**, tiene una vista previa del estilo activo.

➜ Para ver los otros estilos disponibles, haga clic en **Ver estilos**.

WordPress muestra una miniatura de la página de inicio y, en la columna de estilos, se presentan todas las opciones disponibles:

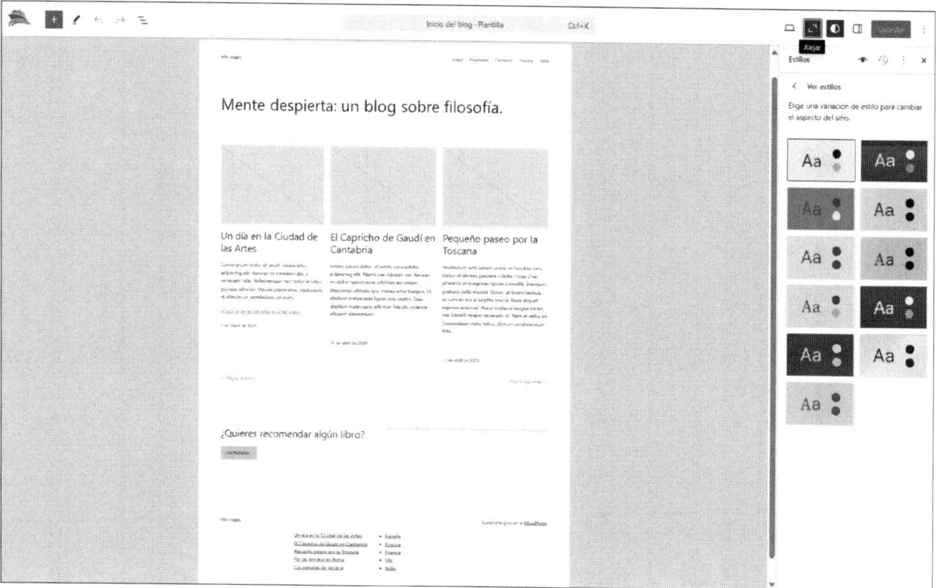

→ Para activar una opción de estilo, haga clic en su miniatura.

En este ejemplo, se elige el estilo **Electrico**:

↗ Para volver a la pantalla inicial de estilos, haga clic en **< Ver estilos**:

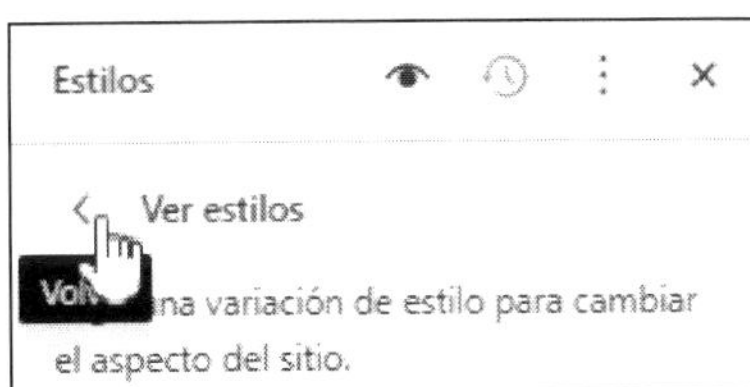

WordPress muestra la miniatura del estilo seleccionado:

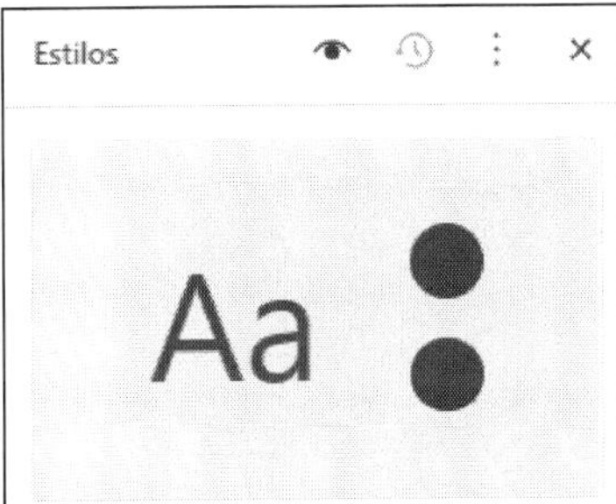

→ Para elegir un estilo para la tipografía, haga clic en **Tipografía**:

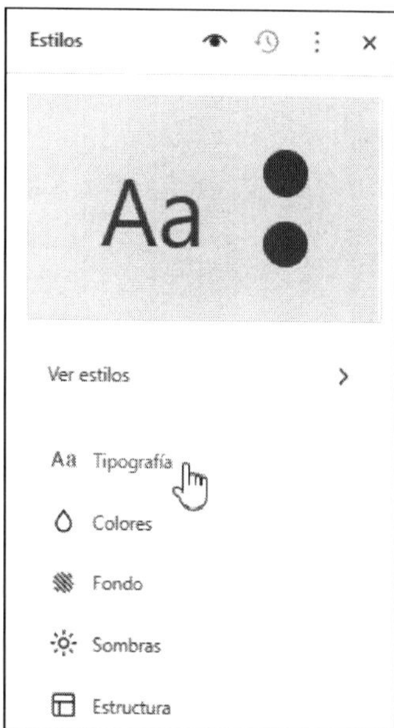

- Puede personalizar la tipografía del **Texto**, los **Enlaces**, los **Encabezados**, las **Leyendas** y los **Botones** haciendo clic en cada tipo.

Esta es la pantalla de personalización de **Enlaces**:

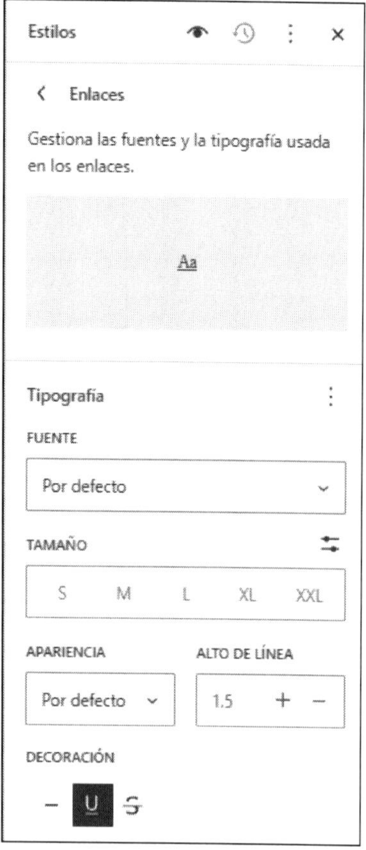

→ Para volver a la pantalla inicial de ajustes, haga clic en **< Enlaces** y luego en **< Tipografía**.

Ahora puede personalizar los conjuntos de colores del tema.

→ Haga clic en **Colores**.

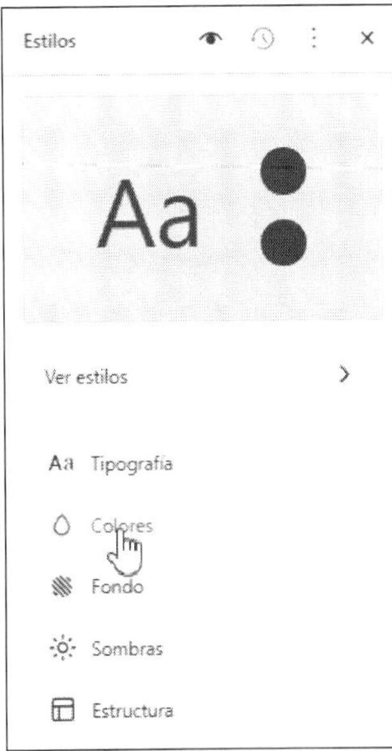

Se muestra la pantalla de personalización de los colores:

- Para personalizar la combinación de colores, haga clic en **PALETA**:

- En la pestaña **Color**, puede personalizar los colores con tonos planos.
- En la pestaña **Degradado**, puede personalizar los colores con degradados.

→ Para personalizar un color, haga clic en su círculo:

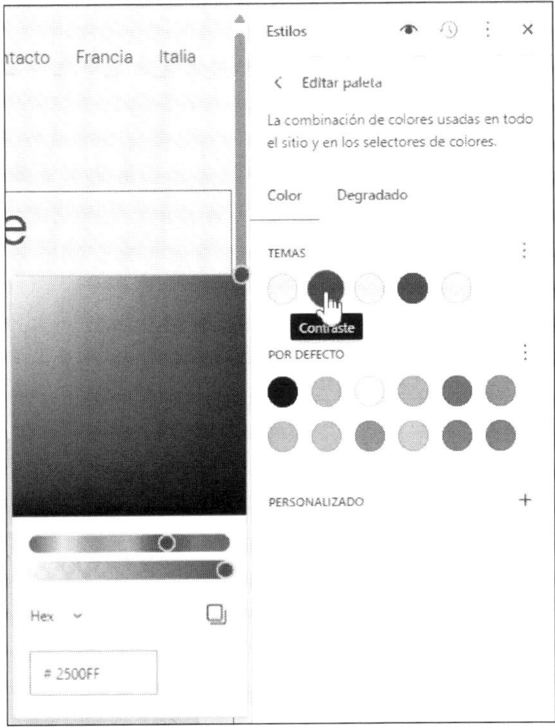

→ Para volver a la pantalla de colores, haga clic en **< Editar paleta**.

- Puede personalizar el color que se utiliza para los diferentes **ELEMENTOS** de la interfaz: **Texto**, **Fondo**, **Enlace**, **Leyendas**, **Botón** y **Encabezado**.

- Para personalizar un color, haga clic en su tipo de elemento.

En este ejemplo, se ha seleccionado el color del **Texto**:

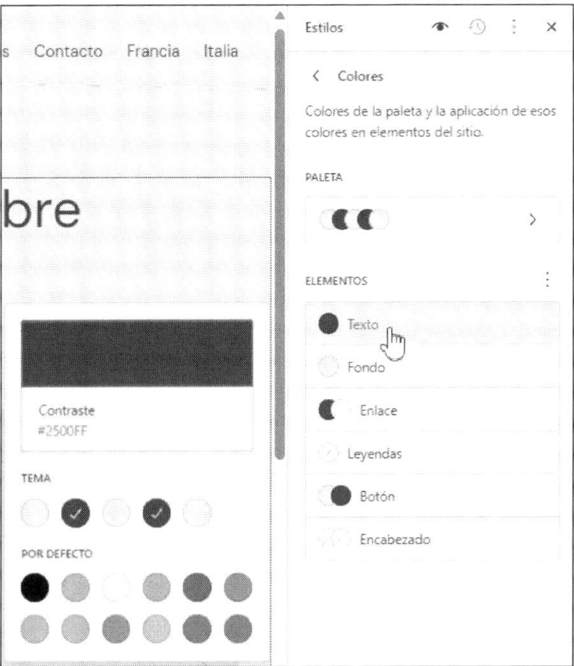

→ De nuevo, haga clic en el círculo del color que quiera editar.

→ Para volver a la pantalla principal de estilos, haga clic en < **Colores**.

Ahora, personalicemos el diseño del sitio.

→ Haga clic en **Estructura**:

Se muestra el panel **Dimensiones**. Puede personalizar diversos valores relacionados con los tamaños de visualización del sitio.

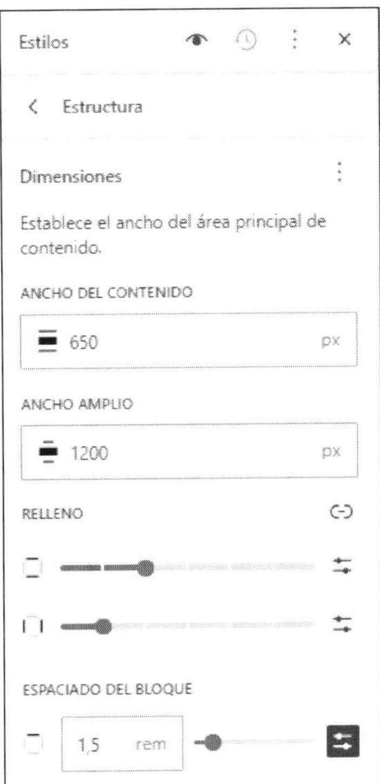

El ajuste **Establece el ancho del área principal de contenido** permite determinar el ancho de visualización del sitio.

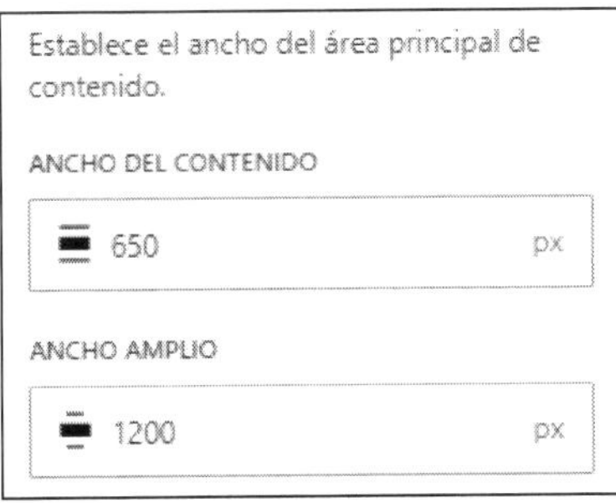

- El campo **ANCHO DEL CONTENIDO** se utiliza para determinar la anchura del contenido, es decir, la anchura del contenido editorial de las entradas y las páginas.
- El campo **ANCHO AMPLIO** se utiliza para determinar el ancho del diseño general del sitio, el ancho del contenedor que incluye todo el sitio.

→ Puede seleccionar la unidad que desee en el menú desplegable:

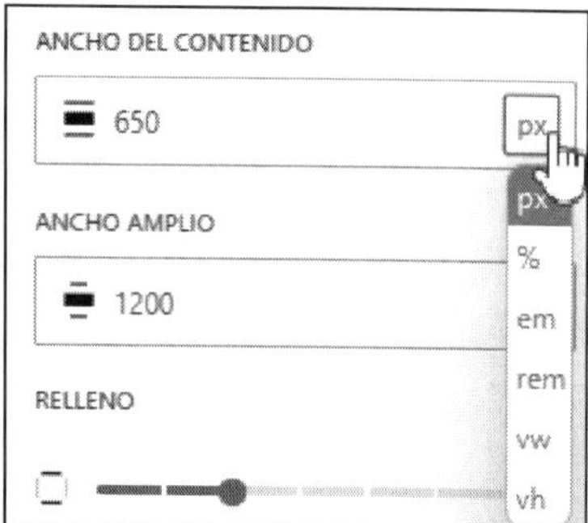

A continuación, se muestran ejemplos con la plantilla **Entradas individuales**, que muestra el contenido de las entradas en una página individual.

Esta es la visualización obtenida con los valores predeterminados: **ANCHO DEL CONTENIDO = 650 px** y **ANCHO AMPLIO = 1200 px**.

Esta es la visualización obtenida con los valores: **ANCHO DEL CONTENIDO** = **400 px** y **ANCHO AMPLIO** = **1200 px**.

Esta es la visualización obtenida con los valores: **ANCHO DEL CONTENIDO** = **800 px** y **ANCHO AMPLIO** = **800 px**.

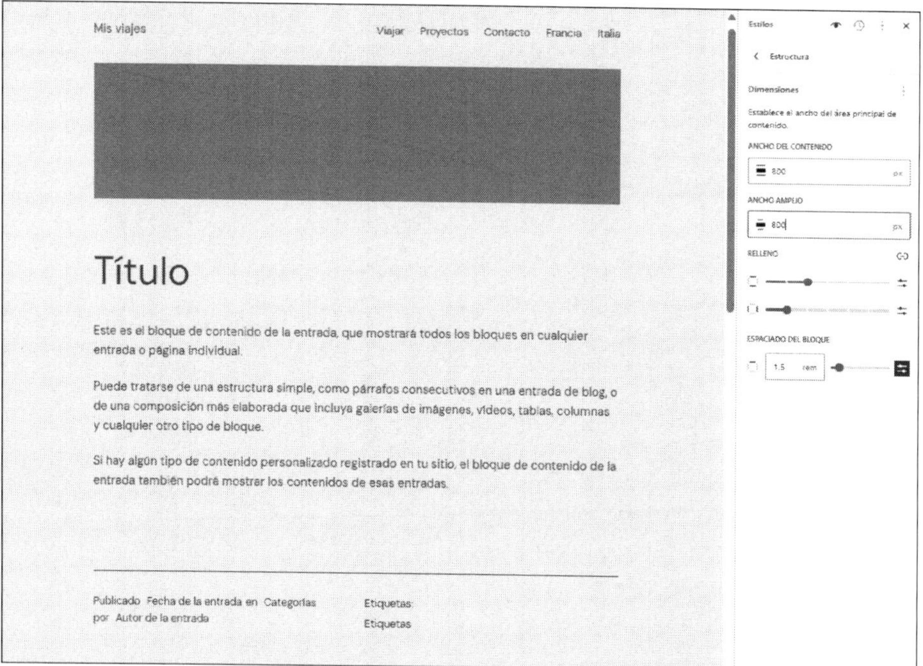

En el área **RELLENO**, puede especificar los espacios deseados entre la ventana del navegador y los lados del contenedor de diseño global.

Por defecto, los rellenos superior e inferior están vinculados entre sí, así como los rellenos derecho e izquierdo, pero puede desvincularlos haciendo clic en la cadena. Además, si prefiere dar valores exactos en lugar de utilizar la regleta que se propone, puede hacer clic en los iconos **Establecer un valor personalizado** (en el extremo derecho de cada regleta) para que aparezca un campo de entrada

→ Personalice los valores **Superior**, **Derecho**, **Inferior** e **Izquierdo**.

Esta es la visualización que se obtiene con los valores **Superior = 150 px**, **Derecho = 100 px** e **Izquierdo = 100 px**.

➜ Para volver a vincular los valores de relleno superior en inferior, por un lado, y derecho e izquierdo, por otro, haga clic en el botón **Enlazar laterales**.

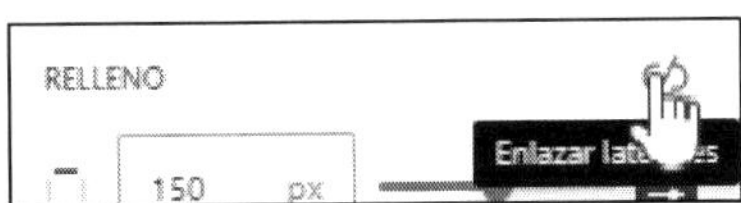

Vuelve a tener solo dos campos de entrada:

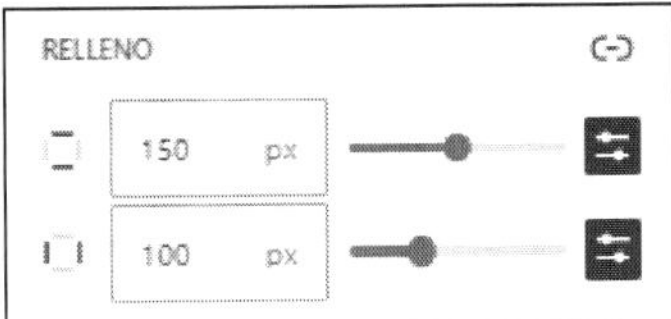

Por último, el campo **ESPACIADO DEL BLOQUE** se utiliza para determinar el espacio entre los bloques de la página. Esta es la visualización que se obtiene con el valor predeterminado de **1,5 rem**:

Aquí está la visualización obtenida con el valor de **8 rem**:

➜ Para volver a la pantalla original, haga clic en < **Estructura**:

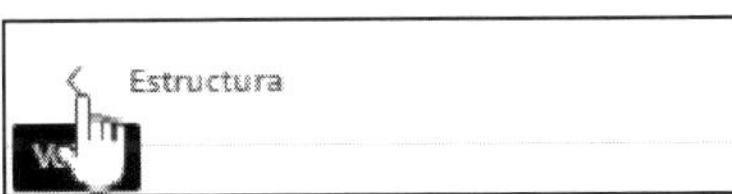

En **Estilos**, también tiene la posibilidad de añadir una imagen de fondo (**Fondo**) o definir estilos de sombra para usarlos en todo el sitio (**Sombras**).

La última opción de personalización permite dar formato los principales tipos de bloques en el sitio.

→ Haga clic en **Bloques** >.

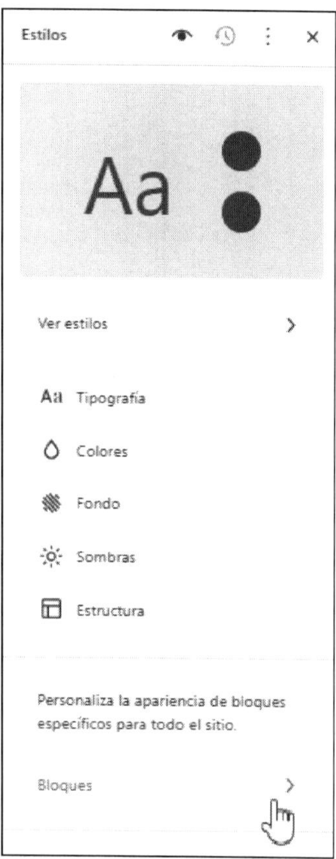

WordPress muestra la lista de bloques personalizables, de la que mostramos aquí un extracto:

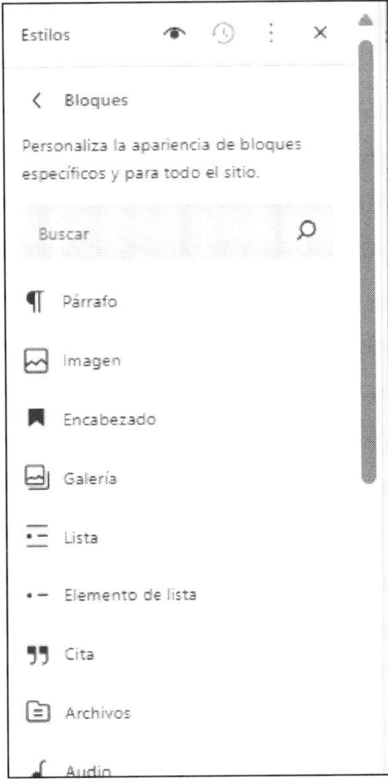

→ Para personalizar un bloque, haga clic en su nombre.

En este ejemplo, se ha elegido el bloque **Párrafo**:

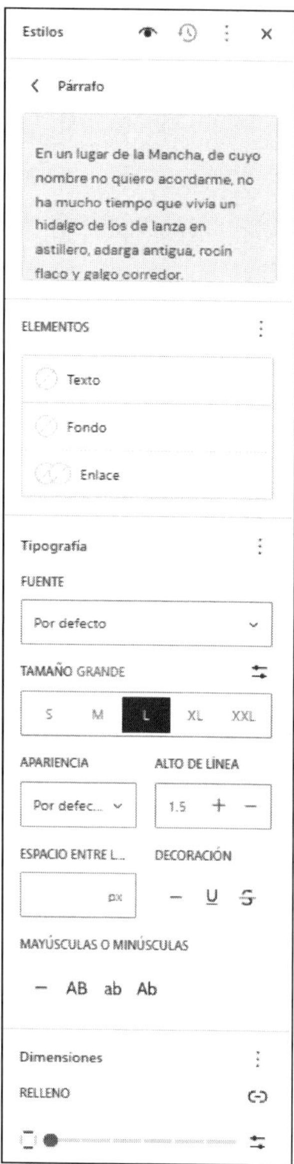

Puede ver una descripción general de la personalización en la parte superior y debajo encontrará los ajustes que ya hemos visto con anterioridad: **ELEMENTOS**, **Tipografía**, **Dimensiones** y **Borde**.

- Para volver a la pantalla original, haga clic en **< Párrafo** y **< Bloques**.
- Por supuesto, si está aplicando personalizaciones, no olvide hacer clic en el botón **Guardar** en la parte superior derecha de la barra de herramientas.

Por último, es importante entender que algunas personalizaciones serán más «visibles» con otra plantilla, como la que hemos utilizado, que era **Inicio del blog**. Anteriormente, para visualizar mejor la personalización de los anchos de diseño, hemos optado por la plantilla **Entradas individuales**.

Capítulo 12: Copia de seguridad y restauración

A. Objetivos

Hemos visto a lo largo de este libro cómo usar WordPress para crear su sitio web. Como mencionamos desde el principio, resulta especialmente recomendable comenzar creando el sitio en local, en su propio ordenador.

Este primer paso le permite probar todas las características de WordPress y comprobar que la estructura y el diseño de su sitio están bien definidos.

El segundo paso consiste en trasladar su sitio local al entorno de producción en la web, a su proveedor de alojamiento.

Ese será el primer objetivo de este capítulo, que es un poco más técnico.

El segundo objetivo será aprender cómo hacer una copia de seguridad del sitio publicado en la Web para poder restaurarlo en caso de que surja algún problema en los servidores de su alojamiento. De esta manera, siempre contará con una copia de seguridad que podrá restaurar si es necesario.

B. Elementos técnicos

Como mencionamos al principio de este libro, todo el contenido editorial y todos los ajustes del sitio se almacenan en la base de datos asociada al sitio de WordPress. Por lo tanto, será necesario exportar todos estos datos.

Debe saber que, en una base de datos, los datos se organizan en «tablas». Las tablas de la base de datos se utilizan para agrupar lógicamente los datos que se van a almacenar.

Sin embargo, no todo se guarda en la base de datos. Los medios, los temas y los plugins se almacenan en la carpeta **wp-content** de su sitio. También deberá hacer una copia de seguridad de esta carpeta, que contiene las siguientes subcarpetas:

- **plugins** para extensiones.
- **theme** para los temas.
- **uploads** para los medios.
- **languages** para las traducciones.

C. Copia de seguridad del sitio local

1. Usar un plugin

Para cambiar nuestro sitio local al servidor de alojamiento, usaremos un plugin de migración que hará una copia de seguridad de la base de datos y los archivos del sitio, ubicados en la carpeta **wp-content**. Este complemento es **All-in-One WP Migration**, cuya URL es:
https://wordpress.org/plugins/all-in-one-wp-migration/

> Tenga en cuenta que la versión gratuita de este plugin está limitada a una carga de 512 MB, lo cual «suele» ser suficiente para subir su sitio local en fase de diseño. En caso contrario, deberá adquirir la versión completa en el sitio web del editor.

→ Instale y active esta extensión en el sitio local.

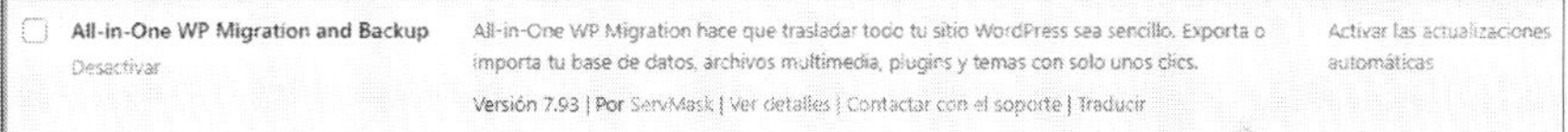

2. Exportar el sitio local

Tras la instalación del plugin **All-in-One WP Migration**, se puede utilizar en su menú dedicado:

→ En el menú **All-in-One WP Migration**, elija **Exportar**.

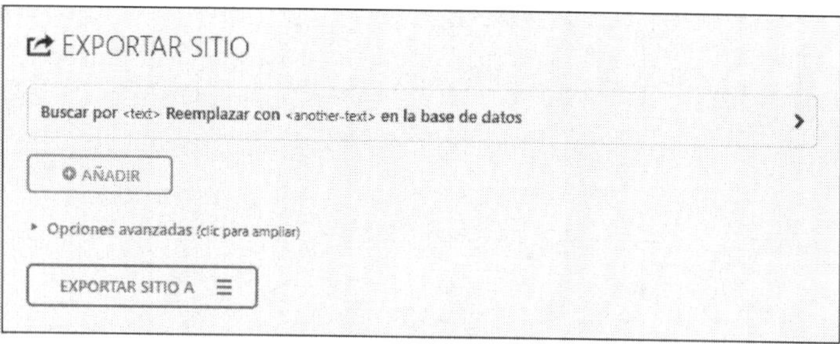

- Haga clic en el botón **EXPORTAR SITIO A**.
- En la lista de ubicaciones, elija **ARCHIVO**.

Exportaremos todo el sitio local y almacenaremos el archivo de copia de seguridad en nuestro ordenador.

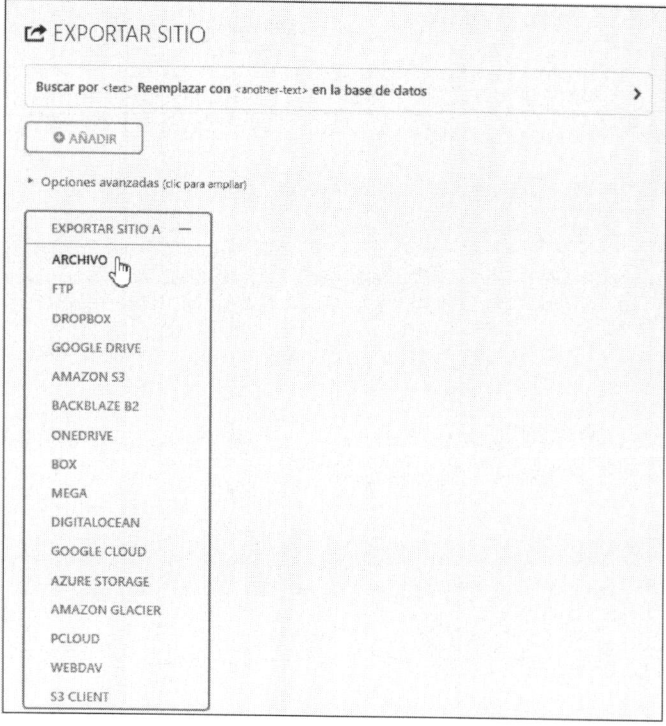

El plugin prepara la exportación:

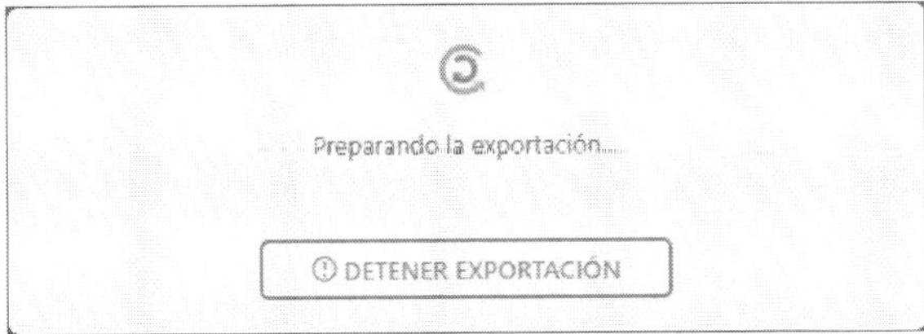

A continuación, se realiza la copia de seguridad:

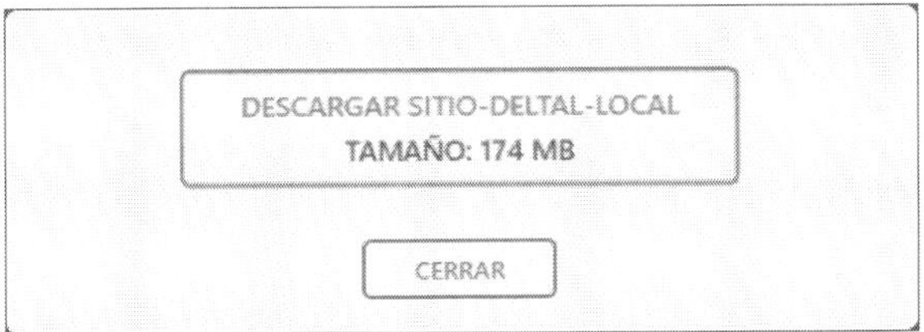

➜ Haga clic en el botón **DESCARGAR NOMBRE-SITIO-LOCAL** para descargar el archivo de copia de seguridad.

A continuación, el archivo de copia de seguridad se descarga en su ordenador.

➜ Todavía en la misma ventana, haga clic en el botón **CERRAR**.

El plugin ha creado y descargado el archivo de copia de seguridad en la carpeta de descargas de su ordenador. En este ejemplo, este archivo se denomina **sitio-deltal-local-20250502-212907-hgopafdelfve.wpress**. Este nombre corresponde al de la carpeta del sitio local de WordPress, seguido de la fecha en que se creó la copia de seguridad.

D. Instalar WordPress en el servidor de alojamiento

1. Los diferentes pasos para la migración

Una vez que las pruebas locales, en su ordenador, sean satisfactorias y su sitio funcione como usted desea, tendrá que crear su sitio para que se publique en la Web y sea accesible al público de internautas. Para ello, deberá contratar un servicio de alojamiento profesional y, al mismo tiempo, elegir un nombre de dominio disponible.

Al contratar el alojamiento, el proveedor profesional le facilitará un espacio en disco y, casi siempre, el acceso a una base de datos de tipo MySQL. Tenga en cuenta que es el proveedor quien debe proporcionarte el nombre de la base de datos, el nombre de usuario y la contraseña de acceso. Estos tres parámetros son imprescindibles para instalar WordPress. Si no dispone de ellos, no dude en ponerse en contacto con su proveedor para solicitarlos.

Esta fase de migración de su sitio local a un servidor de alojamiento se llevará a cabo en cuatro pasos:

- Descargar WordPress en su ordenador.
- Subir WordPress al servidor del proveedor de alojamiento.
- Instalar WordPress en el servidor del proveedor.
- Migrar el sitio local al servidor del proveedor.

2. Descargar WordPress en su ordenador

El primer paso consiste en descargar WordPress en su ordenador desde el sitio de la comunidad española.

➜ Vaya al sitio https://es.wordpress.org.

➜ Haga clic en el botón **Consigue WordPress**.

➜ Un poco más abajo en esta página, haga clic en el botón **Descargar WordPress X.Y.Z** para obtener la última versión.

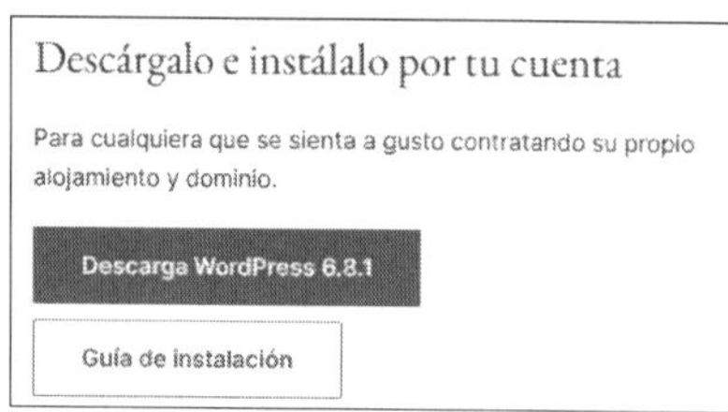

Se descarga un archivo llamado **wordpress X.Y.Z-es_ES.zip**.

➜ Descomprima este archivo para obtener una carpeta llamada **wordpress**.

3. Subir WordPress a su proveedor de alojamiento

Ahora necesita usar un software de transferencia de archivos para pasar los archivos de instalación de WordPress desde su máquina a su espacio de alojamiento. Puede utilizar muchos programas de FTP. Sugiero **FileZilla** (http://filezilla-project.org), que funciona en Windows, Mac y Linux.

➜ En FileZilla, inicie sesión en su espacio de alojamiento con la configuración de conexión FTP proporcionada por su proveedor de alojamiento.

Necesita:

- la dirección del **Servidor**,
- su **Nombre de usuario**,
- su **Contraseña** para acceder a su espacio de alojamiento.

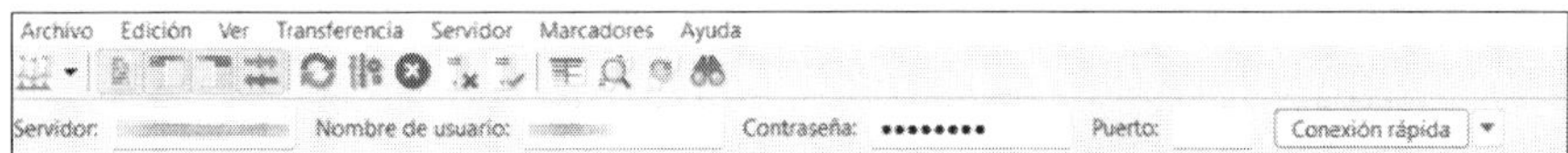

➜ Haga clic en el botón **Conexión rápida**.

Se establece la conexión con su espacio de almacenamiento de archivos.

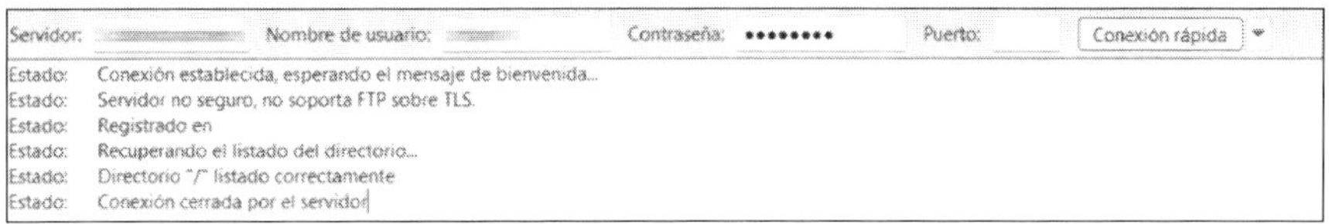

Una vez establecida la conexión, debe transferir los archivos de su ordenador a su espacio de alojamiento.

- Con FileZilla, en el panel izquierdo, llamado **Sitio local**, abra la carpeta de wordpress previamente descomprimida.
- En el panel derecho, denominado **Sitio remoto**, puede ver su espacio de alojamiento. Este último, en el proveedor de alojamiento **OVH** en este ejemplo, se denomina **/www**.

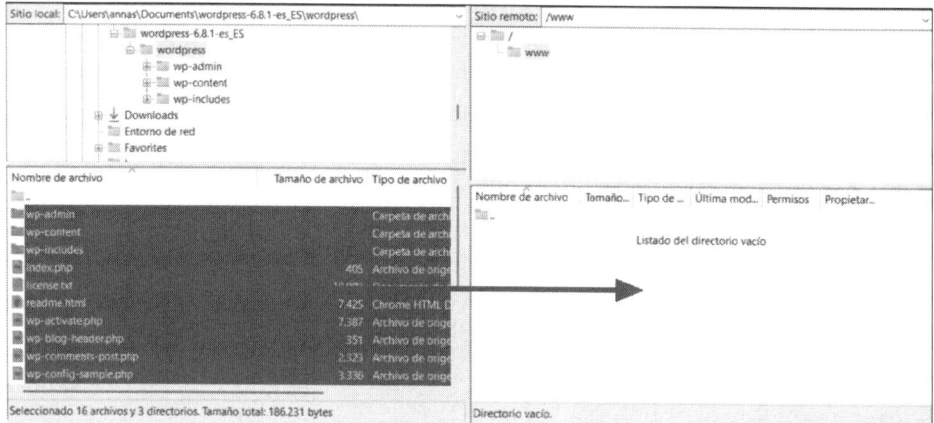

- En el panel **Sitio local**, seleccione todos los archivos y arrástrelos al panel **Sitio remoto**.

La transferencia se lleva a cabo.

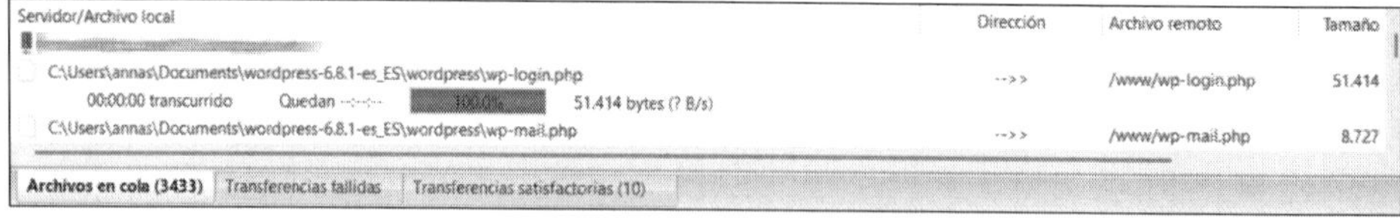

Una vez completada la transferencia, puede salir de la aplicación FileZilla.

4. Iniciar la instalación de WordPress en el servidor de alojamiento

Ahora que todos los archivos de WordPress se han subido al servidor de su proveedor, ya podemos instalar WordPress.

- En su navegador, introduzca la URL de su sitio en el servidor del proveedor. En mi ejemplo, la URL es http://www.ohmira.com

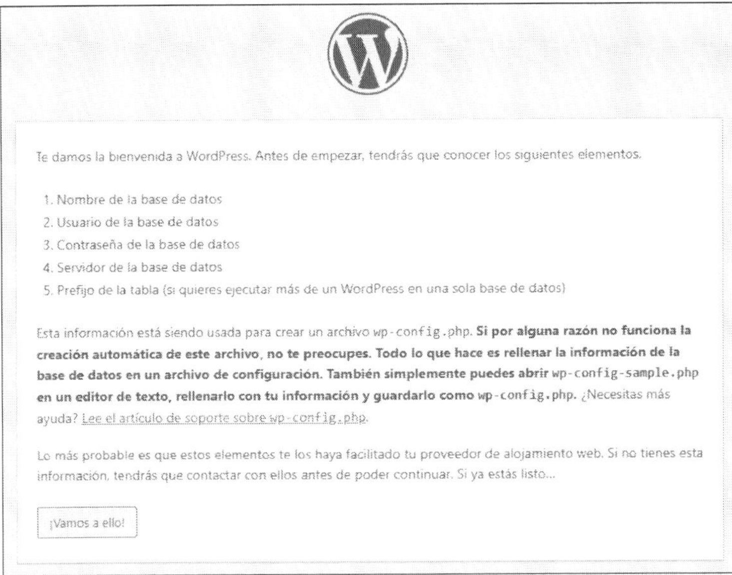

La instalación de WordPress en el servidor de su proveedor de alojamiento es factible.

5. La conexión a la base de datos

En el caso de una instalación en el servidor de un proveedor profesional, es necesario conocer el nombre de la base de datos, su nombre de usuario y su contraseña. Toda esta información se la proporciona su proveedor en la interfaz de gestión de su alojamiento. En caso de duda o si le falta algún dato, póngase en contacto con su proveedor.

- Haga clic en el botón **¡Vamos a ello!**

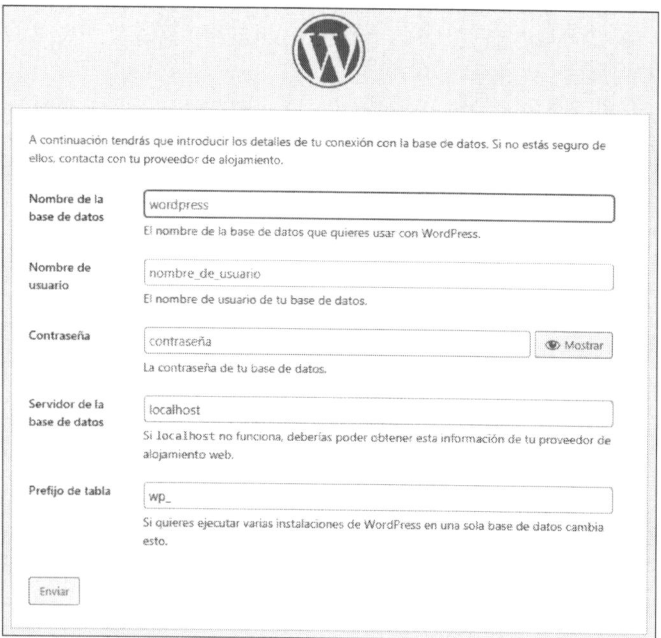

La siguiente pantalla le permite introducir los parámetros de conexión a la base de datos. WordPress ya ha rellenado los campos con valores que deberá adaptar a su caso, a su proveedor de alojamiento.

- En el campo **Nombre de la base de datos**, escriba el nombre de la base de datos proporcionada con el alojamiento.
- En el campo **Nombre de usuario**, introduzca el nombre del usuario que tiene acceso a la base de datos.
- En el campo **Contraseña**, especifique la contraseña para acceder a la base de datos.
- En el campo **Servidor de la base de datos**, introduzca la URL de acceso a la base de datos.

➜ En el campo **Prefijo de tabla**, puede dejar **wp_**. Puede cambiar este prefijo por razones de seguridad o en caso de que quiera asociar varias instancias de WordPress a la misma base de datos (lo que no siempre se recomienda).

➜ Haga clic en el botón **Enviar**.

WordPress informa de que la conexión a la base de datos del servidor de su proveedor de alojamiento se ha realizado correctamente.

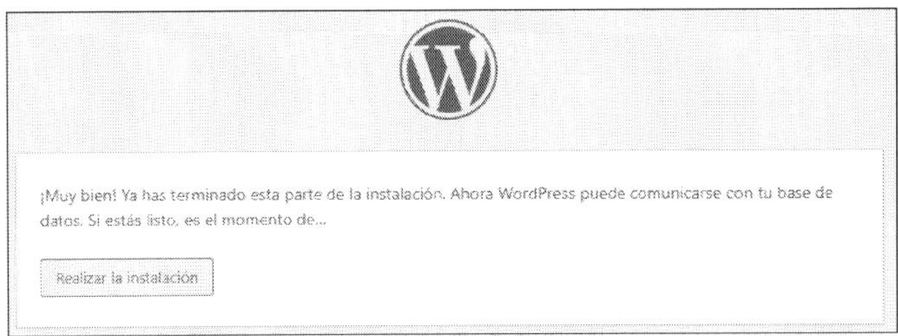

➜ Haga clic en el botón **Realizar la instalación**.

6. Instalar WordPress en el servidor de alojamiento

El siguiente paso es instalar WordPress en el servidor de su proveedor de alojamiento web.

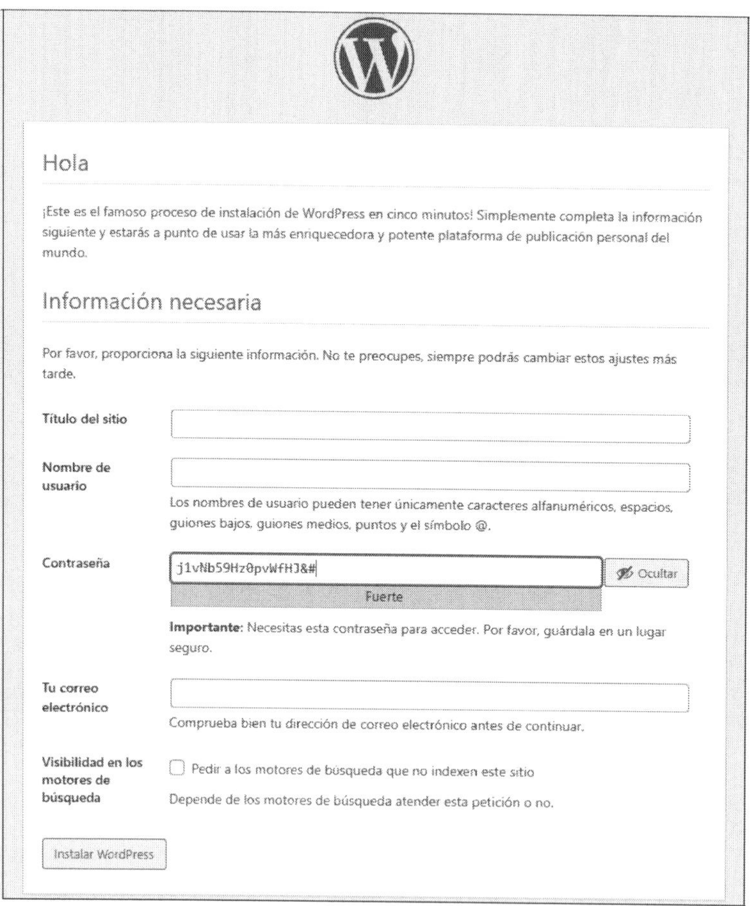

- En el campo **Título del sitio**, puede especificar el título que desee, sabiendo que se cambiará más adelante, cuando migremos el sitio local.
- En el campo **Nombre de usuario**, debe indicar un nombre de usuario que sea lo suficientemente seguro como para permitirle iniciar sesión en la interfaz de administración de su sitio de WordPress.

- En el campo **Contraseña**, debe especificar una contraseña segura para iniciar sesión en la interfaz de administración.
- En el campo **Tu correo electrónico**, introduzca una dirección de correo electrónico válida. Se utilizará para el sitio y para el usuario que haya instalado WordPress, que automáticamente tiene el rol de administrador. Se trata de usted, ya que es usted quien ha instalado WordPress.
- No marque la opción **Pedir a los motores de búsqueda que no indexen este sitio**, a menos que tenga una necesidad muy específica.

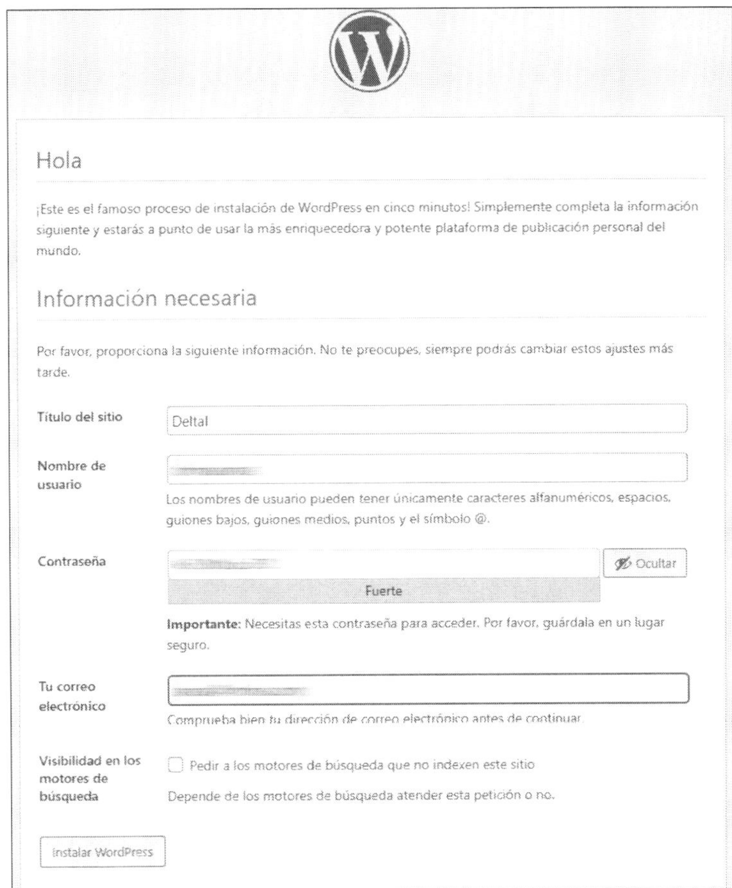

→ Haga clic en el botón **Instalar WordPress.**

WordPress informa de que la instalación se ha realizado sin problemas y que puede iniciar sesión.

→ Haga clic en el enlace **Acceder**.

7. Iniciar sesión en la administración

A continuación, WordPress muestra el formulario de inicio de sesión en su sitio, en su proveedor de alojamiento.

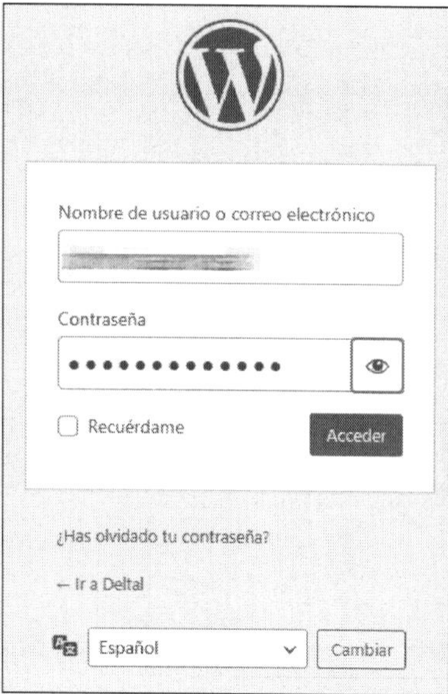

→ Rellene los campos y haga clic en el botón **Acceder**.

Se conecta correctamente a la interfaz de administración y WordPress le da la bienvenida a su sitio.

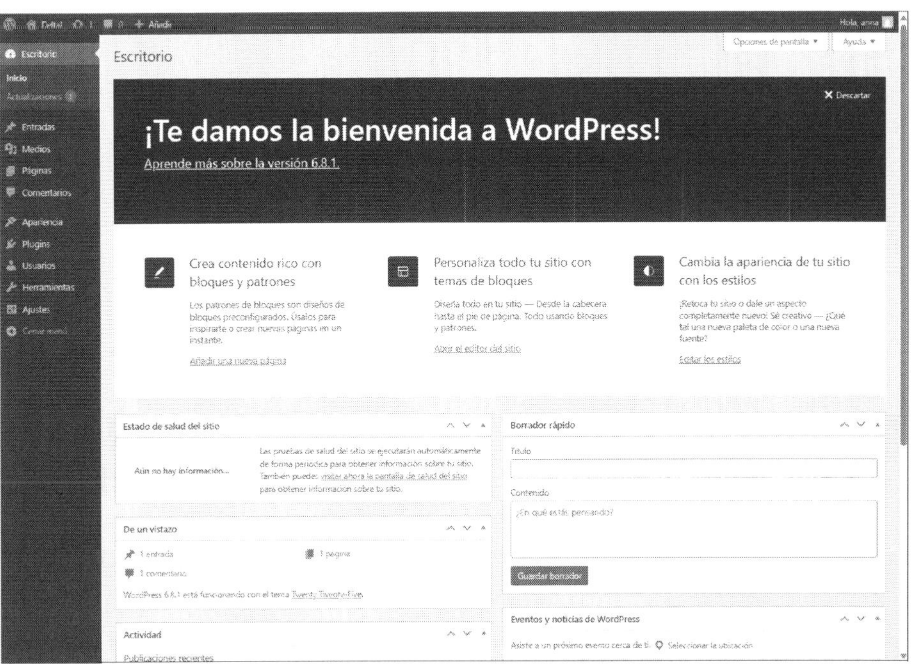

→ Puede cerrar la pantalla de bienvenida haciendo clic en la casilla de cierre, en la parte superior derecha.

Al igual que en este ejemplo, es posible que haya algún apartado que requiera actualización. En este caso, se nos informa de que hay nuevas traducciones disponibles.

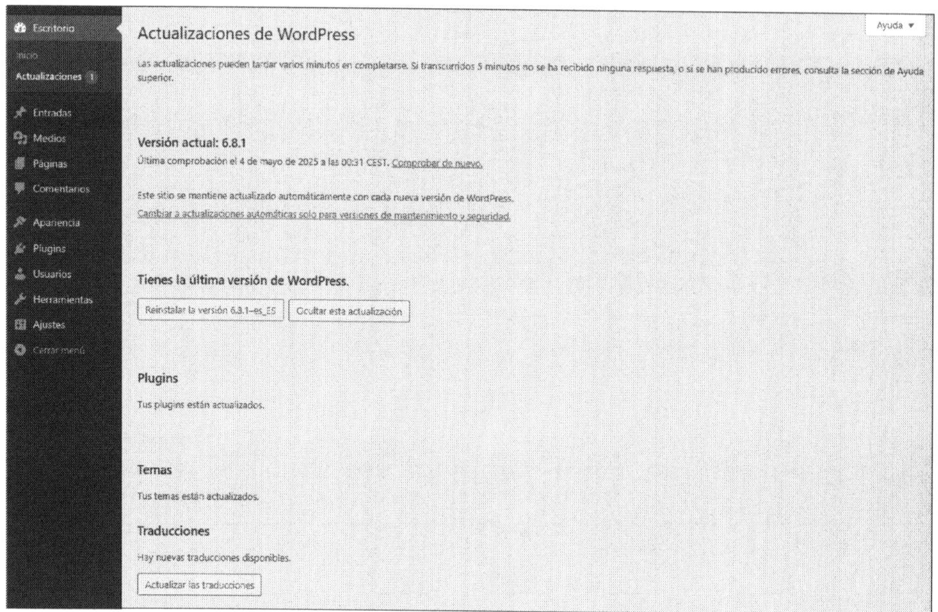

E. Importar el sitio local al servidor de alojamiento

1. Instalar el plugin de migración

Anteriormente instalamos y activamos el plugin **All-in-One WP Migration** en nuestro sitio local para hacer la copia de seguridad. Ahora hay que instalar este mismo plugin en el sitio alojado en el servidor.

- En el menú **Extensiones**, elija **Añadir plugin**.
- En el campo de búsqueda, escriba **all in one wp migration**.

➙ Instale y active el plugin.

El plugin queda correctamente instalado.

2. Importar el sitio local

Ahora vamos a importar la copia de seguridad local al sitio publicado en Internet (en el alojamiento).

➙ En el menú **All-in-One WP Migration**, elija **Importar**.

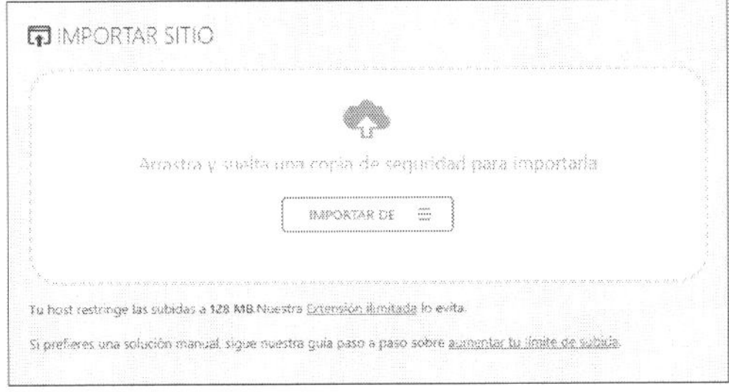

Tenga en cuenta que el límite de importación se establece en 128 MB.

➙ Haga clic en el botón **IMPORTAR DE**.

➜ Elija **ARCHIVO**.

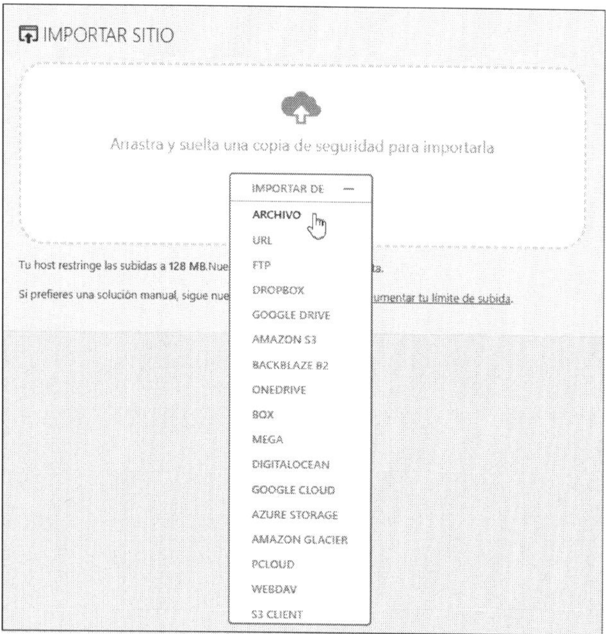

También puede arrastrar y soltar el archivo de copia de seguridad dentro del área delimitada por puntos.

➜ En la ventana del administrador de archivos, seleccione el archivo de copia de seguridad que creó anteriormente.

La importación comienza:

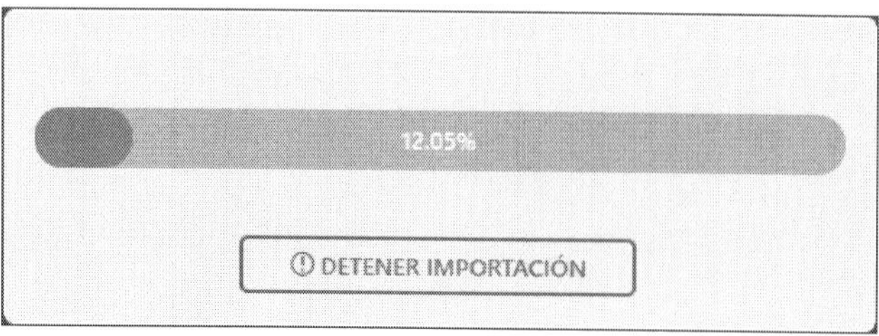

A continuación, la extensión muestra un mensaje de alerta que indica que se va a sustituir el contenido coincidente en el sitio actual del proveedor de alojamiento. Eso es exactamente lo que queremos, así que no hay problema.

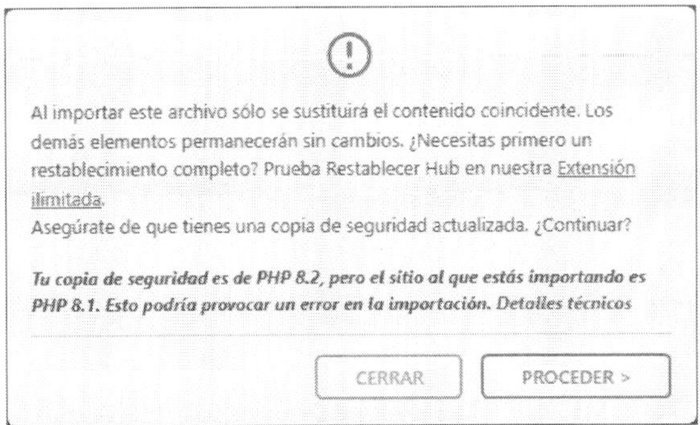

➜ Haga clic en el botón **PROCEDER**.

La restauración continúa y se completa.

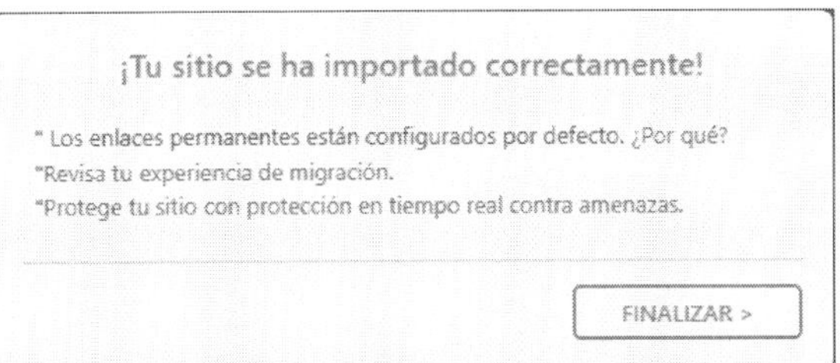

Ahora es necesario administrar los enlaces permanentes en el sitio del proveedor de alojamiento. El plugin los ha configurado por defecto, pero conviene revisar esa configuración y editarla si es necesario.

Acceda a su sitio de WordPress en una nueva pestaña con la pantalla de inicio de sesión (que tendrá el esquema http://nombre-de-su-sitio/wp-admin. Recuerde que debe cerrar la pestaña inicial de su sitio de WordPress, la que permitió llevar a cabo la importación.

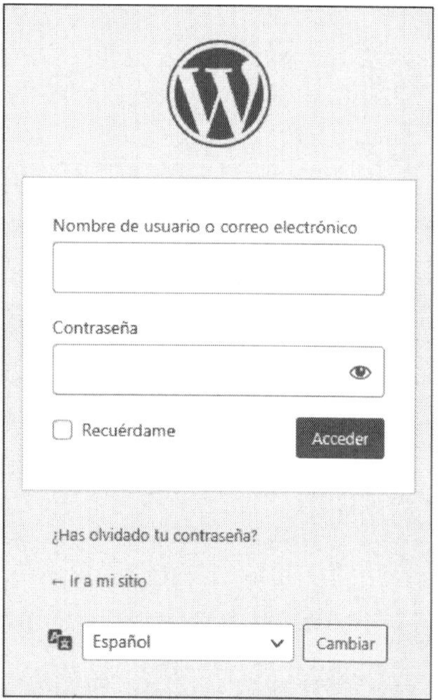

Tenga en cuenta que debe iniciar sesión con el nombre de usuario y la contraseña de administrador del sitio local.

De hecho, lo que acabamos de hacer es importar el sitio local, incluidos todos los usuarios que se definieron allí. Por lo tanto, debe iniciar sesión con el nombre de usuario y la contraseña del administrador local.

- Introduzca estos datos.
- Haga clic en el botón **Acceder**.

Acceda al menú **Ajustes** - **Enlaces permanentes**.

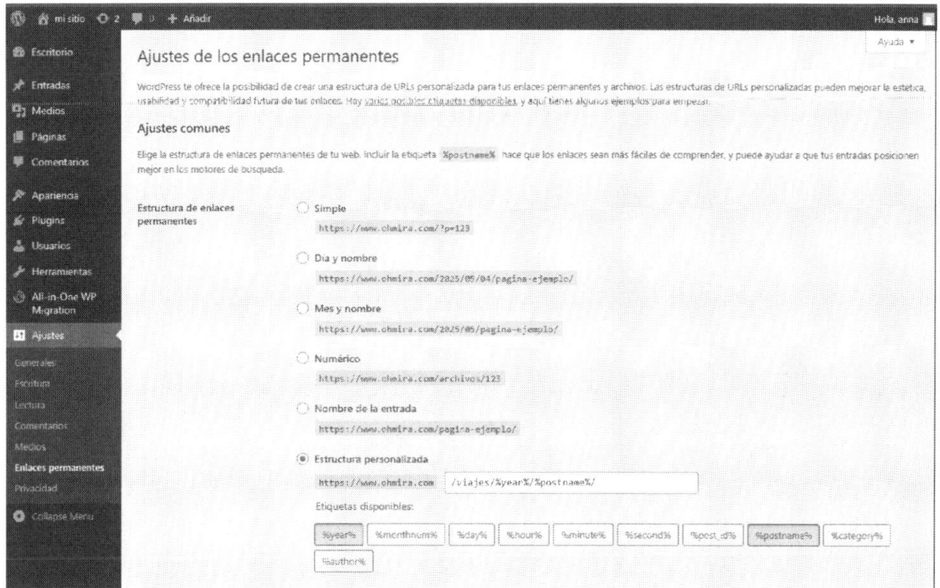

➜ Elija la configuración de enlace permanente que más le convenga.

➜ Haga clic en el botón **Guardar cambios**.

A continuación, puede comprobar que el sitio local se ha importado correctamente al alojamiento, tanto en en lo que respecta a la administración como mostrando el sitio publicado.

3. Finalizar la importación

➜ Ahora debemos finalizar la importación. Primero, en su navegador, cierre la pestaña de importación del sitio local al alojamiento.

> Es necesario asegurar el acceso a la administración del sitio.

Todos los usuarios del sitio local han sido importados, incluido el administrador. Si este tenía un nombre de usuario o una contraseña poco seguros, es imprescindible:

- crear un nuevo administrador,
- cerrar la sesión del sitio como administrador que se había definido en el sitio local.
- volver a iniciar sesión con el nuevo administrador seguro.
- eliminar al antiguo administrador definido en local.

Todas estas acciones se han visto anteriormente en el capítulo dedicado a los usuarios. No dude en consultarlo de nuevo.

F. Copia de seguridad y restauración de un sitio publicado

1. La extensión All-in-One WP Migration

El plugin All-in-One WP Migration puede usarse para realizar copias de seguridad y restauración de su sitio. Sin embargo, sus limitaciones de exportación e importación suponen restricciones importantes. Por supuesto, puede comprar la versión de pago, que elimina los límites de tamaño.

→ Acceda a esta URL si desea comprar la versión completa: https://es.servmask.com/products/unlimited-extension.El precio es de 5,75 dólares al mes con facturación anual.

Si decide utilizar esta extensión, para hacer la copia de seguridad seguirá el mismo procedimiento que empleó para exportar el sitio local, y para restaurarla, el mismo procedimiento que para importar al sitio publicado. Es un proceso muy simple y eficaz.

2. La extensión UpdraftPlus

Otra alternativa es utilizar el plugin **UpdraftPlus**: https://wordpress.org/plugins/updraftplus/. Se trata de una extensión muy conocida y estable. Podrá hacer copias de seguridad programadas y guardar los archivos de respaldo en diferentes ubicaciones (Microsoft OneDrive, Google Cloud, FTP, Dropbox, etc.). El plugin también permite hacer restauraciones, por supuesto.

En su versión gratuita, su limitación es de 1 GB. Si necesita superar este límite de tamaño, deberá comprar la versión Pro, que es de pago:

https://updraftplus.com/comparison-updraftplus-free-updraftplus-premium/

He aquí un extracto de las diferencias entre la versión gratuita y la de pago:

Free vs Premium UpdraftPlus: at-a-glance

The table below gives a comprehensive overview of the difference between free and premium versions of UpdraftPlus.

Feature	Free	Premium
Back up manually	✓	✓
Scheduled backups every 2, 4, 8, 12 hours, daily, weekly, monthly	✓	✓
Schedule backups for set times	✗	✓
Choose how many backups to retain	✓	✓
Automatically delete backups that reach a specified age (advanced retention rules)	✗	✓
Take an automatic backup immediately before updates to WordPress core, themes or plugins	✗	✓
Back up incremental changes (instead of full backups each time)	✗	✓
Back up to more than one location (back up your backups)	✗	✓
Back up to Google Drive, Dropbox, Amazon S3, Rackspace, FTP, DreamObjects, OpenStack Swift, Email	✓	✓
Back up to Microsoft OneDrive, Azure, SFTP, WebDAV, SCP, Google Cloud, Backblaze, pCloud	✗	✓
Store backups in subfolders in Dropbox or Google Drive	✗	✓
Rackspace Cloud Files enhancement	✗	✓
Amazon S3 enhancement	✗	✓
Back up and restore more files (e.g other directories on your server, wp-config file etc.)	✗	✓
Back up and restore tables outside of WordPress and external MySQL databases	✗	✓
Migrate by backing up the source site then restoring it on the site you're migrating to	✓	✓
Direct site-to-site migration (connect the two sites once then migrate back and forth with ease)	✗	✓
Choose which themes, plugins and database tables to migrate	✗	✓
Migrate a stand-alone site into a WordPress multisite network	✗	✓
Lock UpdraftPlus to other admins	✗	✓
Anonymise sensitive backup data	✗	✓
Database encryption	✗	✓
Operate from the WordPress Command Line (WP-CLI)	✗	✓
WordPress Multisite compatible	✗	✓
Premium support	✗	✓

La versión de pago para uso personal cuesta 81,07 euros anuales para dos sitios y, a partir de ahí, hay distintos precios en función de la cantidad de sitios y de las características que se quieran contratar.

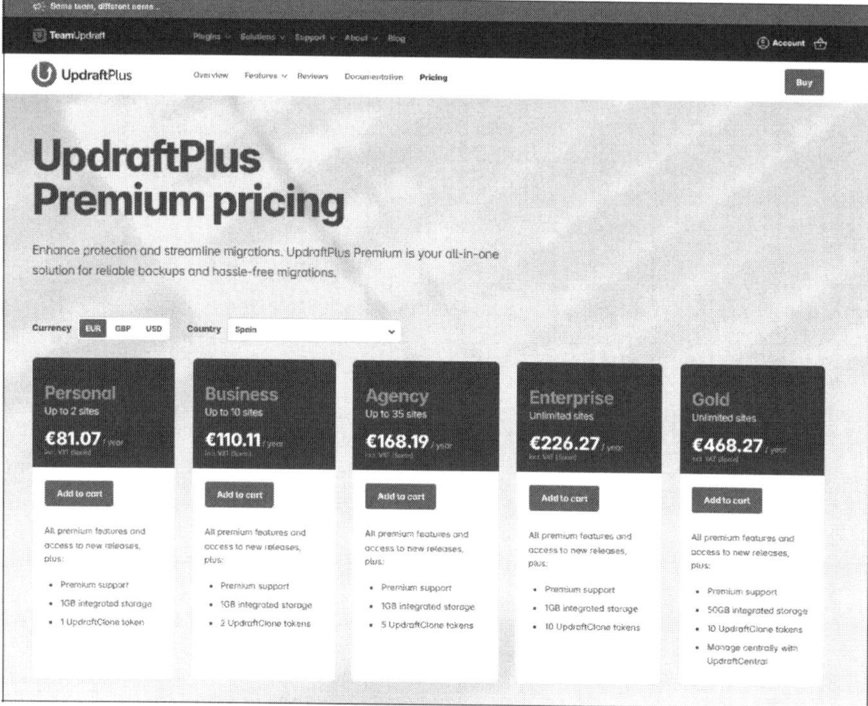

Aquí vamos a trabajar con la versión gratuita del plugin.

- En el menú **Plugins**, elija **Add plugin**.
- Busque con la palabra clave **UpdraftPlus**.

➜ Instale y active la extensión.

La extensión se ha instalado correctamente.

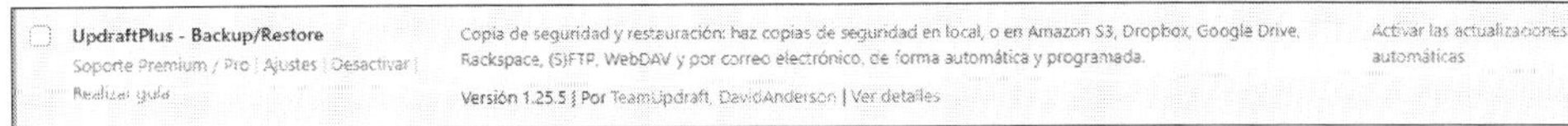

➜ Para configurar copias de seguridad, haga clic en el enlace **Ajustes**. Automáticamente aparecerá un nuevo menú en la administración, **UpdraftPlus**.

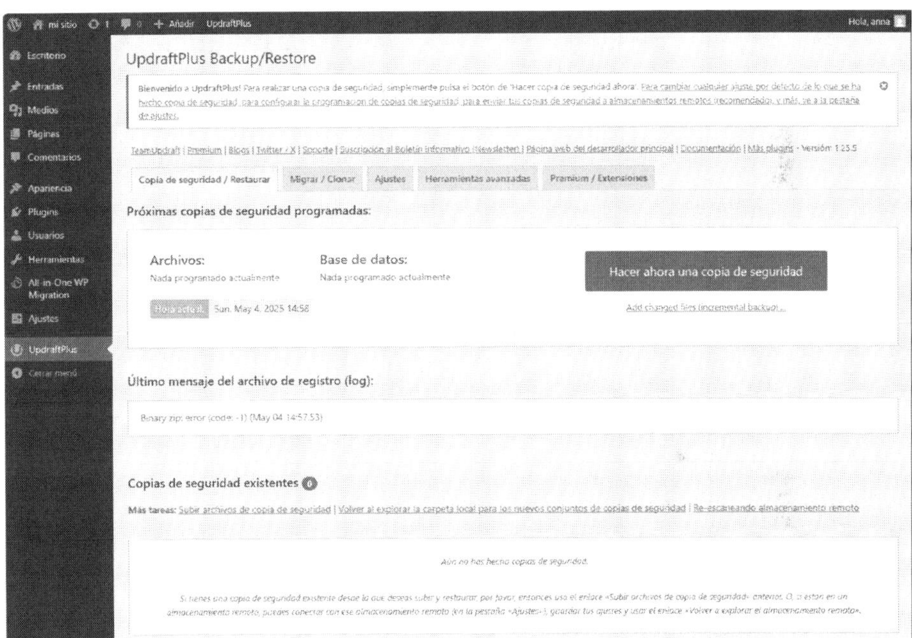

3. Realizar una copia de seguridad con UpdraftPlus

Podemos hacer una copia de seguridad de todo nuestro sitio de WordPress.

- Para realizar una copia de seguridad simple, en la pestaña **Copia de seguridad/Restaurar**, haga clic en el botón **Hacer ahora una copia de seguridad**.

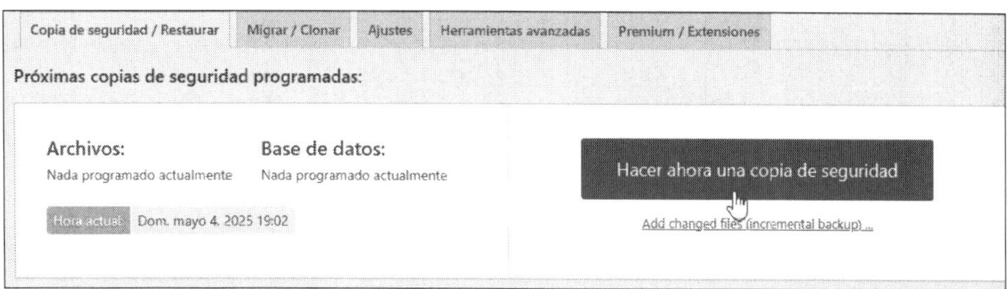

- En la ventana que aparece, deje marcadas las dos opciones: **Incluir tu base de datos en la copia de seguridad** e **Incluir tus archivos en la copia de seguridad**, para hacer una copia de seguridad de todo su sitio.

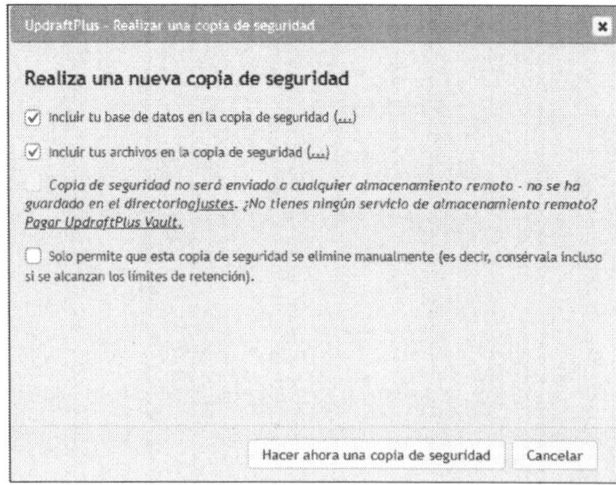

- Haga clic en el botón **Hacer ahora una copia de seguridad**.

Se inicia la copia de seguridad:

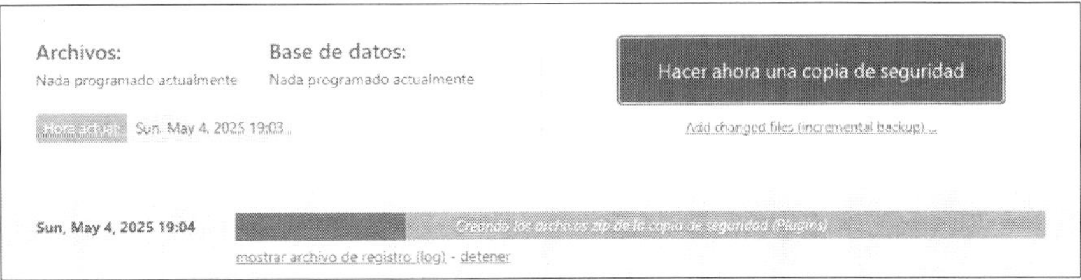

El plugin informa de que la copia de seguridad se ha realizado correctamente:

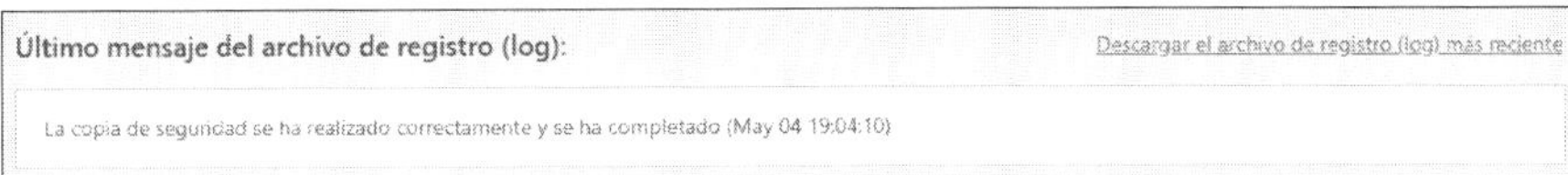

En el área **Copias de seguridad existentes**, verá una lista de las copias de seguridad realizadas con anterioridad:

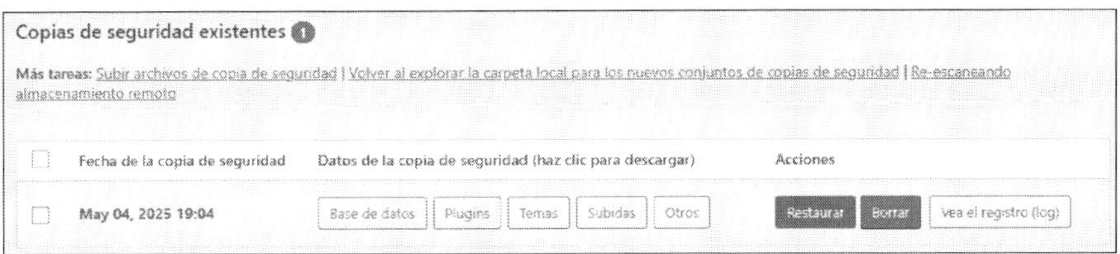

Para cada copia de seguridad, se generan cinco archivos distintos, uno por tipo: **Base de datos**, **Plugins**, **Temas**, **Subidas** y **Otros**.

Por el momento, los cinco archivos de la copia de seguridad están almacenados en la carpeta de publicación de WordPress, en el servidor de su proveedor de alojamiento; es necesario que los descarguen su equipo.

➙ En la fila correspondiente a la última copia de seguridad, haga clic en cada uno de los botones de los cinco archivos de copia de seguridad para descargarlos todos.
En este ejemplo, se va a descargar el archivo de copia de seguridad de la **Base de datos**:

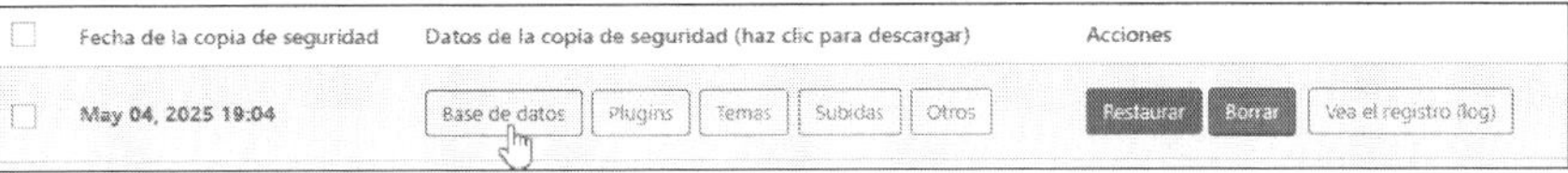

El archivo está listo.

→ Para descargarlo en su ordenador, haga clic en el botón **Descargar a tu equipo**:

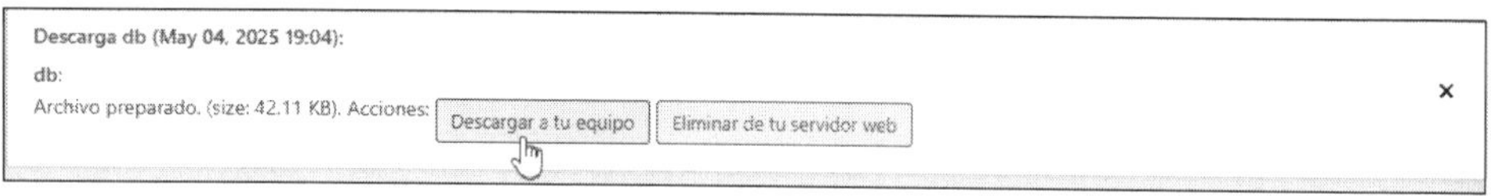

→ El archivo se descarga en su ordenador.

→ Vaya a la carpeta de descargas para visualizarlo; es un archivo comprimido.

En este ejemplo, el archivo comprimido se denomina: **backup_2025-05-04-1904_mi_sitio_b46df2d06254-db.gz**. El nombre del archivo consta de varias partes:

- el prefijo **de copia de seguridad**,
- la fecha y la hora en que se realizó la copia: **2025-05-04-1904**,
- el nombre del sitio: **mi_sitio**,
- un código generado automáticamente: **b46df2d06254**,
- el sufijo que indica el tipo de copia de seguridad: **db**, para **data base**, base de datos.

→ Haga lo mismo con los **Plugins**, **Temas**, **Subidas** y **Otros**.

WordPress confirmará la creación de todos los archivos de copia de seguridad:

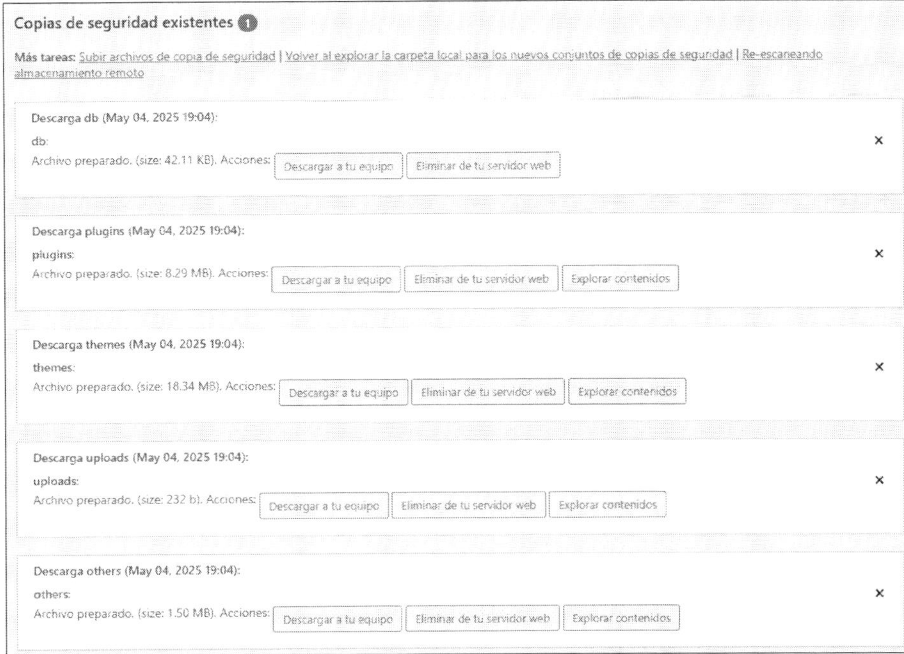

Una vez descargados todos ellos, estarán en la carpeta de descargas de su ordenador.

Estos son los archivos creados y descargados en este ejemplo:

- la base de datos: backup_2025-05-04-1904_mi_sitio_b46df2d06254-db.gz,
- los plugins: backup_2025-05-04-1904_mi_sitio_b46df2d06254-plugins.zip,
- los temas: backup_2025-05-04-1904_mi_sitio_b46df2d06254-themes.zip,
- las subidas: backup_2025-05-04-1904_mi_sitio_b46df2d06254-uploads.zip,
- otros tipos de datos: backup_2025-05-04-1904_mi_sitio_b46df2d06254-others.zip.

4. Restaurar con UpdraftPlus

Si necesita restaurar su sitio, es posible que deba reinstalar WordPress, en caso de que los daños sean muy graves, y luego volver a instalar el plugin **UpdraftPlus**.

- Haga clic en el menú **UpdraftPlus**.

Dado que hemos supuesto que el sitio fue destruido totalmente, ya no se puede acceder a las copias de seguridad almacenadas en la carpeta de publicación de WordPress en el servidor del proveedor de alojamiento. Por lo tanto, debe importar las copias de seguridad guardadas en su ordenador.

- En el área **Copias de seguridad existentes**, haga clic en el enlace **Subir archivos de copia de seguridad**.

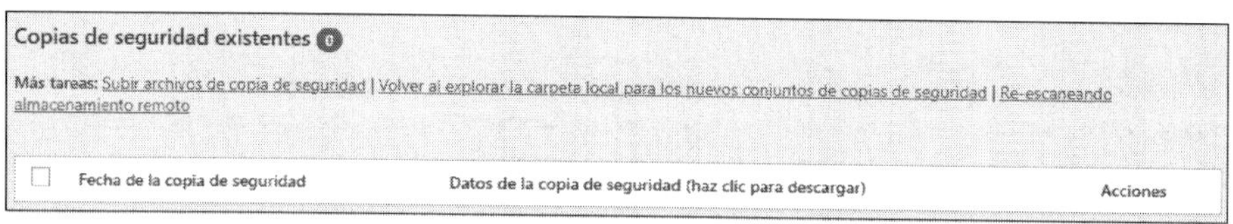

- Seleccione los cinco archivos de copia de seguridad que se encuentran en su ordenador.

Las copias de seguridad se cargan en su sitio.

backup_2025-05-04-1904_mi_sitio_b46df2d06254-db.gz (42 kb/42 kb) - Completo
backup_2025-05-04-1904_mi_sitio_b46df2d06254-others.zip (1.5 mb/1.5 mb) - Completo
backup_2025-05-04-1904_mi_sitio_b46df2d06254-plugins.zip (8.3 mb/8.3 mb) - Completo
backup_2025-05-04-1904_mi_sitio_b46df2d06254-themes.zip (18.3 mb/18.3 mb) - Completo
backup_2025-05-04-1904_mi_sitio_b46df2d06254-uploads.zip (232 b/232 b) - Completo

La copia de seguridad aparece en la lista con sus cinco archivos:

☐	Fecha de la copia de seguridad	Datos de la copia de seguridad (haz clic para descargar)	Acciones
☐	May 04, 2025 19:04	Base de datos / Plugins / Temas / Subidas / Otros	Restaurar / Borrar

- En la línea correspondiente a la copia de seguridad, seleccione la más reciente y haga clic en el botón **Restaurar**.

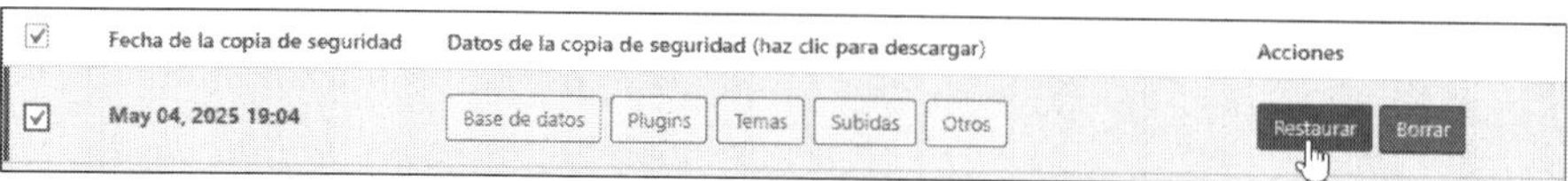

→ En la pantalla que aparece, marque los cinco componentes para realizar una restauración completa.

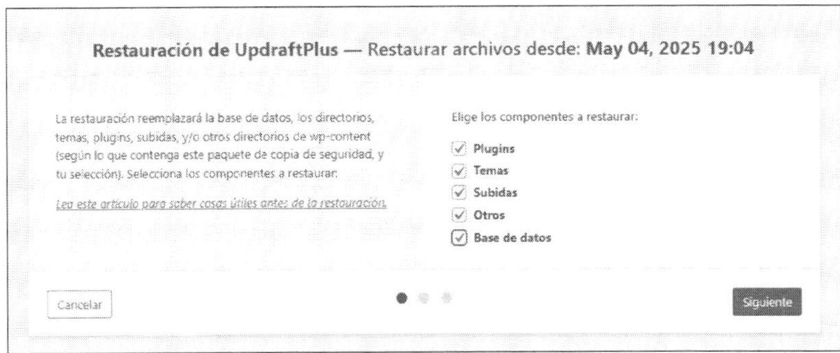

→ A continuación, haga clic en el botón **Siguiente**.

La copia de seguridad se ha recuperado correctamente.

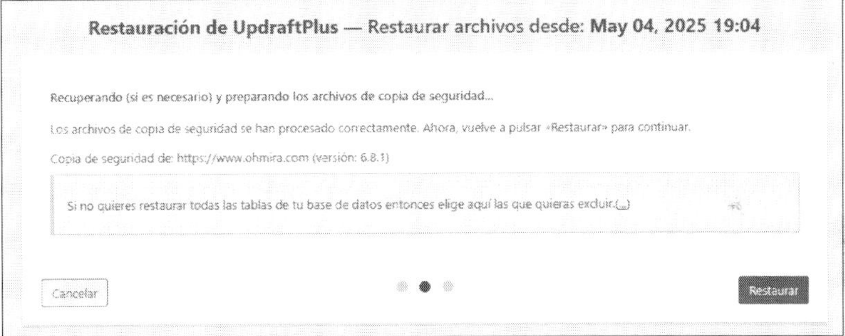

→ Haga clic en el botón **Restaurar**.

El plugin informa del estado de la restauración:

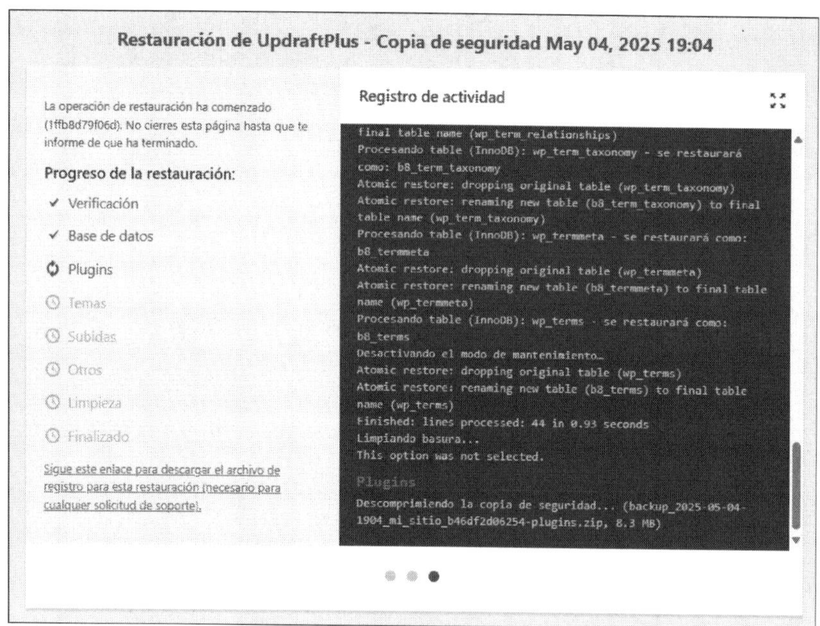

La restauración se completa y el plugin confirma que se ha realizado con éxito.

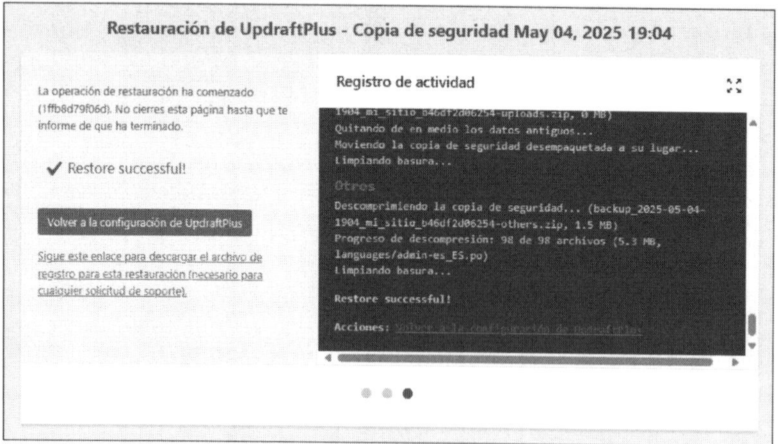

→ Haga clic en el botón **Volver a la configuración de UpdraftPlus**.

La restauración se ha realizado sin problemas; ya puede eliminar los archivos antiguos de su sitio.

> Se ha restaurado tu copia de seguridad.
>
> Tu instalación de WordPress tiene carpetas antiguas de su estado anterior a la restauración/migración (información técnica: llevan el sufijo -old). Debes pulsar este botón para eliminarlos en cuanto hayas comprobado que la restauración ha funcionado.
>
> Borrar las carpetas antiguas

- Haga clic en el botón **Borrar carpetas antiguas**.

La restauración ha finalizado y el sitio vuelve a estar operativo. Esto demuestra lo importante que es descargar las copias de seguridad fuera de la carpeta de publicación del sitio WordPress en el servidor.

En este ejemplo, hemos realizado una restauración completa del sitio. Pero en algunos casos menos graves, puede ser útil restaurar solo la «parte que no funciona» del sitio, ya sea la base de datos o los plugins, por ejemplo. En ese caso, solo se restaurará el archivo correspondiente a la parte afectada. El procedimiento es exactamente el mismo.

La extensión **UpdraftPlus** resulta más cara que **All-in-One WP Migration**, ya que ofrece más funciones.

- Haga clic en la pestaña **Ajustes** para acceder a estas funciones.

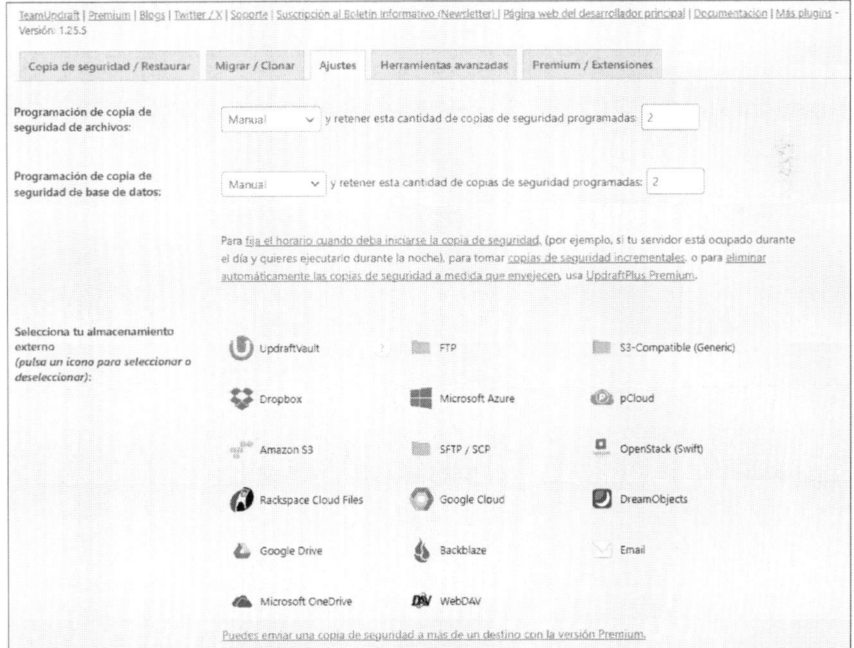

A

B

C

COMENTARIO

CONEXIÓN ADMINISTRACIÓN

CONFIGURACIÓN DEL SITIO

COPIA DE SEGURIDAD Y RESTAURACIÓN

E

ENCABEZADO

ENLACE PERMANENTE

ENTRADA

M

MEDIOS

MENÚ

MULTIMEDIA

P

PÁGINA

PATRONES

PLUGIN

S

SITIO

SITIOS WEB

SONIDO

T

TEMA

TEXTO

TÍTULO

Para poder acceder durante un año
a la versión online de este libro,
envíenos su justificante de compra a

librodigital@ediciones-eni.com

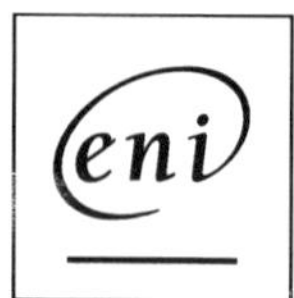